한 입 크기로 잘라 먹는
Next.js

한 입 크기로 잘라 먹는 Next.js
개발은 쉽고 성능은 더 강력한 리액트 기반 웹 프레임워크

초판 1쇄 발행 2025년 8월 4일 **지은이** 이정환 **펴낸이** 한기성 **펴낸곳** (주)도서출판인사이트 **편집** 신승준 **영업마케팅** 김진불 **제작·관리** 이유현 **용지** 유피에스 **인쇄·제본** 천광인쇄사 **등록번호** 제2002-000049호 **등록일자** 2002년 2월 19일 **주소** 서울특별시 마포구 연남로 5길 19-5 **전화** 02-322-5143 **팩스** 02-3143-5579 **이메일** insight@insightbook.co.kr **ISBN** 978-89-6626-484-1 책값은 뒤표지에 있습니다. 잘못 만들어진 책은 바꾸어 드립니다. 이 책의 정오표는 https://blog.insightbook.co.kr에서 확인하실 수 있습니다.

Copyright ⓒ 2025 이정환, (주)도서출판인사이트
이 책 내용의 일부 또는 전부를 재사용하려면 반드시 저작권자와 (주)도서출판인사이트 양측의 서면에 의한 동의를 얻어야 합니다.

차례

지은이의 글   x
추천의 글   xiii

1장   Next.js 소개와 실습 환경 구축하기   1

Next.js를 소개합니다   2
리액트의 확장판인 Next.js 2 |
서버 사이드 렌더링과 클라이언트 사이드 렌더링 3 | Next.js의 인기 10 |
Next.js 어떻게 배워야 할까? 11

실습 환경 설정하기   13
Node.js 13 | 비주얼 스튜디오 코드 15 | 실습용 백엔드 서버 설정하기 15 |
실습용 백엔드 서버를 사용할 때 주의할 사항 29

타입스크립트 가볍게 살펴보기   31
타입스크립트란 어떤 언어인가? 31 | 타입스크립트 기본 문법 알아보기 32

1부   빠르게 알아보는 페이지 라우터(Page Router)   37

2장   페이지 라우터 버전으로 Next.js 시작하기   39

Next.js 앱 생성하기   40

생성한 Next.js 앱 살펴보기   43
package.json 43 | next.config.ts 45 | tsconfig.json, next-env.d.ts 46 |
public 폴더 47 | src 폴더 47 | ESLint 옵션 파일 48

Next.js 앱 실행하기 50

개발 모드로 실행하기 50 | 프로덕션 모드로 실행하기 52

라우팅 설정하기 54

불필요한 기본 CSS 제거하기 54 | 파일 시스템 기반 페이지 라우팅 55
동적 경로가 있는 페이지의 라우팅 설정하기 64
쿼리 스트링과 URL 파라미터 사용하기 67
404, 500과 같은 특수 페이지 라우팅 69 | API 라우트 71

네비게이팅과 프리페칭 74

Link 컴포넌트를 이용한 네비게이팅 74 | 라우터 객체를 이용한 네비게이팅 75
프리페칭 77

스타일링 및 레이아웃 설정하기 86

Next.js 앱 스타일링 86 | 글로벌 레이아웃 설정하기 91
페이지별 레이아웃 설정하기 94 | 페이지별로 레이아웃을 적용할 때 주의할 사항 102

한입북스 프로젝트 UI 구현하기 106

한입북스 서비스 살펴보기 107 | 글로벌 레이아웃 구현하기 109
검색 폼 레이아웃 구현하기 111 | 목 데이터와 도서 데이터 타입 설정하기 117
도서 아이템 컴포넌트 구현하기 119 | 인덱스 페이지 구현하기 121
검색 페이지 구현하기 123 | 도서 상세 페이지 구현하기 125

3장 페이지 라우터 버전의 Next.js 활용하기 129

Next.js의 사전 렌더링과 데이터 페칭 130

리액트 앱의 데이터 페칭 130 | Next.js의 사전 렌더링과 데이터 페칭 132

서버 사이드 렌더링 134

서버 사이드 렌더링이란? 134 | SSR 설정하기 135
SSR을 설정할 때 주의할 점 138
SSR 환경에서 인덱스 페이지의 데이터 페칭 구현하기 141
SSR 환경에서 검색 페이지의 데이터 페칭 구현하기 147
SSR 환경에서 도서 상세 페이지의 데이터 페칭 구현하기 151

정적 사이트 생성 156

SSR의 한계와 SSG의 등장 156 | 인덱스 페이지에 SSG 적용하기 158
검색 페이지에 SSG 적용하기 161 | 도서 상세 페이지에 SSG 적용하기 165
getStaticPaths의 fallback 기능 좀 더 살펴보기 168

증분 정적 재생성　　　　　　　　　　　　　　　　　　　　177

SSG의 한계점과 ISR의 등장 177　|　인덱스 페이지에 ISR 적용하기 180
주문형 재생성 181　|　사전 렌더링 방식 최종 정리 183

메타 태그 및 파비콘 설정하기　　　　　　　　　　　　　　184

썸네일 및 파비콘 이미지 준비하기 184　|　파비콘 설정하기 185
인덱스 페이지에서 메타 태그 설정하기 185
검색 페이지에서 메타 태그 설정하기 186
도서 상세 페이지에서 메타 태그 설정하기 188

배포하기　　　　　　　　　　　　　　　　　　　　　　　　191

클라우드 인프라 서비스 Vercel 191　|　백엔드 서버 배포하기 192
API 요청 주소 변경하기 195　|　Next.js 앱 배포하기 197

페이지 라우터 최종 정리　　　　　　　　　　　　　　　　　200

페이지 라우터의 장점 200　|　페이지 라우터의 단점 201

2부　앱 라우터(App Router) 속속들이 알아보기　　　209

4장　앱 라우터 버전의 Next.js 앱 시작하기　　　　　　　211

새로운 Next.js 앱 생성하기　　　　　　　　　　　　　　212

Next.js 앱 생성하기 212　|　구성 요소 살펴보기 213　|　Next.js 앱 실행하기 215
실습 준비하기 216

라우팅 설정하기　　　　　　　　　　　　　　　　　　　220

파일 시스템 기반의 페이지 라우팅 220　|　동적 경로가 있는 페이지 라우팅 221
쿼리 스트링과 URL 파라미터 222　|　특수 페이지 설정하기 226
라우트 핸들러 227

레이아웃 설정하기　　　　　　　　　　　　　　　　　　228

파일 시스템 기반의 레이아웃 설정 228　|　레이아웃 중첩 적용하기 231
경로가 다른 페이지에 공통 레이아웃 적용하기 232

서버 컴포넌트 이해하기   234
서버 컴포넌트란? 235 | 서버 컴포넌트 사용하기 237
어떤 컴포넌트가 서버 컴포넌트일까? 242 | 서버 컴포넌트는 어떻게 동작할까? 243
서버 컴포넌트를 사용할 때 주의할 사항 247

네비게이팅과 프리페칭   255
네비게이팅 255 | 프리페칭 261

한입북스 UI 구현하기   262
UI 구현이 완료된 코드 다운로드 받기 262 | UI 구현 세부 사항 살펴보기 264

5장   앱 라우터 버전의 데이터 페칭   271

서버 컴포넌트 도입으로 변경된 데이터 페칭 방식   272
페이지 라우터 버전의 한계와 서버 컴포넌트의 등장 272 | 데이터 페칭 실습 275

데이터 요청을 영구적으로 보관하는 데이터 캐시   285
데이터 캐시란? 285 | cache: "force-cache" 289 | cache: "no-store" 291
next: { revalidate : 시간 } 293 | next: { tags: [ ] } 295
데이터 캐시를 사용할 때 주의할 사항 299
한입북스 프로젝트에 데이터 캐시 적용하기 303

페이지를 생성할 때 중복 요청을 방지하는 리퀘스트 메모이제이션   306
리퀘스트 메모이제이션이란? 306 | 리퀘스트 메모이제이션 실습 309

에러 처리   311
페이지 에러를 처리하는 error.tsx 파일 311
error.tsx 파일을 이용한 에러 처리 실습 312 | 에러 메시지 확인하기 318
에러 복구하기 320

6장   페이지 캐시   327

서버의 페이지 캐시 - 풀 라우트 캐시   328
풀 라우트 캐시란? 328 | 스태틱 페이지와 풀 라우트 캐시 확인하기 333
풀 라우트 캐시 갱신하기 337
스태틱 페이지로 설정할 수 없다면 데이터 캐시라도 적용하기 340
동적 경로가 있는 페이지를 스태틱 페이지로 설정하기 341

클라이언트의 페이지 캐시 - 라우터 캐시 348

클라이언트 라우터 캐시란? 348 | 클라이언트 라우터 캐시 확인하기 351
프리페칭과 클라이언트 라우터 캐시 352

라우트 세그먼트 컨픽 353

라우트 세그먼트 컨픽이란? 353 | dynamic 옵션 355

7장 스트리밍 357

스트리밍이란? 358

스트리밍이란? 358 | 웹 서비스의 스트리밍 359
Next.js의 스트리밍 활용 사례 360

스트리밍 설정하기 361

loading.tsx 파일을 이용한 스트리밍 설정 361
loading.tsx 파일을 이용해 스트리밍을 설정할 때 주의할 점 364
Suspense를 이용한 스트리밍 설정 365 | 스트리밍과 검색 엔진 최적화(SEO) 371

스켈레톤 UI 373

스켈레톤 UI란? 373 | 스켈레톤 UI 구현하기 373

8장 서버 액션 379

서버 액션이란? 380

서버 액션이란? 380 | 서버 액션은 어떻게 동작하는 걸까? 384
서버 액션에서 주의할 사항 386

서버 액션으로 리뷰 기능 구현하기 390

리뷰 추가 기능 구현하기 390 | ReviewEditor 컴포넌트 스타일 설정하기 402

리뷰 조회 및 갱신 기능 구현하기 406

리뷰 조회 기능 구현하기 406 | 리뷰 갱신 기능 구현하기 412
revalidatePath 메서드 자세히 살펴보기 415 | 리뷰 갱신 기능 업그레이드하기 418

리뷰 추가 및 갱신 기능 업그레이드하기 420

ReviewEditor 컴포넌트를 클라이언트 컴포넌트로 전환하기 420
useActionState를 이용해 <form> 액션 상태 관리하기 423

리뷰 삭제 기능 구현하기 432

9장　고급 라우트 기법　441

병렬 라우트　442

병렬 라우트란? 442　|　대시보드 UI 구현하기 445　|　예외 처리하기 449
섹션별로 하위 탐색 구현하기 452　|　섹션별로 하위 탐색할 때 주의할 사항 458

가로채기 라우트　462

가로채기 라우트란? 462　|　가로채기 라우트 적용 방법 살펴보기 463
도서 상세 페이지에 가로채기 라우트 적용하기 465　|　모달 구현하기 467
가로채기 라우트와 병렬 라우트 함께 사용하기 476
도서 상세 페이지 로딩 UI 설정하기 478

10장　최적화 및 배포　483

이미지 최적화　484

이미지 최적화가 필요한 이유 484　|　다양한 이미지 최적화 기법들 484
이미치 최적화 올인원 next/Image 컴포넌트 487
한입북스 앱 이미지 최적화하기 488

검색 엔진 최적화　498

썸네일 및 파비콘 이미지 준비하기 498　|　파비콘 설정하기 499
인덱스 페이지의 메타 태그 설정하기 499　|　검색 페이지의 메타 태그 설정하기 501
도서 상세 페이지의 메타 태그 설정하기 503　|　사이트맵 생성하기 505

배포하기　511

Vercel에 배포하기 511　|　배포 서비스의 리전 변경하기 518

찾아보기　520

지은이의 글

Next.js는 오늘날 리액트와 함께 프런트엔드 개발의 핵심 기술로 자리 잡았습니다. 실제로 Next.js 공식 Showcase 페이지(*https://nextjs.org/showcase*)를 살펴보면 나이키(Nike), 오픈AI(OpenAI), 클로드(Claude), 틱톡(TikTok), 퍼플렉시티(Perplexity) 등 이름만 들어도 알 만한 글로벌 기업들이 Next.js 기반으로 서비스를 운영하고 있다는 사실을 확인할 수 있습니다. 이 사례들만 보아도 Next.js가 얼마나 강력하고 영향력 있는 기술인지 충분히 짐작할 수 있습니다.

Next.js는 처음 소개될 때부터 많은 주목을 받아온 프레임워크였지만, 새로운 라우팅 메커니즘인 앱 라우터(App Router)가 2024년 릴리스 15 버전으로 안정화되면서 최근 들어 더 많은 관심을 받고 있습니다.

앱 라우터에 대한 관심이 높아지면서 Next.js를 처음 접하는 입문자는 기존 방식인 페이지 라우터는 굳이 학습할 필요가 없다고 판단하고 곧바로 앱 라우터부터 배우려는 경향이 있습니다. 그러나 이러한 접근 방식은 바람직하지 않습니다. 앱 라우터는 페이지 라우터가 가진 구조적 한계를 보완하기 위해 등장한 기술입니다. 따라서 페이지 라우터의 동작 원리를 정확히 이해하지 못한 상태에서는 앱 라우터가 왜 필요한지, 어떤 점이 발전되었는지 제대로 파악하기 어렵습니다.

이러한 이유로 Next.js를 제대로 학습하기 위한 가장 효과적인 방법은 먼저 페이지 라우터를 익히면서 그 구조와 한계를 이해한 다음, 이를 극복하기 위해 등장한 앱 라우터로 학습을 이어가는 방식입니다. 이 같은 순서로 학습하면 페이지 라우터의 한계를 명확히 파악하는 것은 물론 앱 라우터가 이를 어떻게 개선했는지 비교할 수 있어 Next.js를 보다 깊이 있게 이해할 수 있습니다.

이 책《한 입 크기로 잘라 먹는 Next.js》는 이러한 문제의식에 바탕을 두고 먼저 페이지 라우터를 학습한 다음, 앱 라우터로 자연스럽게 넘어가도록 구성하였습니다. 이로써 독자는 각 라우터의 구조와 특징을 비교하면서 Next.js의 발전 방향을 체계적으로 이해할 수 있습니다.

이 책을 집필하면서 중요하게 생각한 3가지 원칙이 있습니다. 첫째는 처음부터 끝까지 친절하려고 했습니다. 익숙하지 않은 용어나 까먹었을 수 있는 배경 지식 등 독자가 조금이라도 당황할 수 있는 내용은 풍부한 설명과 그림 예시로 최대한 상세히 설명했습니다. 둘째는 앞선 내용과 이어지는 내용이 충분한 개연성을 갖도록 노력했습니다. 새로운 장이나 절이 시작될 때 흐름이 끊기지 않도록 해 독자가 흥미를 최대한 유지할 수 있도록 배려했습니다. 마지막으로 아무리 어렵고 복잡한 개념이라도 천천히 쉽게 풀어 설명하려고 했습니다. 개념 설명은 논리적 오류나 비약을 피하면서도 위키백과에 적혀 있을 법한 딱딱한 정의보다는 그림 자료와 다양한 예시로 최대한 쉽게 설명하려 했습니다. 그리고 예제 또한 복합적인 기능을 한 번에 설명하기보다는 가능한 한 이를 잘게 쪼개 점층적으로 공부하도록 구성했습니다. 그래야 개념과 동작 원리를 제대로 이해할 수 있을 테니까요. '한 입 크기로 잘라 먹는다'라는 이 책의 제목도 바로 이런 생각의 결과물입니다.

끝으로 이 책을 집필하는 과정에서 많은 도움을 주신 모든 분께 감사의 말씀을 드립니다. 처음부터 끝까지 이 책을 잘 점검해 주신 신승준님과 인사이트 관계자 분들, 바쁜 와중에도 멋진 추천사를 남겨 주신 하조은, 이동욱, 송요창, 고현민 님, 그리고 항상 저의 행보를 응원하고 함께 해주시는 한입 커뮤니티 회원들에게 감사의 말씀을 전합니다.

학습 자료

이 책에서 작성한 모든 실습 예제는 필자의 GitHub 저장소에 장, 절별로 구분되어 업로드되어 있습니다.

https://github.com/onebite-nextjs/book_onebite-next-codes

실습 강의

이 책은 인프런에서 판매 중인 온라인 강의 '한 입 크기로 잘라먹는 Next.js'를 기반으로 제작되었습니다. 강의 내용을 더 쉽고 짜임새 있게 다듬었기 때문에 내용이 100% 일치하지는 않지만, 책과 강의 모두 비슷한 구성으로 이루어져 있습니다. 또한 강의에서는 필자가 어떤 순서로 코드를 작성하는지 직접 눈으로 살펴볼 수 있기에 책과 강의를 동시에 학습하는 방법도 괜찮습니다.

강의 링크: *https://inf.run/3exx5*

이 책의 독자에게는 30% 할인된 가격으로 강의를 볼 수 있도록 할인 쿠폰을 보내드립니다. 아래 주소의 구글 폼으로 신청하면 등록한 이메일 또는 연락처로 쿠폰을 보내드립니다(주말 제외). 주소의 소문자(i)와 소문자(l), 숫자(1)을 헷갈리지 않도록 주의하세요!

할인 쿠폰 신청 링크: *https://forms.gle/LEYPG7ig5rULSR699*

학습 커뮤니티

이 책을 읽다가 궁금한 점이 있거나 안 되는 부분이 있다면 언제든지 자유롭게 질문할 수 있습니다. 필자는 상시로 질의하고 응답할 수 있는 커뮤니티를 운영합니다. 이 커뮤니티에서는 채용이나 커리어 관련 이야기도 자유롭게 나눌 수 있습니다.

카카오 오픈 채팅방 링크: *https://open.kakao.com/o/gOWIoeKd*
카카오 오픈 채팅방 비밀번호: wlreact
네이버 카페: *https://cafe.naver.com/winterlood*

추천의 글

AI는 오답률이 7%라고 합니다. "이런 구현도 가능할까?"라는 생각이 들어 AI에게 물어보는데, AI는 "그건 안 돼!"라고 한다면 어떻게 해야 할까요? 이때가 비로소 그동안 내가 쌓아온 경험과 학습의 힘이 발휘되는 때입니다. 애매모호한 지점에서 AI는 안 된다고 해도 "확실하진 않지만, 내가 그동안 경험한 바로는 이건 어떻게 해보면 될 것도 같은데?"라는 자신만의 날 선 감각. 내 경험과 학습을 믿고 될 때까지 밀어붙일 수 있는 힘. 그 감각과 힘을 키우는 일이야말로 변하지 않을 중요한 개발 역량이 아닐까 생각합니다.

리액트의 확장판 격인 Next.js는 Vercel이 개발한 메타 프레임워크로서 리액트가 제공하지 않는 페이지 라우팅, 최적화, 서버 사이드 렌더링 등의 핵심 기능을 보완하며 개발자들의 어려움을 해결합니다. 이런 장점 때문에 Next.js는 단기간에 웹 프런트엔드 시장에서 가장 사랑받는 프레임워크가 되었습니다.

다행히 "무엇이든 쉽고 재미있게 설명할 방법이 있다고 믿는 사람"이자 "세상에서 가장 따뜻한 개발자 커뮤니티를 만들려는 사람"인 이정환 님이 우리에게 선물 같은 책을 만들어 주었습니다. 이 책은 Next.js의 근본 이해부터 실전 적용까지, '한 입 크기'로 잘게 나누어 차근차근 안내합니다. 특히 페이지 라우터와 앱 라우터를 체계적으로 학습하도록 구성해 Next.js의 진화 과정을 독자에게 명확히 이해시킵니다.

궁극적으로 이 책은 Next.js에 대한 깊이 있는 이해와 더불어 AI가 제시하는 한계를 넘어설 수 있는 '날 선 감각'과 '끝까지 밀어붙일 수 있는 확신'을 독자에게 선사할 것입니다. Next.js 개발의 본질을 파악하고 차세대 웹 개발 역량을 강화하려는 모든 이에게 이 책을 강력히 추천합니다.

이동욱(향로, 인프랩 CTO)

요즘은 AI도 Next.js로 개발합니다. AI를 활용하는 바이브 코딩으로 웹 서비스를 개발하면 AI는 Next.js를 사용합니다. 처음에 AI가 모든 코드를 짜주더라도 AI와 대화할 수 있는 수준으로 Next.js를 이해할 필요가 있습니다. 그래야 원하는 지점을 정확히 개선할 수 있으니까요. AI 시대에 개발자가 Next.js를 배워야 하는 이유입니다.

스타트업은 물론 대기업에서도 Next.js를 사용합니다. 큰 프로젝트에서 빛을 보는 리액트의 강점을 살리면서도 성능까지 끌어올려, 개발자 경험(DX)과 사용자 경험(UX) 모두를 챙기기 때문입니다. 개발자가 Next.js를 배워야 하는 또 다른 이유입니다.

Next.js를 배워야 하는 이유는 많지만, 배우기 쉽진 않습니다. 어렵기 때문입니다. 렌더링, 캐싱, 라우팅 전략 등 낯설고 복잡한 개념도 많습니다. 제대로 배우지 않으면 다루기 어렵습니다. 어려운 만큼 잘 알려주는 사람에게 배워야 합니다.

여러 이유로 Next.js를 배우기로 마음먹었다면 이 책이 답이 되어 줄 것입니다. 이제는 리액트 강의의 대명사가 된 저자의 책이니까요. 리액트도 러닝 커브가 있다고 알려져 있죠. 저자는 그런 리액트를 한 입 크기로 떠먹여 주는 강의로 인정받았습니다. 믿음이 생기지 않나요? 리액트의 확장판인 Next.js를 배우는 초심자에게 이 책이 더할 나위 없이 좋은 책이 되리라 확신합니다. 이미 Next.js를 쓰고 있는 분들도 도움이 되리라 생각합니다. 사실 Next.js의 변화는 따라잡기 버거운 지점이 있기 때문입니다.

실제로 책을 읽어 보니 단계별로 세심한 설명이 돋보입니다. 갑자기 등장하는 용어는 반드시 설명을 더합니다. 글로 설명이 되지 않으면 예시 코드와 도표로 이해가 될 때까지 설명합니다. 예제인 '한입북스'는 실무에 가깝게 구현하기 위해 노력한 모습이 곳곳에 보입니다. 독자들이 Next.js를 제대로 쓸 수 있게 하려는 저자의 마음이 느껴집니다.

이 책으로 Next.js를 제대로 배워 한 단계 성장하는 계기가 되었으면 좋겠습니다.

하조은(당근마켓 프런트엔드 개발자)

이정환 님의 영상 강의를 들어 보면 같은 주제를 다른 콘텐츠나 매체로 다시 공부할 필요가 없다고 여기게 됩니다. 이보다 더 친절하면서도 귀에 쏙쏙 들어오게 알려 줄 수 있을까 생각하게 되죠. 이 책을 손에 쥐어 보니 비슷한 경험을 종이를 통해서도 할 수 있음에 또 놀랍니다. 여러분이 프런트엔드 개발자가 아니고 리액트조차 써본 적 없더라도 당장 Next.js로 코딩하고 싶어질 것입니다.

고현민(얄팍한 코딩사전)

정환님이 만든 강의는 언제나 기대를 저버리지 않습니다. 이 책은 Next.js의 방대한 기능을 초심자 눈높이에 맞추어 쉽고 명쾌하게 설명합니다. Next.js가 낯선 개발자라도 탄탄한 기본기를 다질 수 있습니다.

송요창(우아한형제들 프런트엔드 개발자)

한 입 크기로 잘라 먹는 Next.js

1장

Next.js 소개와 실습 환경 구축하기

이 장에서 주목할 키워드

- Next.js
- 리액트
- 서버 사이드 렌더링
- 클라이언트 사이드 렌더링
- Node.js
- 비주얼 스튜디오 코드
- 백엔드 서버 세팅

> **이 장의 학습 목표**
> - Next.js의 탄생 과정과 기술적인 특징을 알아봅니다.
> - Next.js 실습을 위한 백엔드 서버 설치와 기본 환경을 설정합니다.
> - 타입스크립트의 기본 문법을 간략하게 살펴봅니다.

Next.js를 소개합니다

이번 절에서는 Next.js를 학습하기에 앞서 꼭 알아 두어야 할 내용 몇 가지를 소개합니다. 주로 Next.js란 어떤 기술이고 어떤 이유로 만들어졌는지 그리고 어떻게 배워야 하는지 이야기하겠습니다.

리액트의 확장판인 Next.js

Next.js는 Vercel이라는 미국의 스타트업이 만든 웹 개발용 메타 프레임워크입니다. 메타 프레임워크란 다른 라이브러리나 프레임워크를 확장해 주는 프레임워크라고 말할 수 있습니다. Next.js는 리액트를 포함하는 메타 프레임워크로서 리액트의 훌륭한 UI 개발 기능에 더해 페이지 라우팅, 서버 사이드 렌더링 등과 같은 기능을 추가로 제공합니다. 따라서 Next.js는 리액트의 확장판이라고 말하기도 합니다.

　Next.js가 세상에 필요해진 까닭은 리액트가 프레임워크가 아니라 라이브러리이기 때문입니다. 프레임워크와 라이브러리의 차이는 프레임워크가 라이브러리를 포함하는 개념이라고 이해하면 쉽습니다. 프레임워크와 달리 라이브러리는 보통 특정 목적을 위한 핵심 기능만을 제공할 뿐 부가 기능은 별도로 제공하지 않습니다. 라이브러리로서 리액트는 UI를 렌더링하는 기능 외에 추가 기능을 제공하지 않습니다. 만일 페이지 라우팅, 최적화, 서버 사이드 렌더링과 같은 기능이 필요하다면 직접 구현하거나 이 기능을 보조하는 또 다른 라이브러리를 탐색해야 합니다. 이런 특성으로 인해 리액트에서 부가 기능을 구현할 때면 개발자는 매번 필요한 도구를 찾아 일일이 적용해야 합니다. 더욱이 혼자가 아니라 여럿이 함께 개발하는 상황이고 개발자마다 선호하는 도구가 다르다면 팀은 적절한 합의점을 계속 찾아야 합니다. 원하는 도구를 자유롭게 선택한다는 자유도 측면에서는 긍정적일 수도 있지만, 현실은 꼭 그렇지 않습니다. 대규모 웹 서비스를 개발하는 상황에서 선택할 도구의 개수가 많으면 개발자는 자유도의 긍정적인 면보다 피로감이 더 클 수 있습니다.

Next.js는 이 문제를 여러 측면에서 해결합니다. Next.js를 이용하면 별도의 라이브러리를 찾을 필요 없이 기본 기능만으로도 수준급의 웹 서비스를 구축할 수 있습니다. 한마디로 리액트가 자동차 엔진이라면 Next.js는 그 엔진을 탑재한 자동차라고 비유할 수 있습니다.

종종 Next.js를 서버 사이드 렌더링 기능을 제공하는 리액트의 확장 프레임워크라고 이야기하는 사람도 있는데, 정확한 이야기는 아닙니다. 서버 사이드 렌더링이 Next.js의 핵심 기능임은 분명하지만, 이 기능 외에도 Next.js는 라우팅, 최적화, 스타일링 등 웹 서비스 개발에 필요한 기능을 종합적으로 제공합니다.

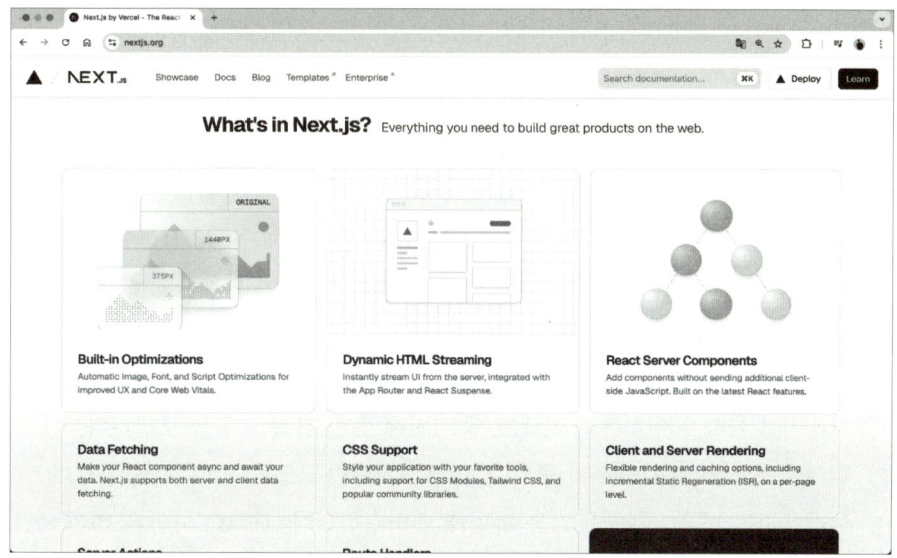

[그림 1-1] Next.js가 제공하는 대표적인 기능 목록. 출처: *https://nextjs.org/*

서버 사이드 렌더링과 클라이언트 사이드 렌더링

Next.js의 가장 중요한 기능은 서버 사이드 렌더링(Server Side Rendering, SSR)으로 대표되는 사전 렌더링(Pre Rendering) 기능입니다. Next.js의 사전 렌더링에 관심이 많은 까닭은 안타깝게도 리액트는 이 기능을 제공하지 않기 때문입니다.

리액트의 클라이언트 사이드 렌더링

리액트는 기본적으로 클라이언트 사이드 렌더링(Client Side Rendering, 이하 CSR) 방식으로 페이지를 브라우저에 렌더링합니다. CSR 방식은 페이지 이동이 빠르다는 장점은 있지만, 초기 접속 속도가 늦어지는 문제가 있습니다. 그 이유는 [그림 1-2]와 함께 살펴보겠습니다.

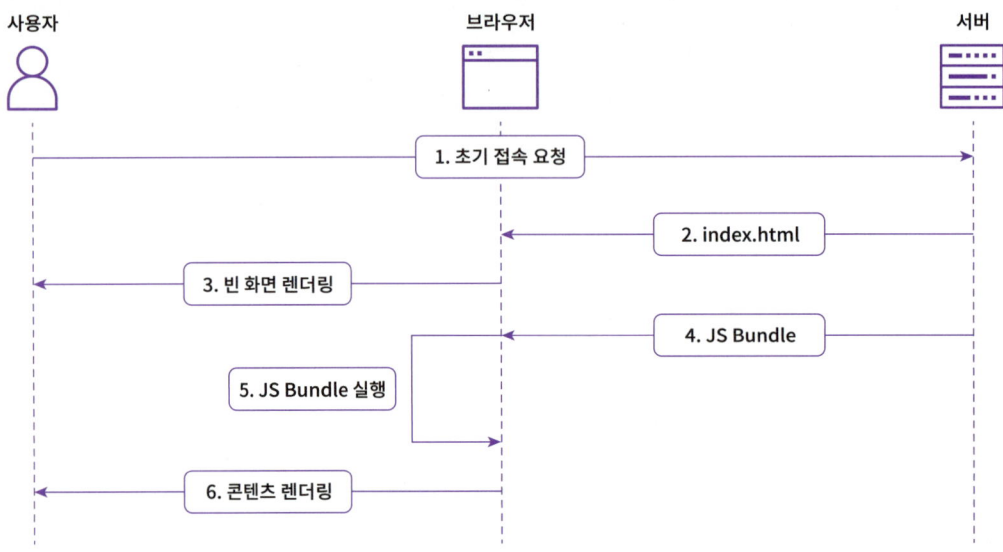

[그림 1-2] 리액트의 클라이언트 사이드 렌더링 동작

[그림 1-2]에서 클라이언트 사이드 렌더링은 다음과 같이 동작합니다.

1. 사용자가 브라우저를 통해 리액트 웹 서버에 초기 접속 요청을 보냅니다.
2. 리액트 웹 서버는 브라우저에 일단 빈 껍데기뿐인 index.html로 응답합니다.
3. 브라우저는 받은 index.html을 화면에 렌더링합니다. HTML 파일은 비어 있으므로 이 시점에 사용자는 흰색의 빈 페이지를 봅니다.
4. 이어 리액트 웹 서버는 모든 자바스크립트 파일을 하나로 묶은 번들 파일(Bundle File)을 브라우저에 보냅니다. 이 파일에는 개발자가 직접 작성한 컴포넌트 및 기타 유틸리티 함수가 모두 포함되어 있습니다.
5. 브라우저는 웹 서버에서 받은 자바스크립트 번들 파일을 실행합니다.
6. 5번의 결과로 자바스크립트로 작성한 리액트 컴포넌트들을 화면에 렌더링합니다. 이제 사용자는 실제 콘텐츠를 보게 됩니다.

번들 파일이란?

번들(Bundle)은 우리말로 묶다라는 뜻입니다. 번들 파일(Bundle File)은 웹 애플리케이션을 배포할 때 필요한 HTML, CSS, 자바스크립트, 이미지 파일들을 하나로 묶은 결과물입니다.

개발 환경에서는 파일을 기능별로 나누고 모듈화해 관리하지만, 배포할 때는 이 파일들을 그대로 브라우저에 제공하기 어렵습니다. 따라서 리액트에서 배웠듯이 Webpack, Vite 등의 도구를 사용해 다양한 파일을 하나로 묶는 최적화 과정을 거칩니다. 최적화 과정으로 생성한 파일을 번들 파일이라고 합니다.

리액트가 CSR을 택한 이유는 초기 접속 이후 발생하는 페이지 이동에서 CSR이 매우 빠르고 안정적으로 동작하기 때문입니다. [그림 1-2]의 4번을 보면 브라우저는 서버에서 자바스크립트 번들 파일을 받는데, 이 번들 파일에는 리액트 앱의 모든 컴포넌트가 포함되어 있습니다. 따라서 [그림 1-3]처럼 페이지를 이동할 때 브라우저는 자체적으로 번들 파일을 실행해 이동할 페이지에 필요한 컴포넌트를 화면에 렌더링합니다.

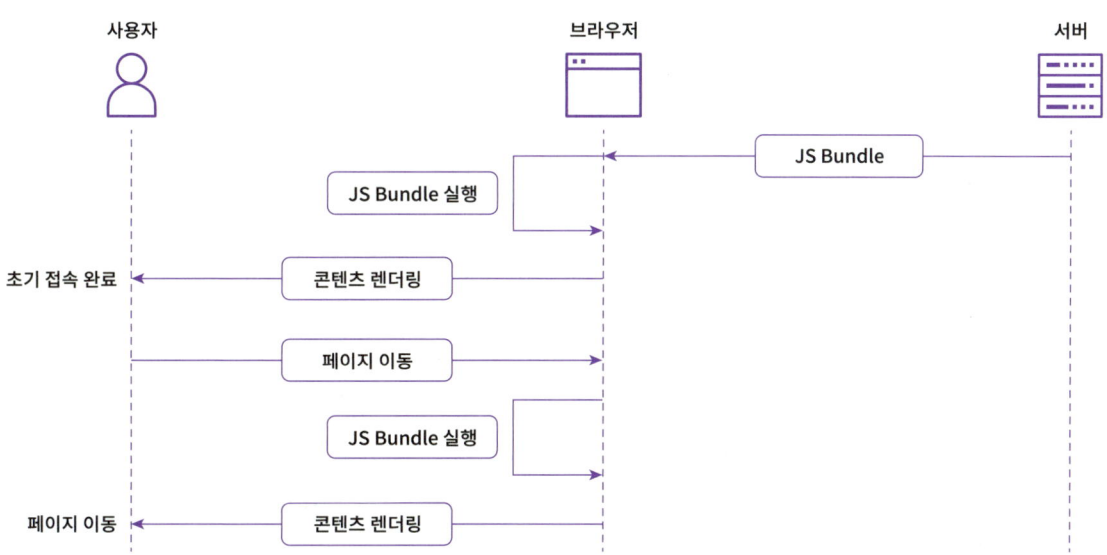

[그림 1-3] 클라이언트 사이드 렌더링 환경에서 페이지 이동

그러나 CSR 방식은 장점만 있는 것은 아닙니다. 페이지 이동이 빠른 대신 초기 접속 속도가 느려지는 치명적인 단점이 있습니다.

[그림 1-4]는 초기 접속 요청에 대한 CSR의 처리 과정을 사용자의 시각으로 표현한 다이어그램입니다.

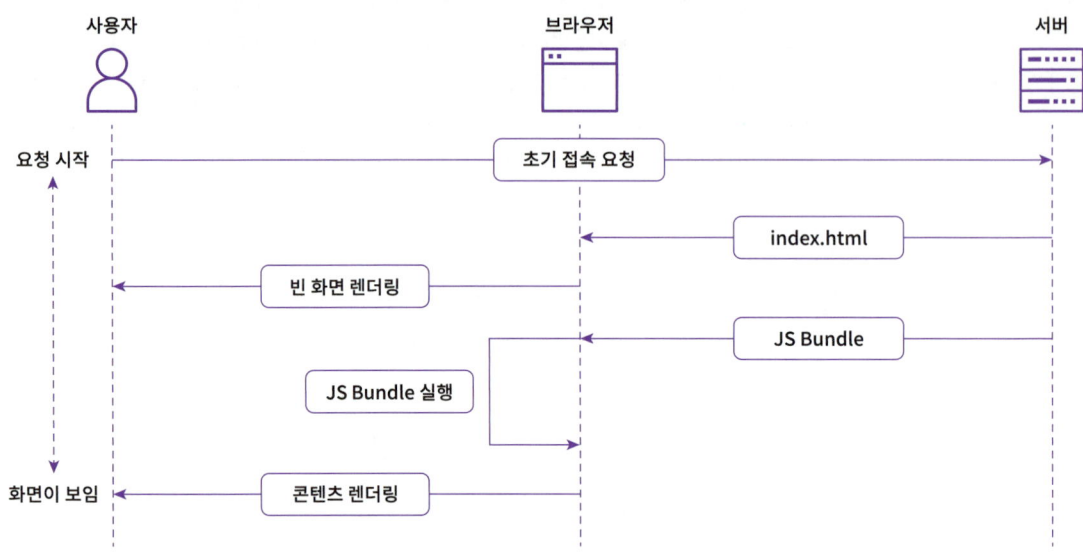

[그림 1-4] 클라이언트 사이드 렌더링 환경에서 초기 접속 과정

[그림 1-4]를 보면 초기 접속 요청이 시작된 좌측 상단 시점부터 브라우저가 서버에서 2개의 파일(index.html과 JS Bundle)을 받아 실제로 실행되는 좌측 하단의 시점까지 브라우저 화면에는 아무런 콘텐츠도 렌더링되지 않습니다. 서버가 브라우저에 자바스크립트 번들 파일을 전달하는 과정 또는 브라우저가 이 파일을 자체적으로 실행하는 과정에서 병목이 발생하면 사용자는 초기 페이지의 더딘 로딩으로 인해 불만이 생길 수 있습니다. 이 점이 CSR의 문제점입니다.

참고로 사용자에게 처음 페이지의 콘텐츠를 렌더링하는 시점을 FCP(First Contentful Paint)라고 합니다. 콘텐츠 렌더링 속도가 느린 사이트를 좋아할 고객은 아마 없을 겁니다. 따라서 FCP는 당연히 빨라야 합니다. 구글은 [그림 1-5]와 같이 FCP를 1.8초 미만으로 유지하라고 제안합니다.

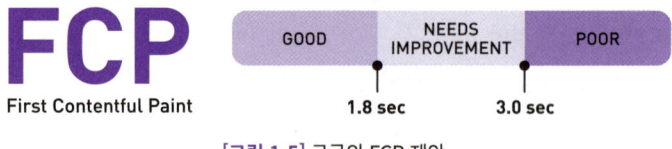

[그림 1-5] 구글의 FCP 제안

Next.js의 사전 렌더링

Next.js는 리액트의 이런 문제점을 극복하기 위해 사전 렌더링(Pre Rendering)이라는 기능을 도입합니다. 사전 렌더링이란 웹 서버에서 미리 자바스크립트 코드를 실행해 개발자가 만든 컴포넌트를 HTML 페이지로 렌더링하는 것을 말합니다. [그림 1-6]처럼 사전 렌더링 기능을 이용하는 웹 서비스는 사용자에게 페이지를 더 빠르게 보여 줄 수 있습니다.

> **렌더링이란 무엇인가요?**
>
> Next.js에서 렌더링이라는 용어는 두 가지 의미로 사용됩니다. 하나는 브라우저 화면에 실제로 콘텐츠를 그리는 과정, 다른 하나는 자바스크립트로 작성한 컴포넌트를 HTML로 변환하는 과정이 그것입니다.
>
> - 화면에 렌더링: 브라우저 화면에 콘텐츠를 시각적으로 출력하는 과정
> - 자바스크립트를 HTML로 렌더링: 리액트 컴포넌트(자바스크립트 코드)를 HTML 문자열로 변환하는 과정

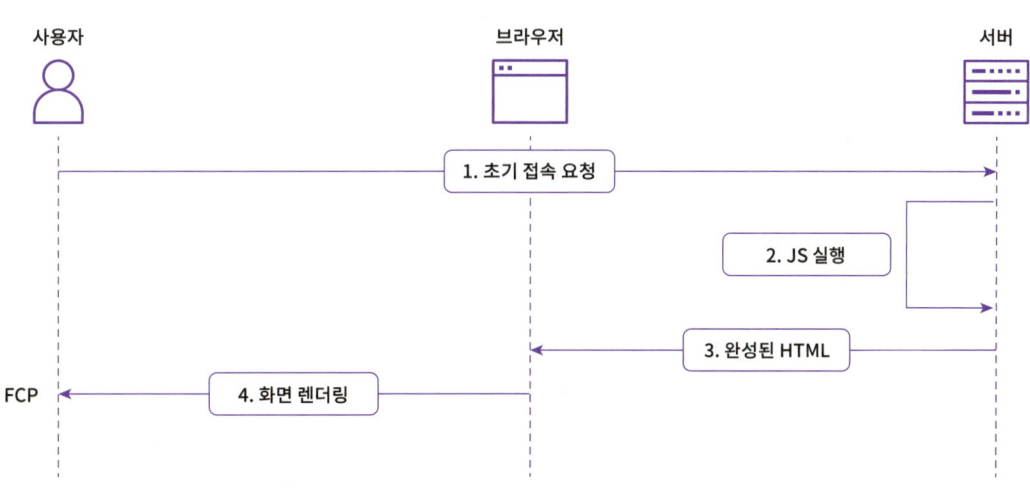

[그림 1-6] Next.js의 사전 렌더링부터 FCP까지의 과정

[그림 1-6]은 다음과 같습니다.

1. Next.js 웹 서버에 브라우저의 접속 요청이 들어옵니다.
2. 웹 서버는 자바스크립트 코드를 실행해 현재 브라우저가 요청한 페이지를 HTML로 만듭니다.
3. 만든 HTML 페이지를 브라우저에 보냅니다.

브라우저 요청에 index.html이라는 빈 파일로 응답하던 리액트 웹 서버와는 달리, Next.js 웹 서버는 완성된 HTML로 응답합니다. 그 결과 콘텐츠를 화면에 최초로 렌더링하는 시간인 FCP가 빨라지면서 서비스에 대한 사용자 만족도는 높아집니다.

한 가지 주의할 점이 있습니다. FCP 시점에서는 브라우저에 HTML과 CSS 파일만 전달한 상태이기 때문에 자바스크립트로 구현한 이벤트나 사용자와의 상호작용은 아직 동작하지 않습니다. Next.js 웹 서버는 FCP 이후 브라우저에 자바스크립트 번들 파일을 전달하는데, 그 과정은 [그림 1-7]에서 설명합니다.

> **TIP**
> 상호작용은 인터랙션(interaction)이라고도 합니다.

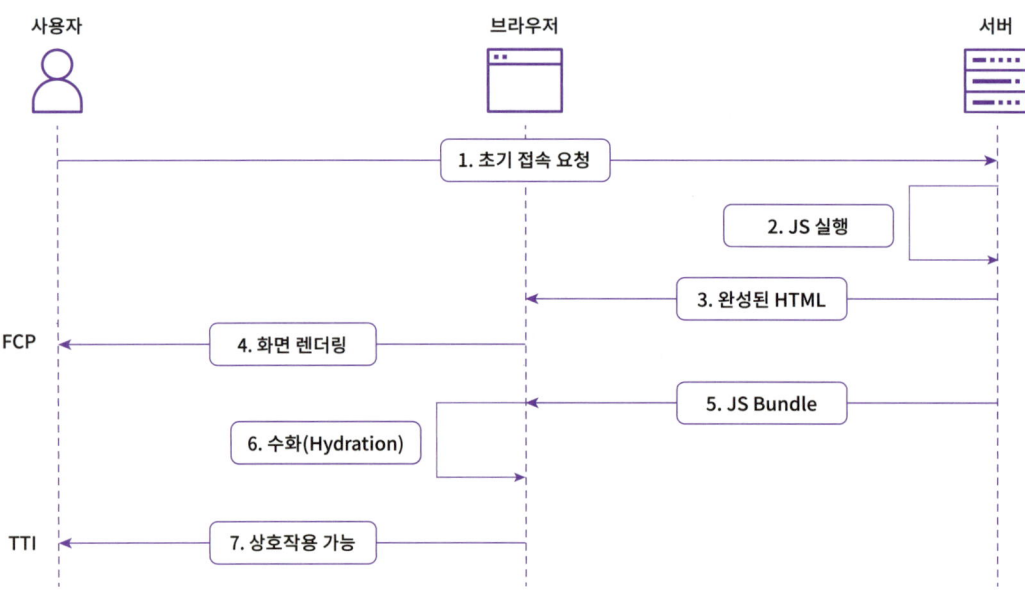

[그림 1-7] Next.js의 사전 렌더링 – FCP 이후 과정

5. 브라우저는 Next.js 서버에서 자바스크립트 번들 파일을 받습니다.
6. 브라우저는 자바스크립트 번들 파일을 실행해 이미 화면에 렌더링한 HTML과 자바스크립트를 연결합니다. 이 과정이 마치 메말라 있던 HTML에 자바스크립트라는 물을 뿌리는 일과 비슷하다 하여 하이드레이션(Hydration) 과정, 우리말로는 수화 과정이라고 합니다.
7. 하이드레이션이 끝나면 자바스크립트로 구현한 모든 상호작용 기능이 동작하면서 초기 접속 과정은 마무리됩니다. 이 시점을 상호작용이 준비되는 시점, 즉 TTI(Time To Interactive)라고 합니다.

한편 Next.js의 사전 렌더링 기능은 CSR의 문제점이었던 느린 FCP를 해결하면서도 장점인 빠른 페이지 이동은 계승합니다.

[그림 1-8]은 Next.js에서 사전 렌더링 이후 발생하는 페이지 이동을 어떻게 처리하는지 보여 줍니다.

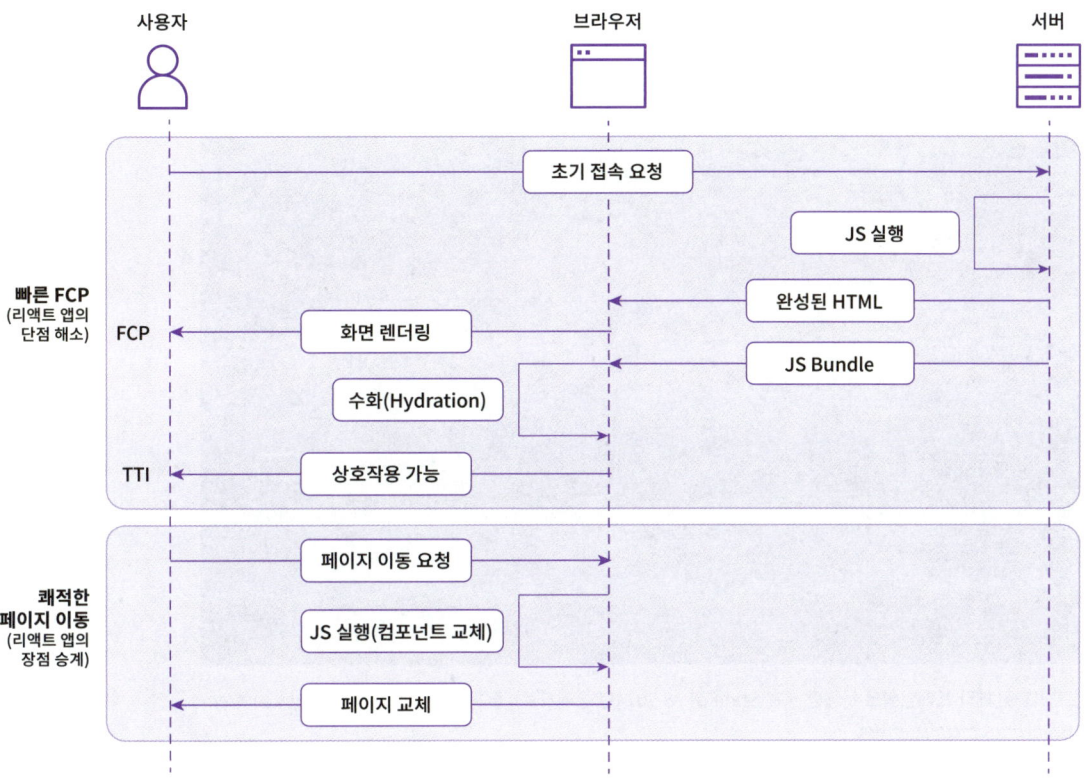

[그림 1-8] 사전 렌더링 이후의 페이지 이동

CSR과 마찬가지로 Next.js의 사전 렌더링 과정에서 브라우저는 서버로부터 자바스크립트 번들 파일을 받습니다. 번들 파일에는 개발자가 작성한 모든 컴포넌트와 함수가 있으므로 리액트처럼 페이지를 이동할 때 서버에 데이터를 추가로 요청할 필요가 없습니다. 사전 렌더링 방식에서 페이지 이동은 CSR처럼 매우 빠르고 안정적입니다.

정리하면 Next.js는 사전 렌더링 방식을 도입해 리액트 CSR의 문제를 효과적으로 해결하면서도 장점은 계승합니다. Next.js는 리액트의 한계를 뛰어넘어 성능과 유연성을 크게 개선한 리액트의 확장판입니다.

Next.js의 인기

리액트를 포함하는 메타 프레임워크가 Next.js만 있는 것은 아닙니다. Gatsby나 Remix 등 다른 메타 프레임워크도 인기가 있습니다. 그러나 Next.js가 제공하는 기능의 다양성, 훌륭한 개발자 경험, 빠른 업데이트 덕분에 어떠한 메타 프레임워크도 오늘날 Next.js만큼 많은 관심과 사랑을 받고 있지 못합니다. [그림 1-9]는 이 주장을 뒷받침하는 2024년 State of JS의 통계 결과입니다.

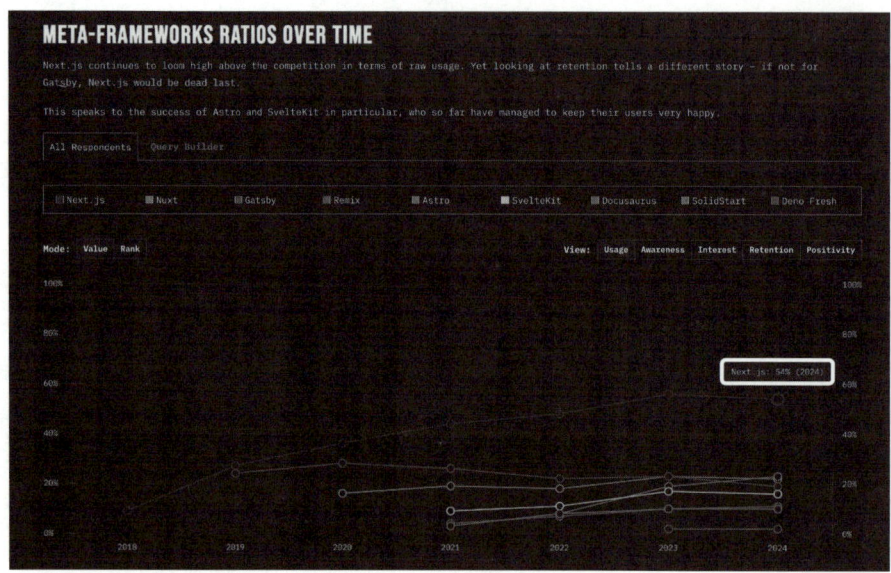

[그림 1-9] 메타 프레임워크 사용량 통계(State of JS 2024년 통계자료). 출처: *https://2024.stateofjs.com/en-US/libraries/meta-frameworks/*

Next.js의 위상은 리액트 공식 문서에서도 찾아볼 수 있습니다. 리액트 공식 문서인 *https://react.dev*에서는 [그림 1-10]처럼 리액트 프로젝트를 시작하는 방법으로 Next.js를 가장 먼저 추천합니다.

Next.js는 트위치, 나이키, 닌텐도, 틱톡, 당근마켓, 토스, 무신사, 네이버 등 이름만 들어도 절로 고개가 끄덕여지는 기업에서 활발히 사용되고 있습니다. 2023년 프로그래머스에서는 국내 경력 개발자를 대상으로 '주로 사용하는 웹 프레임워크/라이브러리'에 대한 설문을 실시했는데, [그림 1-11]과 같이 Next.js가 6위를 차지했습니다. 또한 프런트엔드 기술 중에서는 3위를 차지하기도 했습니다.

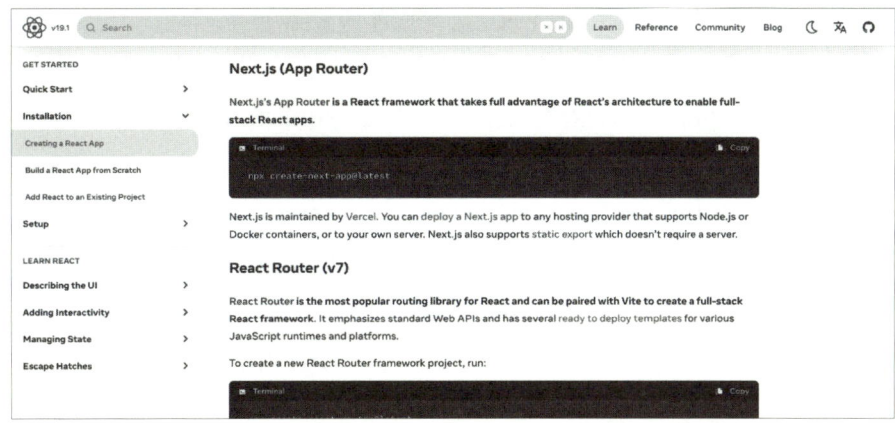

[그림 1-10] 리액트 공식 문서에 작성된 Next.js 소개. 출처: *https://react.dev/learn/creating-a-react-app#nextjs-app-router*

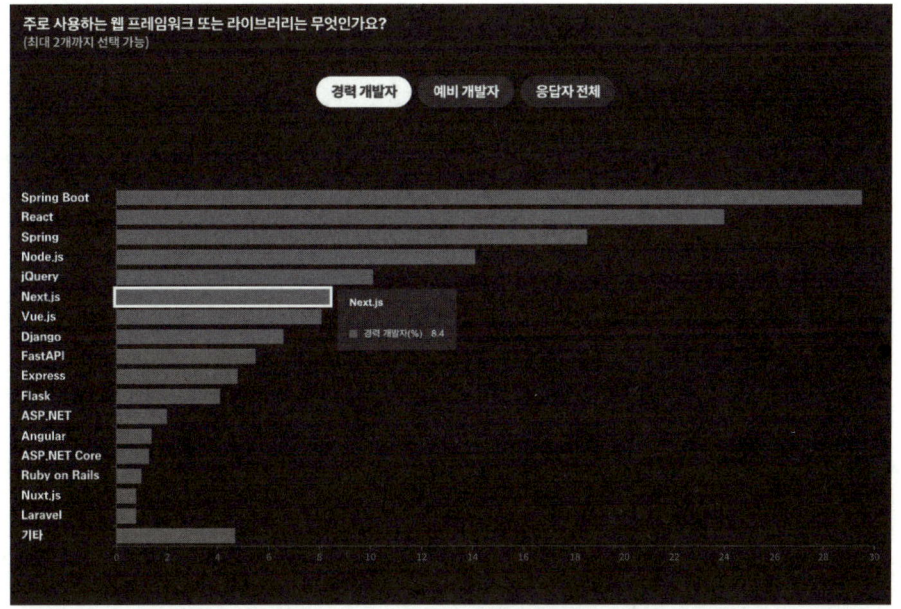

[그림 1-11] 2023년 프로그래머스 개발자 설문조사 결과. 출처: *https://programmers.co.kr/pages/2023-dev-survey*

Next.js 어떻게 배워야 할까?

리액트가 익숙하다면 Next.js는 그리 어렵지 않습니다. Next.js는 리액트의 확장판이므로 페이지 UI를 컴포넌트 단위로 구현하고 State와 Props로 이벤트를 구현하는 등 리액트의 기존 문법을 그대로 사용합니다. 리액트 사용자는 Next.js에서 제공하는 기능과 개념만 추가로 살펴보면 되므로 빠르게 익힐 수 있습니다.

학습 방법 면에서는 좀 더 고민이 필요한데, 이는 Next.js의 라우터 때문입니다. 보통의 웹 개발 프레임워크처럼 Next.js 또한 경로에 따라 페이지를 분할하고 분할된 페이지 간에 이동을 처리하는 라우터를 제공합니다. 그런데 대다수 웹 개발 프레임워크가 하나의 라우터를 제공하는 반면, Next.js는 페이지 라우터(Page Router)와 앱 라우터(App Router)라는 2가지 버전의 라우터를 제공합니다. 각각의 라우터가 제공하는 기능이 상이해 어떤 라우트를 선택하느냐에 따라 개발 방향이 달라지므로 Next.js 프로젝트를 시작할 때 개발자는 두 라우터 가운데 하나를 잘 선택해야 합니다. 함께 사용하면 호환성 문제가 발생할 수 있어 권장되지 않습니다. 오늘날 Next.js 프로젝트는 페이지 라우터를 사용하는 버전과 앱 라우터를 사용하는 버전, 두 가지로 크게 나뉜다고 할 수 있습니다.

페이지 라우터 버전은 Next.js 초기에 제공된 라우터입니다. 이 버전은 오랫동안 안정적으로 제공된 만큼 활용 사례를 찾기 쉬우며 지금도 많은 기업이 사용하고 있습니다. 앱 라우터 버전은 22년 10월 Next.js 13 버전에서 처음 공개된 최신 라우터입니다. 페이지 라우터 버전의 한계를 극복하기 위해 만들어졌으며 서버 컴포넌트, 서버 액션, 스트리밍 등 기존 라우터에는 없던 기능을 대거 제공합니다.

[그림 1-12] 앱 라우터 버전이 처음 공개되는 순간 - Next Conf 2022. 출처: *https://www.youtube.com/watch?v=NiknNI_0J48*

앱 라우터를 향한 관심이 뜨겁다 보니 대다수 Next.js 입문자는 과거 버전인 페이지 라우터는 배울 필요가 없다고 판단하고 앱 라우터를 공부하려고 합니다. 그러나 필자는 이런 접근 방식을 권하지 않습니다. 앱 라우터는 페이지 라우터의 한계를 극복하기 위해 등장한 기술입니다. 따라서 특정 기능의 경우에는 페이지 라우터를 학습하지 않고는 앱 라우터를 제대로 이해하기 어렵습니다. 게다가 앱 라우터는 등장한 지 얼마 되지 않아 아직 과도기를 거치는 중입니다. 물론 기능 자체가 불완전하거나 미완성인 것은 아니지만, 충분한 평가와 검증을 받지 못했다고 보는 시각도 많습니다. 이로 인해 많은 기업이 여전히 페이지 라우터를 이용해 서비스를 유지하는 경우가 많습니다.

결론적으로 Next.js를 배우는 가장 좋은 방법은 페이지 라우터를 먼저 빠르게 살펴본 다음, 신규 버전인 앱 라우터를 공부하는 것입니다. 이렇게 공부하면 기존 페이지 라우터에는 어떤 문제가 있고 앱 라우터는 이를 어떻게 해결했는지 자세히 알 수 있습니다. 이런 문제의식에 따라 《한 입 크기로 잘라 먹는 Next.js》는 페이지 라우터를 먼저 배워 라우터의 기초를 세운 다음, 앱 라우터를 배우도록 구성했습니다. 일부 내용에서 중복이 있을 수 있지만, 중복은 어디까지나 복습의 또 다른 표현이라는 점에서 학습자가 Next.js를 제대로 이해하는 데 훨씬 효과적인 방법이라고 생각합니다.

실습 환경 설정하기

2장부터는 실습과 함께 Next.js를 본격적으로 학습합니다. 그 전에 이번 절에서는 향후 실습을 위한 기본 환경을 설정합니다. 또한 Next.js가 제공하는 데이터 페칭 및 캐싱 기능 등을 실제와 똑같이 사용할 수 있도록 API를 제공하는 백엔드 서버와 데이터베이스도 설치합니다. 내용을 학습하는 도중에 설치하면 흐름이 끊길 수 있어 이번 절에서 모두 설치합니다.

> **TIP**
> API(Application Programming Interface)는 서로 다른 프로그램끼리 데이터를 주고 받을 수 있도록 정해 놓은 통신 규칙(프로토콜)입니다. 두 프로그램이 서로 소통하기 위해 미리 약속해 둔 방법이나 절차라고도 할 수 있습니다. 이 책에서 사용된 API는 프로젝트 앱이 백엔드 서버에 있는 데이터를 요청하고 응답을 받기 위한 창구 역할을 수행합니다.

Node.js

리액트와 마찬가지로 Next.js 앱도 Node.js를 기반으로 동작합니다. 따라서 독자의 컴퓨터 환경에 Node.js가 없거나 안정적인 버전이 아니면 실습을 진행할 수 없습니다. 다음 링크로 Node.js 공식 홈페이지에 접속해 안정적인 LTS 버전을 설치합니다.

https://nodejs.org

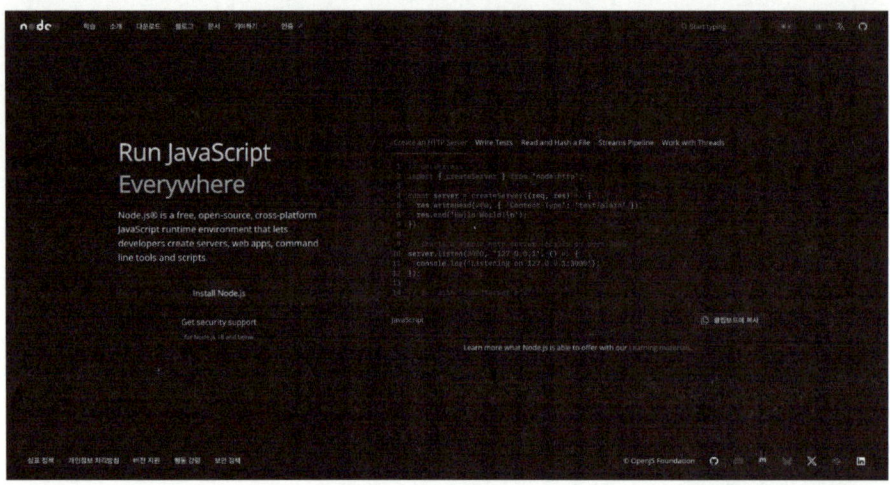

[그림 1-13] nodejs.org 사이트

이 책의 독자라면 Node.js 설치는 해보았으리라 가정하므로 설치 과정을 자세히 소개하지는 않겠습니다. 설치를 완료했거나 이미 Node.js가 설치되어 있다면 먼저 안정적인 LTS(Long Term Support) 버전인지 확인합니다. macOS의 터미널 또는 윈도우의 명령 프롬프트를 실행하고 다음 명령어를 입력합니다.

node -v

이때 출력되는 Node.js 버전이 현재 실습을 진행하는 시점의 LTS 버전인지 확인합니다. 현재 실습 시점이 25년 8월 이전이라면 22 버전이 LTS이고 그 이후라면 24 버전이 LTS 입니다. 정확한 정보는 다음 링크로 접속하면 확인할 수 있습니다.

https://nodejs.org/en/about/previous-releases

접속 페이지의 'Release Schedule' 항목에서 'ACTIVE' 상태로 표시한 버전이 바로 LTS 버전입니다. LTS 버전은 지원과 안정성을 장기적으로 제공하므로 향후 실습을 위해서는 이 버전을 사용하는 것이 좋습니다. LTS가 아닌 버전은 최신 기능을 포함하지만, 예상치 못한 버그가 발생하는 등 안정성이 떨어질 수 있습니다.

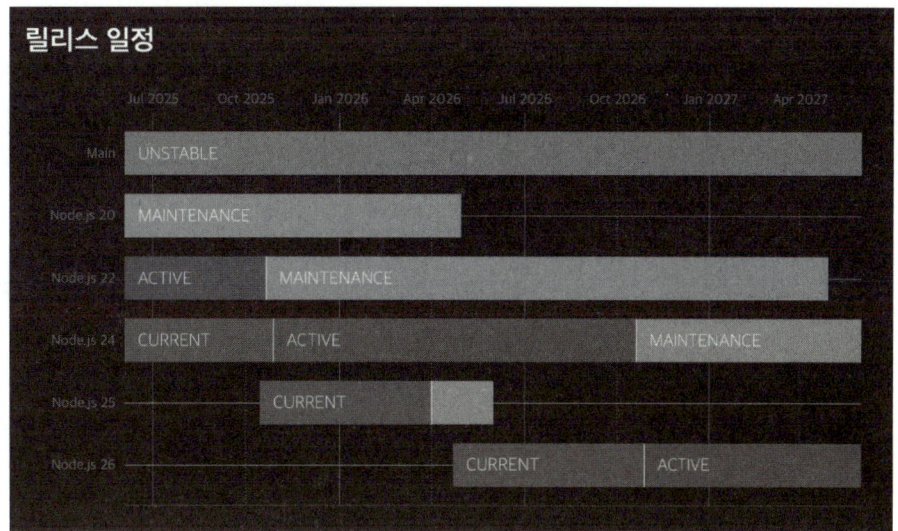

[그림 1-14] Node.js 출시 스케줄 표

비주얼 스튜디오 코드

이 책에서는 비주얼 스튜디오 코드를 에디터로 사용해 실습합니다. 비주얼 스튜디오 코드 역시 이 책을 보는 독자라면 사용했을 가능성이 높으므로 설치 과정에 대한 자세한 설명은 생략합니다. 대신 실습에 도움을 주는 몇 가지 확장 프로그램을 추천하면 다음과 같습니다.

- Prettier: 코드 포맷팅 도구
- ESLint: 코드 품질 정적 검사 도구
- Error Lens: 오류 메시지를 더 직관적으로 표시해 주는 도구

참고로 에디터는 어디까지나 단순 편집 도구이므로 원한다면 웹 스톰(Web Storm) 등 독자에게 익숙한 다른 에디터를 사용해도 무관합니다.

실습용 백엔드 서버 설정하기

환경 설정의 마지막 단계로 도서 데이터를 API로 제공하는 간단한 형태의 실습용 백엔드 서버를 설치합니다.

1. 백엔드 서버 코드 다운로드 받기

백엔드 서버를 업로드하고 있는 다음 경로의 GitHub 저장소로 접속합니다.

https://github.com/onebite-nextjs/book__onebite-books-server

이 GitHub 페이지에서 백엔드 서버의 코드를 다운로드합니다.

[그림 1-15]와 같이 초록색 〈Code〉 버튼을 클릭하면 나오는 팝업 메뉴에서 [Download ZIP]을 클릭합니다.

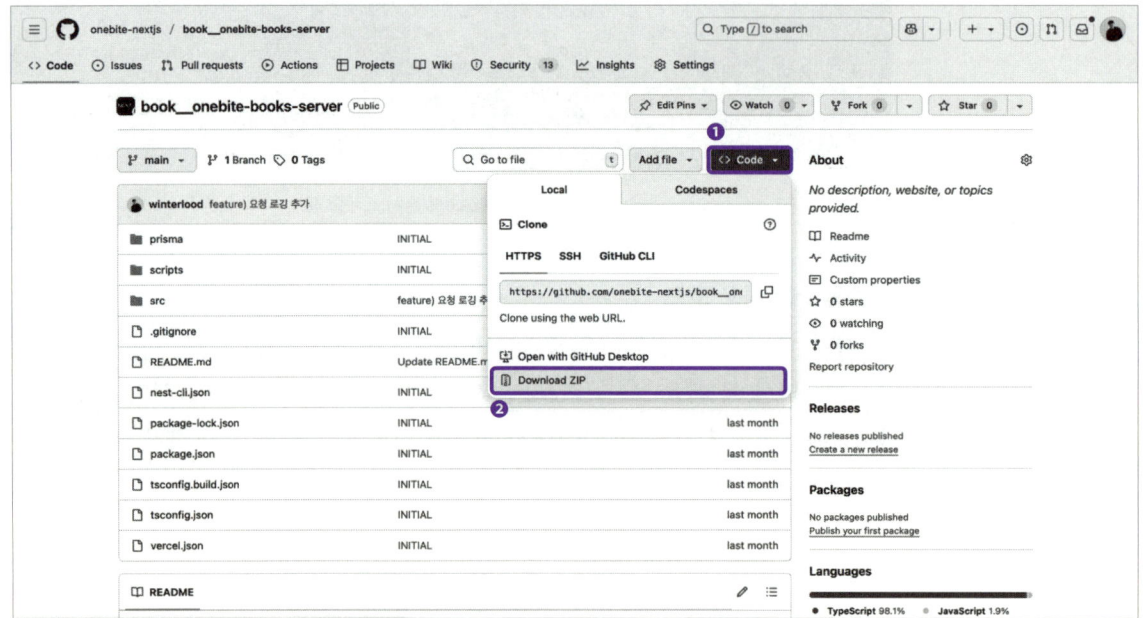

[그림 1-15] 실습용 백엔드 서버 코드 다운로드 받기

다운로드했다면 압축을 해제합니다. 압축을 해제하면 book__onebite-books-server-main 폴더가 나옵니다. 이 파일을 문서(Documents) 폴더로 옮깁니다.

 이 책에서 설명하는 백엔드 서버의 설정 방법은 이 GitHub 저장소에서도 동일하게 안내합니다. 책 출간 이후 업데이트된 내용은 이 저장소에서 빠르게 반영할 예정이므로 책에서 안내한 대로 따라했음에도 정상적으로 작동하지 않으면 저장소의 설명을 함께 참고하길 바랍니다.

2. Supabase 계정 생성하기

다운로드한 백엔드 서버는 Supabase라는 클라우드 서비스를 이용합니다. 다음 링크로 Supabase에 접속해 계정을 생성하고 데이터베이스 연결을 위한 몇 가지 설정을 진행합니다.

https://supabase.com/

 Supabase는 무엇인가요?

Supabase는 복잡한 설정 없이도 손쉽게 데이터베이스를 생성하고 이용할 수 있는 클라우드 기반 데이터베이스 서비스입니다. 동일한 기능으로 시장을 선점했던 Firebase의 대안으로 성장한 서비스로 오픈소스인 PostgreSQL을 기반으로 하고 있어 높은 안정성과 확장성을 제공합니다. 이 서비스는 API를 자동으로 생성하며 실시간 데이터베이스 이벤트와 인증 서비스까지 제공하고 있어 현재 많은 관심을 받고 있습니다.

Supabase 사이트에 접속했다면 먼저 회원 가입을 해야 합니다. [그림 1-16]에 표시된 〈Start your project〉 버튼을 클릭합니다.

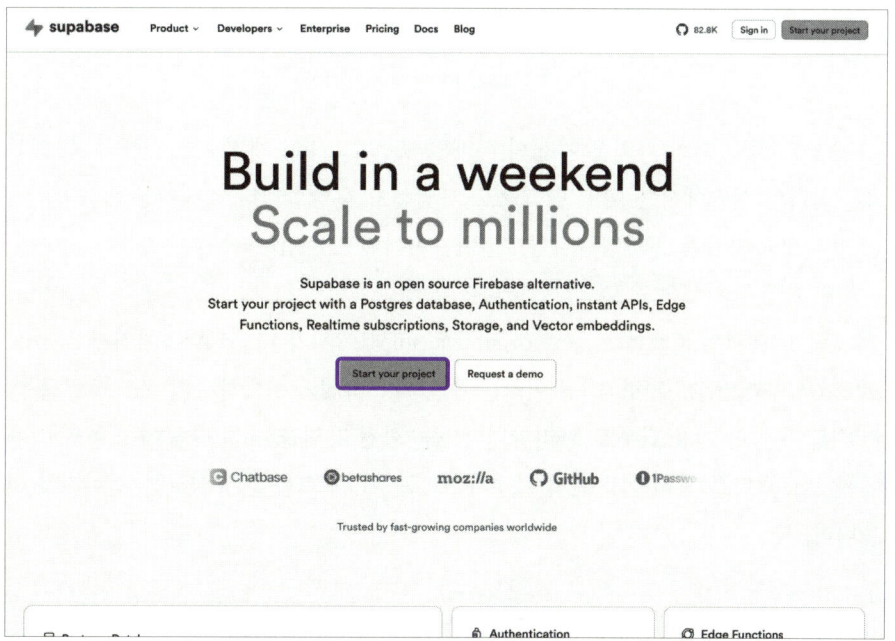

[그림 1-16] supabase.com에서 〈Start your project〉 버튼 클릭

실습 환경 설정하기 **17**

[그림 1-17]과 같이 로그인 페이지로 이동합니다. 로그인 페이지에서 〈Sign In〉 버튼 아래에 있는 'Sign Up Now' 항목을 클릭해 회원 가입 페이지로 이동합니다.

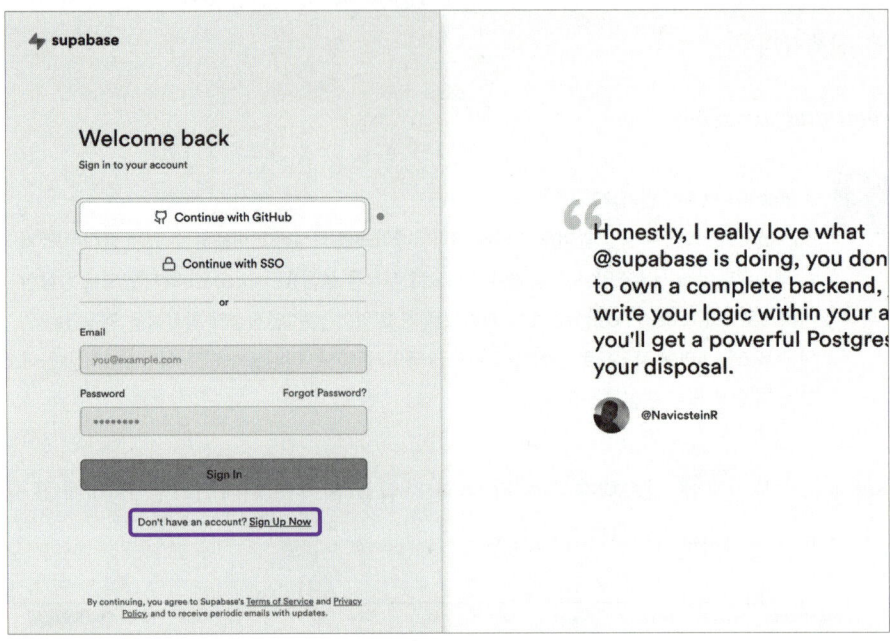

[그림 1-17] supabase 로그인 페이지

[그림 1-18]처럼 회원 가입은 자신의 이메일 또는 GitHub 계정으로 진행할 수 있는데, 이 책의 실습에서는 어떤 방식으로 가입해도 무방합니다. 따라서 독자가 원하는 방식으로 자유롭게 가입합니다. 필자는 이메일로 가입했습니다.

회원 가입을 완료하고 로그인합니다.

[그림 1-19]처럼 [Create a new organization] 페이지가 나옵니다. 여기서 organization은 우리말로 '조직', '그룹'이라는 뜻인데, Supabase는 하나의 프로젝트를 여러 사람이 속한 그룹 단위로 관리합니다. 즉, 회원 가입을 마친 다음에는 어떤 그룹에서 프로젝트를 관리할지 먼저 설정하기 때문에 새 그룹을 생성하는 페이지가 나옵니다.

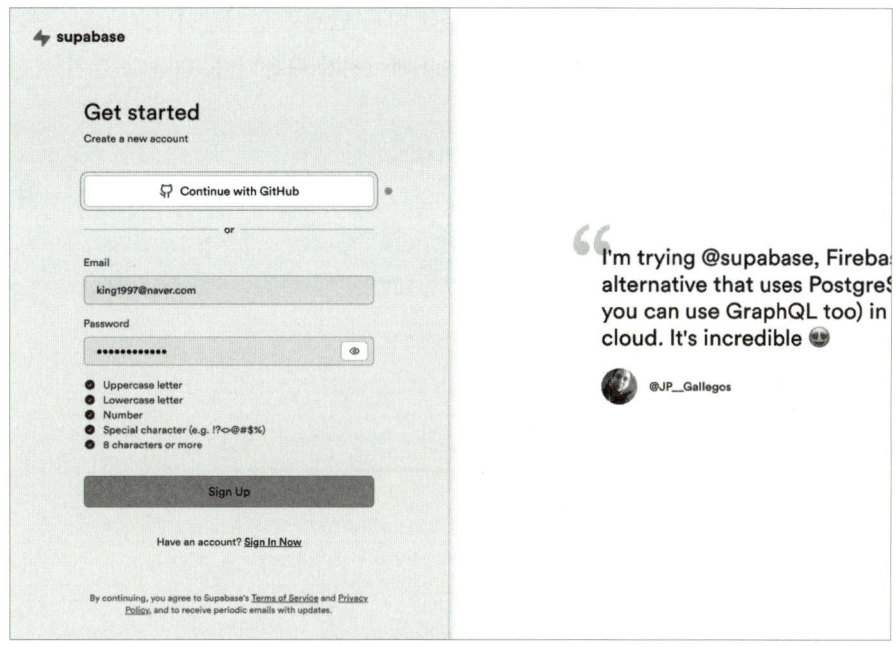

[그림 1-18] Supabase 회원 가입

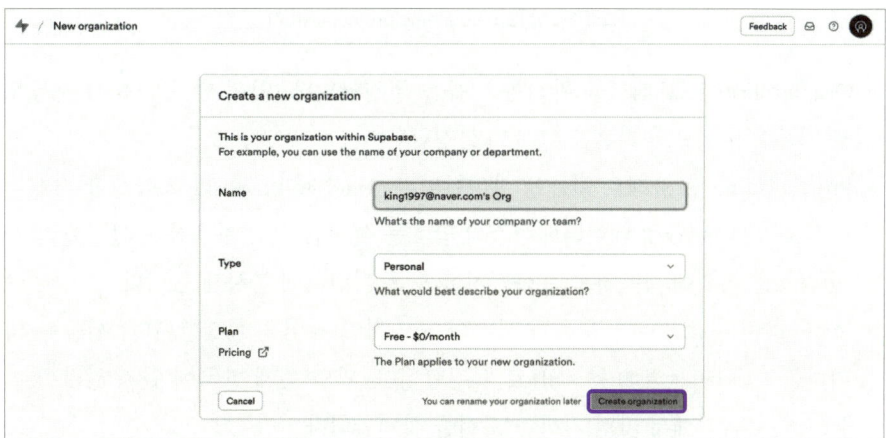

[그림 1-19] [Create a new organization] 페이지

이 책은 혼자 실습을 진행한다고 가정하므로 다음과 같이 설정합니다.

- Name: 기본값 혹은 자유롭게 설정합니다.
- Type: 기본값인 'Personal'로 설정합니다.
- (중요) Plan Pricing: 기본값인 'Free - $0/month'로 설정합니다.

하단의 〈Create organization〉 버튼을 클릭해 다음 단계로 넘어갑니다.

[그림 1-20]과 같이 [Create a new project] 페이지가 나옵니다. 다음과 같이 설정합니다.

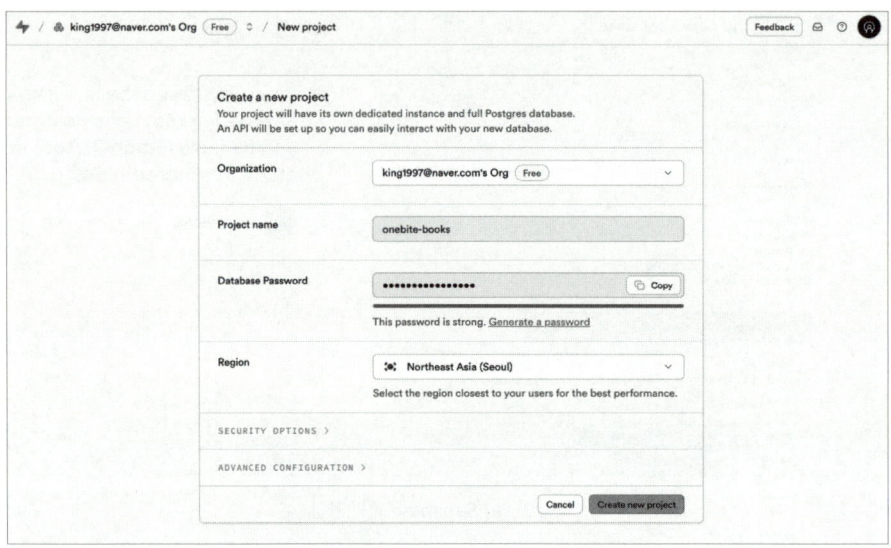

[그림 1-20] [Create a new project] 페이지

- Organization: 프로젝트를 관리할 그룹을 설정합니다. 앞서 만든 그룹이 자동으로 기본값이 되므로 기본값 그대로 설정합니다.
- Project Name: 프로젝트 이름을 설정합니다. 'onebite-books'라고 작성합니다.
- Database Password: 데이터베이스의 암호를 설정합니다. 자유롭게 설정합니다. 이 암호는 이후에 사용하므로 까먹지 않도록 어딘가에 복사해 둡니다.
- Region: 이 프로젝트가 운용될 서버의 물리적인 지역을 설정합니다. 서울을 의미하는 'Northeast Asia (Seoul)'로 설정합니다. 만약 현재 한국에 있지 않다면 머물고 있는 국가에서 가장 가까운 도시를 선택합니다.

모두 설정했다면 하단의 〈Create new project〉 버튼을 클릭합니다. 프로젝트 생성까지 일정 시간이 걸릴 수 있습니다.

프로젝트 생성을 완료하면 [그림 1-21]과 같이 [onebite-books] 페이지가 나옵니다. 이때도 데이터베이스 등 프로젝트의 일부 서비스는 아직 생성되지 않을 수 있습니다. 생성 여부를 확인하려면 [그림 1-21] 오른쪽에 있는 〈Project Status〉 버튼을

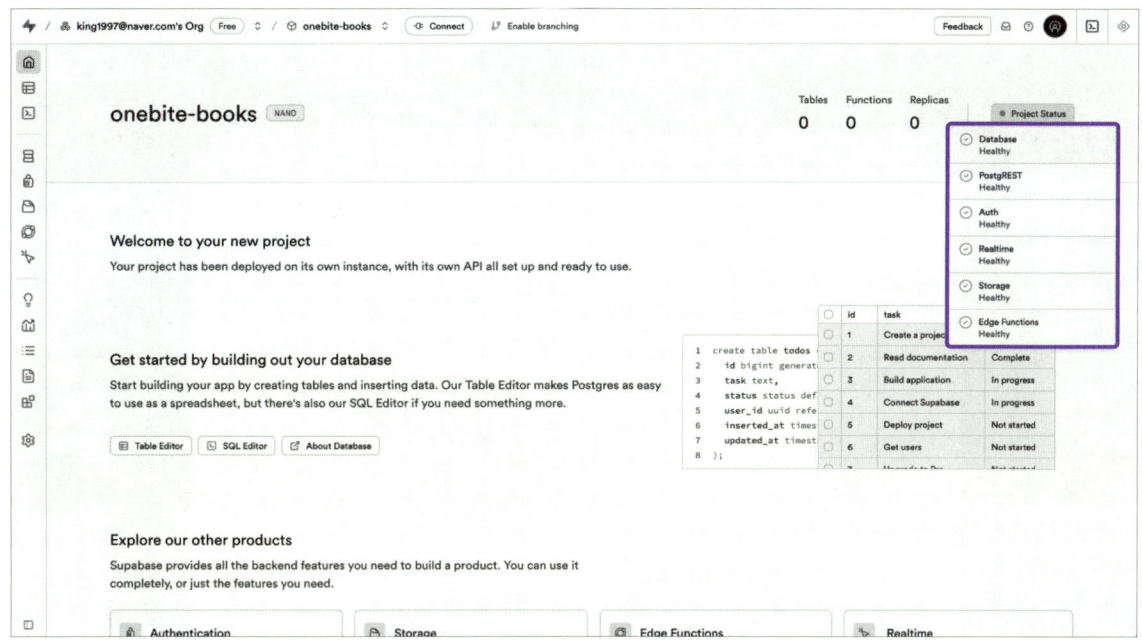

[그림 1-21] 프로젝트 생성 완료, 서비스 가동 완료 전

클릭하면 됩니다. 모든 서비스를 시작하기까지 통상 5~10분 정도의 시간이 소요됩니다.

모든 서비스의 가동이 완료되면 [그림 1-21]과 같이 팝업 메뉴의 각 항목이 초록색으로 바뀝니다. 서비스 상태를 살펴보면 밑에 'Healthy'라는 텍스트가 표시됩니다.

3. 백엔드 서버와 Supabase를 연결하는 커넥션 스트링 설정하기

Supabase 프로젝트의 생성과 프로젝트의 데이터베이스를 비롯한 모든 서비스를 가동했다면 앞서 다운로드한 백엔드 서버와 Supabase의 데이터베이스를 연결할 차례입니다.

백엔드 서버와 데이터베이스를 연결하려면 커넥션 스트링(Connection String)이라는 일종의 주솟값을 이용해야 합니다. 이 주솟값은 [그림 1-22]와 같이 대시보드 상단에 있는 〈Connect〉 버튼을 클릭하면 나오는 모달 창에서 확인할 수 있습니다.

〈Connect〉 버튼을 클릭합니다.

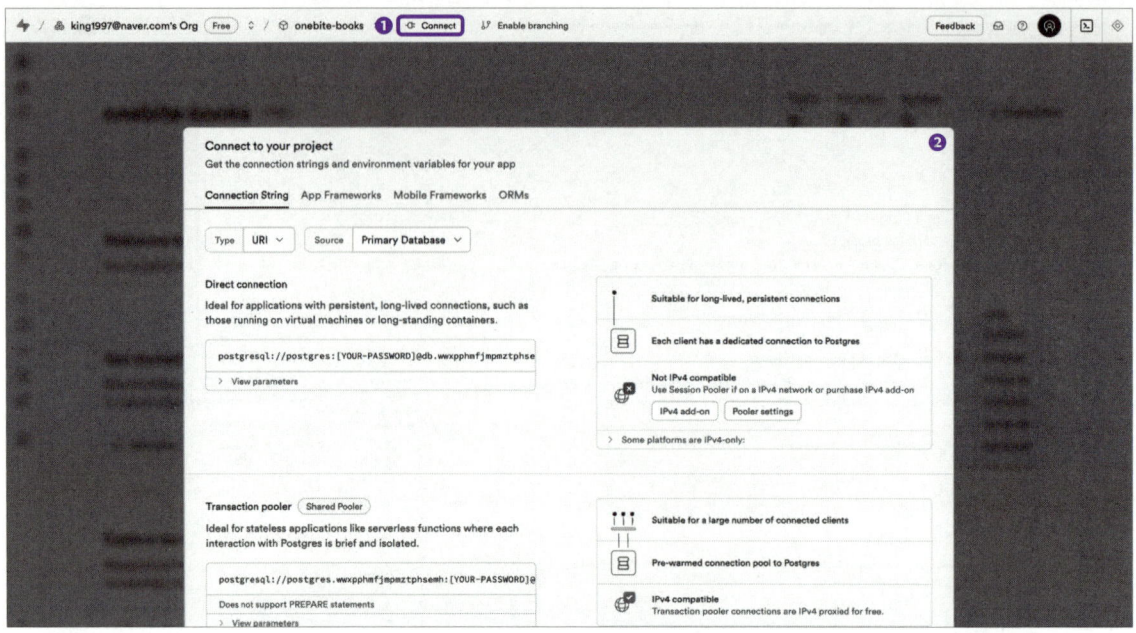

[그림 1-22] 〈Connect〉 버튼을 클릭하면 나오는 [Connect to your project] 모달 창

[Connect to your project] 모달 창이 나옵니다. 여기서 [그림 1-23]처럼 [ORMs] 탭으로 이동한 다음, 'Tool' 항목이 'Prisma'로 선택되었는지 확인합니다.

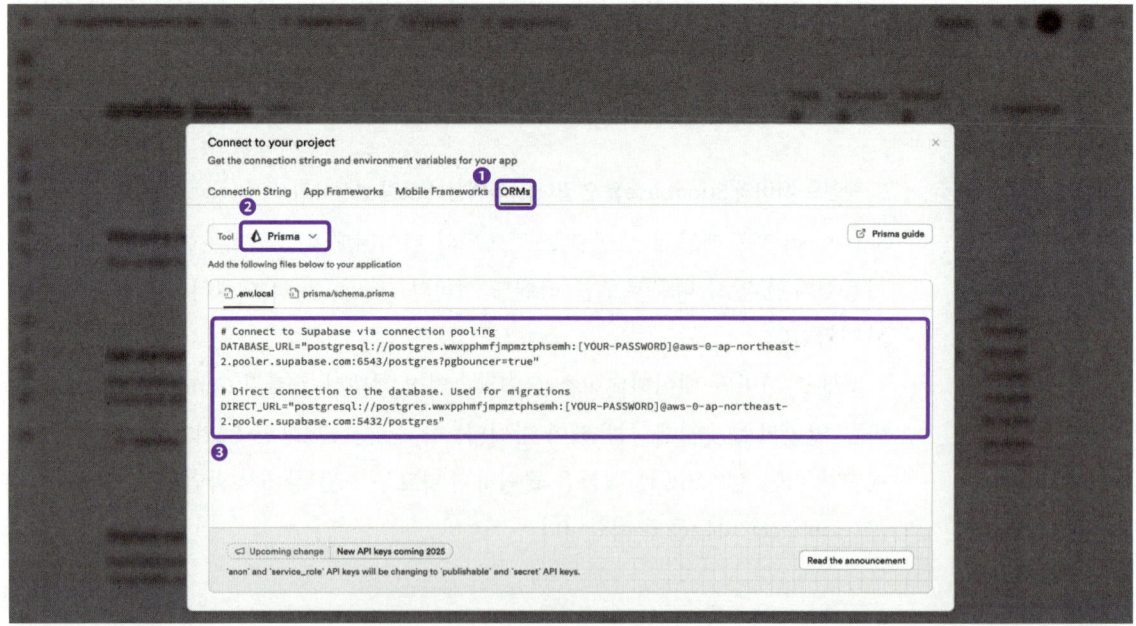

[그림 1-23] [Connect to your project] 모달 창에서 커넥션 스트링 복사

Prisma로 선택되어 있다면 하단에는 커넥션 스트링을 DATABASE_URL과 DIRECT_URL 이라는 환경 변수에 저장하는 코드가 표시됩니다. 이 내용 전체를 복사합니다.

다음으로 비주얼 스튜디오 코드를 실행합니다. 비주얼 스튜디오 코드에서 [File]-[Open Folder] 메뉴를 클릭한 다음, 앞서 문서 폴더로 옮겼던 백엔드 서버 폴더(book__onebite-books-server-main)를 엽니다. 백엔드 서버 프로젝트의 루트 아래에 .env 파일을 생성합니다. 그리고 앞서 복사한 코드를 이 파일에 붙여넣습니다.

CODE　　　　　　　　　　　　　　　　　　　　　　　　　　　　　　　　　　　　file: .env
```
# Connect to Supabase via connection pooling with Supavisor.
DATABASE_URL="postgresql://postgres.uektaydysdsygkomxtuh:[YOUR-PASSWORD]
@aws-0-ap-northeast-2.pooler.supabase.com:6543/postgres?pgbouncer=true"

# Direct connection to the database. Used for migrations.
DIRECT_URL="postgresql://postgres.uektaydysdsygkomxtuh:[YOUR-PASSWORD]
@aws-0-ap-northeast-2.pooler.supabase.com:5432/postgres"
```

이제 환경 변수 DATABASE_URL과 DIRECT_URL에 저장한 각 커넥션 스트링의 비밀번호를 수정합니다. 각각의 변숫값에서 [YOUR-PASSWORD]로 표시된 부분을 앞서 설정했던 데이터베이스의 비밀번호로 변경합니다(대괄호도 함께 삭제합니다).

> **여기서 잠깐**
>
> **비밀번호를 까먹었어요!**
>
> 앞서 설정한 데이터베이스의 비밀번호를 까먹었다면 비밀번호를 다시 설정해야 합니다.
>
> 비밀번호를 다시 설정하려면 [그림 1-24]가 안내하는 순서대로 설정(⚙) 아이콘을 선택하고 [Setting] - [Database]를 클릭합니다. 계속해서 [Database Settings] 페이지의 'Database password' 섹션에 있는 〈Reset database password〉 버튼을 클릭하고 나오는 대화상자에서 새로운 비밀번호를 입력하면 됩니다.

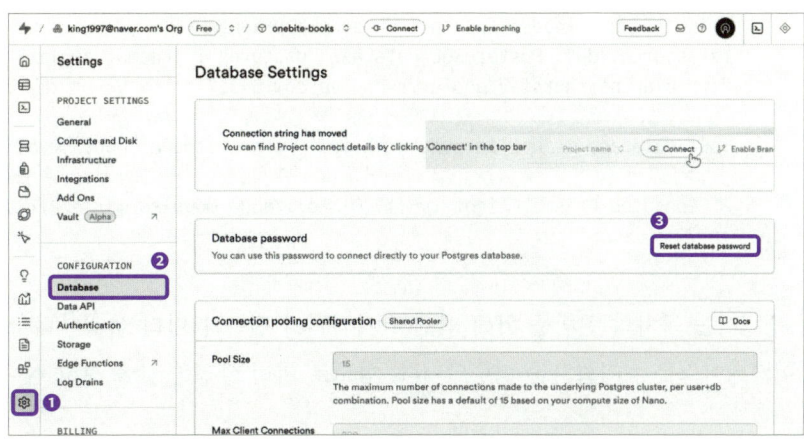

[그림 1-24] 데이터베이스 비밀번호 재설정

실습 환경 설정하기　23

4. 데이터베이스 초기화하기

커넥션 스트링 설정까지 모두 완료했다면 이제 데이터베이스와 백엔드 서버를 연결해 데이터베이스를 초기화합니다. 그 전에 먼저 백엔드 서버의 의존성을 설치해야 하므로 백엔드 서버가 열려 있는 비주얼 스튜디오 코드의 터미널(이하 백엔드 서버 콘솔)에서 다음 명령어를 입력합니다.

```
npm install
```

 Next.js로 개발할 때는 여러 종류의 콘솔을 확인할 일이 자주 발생합니다. 특히 오류를 디버깅하거나 특정 동작을 확인할 때 콘솔의 역할은 매우 중요합니다. 이 책에서는 여러 형태의 콘솔을 다음과 같이 구분해 부르겠습니다. 잊지 마시길 바랍니다.

- Next.js 서버 콘솔
  Next.js 앱이 열려 있는 비주얼 스튜디오 코드의 터미널을 가리킵니다.

- 백엔드 서버 콘솔
  백엔드 서버가 열려 있는 비주얼 스튜디오 코드의 터미널을 가리킵니다.

- 브라우저 콘솔
  브라우저 개발자 도구의 [Console] 탭을 가리킵니다.

의존성 설치를 모두 완료했으니 이제 데이터베이스를 초기화합니다. 백엔드 서버 콘솔에서 다음 명령어를 입력합니다.

CODE
```
npx prisma db push
```

OUTPUT
```
Environment variables loaded from .env
Prisma schema loaded from prisma/schema.prisma
Datasource "db": PostgreSQL database "postgres", schema "public" at "aws-0-ap-northeast-2.pooler.supabase.com:5432"

Your database is now in sync with your Prisma schema. Done in 535ms

✔ Generated Prisma Client (v5.13.0) to ./node_modules/@prisma/client in 79ms
```

이 명령어는 독자의 편의를 위해 백엔드 서버에서 필자가 미리 설정한 값에 맞춰 데이터베이스를 초기화하는 명령입니다. 참고로 미리 설정한 값을 보고 싶다면 비주얼 스튜디오 코드 프로젝트 루트에 있는 prisma/schema.prisma 파일을 확인하면 됩니다.

결과를 확인하기 위해 [onebite-books] 프로젝트 페이지로 돌아가 사이드 메뉴에 있는 'Table Editor' 아이콘을 클릭합니다. [그림 1-25]와 같이 도서 데이터를 보관하는 Book 테이블과 리뷰 데이터를 보관하는 Review 테이블이 생성되어 있음을 확인할 수 있습니다.

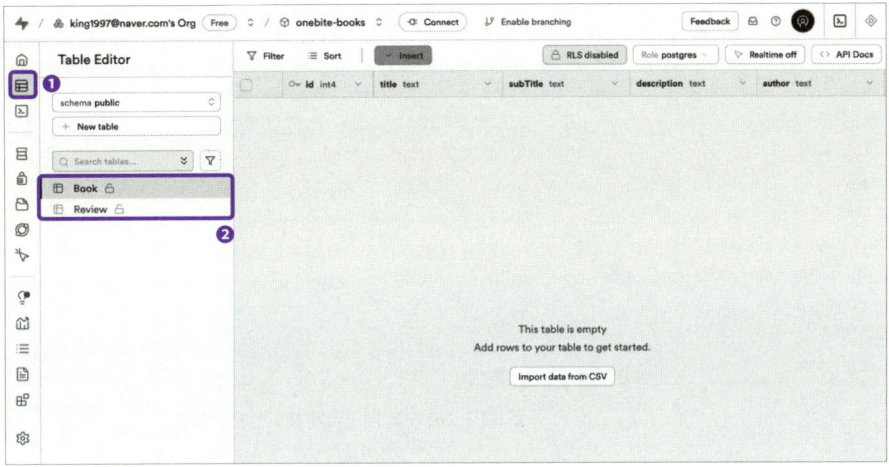

[그림 1-25] 데이터베이스 초기화

이때 오류가 발생하거나 1분 이상 시간이 소요된다면 커넥션 스트링 설정이 잘못되었을 가능성이 높습니다. 3번 과정으로 돌아가 .env 파일에 내용을 바르게 복사했는지, 비밀번호는 잘 설정했는지 등을 확인합니다.

5. 시드 데이터 삽입하기

데이터베이스를 초기화했다면 다음으로 개발에 필요한 초기 데이터인 시드(Seed) 데이터를 채울 차례입니다. 시드 데이터 역시 독자의 편의를 위해 간단한 명령어 하나로 채울 수 있습니다. 비주얼 스튜디오 코드의 백엔드 서버 콘솔에서 다음 명령어를 입력합니다.

```
npm run seed
```

코드를 입력하고 실행하면 Book, Review 테이블에 시드 데이터가 각각 채워집니다.

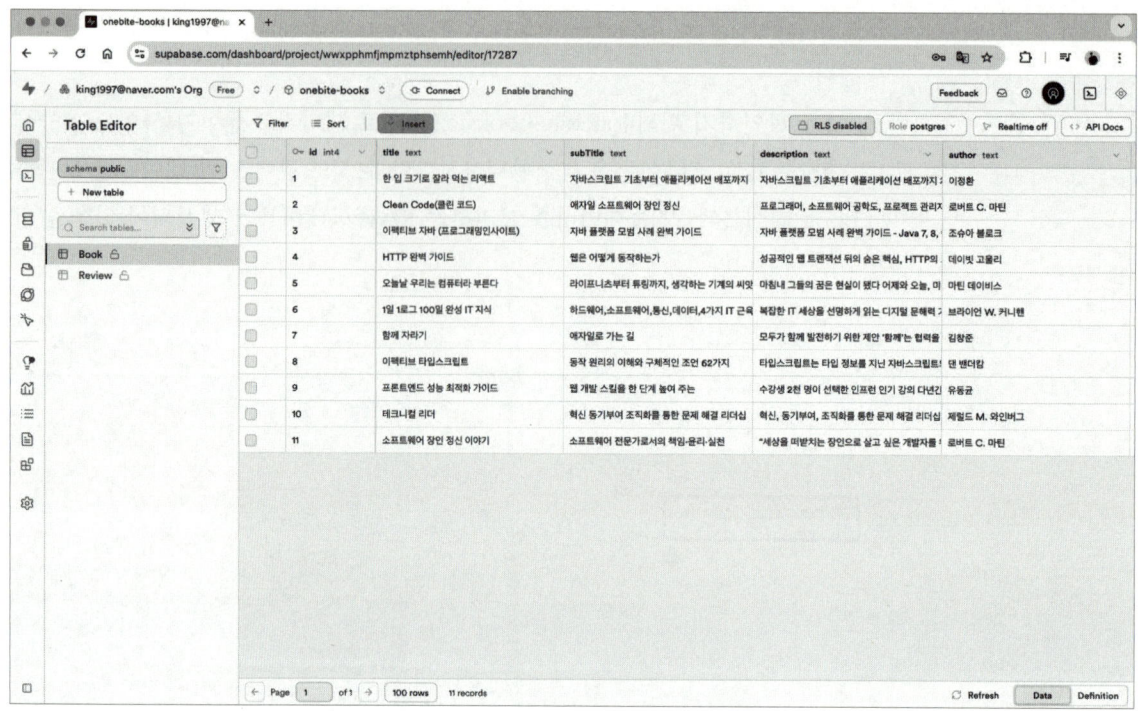

[그림 1-26] 시드 데이터가 채워진 테이블의 모습

6. 백엔드 서버 가동하기

데이터베이스에 시드 데이터를 채우는 과정까지 마무리했으니 이제 백엔드 서버를 실제로 가동할 차례입니다. 실행을 위해서는 빌드 과정이 먼저 필요하므로 백엔드 서버 콘솔에서 다음 명령어를 입력해 프로젝트를 빌드합니다.

```
npm run build
```

빌드를 성공적으로 완료했다면 이제 다음 명령어를 입력해 백엔드 서버를 가동합니다.

```
npm run start
```

백엔드 서버를 성공적으로 가동하면 백엔드 서버 콘솔에 다음과 같은 메시지가 출력됩니다.

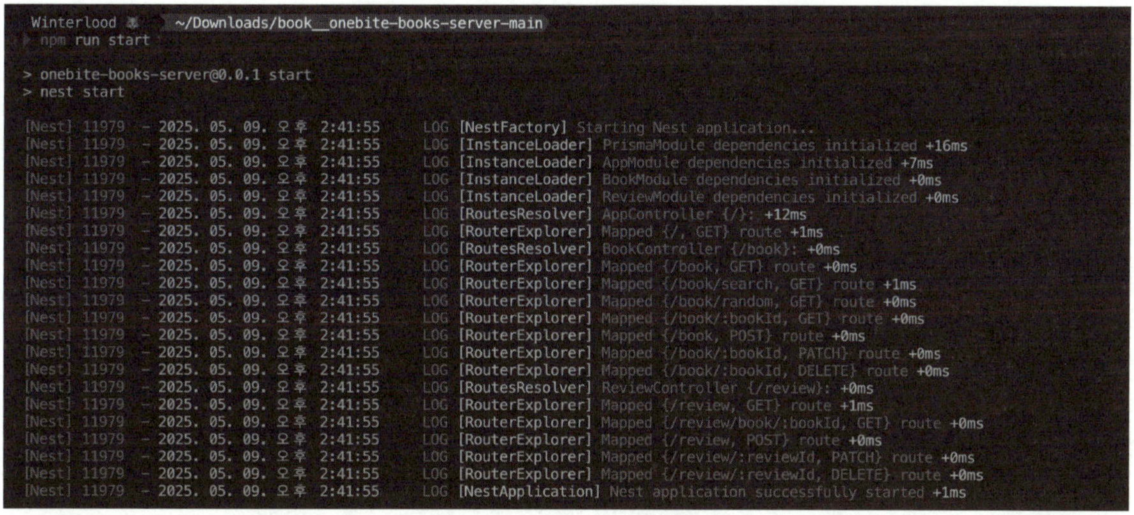

[그림 1-27] 백엔드 서버 가동하기

백엔드 서버가 정상적으로 가동됐는지 확인하기 위해 브라우저에서 다음 주소로 접속합니다.

http://localhost:8080

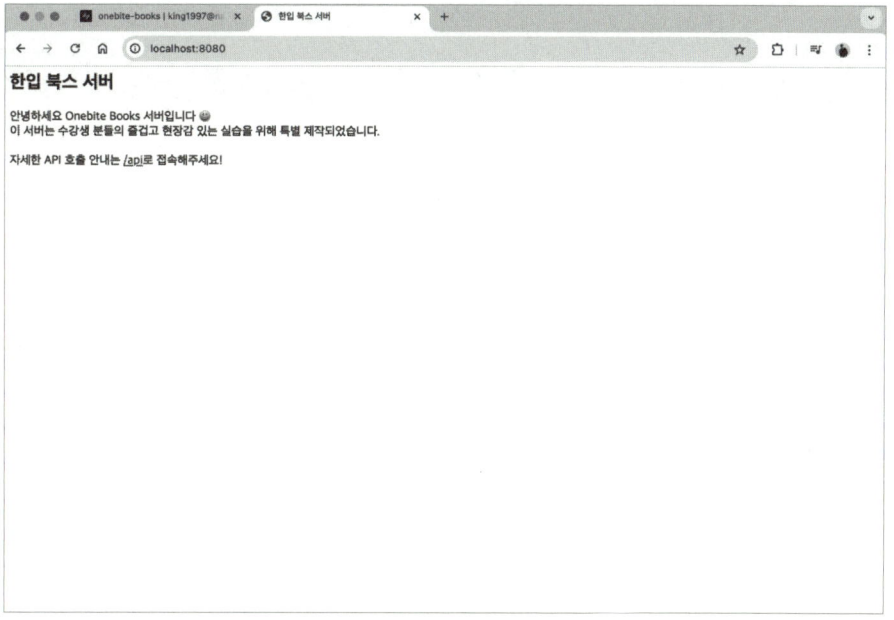

[그림 1-28] 백엔드 서버에 접속하기

7. 프리즈마 스튜디오 사용하기

마지막으로 백엔드 서버를 사용하는 데이터베이스의 데이터를 훨씬 더 편리하게 조회하고 관리하는 도구인 Prisma Studio를 살펴보겠습니다. Prisma Studio는 현재 연결된 데이터베이스의 데이터를 편리하게 조회, 수정, 삭제할 수 있는 Prisma가 제공하는 GUI 도구입니다.

현재 백엔드 서버가 가동 중인 상태에서 Prisma Studio를 작동하려면 [그림 1-29] 처럼 비주얼 스튜디오 코드의 터미널에서 '터미널 분할' 아이콘을 클릭해 새 터미널을 하나 추가해야 합니다. 그럼 또 하나의 터미널이 오른쪽에 생성됩니다.

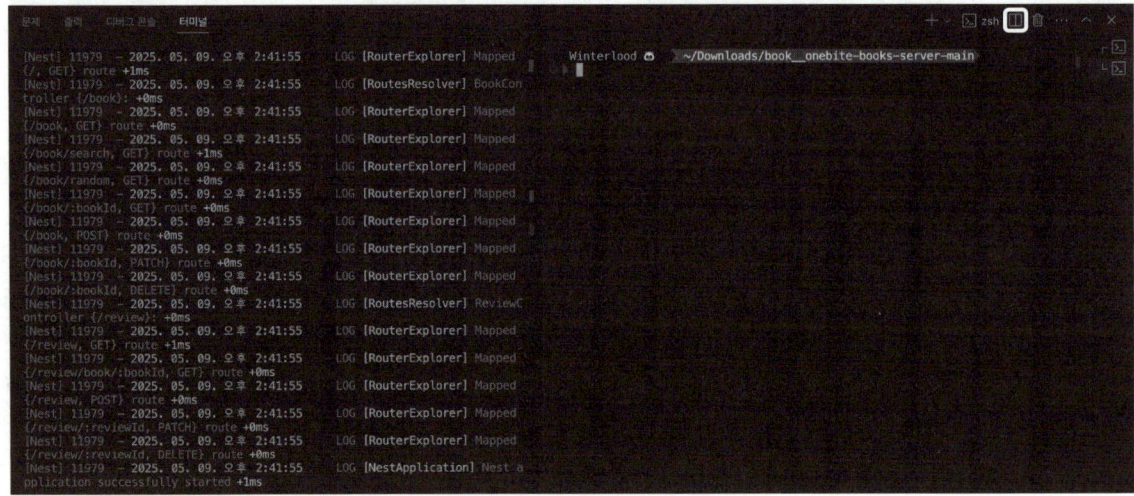

[그림 1-29] 터미널 분할하기

새롭게 추가한 백엔드 서버 콘솔에서 다음 명령어를 입력합니다.

`npx prisma studio`

그럼 자동으로 브라우저에서 새 탭이 열리고 Prisma Studio로 접속합니다. 이 페이지에서 연결된 데이터베이스의 테이블과 각 테이블의 데이터를 직접 확인할 수 있습니다.

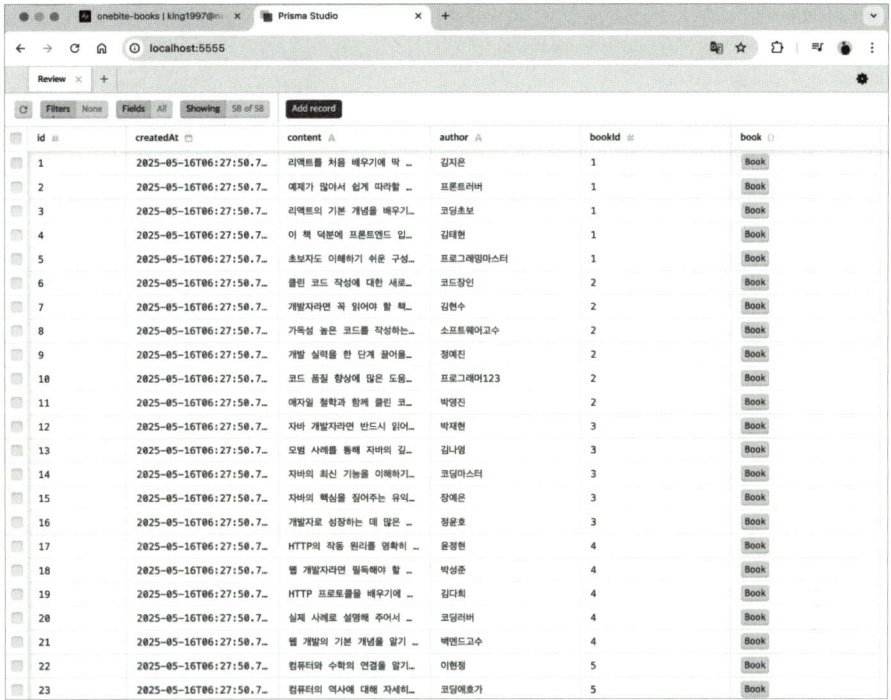

[그림 1-30] Prisma Studio 페이지

실습용 백엔드 서버를 사용할 때 주의할 사항

Supabase는 앞서 만든 데이터베이스에 약 7일간 아무런 접근도 하지 않으면 자동으로 프로젝트를 중단합니다. 그럼 백엔드 서버에서 데이터를 정상적으로 불러오지 못하므로 실습 과정에서 문제가 생길 수 있습니다.

실습 과정에서 갑자기 백엔드 서버에서 데이터를 불러오지 못한다면 Supabase 프로젝트의 중단 문제일 수 있으므로 다음 순서에 따라 Supabase 프로젝트의 상태를 확인하고 다시 가동해야 합니다.

1. Supabase 프로젝트 중단 여부 확인하기

Supabase 프로젝트의 중단 여부는 Supabase 대시보드에서 확인할 수 있습니다.

Supabase 홈페이지에 접속한 다음, 〈Start your project〉 버튼을 클릭해 대시보드에 접속합니다. 대시보드에서 사용자가 만든 프로젝트에 'Project is paused'라는 메시지가 표시되어 있다면 프로젝트가 지금 중단 상태라는 의미입니다.

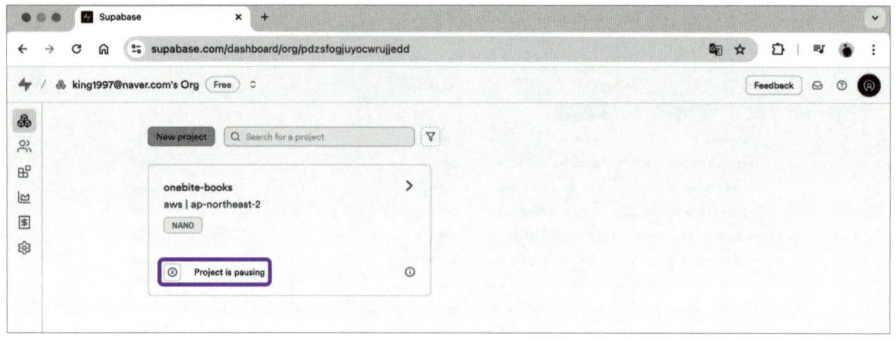

[그림 1-31] 프로젝트 중단 여부 확인하기

2. 중단된 프로젝트 다시 가동하기

중단된 프로젝트를 클릭해 상세 페이지에 접속하면 [그림 1-32]처럼 프로젝트가 중단되었다는 안내 문구와 함께 프로젝트를 다시 가동할 수 있는 〈Restore project〉 버튼이 있습니다. 이 버튼을 클릭하면 바로 프로젝트를 가동하기 시작합니다.

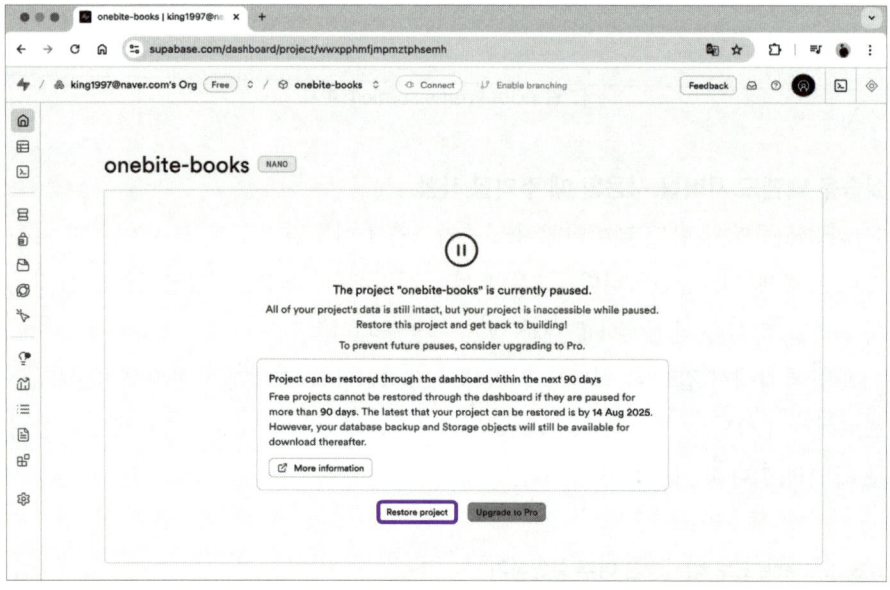

[그림 1-32] 중단된 프로젝트 다시 가동하기

복구 과정은 사용자의 시스템 사양에 따라 최대 10~20분 정도의 시간이 소요될 수도 있습니다. 완료되면 데이터베이스 연결 및 API 요청 등 프로젝트의 모든 기능이 정상적으로 다시 작동합니다.

타입스크립트 가볍게 살펴보기

오늘날 타입스크립트 없이 프런트엔드 개발을 논하는 일은 상상하기 어려울 정도로 타입스크립트는 필수적인 기술이 되었습니다. 타입스크립트가 타입의 안정성을 보장하고 코드의 유지 보수력을 높이며 런타임 오류를 줄이는 데 중요한 역할을 하기 때문입니다.

오늘날 대다수 Next.js의 개발은 타입스크립트 환경에서 이루어집니다. 심지어 Next.js 공식 튜토리얼이 타입스크립트 코드를 기본으로 제공할 정도로 이제는 많은 개발자가 Next.js와 함께 타입스크립트를 자연스럽게 활용하고 있습니다.

당연히 이 책의 Next.js 실습도 타입스크립트 환경에서 진행합니다. 타입스크립트를 잘 몰라도 실습을 하는 데는 지장이 없지만, 타입스크립트를 잘 알고 있다면 실습은 더 재밌고 수월할 수 있습니다. 그래서 이번 절에서는 Next.js를 학습하기 전에 꼭 알아 두어야 할 타입스크립트의 핵심 개념들을 정리하려고 합니다.

물론 이 책에서 타입스크립트의 모든 내용을 다룰 수는 없습니다. 이 책의 초점은 다름 아닌 Next.js이기 때문입니다. 따라서 이번 절에서는 이 책을 이해하는 데 꼭 필요한 타입스크립트의 핵심 개념과 문법을 간단히 짚고 넘어갑니다. 타입스크립트를 더 자세히 공부하려는 독자는 필자가 제공하는 타입스크립트 핸드북 사이트(*https://ts.winterlood.com*)와 인프런 강의('한 입 크기로 잘라 먹는 타입스크립트')를 참고하길 권합니다.

타입스크립트란 어떤 언어인가?

타입스크립트는 자바스크립트를 보다 안전하게 사용할 수 있도록 타입 관련 기능을 자바스크립트에 추가한 언어입니다. 따라서 타입스크립트는 결국 자바스크립트의 업그레이드 버전, 확장판 정도로 이해할 수 있습니다.

[그림 1-33]은 자바스크립트와 타입스크립트의 관계를 다이어그램으로 간단히 보여 주고 있습니다.

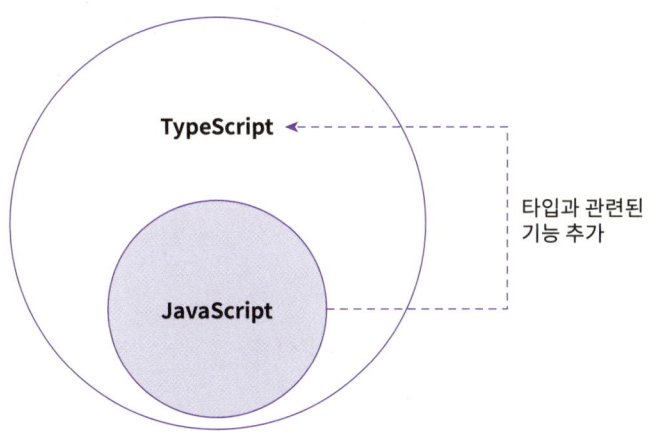

[그림 1-33] 자바스크립트와 타입스크립트의 관계

타입스크립트의 인기는 이제 설명이 필요 없을 정도로 계속 높아지고 있습니다. [그림 1-34]는 State of JS 2024에서 발표한 조사 결과로 자바스크립트와 타입스크립트의 사용 비율을 비교하고 있습니다. 이 그래프를 보면 현재 개발자들이 어떤 언어를 선호하고 있는지 한눈에 확인할 수 있습니다.

[그림 1-34]를 보면 8%의 개발자만이 타입스크립트 없이 자바스크립트를 사용할 뿐, 나머지 대다수 개발자는 타입스크립트를 적극적으로 활용하고 있습니다. 타입스크립트가 개발자의 필수 기술로 자리 잡고 있음을 잘 보여 줍니다.

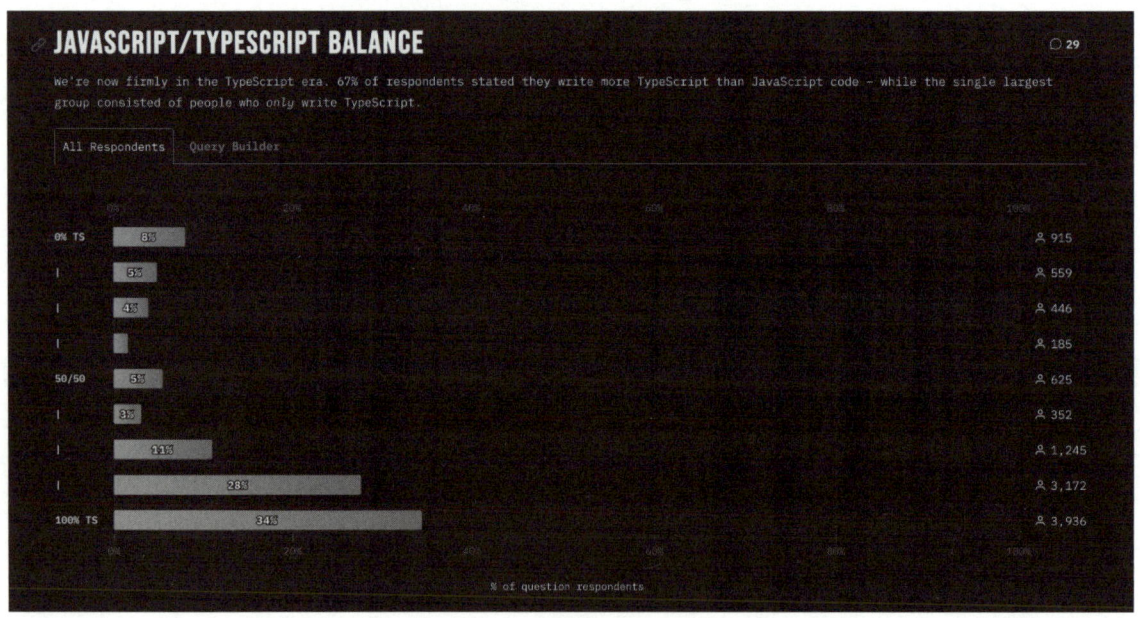

[그림 1-34] State of JS 2024 자바스크립트/타입스크립트 사용 비율 비교 결과. 출처: https://2024.stateofjs.com/en-US/usage/#js_ts_balance

타입스크립트 기본 문법 알아보기

타입스크립트는 변수 타입을 직접 정의할 수 있다

타입스크립트에서는 변수 타입을 개발자가 직접 정의할 수 있습니다. 변수의 이름 뒤에 콜론(:)과 함께 타입을 명시하면 됩니다. 다음은 간단한 예시입니다.

```
let num: number = 1; ①
```

① 변수 num을 선언하고 타입을 number로 정의합니다. 초깃값은 1로 설정합니다.

정의한 타입 이외의 타입으로 값을 할당하면 오류가 발생합니다.

```
let num: number = 1;
num = "hello" // 오류 발생 ①
```

① number 타입으로 정의한 변수 num에 문자열 "hello"를 할당합니다. 타입이 일치하지 않아 오류가 발생합니다.

함수의 매개변수도 동일한 문법으로 타입을 정의합니다.

```
function addNumber(num1: number, num2: number) { ①
  return num1 + num2;
}

function addString(str1: string, str2: string) { ②
  return str1 + str2;
}
```

① addNumber 함수를 선언하고 2개의 매개변수 num1, num2를 선언합니다. 이때 두 매개변수의 타입을 모두 number 타입으로 정의합니다.

② addString 함수를 선언하고 2개의 매개변수 str1, str2를 선언합니다. 이때 두 매개변수의 타입을 모두 string 타입으로 정의합니다.

함수의 반환값 타입 또한 동일한 문법으로 타입을 정의합니다.

```
function addNumber(num1: number, num2: number): number { ①
  return num1 + num2;
}

function addString(str1: string, str2: string): string { ②
  return str1 + str2;
}
```

① addNumber 함수의 반환값 타입을 number로 정의합니다.

② addString 함수의 반환값 타입을 string으로 정의합니다.

타입의 정의를 생략하면 타입스크립트가 자동으로 추론한다

타입스크립트는 변수를 선언할 때 타입을 정의하지 않아도 초깃값을 기준으로 타입을 자동으로 추론합니다. 이를 타입 추론(Type Inference)이라고 합니다.

다음 코드에서 message 변수의 타입은 string, count 변수의 타입은 number로 추론됩니다.

```
CODE
let message = "hello" ①
let count = 0 ②
```

① 변수 message를 선언하고 초깃값으로 문자열 "hello"를 할당합니다. 타입을 따로 명시하지 않았지만, 이 변수의 타입은 string으로 추론됩니다.
② 변수 count를 선언하고 초깃값으로 숫자 0을 할당합니다. 이 변수의 타입은 number로 추론됩니다.

함수의 반환값 타입 또한 반환값을 기준으로 자동 추론됩니다.

```
CODE
function addNumber(num1: number, num2: number) { ①
  return num1 + num2;
}
```

① addNumber 함수의 반환값 타입은 number로 추론됩니다.

타입스크립트의 타입 추론 기능 덕분에 개발자는 모든 변수의 타입을 직접 정의할 필요가 없어 타이핑의 부담을 상당히 줄일 수 있습니다.

예외적으로 초깃값이 없는 매개변수의 타입은 추론되지 않습니다. 따라서 직접 정의하지 않으면 오류가 발생합니다.

```
CODE
function addNumber(num1, num2) { // 오류 발생
  return num1 + num2;
}
```

타입을 별도의 식별자로 정의할 수 있다.

타입스크립트는 자주 사용하는 타입 구조를 별도의 이름(식별자)으로 정의해 다시 사용합니다. 이를 타입 별칭(Type Alias)이라고 합니다. 마치 변수처럼 타입도 이름을 붙인다고 생각하면 됩니다.

```
type User = {  ①
  name: string;
  age: number;
};

const user: User = {  ②
  name: "Jisoo",
  age: 25,
};
```

> ① User라는 이름의 객체 타입을 정의했습니다. 이제 User 타입을 다양한 곳에서 재사용할 수 있습니다.
> ② 변수 user를 선언하고 user 타입을 ①에서 생성한 User로 정의합니다.

타입 별칭은 복잡한 타입 구조를 간단하게 표현할 수 있어 이를 사용하면 유지 보수가 한결 쉬워집니다.

타입 별칭 말고 인터페이스(Interface)로도 객체의 타입을 정의할 수 있습니다

```
interface Book {
  title: string;
  author: string;
}

const book: Book = {
  title: "한 입 크기로 잘라먹는 Next.js"
  author: "이정환"
}
```

인터페이스는 주로 객체의 형태를 설명할 때 사용하는데, 타입과 유사하지만 상속이나 확장 기능에서 차이가 있습니다. 보통 객체 타입을 정의할 때는 인터페이스나 타입 별칭을 모두 사용할 수 있는데, 프로젝트 스타일에 맞게 적절히 선택하면 됩니다.

타입스크립트는 코드의 타입을 실행 전에 검사한다

타입스크립트의 가장 큰 특징 중 하나는 코드를 실행하기 전에 타입을 검사한다는 점입니다. 이를 정적 타입 검사(Static Type Checking)라고 합니다.

자바스크립트는 코드를 실행하면서 오류를 발견하지만, 타입스크립트는 실행

하기 전에 미리 코드 타입에 문제가 없는지 확인합니다. 덕분에 실수로 타입을 잘못 입력해도 코드를 실행하기 전에 알려 주므로 더 안전한 코드를 작성할 수 있습니다.

```
function addNumber(num1: number, num2: number) {
  return num1 + num2;
}

add(10, "20"); // 오류 발생!
```

addNumber 함수의 매개변수 num1과 num2는 모두 number 타입이어야 하지만, 실제에서는 "20"이라는 문자열을 인수로 전달합니다. 따라서 타입스크립트는 실행하기 전에 오류를 감지하고 알려 줍니다. 타입스크립트를 사용하면 코드를 작성하는 순간부터 오류를 발견하고 수정할 수 있어 디버깅 시간을 크게 줄이고 더 안전한 프로그램을 만들 수 있습니다.

한 입 크기로 잘라 먹는 Next.js

1부

빠르게 알아보는 페이지 라우터 (Page Router)

1부에서 다루는 내용

- 페이지 라우터 버전으로 Next.js 시작하기
- 페이지 라우터 버전의 Next.js 활용하기

한 입 크 기 로 잘 라 먹 는 **Next.js**

2장

페이지 라우터 버전으로 Next.js 시작하기

이 장에서 주목할 키워드

- 페이지 라우터
- 라우팅
- 네비게이팅
- 프리페칭
- 스타일링
- UI 구현하기

> **이 장의 학습 목표**
> - 페이지 라우터 버전의 Next.js 앱을 만듭니다.
> - 프로젝트 구조를 설정하고 레이아웃, 네비게이션, 스타일링 등 Next.js 앱의 기본 기능을 실습합니다.
> - 프리페칭의 개념과 활용 방법을 이해하고 적용합니다.

'한입북스'라는 이름으로 간단한 프로젝트를 만들면서 Next.js 초기부터 제공된 페이지 라우터의 사용법을 살펴봅니다. Next.js 앱을 생성하고 라우트와 레이아웃 설정까지 살펴볼 예정입니다.

Next.js 앱 생성하기

새 앱을 생성하고 Next.js 앱은 어떤 요소로 되어 있는지 어떻게 구동하는지 살펴보겠습니다.

먼저 실습 코드를 저장할 폴더를 만듭니다. 문서(Documents) 폴더에 onebite-next라는 이름으로 폴더를 하나 만듭니다.

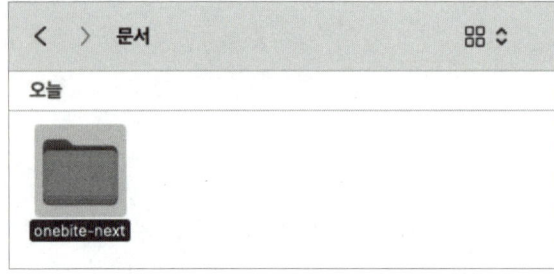

[그림 2-1] 문서 폴더에 onebite-next 폴더 생성

macOS 터미널(Windows는 명령 프롬프트)을 열고 다음 명령으로 문서 폴더에 생성한 onebite-next 폴더로 이동합니다.

```
cd ~/Documents/onebite-next
```

다음 명령어를 입력해 새 Next.js 앱을 생성합니다.

```
npx create-next-app@v15.2.3 onebite-books-page-router
```

명령어의 의미는 다음과 같습니다.

- `npx`: Node Package Executor의 약어. Node.js 패키지를 PC에 설치하지 않고 npmjs.com에 등록된 버전으로 즉시 실행하라는 명령입니다.
- `create-next-app`: Next.js 앱을 새롭게 생성하는 명령어로 Next.js가 공식적으로 권장하는 방법입니다.
- `@15.2.3`: 15.2.3 버전의 Next.js 앱을 생성한다는 의미입니다.
- `onebite-books-page-router`: 생성할 Next.js 앱의 이름입니다.

Next.js의 앱 버전을 15.2.3으로 고정하는 까닭은 앞으로 버전 업데이트로 발생하는 사소한 변경들이 독자가 실습을 진행하는 데 불필요한 영향을 미치지 않도록 하기 위함입니다. 또한 15.2.3은 최근에 발견된 보안 취약점으로부터도 안정성이 검증된 버전입니다.

페이지 라우터 버전 Next.js 앱의 이름은 onebite-books-page-router로 합니다. 앞으로 한입북스라는 도서 조회 서비스의 개발 과정에 맞춰 Next.js의 실습도 단계별로 진행합니다.

저는 Next.js 앱 생성 과정에서 오류가 발생해요!.

오류 메시지에 Permission Denied 등의 문구가 포함되어 있다면 이는 명령어를 실행할 권한이 없기에 발생하는 오류입니다. 다음과 같이 해결할 수 있습니다.

- **macOS**: 명령어 앞에 sudo를 붙여 실행하면 해결할 수 있습니다.
- **Windows**: 명령 프롬프트를 관리자 권한으로 실행한 다음, 명령어를 다시 입력하면 정상적으로 수행됩니다.

그럼에도 오류가 계속 발생한다면 현재 작업 중인 경로나 사용자 계정명에 한글이 포함되어 있는지 확인해야 합니다. 만약 한글이 포함되어 있다면 경로와 계정명을 모두 영문으로 변경한 다음, 다시 시도하는 것이 좋습니다.

명령어를 입력하면 다음과 같은 메시지가 나옵니다.

```
Ok to proceed? (y)
```

"진행해도 되겠습니까?"라는 질문으로 Enter 키를 누르면 새 앱을 생성합니다.

이후 나오는 옵션 설정 질문들은 [그림 2-2]와 같이 답변하면 됩니다.

```
Winterlood  ~/Documents/onebite-next
 npx create-next-app@v15.2.3 onebite-books-page-router
✓ Would you like to use TypeScript? ... No / Yes
✓ Would you like to use ESLint? ... No / Yes
✓ Would you like to use Tailwind CSS? ... No / Yes
✓ Would you like your code inside a `src/` directory? ... No / Yes
✓ Would you like to use App Router? (recommended) ... No / Yes
✓ Would you like to use Turbopack for `next dev`? ... No / Yes
✓ Would you like to customize the import alias (`@/*` by default)? ... No / Yes
Creating a new Next.js app in /Users/winterlood/Documents/onebite-next/onebite-books-page-router.
```

[그림 2-2] 새 Next.js 앱 생성하기

각각의 옵션 설정 질문을 좀 더 자세히 살펴보겠습니다.

1. **Would you like to use TypeScript? → Y**

   타입스크립트의 사용 여부를 정하는 옵션입니다. Next.js는 타입스크립트와 함께 사용했을 때 더 안정적이고 효과적인 개발이 가능하므로 Yes 또는 Y라고 입력합니다.

2. **Would you like to use ESLint? → Y**

   ESLint의 사용 여부를 정하는 옵션입니다. ESLint는 비주얼 스튜디오 코드에서 코드의 문제점을 찾아 알려 주는 도구입니다. 코드 편집 단계에서 문법 오류를 빠르게 식별하기 때문에 자주 사용합니다. Yes 또는 Y라고 입력합니다.

3. **Would you like to use Tailwind CSS? → N**

   Tailwind CSS의 사용 여부를 정하는 옵션입니다. Tailwind CSS는 CSS 프레임워크로서 스타일링을 보다 쉽고 간결하게 작성하는 데 도움을 주는 도구입니다. 현재 많은 인기를 누리고 있습니다. 그러나 추가적인 학습이 필요하므로 Next.js에 더 집중하기 위해 여기서는 사용하지 않습니다. No 또는 N이라고 입력합니다.

4. **Would you like your code inside a 'src/' directory? → Y**

   자바스크립트 코드를 src 디렉토리에 보관할지 여부를 정하는 옵션입니다. 사용하지 않아도 상관없지만, 좀 더 깔끔한 코드 정리를 위해 사용합니다. Yes 또는 Y라고 입력합니다.

5. **Would you like to use App Router? → N**

   새 Next.js 앱을 앱 라우터 버전으로 생성할지 여부를 정하는 옵션입니다. 이번 장에서는 페이지 라우터 버전의 Next.js 앱을 살펴보므로 No 또는 N이라고 입력합니다.

6. Would you like to use Turbopack for 'next dev'? → N

    개발 모드에서 Turbopack을 이용할지 여부를 묻는 옵션입니다. 현재 이 옵션은 Next.js 버전에 따라 생략하는 경우도 있는데, 없어도 크게 상관없습니다. Turbopack은 Next.js를 개발한 Vercel이 만든 모듈 번들러로 많은 사람이 사용하던 Webpack의 후속작입니다. 공식 문서에 따르면 Webpack보다 10배 빠른 성능을 자랑한다고 하지만, 공개한 지가 얼마 되지 않아 예상치 못한 문제가 발생할 수도 있습니다. 이 책의 실습 흐름을 방해할 가능성이 있어 마찬가지로 여기서는 사용하지 않습니다. No 또는 N을 입력합니다.

7. Would you like to customize the import alias ('@/*' by default)? → N

    기본으로 제공하는 import alias를 수정할지 묻는 옵션입니다. import alias란 import로 다른 모듈(파일)에서 값을 불러올 때 경로가 복잡해지지 않도록 경로에 별칭(별명)을 설정하는 기능입니다. 이 기능을 이용하면 '../../components/a.tsx'와 같은 복잡한 경로도 '@components/a.tsx'와 같은 경로로 줄일 수 있어 코드가 깔끔해집니다. 따라서 기본값(@/*)을 그대로 사용하는 게 좋습니다. N 또는 no를 입력합니다.

옵션 설정이 모두 끝나면 Next.js가 설치됩니다. 일정 시간이 지나고 터미널(또는 명령 프롬프트)에서 Success!라는 메시지가 나오면 새 Next.js 앱을 성공적으로 생성한 겁니다.

생성한 Next.js 앱 살펴보기

Next.js 앱은 어떤 파일들로 구성되어 있는지 살펴보겠습니다.

package.json

가장 먼저 살펴볼 파일은 Node.js 패키지의 설정과 관계가 있는 package.json입니다.

비주얼 스튜디오 코드를 실행합니다. 비주얼 스튜디오 코드에서 [File] - [Open Folder] 메뉴를 클릭한 다음, onebite-next 폴더에 생성한 onebite-books-page-router 폴더를 선택해 불러옵니다.

프로젝트 루트 폴더에 있는 package.json 파일을 선택해 내용을 확인합니다.

CODE   file: package.json
```json
{
  "name": "onebite-books-page-router",
  "version": "0.1.0",
  "private": true,
  "scripts": {
    "dev": "next dev",
    "build": "next build",
    "start": "next start",
    "lint": "next lint"
  },
  "dependencies": {
    "react": "^19.0.0",
    "react-dom": "^19.0.0",
    "next": "15.2.3"
  },
  "devDependencies": {
    "typescript": "^5",
    "@types/node": "^20",
    "@types/react": "^19",
    "@types/react-dom": "^19",
    "eslint": "^9",
    "eslint-config-next": "15.2.3",
    "@eslint/eslintrc": "^3"
  }
}
```

Next.js 앱 또한 Node.js 패키지이므로 package.json 파일이 존재합니다. 파일의 내용을 살펴보면 프로젝트의 의존성을 의미하는 dependencies 항목에 react, react-dom, next 패키지가 설치되어 있습니다. 의존성 항목을 보니 Next.js 앱이 리액트를 포함한다는 사실을 알 수 있습니다.

또한 Next.js의 package.json에는 개발 모드에서만 사용되는 의존성으로 devDependencies 항목도 있습니다. 이 항목에는 타입스크립트 컴파일러를 의미하는 typescript와 Node.js와 리액트의 타입을 정의하는 @types/node, @types/react, @types/react-dom 패키지가 설치되어 있습니다.

마지막으로 scripts 항목에는 dev, build, start, lint 등 총 4개의 스크립트가 설정되어 있습니다. scripts 항목 각각의 의미는 다음과 같습니다.

- dev: Next.js 앱을 개발 모드로 실행합니다.
- build: Next.js 앱을 빌드합니다.

> **TIP**
> 의존성(Dependencies)이란 작성한 코드가 제대로 동작하는 데 필요한 외부 라이브러리나 모듈을 가리키는 용어입니다. 예를 들어 Next.js 프로젝트를 만들면 자동으로 설치되는 react, react-dom 같은 패키지들이 대표적인 의존성입니다. 의존성은 package.json 파일에 기록되며 npm install 명령어로 한번에 설치할 수 있습니다.

- start: 빌드한 Next.js 앱을 실행합니다. 프로덕션 모드로 실행한다고도 합니다.
- lint: ESLint 규칙을 기반으로 코드의 품질을 정적으로 검사합니다.

next.config.ts

다음으로 살펴볼 파일은 프로젝트 루트에 있는 next.config.ts입니다. 이름에서도 알 수 있듯이 이 파일은 Next.js 앱의 설정을 담당합니다. package.json은 Node.js 패키지의 전반적인 설정 파일이지만, Next.js 앱의 세부 옵션까지 설정할 수는 없습니다. 세부적인 옵션 설정은 next.config.ts에서 합니다.

CODE   file: next.config.ts
```ts
import type { NextConfig } from "next";

const nextConfig: NextConfig = {
  /* config options here */
  reactStrictMode: true,
};

export default nextConfig;
```

파일을 열면 상수(const)로 선언한 객체 nextConfig가 보입니다. 이 객체가 바로 Next.js 앱의 설정을 담는 저장소입니다. 옵션은 이 객체의 프로퍼티로 각각 저장됩니다. 현재 자동으로 작성되어 있는 reactStrictMode는 Next.js 앱이 포함하고 있는 리액트에서 StrictMode를 설정하는 옵션입니다.

StrictMode 옵션을 켜면(true) 리액트 앱의 잠재적인 문제를 찾기 위해 컴포넌트를 두 번 렌더링합니다. 그러나 이런 동작은 실습에 방해를 줄 수 있기 때문에 다음과 같이 reactStrictMode 옵션을 false로 설정해 미리 끄겠습니다.

CODE   file: next.config.ts
```ts
import type { NextConfig } from "next";

const nextConfig: NextConfig = {
  /* config options here */
  reactStrictMode: false, ①
};

export default nextConfig;
```

① reactStrictMode 옵션이 켜 있으면 실습을 방해할 수 있으므로 false로 설정

reactStrictMode 말고도 다양한 옵션이 존재합니다. 추후에 실습을 진행하면서 하나하나 살펴보겠습니다.

tsconfig.json, next-env.d.ts

다음으로 살펴볼 파일은 프로젝트 루트에 있는 tsconfig.json과 next-env.d.ts 파일입니다. 둘 다 타입스크립트의 설정 파일로 각각의 역할은 다음과 같습니다.

tsconfig.json은 타입스크립트 컴파일러의 옵션 설정 파일입니다. 이 파일로 타입 검사의 규칙이나 컴파일 옵션을 설정합니다.

CODE   file: tsconfig.json
```json
{
  "compilerOptions": {
    "target": "ES2017",
    "lib": ["dom", "dom.iterable", "esnext"],
    "allowJs": true,
    "skipLibCheck": true,
    "strict": true,
    "noEmit": true,
    "esModuleInterop": true,
    "module": "esnext",
    "moduleResolution": "bundler",
    "resolveJsonModule": true,
    "isolatedModules": true,
    "jsx": "preserve",
    "incremental": true,
    "paths": {
      "@/*": ["./src/*"]
    }
  },
  "include": ["next-env.d.ts", "**/*.ts", "**/*.tsx"],
  "exclude": ["node_modules"]
}
```

next-env.d.ts는 Next.js의 내장 타입(API 핸들러, 페이지 컴포넌트 등)을 사용할 수 있도록 설정하는 파일입니다. 이 파일은 Next.js의 다양한 기능을 타입으로 정의해 프로젝트에서 오류 없이 활용할 수 있도록 도와줍니다. 달리 말하면 Next.js 환경에 맞게 타입스크립트가 바르게 동작하도록 도와주는 파일이라 할 수 있습니다.

> **TIP**
> Next.js의 내장 타입이란 자주 사용하는 기능을 타입스크립트로 더 쉽게 다룰 수 있게 Next.js가 미리 준비해 놓은 타입을 말합니다. 내장 타입을 사용하면 코드를 작성할 때 자동 완성, 에러 방지, 타입 추론 등의 도움을 받을 수 있습니다.

CODE   file: next-env.d.ts
```
/// <reference types="next" />
/// <reference types="next/image-types/global" />
```

```
// NOTE: This file should not be edited
// see https://nextjs.org/docs/pages/building-your-application/configuring/
typescript for more information.
```

public 폴더

리액트 앱과 마찬가지로 public 폴더는 프로젝트에서 사용하는 정적 파일(이미지, 폰트, 동영상 등)을 보관하는 폴더입니다. 이 폴더의 파일들은 Next.js 앱을 빌드할 때 변환되지 않고 그대로 클라이언트에 제공됩니다. 따라서 브라우저에서 주소를 입력하면 이 폴더의 파일들에 직접 접근할 수 있습니다.

public 폴더를 열면 [그림 2-3]처럼 파비콘 역할의 아이콘 파일(favicon.ico)도 하나 저장되어 있습니다.

> **TIP**
> 파비콘(favicon)은 웹 사이트를 대표하는 작은 아이콘으로 브라우저의 탭이나 즐겨찾기 목록에서 볼 수 있습니다. 확장자가 .ico 또는 .png입니다.

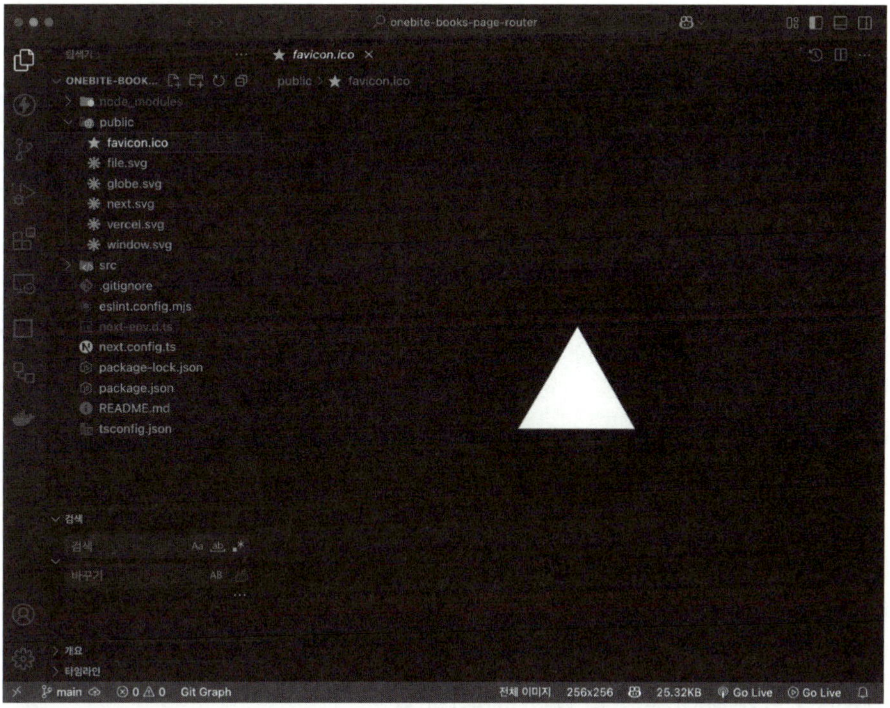

[그림 2-3] public 폴더

src 폴더

src는 Next.js 앱의 소스코드를 보관하는 공간으로 앞으로 자주 찾게 될 폴더입니다. 리액트 컴포넌트나 함수가 작성되어 있는 자바스크립트 파일, 스타일 코드가 작성되어 있는 CSS 파일들을 이 폴더에 보관합니다. src 폴더는 필수 구성 요소가 아닙니다. 따라서 자바스크립트 파일을 그냥 프로젝트 루트에 보관해도 아무런 문제는 없지만, 대체로 파일을 좀 더 체계적(계층적)으로 관리하기 위해 src 폴더를 사용합니다. 폴더를 열면 pages 폴더와 styles 폴더가 있습니다. 각 폴더의 역할은 다음과 같습니다.

- pages 폴더: 페이지 라우팅을 관리하는 폴더입니다. pages 폴더 구조에 따라 Next.js 앱의 라우팅이 자동으로 설정됩니다. 이는 다음 절에서 실습과 함께 설명합니다.
- styles 폴더: 프로젝트 스타일을 위한 CSS 또는 Sass(Scss) 파일을 저장하는 폴더입니다.

저는 src 폴더가 없어요?

src 폴더가 없다면 프로젝트를 생성할 때 src 폴더의 사용 여부를 묻는 질문에서 Yes 또는 Y라고 답하지 않았을 확률이 높습니다. 이때는 프로젝트 루트 폴더에서 직접 src 폴더를 생성하고 그 아래에 pages와 styles 폴더를 각각 생성하면 됩니다.

ESLint 옵션 파일

ESLint는 코드의 품질을 유지하고 코드에 존재하는 잠재 오류를 미리 발견하도록 도와주는 도구입니다. 오늘날 자바스크립트, 타입스크립트 기반 앱을 개발하는 데 필수 도구가 되었습니다.

Next.js 앱을 생성하면 eslint.config.mjs라는 이름의 ESLint 설정 파일이 자동으로 생성됩니다. 이 파일을 열면 다음과 같이 Next.js와 관련된 기본 코드 규칙들이 설정되어 있습니다.

CODE　　　　　　　　　　　　　　　　　　　　　　　　　　　　file: eslint.config.mjs
```
import { dirname } from "path";
import { fileURLToPath } from "url";
import { FlatCompat } from "@eslint/eslintrc";

const __filename = fileURLToPath(import.meta.url);
const __dirname = dirname(__filename);

const compat = new FlatCompat({
  baseDirectory: __dirname,
});
```

```
const eslintConfig = [
  ...compat.extends("next/core-web-vitals", "next/typescript"), ①
];

export default eslintConfig;
```

① extends는 누군가 이미 만들어 놓은 설정 규칙을 그대로 사용한다는 의미의 확장, 상속 옵션입니다. 여기서 배열로 2개의 설정 규칙을 불러옵니다. "next/core-web-vitals"는 Next.js의 성능을 위해 권장되는 코드 작성과 관련된 설정 규칙입니다. "next/typescript"는 Next.js에서 타입스크립트를 안전하게 활용하기 위한 설정 규칙입니다.

코드를 일일이 다 이해할 필요는 없습니다. 여기서 중요한 설정은 파일 말미에 export default로 내보내고 있는 변수 eslintConfig의 값인데, 이 변숫값이 곧 ESLint의 설정값입니다.

그런데 지금 내보내는 설정값은 Next.js 앱을 안전하게 개발하기 위해, 사용치 않는 변수나 함수도 오류로 처리하는 등 다소 엄격히 코드를 검사하는 설정입니다. 실제 제품 개발에는 유용하겠지만, 이 책의 실습 과정에서는 혼동을 불러올 수도 있습니다. 따라서 다음과 같이 별도의 규칙을 추가해 엄격한 일부 옵션은 해제합니다.

CODE   file: eslint.config.mjs
```
(...)
const eslintConfig = [
  ...compat.extends("next/core-web-vitals", "next/typescript"),
  { ①
    rules: { ②
      "@typescript-eslint/no-unused-vars": "off", ③
      "@typescript-eslint/no-explicit-any": "warn", ④
    },
  },
];

export default eslintConfig;
```

① 배열 변수 eslintConfig 끝에 객체 요소를 추가합니다. 이 객체 요소의 프로퍼티로 옵션을 추가합니다.

② ①에서 추가한 객체 요소에 rules라는 프로퍼티를 추가합니다. rules는 코드 작성에 필요한 규칙을 정의하는 프로퍼티로, 이 프로퍼티에서 세부 옵션을 설정할 수 있습니다.

③ @typescript-eslint/no-unused-vars 옵션은 코드에서는 선언했지만, 실제로 사용하지 않는 변수를 오류로 판단하는 설정입니다. 이 기능을 끄기 위해 "off"로 설정합니다.

④ @typescript-eslint/no-explicit-any 옵션은 any 타입을 명시적으로 사용하지 못하도록 제한하는 옵션입니다. "warn"으로 설정해 오류로 판단하지 않도록 설정합니다.

Next.js 앱 실행하기

Next.js 앱의 구성 요소를 한번 둘러봤으니 이제 직접 앱을 실행할 차례입니다.

앞서 Next.js 앱의 구성 요소를 살펴볼 때 package.json 파일에 다음과 같이 4개의 스크립트가 작성되어 있었습니다.

```
file: package.json
{
(...)
"scripts": {
    "dev": "next dev",      // 앱을 개발 모드로 실행한다.
    "build": "next build",  // 앱을 빌드한다.
    "start": "next start",  // 빌드한 앱을 실행한다.
    "lint": "next lint"     // 코드 품질을 검사한다.
  },
(...)
}
```

앞으로 이 4가지 스크립트 명령으로 Next.js 앱을 각각 다룹니다.

개발 모드로 실행하기

Next.js 앱을 개발 모드로 실행합니다. 비주얼 스튜디오 코드의 터미널(이하 Next.js 서버 콘솔로 명명함)에서 다음과 같이 입력합니다.

```
npm run dev
```

명령을 실행하면 [그림 2-4]처럼 Next.js 앱이 개발 모드로 가동됩니다.

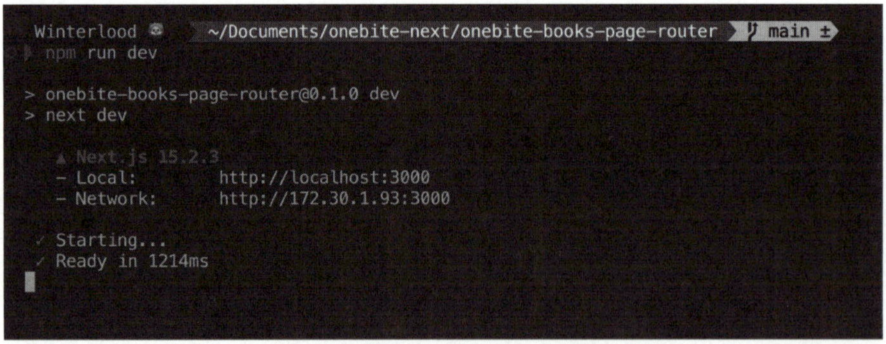

[그림 2-4] 개발 모드로 스크립트 실행

비주얼 스튜디오 코드의 Next.js 서버 콘솔에서는 구동한 앱 버전(15.2.3 버전)과 함께 브라우저에 접속할 수 있는 주소(URL)가 출력됩니다.

다음은 브라우저에 접속할 차례입니다. 브라우저를 실행하고 Next.js 서버 콘솔에 출력된 로컬 주소(*http://localhost:3000*)로 접속하면 [그림 2-5]와 같이 Next.js 앱 페이지가 나옵니다.

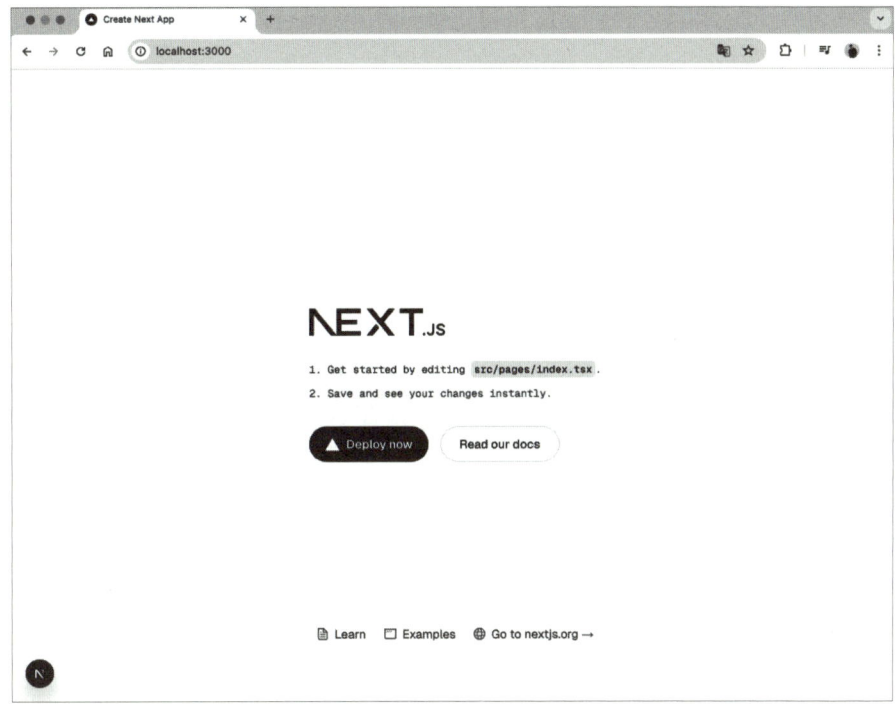

[그림 2-5] 개발 모드로 가동한 Next.js 앱

동시에 Next.js 서버 콘솔에서는 [그림 2-6]과 같이 로그가 출력됩니다.

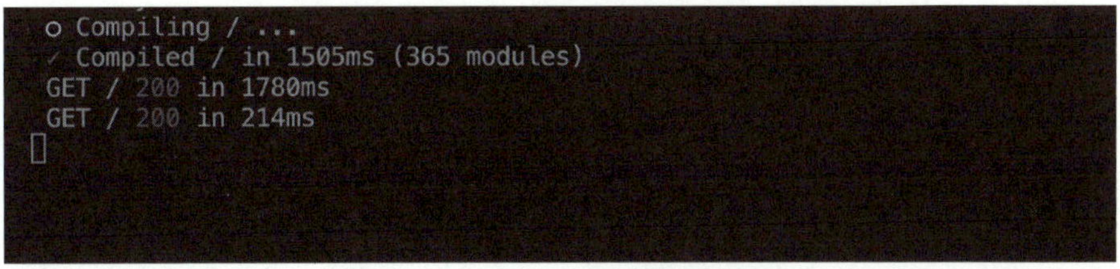

```
○ Compiling / ...
✓ Compiled / in 1505ms (365 modules)
GET / 200 in 1780ms
GET / 200 in 214ms
```

[그림 2-6] Next.js 서버 콘솔에 출력된 로그

로그의 의미는 다음과 같습니다.

- `Compiling / ...`: 인덱스(/) 페이지를 생성합니다.
- `Compiled / in (n)ms`: 인덱스(/) 페이지를 (n)초 만에 생성했습니다.
- `GET / 200 in (n)ms`: 브라우저에서 전달된 인덱스(/) 페이지에 대한 GET 요청이 (n)초 만에 처리되었습니다. 그 결과 200 상태 코드와 함께 페이지에 대한 응답이 이루어졌습니다.

이렇듯 Next.js 앱은 웹 서버의 역할을 함께 수행합니다. 클라이언트인 브라우저로부터 접속 요청을 받으면 응답으로 페이지를 반환합니다. 또한 요청이 들어올 때마다 Next.js 서버는 어떤 요청을 받았고 어떻게 응답했는지 그 정보를 로그 형태로 출력하는데, 이 로그로 개발자는 처리 결과를 쉽게 확인할 수 있습니다.

프로덕션 모드로 실행하기

이번에는 앱을 프로덕션 모드로 실행합니다. 프로덕션 모드로 실행하려면 먼저 앱을 빌드(build)해야 합니다. 빌드는 개발 모드에서 작성한 코드를 최적화해 실제로 배포할 수 있는 형태로 변환하는 작업입니다.

 개발 모드와 프로덕션 모드의 차이점은 무엇인가요?

개발 모드는 말 그대로 서비스를 개발하는 과정에서 사용하는 모드입니다. 이 모드에서는 개발자가 코드를 수정할 때마다 즉각 결과를 확인하도록 여러 디버깅 도구를 제공해 개발의 편의를 돕습니다. 예를 들어 개발 모드에서는 핫 리로딩(Hot Reloading)이 활성화되므로 코드를 수정하면 자동으로 화면을 새로고침해 변경 사항을 바로 확인할 수 있습니다. 또한 개발 모드에서는 성능보다는 개발 생산성을 우선으로 하기 때문에 코드 분석과 오류 확인이 용이하도록 상세한 로그와 경고 메시지 등을 함께 제공합니다.

반면 프로덕션 모드는 개발을 완료한 앱을 실제 사용자에게 배포할 때 사용합니다. 이 모드에서는 개발 과정에서 필요했던 디버깅 기능은 비활성화되는 반면, 앱의 성능 최적화 전략이 중심이 됩니다. 따라서 코드를 최소화(minification)하고 불필요한 코드를 제거하는 트리 셰이킹(Tree Shaking)으로 파일의 크기를 줄이고 로드 속도를 향상시킵니다. 또한 캐싱 전략을 사용해 앱이 빠르고 효율적으로 움직이도록 만듭니다.

> **TIP** 핫 리로딩(Hot Reloading)은 개발 중에 코드를 수정하면 웹 페이지를 새로고침하지 않아도 변경 사항을 자동으로 화면에 반영하는 기능입니다.

> **TIP** 트리 셰이킹(Tree Shaking)은 마치 나무를 흔들어 불필요한 가지를 떨어뜨리는 것처럼 작성한 코드 중 실제로 사용되지 않는 부분을 자동으로 제거하는 최적화 기법입니다. 트리 셰이킹을 하면 웹/앱의 파일 크기가 줄고 로딩 속도가 빨라지기 때문에 Next.js 같은 프레임워크에서는 빌드 과정에서 트리 셰이킹을 자동으로 적용해 성능을 최적화합니다.

`Ctrl`+`C` 키를 눌러 실행 중인 개발 모드를 종료하고 Next.js 서버 콘솔에서 다음 명령어를 입력합니다.

```
npm run build
```

빌드를 완료하면 Next.js 서버 콘솔에는 다음과 같은 빌드 결과가 출력됩니다.

```
OUTPUT
> onebite-books-page-router@0.1.0 build
> next build

   ▲ Next.js 15.2.3

   ✓ Linting and checking validity of types
     Creating an optimized production build ...
   ✓ Compiled successfully
   ✓ Collecting page data
   ✓ Generating static pages (3/3)
   ✓ Collecting build traces
   ✓ Finalizing page optimization

Route (pages)                                Size     First Load JS
┌ ○ /                                        5.19 kB       97.8 kB
│   └ css/ee9fa94a75a281cc.css               1.43 kB
├   /_app                                    0 B           92.6 kB
├ ○ /404                                     190 B         92.8 kB
└ ƒ /api/hello                               0 B           92.6 kB
+ First Load JS shared by all                92.8 kB
  ├ chunks/framework-84d6ee64cdf12741.js     57.7 kB
  ├ chunks/main-b2a46e6c00f63865.js          33.8 kB
  └ other shared chunks (total)              1.36 kB

○  (Static)    prerendered as static content
ƒ  (Dynamic)   server-rendered on demand
```

빌드 출력 내용은 나중에 자세히 다루므로 지금은 잘 몰라도 괜찮습니다. 빌드하면 Next.js는 앱이 제공하는 페이지의 종류와 렌더링 유형을 결과물로 Next.js 서버 콘솔에 출력합니다. 이들 정보는 매우 친절하고 정확하기 때문에 개발자는 의도한 대로 개발이 잘 진행되었는지 확인할 수 있습니다.

빌드를 완료하면 프로젝트 루트 아래의 .next 폴더에 빌드의 결과물이 저장됩니다. 이제 앱을 프로덕션 모드로 실행할 수 있습니다. Next.js 서버 콘솔에서 다음 명령어를 입력합니다.

npm run start

명령을 실행하면 앱은 최적화된 프로덕션 모드로 실행됩니다.

```
OUTPUT
> onebite-books-page-router@0.1.0 start
> next start

   ▲ Next.js 15.2.3
   - Local:         http://localhost:3000
   - Network:       http://172.30.1.93:3000

 ✓ Starting...
 ✓ Ready in 252ms
```

브라우저에서 *http://localhost:3000* 주소로 접속할 수 있습니다. 접속한 페이지는 개발 모드와 동일합니다. 모두 확인했다면 이후 실습을 위해 Next.js 서버 콘솔에서 `Ctrl`+`C` 키를 눌러 프로덕션 모드로 실행 중인 Next.js 앱을 종료합니다.

라우팅 설정하기

웹에서 라우팅(Routing)이란 브라우저가 요청하는 URL 경로에 따라 적절한 페이지를 화면에 렌더링하기까지의 과정을 말합니다. 이번 절에서는 페이지 라우터 버전 Next.js 앱에서 라우팅을 어떻게 처리하는지 살펴보겠습니다.

불필요한 기본 CSS 제거하기

본격적인 실습에 앞서 프로젝트를 생성하면 자동으로 만들어지는 기본 스타일 및 템플릿 코드를 미리 제거합니다.

먼저 프로젝트의 글로벌(global) 스타일 코드가 저장되어 있는 src/styles/global.css 파일의 내용을 모두 삭제합니다.

```
CODE                                              file: src/styles/global.css
// 내용 전부 제거
```

> **TIP**
> 글로벌(global)은 전역이라는 표현으로도 사용됩니다. 어떤 스타일이나 기능이 모든 파일에 적용된다는 의미입니다. 이 책에서는 전역이라는 표현 대신 글로벌이라는 용어로 통일합니다.

다음으로 src/pages/index.tsx 파일의 내용을 다음과 같이 수정합니다. 삭제 내용이 많으므로 내용을 전부 제거하고 처음부터 작성합니다.

```
CODE                                              file: src/pages/index.tsx
export default function Home() {
  return (
    <div>
      <h1>안녕 Next.js</h1>
```

```
        </div>
    );
}
```

마지막으로 src/styles/home.module.css 파일을 아예 삭제합니다. 이 파일은 인덱스 페이지의 기본 스타일을 지정할 때 사용하는 파일이지만, 실습에서는 활용하지 않습니다. 따라서 파일 자체를 제거합니다.

개발 모드에서 Next.js 앱을 다시 실행합니다.

```
npm run dev
```

브라우저에서 인덱스 페이지(http://localhost:3000)로 접속하면 [그림 2-7]과 같이 기본 스타일 및 템플릿이 모두 제거된 페이지를 확인할 수 있습니다. 이렇게 라우팅을 위한 실습 준비는 모두 완료되었습니다. 에러 메시지가 화면에 출력되는 경우가 있는데, 페이지를 새로고침하면 사라집니다.

> **TIP**
> 화면을 새로고침하는 단축키는 macOS는 `Command` + `R`, Windows는 `F5` 키입니다.

[그림 2-7] 기본 스타일 및 템플릿 코드가 다 제거된 인덱스 페이지

파일 시스템 기반 페이지 라우팅

페이지 라우터 버전의 Next.js 앱(이하 페이지 라우터 버전)에서는 src/pages의 폴더 구조에 따라 라우팅이 자동으로 설정됩니다. 다시 말해 pages 폴더에 있는 파일명과 폴더 구조가 그대로 URL 경로로 매핑됩니다. 별도의 추가 도구 없이도 파일을 생성하면 해당 경로에 맞게 페이지가 자동으로 생성됩니다.

다음은 몇 가지 예시입니다:

- pages/index.tsx → 인덱스 페이지(/)로 자동 매핑됩니다.
- pages/search.tsx → 검색 페이지(/search)로 자동 매핑됩니다.
- pages/book/index.tsx → 도서 상세 페이지(/book)로 자동 매핑됩니다.

파일 시스템 기반 라우팅은 코드로 URL 구조를 표현할 필요가 없어 관리하기가 편합니다.

인덱스 페이지의 라우팅 설정하기

프로젝트의 pages/index.tsx 파일을 열고 인덱스 페이지 컴포넌트 역할을 하는 Home을 확인합니다.

`CODE` file: src/pages/index.tsx
```
export default function Home() {
  return (
    <div>
      <h1>안녕 Next.js</h1>
    </div>
  );
}
```

Home 컴포넌트는 인덱스 페이지를 렌더링합니다. 따라서 Home 컴포넌트를 수정하면 인덱스 페이지의 렌더링 결과가 달라집니다. Home 컴포넌트를 다음과 같이 수정합니다.

`CODE` file: src/pages/index.tsx
```
export default function Home() {
  return (
    <div>
      <h1>인덱스 페이지입니다.</h1> ①
    </div>
  );
}
```

① 앞서 작성했던 "안녕 Next.js"를 "인덱스 페이지입니다."로 수정합니다.

브라우저에서 인덱스 페이지를 새로고침하면 [그림 2-8]처럼 '인덱스 페이지입니다.'라는 텍스트를 출력합니다.

TIP 핫 리로딩이 가동되고 있다면 이미 텍스트가 변경되어 있습니다.

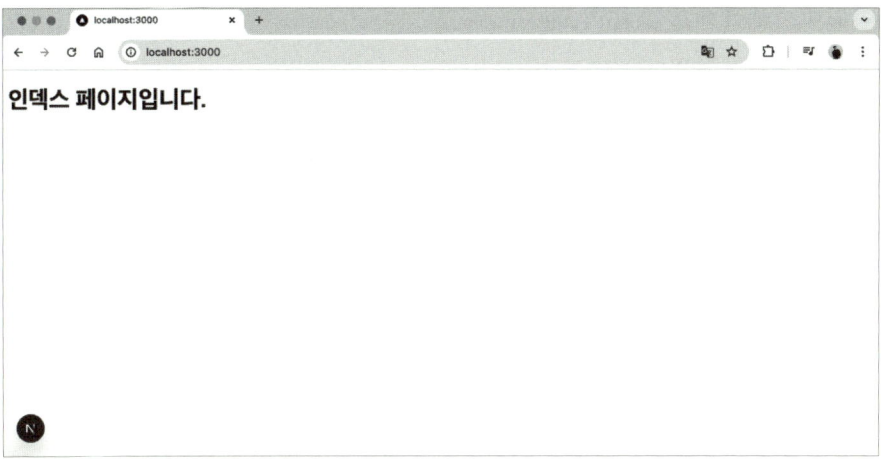

[그림 2-8] 변경된 인덱스 페이지

검색 페이지의 라우팅 설정하기

이번에는 경로가 '/search'인 페이지를 추가합니다. 방법은 간단합니다. src/pages 폴더에서 search.tsx 파일을 생성하고 앞으로 프로젝트에서 검색 페이지의 역할을 할 페이지 컴포넌트를 작성하면 됩니다.

```
file: pages/search.tsx
export default function Page() {
  return (
    <div>
      <h1>검색 페이지입니다.</h1>
    </div>
  );
}
```

인덱스 페이지의 Home과 검색 페이지의 Page처럼 페이지 역할을 하는 컴포넌트를 Next.js에서는 '페이지 컴포넌트'라고 합니다. 페이지 컴포넌트는 파일에서 반드시 export default 방식(기본값으로 내보내기)으로 내보내야 합니다. 그리고 페이지 마다 페이지 컴포넌트는 반드시 하나만 있어야 합니다.

추가로 pages/index.tsx 파일에서 정의한 Home은 인덱스 페이지 컴포넌트, pages/search.tsx 파일에서 정의한 Page는 검색 페이지 컴포넌트라고 할 수 있습니다. 그리고 컴포넌트가 정의된 파일은 각각 인덱스 페이지 파일, 검색 페이지 파일이라고 표현할 수 있습니다.

- 인덱스 페이지 파일: src/pages/index.tsx
- 검색 페이지 파일: src/pages/search.tsx
- 인덱스 페이지 컴포넌트: src/pages/index.tsx 파일의 페이지 컴포넌트
- 검색 페이지 컴포넌트: src/pages/search.tsx 파일의 페이지 컴포넌트

페이지 컴포넌트의 이름은 자유롭게 지정해도 됩니다. 보통 Page를 많이 사용합니다.

검색 페이지 컴포넌트 설정을 마쳤다면 이제 확인할 차례입니다. 브라우저에서 'localhost:3000/search' 경로로 접속하면 [그림 2-9]와 같이 '검색 페이지입니다.'라는 텍스트가 화면에 출력됩니다.

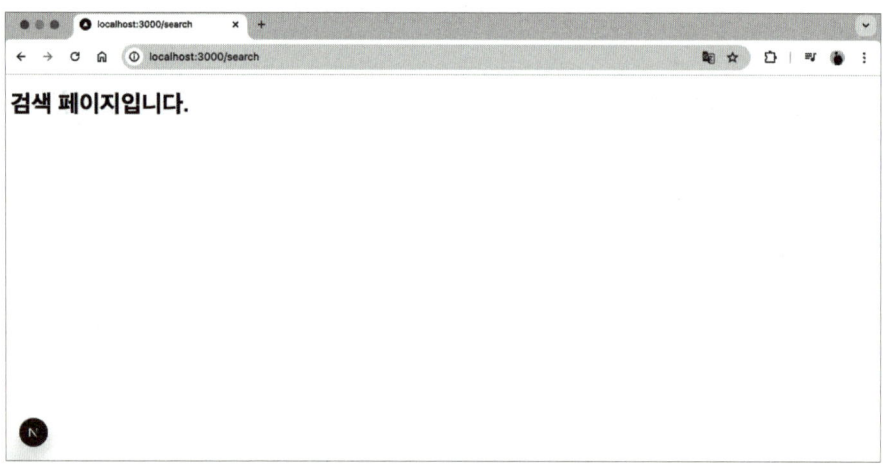

[그림 2-9] 검색 페이지

페이지 라우터 버전에서는 파일을 하나 생성하는 것만으로 이렇듯 페이지를 간단하게 추가할 수 있습니다.

파일명뿐만 아니라 폴더명으로도 라우팅을 설정할 수 있습니다. 예를 들어 pages 폴더 밑에 about 폴더를 만들고 about 폴더에 index.tsx 파일을 생성하면 이 파일은 자동으로 '/about' 페이지로 매핑됩니다.

한입북스 실습에서는 검색 페이지의 역할을 할 페이지를 폴더명을 이용해 설정하겠습니다. pages 폴더에 있는 파일 search.tsx의 이름을 'search/index.tsx'로 변경합니다.

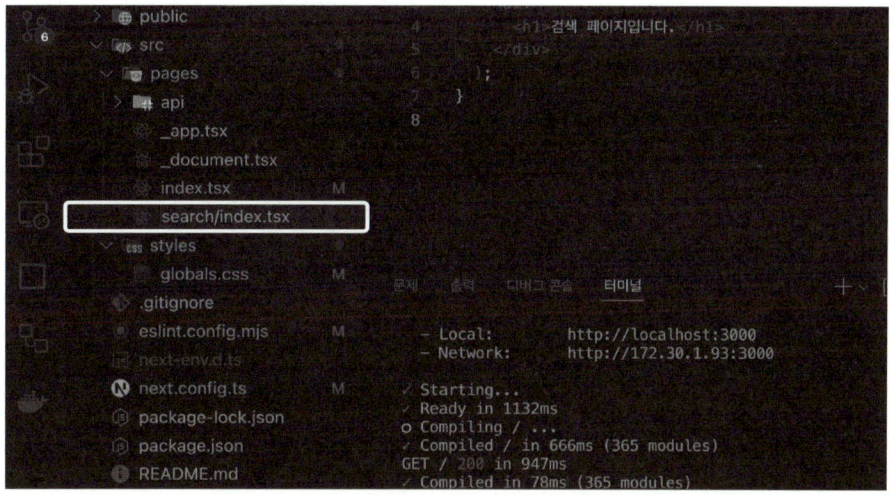

[그림 2-10] search.tsx의 파일명을 폴더명과 함께 변경하기

 비주얼 스튜디오 코드는 파일 이름을 변경할 때 폴더명과 함께 작성하면 해당 폴더를 자동으로 생성합니다. 이 기능을 활용하면 새로운 파일과 폴더를 쉽게 관리할 수 있습니다. Next.js는 파일 구조를 기반으로 라우팅하므로 개발 과정에서 파일과 폴더를 새롭게 생성하는 일이 잦습니다. 비주얼 스튜디오 코드의 이 기능은 Next.js의 특징과 잘 어울리며 개발 효율을 한층 높여 줍니다.

브라우저에서 'localhost:3000/search'로 접속하면 [그림 2-9]와 동일한 검색 페이지가 출력됩니다.

 페이지 라우터 버전에서는 기본적으로 pages 폴더 구조를 기반으로 라우팅을 설정합니다. /search.tsx처럼 파일명으로 라우팅을 설정하거나 /search/index.tsx처럼 폴더명으로 라우팅을 설정할 수 있습니다. 두 방식 간에는 차이가 크게 없으므로 독자는 원하는 방식을 자유롭게 선택하면 됩니다.

_app.tsx와 _document.tsx의 역할

꼼꼼한 독자라면 현 프로젝트의 pages 폴더에는 페이지 역할을 하지 않는, 즉 라우팅과는 큰 관련이 없어 보이는 파일(_app.tsx와 _document.tsx)이 두 개 더 있다는 사실을 눈치챘을지 모르겠습니다. Next.js 앱에서 두 파일은 글로벌 설정을 담당하는 파일로서 페이지들에 공통으로 적용할 사항을 설정할 때 사용하는 중요한 파일입니다.

_document.tsx

좀 더 구체적으로 살펴보면 먼저 _document.tsx는 모든 페이지에 적용할 HTML 문서의 기본 틀을 설정하는 파일입니다. 다음과 같습니다.

```tsx
// file: /pages/_document.tsx
import { Html, Head, Main, NextScript } from "next/document";

export default function Document() {
  return (
    <Html lang="en">
      <Head />
      <body>
        <Main /> ①
        <NextScript /> ②
      </body>
    </Html>
  );
}
```

① Main은 현재 페이지 컴포넌트가 렌더링될 위치를 보여 줍니다. 예를 들어 사용자가 인덱스 페이지에 접속했다면 이 위치에는 인덱스 페이지 컴포넌트가 렌더링됩니다.

② NextScript 컴포넌트는 Next.js 앱에서 생성된 스크립트 파일들을 자동으로 HTML에 삽입해 줍니다. 브라우저가 앱을 실행하는 데 필요한 자바스크립트 코드를 페이지와 연결하는 중요한 역할을 담당합니다.

이 파일은 Next.js 앱에서 HTML의 기본 틀 역할을 하기 때문에 주로 `<Html>`이나 `<body>` 태그에 속성을 추가하거나 `<Head>` 태그에서 새로운 `<meta>` 태그를 추가할 때 사용합니다.

실습을 위해 무언가 바꿔 보겠습니다. 다음과 같이 사이트의 언어를 의미하는 `<Html>` 태그의 lang 속성을 우리말인 "ko-KR"로 변경합니다.

```tsx
// file: /pages/_document.tsx
import { Html, Head, Main, NextScript } from "next/document";

export default function Document() {
  return (
    <Html lang="ko-KR"> ⬅
      <Head />
      <body>
        <Main />
        <NextScript />
      </body>
    </Html>
  );
}
```

```
  );
}
```

브라우저의 개발자 도구에서 [Elements] 탭을 클릭합니다. [그림 2-11]과 같이 <html> 태그의 lang 속성이 "ko-KR"로 변경되었습니다. 이 변경 사항은 Next.js 앱 모든 페이지에 동일하게 적용됩니다.

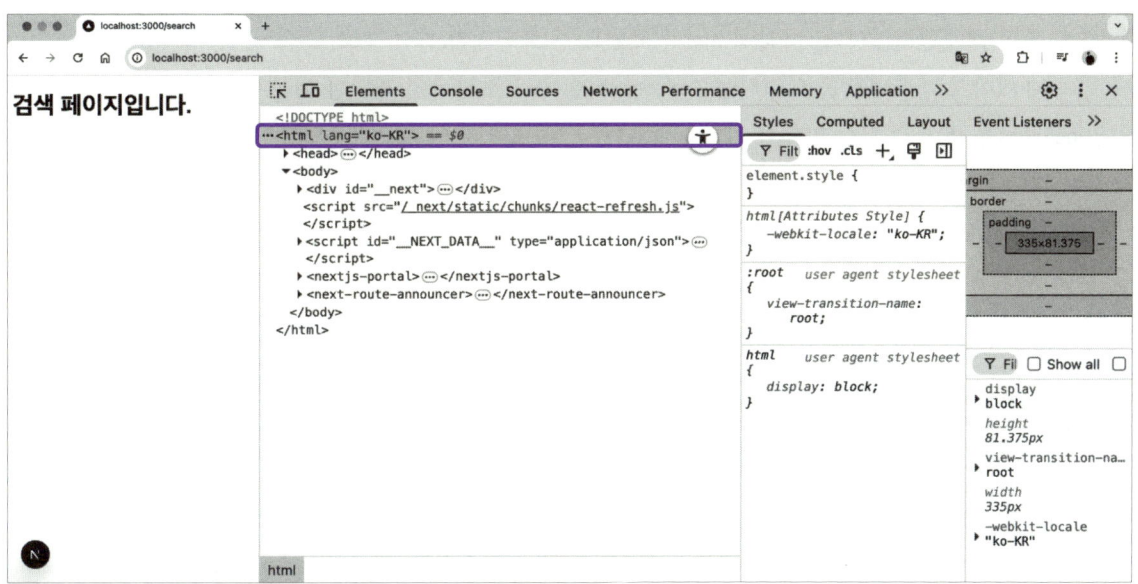

[그림 2-11] _document.tsx 파일의 수정 사항 확인하기

_app.tsx

다음은 _app.tsx 파일을 살펴보겠습니다. 이 파일은 Next.js 앱에서 루트 컴포넌트 역할을 수행합니다. 다시 말해 _app.tsx는 글로벌 설정을 관리하는 파일이며 레이아웃, 스타일, 상태 관리와 관련해서 모든 페이지를 공통으로 제어할 필요가 있을 때 활용됩니다.

CODE　　　　　　　　　　　　　　　　　　　　　　　　file: src/pages/_app.tsx
```
import "@/styles/globals.css"; ①
import type { AppProps } from "next/app";

export default function App({ Component, pageProps }: AppProps) { ②
  return <Component {...pageProps} />; ③
}
```

라우팅 설정하기　61

① 글로벌 스타일을 적용하기 위해 global.css 파일을 불러옵니다.
② App 컴포넌트는 Props로 2개의 값을 받습니다. 이때 Props로 받는 2개의 값 중 Component에는 현재 페이지 컴포넌트가 전달됩니다. 또한 pageProps에는 이 페이지 컴포넌트에 제공할 모든 Props가 전달됩니다.
③ 현재 페이지의 페이지 컴포넌트를 렌더링하고 이 컴포넌트에 제공할 Props도 함께 전달합니다.

Next.js 앱에서 _app.tsx 파일에 작성된 App 컴포넌트는 모든 컴포넌트의 부모 역할을 하는 루트 컴포넌트입니다. 따라서 App 컴포넌트는 코드의 ②처럼 Next.js 앱에서 현재의 페이지 컴포넌트를 의미하는 Component와 이 컴포넌트에 전달할 Props인 pageProps를 받아 ③처럼 화면에 렌더링합니다. 마치 리액트의 App 컴포넌트와 동일한 역할을 수행한다고 생각하면 됩니다.

이해를 돕기 위해 한 가지 예시를 제시합니다. 만일 브라우저에서 '/' 주소로 요청을 보내 Next.js 서버가 인덱스 페이지를 렌더링한다면 이때 App 컴포넌트에 전달되는 2개의 Props는 다음과 같습니다.

- **Component**: 인덱스 페이지인 src/pages/index.tsx의 페이지 컴포넌트.
- **pageProps**: 인덱스 페이지 컴포넌트에 전달할 Props. 현재는 없음.

이때 브라우저에서 리액트 개발자 도구의 [Components] 탭을 이용해 컴포넌트 구조를 살펴보면 [그림 2-12]처럼 App의 자식으로 현재의 페이지 컴포넌트인 Home이 렌더링된다는 사실을 확인할 수 있습니다.

여기서 잠깐 **리액트 개발자 도구(React Developer Tools)란?**

리액트 개발자 도구는 리액트 개발을 도와주는 크롬 확장 프로그램으로 현재 브라우저에 렌더링된 컴포넌트의 계층 구조나 각각의 컴포넌트에 있는 State, Ref, 훅 등을 확인할 때 사용하는 도구입니다. 리액트를 사용해 본 독자라면 대부분 설치되어 있을 텐데, 없어도 상관은 없습니다(이 책에서는 여기서 단 한 번 언급할 뿐입니다). 설치를 원한다면 구글 웹 스토어(*https://chrome.google.com/webstore*)에서 'React Developer Tools'를 검색해 직접 설치하면 됩니다. 설치 과정을 자세히 알고 싶다면 다음 링크를 참고하세요.

https://reactjs.winterlood.com/e102c16e-3632-4159-aeb0-391695b54271

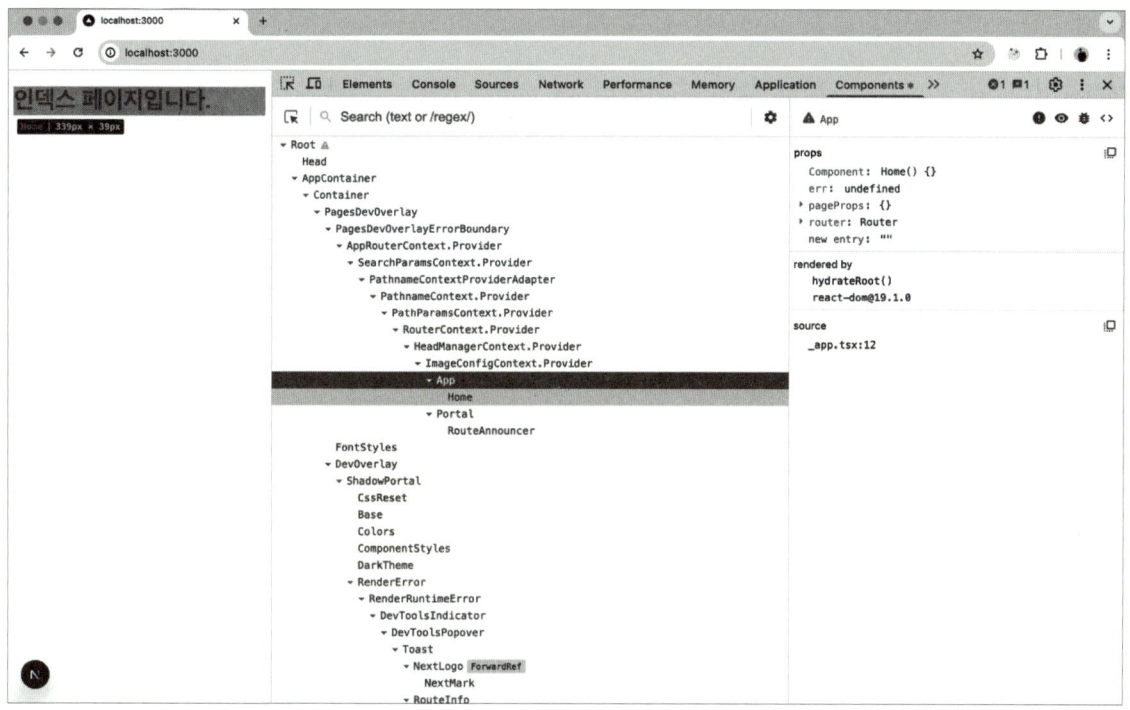

[그림 2-12] App 컴포넌트의 자식으로 배치된 Home 확인하기

따라서 전체 페이지에 공통으로 적용할 레이아웃이나 기능이 있다면 루트 컴포넌트인 App에서 코드를 작성하면 됩니다. 전체 페이지에 적용할 글로벌 헤더 하나를 간단하게 만들겠습니다. 다음과 같이 _app.tsx를 수정합니다.

```
CODE                                                    file: src/pages/_app.tsx
import "@/styles/globals.css";
import type { AppProps } from "next/app";

export default function App({ Component, pageProps }: AppProps) {
  return (
    <> ①
      <header>헤더</header> ②
      <Component {...pageProps} />
    </>
  );
}
```

① <Component> 위에 <header>를 배치하기 위해 최상위 태그 역할을 수행할 빈 태그를 추가합니다.
② 전체 페이지에 적용할 글로벌 헤더를 추가합니다.

이제 모든 페이지에서 [그림 2-13]과 같이 글로벌 헤더가 표시됩니다.

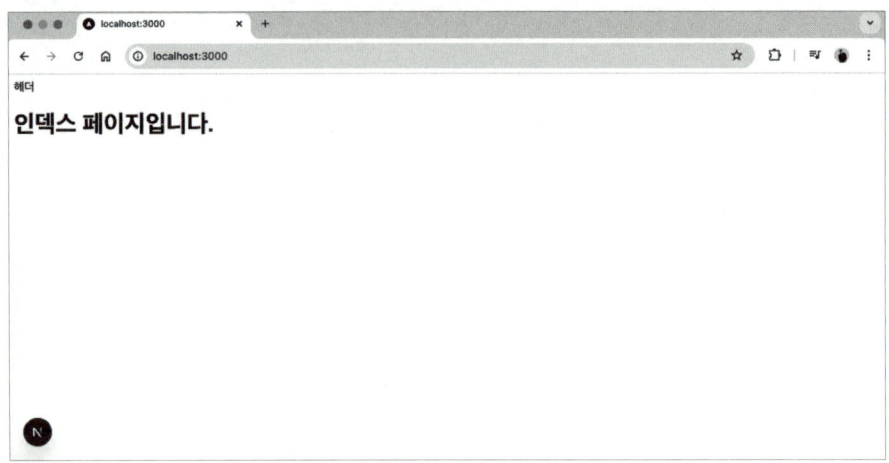

[그림 2-13] 모든 페이지에 글로벌 헤더 추가

동적 경로가 있는 페이지의 라우팅 설정하기

이번에는 동적 경로가 있는 페이지의 라우팅을 설정합니다. 참고로 동적 경로란 'book/1', 'book/2', …, 'book/100'처럼 수시로 변경될 수 있는 URL 파라미터를 포함하고 있는 경로를 말합니다.

동적 경로 역시 파일 시스템을 기반으로 간단하게 라우팅을 설정할 수 있습니다. 경로에서 수시로 변동되는 부분만 대괄호로 감싸면 됩니다. 예를 들어 '/book/1'부터 '/book/100'과 같이 수시로 바뀌는 경로에 대응하는 페이지를 만들려면 /book/[id].tsx 또는 /book/[id]/index.tsx 파일을 생성하면 됩니다.

대괄호로 감싸고 있는 id는 동적인 값으로 값이 경로의 어떤 자원에 해당하는지를 표현합니다. 예를 들어 '/book/[id]' 경로에서 '/book/1'은 1번 도서, '/book/2'는 2번 도서를 가리킵니다. 즉, id는 도서의 고유한 식별자로 사용됩니다.

pages 폴더에서 book/[id].tsx 파일을 생성하고 다음과 같이 작성합니다.

CODE   file: src/pages/book/[id].tsx
```
export default function Page() {
  return (
    <div>
      <h1>도서 상세 페이지</h1>
    </div>
  );
}
```

브라우저에서 '/book/[id]' 경로의 id를 1~10 사이의 값으로 각각 변경하면서 접속합니다. 지금은 id 값의 대상을 구체적으로 정하지 않았으므로 브라우저는 id 값이 무엇이든 [그림 2-14]와 같이 /book/[id].tsx의 페이지 컴포넌트를 렌더링합니다.

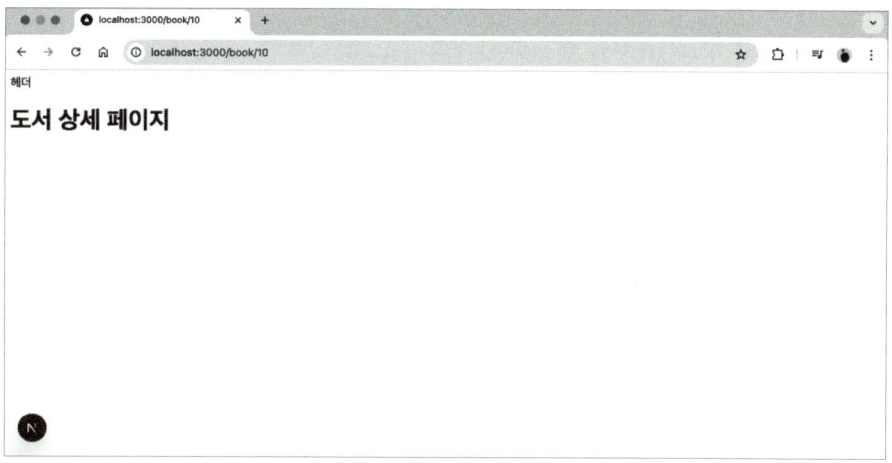

[그림 2-14] 브라우저에서 'book/10'으로 접속

그러나 [그림 2-15]의 '/book/1/1'처럼 URL 파라미터가 2개 이상 있는 경로로 접속하면 브라우저는 '페이지를 찾을 수 없다'는 메시지와 함께 404 페이지를 렌더링합니다. 에러를 표시하는 404 페이지가 나오는 이유는 현재 book/[id].tsx의 매핑 경로는 [id] 값이 하나뿐인 동적 경로이기 때문입니다.

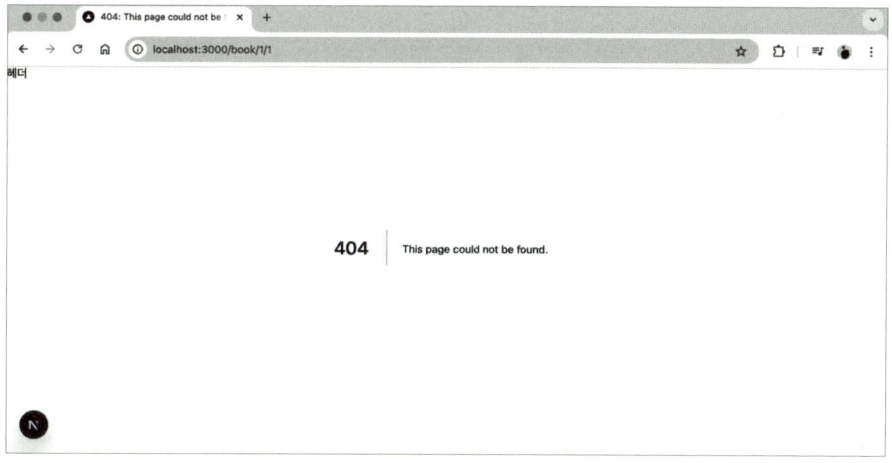

[그림 2-15] 페이지를 찾을 수 없다는 404 페이지 출력

'~/book/1/1'처럼 둘 이상의 URL 파라미터가 있는 경로에 대응하는 페이지를 설정하려면 파일명을 /book/[...id].tsx로 변경하면 됩니다. 이렇게 하면 '/book'으로 시작하면서 하나 이상의 URL 파라미터를 포함하는 경로의 파일을 모두 매핑합니다. [...]를 활용하면 '/book/1/1/1/1/1'과 같이 URL 파라미터가 여러 개 있는 복잡한 경로에도 대응할 수 있습니다. 이처럼 대괄호에 ...을 사용해 여러 개의 동적 경로를 처리하는 방식을 캐치올 세그먼트(Catch All Segment)라고 합니다.

캐치올 세그먼트는 문서 형식이 주를 이루는 웹 사이트에서 활용됩니다. 예를 들어 리액트나 Next.js 같은 오픈소스 기술의 공식 문서 사이트는 문서들을 여러 깊이의 폴더 구조로 이루어진 '/docs' 경로 아래에 배치합니다.

Next.js 공식 문서를 보면 '/docs/pages/building-your-application/routing' 경로에서는 라우팅의 개요를, '/docs/pages/building-your-application/routing/dynamic-routes' 경로에서는 동적 라우팅의 세부 기능을 설명합니다.

폴더 구조가 제한 없이 깊어질 수 있는 문서 형식의 웹 사이트를 구축할 때 캐치올 세그먼트를 사용하면 하나의 파일로도 깊이가 다른 다양한 경로의 페이지를 효과적으로 처리할 수 있습니다.

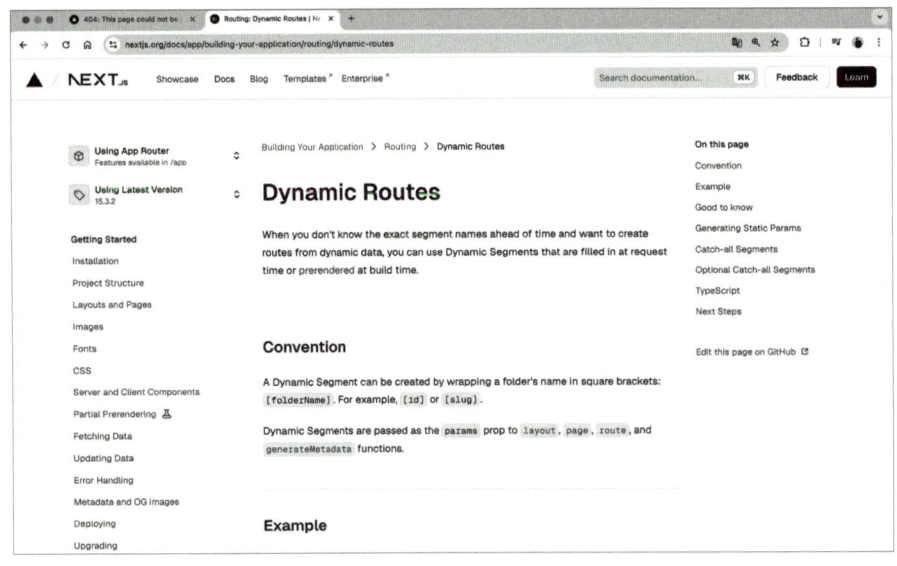

[그림 2-16] 폴더 구조가 깊은 Next.js의 공식 문서 사이트

그러나 '/book'처럼 URL 파라미터를 아예 포함하지 않는 경로는 캐치올 세그먼트로 처리할 수 없습니다. 캐치올 세그먼트는 최소 하나 이상의 URL 파라미터를 포함

하는 경로만 처리하기 때문입니다. 만약 URL 파라미터가 없는 경로도 모두 포함하도록 설정하려면 이번엔 파일명을 /book/[[...id]].tsx로 변경해야 합니다. 이렇게 하면 URL 파라미터와 관계 없이 '/book'으로 시작하는 모든 경로를 파일에서 매핑합니다. 이처럼 두 개의 대괄호([[ ]])와 …을 사용해 모든 경로를 처리하는 방식을 옵셔널 캐치올 세그먼트(Optional Catch All Segment)라고 합니다.

옵셔널 캐치올 세그먼트와 캐치올 세그먼트의 차이점은 단지 URL 파라미터가 없는 경로를 어떻게 처리할 것이냐에 있습니다. 옵셔널 캐치올 세그먼트는 URL 파라미터가 없어도 경로를 처리할 수 있지만, 캐치올 세그먼트는 URL 파라미터가 반드시 있어야 합니다. 이 차이점을 알고 상황에 맞게 적절한 방식을 선택하면 됩니다.

> **TIP**
> 이후 실습을 위해 [[...id]] 폴더의 이름은 다시 [id]로 수정해 하나의 URL 파라미터에만 대응하도록 수정합니다.

쿼리 스트링과 URL 파라미터 사용하기

이번에는 페이지 컴포넌트에서 경로와 함께 전달되는 값인 쿼리 스트링과 URL 파라미터를 꺼내 사용하는 방법을 알아보겠습니다.

쿼리 스트링

쿼리 스트링(Query String)은 경로에서 물음표(?)와 함께 표현되며, 주로 검색 기능을 제공하는 웹 사이트에서 사용자의 검색어나 필터링 조건을 전달할 때 사용됩니다. 예를 들어 앞서 만든 검색 페이지에 접속할 때 '/search?q=한입'과 같은 형태의 쿼리 스트링을 사용하면 '한입'이라는 검색어가 전달됩니다. 이때 전달된 검색어는 쿼리 스트링 q에 저장됩니다.

쿼리 스트링으로 전달된 검색어를 컴포넌트에서 꺼내 사용하고 싶다면 다음과 같이 Next.js에서 제공하는 useRouter라는 훅을 사용하면 됩니다. search/index.tsx를 다음과 같이 수정합니다.

CODE   file: src/pages/search/index.tsx

```tsx
import { useRouter } from "next/router"; ①

export default function Page() {
  const router = useRouter(); ②

  return (
    <div>
      <h1>검색: {router.query.q}</h1> ③
    </div>
  );
}
```

① useRouter 훅을 next/router 패키지에서 불러옵니다. next/navigation이 아닌 next/router 패키지에서 불러와야 합니다.
② useRouter 훅을 호출하고 그 결괏값으로 반환되는 라우터 객체를 변수 router에 저장합니다.
③ 라우터 객체에서 쿼리 스트링 q의 값을 꺼내 화면에 출력합니다.

Next.js에서 기본으로 제공하는 useRouter 훅을 사용하면 라우터 객체를 손쉽게 가져올 수 있습니다. 이 객체에는 라우팅과 관련된 정보와 메서드가 모두 포함되어 있습니다. 쿼리 스트링 값 역시 router.query.q 명령으로 쉽게 접근할 수 있습니다.

브라우저에서 '/search?q=이정환'으로 접속해 검색어가 화면에 잘 렌더링되는지 확인합니다.

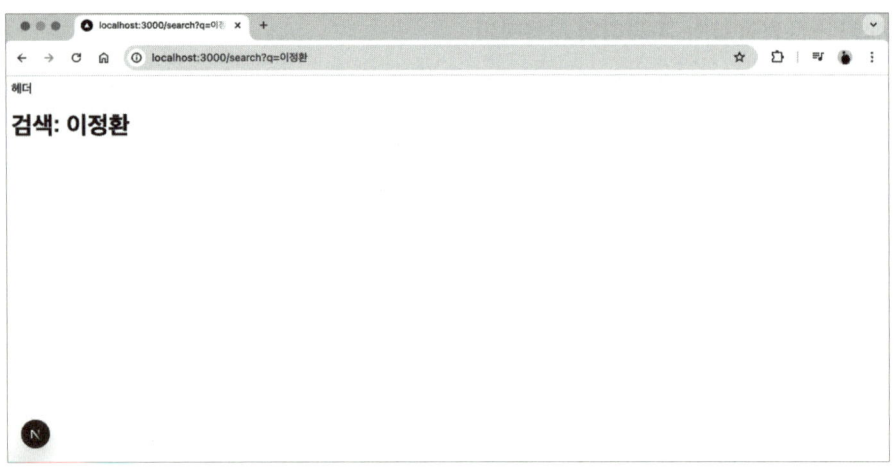

[그림 2-17] 쿼리 스트링 활용하기

URL 파라미터

URL 파라미터는 경로에서 슬래시(/)와 함께 사용하며 보통 자원의 id를 표현하는 용도로 활용됩니다. URL 파라미터도 라우터 객체에 저장되어 있으므로 다음과 같이 쿼리 스트링과 동일한 방법으로 꺼내 활용하면 됩니다.

CODE file: src/pages/book/[id].tsx
```
import { useRouter } from "next/router";

export default function Page() {
  const router = useRouter();

  return (
```

```
      <div>
        <h1>{router.query.id} 도서 상세 페이지</h1>
      </div>
    );
}
```

이번엔 URL 파라미터로 전달된 도서 아이디를 화면에 렌더링합니다. 브라우저에서 '/book/123' 경로로 접속해 도서 아이디가 화면에 잘 렌더링되는지 확인합니다.

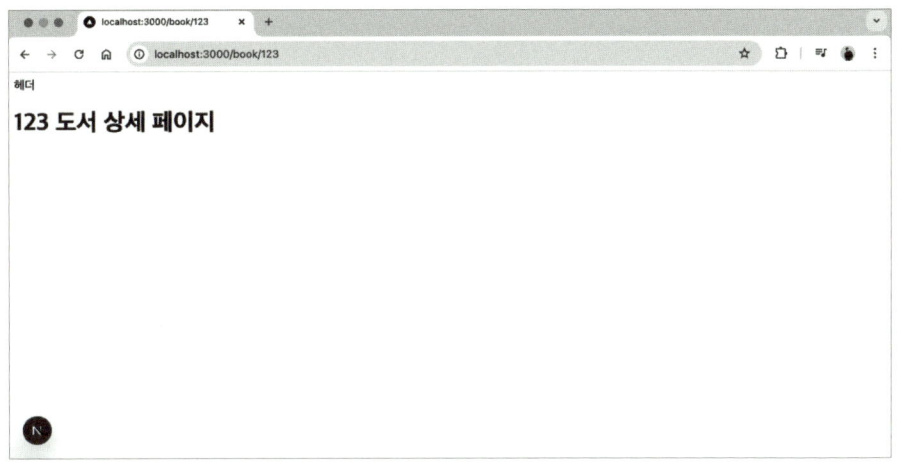

[그림 2-18] URL 파라미터 활용하기

404, 500과 같은 특수 페이지 라우팅

Next.js는 없는 경로를 알리는 404 페이지나 예상치 못한 오류가 발생했음을 알리는 500 페이지 같은 특수한 페이지들을 기본으로 제공합니다. 이 페이지들은 직접 만들지 않아도 Next.js가 자동으로 제공하는데, 독자가 직접 설정할 수도 있습니다.

404 페이지를 직접 설정하고 싶다면 pages 폴더에서 404.tsx 파일을 생성하고 다음과 같이 404 페이지 역할을 할 컴포넌트를 작성해 내보내면 됩니다.

CODE | file: src/pages/404.tsx
```
export default function Page() {
  return <div>데이터가 존재하지 않습니다.</div>;
}
```

브라우저에서 'localhost:3000/12345'와 같이 없는 페이지로 접속하면 [그림 2-19]처럼 404 페이지가 렌더링됩니다.

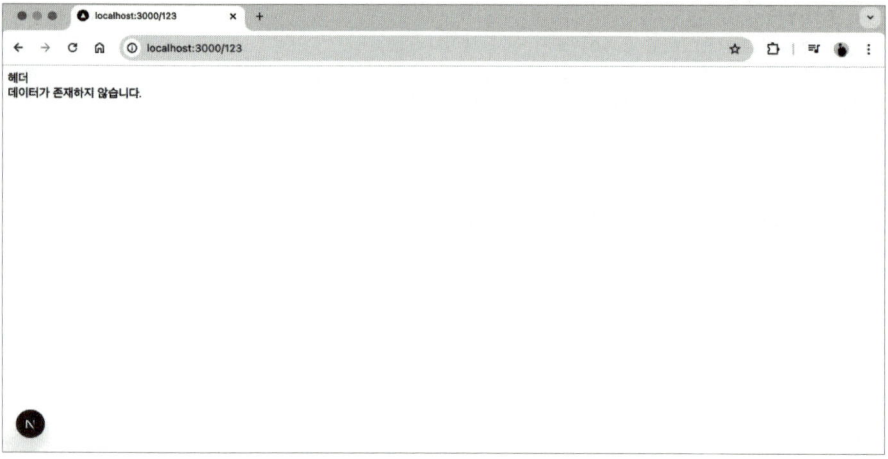

[그림 2-19] 404 페이지의 생성과 렌더링

오류가 발생했음을 알리는 500 페이지를 직접 설정하려면 pages 폴더에 _error.tsx 파일을 생성하고 이 파일에서 페이지 컴포넌트를 다음과 같이 만들어 내보내면 됩니다.

```
file: src/pages/_error.tsx
export default function Page() {
  return <div>오류가 발생했습니다!</div>;
}
```

이제 페이지를 렌더링하는 과정에서 예상치 못한 오류가 발생하면 _error.tsx 파일에서 작성한 페이지 컴포넌트가 에러 페이지로 렌더링됩니다. 확인을 위해 인덱스 페이지에서 오류가 나도록 다음과 같이 만들겠습니다.

```
file: src/pages/index.tsx
import { useEffect } from "react";

export default function Home() {
  useEffect(() => { ①
    throw new Error("");
  }, []);

  return (
    <div>
      <h1>인덱스 페이지입니다.</h1>
    </div>
  );
}
```

> **TIP**
> 마운트(Mount)는 리액트 컴포넌트가 처음으로 화면에 렌더링되는 시점을 의미합니다. 즉, 컴포넌트가 메모리에 올라가고 HTML 요소로 변환되어 실제 DOM에 추가되는 순간을 '마운트된다'라고 표현합니다.

① useEffect를 이용해 페이지 컴포넌트가 마운트된 이후 예외를 발생시킵니다. 굳이 마운트 이후에 예외를 발생시킨 까닭은 프로젝트 빌드 과정에서는 문제를 일으키지 말아야 하기 때문입니다.

설정한 에러 페이지를 잘 렌더링하는지 확인하려면 프로젝트를 빌드하고 프로덕션 모드로 실행해야 합니다. 개발 모드는 오류가 발생하면 에러 페이지 대신 디버깅을 위한 별도의 화면을 표시하기 때문입니다.

```
> npm run build
> npm run start
```

앱을 프로덕션 모드로 실행했다면 인덱스 페이지로 접속합니다. [그림 2-20]과 같이 앞서 작성한 에러 페이지가 렌더링됩니다.

[그림 2-20] 에러 페이지 확인하기

확인을 마쳤다면 이후 실습을 위해 예외가 발생하는 코드는 제거합니다. 그리고 프로젝트도 개발 모드로 다시 실행합니다.

API 라우트

Next.js는 풀 스택 프레임워크를 목표로 설계되었습니다. 따라서 페이지를 렌더링하고 상호작용을 처리하는 프런트엔드 기능뿐만 아니라, API를 통해 데이터를 주고받는 백엔드 기능도 일부 제공합니다. 그중에 API 라우트라는 기능이 있습니다. API 라우트는 pages 폴더에 api 폴더를 만들고 그 폴더에 파일을 생성하면 파일 이름을 경로로 하는 API 엔드포인트를 자동으로 만들어 주는 기능입니다. 예를 들어 pages/api/user.ts라는 파일을 생성하면 Next.js는 'localhost:3000/api/user' 주소로 요청할 수 있는 API를 자동으로 생성합니다.

> **TIP**
> 엔드포인트(Endpoint)란 클라이언트가 서버에 요청을 보낼 수 있는 주소(경로)를 말합니다. 쉽게 말해 데이터를 가져오거나 저장하고 싶을 때 서버의 어느 URL로 요청을 보내야 하는지를 나타내는 지점입니다.

한입북스 프로젝트에는 API 하나가 샘플 엔드포인트로 이미 설정되어 있는데, pages/api/hello.ts 파일이 바로 그것입니다. 이 파일을 열어 보면 API 요청을 처리하는 핸들러가 다음과 같이 설정되어 있습니다.

`file: src/pages/api/hello.ts`

```
// Next.js API route support: https://nextjs.org/docs/api-routes/introduction
import type { NextApiRequest, NextApiResponse } from "next";

type Data = {
  name: string;
};

export default function handler( ①
  req: NextApiRequest,
  res: NextApiResponse<Data>,
) {
  res.status(200).json({ name: "John Doe" }); ②
}
```

① API 요청을 처리하는 핸들러 함수입니다. 이 함수는 req와 res라는 2개의 매개변수를 받습니다. Request의 약자인 req에는 요청 정보를 담은 객체가 전달되며, Response의 약자인 res에는 응답을 위해 여러 기능이 담긴 객체가 전달됩니다.

② res 객체의 메서드를 사용해 API 요청에 대한 응답을 설정합니다. status(200)은 요청의 응답 코드가 200이라는 의미이고 200은 응답이 성공적으로 완료되었다는 뜻입니다. json({name: "John Doe"})는 객체 {name:"John Doe"}를 JSON 포맷으로 변환해 응답하겠다는 의미입니다.

브라우저에서 'localhost:3000/api/hello'로 접속해 이 API를 호출하면 다음과 같은 응답을 확인할 수 있습니다.

[그림 2-21] Next.js의 샘플 API 실행

API 엔드포인트를 추가하려면 페이지를 생성하듯이 새 파일을 만들면 됩니다.

'~/api/time'이라는 주소로 요청하면 현재 시간을 응답하는 API를 만들겠습니다. pages/api 폴더에 time.ts 파일을 생성하고 핸들러 함수를 다음과 같이 작성합니다.

```
CODE                                           file: src/pages/api/time.ts
import type { NextApiRequest, NextApiResponse } from "next";

export default function handler(
  req: NextApiRequest,
  res: NextApiResponse
) {
  const currentTime = new Date().toLocaleDateString(); ①
  res.status(200).json({ currentTime }); ②
}
```

① currentTime 변수에 현재 시간을 문자열 형태로 저장합니다.
② currentTime이 포함된 객체를 JSON 포맷으로 변환해 응답합니다.

이제 브라우저에서 API를 요청하기 위해 '~/api/time'으로 접속합니다. [그림 2-22] 처럼 현재 시간을 응답합니다.

[그림 2-22] 타임 API 호출

Next.js는 파일 이름만으로 API 엔드포인트를 설정할 수 있는 API 라우트 기능을 제공합니다. 이 기능을 잘 활용하면 하나의 앱에서 프런트엔드와 백엔드 기능을 모두 구현할 수 있습니다. 다만 API 라우트는 간단한 동작을 구현할 목적으로 설계한 기능이어서 결제, 인증과 같이 대규모 프로덕션에서 필요로 하는 복잡한 기능을 처리하는 데는 한계가 있습니다. 이 핵심 기능들은 보통 별도의 백엔드 서버나 외부 API를 이용해 개발하는 경우가 더 많습니다. 결론적으로 API 라우트는 복잡한 시스템보다는 간단한 기능을 빠르게 개발할 때 사용한다는 점만 알아 두면 좋겠습니다. 이 책에서는 API 라우트를 이 정도로 정리하고 넘어갑니다. 더 깊이 알고 싶은 독자는 다음 링크를 참고하길 바랍니다.

https://nextjs.org/docs/pages/building-your-application/routing/api-routes

네비게이팅과 프리페칭

이번 절에서는 페이지 라우터 버전에서 페이지 이동을 처리하는 네비게이팅을 살펴봅니다. 또한 페이지 전환을 더 빠르게 만드는 프리페칭 기능도 함께 살펴보겠습니다.

Link 컴포넌트를 이용한 네비게이팅

순수 HTML에서는 페이지 이동을 `<a>` 태그로 하지만, Next.js 앱에서는 보통 Link 컴포넌트를 사용합니다. Link는 Next.js가 제공하는 내장 컴포넌트로서 페이지를 이동할 때 클라이언트 사이드 렌더링(CSR) 방식으로 부드럽고 빠르게 페이지를 전환시킵니다.

실습을 위해 앞서 _app.tsx에서 만든 글로벌 헤더에 다음과 같이 여러 개의 링크를 추가하겠습니다.

CODE   file: src/pages/_app.tsx
```
import "@/styles/globals.css";
import type { AppProps } from "next/app";
import Link from "next/link"; ①

export default function App({ Component, pageProps }: AppProps) {
  return (
    <>
      <header>
        <Link href={"/"}>홈</Link> ②
          ③
        <Link href={"/search"}>검색</Link>
         
        <Link href={"/book/1"}>1번 도서</Link>
      </header>
      <Component {...pageProps} />
    </>
  );
}
```

① Link 컴포넌트를 next/link 패키지에서 불러옵니다.
② Link 컴포넌트의 href 속성에 문자열로 이루어진 경로를 전달하면 해당 페이지로 이동하는 링크가 생성됩니다. href 속성은 필수이므로 전달하지 않으면 오류가 발생합니다. 링크의 텍스트(예: '홈')는 Link 컴포넌트의 자식으로 추가하면 됩니다.
③ 링크 간에 공백을 주기 위해 를 사용합니다.

[그림 2-23]과 같이 글로벌 헤더에 '/', '/search', '/book/1' 페이지로 이동하는 3개의 링크가 생성됩니다.

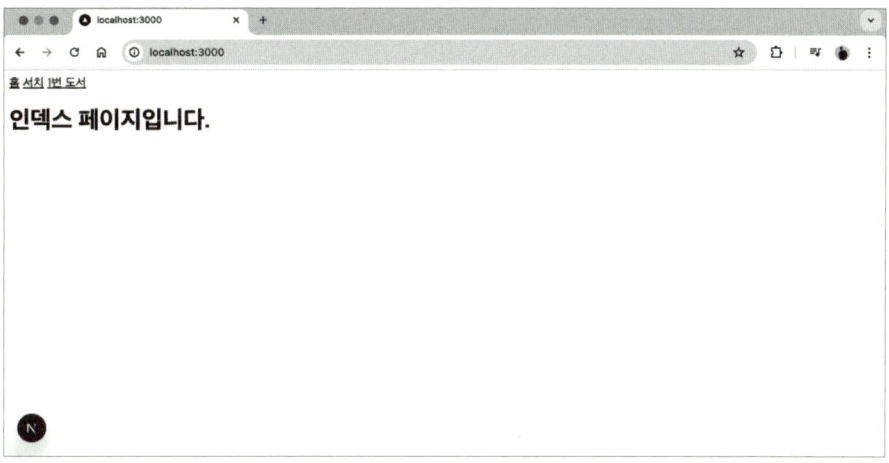

[그림 2-23] 글로벌 헤더에 생성한 3개의 링크

링크를 클릭하면 각각의 Link 컴포넌트에서 설정한 href 경로의 페이지로 이동합니다. 페이지를 전환할 때 브라우저가 깜빡이지 않는데, CSR 방식으로 이동하기 때문입니다. 이 점이 <a> 태그 대신 Link 컴포넌트를 사용하는 이유입니다. Link 컴포넌트를 사용하면 페이지 전체를 다시 로드하지 않아도 경로 전환이 가능하므로 더 빠르고 부드럽게 페이지를 이동할 수 있습니다.

라우터 객체를 이용한 네비게이팅

Next.js에서는 라우터 객체를 사용해 프로그래매틱(programmatic)하게 페이지를 이동할 수도 있습니다. 프로그래매틱하다는 것은 코드나 스크립트를 사용해 특정 동작을 제어하거나 자동화한다는 뜻입니다. 다시 말해 프로그래매틱한 페이지 이동이란 사용자가 직접 링크를 클릭하지 않아도 특정 조건이 만족되면 이벤트 핸들러나 기타 함수가 페이지를 자동으로 이동시키는 동작을 말합니다. 이 방식을 이용하면 사용자가 직접 링크를 클릭하는 등의 동작을 하지 않아도 프로그래밍 로직으로 원하는 기능을 구현하거나 상태를 변경할 수 있습니다.

이번에는 _app.tsx의 글로벌 헤더에서 경로가 '/book/1'인 Link 컴포넌트를 <button> 태그로 대체하겠습니다.

CODE   **file: src/pages/_app.tsx**

```tsx
(...)
import { useRouter } from "next/router"; ①

export default function App({ Component, pageProps }: AppProps) {
  const router = useRouter(); ②

  return (
    <>
      <header>
        <Link href={"/"}>홈</Link>
         
        <Link href={"/search"}>검색</Link>
         
        <button ③
          onClick={() => { ④
            router.push("/book/1");
          }}
        >
          1번 도서
        </button>
      </header>
      <Component {...pageProps} />
    </>
  );
}
```

① next/router 패키지에서 useRouter 훅을 불러옵니다.
② useRouter 훅을 호출하고 그 결과로 반환된 라우터 객체를 변수 router에 저장합니다.
③ Link 컴포넌트를 <button> 태그로 대체합니다. 버튼 텍스트는 1번 도서로 설정합니다.
④ onClick 이벤트 핸들러를 설정해 버튼을 클릭하면 router.push() 메서드를 실행하도록 설정합니다. router.push()는 라우터 객체의 메서드로 인수로 전달한 경로로 페이지를 이동시킵니다.

브라우저에서 〈1번 도서〉 버튼을 클릭해 'book/1' 페이지로 잘 이동하는지 확인합니다.

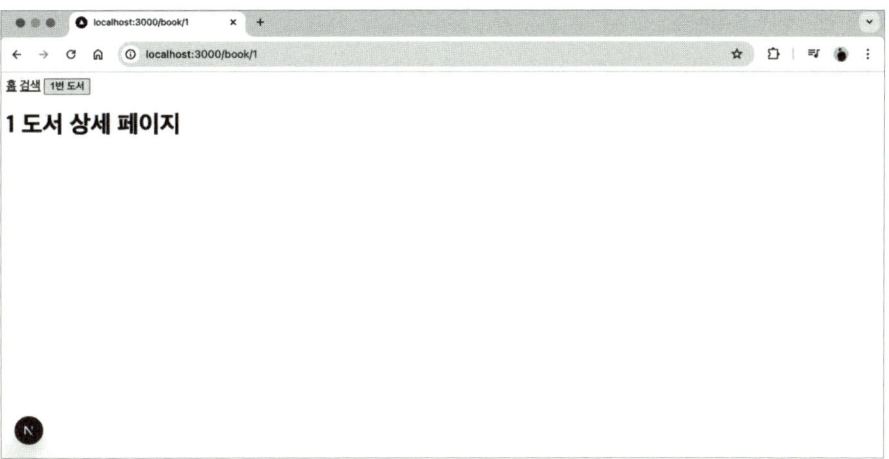

[그림 2-24] 프로그래매틱한 페이지 이동

라우터 객체에는 인수로 전달한 경로로 페이지를 이동시키는 push 메서드가 있습니다. 따라서 코드와 같이 특정 버튼을 클릭하거나 조건을 만족했을 때 router.push()로 페이지를 프로그래매틱하게 이동시킵니다. 참고로 프로그래매틱한 페이지 이동 역시 Link 컴포넌트처럼 CSR 방식으로 이루어집니다.

라우터 객체는 push 말고도 페이지의 이동 및 관리를 위한 여러 유용한 메서드를 포함합니다. 몇 가지만 간단하게 소개합니다.

- replace(경로): 인수로 전달한 경로로 페이지를 이동시키지만 브라우저 히스토리에 기록을 남기지 않습니다. 따라서 이전 페이지로 돌아가는 것을 방지합니다. 이 메서드는 보통 로그인, 로그아웃할 때 활용됩니다.
- refresh(): 새로고침 메서드로 현재 페이지를 다시 불러옵니다.
- back(): 브라우저의 뒤로 가기 기능을 수행합니다.
- forward(): 브라우저의 앞으로 가기 기능을 수행합니다.
- prefetch(경로): 인수로 전달한 경로의 데이터나 리소스를 미리 불러옵니다.

프리페칭

Next.js는 빠른 페이지 이동을 위해 프리페칭(prefetching)이라는 기능을 제공합니다. 프리페칭은 사용자가 페이지를 이동하기 전에 미리 필요한 데이터를 가져오는 기능입니다.

사전 렌더링과 프리페칭

1장에서 Next.js의 사전 렌더링을 간단하게 살펴보았습니다. Next.js도 리액트처럼 초기 접속 과정에서 자바스크립트 번들 파일을 받으므로 이후의 페이지 이동은 CSR 방식으로 동작한다고 했습니다. [그림 2-25]에서는 Next.js 앱의 사전 렌더링 과정을 다시 보여 줍니다.

하지만 이 방식에는 한 가지 문제가 있습니다. [그림 2-26]의 5번처럼 초기 접속 과정에서 브라우저에 전달되는 자바스크립트 번들 크기가 커지면 페이지의 상호작용이 가능해지는 TTI(Time to interactive)까지 걸리는 시간이 오래 걸립니다. 개발자가 작성한 리액트 컴포넌트와 함수 등을 모두 포함하는 자바스크립트 번들은 서비스의 페이지 개수가 많아지거나 구조가 복잡해질수록 크기가 점점 커질 수밖에 없습니다. 따라서 규모가 큰 서비스라면 이 방식에서는 분명 문제가 발생합니다.

이 문제를 해결할 목적으로 Next.js는 페이지 단위로 자바스크립트 번들을 나누어 저장합니다. 예를 들어 서비스에서 인덱스, 검색, 도서 상세 페이지가 있다면 인

> **TIP**
> 사전 렌더링은 Next.js 서버에서 자바스크립트 코드를 HTML로 변환해 브라우저에게 반환하는 과정입니다. 프리페칭은 페이지를 이동하기 전에 이동할 페이지의 데이터를 미리 불러오는 과정입니다.

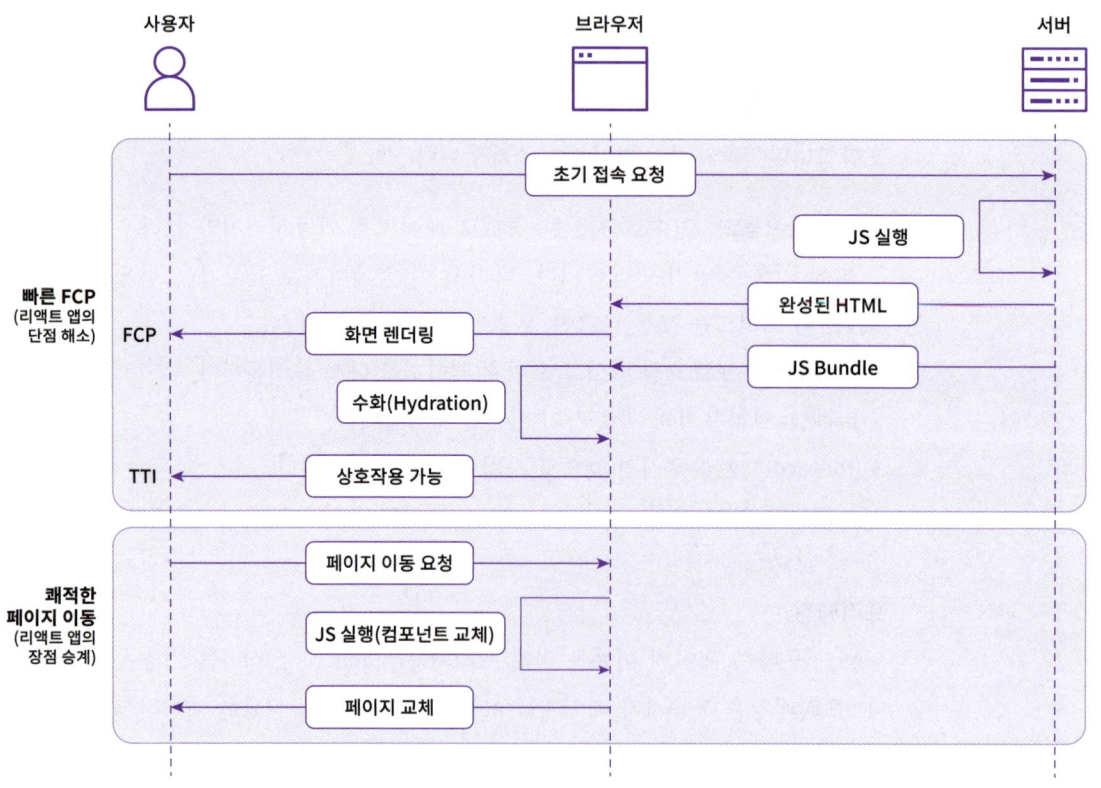

[그림 2-25] Next.js 앱의 사전 렌더링 과정

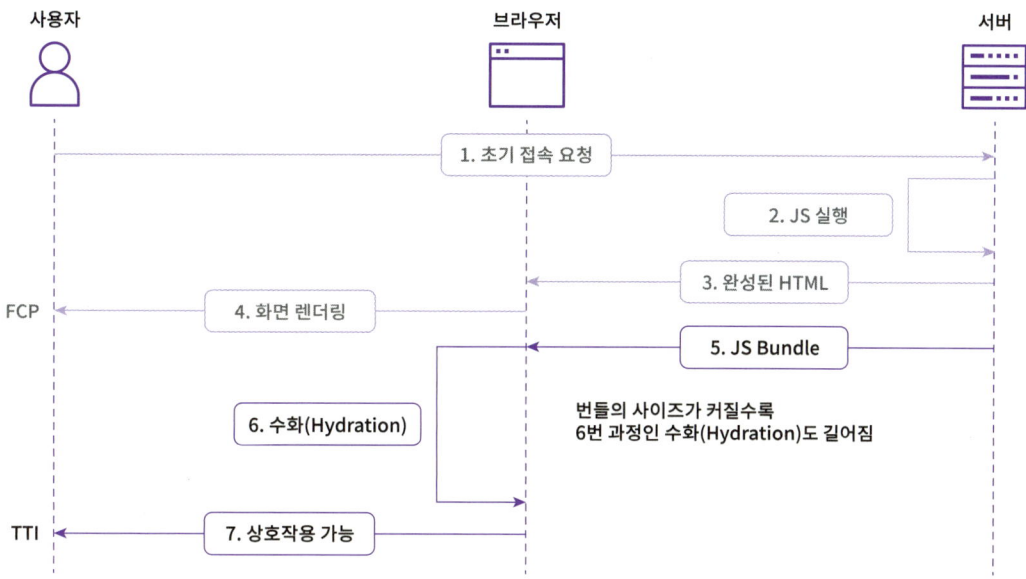

[그림 2-26] 자바스크립트 번들의 크기가 커질 경우

덱스 페이지에 필요한 컴포넌트와 함수는 index.js, 검색 페이지에 필요한 컴포넌트와 함수는 search.js, 도서 상세 페이지에 필요한 컴포넌트와 함수는 book.js에 각각 저장합니다. 페이지 단위로 번들을 분리하면 각각의 페이지에 필요한 자바스크립트 코드만 로드할 수 있어 번들의 크기를 줄이고 TTI까지 걸리는 시간을 크게 단축할 수 있습니다.

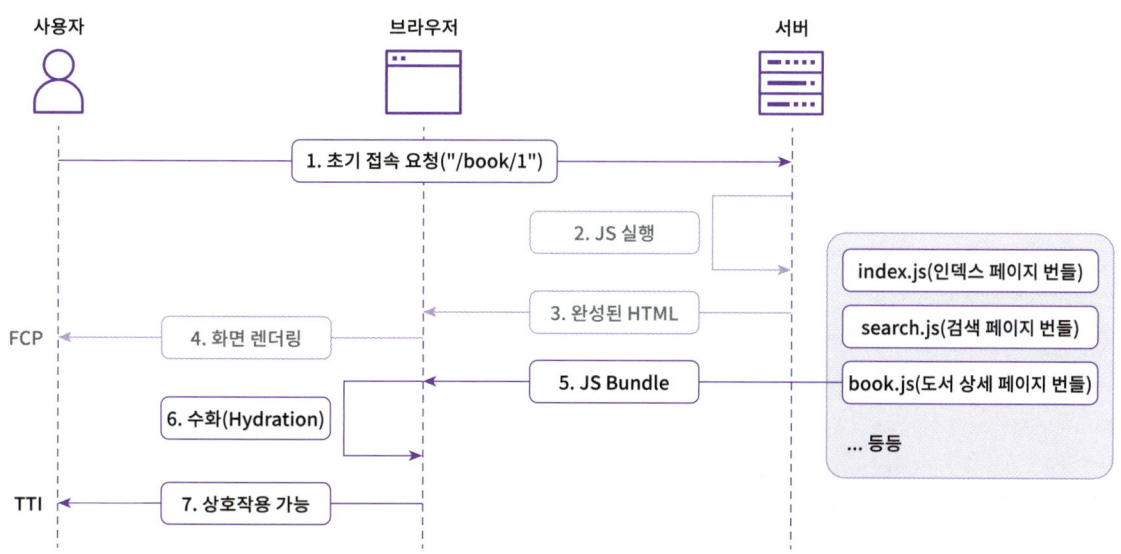

[그림 2-27] 페이지 단위로 번들을 분리해 하이드레이션 시간 단축

네비게이팅과 프리페칭

그러나 페이지 단위로 분리해 받으면 초기 접속을 완료해도 브라우저는 현재 페이지에 해당하는 번들만 받았으므로 이후 다른 페이지로 이동할 때는 서버에게 자바스크립트 번들을 추가로 요청해야 합니다. 추가로 요청하는 과정은 CSR 방식으로 매끄럽게 페이지를 전환하는 데 방해가 되는 요소입니다. 페이지를 이동할 때마다 네트워크로 요청을 보내고 응답을 기다려야 하기 때문입니다. 특히 네트워크 상태가 좋지 않거나 요청한 번들이 크다면 페이지 전환이 지연될 수 있어 서비스에 대한 사용자의 만족도를 떨어뜨립니다.

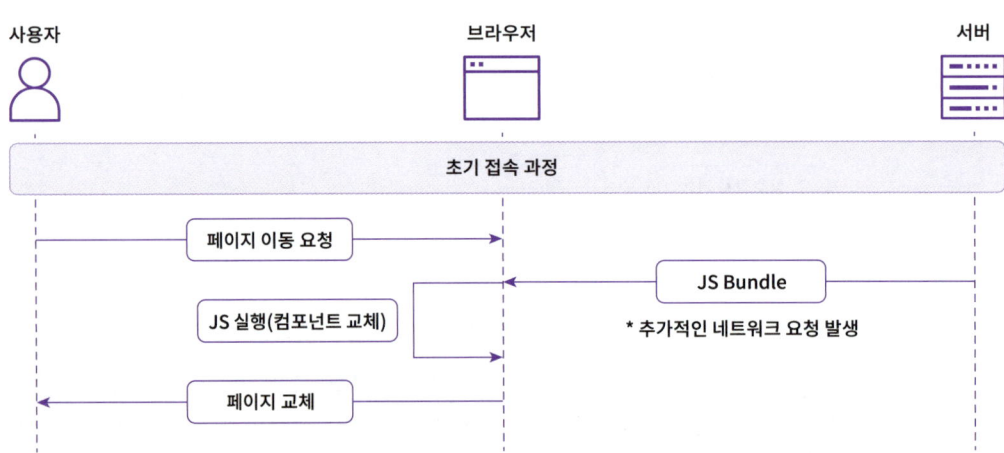

[그림 2-28] 페이지 단위 번들 분리로 인한 페이지 이동의 비효율성

이 문제를 방지하기 위해 Next.js는 페이지를 이동하기 전에 필요한 자바스크립트 번들을 미리 가져오는 프리페칭 기능을 제공합니다. 좀 더 구체적으로 표현하면 프리페칭은 사용자가 링크나 버튼을 클릭해 페이지를 이동하기 전에 현재 페이지에서 이동 가능한 다른 페이지의 데이터를 미리 불러오는 기능입니다. 이 기능을 활용하면 CSR 방식으로 페이지를 매끄럽게 전환할 수 있습니다.

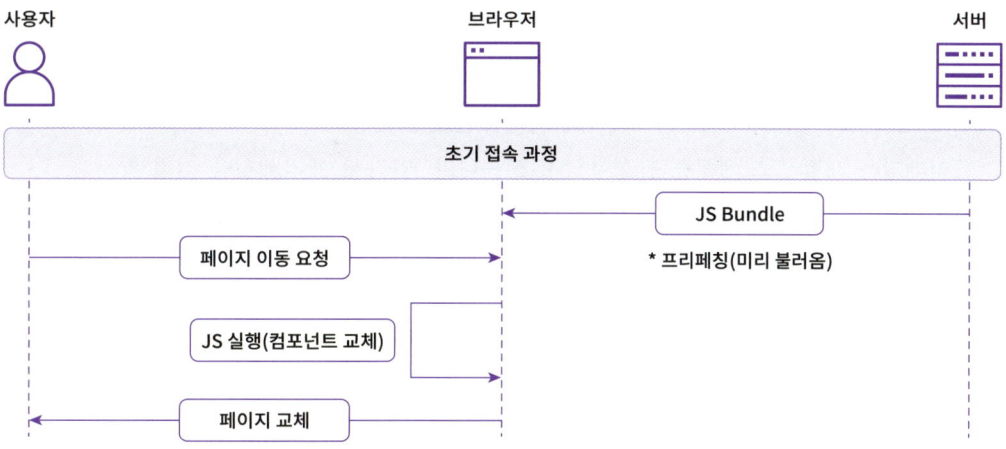

[그림 2-29] 프리페칭으로 페이지 이동의 비효율성 제거

인덱스와 검색 페이지의 프리페칭

미리 데이터를 프리페칭할 수 있는 페이지는 Link 컴포넌트로 링크가 설정된 페이지들입니다.

현재 _app.tsx의 글로벌 헤더에는 다음과 같이 2개의 Link 컴포넌트가 있습니다.

```
CODE                                                    file: src/pages/_app.tsx
(...)
export default function App({ Component, pageProps }: AppProps) {
  (...)
  return (
    <>
      <header>
        <Link href={"/"}>홈</Link> ①
         
        <Link href={"/search"}> ②
          검색
        </Link>
        (...)
      </header>
      <Component {...pageProps} />
    </>
  );
}
```

① 인덱스 페이지로 향하는 링크
② 검색 페이지로 향하는 링크

글로벌 헤더는 인덱스, 검색 페이지로 향하는 Link 컴포넌트를 포함하고 있습니다. 이 프로젝트 앱에서 모든 페이지는 글로벌 헤더를 동일하게 렌더링하므로 어떤 페이지에 접속해도 인덱스와 검색 페이지를 프리페칭합니다.

프리페칭은 개발 모드에서는 활성화되지 않습니다. 따라서 프리페칭을 직접 확인하려면 Next.js 앱을 프로덕션 모드로 실행해야 합니다. 다음 명령으로 Next.js 앱을 빌드하고 프로덕션 모드로 실행합니다.

CODE
```
npm run build // 빌드
npm run start // 프로덕션 모드로 실행
```

브라우저에서 인덱스 페이지에 접속한 다음, 개발자 도구의 [네트워크] 탭을 클릭합니다. 모든 네트워크 요청을 확인하기 위해 패널에서 Filter 항목의 'All'을 클릭한 다음, Name 항목에서 'search-…'로 표시된 두 개의 .js 파일 중 아래 파일을 선택합니다. 이 네트워크 요청은 검색 결과 데이터를 실제로 가져오는 API 호출입니다.

[그림 2-30]에서 검색 페이지('/search')의 자바스크립트 번들('search…'로 시작하는 파일)을 미리 불러오는 프리페칭 동작을 확인할 수 있습니다.

TIP
독자의 컴퓨터 설정에 따라 [네트워크] 탭의 화면이 다를 수 있습니다. 이때는 새로고침(F5)하거나 Ctrl + R 키를 누르면 미리 불러온 파일들을 볼 수 있습니다. 그리고 'search…'로 시작하는 파일을 클릭하면 [그림 2-30]처럼 [Header], [Preview] …와 같은 탭 메뉴가 있는 패널이 열립니다.

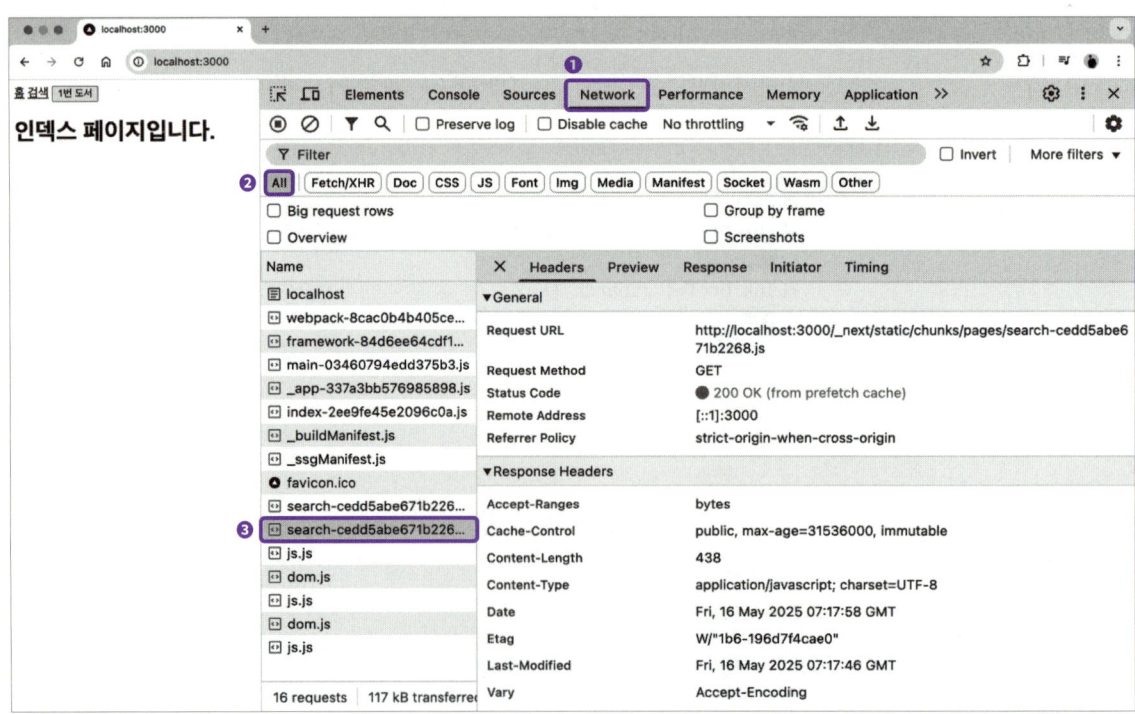

[그림 2-30] 크롬 브라우저의 개발자 도구에서 살펴본 프리페칭 동작

프리페칭 기능을 이용하면 인덱스 페이지에 접속했을 때 검색 페이지에 필요한 자바스크립트 번들을 미리 불러오기 때문에 이후 검색 페이지로 이동할 때는 추가적인 데이터 요청이 필요하지 않습니다.

실제로 인덱스 페이지에서 '검색' 링크를 클릭해 검색 페이지로 이동하면 favicon. ico 같은 이미지 파일 외에는 추가로 데이터 요청을 하지 않으므로 매우 빠르게 페이지가 전환됩니다.

도서 상세 페이지의 프리페칭

눈썰미 있는 독자라면 한 가지 이상한 점을 발견할 수 있습니다. 바로 '/search' 경로의 검색 페이지는 프리페칭하지만, 'book/1' 경로의 도서 상세 페이지는 프리페칭하지 않는다는 점입니다. Next.js에서 프리페칭 기능은 Link 컴포넌트로 렌더링하는 링크에만 적용되기 때문입니다. 즉, <button> 태그와 router.push 메서드로 이동하는 도서 상세 페이지는 프리페칭 기능이 적용되지 않습니다.

도서 상세 페이지에도 프리페칭 기능을 적용하려면 <button> 태그를 Link 컴포넌트로 대체하거나 다음과 같이 router.prefetch 메서드를 이용해 프로그래매틱하게 프리페칭해야 합니다.

_app.tsx 파일을 다음과 같이 수정합니다.

CODE   file: src/pages/_app.tsx
```
(...)
import { useEffect } from "react"; ①

export default function App({ Component, pageProps }: AppProps) {
  const router = useRouter();

  useEffect(() => { ②
    router.prefetch("book/1");
  }, []);

  return (...)
);
}
```

① react 패키지에서 useEffect 훅을 불러옵니다.
② 페이지를 마운트한 후 router.prefetch() 메서드를 호출합니다. router.prefetch() 메서드는 인수로 전달한 경로의 페이지를 프리페칭합니다. 이 메서드를 사용하면 Link 컴포넌트를 사용하지 않는 경로의 페이지도 강제로 프리페칭할 수 있습니다.

프리페칭을 확인하기 위해 Next.js 앱을 다시 빌드한 다음 프로덕션 모드로 실행합니다.

```
npm run build
npm run start
```

브라우저에서 인덱스 페이지에 접속해 개발자 도구의 [네트워크] 탭을 살펴보면 [그림 2-31]과 같이 도서 상세 페이지의 자바스크립트 번들을 미리 불러오는 프리페칭 동작을 확인할 수 있습니다.

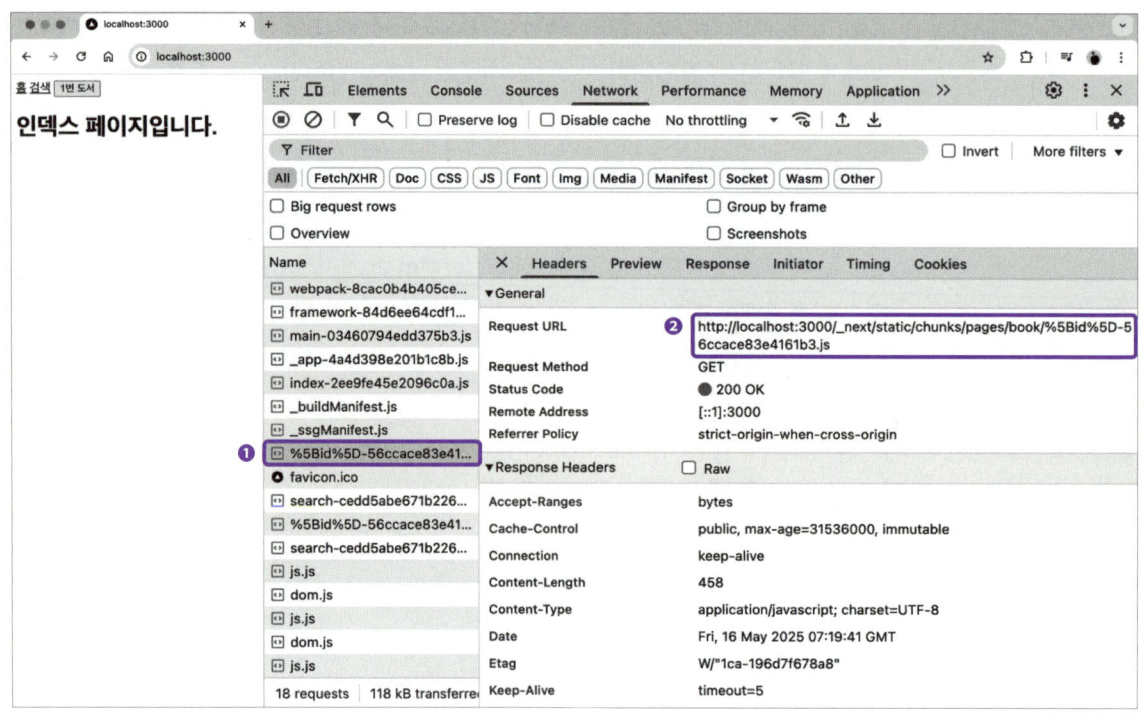

[그림 2-31] 프로그래매틱한 프리페칭 확인하기

router 객체를 이용하면 프로그래매틱하게 페이지를 프리페칭할 수 있지만, 이 방식은 이동 가능한 페이지의 수가 많아지면 코드가 복잡해지는 단점이 있습니다. 따라서 프리페칭이 필요한 페이지는 가능하면 Link 컴포넌트를 사용할 것을 권장합니다. Link 컴포넌트는 프리페칭 기능을 자동으로 제공하므로 코드가 간결하며 유지 보수하기도 쉽습니다.

참고로 Link 컴포넌트로 연결했음에도 특별한 이유로 프리페칭을 원하지 않는 페이지가 있다면 다음과 같이 prefetch Prop을 false로 설정하면 됩니다.

CODE   **file: src/pages/_app.tsx**

```tsx
(...)
export default function App({ Component, pageProps }: AppProps) {
  (...)
  return (
    <>
      <header>
        (...)
        <Link href={"/search"} prefetch={false}> ①
          검색
        </Link>
        (...)
      </>
  );
}
```

① '/search' 경로로 향하는 링크의 프리페칭을 해제합니다.

프리페칭을 확인하기 위해 Next.js앱을 다시 빌드한 다음 프로덕션 모드로 실행합니다.

브라우저에서 인덱스 페이지에 접속해 개발자 도구의 [네트워크] 탭을 살펴보면 [그림 2-32]와 같이 검색 페이지는 프리페칭하지 않는다는 것을 확인할 수 있습니다.

프리페칭을 의도적으로 해제하는 경우는 드물지만, 페이지의 번들 크기가 너무 커 초기 로딩이 부담되거나 프리페칭으로 불필요한 서버 요청을 줄일 때 종종 사용합니다. 프리페칭을 해제하면 브라우저나 서버 자원을 효율적으로 관리할 수 있습니다.

이후 실습을 위해 다시 개발 모드로 가동합니다.

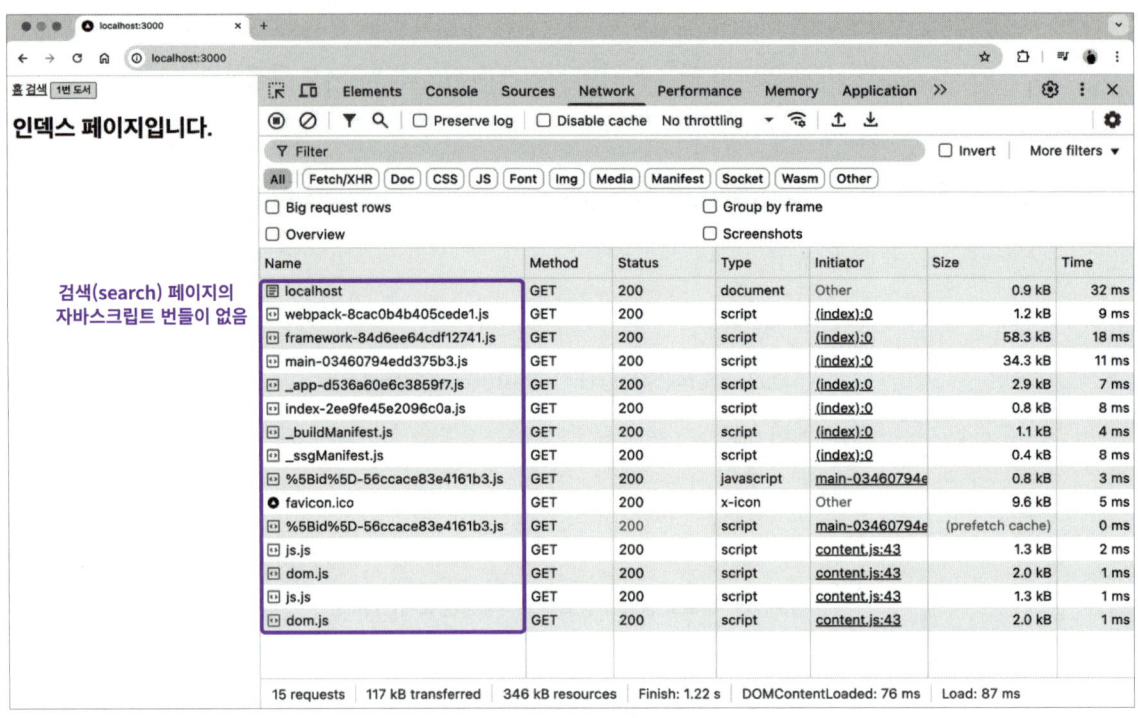

[그림 2-32] 프리페칭 해제 확인하기

스타일링 및 레이아웃 설정하기

프로젝트의 완성도를 높이는 방법의 하나는 스타일링을 멋지게 적용하는 일입니다. 이번 절에서는 Next.js 앱의 컴포넌트 스타일을 다양하게 설정하겠습니다. 동시에 앱에서 레이아웃을 설정하는 방법도 살펴봅니다.

Next.js 앱 스타일링

Next.js의 스타일링은 리액트 컴포넌트의 스타일 설정과 동일합니다. 따라서 리액트에서 사용하던 방식을 그대로 사용할 수 있습니다.

다음은 인덱스 페이지 컴포넌트에서 인라인 스타일을 설정하는 예입니다.

CODE file: src/pages/index.tsx
```
export default function Home() {
  return (
    <div>
      <h1 style={{ color: "green" }}>인덱스 페이지입니다</h1> ①
```

```
      </div>
  );
}
```

① 텍스트의 글자색을 초록색으로 설정합니다.

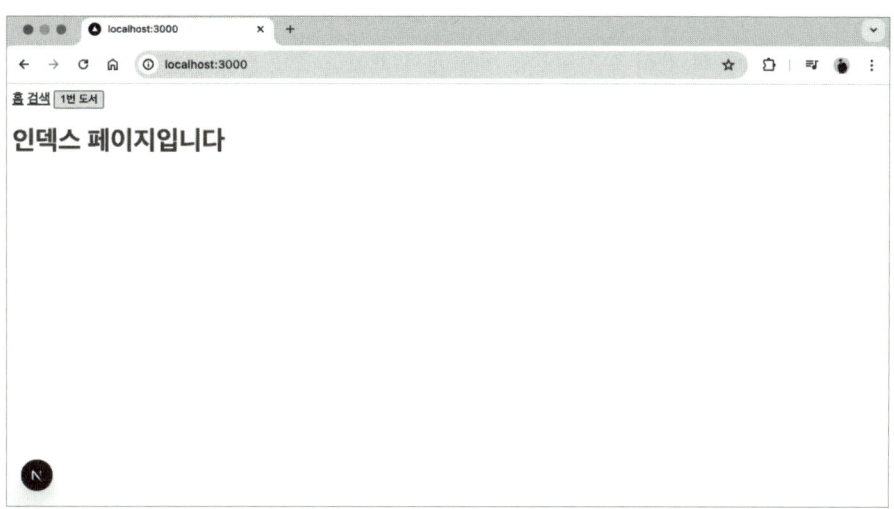

[그림 2-33] 인라인 스타일을 적용한 인덱스 페이지

Next.js 앱도 리액트처럼 HTML의 **style** 속성을 이용해 인라인 스타일을 설정할 수 있습니다.

  인라인 방식은 스타일을 간단하고도 빠르게 적용할 때는 유용하지만, 규모가 있는 서비스의 스타일을 설정하는 데는 한계가 있습니다. 컴포넌트의 return 문에서 직접 스타일 코드를 작성해야 하므로 코드의 길이가 길면 가독성이 떨어집니다. 특히 미디어 쿼리를 사용해 브라우저의 크기에 따라 스타일을 조정하거나 조건부 스타일을 적용하는 경우에는 매우 불편합니다.

  이런 까닭에 리액트 앱은 주로 별도의 CSS 파일을 만들어 클래스 이름별로 스타일 코드를 작성한 다음, 이를 컴포넌트에서 불러와 사용합니다. Next.js 앱도 이 방법을 사용합니다.

  다음과 같이 인덱스 페이지를 위한 CSS 파일 index.css를 만들어 이 페이지의 스타일 코드를 작성하겠습니다.

```
.title {    ①
  color: green;
}
```
file: src/pages/index.css

① 클래스 이름이 title인 요소의 글자색을 초록색으로 설정합니다.

index.tsx를 다음과 같이 수정해 CSS 파일에서 작성한 스타일을 컴포넌트에 적용합니다.

```
import './index.css';   ①

export default function Home() {
  return (
    <div>
      <h1 className={'title'}>인덱스 페이지입니다</h1>   ②
    </div>
  );
}
```
file: src/pages/index.tsx

① 앞서 생성한 index.css 파일을 불러옵니다.
② <h1> 태그의 클래스 이름(className 속성)을 'title'로 지정합니다.

스타일이 잘 적용되었는지 확인하기 위해 F5 키를 눌러 새로고침하면 다음과 같이 오류가 발생합니다.

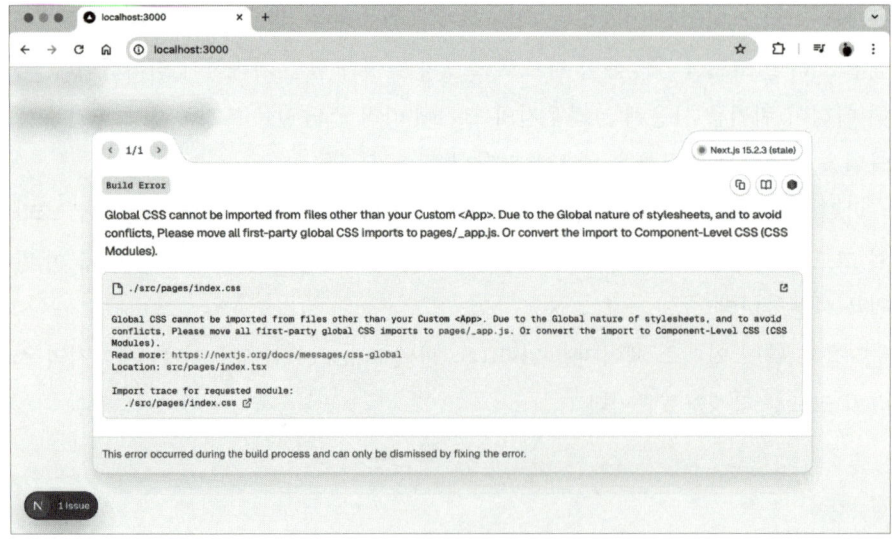

[그림 2-34] CSS 파일을 임포트할 때 오류 발생

오류 메시지를 읽어 보면 "글로벌 CSS는 App 컴포넌트가 아닌 곳에서는 임포트할 수 없다"라는 메시지가 나옵니다. Next.js는 App 컴포넌트를 제외하고 개별 페이지 컴포넌트에서 글로벌 CSS 파일을 직접 불러오는 것을 금지합니다.

Next.js가 개별 페이지에서 글로벌 CSS 파일의 임포트를 금지하는 이유는 특정 페이지에서 CSS 파일을 임포트할 경우, 그 CSS 파일이 다른 페이지로 이동할 때 제거되지 않기 때문입니다. 예를 들면 인덱스 페이지에서 임포트한 CSS 파일이 검색 페이지로 이동한 후에도 그대로 남아 영향을 미칠 수 있습니다. 이렇게 되면 페이지 사이에 스타일 충돌이 발생해 의도치 않은 스타일이 적용될 수 있으므로 Next.js에서는 이 방식을 제한합니다.

이해를 돕기 위해 간단한 예제로 다시 설명하겠습니다. 다음은 인덱스 페이지의 스타일 파일(index.css)과 검색 페이지의 스타일 파일(search.css)에서 이름이 같은 클래스 요소에 스타일을 지정하는 예입니다.

CODE   file: src/pages/index.css
```css
.title {
  color: green;
}
```

CODE   file: src/pages/search.css
```css
.title {
  color: blue;
}
```

만약 인덱스 페이지에서 index.css를 임포트하고 검색 페이지에서 search.css를 임포트했다고 가정합시다. 사용자가 인덱스 페이지에서 검색 페이지로 이동할 때 인덱스 페이지에서 불러온 index.css가 제거되지 않고 그대로 남아 있다면 .title 클래스의 스타일이 충돌해 예기치 않은 결과가 발생할 수 있습니다. 검색 페이지에서는 .title 클래스가 파란색으로 설정되어야 하지만, 인덱스 페이지의 스타일이 남아 있다면 초록색으로 표시될 수도 있습니다. 이 같은 문제를 막기 위해 Next.js는 글로벌 CSS 파일은 오직 _app.tsx에서만 임포트하도록 제한합니다.

> **여기서 잠깐** 왜 글로벌 CSS 파일은 _app.tsx에서만 임포트할 수 있나요?
> _app.tsx의 App가 모든 페이지 컴포넌트의 부모이기 때문입니다. 결국 이 파일에서 임포트한 CSS 파일은 모든 페이지에 적용되는 글로벌 스타일이 됩니다.

글로벌 CSS 제한으로 인해 Next.js에서는 보통 CSS를 모듈 단위로 관리하는 CSS Module을 사용합니다. 모듈 단위로 관리한다 함은 Next.js의 CSS 파일은 독립적인 스타일 블록처럼 하나의 컴포넌트에만 적용할 수 있다는 의미입니다.

CSS Module의 사용 방법은 매우 간단합니다. 먼저 CSS 파일의 확장자를 .module.css로 변경해 파일을 모듈 형식으로 불러오면 됩니다. 이렇게 하면 CSS 클래스의 이름은 고유한 이름으로 자동 변환되어 클래스 사이의 이름 충돌을 방지할 수 있습니다.

index.css 파일의 이름을 index.module.css로 변경하고 index.tsx 파일을 다음과 같이 수정합니다.

`CODE` file: src/pages/index.tsx

```tsx
import style from "./index.module.css"; ①

export default function Home() {
  return (
    <div>
      <h1 className={style.title}>인덱스 페이지입니다</h1> ②
    </div>
  );
}
```

① index.module.css에서 style 객체를 불러옵니다. 이 style 객체는 index.module.css에서 작성한 모든 스타일 규칙을 프로퍼티로 저장하고 있습니다.

② <h1> 태그의 className을 style.title로 설정합니다. 그 결과 index.module.css 파일에서 작성한 .title의 스타일이 이 요소에 적용됩니다.

[그림 2-35]와 같이 스타일링이 잘 설정되었는지 확인합니다. 브라우저의 개발자 도구에서 [Elements] 탭을 열고 스타일을 설정한 <h1> 태그의 class를 살펴보면 클래스 이름이 코드에서 작성한 것과는 달리 고유한 형태로 변환되어 있음을 확인할 수 있습니다.

CSS Module은 클래스 이름을 자동으로 고유한 값으로 변환하므로 요소들의 클래스 이름이 충돌되는 것을 방지합니다. 또한 CSS Module은 각 컴포넌트의 스타일을 독립적으로 관리하므로 대규모 프로젝트에서 스타일링을 안정적으로 구현하며 유지 보수하기도 쉽습니다.

Next.js 앱에는 CSS Module 방식 외에도 Styled-Components, Tailwind CSS 등과 같이 스타일링을 설정하는 방법이 여러 개 있습니다. 다만 이 책에서 여러 스타일

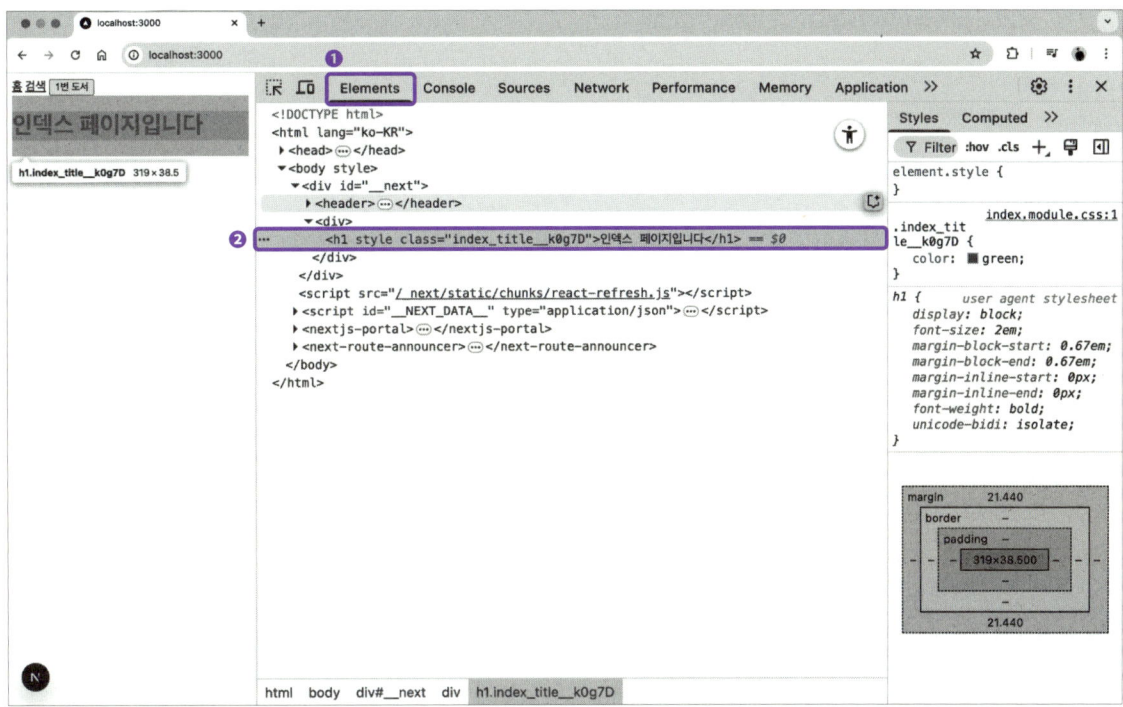

[그림 2-35] 개발자 도구의 [Elements] 탭에서 클래스 이름 확인

링 중 CSS Module을 사용하는 이유는 이 방식이 다른 스타일링과 달리 복잡한 문법이나 개념을 추가로 배울 필요가 없어서입니다.

글로벌 레이아웃 설정하기

이번엔 Next.js 앱에서 모든 페이지에 적용되는 글로벌 레이아웃을 설정하겠습니다. 글로벌 레이아웃처럼 모든 페이지에서 동일하게 적용할 요소는 App 컴포넌트에서 작성합니다. 따라서 App 컴포넌트를 다음과 같이 수정합니다(앞서 작성했던 글로벌 헤더와 useEffect 등은 모두 제거합니다).

CODE   file: src/pages/_app.tsx

```
import "@/styles/globals.css";
import type { AppProps } from "next/app";
import Link from "next/link";  ①

export default function App({ Component, pageProps }: AppProps) {
  return (
    <div>
      <header>  ②
```

스타일링 및 레이아웃 설정하기   **91**

```
        <Link href={"/"}>ONEBITE BOOKS</Link>
      </header>
      <main> ③
        <Component {...pageProps} />
      </main>
      <footer>@winterlood</footer> ④
    </div>
  );
}
```

① Link 컴포넌트를 불러옵니다.
② `<header>` 태그를 추가하고 인덱스 페이지로 이동하는 Link 컴포넌트를 배치합니다. 링크의 텍스트는 ONEBITE BOOKS로 지정합니다.
③ `<main>` 태그를 추가하고 페이지 컴포넌트를 감싸도록 설정합니다.
④ `<footer>` 태그를 추가하고 @winterlood라는 텍스트를 렌더링합니다.

모든 페이지에서 헤더와 푸터가 동일하게 렌더링되도록 설정했습니다.

[그림 2-36] 글로벌 레이아웃 적용

글로벌 레이아웃을 적용하려면 이처럼 _app.tsx의 App 컴포넌트를 수정하면 됩니다. 그러나 레이아웃의 구성이 복잡해 App 컴포넌트의 가독성이 떨어진다면 레이아웃 요소만 별도의 컴포넌트로 분리하는 것이 좋습니다.

  src 폴더에서 컴포넌트를 보관할 components 폴더를 만듭니다. components 폴더에 global-layout.tsx 파일을 생성하고 글로벌 레이아웃을 위한 컴포넌트를 다음과 같이 작성합니다.

```
file: src/components/global-layout.tsx
import Link from "next/link";
import { ReactNode } from "react";

export default function GlobalLayout({ ①
  children,
}: {
  children: ReactNode; ②
}) {
  return ( ③
    <div>
      <header>
        <Link href={"/"}>ONEBITE BOOKS</Link>
      </header>
      <main>{children}</main>
      <footer>@winterlood</footer>
    </div>
  );
}
```

① GlobalLayout 컴포넌트는 부모인 App에서 children Prop으로 페이지 컴포넌트를 받습니다.

② children Prop의 타입을 ReactNode 타입으로 정의합니다. ReactNode 타입은 리액트의 JSX 문법으로 렌더링할 수 있는 유형을 모두 포함하는데, 대표 유형으로는 문자열, 숫자, 배열, 리액트 컴포넌트 등이 있습니다.

③ 페이지 컴포넌트를 헤더와 푸터가 있는 레이아웃으로 감싸 렌더링합니다.

이제 _app.tsx에서 GlobalLayout 컴포넌트를 이용해 글로벌 레이아웃을 설정합니다.

```
file: src/pages/_app.tsx
import GlobalLayout from "@/components/global-layout"; ①
(...)
export default function App({ Component, pageProps }: AppProps) {
  return (
    <GlobalLayout> ②
      <Component {...pageProps} />
    </GlobalLayout>
  );
}
```

① GlobalLayout 컴포넌트를 불러옵니다.

② GlobalLayout 컴포넌트가 페이지 컴포넌트를 감싸도록 배치해 글로벌 레이아웃을 적용합니다. 이제 헤더와 푸터를 포함하는 글로벌 레이아웃이 각각의 페이지에 적용됩니다.

[그림 2-36]과 동일한 글로벌 레이아웃이 나타나는지 확인합니다.

페이지별 레이아웃 설정하기

이번에는 전체 페이지가 아닌 특정 페이지에만 적용할 레이아웃 설정 방법을 살펴보겠습니다.

인덱스와 검색 페이지가 검색 폼을 포함하도록 레이아웃을 변경하겠습니다. components 폴더에 searchbar-layout.tsx 파일을 생성하고 다음과 같이 SearchbarLayout 컴포넌트를 작성합니다.

```
CODE                                    file: src/components/searchbar-layout.tsx
import { ReactNode } from "react";

export default function SearchbarLayout({
  children,
}: {
  children: ReactNode;
}) {
  return (
    <>
      <div>임시 검색 폼</div>
      {children}
    </>
  );
}
```

<div> 태그로 실제 검색 폼 대신 임시로 출력할 텍스트를 만들고 App에서 children Prop으로 전달되는 페이지 컴포넌트에 이 텍스트를 렌더링하도록 설정합니다. 이 레이아웃은 도서 상세 페이지를 제외하고 인덱스와 검색 페이지에서만 적용되므로 두 페이지 컴포넌트에서 검색 폼 레이아웃을 설정할 함수를 각각 추가해야 합니다.

index.tsx에서 인덱스 페이지의 레이아웃을 별도로 설정하는 함수 getLayout을 추가합니다.

```
CODE                                              file: src/pages/index.tsx
import SearchbarLayout from "@/components/searchbar-layout";  ①
import { ReactNode } from "react";  ②
import style from "./index.module.css";

export default function Home() {
  (...)
}
```

```
// 인덱스 페이지에서 검색 폼 레이아웃을 적용할 getLayout 함수
Home.getLayout = (page: ReactNode) => {  ③
  return <SearchbarLayout>{page}</SearchbarLayout>;
};
```

① SearchbarLayout 컴포넌트를 불러옵니다.
② ReactNode 타입을 불러옵니다. ③에서 활용할 예정입니다.
③ 인덱스 페이지 컴포넌트에 getLayout 메서드를 추가합니다. 이 함수는 App 컴포넌트에서 사용되며 인덱스 페이지에 검색 폼 레이아웃을 적용합니다.

인덱스 페이지 컴포넌트는 자바스크립트 함수이므로 객체로 취급합니다. 따라서 코드처럼 getLayout 같은 메서드를 추가할 수 있습니다.

 함수가 왜 객체인가요?

자바스크립트에서는 숫자나 문자열 등의 원시 자료형을 제외한 모든 자료형은 객체 자료형입니다. 예를 들어 배열은 여러 개의 데이터를 순차적으로 저장할 목적으로 제작된 특수한 객체이며, 함수 또한 호출 가능한 형태의 특수한 객체입니다. 따라서 다음과 같이 함수에서는 언제든지 프로퍼티나 메서드를 추가하고 접근할 수 있습니다.

```
CODE
function func() {
  console.log("func");
}

func.a = 1;
func.sayHello = () => {
  console.log("hello");
};

console.log(func.a);
func.sayHello();
func();

// 출력 결과
// 1
// hello
// func
```

추가한 getLayout 메서드는 다음과 같이 App 컴포넌트에서 불러와 활용합니다.

CODE   file: src/pages/_app.tsx

```tsx
import GlobalLayout from "@/components/global-layout";
import "@/styles/globals.css";
import type { AppProps } from "next/app";

export default function App({ Component, pageProps }: AppProps) {
  const getLayout = Component.getLayout; ①
  console.log(getLayout); ②

  return (
    <GlobalLayout>
      <Component {...pageProps} />
    </GlobalLayout>
  );
}
```

① Component prop으로 제공된 페이지 컴포넌트에서 getLayout 함수를 꺼내 변수 getLayout에 저장합니다. 이때 코드에서 빨간색 줄로 타입 오류가 표시될 수 있지만, 여기서는 잠시 무시해도 괜찮습니다.
② ①에서 저장한 getLayout 함수를 브라우저 콘솔에 출력합니다.

코드 문법이 약간 어렵지만 천천히 살펴보면 금방 이해할 수 있습니다. 먼저 Next.js에서 App 컴포넌트는 현재 사용자가 접속한 경로의 페이지 컴포넌트를 Component Prop으로 받습니다. 예를 들어 사용자가 인덱스 페이지에 접속하면 App의 Component Prop으로 인덱스 페이지 컴포넌트가 전달됩니다. 그럼 이때 getLayout 변수에는 앞서 인덱스 페이지 컴포넌트에서 메서드로 추가했던 getLayout이 저장됩니다.

②에서 getLayout 함수를 브라우저 콘솔에 출력하도록 설정했습니다. 따라서 브라우저에서 인덱스 페이지에 접속한 다음, 개발자 도구의 브라우저 콘솔을 확인하면 [그림 2-37]과 같이 함수 하나가 출력되고 있음을 확인할 수 있습니다.

이 함수의 정체를 확인하려면 함수 본문을 클릭하면 됩니다. 그러면 [그림 2-38]과 같이 함수가 선언된 위치와 코드를 확인할 수 있습니다.

확인 결과 현재 브라우저 콘솔에 출력된 함수는 인덱스 페이지 컴포넌트의 getLayout 메서드라는 것을 알 수 있습니다. 이렇듯 페이지 컴포넌트에 getLayout 같은 메서드를 추가하면 App 컴포넌트에서 이 메서드를 꺼내 사용할 수 있습니다.

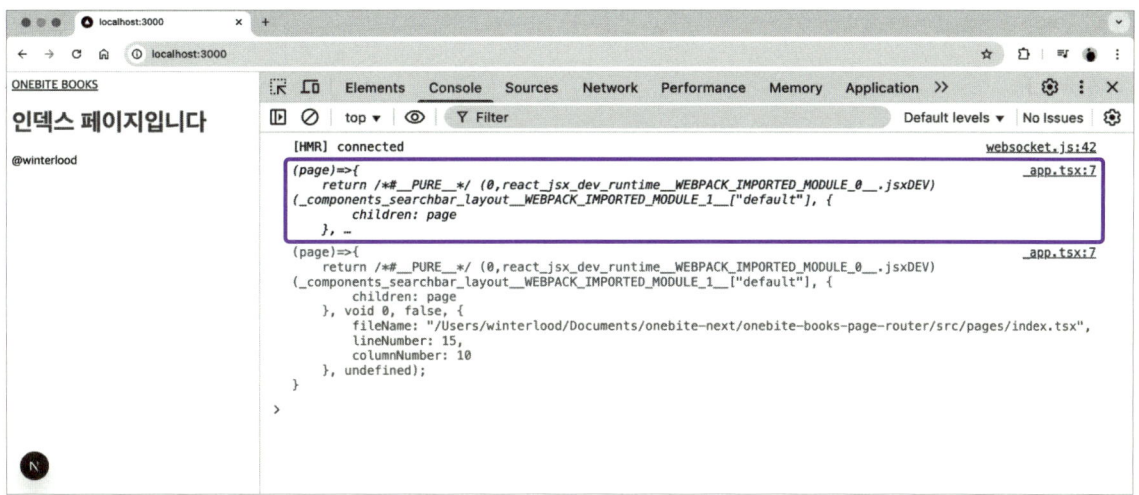

[그림 2-37] 브라우저 콘솔에 출력된 익명의 함수

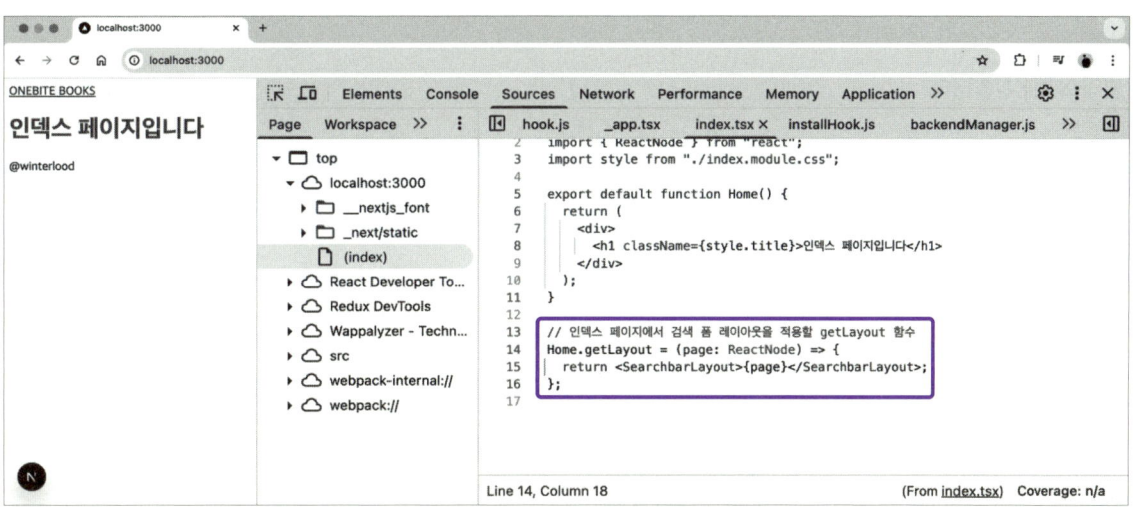

[그림 2-38] 인덱스 페이지 컴포넌트의 getLayout 함수로 정체가 밝혀진 익명의 함수

이때 getLayout 메서드는 페이지 컴포넌트를 인수로 받아 검색 폼 레이아웃을 적용해 반환합니다. 따라서 _app.tsx에서 이 메서드를 사용하면 이제 인덱스 페이지에 검색 폼 레이아웃이 적용됩니다.

CODE file: src/pages/_app.tsx
```
(...)
export default function App({ Component, pageProps }: AppProps) {
  const getLayout = Component.getLayout;
```

```
  // console.log(getLayout); ①

  return (
    <GlobalLayout>
      {getLayout(<Component {...pageProps} />)} ②
    </GlobalLayout>
  );
}
```

① 이후 실습을 위해 제거합니다.
② getLayout 함수를 호출하고 인수로 현재 페이지의 페이지 컴포넌트를 전달한 결과를 렌더링하도록 설정합니다.

그 결과 [그림 2-39]와 같이 검색 폼 레이아웃이 적용된 인덱스 페이지가 렌더링됩니다.

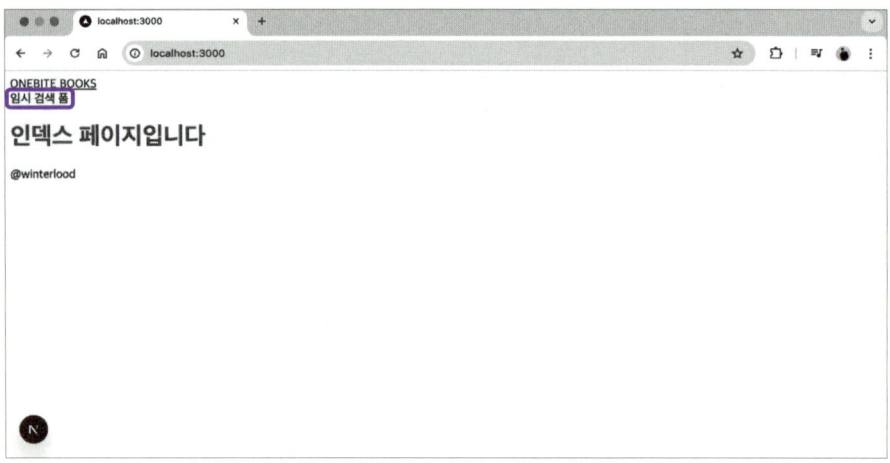

[그림 2-39] 검색 폼 레이아웃이 적용된 인덱스 페이지

동일한 방법으로 검색 페이지에도 검색 폼 레이아웃을 적용합니다. 다음과 같이 pages/search/index.tsx를 수정합니다.

CODE　　　　　　　　　　　　　　　　　　　　　　file: src/pages/search/index.tsx
```
import SearchbarLayout from "@/components/searchbar-layout"; ①
import { ReactNode } from "react"; ②
import { useRouter } from "next/router";

export default function Page() {
  (...)
}
```

```
Page.getLayout = (page: ReactNode) => { ③
  return <SearchbarLayout>{page}</SearchbarLayout>;
};
```

> ① SearchbarLayout 컴포넌트를 불러옵니다.
> ② ReactNode 타입을 불러옵니다. ③에서 활용할 예정입니다.
> ③ 페이지 컴포넌트에 getLayout 메서드를 추가합니다. 이 메서드는 인덱스 페이지 컴포넌트에서 추가했던 것처럼 검색 페이지 컴포넌트를 매개변수로 받아 검색 폼 레이아웃을 적용해 반환합니다.

브라우저에서 '/search?q=한입' 주소로 접속합니다. 그럼 검색 페이지도 [그림 2-40] 과 같이 검색 폼 레이아웃이 적용됩니다.

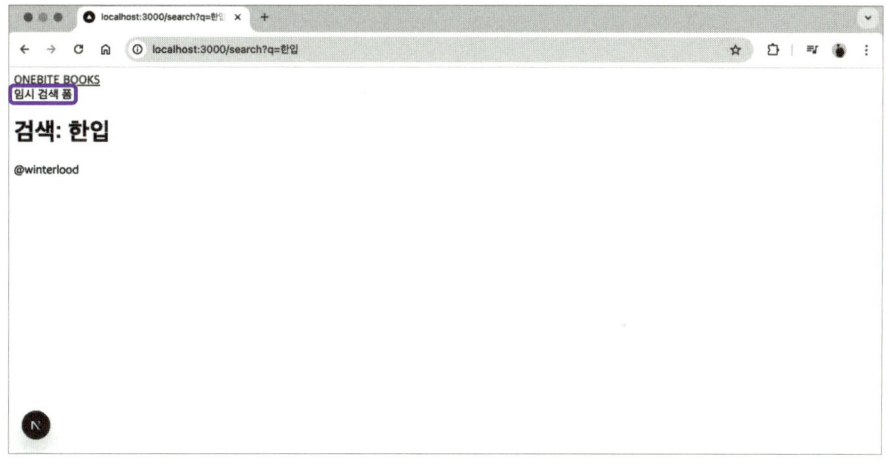

[그림 2-40] 검색 폼 레이아웃이 적용된 검색 페이지

지금까지 인덱스 페이지와 검색 페이지에만 별도의 레이아웃을 적용해 보았습니다.

하지만 이 시점에서 getLayout 메서드가 설정되지 않은 페이지를 방문하면 오류가 발생합니다. 예를 들어 브라우저에서 '/book/1' 경로로 도서 상세 페이지에 접속하면 이 페이지에는 getLayout 메서드를 설정하지 않았기 때문에 오류가 발생합니다.

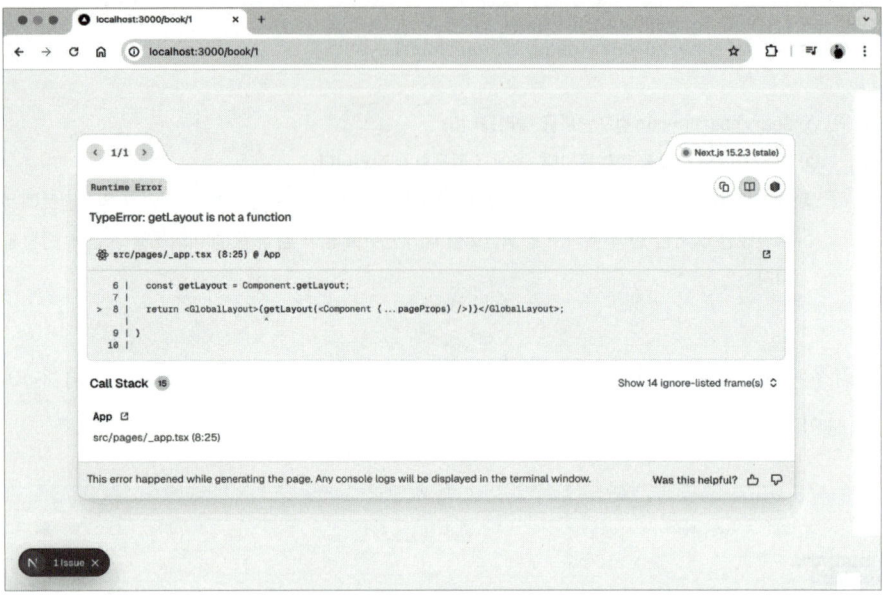

[그림 2-41] getLayout 미정의로 발생하는 오류

오류가 발생하는 이유는 앞서 _app.tsx에서 페이지 컴포넌트는 getLayout이라는 함수를 항상 가지고 있을 것이라고 가정하고 다음과 같이 코드를 작성했기 때문입니다.

```tsx
// file: src/pages/_app.tsx
(...)
export default function App({ Component, pageProps }: AppProps) {
  const getLayout = Component.getLayout;

  return (
    <GlobalLayout>
      {getLayout(<Component {...pageProps} />)}
    </GlobalLayout>
  );
}
```

도서 상세 페이지 컴포넌트에서는 getLayout 메서드를 정의하지 않기 때문에 getLayout 변수에는 undefined가 저장됩니다. 이 상태에서 getLayout 메서드를 호출하면 undefined는 함수가 아니므로 런타임 오류가 발생합니다.

이 문제를 해결하려면 App 컴포넌트에서 getLayout이 존재하지 않을 때의 기본값을 설정해 주어야 합니다.

```
file: src/pages/_app.tsx
(...)
export default function App({ Component, pageProps }: AppProps) {
  const getLayout = Component.getLayout || ((page) => page); ①
  // console.log(getLayout);

  return (
    <GlobalLayout>
      {getLayout(<Component {...pageProps} />)} ②
    </GlobalLayout>
  );
}
```

① 이번에도 타입 오류는 잠깐 무시해도 됩니다. ||(OR) 연산자를 사용해 Component.getLayout이 존재하지 않으면 기본값으로 설정할 함수를 정의합니다. 이 함수는 page라는 매개변수를 받아 그대로 반환하기 때문에 ②에서 호출하면 페이지 컴포넌트를 그대로 반환합니다. 즉, 아무런 레이아웃도 적용하지 않고 페이지 컴포넌트를 그대로 렌더링합니다.

이제 getLayout을 설정하지 않은 페이지에 접속해도 오류가 발생하지 않습니다.

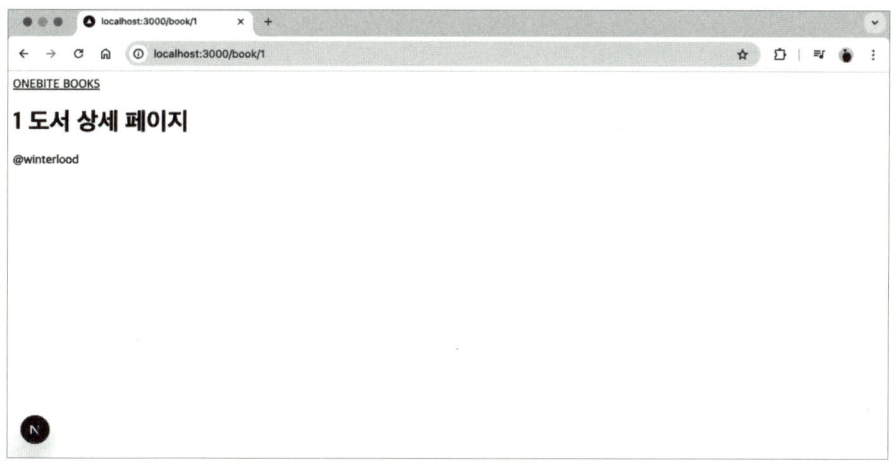

[그림 2-42] 오류가 해결된 도서 상세 페이지

이제 App 컴포넌트에서 발생했던 타입 오류를 해결하겠습니다. 참고로 타입스크립트가 아직 익숙치 않은 독자는 다음 코드를 완벽히 이해할 필요까지는 없습니다.

다음 내용을 추가합니다.

```
CODE                                              file: src/pages/_app.tsx
(...)
import type { AppProps } from "next/app";
import { NextPage } from "next"; ①
import { ReactNode } from "react"; ②

type NextPageWithLayout = NextPage & { ③
  getLayout: (page: ReactNode) => ReactNode;
};

export default function App({ ④
  Component,
  pageProps,
}: AppProps & {
  Component: NextPageWithLayout;
}) {
  const getLayout = Component.getLayout || ((page) => page);

  return (
    <GlobalLayout>
      {getLayout(<Component {...pageProps} />)}
    </GlobalLayout>
  );
}
```

① NextPage 타입을 불러옵니다. 이 타입은 Next.js에서 페이지 컴포넌트를 정의하기 위한 타입입니다.

② ReactNode 타입을 불러옵니다.

③ NextPageWithLayout 타입을 정의해 기존 NextPage 타입에 getLayout 메서드를 추가합니다. 이렇게 하면 페이지 컴포넌트에 getLayout 등 추가 메서드가 존재할 수 있음을 정의하게 됩니다.

④ Props의 타입을 AppProps에서 AppProps & { Component: NextPageWithLayout }으로 확장합니다. 이 확장은 Component Prop의 타입을 기존 NextPage 타입에서 getLayout 메서드가 추가된 NextPageWithLayout 타입으로 변경한다는 의미가 있습니다. 이는 결국 App 컴포넌트에 전달되는 Component Prop 타입에 getLayout 메서드를 추가하기 위함입니다.

페이지별로 레이아웃을 적용할 때 주의할 사항

이미 리액트에 익숙한 독자라면 한 가지 의문이 생길 수 있습니다. "페이지별 레이아웃 설정을 굳이 이렇게까지 복잡하게 설정할 필요가 있을까?" 다음과 같이 "페이지 컴포넌트 각각의 return 문에 최상위 태그로 SearchbarLayout 컴포넌트를 설정하는 방식으로도 문제를 해결할 수 있지 않을까?"라고 말입니다.

```
// 인덱스 페이지 컴포넌트
export default function Home() {
  return (
    <SearchbarLayout>
      <h1 className={style.title}>인덱스 페이지입니다.</h1>
    </SearchbarLayout>
  );
}

// 검색 페이지 컴포넌트
export default function Page() {
  const router = useRouter();

  return (
    <SearchbarLayout>
      <h1>검색: {router.query.q}</h1>
    </SearchbarLayout>
  );
}
```

물론 이 방식으로도 레이아웃을 동일하게 적용할 수 있습니다. 하지만 이 방식은 getLayout 메서드를 이용하는 방식과 달리, 각각의 페이지에서 레이아웃을 별도로 정의하기 때문에 동일한 레이아웃을 공유하는 페이지를 이동할 때 SearchbarLayout 컴포넌트가 다시 렌더링됩니다. 이는 불필요한 렌더링으로 성능 저하의 요인이 됩니다.

불필요하게 렌더링되는지 직접 확인하려면 SearchbarLayout 컴포넌트에 카운터 기능을 추가하고 해당 레이아웃을 공유하는 검색 페이지에서 인덱스 페이지로 이동할 때 카운트 값을 유지하는지 확인하면 됩니다. 만약 카운트 값을 그대로 유지한다면 이는 SearchbarLayout 컴포넌트를 다시 렌더링하지 않았음을 의미하며, 반대로 카운트 값을 초기화하면 SearchbarLayout 컴포넌트를 다시 렌더링했음을 의미합니다. 이 실험으로 동일한 레이아웃을 공유하는 페이지를 이동할 때 불필요한 렌더링이 발생하는지 확인할 수 있습니다.

확인을 위해 searchbar-layout.tsx 파일을 다음과 같이 수정합니다.

```
file: src/components/searchbar-layout.tsx
import { ReactNode, useState } from "react"; ①

export default function SearchbarLayout({
  children,
}: {
  children: ReactNode;
}) {
  const [count, setCount] = useState(0); ②

  return (
    <>
      {count} ③
      <button onClick={() => setCount(count + 1)}>+</button> ④
      <div>임시 검색 폼</div>
      {children}
    </>
  );
}
```

① 카운터 기능을 추가하기 위해 useState 훅을 불러옵니다.
② useState를 호출해 카운트를 저장할 count State를 생성합니다. 기본값은 0입니다.
③ 현재 카운트를 페이지에 출력합니다.
④ 카운트를 1씩 증가시키는 〈+〉 버튼을 생성합니다.

이제 인덱스와 검색 페이지에서 페이지별 레이아웃의 적용 방법을 달리하면서 페이지를 이동할 때 카운트를 잘 유지하는지 확인하겠습니다.

먼저 현재 작성되어 있는 getLayout 함수를 사용하는 방식부터 다음 순서대로 확인합니다.

1. 브라우저에서 검색 페이지(/search)에 접속합니다
2. 〈+〉 버튼을 2~3회 눌러 count State의 값을 증가시킵니다.
3. 글로벌 레이아웃의 헤더(페이지 상단의 'ONEBITE BOOKS')를 클릭해 인덱스 페이지로 이동합니다.
4. 카운트 값을 잘 유지하는지 확인합니다.

[그림 2-43]처럼 페이지를 이동해도 SearchbarLayout 컴포넌트를 리렌더링하지 않고 카운트 값을 잘 유지합니다.

[그림 2-43] getLayout을 이용하는 경우

이번엔 getLayout을 사용하지 않고 페이지 컴포넌트별로 레이아웃을 직접 정의하는 방법을 사용하겠습니다. 각 페이지 컴포넌트의 최상위 태그를 다음과 같이 SearchbarLayout으로 수정합니다. getLayout 함수는 잠시 주석 처리합니다.

CODE   file: src/pages/index.tsx
```
(...)
export default function Home() {
  return (
    <SearchbarLayout>
      <h1 className={style.title}>인덱스 페이지입니다.</h1>
    </SearchbarLayout>
  );
}

/*Home.getLayout = (page: ReactNode) =>{
  return <SearchbarLayout>{page}</SearchbarLayout>;
}*/
```

CODE   file: src/pages/search/index.tsx
```
(...)
export default function Page() {
  const router = useRouter();

  return (
    <SearchbarLayout>
      <h1>검색: {router.query.q}</h1>
    </SearchbarLayout>
  );
}
```

```
/*Page.getLayout = (page: ReactNode) => {
    return <SearchbarLayout>{page}</SearchbarLayout>
}*/
```

코드를 수정했다면 이전과 같이 다음 순서대로 확인합니다.

1. 검색 페이지에 접속합니다
2. 〈+〉 버튼을 2~3회 눌러 count State의 값을 증가시킵니다.
3. 글로벌 헤더를 클릭해 인덱스 페이지로 이동합니다.
4. 카운트 값을 잘 유지하는지 확인합니다.

이전과 달리 순서대로 수행하면 [그림 2-44]처럼 페이지를 이동할 때마다 SearchbarLayout 컴포넌트를 리렌더링해 카운트 값이 0으로 초기화됩니다.

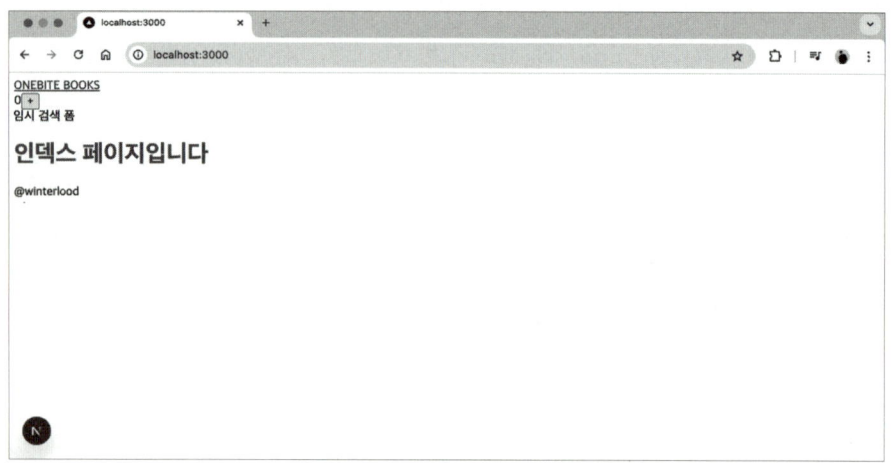

[그림 2-44] 페이지별로 레이아웃을 적용하는 경우

따라서 페이지 컴포넌트별로 레이아웃을 직접 적용하는 방식은 불필요한 리렌더링을 일으키므로 getLayout 방식으로 레이아웃을 설정하는 게 보다 바람직합니다.

> **TIP**
> 불필요한 리렌더링을 확인했다면 원래의 getLayout 방식으로 되돌려 놓습니다.

한입북스 프로젝트 UI 구현하기

새로운 프로그래밍 기술을 익히는 가장 효과적인 방법의 하나는 간단한 프로젝트를 직접 만들고 그 과정에서 여러 기능을 직접 경험해 보는 것입니다

데이터 페칭이나 사전 렌더링 등 Next.js의 기본 기능을 살펴보는 다음 장에서는

한입북스라는 이름으로 간단한 도서 조회 사이트를 만듭니다. 복잡한 개념을 설명하면서 동시에 UI를 구현하는 일은 입문자에게는 어렵고 복잡할 수 있으므로 이번 절에서 한입북스 프로젝트의 UI를 먼저 만들겠습니다.

한입북스 서비스 살펴보기

UI 구현에 앞서 앞으로 만들 한입북스가 어떤 서비스인지 간략히 살펴봅니다. 한입북스는 간단한 도서 조회 사이트입니다. 한입북스는 총 3개의 페이지로 구성되어 있는데, 페이지별 구성은 다음과 같습니다.

1. 인덱스 페이지(/)

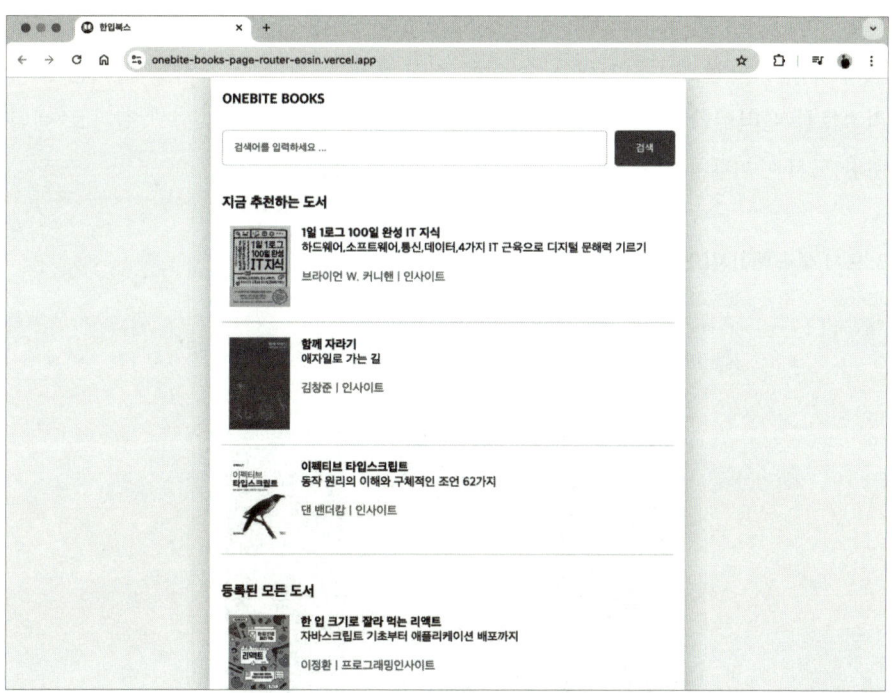

[그림 2-45] 한입북스의 인덱스 페이지

한입북스의 인덱스 페이지는 검색어를 입력하는 검색 폼과 함께 '지금 추천하는 도서' 섹션과 '등록된 모든 도서' 섹션에서 도서 리스트를 렌더링합니다. '지금 추천하는 도서' 섹션은 일정 주기로 변경되도록 구현합니다. 또한 검색 폼에서 검색어를 입력한 다음 Enter 키를 누르면 검색 페이지로 이동하고 도서 아이템을 클릭하면 도서 상세 페이지로 이동합니다.

2. 검색 페이지(/search)

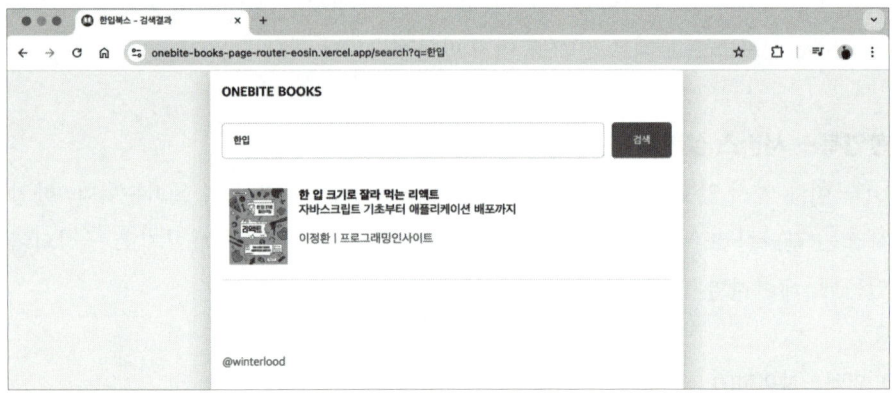

[그림 2-46] 한입북스의 검색 페이지

검색 페이지는 검색어를 입력할 수 있는 검색 폼과 함께 검색 결과로 불러온 도서 리스트를 렌더링합니다. 검색어는 쿼리 스트링 q로 전달됩니다. 검색 결과로 렌더링한 도서 아이템을 클릭하면 도서 상세 페이지로 이동합니다.

3. 도서 상세 페이지(/book/[id])

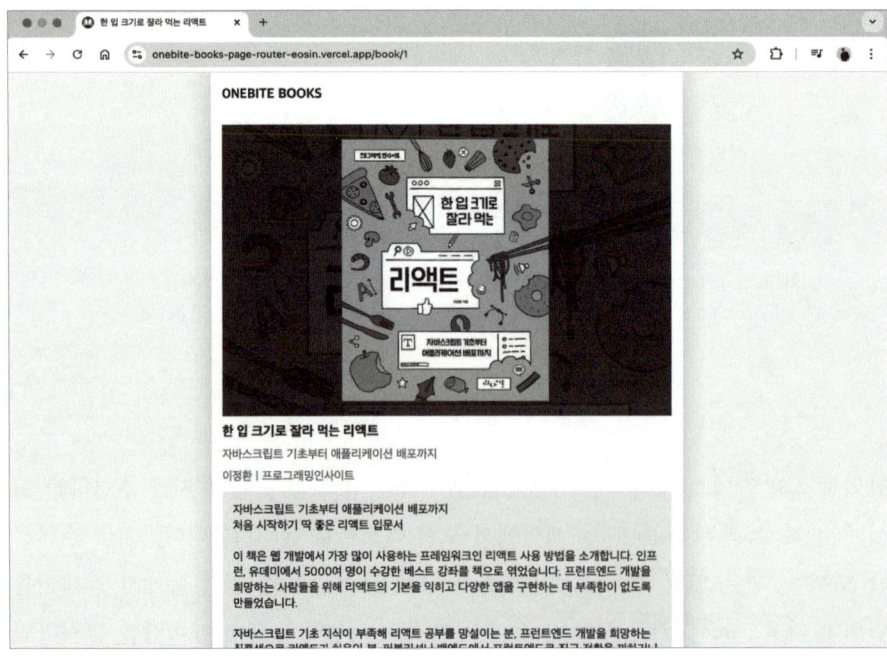

[그림 2-47] 한입북스의 도서 상세 페이지

도서 상세 페이지는 상세한 도서 정보(표지 이미지, 제목, 부제목, 저자, 출판사, 도서 소개말 등)를 렌더링합니다. 인덱스나 검색 페이지와는 달리 검색 폼은 렌더링되지 않습니다. 현재 조회 중인 도서 아이디는 URL 파라미터로 전달됩니다.

글로벌 레이아웃 구현하기

UI 구현의 첫 단추는 언제나 프로젝트의 레이아웃을 설정하는 일입니다. 우선 페이지의 바탕색과 여백을 설정하기 위해 global.css 파일을 다음과 같이 수정합니다.

```
CODE                                              file: src/styles/global.css
html,
body {
  margin: 0px;
  padding: 0px;
  background-color: rgb(250, 250, 250);
}
```

[그림 2-48]과 같이 전체 페이지의 여백이 사라진 것을 확인할 수 있습니다.

[그림 2-48] 여백 제거

이제 모든 페이지에서 적용되는 글로벌 레이아웃을 설정할 차례입니다. 앞서 만든 `GlobalLayout` 컴포넌트를 그대로 활용하겠습니다. `GlobalLayout` 컴포넌트의 스타일을 설정하기 위해 components 폴더에 global-layout.module.css 파일을 생성합니다. 그리고 `GlobalLayout` 컴포넌트에서 이 파일을 임포트하고 다음과 같이 각각의 요소에 스타일을 적용하기 위한 클래스 이름을 지정합니다.

```
CODE                                              file: src/components/global-layout.tsx
(...)
import style from "./global-layout.module.css"; ①

export default function GlobalLayout({
  children,
}: {
  children: ReactNode;
}) {
  return (
    <div className={style.container}> ②
      <header>
        <Link href={"/"}>ONEBITE BOOKS</Link>
      </header>
      <main>{children}</main>
      <footer>@winterlood</footer>
    </div>
  );
}
```

① CSS Module 방식으로 global-layout.module.css에서 style 객체를 불러옵니다. 만약 이 파일을 미리 생성하지 않았다면 오류가 발생합니다.

② 최상위 태그의 className을 container로 설정합니다. 앞으로 다른 컴포넌트의 스타일을 설정할 때도 최상위 태그의 className은 보통 container로 정의할 예정입니다.

이제 이 컴포넌트의 스타일을 설정하기 위해 global-layout.module.css에 다음과 같은 스타일 규칙을 작성합니다.

```
CODE                                         file: src/components/global-layout.module.css
.container {
  background-color: white;
  max-width: 600px;
  min-height: 100vh;
  margin: 0 auto;

  box-shadow: rgba(100, 100, 100, 0.2) 0px 0px 29px 0px;
  padding: 0px 15px;
}

.container > header {
  height: 60px;
  font-weight: bold;
  font-size: 18px;
  line-height: 60px;
}
```

```
.container > header > a {
  color: black;
  text-decoration: none;
}

.container > main {
  padding-top: 10px;
}

.container > footer {
  padding: 100px 0px;
  color: gray;
}
```

[그림 2-49]처럼 글로벌 레이아웃을 설정했습니다. 만약 스타일이 잘 적용되지 않는다면 컴포넌트나 CSS 파일의 `className`에 오타가 있는지 확인하길 바랍니다. 그래도 안 된다면 브라우저를 새로고침합니다. CSS 코드에 대한 자세한 설명은 이 책을 읽는 독자라면 능히 이해할 수 있으리라 생각하고 생략합니다.

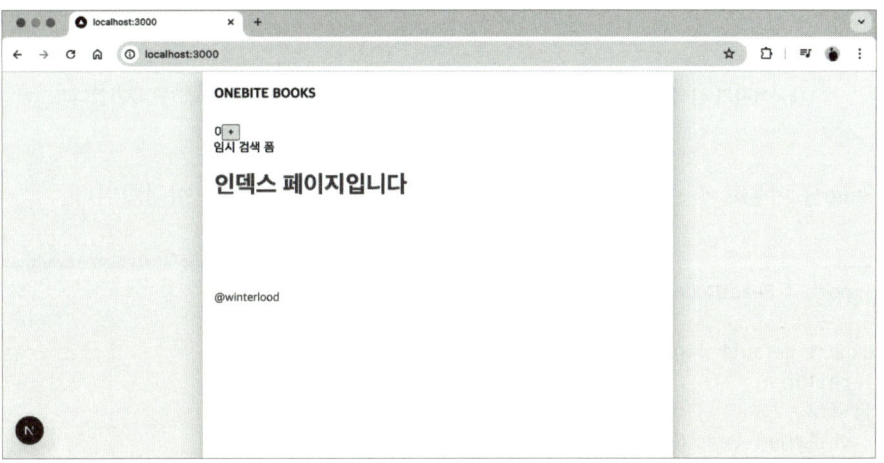

[그림 2-49] 글로벌 레이아웃 설정

검색 폼 레이아웃 구현하기

한입북스 서비스의 인덱스와 검색 페이지에는 동일한 검색 폼을 렌더링합니다. 동일한 UI를 여러 페이지에서 사용하는 경우, 레이아웃을 별도로 구현하면 유지 보수할 때 도움이 됩니다. 앞서 페이지별 레이아웃 설정 방법을 살펴보면서 인덱스와 검색 페이지에 적용되는 SearchbarLayout 컴포넌트를 만들었습니다. 이 컴포넌트를 그대로 활용하면 됩니다.

먼저 검색 폼을 추가하기 위해 SearchbarLayout 컴포넌트를 다음과 같이 수정합니다.

CODE file: src/components/searchbar-layout.tsx
```
(...)
export default function SearchbarLayout({
  children,
}: {
  children: ReactNode;
}) {
  return (
    <div>
      <div> ①
        <input placeholder="검색어를 입력하세요..." />
        <button>검색</button>
      </div>
      {children}
    </div>
  );
}
```

① 사용자가 검색어를 입력할 <input> 태그와 버튼으로 사용할 <button> 태그를 추가합니다.

State를 이용해 사용자가 검색 폼에 입력한 검색어를 보관하도록 설정합니다.

CODE file: src/components/searchbar-layout.tsx
```
import { ReactNode, useState } from "react";

export default function SearchbarLayout({
  children,
}: {
  children: ReactNode;
}) {
  const [search, setSearch] = useState(""); ①

  const onChangeSearch = (e: React.ChangeEvent<HTMLInputElement>) => { ②
    setSearch(e.target.value);
  };

  return (
    <div>
      <div>
        <input ③
          value={search}
```

```
          onChange={onChangeSearch}
          placeholder="검색어를 입력하세요..."
        />
        <button>검색</button>
      </div>
      {children}
    </div>
  );
}
```

① 사용자가 검색 폼에 입력한 검색어를 보관할 State 변수 search를 생성합니다. 기본값은 빈 문자열로 설정합니다.

② <input> 태그의 onChange 이벤트 핸들러로 사용할 함수를 선언합니다. 이 함수는 매개변수로 이벤트 객체 e를 받아 setSearch를 호출하고 인수로 현재 사용자의 입력값인 e.target.value를 전달합니다. 이때 매개변수 e의 타입인 React.ChangeEvent<HTMLInputElement>는 HTML의 <input> 요소에서 발생한 합성 이벤트 객체 타입을 의미합니다.

③ <input> 태그의 value에는 ①에서 생성한 State 변수 search를 설정하고 onChange 이벤트 핸들러로는 ②에서 선언한 onChangeSearch 함수를 설정합니다.

> **TIP**
> 합성 이벤트(Synthetic Event) 객체란 리액트가 브라우저의 기본 이벤트 시스템을 감싸는 공통 이벤트 객체를 말합니다. 브라우저마다 이벤트 동작 방식이 조금씩 다르기 때문에 리액트는 이 차이를 없애고 모든 브라우저에서 사용할 수 있는 일관된 이벤트 객체를 제공합니다. 이 객체를 합성 이벤트 객체라고 합니다.

다음으로 〈검색〉 버튼을 클릭했을 때 검색 페이지로 이동하는 기능을 구현합니다. 이때 사용자가 입력한 검색어를 쿼리 스트링(q)으로 전달합니다.

CODE   file: src/components/searchbar-layout.tsx

```
import { useRouter } from "next/router"; ①
import { ReactNode, useState } from "react";

export default function SearchbarLayout({
  children,
}: {
  children: ReactNode;
}) {
  const router = useRouter(); ②
  (...)
  const onSubmit = () => { ③
    if (!search || router.query.q === search) return;
    router.push(`/search?q=${search}`);
  };

  return (
    <div>
      <div>
        <input
          value={search}
          onChange={onChangeSearch}
          placeholder="검색어를 입력하세요..."
        />
```

```
          <button onClick={onSubmit}>검색</button>  ④
        </div>
        {children}
      </div>
    );
}
```

① next/router 패키지에서 useRouter 훅을 불러옵니다.
② useRouter 훅을 호출하고 그 결과로 반환된 라우터 객체를 변수 router에 저장합니다.
③ <button> 태그의 onClick 이벤트 핸들러로 설정할 함수를 선언합니다. 불필요한 검색을 방지하기 위해 조건문을 이용해 검색어가 비어 있거나 현재 검색어와 동일하면 함수를 종료합니다. 그렇지 않으면 router.push 메서드를 호출해 검색 페이지로 이동하며, 현재의 검색어를 쿼리 스트링 q로 전달합니다.
④ <button> 태그의 onClick 이벤트 핸들러를 ①에서 만든 onSubmit으로 설정합니다.

이제 〈검색〉 버튼을 클릭하면 검색어와 함께 검색 페이지로 이동할 수 있습니다. 인덱스 페이지의 검색 폼에서 '한입'이라고 입력한 다음 〈검색〉 버튼을 클릭합니다.

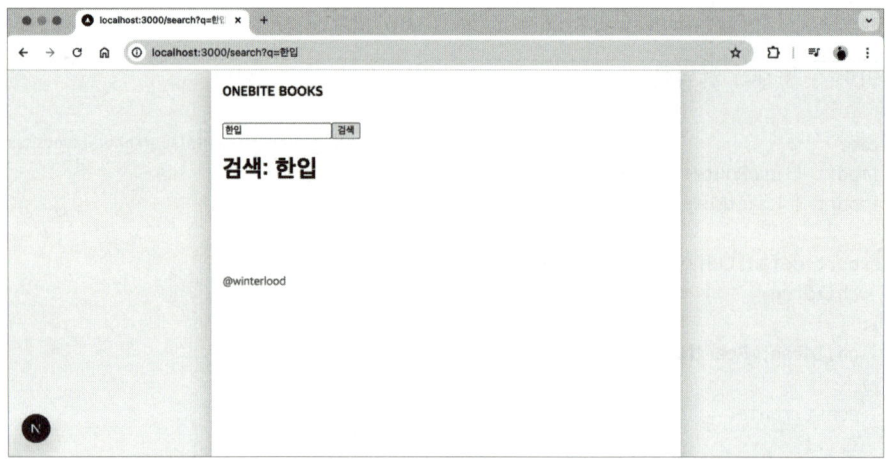

[그림 2-50] '한입' 검색 결과

[그림 2-50]의 주소 표시줄을 보면 '한입'이라는 쿼리 스트링을 갖고 검색 페이지로 이동했음을 확인할 수 있습니다. 검색 페이지에서는 '검색:'이라는 텍스트 옆에 검색어 '한입'이 렌더링됩니다.

기본적인 검색 기능은 완료했습니다. 그러나 이 앱은 아직 사용자의 편의 기능이 다소 부족합니다. 예를 들어 검색 페이지에서 새로고침하면 쿼리 스트링으로 전달된 검색어가 검색 폼에서 사라집니다. 또한 〈검색〉 버튼을 굳이 클릭하지 않고

Enter 키만 눌러도 검색할 수 있는 기능이 없습니다. 따라서 이 두 기능을 SearchbarLayout 컴포넌트에 추가합니다.

CODE　　　　　　　　　　　　　　　　　　　file: src/components/searchbar-layout.tsx

```
(...)
import { ReactNode, useState, useEffect } from "react"; ①

export default function SearchbarLayout({
  children,
}: {
  children: ReactNode;
}) {
  (...)
  useEffect(() => { ②
    setSearch((router.query.q as string) || "");
  }, [router.query.q]);
  (...)
  const onKeyDown = (e: React.KeyboardEvent<HTMLInputElement>) => { ③
    if (e.key === "Enter") {
      onSubmit();
    }
  };

  return (
    <div>
      <div>
        <input
          value={search}
          onChange={onChangeSearch}
          onKeyDown={onKeyDown} ④
          placeholder="검색어를 입력하세요..."
        />
        <button onClick={onSubmit}>검색</button>
      </div>
      {children}
    </div>
  );
}
```

① react 패키지에서 useEffect를 불러옵니다.

② useEffect를 호출해 쿼리 스트링 q의 값이 변할 때, 즉 검색어가 변경될 때마다 search State의 값을 쿼리 스트링 q로 설정합니다. 새로고침할 때마다 현재의 검색어를 검색 폼에 채우기 위함입니다. 참고로 router.query.q as string은 타입스크립트의 타입 단언 문법으로 쿼리 스트링 q의 값을 문자열 타입으로 명시적으로 지정합니다

③ <input> 태그의 이벤트 핸들러로 사용할 onKeyDown 함수를 선언합니다. 이 함수는 검색 폼에서 키보드 이벤트가 발생하면 실행됩니다. 조건문을 이용해 사용자가 Enter 키를 누르면 〈검색〉 버

튼을 클릭했을 때 실행되는 onSubmit 함수를 호출합니다.

④ `<input>` 태그의 이벤트 핸들러로 ③에서 선언한 onKeyDown 함수를 설정합니다.

이제 〈검색〉 버튼을 클릭하지 않고 Enter 키를 눌러도 검색할 수 있고 페이지를 새로고침(F5)하면 현재 검색어가 검색 폼에 자동으로 채워집니다.

다음으로 검색 폼과 버튼을 스타일링할 차례입니다. components 폴더에 searchbar-layout.module.css 파일을 만들고 다음과 같이 스타일 코드를 작성합니다.

CODE　　　　　　　　　　　　　　　　　file: src/components/searchbar-layout.module.css
```css
.searchbar_container {
  display: flex;
  gap: 10px;
  margin-bottom: 20px;
}

.searchbar_container > input {
  flex: 1;
  padding: 15px;
  border-radius: 5px;
  border: 1px solid rgb(220, 220, 220);
}

.searchbar_container > button {
  width: 80px;
  border-radius: 5px;
  border: none;
  background-color: rgb(37, 147, 255);
  color: white;
  cursor: pointer;
}
```

계속해서 SearchbarLayout 컴포넌트에서 className을 다음과 같이 설정합니다.

CODE　　　　　　　　　　　　　　　　　　file: src/components/searchbar-layout.tsx
```tsx
(...)
import style from "./searchbar-layout.module.css"; ①

export default function SearchbarLayout({
  children,
}: {
  children: ReactNode;
}) {
  (...)
```

```
  return (
    <div>
      <div className={style.searchbar_container}> ②
        <input
          value={search}
          onChange={onChangeSearch}
          onKeyDown={onKeyDown}
          placeholder="검색어를 입력하세요..."
        />
        <button onClick={onSubmit}>검색</button>
      </div>
      {children}
    </div>
  );
}
```

① searchbar-layout.module.css 파일에서 style 객체를 불러옵니다.
② <input>과 <button> 태그를 감싸는 <div> 태그의 className을 style.searchbar_container 로 설정합니다.

[그림 2-51]처럼 검색 폼과 버튼 스타일을 모두 완료했습니다.

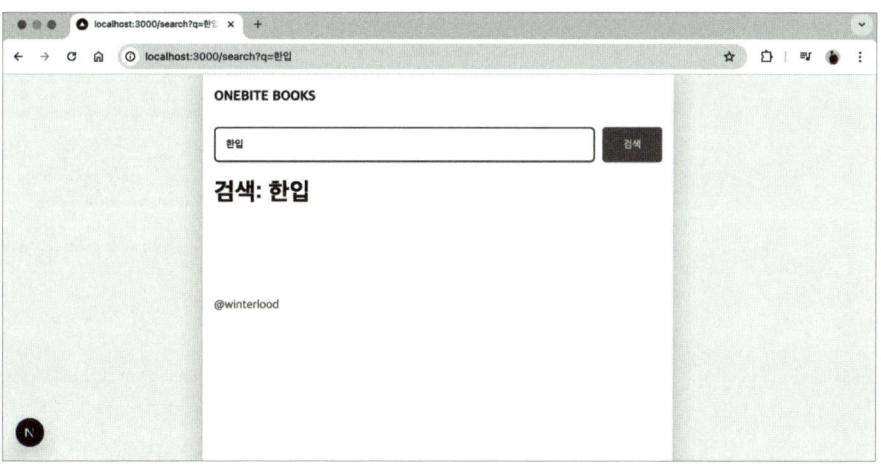

[그림 2-51] 검색 폼의 스타일링 완료

목 데이터와 도서 데이터 타입 설정하기

임시 데이터를 의미하는 목(Mock) 데이터를 설정합니다. 목 데이터를 활용하면 데이터 페칭으로 서버에서 실제 데이터를 불러오기 전에 미리 UI를 구현하고 테스트할 수 있습니다.

src 폴더에 mock이라는 폴더를 생성하고 JSON 형태의 목 데이터를 보관할 books.json 파일을 생성합니다. 그리고 다음 주소로 접속해 실습을 위해 준비해 둔 목 데이터를 복사해 붙여넣기합니다.

링크: https://github.com/onebite-nextjs/book__onebite-next-introduce/blob/main/assets/book-dummy-data.json

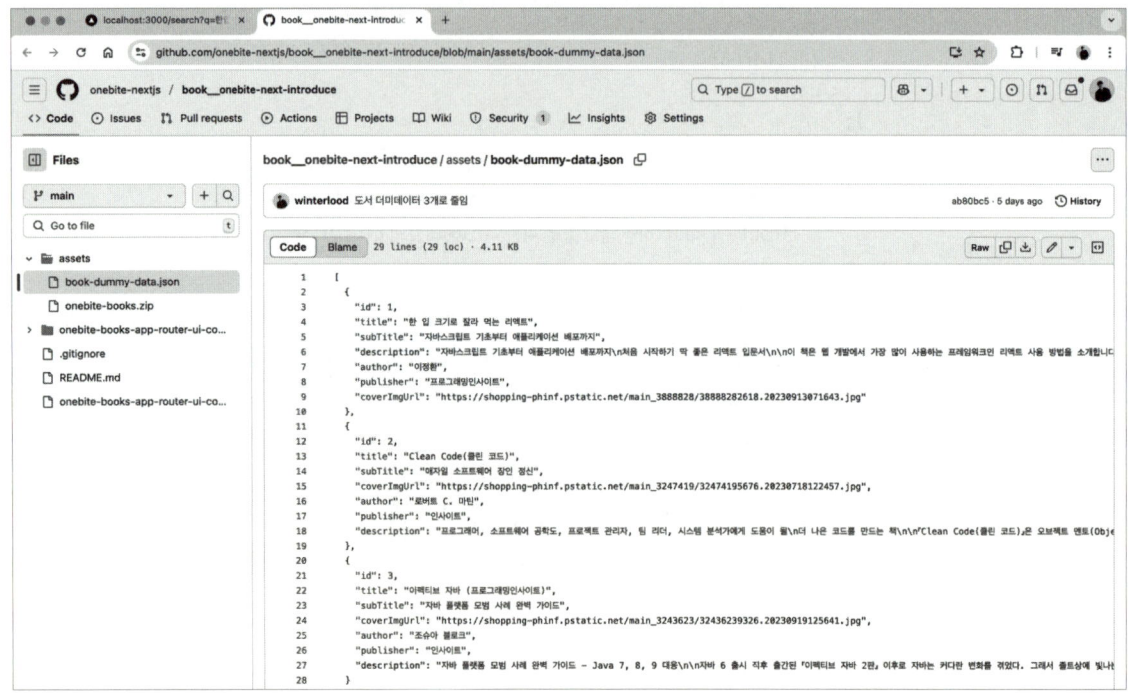

[그림 2-52] 목 데이터 복사하기

CODE　　　　　　　　　　　　　　　　　　　　　　　　file: src/mock/books.json

```
[
  {
    "id": 1,
    "title": "한 입 크기로 잘라 먹는 리액트",
    "subTitle": "자바스크립트 기초부터 앱 배포까지",
    "description": "자바스크립트 기초부터 앱 배포까지\n처음 시작하기...",
    "author": "이정환",
    "publisher": "프로그래밍인사이트",
    "coverImgUrl":"https://shoppingphinf.pstatic.net/main_3888828/38888282618.
                   20230913071643.jpg"
  },
  (...)
]
```

목 데이터 도서 아이템의 타입을 정의합니다. 여러 파일에서 불러와 사용할 수 있도록 src 폴더 밑에 types.ts 파일을 생성하고 다음과 같이 작성합니다.

CODE file: src/types.ts
```
export interface BookData { ①
  id: number;
  title: string;
  subTitle: string;
  author: string;
  publisher: string;
  description: string;
  coverImgUrl: string;
}
```

① 인터페이스(interface)는 타입스크립트에서 객체 타입을 정의할 때 사용하는 키워드입니다. BookData라는 이름의 객체 타입을 정의하는데, 이 객체에는 id, title, subtitle, author, publisher, description, coverImgUrl 프로퍼티가 있고 number 타입인 id를 제외하고는 모두 string 타입입니다.

도서 아이템 컴포넌트 구현하기

목 데이터 설정과 도서 데이터의 타입 정의를 모두 마쳤다면 이제 도서 아이템 역할을 할 BookItem 컴포넌트를 구현할 차례입니다. components 폴더 아래에 book-item.tsx 파일을 생성합니다. 그리고 스타일링을 위해 같은 위치에 book-item.module.css 파일도 함께 생성합니다. 파일을 모두 생성했다면 다음과 같이 Book Item 컴포넌트를 정의합니다.

CODE file: src/components/book-item.tsx
```
import type { BookData } from "@/types"; ①
import Link from "next/link"; ②
import style from "./book-item.module.css"; ③

export default function BookItem({
  id,
  title,
  subTitle,
  description,
  author,
  publisher,
  coverImgUrl,
}: BookData) {
  return (
    <Link href={`/book/${id}`} className={style.container}> ④
      <img src={coverImgUrl} />
```

```
      <div>
        <div className={style.title}>{title}</div>
        <div className={style.subTitle}>{subTitle}</div>
        <br />
        <div className={style.author}>
          {author} | {publisher}
        </div>
      </div>
    </Link>
  );
}
```

① 도서 데이터의 타입으로 정의한 BookData를 불러옵니다.
② Link 컴포넌트를 불러옵니다.
③ book-item.module.css 파일에서 style 객체를 불러옵니다.
④ Link 컴포넌트를 최상위 태그로 설정합니다. 이제 BookItem 컴포넌트를 클릭하면 해당 컴포넌트가 렌더링하는 도서의 상세 페이지로 이동합니다.

BookItem 컴포넌트의 스타일링을 위해 book-item.module.css 파일에서 다음과 같이 작성합니다.

CODE   file: src/components/book-item.module.css
```css
.container {
  display: flex;
  gap: 15px;
  padding: 20px 10px;
  border-bottom: 1px solid rgb(220, 220, 220);
  color: black;
  text-decoration: none;
}

.container img {
  width: 80px;
}

.title {
  font-weight: bold;
}

.subTitle {
  word-break: keep-all;
}

.author {
  color: gray;
}
```

인덱스 페이지 구현하기

레이아웃 구현, 목 데이터와 데이터 타입 설정, 도서 아이템 컴포넌트 구현까지 모두 완료했습니다. 따라서 페이지 UI 구현을 위한 모든 준비를 마쳤습니다. 이제 페이지 구성을 마무리해 UI를 완성하겠습니다. 가장 먼저 구현할 페이지는 '지금 추천하는 도서'와 '등록된 모든 도서'를 리스트 형태로 렌더링하는 인덱스 페이지입니다.

먼저 인덱스 페이지를 섹션으로 분리하고 기본적인 스타일을 설정합니다. 인덱스 페이지를 다음과 같이 수정합니다.

CODE   file: src/pages/index.tsx
```
import SearchbarLayout from "@/components/searchbar-layout";
import style from "./index.module.css";
import { ReactNode } from "react";

export default function Home() {
  return (
    <div className={style.container}> ①
      <section> ②
        <h3>지금 추천하는 도서</h3>
      </section>
      <section>
        <h3>등록된 모든 도서</h3>
      </section>
    </div>
  );
}

Home.getLayout = (page: ReactNode) => {
  return <SearchbarLayout>{page}</SearchbarLayout>;
};
```

① 최상위 태그의 className을 style.container로 설정합니다.
② 기존에 작성되어 있던 <h1> 태그는 제거하고 2개의 <section> 태그로 구성을 변경합니다. 각각의 <section> 태그에는 섹션의 제목을 설정합니다.

인덱스 페이지의 스타일링을 위해 index.module.css를 다음과 같이 수정합니다.

CODE   file: src/pages/index.module.css
```
.container {
  display: flex;
  flex-direction: column;
  gap: 20px;
}
```

```
.container h3 {
  margin-bottom: 0px;
}
```

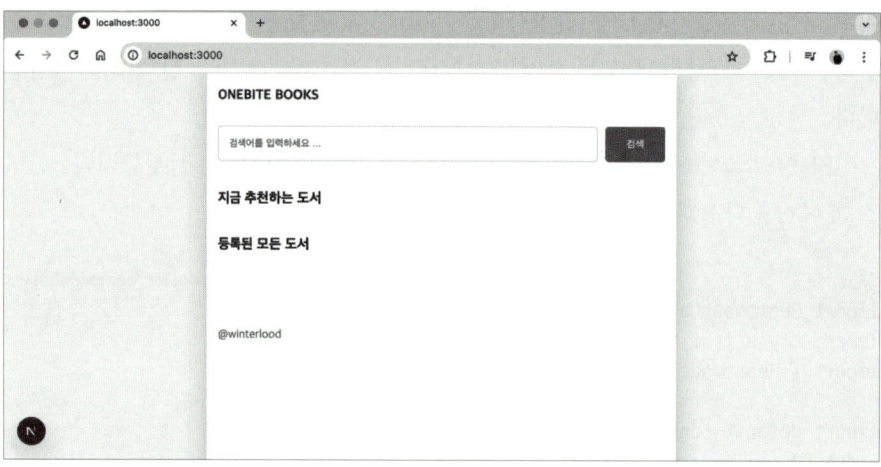

[그림 2-53] 기본 레이아웃 설정이 완료된 인덱스 페이지

다음으로 목 데이터와 BookItem 컴포넌트를 이용해 다음과 같이 '지금 추천하는 도서'와 '등록된 모든 도서' 섹션에서 도서 아이템을 리스트로 렌더링합니다.

CODE　　　　　　　　　　　　　　　　　　　　　　　file: src/pages/index.tsx
```
(...)
import BookItem from "@/components/book-item"; ①
import books from "@/mock/books.json"; ②

export default function Home() {
  return (
    <div className={style.container}>
      <section>
        <h3>지금 추천하는 도서</h3>
        {books.map((book) => ( ③
          <BookItem key={`recommend-${book.id}`} {...book} />
        ))}
      </section>
      <section>
        <h3>등록된 모든 도서</h3>
        {books.map((book) => ( ④
          <BookItem key={`all-${book.id}`} {...book} />
        ))}
      </section>
    </div>
  );
}
```

```
Home.getLayout = (page: ReactNode) => {
  return <SearchbarLayout>{page}</SearchbarLayout>;
};
```

① BookItem 컴포넌트를 불러옵니다.
② 목 데이터를 books라는 이름으로 불러옵니다.
③④ 배열 형태의 목 데이터를 map 메서드를 이용해 리스트로 렌더링합니다.

지금은 임시 데이터로 UI를 구현하므로 '지금 추천하는 도서'와 '등록된 모든 도서' 섹션의 데이터가 동일합니다.

인덱스 페이지의 UI 구현을 모두 완료했습니다.

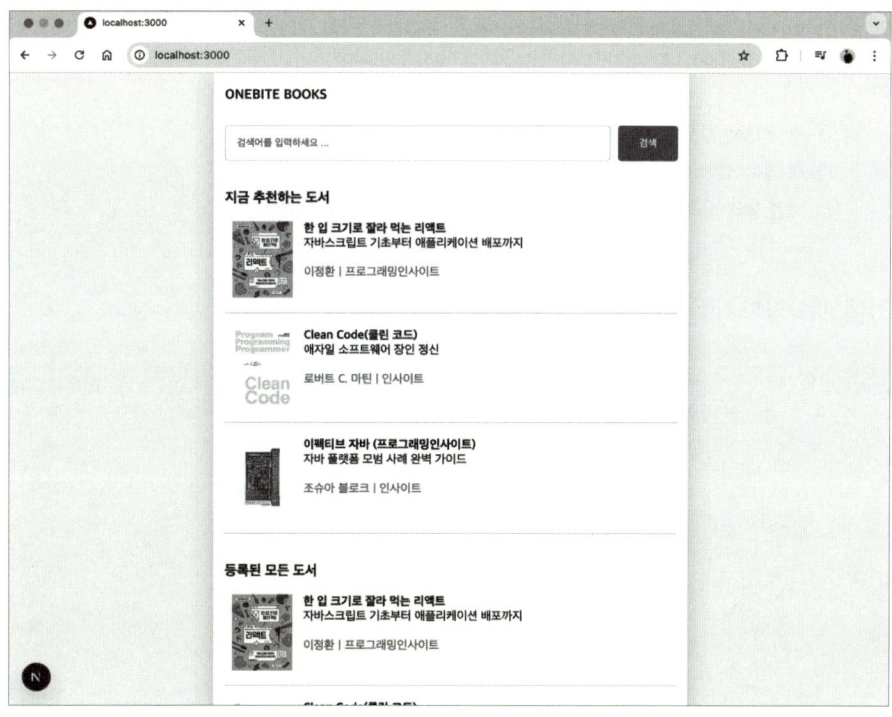

[그림 2-54] UI 구현이 완료된 인덱스 페이지

검색 페이지 구현하기

한입북스의 검색 페이지는 BookItem 컴포넌트를 이용해 검색 결과를 리스트 형식으로 렌더링합니다. 검색 결과만을 선별해 불러오는 기능은 아직 만들지 않았으므로 검색어를 입력하면 임시 데이터인 목 데이터를 리스트로 모두 렌더링합니다.

검색 페이지 컴포넌트를 다음과 같이 수정합니다.

```
CODE                                              file: src/pages/search/index.tsx
(...)
import BookItem from "@/components/book-item"; ①
import books from "@/mock/books.json"; ②

export default function Page() {
  return (
    <div>
      {books.map((book) => ( ③
        <BookItem key={book.id} {...book} />
      ))}
    </div>
  );
}

Page.getLayout = (page: ReactNode) => {
  return <SearcharLayout>{page}</SearcharLayout>;
};
```

① BookItem 컴포넌트를 불러옵니다.

② 목 데이터를 books라는 이름으로 불러옵니다.

③ 배열 형태의 목 데이터를 map 메서드를 이용해 리스트로 렌더링합니다.

검색 페이지의 UI 구현을 모두 완료했습니다.

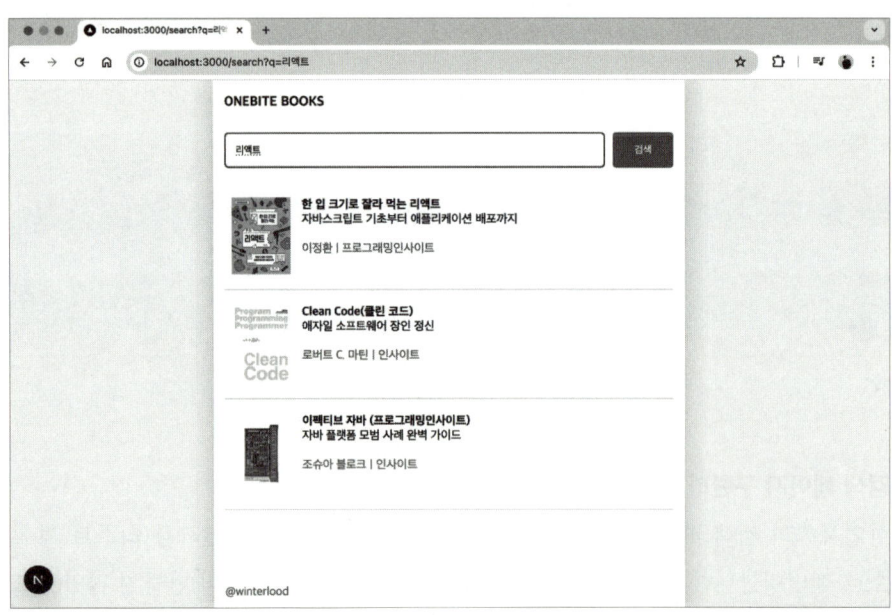

[그림 2-55] UI 구현이 완료된 검색 페이지

도서 상세 페이지 구현하기

마지막으로 도서 상세 페이지의 UI를 구현합니다. 먼저 스타일링을 위해 src/pages/book 폴더에 [id].module.css 파일을 생성합니다. 그리고 도서의 상세 정보 하나를 렌더링할 수 있게 임시로 목 데이터의 첫 번째 데이터를 기본으로 불러오겠습니다.

book/[id].tsx를 다음과 같이 수정합니다.

CODE   file: src/pages/book/[id].tsx

```tsx
import style from "./[id].module.css"; ①
import books from "@/mock/books.json"; ②

export default function Page() {
  const {
    id,
    title,
    subTitle,
    description,
    author,
    publisher,
    coverImgUrl,
  } = books[0]; ③

  return ( ④
    <div className={style.container}>
      <div
        className={style.cover_img_container}
        style={{ backgroundImage: `url('${coverImgUrl}')` }}
      >
        <img src={coverImgUrl} />
      </div>
      <div className={style.title}>{title}</div>
      <div className={style.subTitle}>{subTitle}</div>
      <div className={style.author}>
        {author} | {publisher}
      </div>
      <div className={style.description}>{description}</div>
    </div>
  );
}
```

① [id].module.css에서 style 객체를 불러옵니다.

② 목 데이터를 books라는 이름으로 불러옵니다.

③ books[0](목 데이터 배열의 첫 번째 항목)에서 구조 분해 할당으로 도서 데이터의 각 프로퍼티 (id, title, subtitle, description, author, publisher, coverImgUrl)를 각각의 변수에 저장합니다.

④ 도서 정보를 렌더링하도록 설정합니다.

계속해서 각 요소의 스타일 규칙을 다음과 같이 설정합니다.

```
file: src/pages/book/[id].module.css
.container {
  display: flex;
  flex-direction: column;
  gap: 10px;
}

.cover_img_container {
  display: flex;
  justify-content: center;
  padding: 20px;

  background-position: center;
  background-repeat: no-repeat;
  background-size: cover;
  position: relative;
}

.cover_img_container::before {
  position: absolute;
  top: 0px;
  left: 0p;
  width: 100%;
  height: 100%;
  background-color: rgba(0, 0, 0, 0.7);
  content: "";
}

.cover_img_container > img {
  z-index: 1;
  max-height: 350px;
  height: 100%;
}

.title {
  font-size: large;
  font-weight: bold;
}

.subTitle {
  color: gray;
}

.author {
  color: gray;
}
```

```css
.description {
  background-color: rgb(245, 245, 245);
  padding: 15px;
  line-height: 1.3;
  white-space: pre-line;
  border-radius: 5px;
}
```

도서 상세 페이지의 UI 구현을 모두 마쳤습니다. *http://localhost:3000/book/1*로 접속해 도서 상세 페이지를 잘 구현했는지 확인합니다.

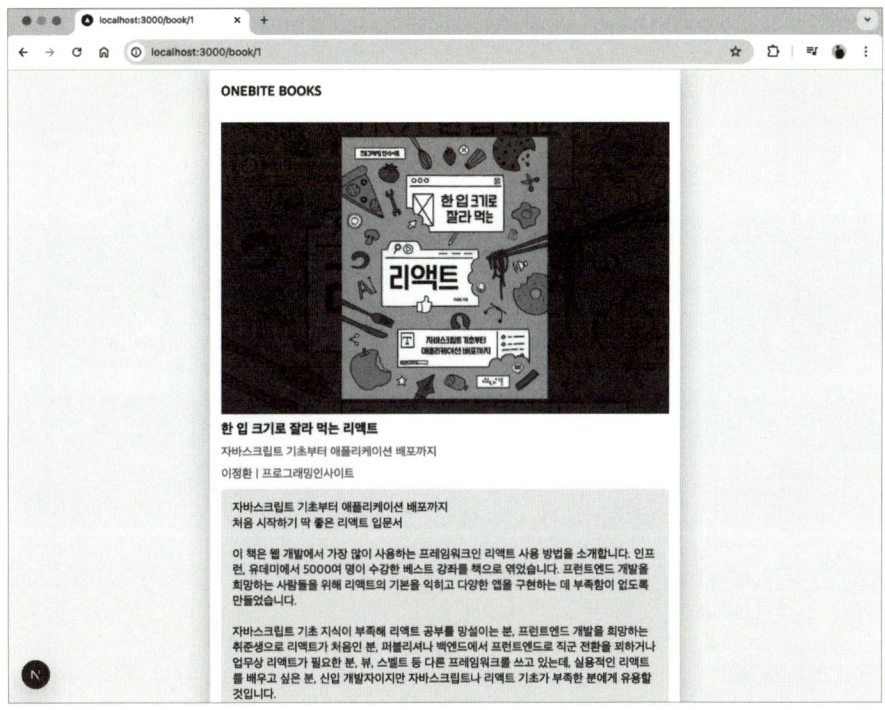

[그림 2-56] UI 구현이 완료된 도서 상세 페이지

3장

페이지 라우터 버전의 Next.js 활용하기

이 장에서 주목할 키워드

- 사전 렌더링
- 데이터 페칭
- SSR
- SSG
- ISR
- 배포하기

> **이 장의 학습 목표**
> - 페이지 라우터 버전에서 실제 데이터를 불러와 사용합니다.
> - 간단한 검색 엔진 설정과 Next.js 앱 배포 방법을 알아봅니다.
> - 페이지 라우터 버전의 장점과 단점을 자세히 살펴봅니다.

이번 장에서는 페이지 라우터 버전 Next.js 앱의 활용 방법을 살펴보겠습니다. 이를 위해 Next.js의 핵심 기능이라고 할 수 있는 여러 사전 렌더링 방식과 백엔드 서버에서 데이터를 불러오는 데이터 페칭 방법을 함께 살펴보겠습니다. 또한 검색 엔진 최적화(SEO) 설정과 Next.js 앱의 실제 배포도 간단히 다룰 예정입니다. 마지막으로 지금까지 살펴본 내용을 토대로 페이지 라우터 버전의 장단점을 최종 정리합니다.

Next.js의 사전 렌더링과 데이터 페칭

이번 절에서는 Next.js의 핵심 기능인 사전 렌더링과 이를 이용한 Next.js 앱의 데이터 페칭을 다룹니다. 리액트 앱의 데이터 페칭과 비교하면서 Next.js는 무엇이 다르고 어떤 장점이 있는지 설명하려고 합니다.

리액트 앱의 데이터 페칭

리액트 앱에서는 `useEffect`로 컴포넌트가 마운트된 다음에 데이터를 백엔드 서버에서 비동기적으로 가져옵니다. 다음은 그 예시입니다.

CODE file: 예시
```
import { useState, useEffect } from "react";

export default function Page() {
  const [data, setData] = useState(); ①

  useEffect(() => { ②
    fetchData();
  }, []);

  const fetchData = async () => { ③
    const response = await fetch("/api/data");
    if (response.ok) {
      const result = await response.json();
      setData(result);
```

```
      }
    };

    return data ? <div>{data}</div> : <div>로딩 중입니다...</div>;   ④
}
```

① 서버에서 불러온 데이터를 저장할 data State를 생성합니다.
② 컴포넌트를 마운트한 다음 ③에서 선언하고 있는 함수 fetchData를 호출합니다.
③ 백엔드 서버에서 데이터를 비동기적으로 불러오는 fetchData 함수를 만듭니다. 불러온 데이터는 data State에 보관합니다.
④ 3항 연산자로 data의 값에 따라 화면에 렌더링할 UI를 다르게 설정합니다. 데이터 페칭을 완료해 data에 값이 있으면 data의 값을, 데이터 페칭이 완료되지 않아 data에 값이 없으면 '로딩 중입니다...'라는 메시지를 각각 렌더링합니다.

이 방식은 브라우저가 페이지 컴포넌트를 먼저 마운트한 다음 데이터를 요청합니다. 따라서 초기 로딩 시점에는 데이터가 없으므로 '로딩 중입니다...'와 같은 로딩 UI가 렌더링됩니다. 이후 데이터 페칭을 완료하면 실제 데이터가 화면에 렌더링됩니다. 만일 데이터 페칭이 늦어지면 실제 데이터가 화면에 렌더링되기까지 꽤 오랜 시간이 걸릴 수 있으므로 사용자는 불만을 가질 수 있습니다.

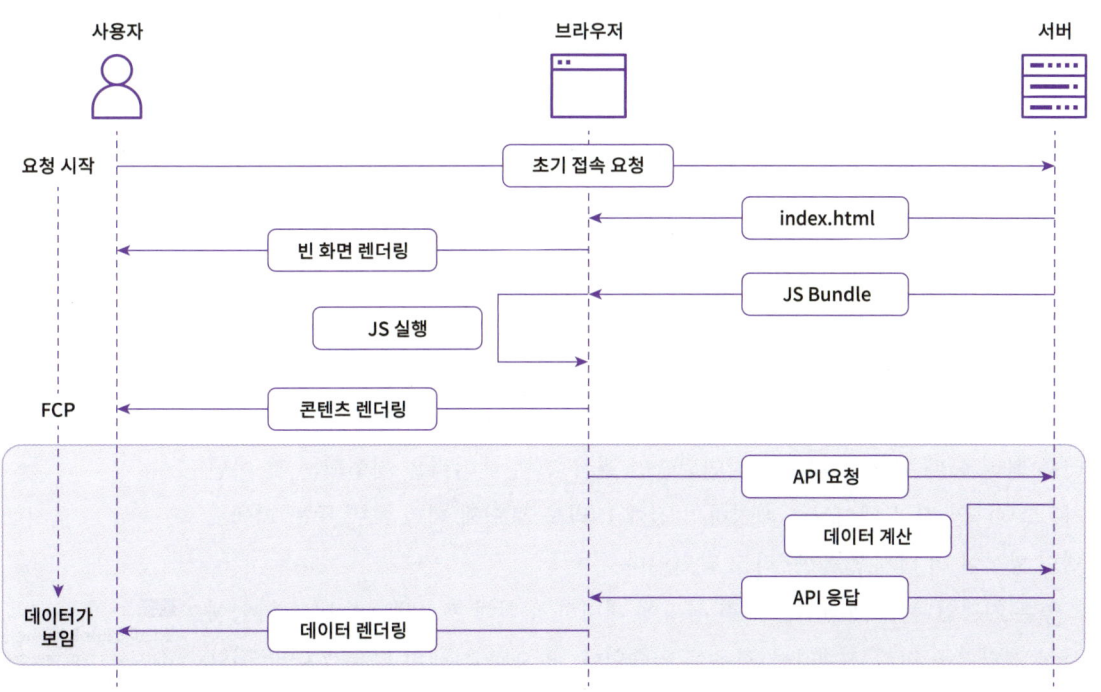

[그림 3-1] 리액트에서 데이터 페칭의 문제

1장에서 리액트 앱은 클라이언트 사이드 렌더링(이하 CSR) 방식으로 동작하므로 FCP(First Contentful Paint) 시점이 늦어지는 문제가 있다고 했습니다. 따라서 FCP도 이미 느린데, 설상가상 데이터 페칭까지 오래 걸린다면 빠른 응답이 중요한 웹 사이트에서 사용자의 만족도를 크게 떨어뜨릴 수 있습니다.

Next.js의 사전 렌더링과 데이터 페칭

Next.js 앱에서는 앞서 언급한 문제를 크게 걱정할 필요가 없습니다. Next.js는 서버가 직접 HTML을 생성하는 사전 렌더링 과정에서 미리 데이터 페칭을 진행하기 때문입니다.

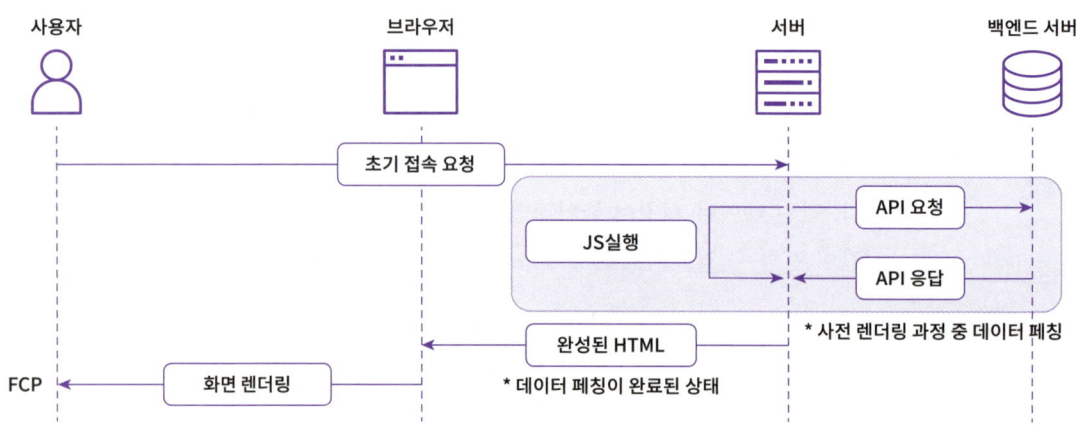

[그림 3-2] 사전 렌더링과 함께 진행되는 데이터 페칭

[그림 3-2]를 보면 Next.js 서버는 자바스크립트 코드를 실행해 HTML 페이지를 생성하는 사전 렌더링 과정에서 페이지에 필요한 데이터를 백엔드 서버에서 불러옵니다. 따라서 브라우저는 첫 번째 접속 요청에서 데이터가 이미 모두 포함된 HTML을 받아 화면에 빠르게 렌더링합니다.

하지만 어떤 독자는 이렇게도 생각할 수 있습니다. "사전 렌더링 과정에서 데이터를 불러올 때 데이터 페칭이 지연된다면 결국 전체 렌더링은 지연되는 것 아닌가? 그렇다면 결국 데이터를 페칭하기 전에 UI라도 로딩해 미리 보여 주는 리액트 앱의 방식이 더 낫지 않을까?"라고 말입니다.

좋은 지적입니다. Next.js는 이런 상황에 대비하기 위해 프로젝트의 빌드 타임에 사전 렌더링을 미리 진행하는 경우도 있습니다. 앞으로 자세히 다루겠지만, 이와 같은 사전 렌더링 방식을 정적 사이트 생성(Static Site Generation, 이하 SSG)이라고 합니다.

> **TIP**
> 빌드 타임(Build Time)은 npm run build 등의 명령으로 작성한 코드를 실행 가능한 형태로 변환하는 시간을 가리킵니다.

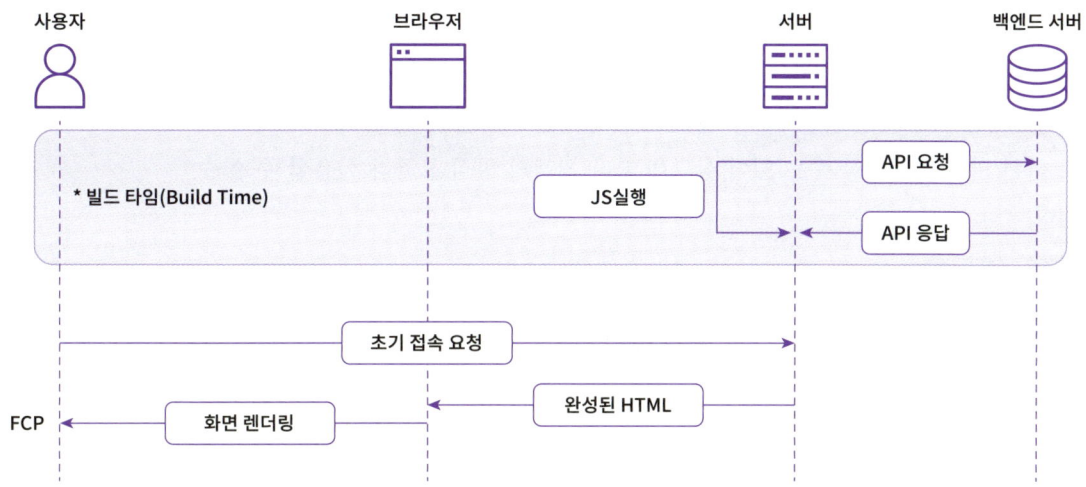

[그림 3-3] 정적 사이트 생성(SSG) 방식으로 빌드 타임에 미리 렌더링하는 페이지

[그림 3-3]과 같이 프로젝트의 빌드 타임에 자바스크립트 코드를 HTML로 변환하는 페이지 렌더링을 미리 진행하면 실제 앱을 실행한 다음에는 페이지 렌더링이 추가로 필요하지 않습니다. 따라서 브라우저의 접속 요청이 들어오면 빌드 타임에 생성한 페이지를 즉시 반환하기 때문에 매우 빠르게 화면에 페이지를 렌더링할 수 있습니다.

참고로 빌드 타임에 진행하는 페이지 렌더링은 브라우저 화면에 페이지를 시각적으로 그리는 과정을 말하는 것이 아닙니다. 여기서 말하는 렌더링은 리액트 컴포넌트 등이 작성되어 있는 자바스크립트 코드를 HTML로 변환하는 과정입니다. 두 과정을 모두 렌더링이라 하기 때문에 앞으로 브라우저 화면에 페이지를 시각적으로 그려내는 과정은 특별히 '화면에 렌더링한다'라고 표현하겠습니다.

하지만 SSG 방식은 빌드 타임 이후에는 페이지를 다시 생성(렌더링)하지 않으므로 백엔드 서버의 데이터가 변경되더라도 최신 데이터를 반영하지 않는다는 단점이 있습니다. 따라서 SSG는 빠르게 변하는 데이터를 다루는 페이지에서는 적합하지 않지만, 데이터 변화가 거의 없는 정적 페이지에서는 매우 적절한 방식입니다. 블로그 기사나 뉴스 기사 페이지 같은 경우가 대표적인 사례입니다. 또한 이 방식에서는 빌드 타임 이후 특정 시간을 주기로 해서 페이지를 다시 생성하도록 설정할 수 있습니다. 자세한 내용은 추후 실습과 함께 살펴보겠습니다.

정리하면 Next.js는 서버에서 페이지를 미리 생성하는 사전 렌더링 방식으로 동작하기 때문에 백엔드 서버에서 데이터를 미리 불러올 수 있습니다. 이런 이유로 페이지를 렌더링한 다음 데이터 페칭을 진행하던 리액트와 달리 Next.js는 빠른 페이지 렌더링을 보장합니다.

Next.js는 다음과 같이 3가지 사전 렌더링 방식을 제공합니다. 페이지 단위로 각각 다른 방식을 채택할 수도 있어 상황에 따라 최적의 방식을 골라 사용할 수 있습니다.

- 서버 사이드 렌더링(Server Side Rendering, 이하 SSR): 브라우저의 접속 요청을 받을 때마다 매번 새롭게 사전 렌더링을 진행하는 방식입니다. 최신 데이터를 반영하는 데 유리하지만, 데이터 페칭에서 병목이 생기면 응답 속도가 다소 늦어질 수 있습니다.
- 정적 사이트 생성(Static Site Generation, 이하 SSG): 프로젝트의 빌드 타임에 미리 사전 렌더링을 진행하는 방식입니다. 최신 데이터 반영에는 불리하지만, 미리 생성한 페이지를 바로 반환하기 때문에 응답 속도가 매우 빠릅니다.
- 증분 정적 재생성(Incremental Static Regeneration, 이하 ISR): SSG 방식으로 생성한 페이지를 주기적으로 재생성하는 방식입니다. 빠른 페이지 응답과 동시에 최신 데이터를 반영할 수 있어 첫 번째와 두 번째의 장점을 모두 취하는 방식입니다.

사전 렌더링의 세부 내용은 실습에서 다루니 지금은 개념만 대략 이해하고 넘어가겠습니다.

서버 사이드 렌더링

이번 절에서는 서버 사이드 렌더링 방식을 자세히 살펴봅니다. 페이지를 서버 사이드 렌더링 방식으로 설정하고 데이터 페칭을 직접 적용하는 과정도 실습과 함께 해보겠습니다.

서버 사이드 렌더링이란?

서버 사이드 렌더링(SSR)은 Next.js 사전 렌더링 방식의 하나로 서버가 브라우저의 접속 요청을 받을 때마다 페이지를 매번 새롭게 생성하는 방식입니다. [그림 3-4]는 SSR 방식으로 작동하는 페이지의 렌더링 과정입니다.

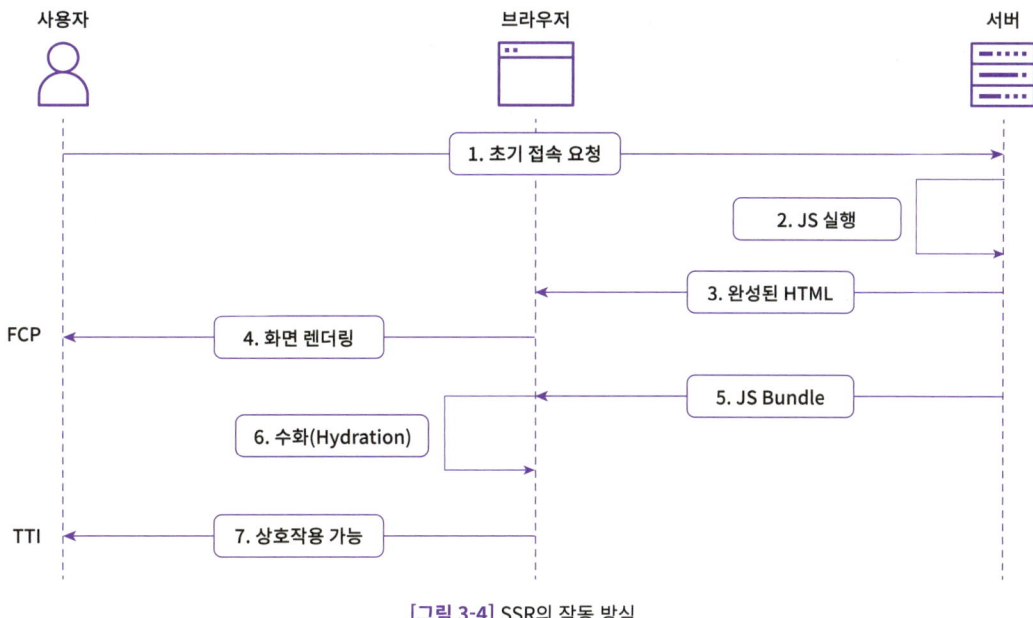

[그림 3-4] SSR의 작동 방식

[그림 3-4]처럼 SSR로 작동하는 페이지는 브라우저의 접속 요청이 있을 때마다 Next.js 서버가 페이지를 새롭게 생성합니다. 따라서 브라우저는 언제나 최신 데이터가 포함된 HTML을 받으므로 최신 데이터의 반영이 중요한 페이지에 적합합니다. 그러나 요청이 들어올 때마다 페이지를 새롭게 생성하는 과정이 오래 걸리면 서버에서 부하가 발생하거나 페이지의 응답 속도가 늦어지는 단점이 있습니다.

SSR 설정하기

특정 페이지를 SSR 방식으로 동작하게 하려면 페이지 컴포넌트 위나 아래에 getServerSideProps라는 함수를 선언하고 내보내면 됩니다. 여기서는 한입북스 프로젝트의 인덱스 페이지를 SSR 방식으로 설정하겠습니다.

CODE · file: src/pages/index.tsx

```
(...)
export function getServerSideProps() { ①
  return { props: {} }; ②
}

export default function Home() {
  (...)
}
(...)
```

① getServerSideProps 함수를 선언해 export로 내보냅니다. 이 함수를 선언하면 해당 페이지는 SSR 방식으로 동작합니다.

② getServerSideProps 함수의 반환값은 반드시 props라는 프로퍼티를 포함한 객체여야 합니다. 페이지 컴포넌트에 이 함수의 반환값이 props로 전달되기 때문입니다. 자세한 내용은 차차 설명합니다.

페이지 라우터 버전에서는 getServerSideProps와 같이 약속된 함수를 사용해 페이지의 사전 렌더링 방식을 정합니다.

  getServerSideProps 함수는 인덱스 페이지를 사전 렌더링할 때 페이지 컴포넌트보다 먼저 실행되어 페이지 컴포넌트에 필요한 데이터를 백엔드 서버에서 불러옵니다. 이 함수로 데이터를 불러와 반환하면 그 값은 페이지 컴포넌트에 Props로 전달됩니다. 예를 들어 다음과 같이 임시 데이터를 반환하면 데이터는 페이지 컴포넌트인 Home으로 전달됩니다.

CODE   file: src/pages/index.tsx

```
(...)
export function getServerSideProps() {
  const data = "임시 데이터";
  return { props: { data } }; ①
}

export default function Home({ data }) { ②
  console.log(data); ③
  return (...);
}
(...)
```

① getServerSideProps 함수가 { props: { data } }를 반환하도록 설정합니다. 그 결과 data가 페이지 컴포넌트에 Prop으로 전달됩니다.

② getServerSideProps 함수가 ①에서 반환한 data를 페이지 컴포넌트는 Prop으로 받습니다. 이때 발생하는 타입 오류는 잠시 무시해도 괜찮습니다.

③ Prop으로 전달된 data의 값을 브라우저 콘솔에 출력합니다.

브라우저에서 인덱스 페이지에 접속하고 개발자 도구의 콘솔을 확인합니다. [그림 3-5]와 같이 getServerSideProps 함수에서 전달한 data 값을 잘 출력합니다.

  getServerSideProps 함수는 페이지를 SSR 방식으로 동작하도록 설정하며 페이지에 필요한 데이터를 Props로 전달합니다. 따라서 페이지 렌더링에 필요한 데이터

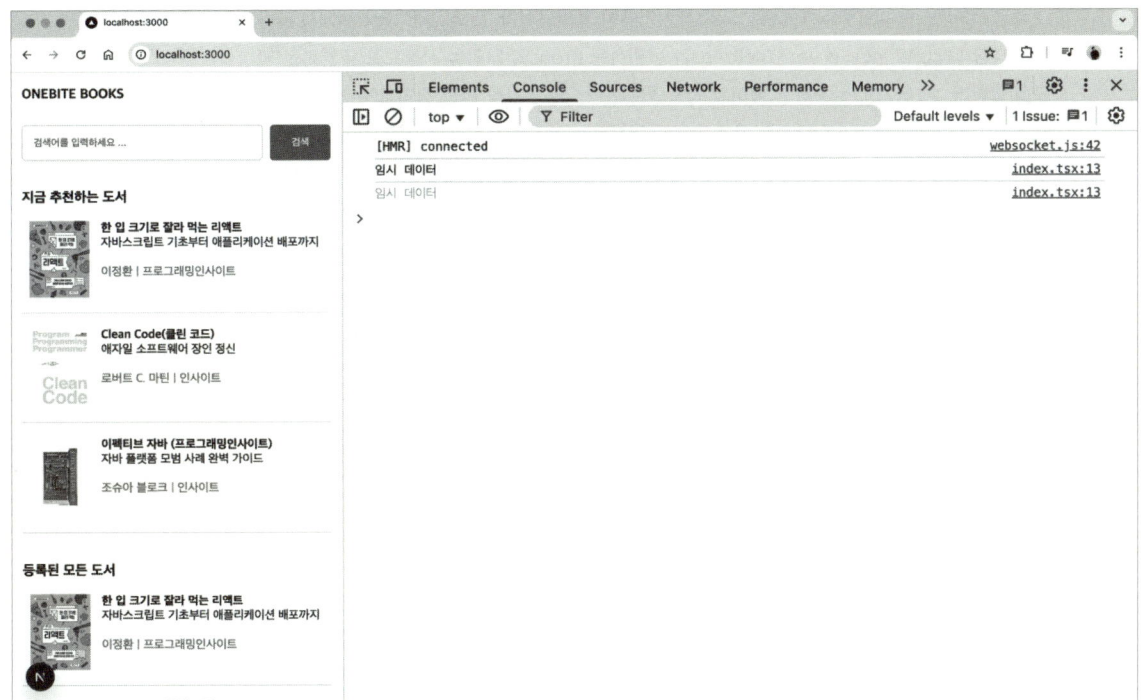

[그림 3-5] 함수 getServerSideProps에서 받은 Prop을 브라우저 콘솔에 출력

가 있다면 이 함수에서 데이터를 불러와 페이지 컴포넌트에 전달하는 식으로 개발을 진행하면 됩니다.

　getServerSideProps 함수의 사용법과 그 역할을 살펴봤으니 다음은 이 함수의 타입을 정의할 차례입니다. 다음과 같이 타입을 정의합니다.

CODE　　　　　　　　　　　　　　　　　　　　　　　　　　　file: src/pages/index.tsx
```
(...)
import { InferGetServerSidePropsType } from "next"; ①

export function getServerSideProps() {
  const data = "임시 데이터";
  return { props: { data } };
}

export default function Home({
  data,
}: InferGetServerSidePropsType<typeof getServerSideProps>) { ②
  return (...);
}
(...)
```

서버 사이드 렌더링　137

① inferGetServerSidePropsType을 next 패키지에서 불러옵니다. 이 타입은 Next.js에서 제공하는 내장 타입으로 getServerSideProps가 반환하는 Props의 타입을 자동으로 추론하는 역할을 합니다. 이 타입을 사용하면 페이지 컴포넌트의 Props 타입을 직접 정의하지 않아도 getServerSideProps 함수가 반환하는 값과 정확히 일치하는 타입을 사용할 수 있습니다.

② ①에서 불러온 inferGetServerSidePropsType을 이용해 페이지 컴포넌트의 Props 타입을 정의합니다. getServerSideProps에서 반환한 객체의 props 프로퍼티 타입을 페이지 컴포넌트의 Props 타입으로 설정합니다. 이 타입을 사용하면 이후 getServerSideProps 함수의 반환값이 변경되더라도 Props 타입을 자동으로 업데이트해 주는 장점이 있습니다.

SSR을 설정할 때 주의할 점

SSR을 설정할 때 한 가지 주의할 점이 있습니다. getServerSideProps 함수는 오직 Next.js 서버에서만 실행되므로 이 함수에는 브라우저 환경에서 동작하는 코드를 작성하면 안 됩니다. 예를 들어 이 함수에서 브라우저에서만 동작하는 window 객체에 접근하려고 하면 오류가 발생합니다.

CODE　　　　　　　　　　　　　　　　　　　　　　　　file: src/pages/index.tsx
```
(...)
export function getServerSideProps() {
  const data = "임시 데이터";
  console.log(window.history); ①

  return { props: { data } };
}

export default function Home({ data }) {
  (...)
}
(...)
```
① 브라우저 히스토리를 저장하고 있는 window.history 객체를 콘솔에 출력합니다.

window 객체는 브라우저 환경에서 동작하므로 getServerSideProps와 같이 Next.js 서버 환경에서 실행되는 함수가 이 객체에 접근하면 오류가 발생합니다.

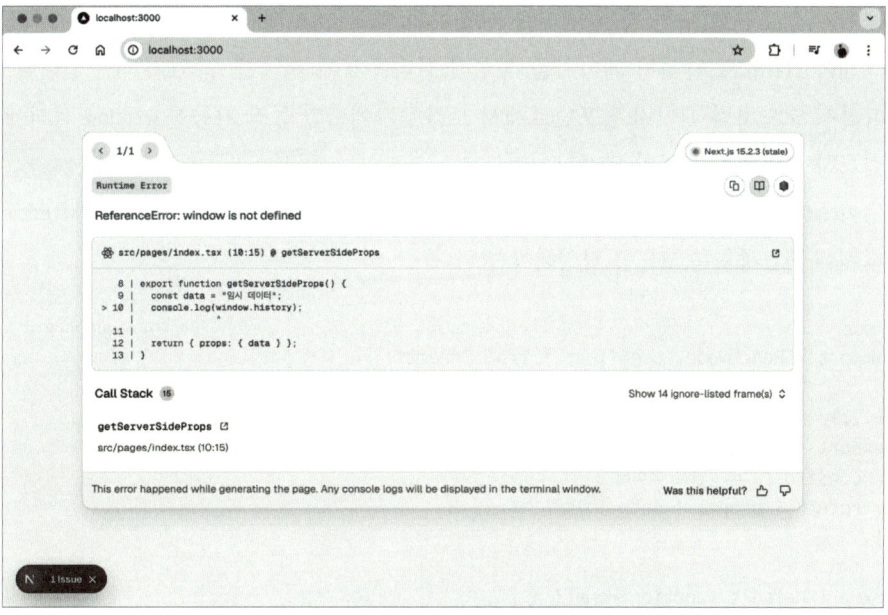

[그림 3-6] 서버 환경에서 window 객체에 접근하면 오류 발생

그렇다면 페이지 컴포넌트에서 window 객체에 접근하면 되지 않을까요? 역시 마찬가지로 정답이 아닙니다. 페이지 컴포넌트가 브라우저에서 실행되는 것은 사실이지만, Next.js 서버에서도 실행되기 때문입니다.

CODE file: src/pages/index.tsx
```
(...)
export function getServerSideProps() {
  const data = "임시 데이터";
  return { props: { data } };
}

export default function Home({
  data,
}: InferGetServerSidePropsType<typeof getServerSideProps>) {
  console.log(window.history); ①
  return (...)
}
(...)
```

① 페이지 컴포넌트에서 window.history를 브라우저 콘솔에 출력하도록 설정합니다.

서버 사이드 렌더링 **139**

페이지 컴포넌트 또한 사전 렌더링 과정에서 Next.js 서버에서 한 번 실행됩니다. 그래야 HTML로 완성된 페이지를 생성해 브라우저에 전달할 수 있기 때문입니다. 따라서 코드처럼 페이지 컴포넌트에서 브라우저에서만 동작 가능한 window 객체에 접근하면 동일한 오류가 발생합니다.

이 문제를 해결하려면 다음과 같이 useEffect 등을 사용해 브라우저에서만 window 객체에 접근하도록 코드를 작성해야 합니다.

CODE　　　　　　　　　　　　　　　　　　　　　　　　file: src/pages/index.tsx

```
import { ReactNode, useEffect } from "react";

(...)
export function getServerSideProps() {
  const data = "임시 데이터";
  return { props: { data } };
}

export default function Home({
  data,
}: InferGetServerSidePropsType<typeof getServerSideProps>) {

  useEffect(() => { ①
    console.log(window.history);
  }, []);

  return (...);
}

(...)
```

> ① useEffect를 사용해 페이지 컴포넌트가 마운트된 후 window.history를 브라우저 콘솔에 출력하도록 설정합니다.

마운트는 브라우저 화면에서 컴포넌트가 처음 렌더링되는 시점입니다. 따라서 컴포넌트의 마운트는 서버에서는 일어날 수 없는 동작입니다. 코드처럼 useEffect를 이용해 컴포넌트가 마운트된 다음, window 객체에 접근하도록 하면 오류는 사라집니다.

getServerSideProps 함수나 페이지 컴포넌트는 사전 렌더링을 위해 서버에서만 실행되거나 서버와 브라우저에서 모두 실행되므로 브라우저에서만 동작 가능한 window 객체 등에 접근할 때는 각별한 주의가 필요합니다.

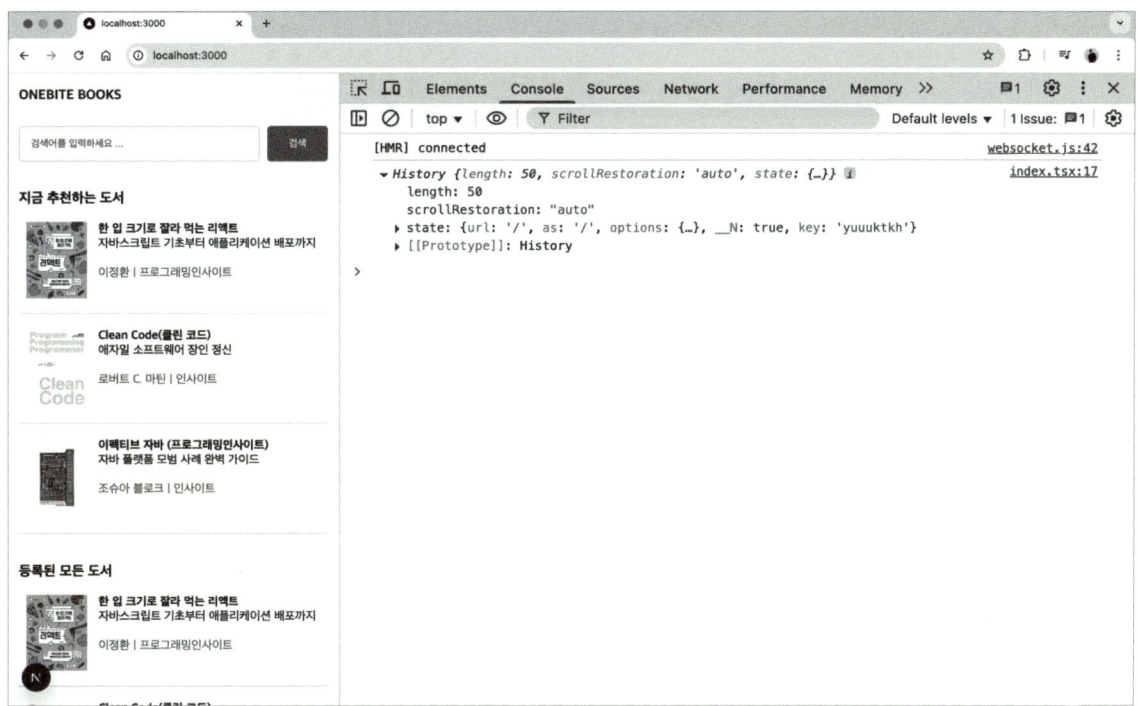

[그림 3-7] 정상적으로 출력된 window.history 객체

SSR 환경에서 인덱스 페이지의 데이터 페칭 구현하기

이번에는 getServerSideProps 함수에서 인덱스 페이지에 필요한 도서 데이터를 백엔드 서버에서 불러와 화면에 렌더링하겠습니다. 이를 위해서는 도서 데이터를 제공하는 백엔드 서버가 필요합니다. 1장에서 미리 설정했던 실습용 백엔드 서버를 가동해야 합니다. 실습용 백엔드 서버를 가동하는 방법은 1장 26쪽을 참고하면 됩니다.

비주얼 스튜디오 코드에서 새 창 여는 방법

백엔드 서버를 가동하려면 현재 Next.js 앱이 열려 있는 비주얼 스튜디오 코드 창 외에 새 창을 하나 더 열어야 합니다.

방법은 간단합니다. 비주얼 스튜디오 코드 상단 메뉴에서 [File] - [New Window]를 클릭하면 새 창이 열립니다. 새 창에서 백엔드 서버 프로젝트 폴더를 찾아 엽니다. 이렇게 하면 Next.js 앱과 백엔드 서버를 각각의 독립된 창에서 실행하고 관리할 수 있습니다.

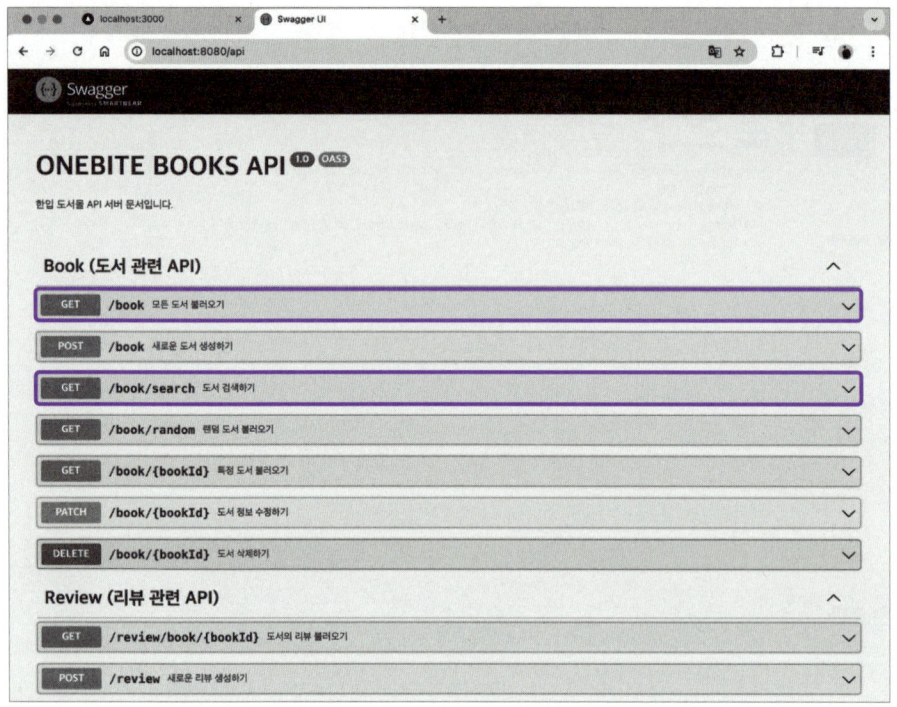

[그림 3-8] API 문서에서 모든 도서 또는 랜덤하게 도서를 불러오는 API 확인

백엔드 서버 가동을 완료했다면 이제 인덱스 페이지에 필요한 데이터('지금 추천하는 도서', '등록된 모든 도서')를 불러올 API 명세를 확인하겠습니다. *http://localhost:8080/api*로 접속하면 [그림 3-8]과 같이 ONEBITE BOOKS API라는 제목이 달린 백엔드 서버의 API 문서 페이지가 나옵니다. API 문서 페이지는 백엔드 서버가 제공하는 여러 API 엔드포인트(주소)들을 한눈에 확인할 수 있도록 정리한 문서입니다. 각 API의 요청 방식(GET, POST 등), 필요한 파라미터, 응답 형식 등을 미리 확인할 수 있어 프런트엔드 개발자가 서버와 데이터를 주고받을 때 참고용으로 활용할 수 있습니다. API 문서 페이지에서 'Book(도서 관련 API)' 항목을 보면 모든 도서를 불러오는 '/book' API와 랜덤으로 3개의 도서만 불러오는 '/book/random' API를 확인할 수 있습니다.

이 API로 데이터를 불러오기 위해 API 호출 코드를 별도의 파일로 분리해 만들겠습니다. 파일을 분리해 작성하면 코드의 가독성과 재사용성을 높입니다.

먼저 src 폴더에 lib 폴더를 생성합니다. lib 폴더에서 fetch-books.ts 파일을 만들고 모든 도서를 불러오는 '/book' API 호출 함수를 다음과 같이 정의합니다.

> **TIP**
> .ts와 .tsx 파일의 차이를 궁금해 하는 분이 많습니다. 이는 .js, .jsx 파일의 차이와 동일합니다. JSX 문법을 사용해 UI를 표현하는 코드가 있는 파일은 .tsx, 그렇지 않은 파일은 .ts로 작성합니다

CODE file: src/lib/fetch-books.ts

```ts
import { BookData } from "@/types"; ①

export default async function fetchBooks(): Promise<BookData[]> { ②
  const url = `http://localhost:8080/book`;

  try { ③
    const response = await fetch(url);
    if (!response.ok) throw new Error("");

    return await response.json();
  } catch (err) { ④
    console.error(err);
    return [];
  }
}
```

① 도서 아이템의 타입인 BookData 타입을 불러옵니다.

② fetchBooks 함수는 비동기로 동작하며 여러 개의 도서 데이터를 배열 형태로 반환합니다. 따라서 함수의 반환값 타입을 Promise<BookData[]>로 정의합니다.

③ try 문 내부에서 API를 호출하고 결괏값을 JSON 형태로 변환해 반환합니다. 만약 불가피한 이유로 예외가 발생하면 ④의 catch 문으로 이동합니다.

④ ③의 try 문에서 예외가 발생하면 console.error로 오류 메시지를 출력하고 빈 배열을 반환합니다.

> **TIP**
> Promise<BookData[]>는 비동기 작업의 결괏값이 BookData[] 타입임을 나타내는 타입입니다. 따라서 함수의 반환값 타입을 Promise<BookData[]>로 정의한다 함은 함수가 비동기적으로 BookData[] 타입의 값을 반환한다는 것을 의미합니다.

계속해서 lib 폴더에 fetch-random-books.ts 파일을 만들고 랜덤 도서 데이터를 불러오는 함수를 작성합니다. fetchBooks 함수와 코드가 거의 유사하므로 그리 어렵지 않습니다.

CODE file: src/lib/fetch-random-books.ts

```ts
import { BookData } from "@/types";

export default async function fetchRandomBooks(): Promise<
  BookData[]
> {
  const url = `http://localhost:8080/book/random`; ①

  try {
    const response = await fetch(url);
    if (!response.ok) throw new Error("");

    return await response.json();
  } catch (err) {
    console.error(err);
    return [];
  }
```

```
    }
}
```

① 모든 도서 데이터가 아니라 도서 데이터를 랜덤하게 불러와야 하므로 API 호출 URL을 '/book/random'으로 설정합니다. 나머지 코드는 모두 fetchBooks 함수와 동일합니다.

API 호출 함수를 만들었으니 이제 인덱스 페이지에서 이 함수들을 사용해 데이터를 불러오겠습니다. 인덱스 페이지의 getServerSideProps 함수를 다음과 같이 수정합니다.

CODE   file: src/pages/index.tsx
```
(...)
import fetchBooks from "@/lib/fetch-books"; ①
import fetchRandomBooks from "@/lib/fetch-random-books"; ②

export async function getServerSideProps() { ③
  const allBooks = await fetchBooks(); ④
  const randomBooks = await fetchRandomBooks(); ⑤

  return { props: { allBooks, randomBooks } }; ⑥
}
(...)
```

①② 모든 도서를 가져오는 fetchBooks와 도서를 랜덤하게 가져오는 fetchRandomBooks 함수를 각각 불러옵니다.
③ 함수 내부에서 await을 사용하기 위해 async 키워드를 추가합니다
④⑤ getServerSideProps 함수에서 인덱스 페이지에 필요한 데이터를 불러오기 위해 fetchBooks와 fetchRandomBooks 함수를 각각 호출합니다.
⑥ ④와 ⑤에서 불러온 데이터를 페이지 컴포넌트의 Props로 전달합니다.

다음으로 불러온 데이터를 페이지 컴포넌트에서 사용해 화면에 렌더링합니다.

CODE   file: src/pages/index.tsx
```
(...)
export default function Home({ ①
  allBooks,
  randomBooks,
}: InferGetServerSidePropsType<typeof getServerSideProps>) {
  return (
    <div className={style.container}>
      <section>
        <h3>지금 추천하는 도서</h3>
        {randomBooks.map((book) => ( ②
          <BookItem key={`recommend-${book.id}`} {...book} />
```

> **TIP**
> Home 컴포넌트에서 앞서 작성했던 useEffect는 삭제합니다.

```
        ))}
      </section>
      <section>
        <h3>등록된 모든 도서</h3>
        {allBooks.map((book) => (  ③
          <BookItem key={`all-${book.id}`} {...book} />
        ))}
      </section>
    </div>
  );
}
(...)
```

① 앞서 getServerSideProps에서 return 문으로 전달한 allBooks와 randomBooks를 페이지 컴포넌트의 Props로 받습니다.

②③ 목 데이터 대신 실제 서버에서 가져온 도서 데이터를 각각의 섹션에 렌더링합니다.

이제 [그림 3-9]와 같이 실제 백엔드 서버에서 불러온 도서 데이터가 페이지에 렌더링됩니다. 새로고침하면서 '지금 추천하는 도서' 섹션에서 도서가 잘 업데이트되는지 확인합니다.

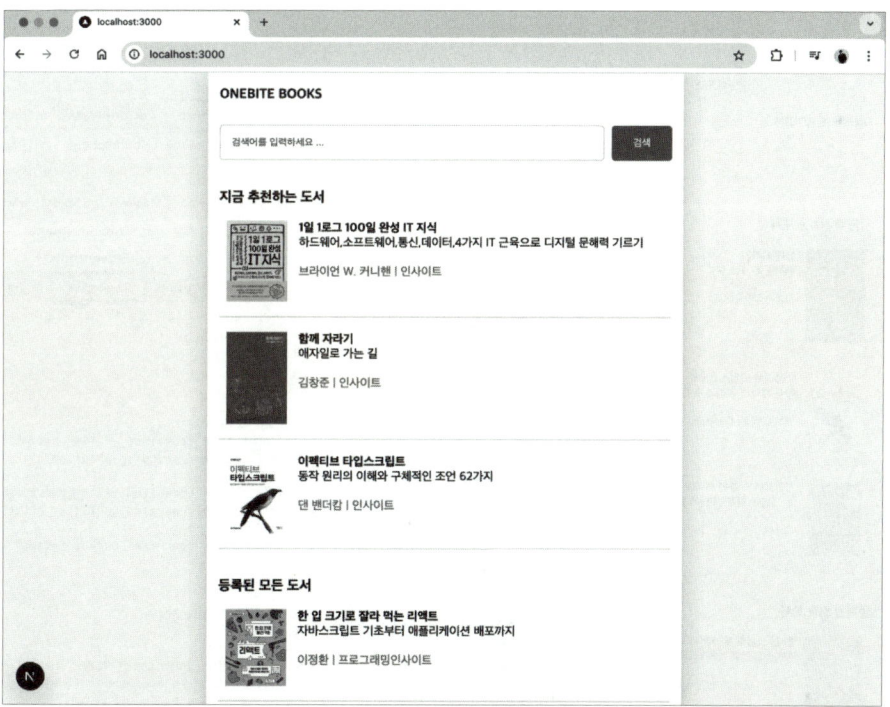

[그림 3-9] 백엔드 도서 데이터를 렌더링한 인덱스 페이지

지금까지 인덱스 페이지를 SSR 방식으로 동작하게 하면서 동시에 데이터를 페칭하는 기능도 만들었습니다.

SSR 방식은 브라우저가 요청을 보낼 때마다 사전 렌더링을 다시 진행해 페이지를 매번 새롭게 생성합니다. 따라서 사용자가 브라우저에서 페이지를 새로고침해 Next.js 서버에 새로운 접속 요청을 보내면 서버는 인덱스 페이지의 getServerSideProps 함수와 페이지 컴포넌트를 다시 실행합니다. 그 결과 화면을 새로고침할 때마다 '지금 추천하는 도서' 섹션의 데이터가 계속 바뀝니다.

사전 렌더링 과정에서 Next.js 서버는 백엔드 서버에게 데이터를 직접 요청하며 브라우저는 데이터가 포함된 완전한 HTML 문서를 한꺼번에 받습니다. 데이터가 포함된 완전한 HTML 문서인지 확인하려면 브라우저의 개발자 도구에서 [네트워크] 탭을 열고 페이지를 새로고침했을 때 브라우저가 처음 받는 HTML 문서를 살펴보면 됩니다.

먼저 인덱스 페이지에서 브라우저의 개발자 도구를 열고 [네트워크] 탭을 선택합니다. 이때 페이지를 새로고침(F5)하면 네트워크 목록의 맨 위에 'localhost' 항목이 표시됩니다. 이 항목이 바로 브라우저가 Next.js 서버로부터 처음으로 받는

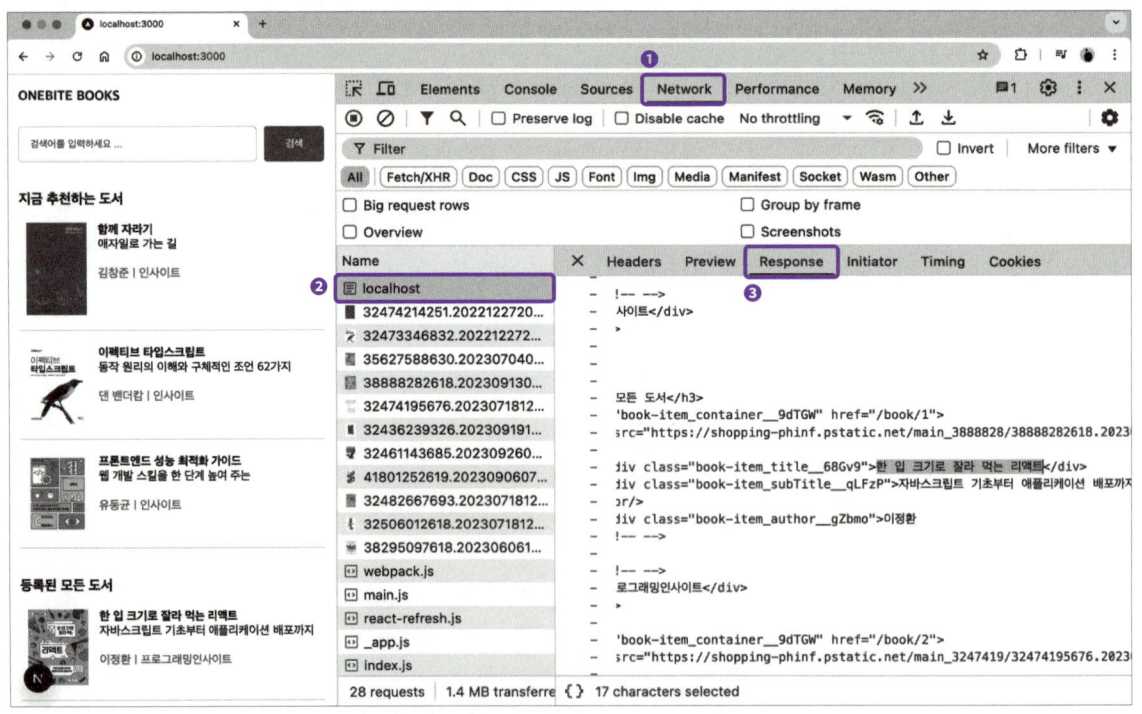

[그림 3-10] 데이터가 모두 포함된 채 전달되는 HTML 문서 확인하기

HTML 문서입니다. 이 항목을 클릭한 다음, 오른쪽 패널에 나오는 [Response] 탭을 열면 HTML 문서의 내용을 확인할 수 있습니다. HTML 문서에는 백엔드 서버에서 받아온 도서 데이터가 들어 있습니다.

SSR 환경에서 검색 페이지의 데이터 페칭 구현하기

이번에는 SSR 방식으로 검색 페이지를 작동하면서 백엔드 서버에서 사전 렌더링으로 검색 결과 데이터를 불러오겠습니다. 우선 검색 페이지 컴포넌트 위에 다음과 같이 getServerSideProps 함수를 추가해 페이지를 SSR 방식으로 동작하게 합니다.

CODE   file: src/pages/search/index.tsx

```
(...)
import { InferGetServerSidePropsType } from "next"; ①

export function getServerSideProps() { ②
  return { props: {} };
}

export default function Page({}: InferGetServerSidePropsType< ③
  typeof getServerSideProps
>) {
  (...)
}
(...)
```

① InferGetServerSidePropsType을 불러옵니다. ③에서 페이지 컴포넌트의 Props 타입을 정의하기 위함입니다.

② getServerSideProps 함수를 선언해 이 페이지를 SSR 방식으로 동작하게 합니다. return 문으로 반환할 값은 임시로 { props: {} }로 지정합니다. 이후 검색 결과 데이터를 백엔드 서버에서 불러와 반환할 예정입니다.

③ Props 타입을 미리 정의합니다. ①에서 불러온 InferGetServerSidePropsType을 활용합니다.

이제 getServerSideProps 함수를 이용해 백엔드 서버에서 검색 결과 데이터를 불러와야 합니다. 그 전에 검색어를 확인해야 하는데, 검색어는 현재 q라는 이름의 쿼리 스트링으로 전달되고 있습니다.

    getServerSideProps 함수는 context라는 이름의 매개변수를 갖는데, 이 매개변수에는 쿼리 스트링을 포함해 접속 요청에 필요한 정보가 모두 포함되어 있습니다. 다음과 같이 context 매개변수에서 쿼리 스트링 값을 꺼내올 수 있습니다.

```
CODE                                              file: src/pages/search/index.tsx
(...)
import {
  GetServerSidePropsContext,
  InferGetServerSidePropsType,
} from "next"; ①

export function getServerSideProps(
  context: GetServerSidePropsContext ②
) {
  const q = context.query.q; ③
  console.log(q); ④

  return { props: {} };
}
(...)
```

① GetServerSidePropsContext 타입을 추가로 불러옵니다. 이 타입은 Next.js가 자체적으로 제공하는 내장 타입으로 ②에서 getServerSideProps 함수의 매개변수인 context의 타입으로 사용됩니다.

② context 매개변수를 선언합니다. 이 매개변수에는 쿼리 스트링을 포함해 브라우저가 보낸 모든 접속 요청 정보가 담겨 있습니다. 타입은 ①에서 불러온 GetServerSidePropsContext로 정의합니다.

③ context에서 쿼리 스트링 q를 꺼내 변수 q에 저장합니다.

④ ③에서 저장한 변수 q의 값을 서버 콘솔에 출력합니다.

이제 인덱스 페이지에서 검색 폼에 '한 입'이라고 입력해 검색 페이지로 이동하면 Next.js 서버 콘솔에서는 쿼리 스트링 q의 값이 출력됩니다.

[그림 3-11] getServerSideProps 함수에서 쿼리 스트링 값 꺼내오기

검색어인 쿼리 스트링 q의 값을 정상적으로 꺼냈다면 이제 검색어를 이용해 백엔드 서버에서 검색 결과 데이터를 불러올 차례입니다. 검색 결과 데이터를 불러오려면 검색 API 명세를 확인해야 하므로 *http://localhost:8080/api*로 접속해 백엔드 서버의 API 문서를 확인합니다.

[그림 3-12]와 같이 제목, 저자, 출판사를 기준으로 도서 데이터를 검색하는 API가 있음을 알 수 있습니다.

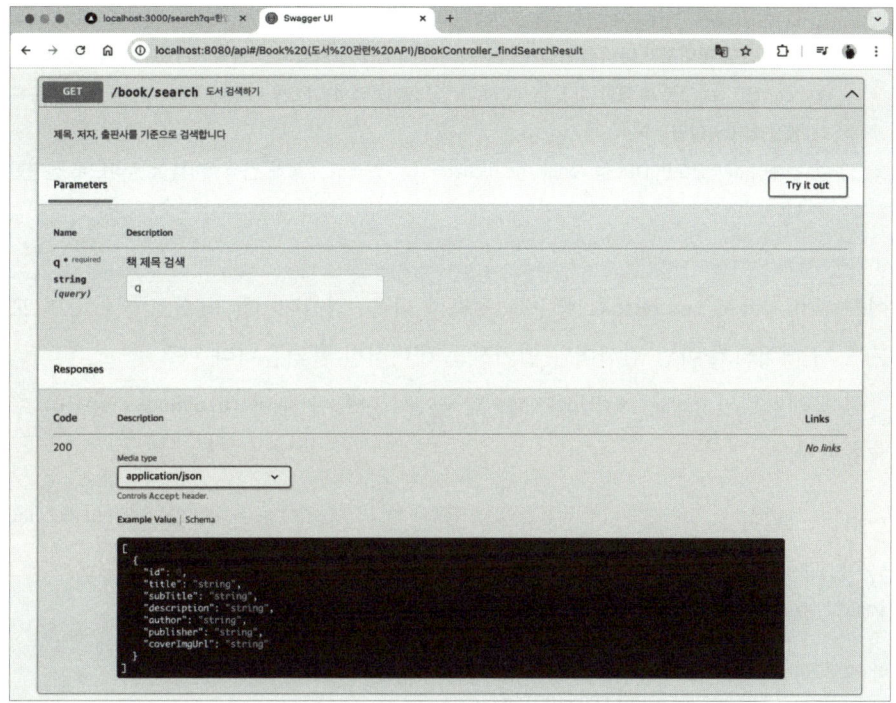

[그림 3-12] 검색 API 명세

이 API는 '/book/search' 경로로 요청하며 쿼리 스트링 q로 검색어를 전달해야 합니다.

API를 확인했으니 API를 호출하는 함수를 작성할 차례입니다. 앞서 인덱스 페이지에서 모든 도서 데이터를 불러오기 위해 만든 fetchBooks 함수를 재사용합니다. 다음과 같이 fetch-books.ts 파일의 코드를 수정합니다.

CODE   file: src/lib/fetch-books.ts
```
import { BookData } from "@/types";

export default async function fetchBooks(
  q?: string ①
): Promise<BookData[]> {
  let url = `http://localhost:8080/book`; ②

  if (q) { ③
    url += `/search?q=${q}`;
  }

  (...)
}
```

서버 사이드 렌더링 **149**

① 검색어를 받기 위해 매개변수 q를 선언합니다. 이때 q는 문자열 타입의 선택적 매개변수로 정의하는데, 검색 페이지가 아니라 인덱스 페이지에서 이 함수가 호출되면 검색어가 없기 때문입니다.

② const를 let으로 수정합니다. 검색어 q가 있으면 ③에서 URL을 수정해 검색 API를 호출하도록 설정하기 위함입니다.

③ 검색어 q가 있으면 URL을 /book/search?q=${q} 형태로 수정해 검색 API를 호출하도록 설정합니다.

이제 페이지에서 fetchBooks 함수를 호출한 다음, 검색어 q를 인수로 전달하면 모든 도서 데이터가 아닌 검색어와 일치하는 데이터만 불러옵니다.

검색 페이지의 getServerSideProps 함수에서 다음과 같이 fetchBooks 함수를 호출합니다.

CODE   file: src/pages/search/index.tsx

```
(...)
// import books from "@/mock/books.json"; ①
import fetchBooks from "@/lib/fetch-books"; ②

export async function getServerSideProps( ③
  context: GetServerSidePropsContext
) {
  const q = context.query.q;
  const books = await fetchBooks(q as string); ④

  return { props: { books } }; ⑤
}

export default function Page({ ⑥
  books,
}: InferGetServerSidePropsType<typeof getServerSideProps>) {
  (...)
}
(...)
```

① 이제 목 데이터가 더 이상 필요하지 않으므로 이 import 문은 제거합니다.

② fetchBooks 함수를 불러옵니다.

③ 비동기 작업으로 검색 API를 호출하기 위해 함수에 async 키워드를 선언합니다.

④ fetchBooks 함수를 호출하고 인수로 검색어 q를 전달합니다. 이제 검색 결과 데이터를 백엔드 서버에서 불러옵니다. 이때 검색어 q의 타입이 string | string[] | undefined로 추론될 수 있기 때문에 단언문(as string)을 사용해 string 타입으로 단언합니다.

⑤ ④에서 불러온 검색 결과 데이터를 Props로 페이지 컴포넌트에 전달합니다.

⑥ ⑤에서 전달한 Props를 받습니다.

인덱스 페이지의 검색 폼에 '한입'이라 입력하고 검색 페이지로 이동하면 [그림 3-13]과 같이 검색 결과가 잘 나타납니다.

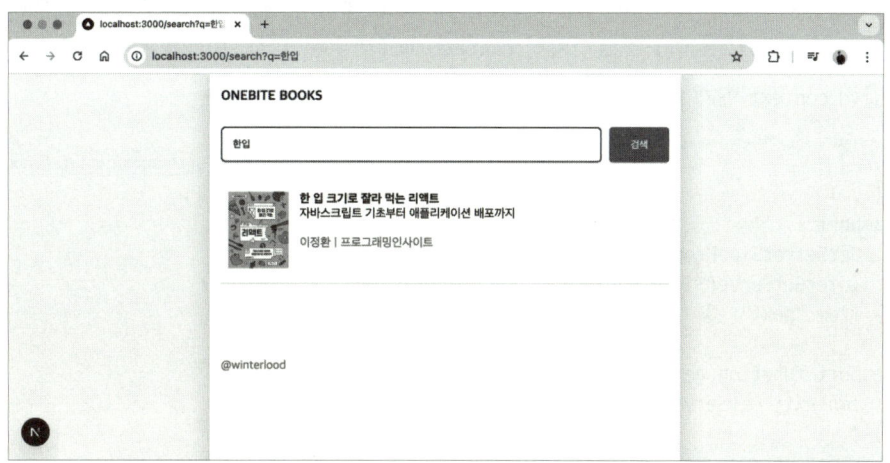

[그림 3-13] 검색 기능 구현이 완료된 검색 페이지

지금까지 검색 페이지에서 검색 기능을 만들고 페이지를 SSR 방식으로 동작하게 설정했습니다.

SSR 환경에서 도서 상세 페이지의 데이터 페칭 구현하기

인덱스와 검색 페이지에 이어 도서 상세 페이지도 SSR 방식으로 동작하도록 만들겠습니다. 먼저 도서 상세 페이지 컴포넌트 위에 다음과 같이 getServerSideProps 함수를 선언합니다.

```
CODE                                          file: src/pages/book/[id].tsx
(...)
import { InferGetServerSidePropsType } from "next";

export function getServerSideProps() {
  return { props: {} };
}

export default function Page({}: InferGetServerSidePropsType<
  typeof getServerSideProps
>) {
  (...)
}
```

도서 상세 페이지는 동적 경로가 있는 페이지로서 현재 페이지의 URL 파라미터인 도서 id를 받습니다. 따라서 getServerSideProps 함수에서 이 id에 접근할 수 있어야 백엔드 서버에서 특정 도서의 데이터를 사전 렌더링으로 불러올 수 있습니다. URL 파라미터는 쿼리 스트링처럼 context 매개변수에 포함되어 있으므로 다음과 같이 context 매개변수에서 도서 id를 가져올 수 있습니다.

```
file: src/pages/book/[id].tsx
(...)
import {
  GetServerSidePropsContext,
  InferGetServerSidePropsType,
} from "next"; ①

export function getServerSideProps(
  context: GetServerSidePropsContext ②
) {
  const id = context.params!.id; ③
  console.log(`현재 도서 아이디: ${id}`);④

  return { props: {} };
}
(...)
```

① GetServerSidePropsContext 타입을 불러옵니다.
② context 매개변수를 선언하고 타입을 정의합니다.
③ context 객체의 params 프로퍼티에는 현재 페이지에 전달된 URL 파라미터가 저장되어 있습니다. URL 파라미터가 전달되지 않았다면 context.params가 undefined일 수 있으므로 타입스크립트의 느낌표(!) 단언으로 해당 값이 존재한다고 단언합니다.
④ ③에서 불러온 id를 서버 콘솔에 출력합니다.

> **TIP**
> 느낌표 단언(!)은 값이 null이나 undefined가 아님을 개발자가 확신할 때 사용하는 타입스크립트 문법입니다. 변수나 표현식 뒤에 !를 붙이면 "이 값은 절대 null도 undefined도 아니야!"라고 컴파일러에게 알려 주는 역할을 합니다.

브라우저에서 '/book/1'을 입력해 도서 상세 페이지에 접속하면 [그림 3-14]처럼 Next.js 서버 콘솔에 현재 페이지의 도서 id가 출력됩니다.

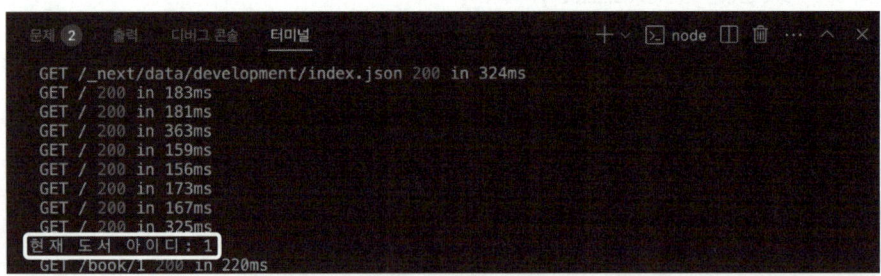

[그림 3-14] 콘솔에 출력된 URL 파라미터

이제 백엔드 서버에서 특정 id를 가진 도서 상세 데이터를 불러오겠습니다. *http://localhost:8080/api*에 접속하면 [그림 3-15]처럼 id를 기준으로 특정 도서의 데이터를 가져올 수 있는 API를 확인할 수 있습니다.

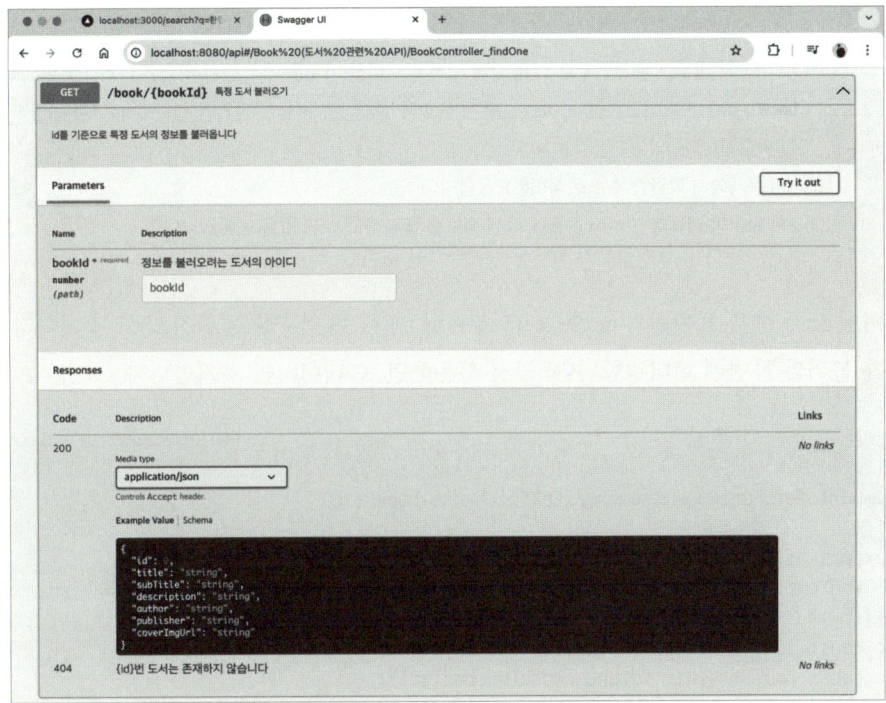

[그림 3-15] 특정 도서를 불러오는 API 명세

이 API는 '/book/{bookId}' 경로로 요청하며 검색할 도서의 id를 URL 파라미터로 함께 전달합니다. 특정 도서를 불러오는 API를 확인했으니 이제 이 API를 호출할 함수를 만듭니다.

lib 폴더 안에 fetch-one-book.ts 파일을 만들고 다음과 같이 작성합니다.

CODE   file: src/lib/fetch-one-book.ts
```
import { BookData } from "@/types";

export default async function fetchOneBook( ①
  id: number
): Promise<BookData | null> {
  const url = `http://localhost:8080/book/${id}`; ②

  try {
```

```
    const response = await fetch(url);
    return await response.json();
  } catch (err) { ③
    console.error(err);
    return null;
  }
}
```

① 이 비동기 함수는 매개변수로 id를 받아 도서 데이터를 가져옵니다. 반환 타입은 Promise<Book Data | null>로 정의했는데, 이는 ③에서 요청이 실패하면 비동기 작업의 결과로 null을 반환하기 위함입니다.
② API 문서에서 확인한 주소로 API를 요청합니다.
③ API 요청이 실패하면 서버 콘솔에 에러 정보를 출력하고 null 값을 반환합니다.

이제 도서 상세 페이지의 getServerSideProps에서 이 함수를 호출하고 도서 데이터를 불러와 화면에 렌더링합니다. 앞서 사용했던 목 데이터는 제거합니다.

CODE   file: src/pages/book/[id].tsx
```
(...)
import fetchOneBook from "@/lib/fetch-one-book"; ①

export async function getServerSideProps( ②
  context: GetServerSidePropsContext
) {
  const id = context.params!.id;
  const book = await fetchOneBook(Number(id)); ③

  return { props: { book } }; ④
}

export default function Page({
  book, ⑤
}: InferGetServerSidePropsType<typeof getServerSideProps>) {
  if (!book) { ⑥
    return <div>오류가 발생했습니다. 다시 시도해주세요</div>;
  }

  const {
    id,
    title,
    subTitle,
    description,
    author,
    publisher,
    coverImgUrl,
  } = book; ⑦
```

```
    return (...);
}
```

① `fetchOneBook` 함수를 불러옵니다.
② `async` 키워드로 이 함수를 비동기 함수로 선언합니다. ③에서 `await`을 활용하기 위함입니다.
③ 도서 데이터를 불러오기 위해 `fetchOneBook` 함수를 호출하고 인수로 `id`를 전달합니다. 이때 `id`를 `Number` 타입으로 명시적으로 형 변환합니다.
④ 도서 데이터를 Props로 페이지 컴포넌트에 전달합니다.
⑤ ④에서 전달한 도서 데이터를 Props로 받아옵니다.
⑥ 데이터 페칭에 문제가 발생해 Props로 받아온 도서 데이터가 `null` 값이면 오류 메시지를 화면에 렌더링합니다.
⑦ 목 데이터 대신 서버에서 불러온 데이터를 이용하도록 수정합니다.

[그림 3-16]처럼 도서 상세 페이지도 서버에서 불러온 실제 데이터를 잘 렌더링합니다.

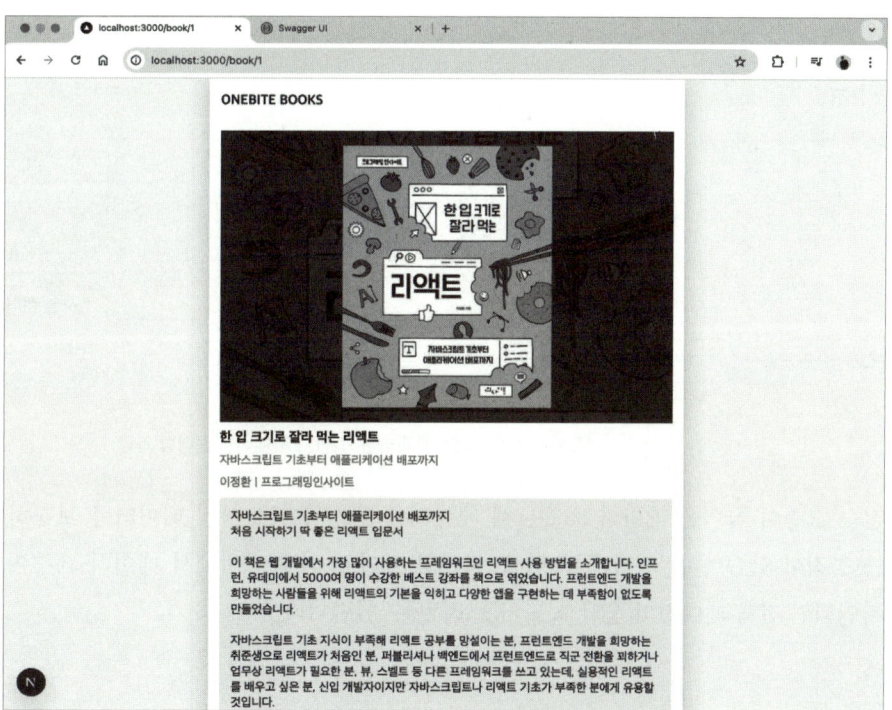

[그림 3-16] 서버에서 가져온 데이터를 렌더링한 페이지

다른 도서 상세 페이지도 잘 불러오는지 확인하길 바랍니다.

지금까지 한입북스 프로젝트의 모든 페이지를 SSR로 동작하게 하고 각각의 페이지에서 필요한 데이터를 백엔드 서버에서 직접 불러오도록 구현했습니다.

정적 사이트 생성

이번 절에서는 Next.js 사전 렌더링 방식의 하나인 정적 사이트 생성(Static Site Generation) 방식을 자세히 살펴보겠습니다.

SSR의 한계와 SSG의 등장

SSR에서는 브라우저가 접속 요청을 할 때마다 Next.js 서버가 사전 렌더링을 진행하고 새롭게 생성한 페이지를 브라우저에 전달합니다. [그림 3-17]은 SSR로 동작하는 Next.js의 페이지 렌더링 과정입니다.

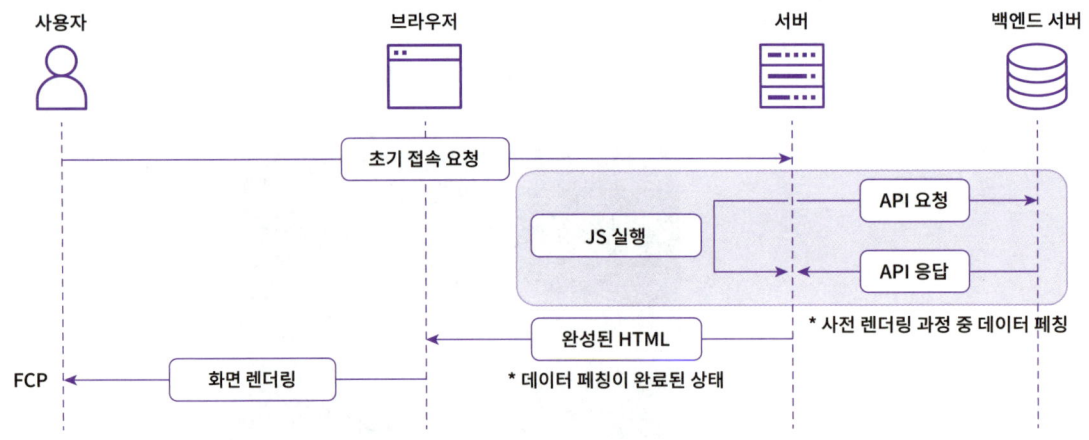

[그림 3-17] SSR로 동작하는 Next.js의 페이지 렌더링 과정

접속 요청이 들어올 때마다 SSR은 새 페이지를 생성하므로 최신 데이터를 보장하는 장점이 있습니다. 그러나 [그림 3-18]처럼 사전 렌더링 과정에서 데이터 페칭이 지연되면 전체 페이지의 응답 속도가 느려질 수 있습니다.

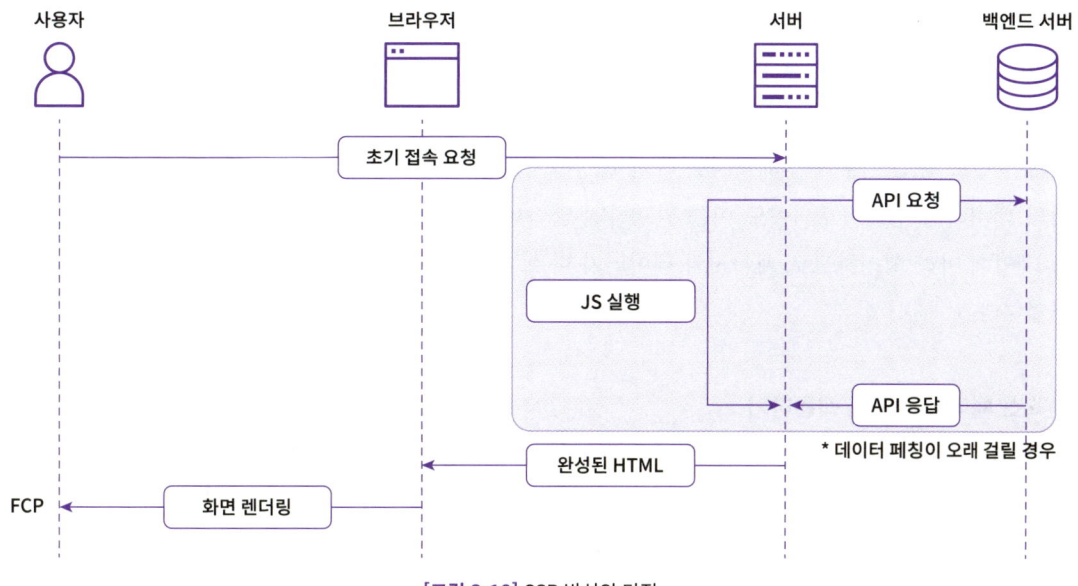

[그림 3-18] SSR 방식의 단점

사전 렌더링의 데이터 페칭 과정에서 백엔드 서버의 상태나 네트워크 장애 등으로 인해 페이지 생성이 지연될 가능성은 언제나 존재합니다. 이 문제를 해결하기 위해 Next.js는 오래 걸릴 수 있는 사전 렌더링을 프로젝트 가동 전, 즉 빌드 타임에 미리 수행하도록 설정하는 또 다른 사전 렌더링 방식을 제공합니다. 이 방식을 정적 사이트 생성(Static Site Generation, 이하 SSG)이라고 합니다.

[그림 3-19]는 정적 사이트 생성 방식을 설명합니다.

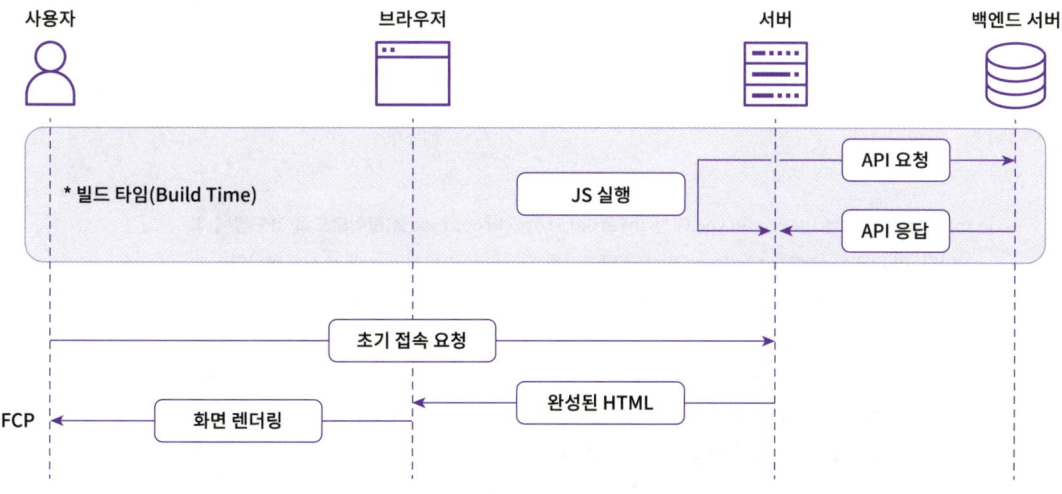

[그림 3-19] 빌드 타임에 미리 사전 렌더링을 진행하는 SSG

[그림 3-19]처럼 프로젝트의 빌드 타임에 미리 사전 렌더링을 진행합니다. 프로젝트가 가동되고 접속 요청이 발생하면 미리 생성해 둔 페이지로 지연 없이 바로 응답합니다.

대신 빌드 타임 이후에는 페이지를 다시 생성하지 않습니다. 따라서 나중에 페이지의 데이터가 업데이트되어도 이를 반영하지 않습니다. 결국 SSG는 페이지를 빌드 타임에 미리 생성하므로 페이지의 데이터가 다소 정적인 데이터일 때 적합한 방식입니다.

인덱스 페이지에 SSG 적용하기

특정 페이지를 SSG로 설정하는 방법은 매우 간단합니다. 앞서 SSR을 설정할 때와 비슷하게 getStaticProps라는 이름의 함수를 페이지 컴포넌트와 함께 내보내면 됩니다.

실습에서 SSR로 동작하던 인덱스 페이지를 이번엔 SSG로 동작하도록 변경하겠습니다.

```
CODE                                                    file: src/pages/index.tsx
(...)
import { InferGetStaticPropsType } from "next"; ①

export async function getStaticProps() { ②
  (...)
}

export default function Home({
  allBooks,
  randomBooks,
}: InferGetStaticPropsType<typeof getStaticProps>) { ③
  (...)
}
(...)
```

① inferGetServerSidePropsType 대신 inferGetStaticPropsType을 불러오도록 코드를 수정합니다. 이 타입은 getStaticProps 함수의 반환값을 자동으로 추론하며 ③에서 사용합니다.

② 함수 이름을 getServerSideProps에서 getStaticProps로 변경합니다. 이제 인덱스 페이지는 SSG 방식으로 동작합니다.

③ Props의 타입을 InferGetStaticPropsType<typeof getStaticProps>로 변경합니다. InferGetStaticPropsType은 InferGetServerSidePropsType과 비슷하게 동작하며 getStaticProps 함수가 반환한 Props 타입을 자동으로 추론합니다.

인덱스 페이지는 이제 getStaticProps 함수를 내보내기 때문에 SSG 방식으로 동작합니다. Next.js에서는 페이지 컴포넌트와 함께 내보내는 함수의 이름만 변경해도 쉽게 페이지의 사전 렌더링 방식을 변경할 수 있습니다.

getStaticProps의 역할 역시 getServerSideProps와 비슷합니다. 사전 렌더링 과정에서 페이지 컴포넌트보다 먼저 실행되어 페이지 컴포넌트에 필요한 데이터를 계산해 Props로 넘겨줍니다. 따라서 getStaticProps 역시 getServerSideProps처럼 반드시 props를 포함한 객체를 반환해야 합니다. 그렇지 않으면 오류가 발생합니다.

함수의 이름을 변경하면 어떤 점이 달라질까요? 둘의 차이점은 getServerSideProps는 브라우저가 접속 요청을 보낼 때마다 실행되는 반면, getStaticProps는 빌드 타임에 딱 한 번만 실행됩니다.

[표 3-1] getServerSideProps와 getStaticProps 함수의 차이점

	기능	동작 시점
getServerSideProps	페이지를 SSR로 설정함	브라우저가 접속 요청을 보낼 때마다
getStaticProps	페이지를 SSG로 설정함	빌드 타임에 단 한 번

간단한 실습 예제로 확인하겠습니다. 예컨대 getStaticProps 함수를 호출할 때 Next.js 서버 콘솔에 **인덱스 페이지 getStaticProps**를 출력하도록 설정하면 이 메시지는 빌드 타임에 단 한 번만 출력됩니다.

```
CODE                                        file: src/pages/index.tsx
(...)
export async function getStaticProps() {
  console.log("인덱스 페이지 getStaticProps");
  (...)
}
(...)
```

하지만 예상과 달리 브라우저에서 인덱스 페이지를 새로고침할 때마다 Next.js 서버 콘솔에서는 **인덱스 페이지 getStaticProps** 메시지가 계속 출력됩니다.

이렇게 동작하는 이유는 현재 프로젝트를 프로덕션 모드가 아닌 개발 모드로 실행하기 때문입니다. 개발 모드에서는 코드 수정 사항을 빠르게 반영하기 위해 접속 요청을 받을 때마다 페이지를 새롭게 생성합니다.

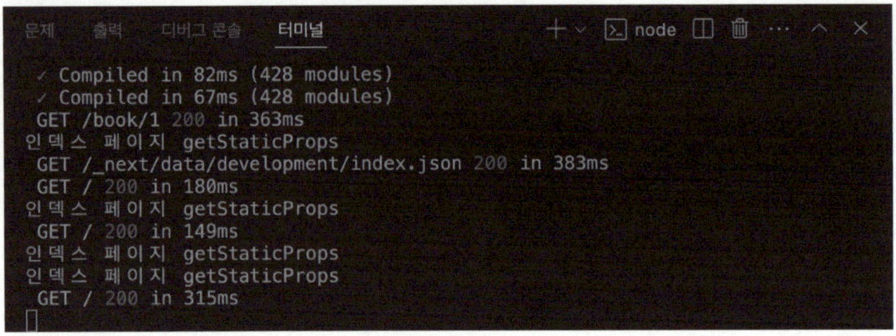

[그림 3-20] 새로고침할 때마다 계속 출력되는 Next.js 서버 콘솔 메시지

SSG의 동작을 정확히 확인하려면 개발 모드를 종료하고 프로덕션 모드로 전환해야 합니다. 프로젝트를 빌드(npm run build)하면 [그림 3-21]처럼 빌드 과정에서 **인덱스 페이지 getStaticProps**라는 메시지가 출력됩니다(이때 발생하는 Warning(경고) 메시지는 무시해도 됩니다).

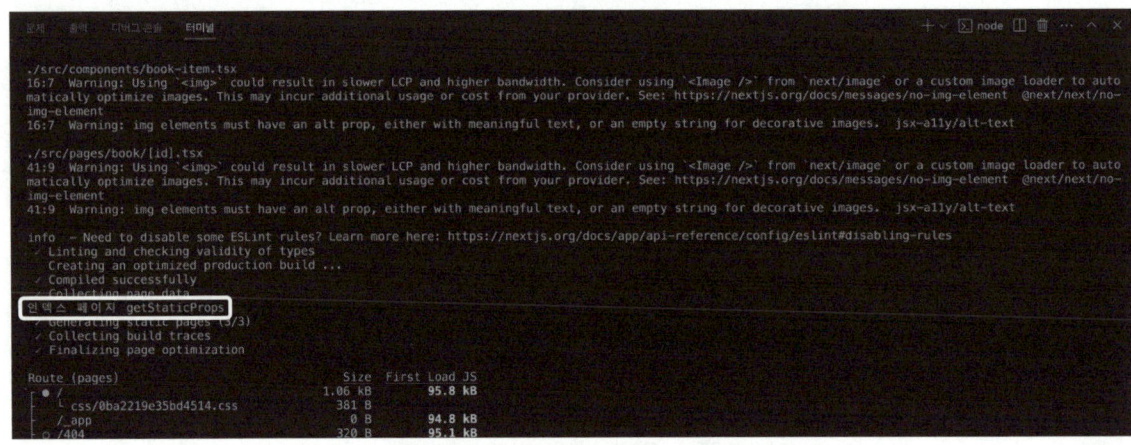

[그림 3-21] 빌드 타임에 생성되는 인덱스 페이지 메시지

인덱스 페이지의 getStaticProps 함수를 빌드 타임에 실행하고 있음을 확인할 수 있습니다. 더불어 인덱스 페이지를 빌드 타임에 사전 렌더링하고 있음도 알 수 있습니다. 참고로 이때 생성된 인덱스 페이지는 프로젝트의 .next/server/pages 폴더에 index.html이라는 이름으로 저장됩니다.

이후 npm run start 명령으로 프로젝트를 프로덕션 모드로 가동하고 인덱스 페이지에 접속하면 정적 페이지로 매우 빠르게 응답합니다. 그리고 SSG로 생성한 정적 페이지는 빌드 타임 이후에는 다시 생성되지 않으므로 아무리 페이지를 새로고침해도 지금 추천하는 도서 항목이 변경되지 않습니다. 당연히 Next.js 서버 콘솔도 **인덱스 페이지 getStaticProps**라는 메시지를 더 이상 출력하지 않습니다. SSG가 어떻게 동작하는지 조금이나마 이해할 수 있겠지요?

이후 실습을 위해 getStaticProps 함수에서 Next.js 서버 콘솔에 출력하는 코드는 삭제합니다.

CODE　　　　　　　　　　　　　　　　　　　　　　　file: src/pages/index.tsx
```
(...)
export async function getStaticProps() {
  console.log("인덱스 페이지 getStaticProps"); // 제거
  (...)
}
```

프로덕션 모드를 종료한 다음, 프로젝트를 다시 개발 모드로 가동합니다.

검색 페이지에 SSG 적용하기

다음으로 검색 페이지도 SSG로 동작하게 만듭니다. 앞서 검색 페이지에서 작성했던 getServerSideProps를 getStaticProps로 변경합니다. 동시에 관련 타입도 변경합니다.

CODE　　　　　　　　　　　　　　　　　　　　　　file: src/pages/search/index.tsx
```
(...)
import { GetStaticPropsContext, InferGetStaticPropsType } from "next"; ①

export async function getStaticProps(context: GetStaticPropsContext) { ②
  const q = context.query.q; ③
  const books = await fetchBooks(q as string);

  return { props: { books } };
}

export default function Page({
  books,
}: InferGetStaticPropsType<typeof getStaticProps>) { ④
  (...)
}
(...)
```

① getStaticProps 함수에 매개변수로 전달되는 context 타입 GetStaticPropsContext와 페이지 컴포넌트의 Props 타입으로 사용되는 InferGetStaticPropsType을 next 패키지에서 불러

옵니다. 이전에 불러왔던 getServerSideContext와 inferGetServerSidePropsType은 제거합니다.

② 검색 페이지를 SSG로 설정하기 위해 이 함수의 이름을 getServerSideProps에서 getStaticProps로 변경합니다. 이때 매개변수 context의 타입 또한 GetServerSideContext에서 GetStaticPropsContext로 변경합니다.

③ 타입 오류가 발생합니다. 지금은 잠깐 무시해도 됩니다.

④ 페이지 컴포넌트의 Props 타입을 InferGetServerSideProps에서 InferGetStaticPropsType<typeof getStaticProps>로 변경합니다.

getServerSideProps 대신 getStaticProps를 사용해 검색 페이지도 SSG로 동작하도록 했습니다.

그런데 ③에서 "GetStaticPropsContext 형식에 query 속성이 없습니다"라는 메시지와 함께 타입 오류가 발생하는데, 이는 getStaticProps의 매개변수 context에는 쿼리 스트링이 포함되어 있지 않기 때문입니다. getStaticProps는 페이지를 SSG로 설정하는 함수여서 빌드 타임에 딱 한 번만 실행됩니다. 그런데 빌드 타임에는 브라우저에서 전달되는 요청 정보가 없기 때문에 쿼리 스트링 역시 알 방법이 없습니다. 따라서 SSG 환경에서는 ③처럼 context에서 쿼리 스트링의 값을 꺼내오는 일이 불가능합니다.

이 문제를 해결하는 방법은 두 가지입니다. 첫 번째는 이 페이지의 사전 렌더링 방식을 다시 SSR로 변경하는 방법입니다. 그럼 사전 렌더링 과정에서 쿼리 스트링의 값을 꺼내와 검색 결과 데이터를 불러올 수 있습니다. 단 데이터 페칭이 지연되면 전체 페이지의 응답 속도가 느려질 수 있다는 점은 감수해야 합니다.

두 번째 방법은 SSG를 유지하면서 데이터 페칭만 클라이언트에서 수행하는 방식입니다. 페이지 레이아웃 같은 정적 요소는 SSG로 빌드 타임에 생성해 빠르게 화면에 렌더링합니다. 그리고 검색 결과에 따라 달라지는 동적 데이터는 페이지를 렌더링한 다음, 즉 페이지 컴포넌트가 마운트된 다음 클라이언트에서 직접 API를 호출해 가져오는 방식입니다. 이렇게 하면 페이지의 정적인 부분은 SSG로 미리 생성해 빠르게 응답하고 동적인 검색 결과 데이터는 비동기적으로 가져올 수 있어 사용자는 아무것도 없는 빈 화면 상태로 무작정 기다리지 않아도 됩니다.

이 책에서는 두 번째 방법을 선택합니다. 다음과 같이 검색 페이지의 코드를 수정합니다. getStaticProps 함수와 관련된 코드는 모두 제거합니다.

CODE　　　　　　　　　　　　　　　　　　　　　　　file: src/pages/search/index.tsx

```tsx
(...)
import { ReactNode, useState, useEffect } from "react"; ①
import { BookData } from "@/types"; ②
import { useRouter } from "next/router"; ③

export default function Page() {
  const [books, setBooks] = useState<BookData[]>([]); ④

  const router = useRouter(); ⑤
  const q = router.query.q; ⑥

  const fetchSearchResult = async () => { ⑦
    const data = await fetchBooks(q as string);
    setBooks(data);
  };

  useEffect(() => { ⑧
    if (q) {
      fetchSearchResult();
    }
  }, [q]);

  return (...)
}
(...)
```

① useState, useEffect 훅을 불러옵니다.

② 도서 데이터 타입인 BookData 타입을 불러옵니다.

③ 라우터 객체를 반환하는 useRouter 훅을 불러옵니다.

④ 백엔드 서버에서 불러온 검색 결과를 보관할 State를 생성합니다. State의 초깃값은 빈 배열이며 타입은 BookData[]로 정의합니다.

⑤ 라우터 객체를 불러와 변수 router에 저장합니다.

⑥ router 객체에서 쿼리 스트링 q의 값을 꺼내 변수 q에 보관합니다.

⑦ 백엔드 서버에서 검색 결과 데이터를 불러와 books State에 저장하는 함수 fetchSearchResult 를 선언합니다.

⑧ useEffect를 호출해 쿼리 스트링 q의 값이 변경될 때마다 ⑥에서 선언한 fetchSearchResult 함수를 호출하도록 설정합니다. 참고로 컴포넌트의 마운트 시점이 아니라 q 값이 변경될 때마다 이 함수를 호출하는 이유는 이후 검색어가 변경되면 데이터를 다시 불러오기 위함입니다.

더 이상 서버에서 페이지 컴포넌트에 전달할 데이터가 없으므로 getStaticProps 함수는 제거하고 클라이언트에서 컴포넌트의 마운트 이후 데이터를 직접 페칭하도록 설정했습니다.

정적 사이트 생성

페이지에서 getServerSideProps나 getStaticProps 함수 중 어느 하나도 사용하지 않으면 해당 페이지는 기본적으로 SSG로 동작합니다. 이제 검색 페이지는 SSG로 빌드 타임에 생성되지만, 데이터는 클라이언트에서 페이지를 렌더링한 다음에 불러옵니다.

실습으로 확인하겠습니다. 프로젝트를 다시 개발 모드로 실행하고 검색 페이지('/search')에 접속합니다. 검색어를 입력하면 결과 데이터가 화면에 잘 렌더링됩니다. 이때 개발자 도구의 [네트워크] 탭을 열고 페이지를 새로고침하면 [그림 3-22]처럼 클라이언트에서 호출한 검색 결과 API의 응답을 확인할 수 있습니다.

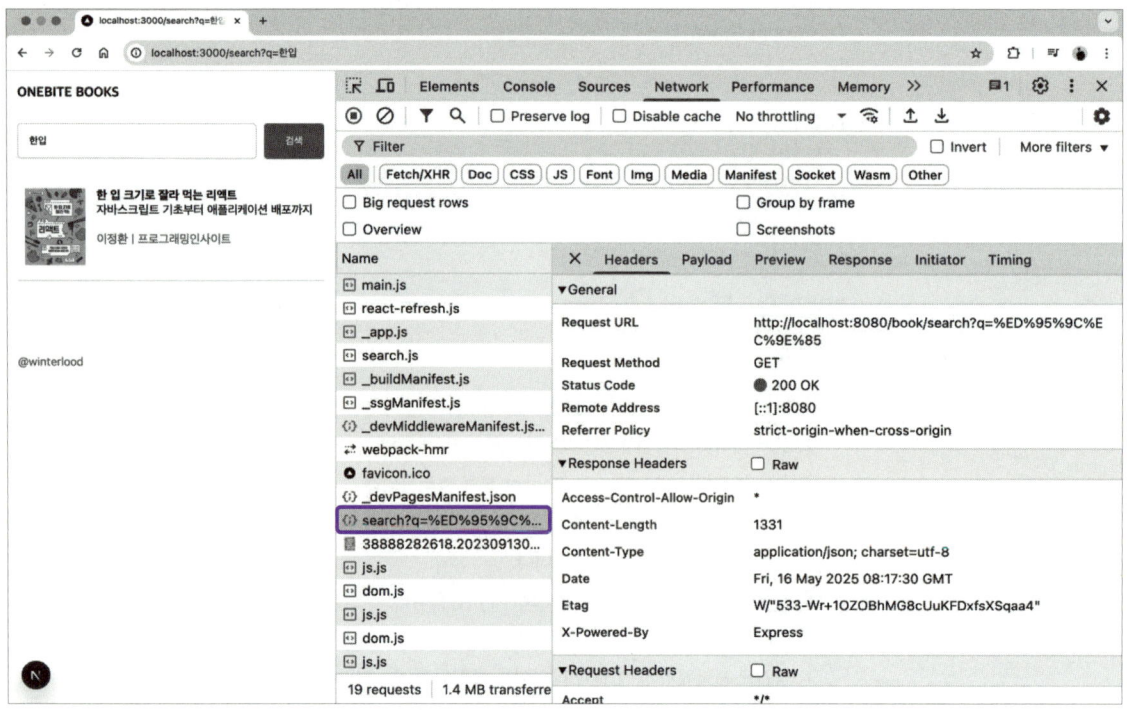

[그림 3-22] SSG 방식으로 동작하는 검색 페이지

여기서 중요한 점은 Next.js 앱을 개발함에 있어 데이터 페칭을 반드시 사전 렌더링 과정에서 진행할 필요는 없다는 것입니다. 리액트 앱처럼 클라이언트에서도 데이터 페칭이 가능하므로 상황과 데이터의 성격에 맞게 유연하게 대처할 필요가 있습니다.

예를 들어 네이버나 구글의 '연관 검색어' 기능처럼 사용자의 입력에 따라 데이터를 실시간으로 불러와야 할 상황에서는 서버보다는 클라이언트에서 데이터를 페칭하는 방법이 더 적합할 수 있습니다. 반면 쇼핑몰의 제품 상세 페이지는 SSR이나 SSG로 서버에서 데이터를 페칭하는 방법이 더 적합할 수 있습니다. 상품의 상세 정보는 변동이 적으므로 페이지를 빠르게 렌더링하는 방식이 구매로 이어질 가능성이 더 높습니다.

    Next.js는 클라이언트에서 데이터를 페칭했던 리액트 앱의 페칭 방식에서 한 발 더 나아가 서버에서도 데이터를 페칭할 수 있는 사전 렌더링 기능을 추가합니다. 개발 측면에서 Next.js는 서비스 상황에 따라 데이터 페칭 방식을 좀 더 유연하게 적용할 수 있게 해줍니다.

도서 상세 페이지에 SSG 적용하기

이번에는 동적 경로를 사용하는 도서 상세 페이지를 SSG로 동작하도록 변경합니다. 먼저 도서 상세 페이지의 getServerSideProps 함수를 getStaticProps로 변경합니다.

CODE   file: src/pages/book/[id].tsx
```tsx
(...)
import { GetStaticPropsContext, InferGetStaticPropsType } from "next"; ①

export async function getStaticProps(context: GetStaticPropsContext) { ②
  (...)
}

export default function Page({
  book,
}: InferGetStaticPropsType<typeof getStaticProps>) { ③
  (...)
}
```

> ① getStaticProps 함수에 전달되는 매개변수 context의 타입으로 활용할 GetStaticPropsContext 타입과 ③에서 페이지 컴포넌트의 Props 타입으로 활용할 InferGetStaticPropsType을 불러옵니다. 이전에 불러왔던 GetServerSideContext와 InferGetServerSidePropsType은 제거합니다.
> ② 함수의 이름을 getServerSideProps에서 getStaticProps로 변경합니다. 동시에 매개변수 context의 타입 또한 GetStaticPropsContext로 변경합니다.
> ③ 페이지 컴포넌트의 Props 타입을 InferGetStaticPropsType<typeof getStaticProps>로 변경합니다.

도서 상세 페이지 또한 SSG로 동작하도록 코드를 수정했습니다. 그런데 브라우저에서 도서 상세 페이지에 접속하면 [그림 3-23]과 같은 오류가 발생합니다.

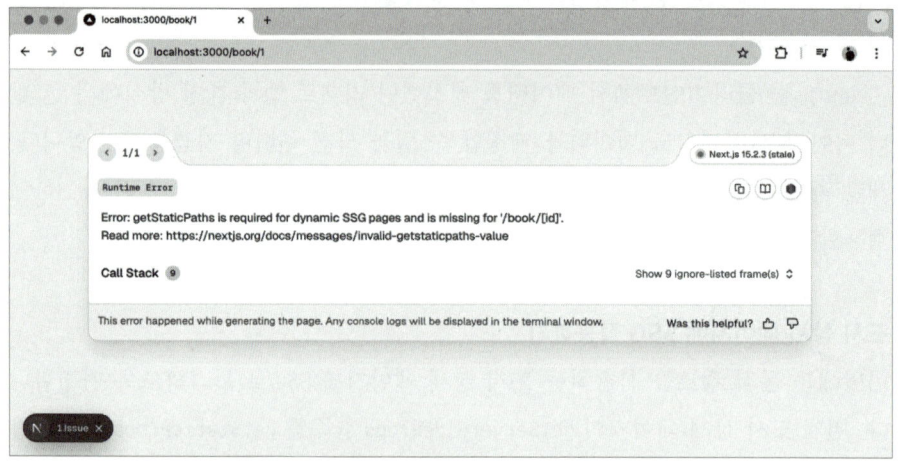

[그림 3-23] 도서 상세 페이지를 SSG로 변경한 뒤 발생한 오류

오류 메시지의 내용은 다음과 같습니다.

"'/book/[id]'처럼 동적 경로가 있는 페이지에 SSG를 적용하려면 반드시 함수 getStaticPaths가 필요하다."

오류가 발생한 이유는 간단합니다. 빌드 타임에 도서 상세 페이지를 정적으로 생성하는 상황에서는 어떤 URL 파라미터를 가진 페이지를 생성해야 할지 알 수 없습니다. 즉, '/book/[id]' 경로의 페이지에서 '/book/1' 페이지를 정적으로 생성할지, 아니면 '/book/2' 또는 '/book/100'을 생성할지 기준이 없으므로 오류가 발생합니다. 이 기준을 설정하는 함수가 바로 오류 메시지에서 언급한 getStaticPaths입니다.

따라서 다음과 같이 getStaticProps 위에 getStaticPaths 함수를 추가로 선언하고 빌드 타임에 정적으로 생성할 경로를 배열로 반환하면 오류를 해결할 수 있습니다.

```
CODE                                           file: src/pages/book/[id].tsx
(...)
export function getStaticPaths() { ①
  return {
    paths: [  ②
      { params: { id: "1" } },
      { params: { id: "2" } },
      { params: { id: "3" } },
    ],
    fallback: false, ③
  };
};

export async function getStaticProps(context: GetStaticPropsContext) {
  (...)
}
(...)
```

> ① getStaticPaths 함수를 선언하고 내보냅니다. 그럼 Next.js는 이 함수에서 반환한 값에 따라 페이지를 정적으로 생성합니다.
> ② paths 배열로 정적으로 생성할 경로를 지정합니다. 실습을 위해 일단 id가 1, 2, 3인 경로('/book/1', '/book/2', '/book/3')만 생성했습니다. 이때 id 값은 반드시 문자열을 사용한다는 점에 주의합니다.
> ③ fallback은 여기서는 '대안'이라는 뜻입니다. paths에서 설정한 경로 이외의 페이지를 어떻게 처리할지 그 대안을 정하는 옵션입니다. false로 설정하면 paths에서 명시하지 않은 경로는 모두 없는 페이지로 간주하고 404 페이지를 반환합니다. 다른 옵션은 잠시 후에 더 자세히 다룹니다.

이제 오류가 사라지고 페이지를 잘 렌더링합니다. 이처럼 동적 경로가 있는 페이지에서 SSG를 설정하려면 getStaticPaths 함수를 사용해 paths라는 이름의 배열로 어떤 경로의 페이지를 생성할지 명시적으로 설정해야 합니다.

getStaticPaths의 동작을 좀 더 구체적으로 확인하려면 프로젝트를 빌드하면 됩니다. 프로젝트를 빌드하고 .next 폴더의 '/server/pages/book'을 보면 [그림 3-23] 처럼 paths로 설정한 '/book/1', '/book/2', '/book/3' 페이지가 정적으로 생성되어 있음을 확인할 수 있습니다.

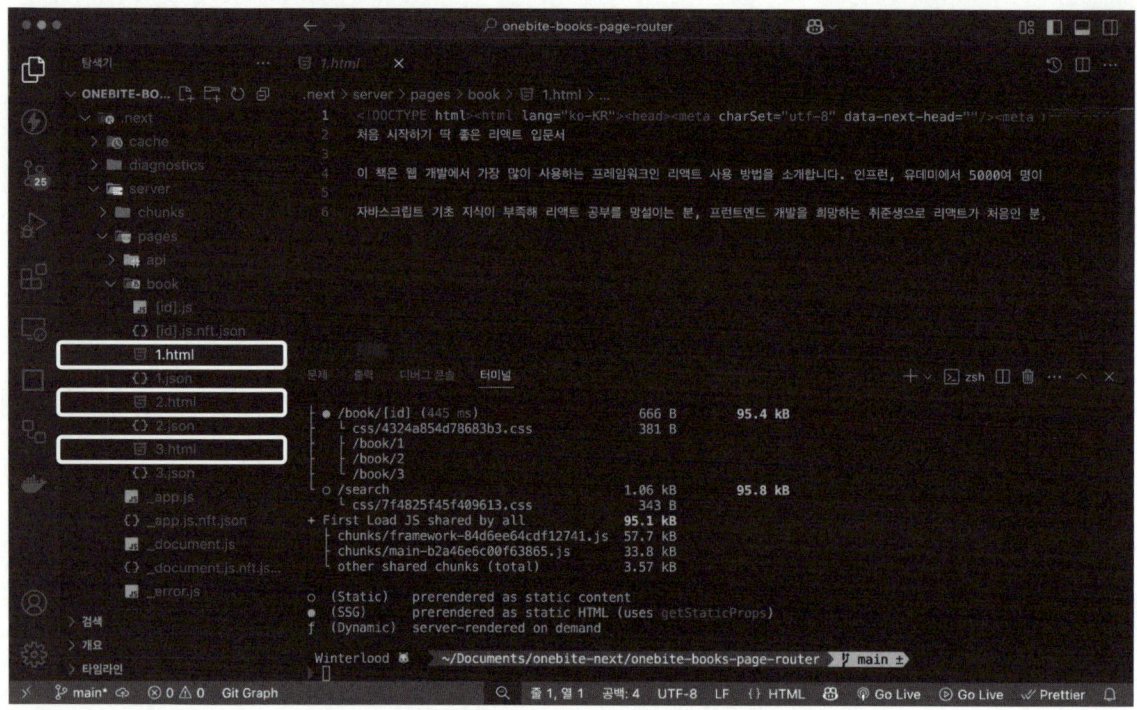

[그림 3-24] getStaticPaths에서 설정한 대로 생성된 페이지들

getStaticPaths의 fallback 기능 좀 더 살펴보기

앞서 작성했던 getStaticPaths에서는 paths뿐만 아니라 fallback이라는 값도 함께 설정했습니다. fallback은 '대안'이라는 뜻입니다. paths에서 설정하지 않은 경로로 접속 요청이 들어올 때 Next.js 서버가 이를 어떻게 처리할지 정의하는 옵션입니다. fallback의 값에는 false, true, "blocking"이 있습니다. 각각의 옵션에 따라 동작 방식이 크게 달라지므로 순서대로 살펴보겠습니다.

1. fallback: false

이 옵션은 paths에서 설정하지 않은 페이지는 모두 없는 페이지로 간주하고 404를 응답합니다.

프로젝트를 다시 개발 모드로 가동하고 paths로 설정하지 않은 경로 '/book/10'으로 접속합니다. [그림 3-25]와 같이 404 페이지가 렌더링되는지 확인합니다.

이 옵션은 정적으로 생성한 페이지 외에는 접근을 불허하므로 빌드 타임 이후 새 페이지를 추가하지 않는 상황에서 활용할 수 있습니다.

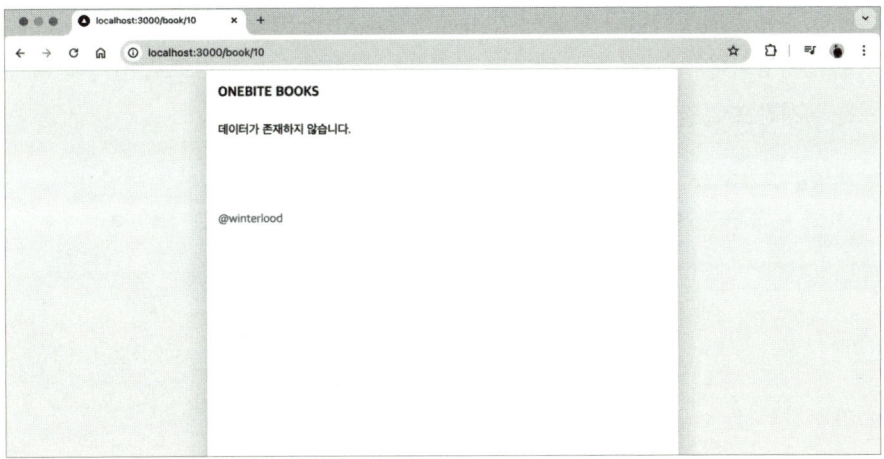

[그림 3-25] fallback: false 옵션에 따라 404 페이지 렌더링

2. fallback: "blocking"

이 옵션은 paths에서 설정하지 않은 경로로 접속 요청이 들어오면 실시간으로 해당 페이지를 생성해 응답합니다. SSR과 동일하게 동작한다고 이해하면 됩니다. 대신 SSR과는 달리 한 번 생성한 페이지는 서버에 정적 페이지로 저장하며 동일한 경로로 요청이 들어오면 이미 생성한 정적 페이지로 응답합니다. 쉽게 말하자면 처음 요청이 들어올 때는 SSR처럼 페이지를 실시간으로 생성하지만, 이후부터는 이전 요청에서 생성했던 정적 페이지를 재사용해 응답하는 방식입니다.

구체적인 동작을 살펴보기 위해 다음과 같이 fallback 옵션을 수정합니다.

CODE file: src/pages/book/[id].tsx
```
(...)
export function getStaticPaths() {
  return {
    paths: [
      { params: { id: "1" } },
      { params: { id: "2" } },
      { params: { id: "3" } },
    ],
    fallback: "blocking", ①
  };
};
(...)
```

① fallback을 "blocking"으로 설정합니다. 문자열로 설정해야 합니다.

정확한 동작을 확인하려면 앱을 다시 빌드해야 합니다. 앱을 빌드하고 프로덕션 모드로 실행합니다. 실행을 완료했다면 브라우저에서 '/book/4' 경로로 접속해 페이지를 실시간으로 잘 생성하는지 확인합니다.

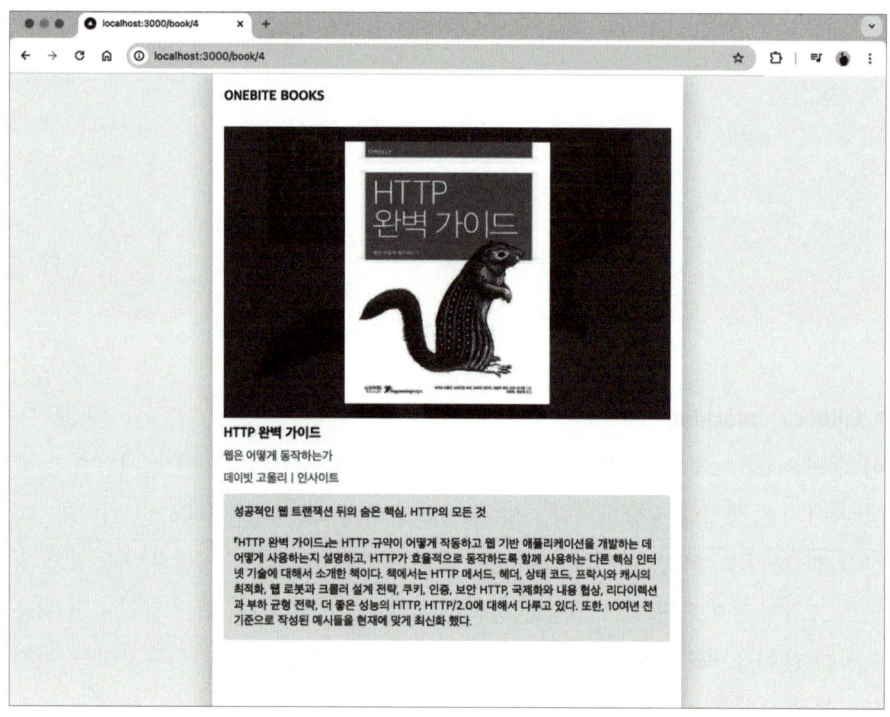

[그림 3-26] '/book/4' 경로의 페이지 확인하기

'/book/4'는 paths에서 설정하지 않았지만, 서버가 실시간으로 해당 페이지를 생성해 응답합니다. 이렇게 생성한 페이지는 서버에서 정적 페이지로 저장되며 이후 동일한 경로의 접속 요청이 들어오면 재활용됩니다. 해당 페이지는 [그림 3-27]과 같이 '.next/server/pages/book' 경로에서 확인할 수 있습니다.

마찬가지로 '/book/5'나 '/book/6' 등의 경로로 접속해도 서버가 실시간으로 페이지를 생성해 브라우저에 응답합니다. 동시에 서버에는 '.next/server/pages/book' 폴더에 해당 페이지가 정적 페이지로 저장됩니다.

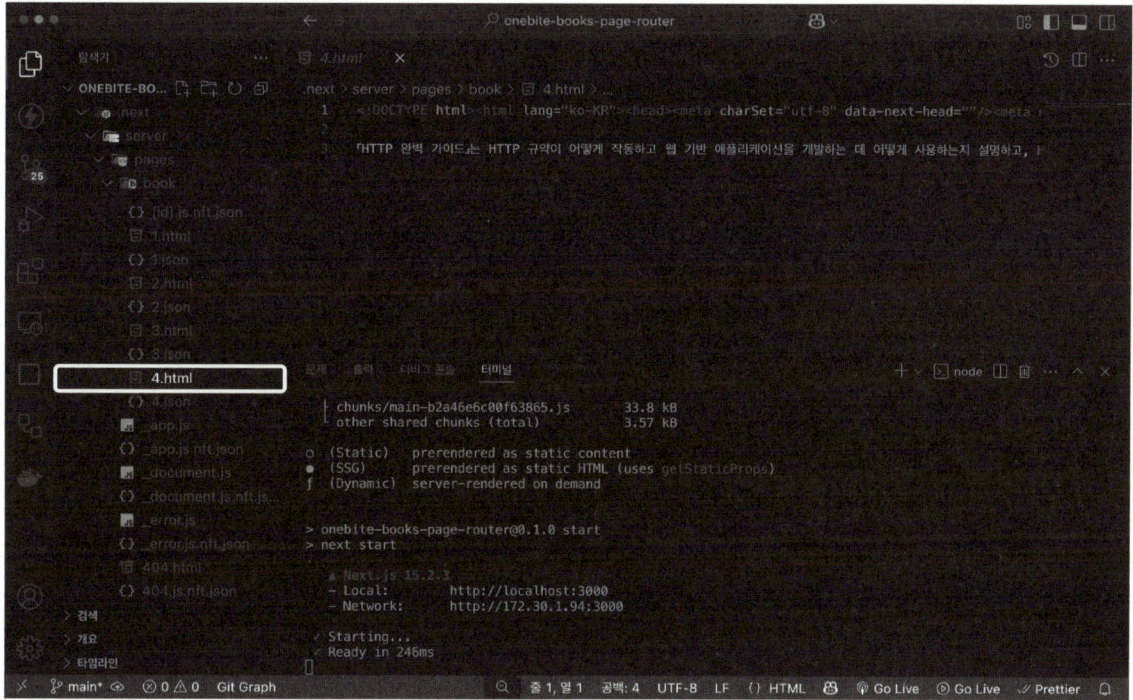

[그림 3-27] '/book/4' 경로의 페이지 생성 확인하기

3. fallback: true

이 옵션은 paths에서 설정하지 않은 경로로 접속 요청이 들어오면 먼저 데이터를 포함하지 않은 상태의 기본 페이지를 전달해 브라우저에 응답합니다. 이때의 데이터는 페이지 컴포넌트에 Props로 전달되는 데이터입니다. 데이터가 없는 페이지를 응답함과 동시에 서버에서는 getStaticProps를 실행해 페이지에서 필요한 데이터를 계산합니다. 계산이 완료되면 해당 데이터를 뒤늦게 브라우저로 전달해 페이지를 업데이트합니다.

[그림 3-28]은 fallback: true 방식으로 동작하는 페이지의 렌더링 흐름입니다. 데이터 계산을 완료한 페이지는 앞서 blocking 옵션과 마찬가지로 Next.js 서버에서 정적 페이지로 보관됩니다. 따라서 이후 같은 경로의 접속 요청이 들어오면 정적 페이지로 빠르게 응답합니다.

fallback: true 방식으로 설정하면 사용자의 요청에 더 빠르게 응답할 수 있지만, 처음에는 로딩 상태이거나 데이터가 없는 페이지를 보게 될 수도 있습니다. 이 방

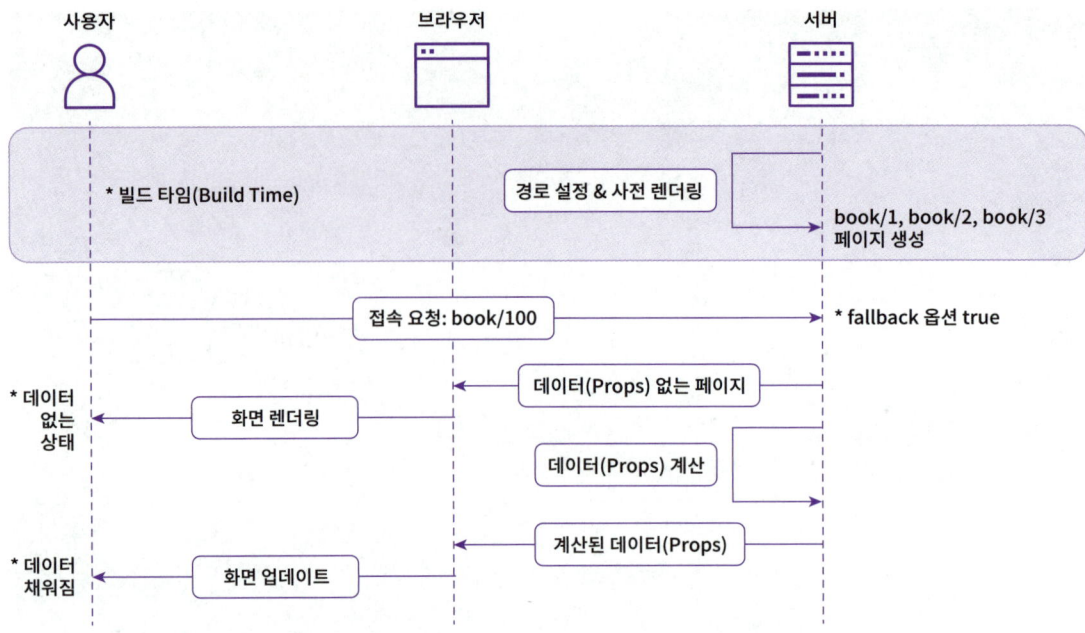

[그림 3-28] fallback: true 방식으로 동작하는 페이지의 렌더링 흐름

식은 초기 로딩 시간을 줄이는 데 유리하므로 데이터를 동적으로 추가해도 무방한 상황에서 활용할 수 있습니다.

구체적인 동작을 살펴보기 위해 다음과 같이 fallback 옵션을 수정합니다.

CODE file: src/pages/book/[id].tsx
```
(...)
export function getStaticPaths() {
  return {
    paths: [
      { params: { id: "1" } },
      { params: { id: "2" } },
      { params: { id: "3" } },
    ],
    fallback: true, ①
  };
};
(...)
```

① fallback을 true로 설정합니다. 문자열이 아닌 불리언(Boolean)으로 설정한다는 점에 주의합니다.

앱을 다시 빌드하고 프로덕션 모드로 실행합니다. 이제 paths로 설정하지 않은 경로로 접속하면 처음에는 데이터가 없는 상태의 UI를 렌더링하며 데이터 로드가 완료되면 데이터를 렌더링합니다.

현재는 백엔드 서버와 Next.js 서버가 동일한 PC에서 동작하고 있어 Props의 계산이 너무 빠르게 완료되므로 육안으로 데이터 렌더링 과정을 구분하기는 어렵습니다. 따라서 확인을 위해 브라우저의 네트워크 속도를 느리게 조절하겠습니다.

브라우저 개발자 도구의 [네트워크] 탭에서 상단 메뉴 아래에 있는 옵션 중 'throttling'을 'Slow 4G'로 설정합니다.

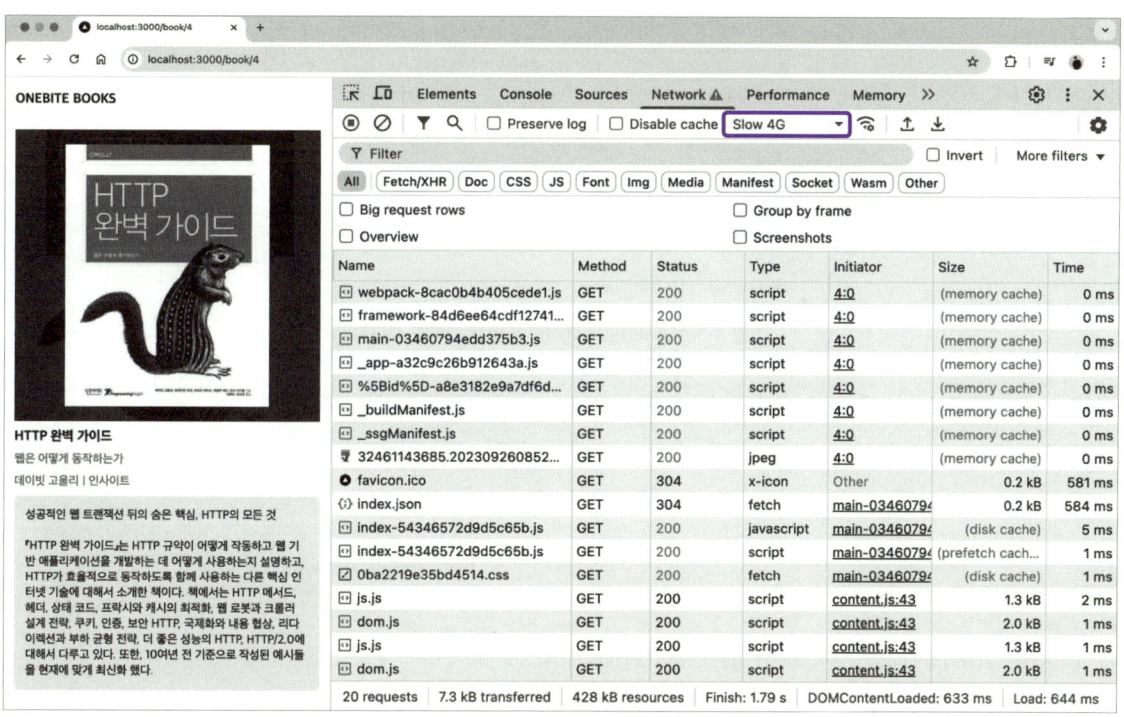

[그림 3-29] 브라우저의 속도를 Slow 4G로 설정

> **TIP**
> 'book/5' 외에 'book/7', 'book/8' 등과 같이 실습에서 사용하지 않은 페이지 경로로 접속합니다.

그런 다음 paths에서 설정하지 않은 경로인 '/book/10' 등의 경로로 접속합니다. 그러면 [그림 3-30]과 같이 데이터가 없는 상태의 페이지, 즉 Props가 없는 상태의 페이지 컴포넌트를 렌더링했다가 데이터를 로드하면서 페이지를 갱신합니다.

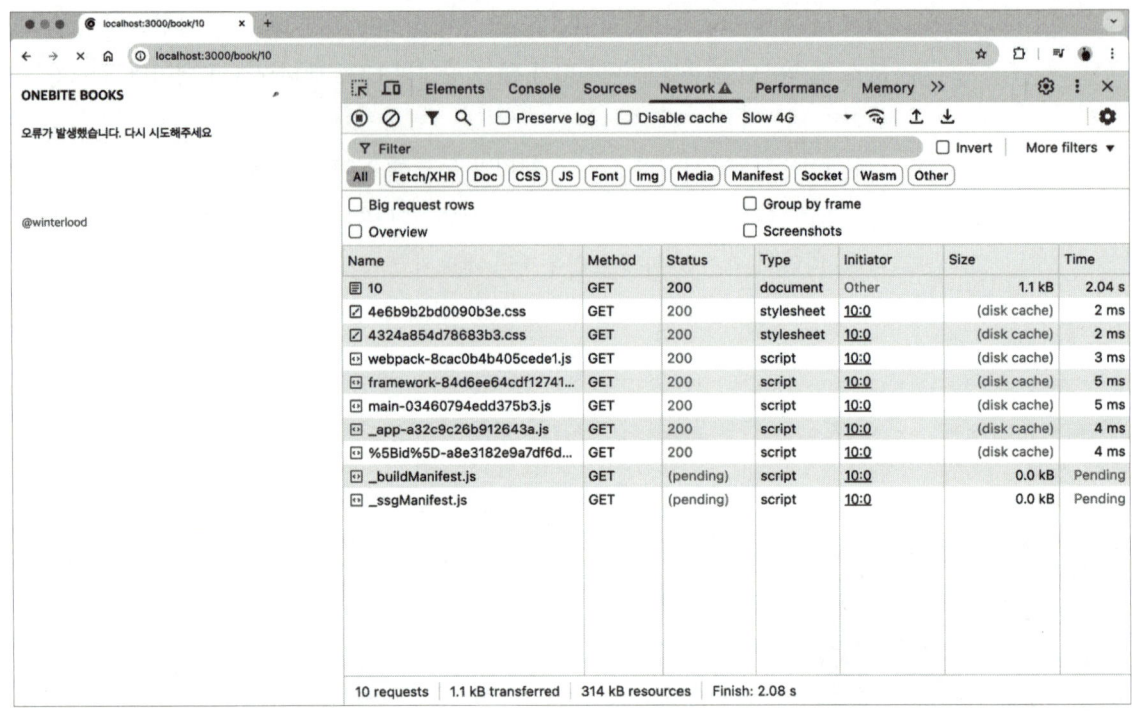

[그림 3-30] 일시적으로 데이터가 없는 페이지 렌더링

이때 데이터가 없는 상태의 페이지에서 "오류가 발생했습니다. 다시 시도해주세요"라는 텍스트를 렌더링하는 이유는 진짜 오류여서가 아니라, 앞서 이 페이지를 SSR로 동작하게 할 때 데이터가 없으면 오류로 처리했기 때문입니다.

```
CODE                                          file: src/pages/book/[id].tsx
export default function Page({
  book,
}: InferGetStaticPropsType<typeof getStaticProps>) {
  if (!book) {
    return <div>오류가 발생했습니다. 다시 시도해주세요</div>;
  }
  (...)
}
```

페이지 컴포넌트에서 조건문으로 book Prop의 값이 undefined이거나 null이면 "오류가 발생했습니다. 다시 시도해주세요"라는 텍스트를 출력하도록 설정했습니다. 이 페이지를 SSR로 동작하게 할 때는 이 조건으로 예외를 처리해도 아무런 문제가 생기지 않았습니다. 그러나 fallback이 true로 설정된 SSG 페이지에서 로딩 과정에서 오류가 발생했다는 메시지가 나오면 사용자는 오해할 수 있으므로 다음과 같이 데이터의 로딩 상태만 걸러 내는 조건문을 추가하는 게 좋습니다.

CODE　　　　　　　　　　　　　　　　　　　　　　　file: src/pages/book/[id].tsx
```
(...)
import { useRouter } from "next/router"; ①

export default function Page({
  book,
}: InferGetStaticPropsType<typeof getStaticProps>) {
  const router = useRouter(); ②
  if (router.isFallback) { ③
    return <div>로딩 중입니다...</div>;
  }

  if (!book) {
    return <div>오류가 발생했습니다. 다시 시도해주세요</div>;
  }
  (...)
}
```

① useRouter 훅을 불러옵니다.
② useRouter 훅을 호출해 반환된 라우터 객체를 변수 router에 저장합니다.
③ 라우터 객체의 isFallback 프로퍼티의 값이 true면 현재 페이지가 데이터를 기다리는 상태에 있다는 의미이므로 "로딩 중입니다..."라는 텍스트를 렌더링하도록 설정합니다.

Next.js에서는 fallback이 true로 설정된 페이지가 아직 데이터를 받지 못한 상태를 'fallback 상태'라고 합니다. 그리고 라우터 객체에는 현재 페이지의 fallback 상태를 저장하는 isFallback이라는 프로퍼티가 존재합니다. 따라서 이를 활용하면 코드처럼 페이지가 fallback 상태일 때 로딩 UI를 렌더링하도록 설정할 수 있습니다.

다시 앱을 빌드하고 프로덕션 모드로 시작합니다. 아직 접속하지 않은 새로운 페이지로 접속하면 [그림 3-31]처럼 별도의 fallback 상태 UI를 렌더링합니다.

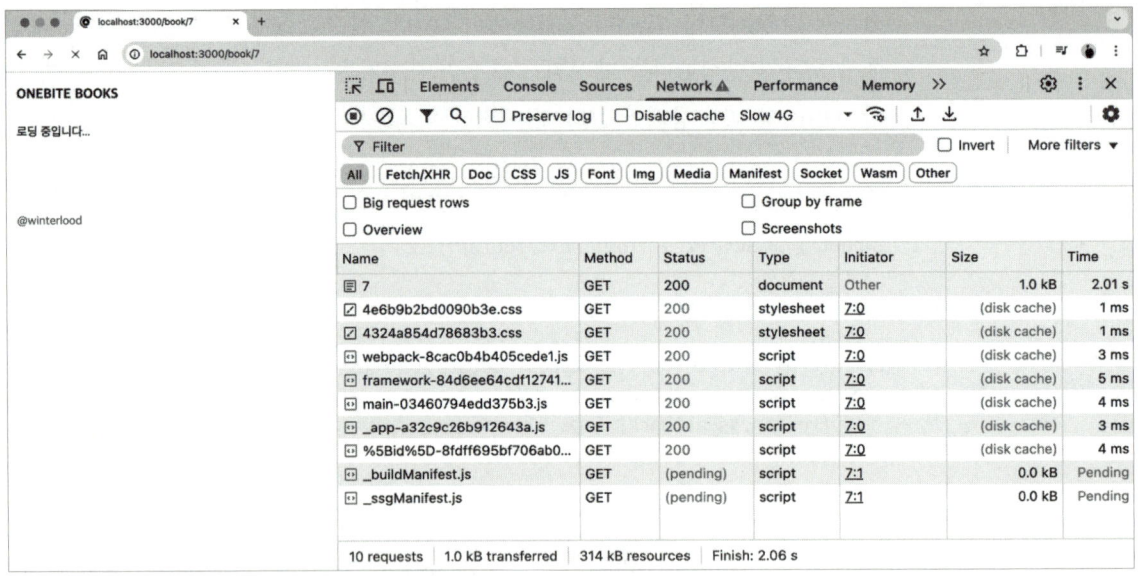

[그림 3-31] fallback 상태의 UI

지금까지 3가지 `fallback` 옵션을 모두 살펴보았습니다.

Next.js는 `fallback` 옵션과 같은 간단한 설정으로 서비스의 다양한 상황에 유연하게 대처하도록 도와줍니다. 각 옵션의 특징을 잘 이해하면 프로젝트를 진행할 때 페이지의 특성과 요구 사항에 맞게 적절히 대처할 수 있어 사용자에게 최적의 경험을 제공할 수 있습니다.

그렇다면 한입북스 도서 상세 페이지에 최적의 렌더링 방식을 적용한다면 어떤 옵션을 사용하는 게 좋을까요? 한입북스는 도서를 새롭게 추가하는 기능이 없고 도서 수는 고정적입니다. 따라서 한입북스 프로젝트에 가장 적합한 렌더링 전략은 SSG 방식을 사용해 빌드 타임에 도서 상세 페이지를 미리 생성하는 방식입니다. 이렇게 하면 도서 페이지에 대한 요청에 빠르게 응답할 수 있어 사용자에게 만족도 높은 서비스를 제공할 수 있습니다.

다시 개발 모드로 전환하고 현재 데이터가 있는 도서 상세 페이지를 모두 SSG로 불러오겠습니다.

CODE   file: src/pages/book/[id].tsx

```
(...)
import fetchBooks from "@/lib/fetch-books"; ①

export async function getStaticPaths() { ②
  const books = await fetchBooks(); ③
```

```
  return {
    paths: books.map((book) => ({ params: { id: String(book.id) } })), ④
    fallback: false, ⑤
  };
}
(...)
```

① lib 폴더에서 fetchBooks 함수를 불러옵니다.
② async 문을 추가해 이 함수를 비동기 함수로 설정합니다. ③에서 await 문을 활용하기 위함입니다.
③ 모든 도서의 id를 paths로 반환하기 위해 fetchBooks 함수를 호출하고 도서 데이터를 모두 불러옵니다.
④ map 메서드로 ③에서 불러온 도서 데이터를 paths 배열로 변환합니다. 참고로 getStaticPaths 함수에서 paths로 설정할 수 있는 값은 오직 문자열입니다. 따라서 book.id가 숫자일 수도 있으므로 문자열로 명시적으로 형 변환합니다.
⑤ paths에서 데이터가 있는 도서 페이지를 모두 명시했으므로 그 외의 경로로 요청된 페이지는 404로 처리합니다.

getStaticPaths 함수가 비동기 작업을 수행하므로 Next.js 앱의 성능이 떨어질까 걱정할 필요는 없습니다. SSG는 오직 빌드 타임에 한 번만 페이지를 생성하므로 getStaticPaths 역시 빌드 타임에 단 한 번 호출됩니다. 따라서 빌드 시간이 오래 걸릴 수는 있어도 프로젝트 가동 이후 성능이 나빠지는 일은 발생하지 않습니다.

빌드 과정에서 오류가 발생한다면?

Next.js 앱에서 원인을 알 수 없는 문제가 생긴다면 먼저 .next 폴더를 삭제한 다음 다시 빌드해 보길 권합니다 .next 폴더는 Next.js가 빌드 결과를 저장하는 캐시 폴더인데, 간혹 오래된 캐시나 중간에 꼬인 정보로 인해 빌드에 문제가 생기기도 합니다.

증분 정적 재생성

마지막으로 Next.js의 또 다른 사전 렌더링 방식인 증분 정적 재생성(Incremental Static Regeneration, 이하 ISR)을 살펴봅니다.

SSG의 한계점과 ISR의 등장

SSG 방식은 빌드 타임에 사전 렌더링을 미리 진행해 정적 페이지를 생성하고 서버에 저장합니다. 따라서 사용자의 접속 요청이 들어오면 생성한 정적 페이지로 빠르게 응답하는 식으로 동작합니다. [그림 3-32]는 SSG로 설정한 페이지의 렌더링 흐름입니다.

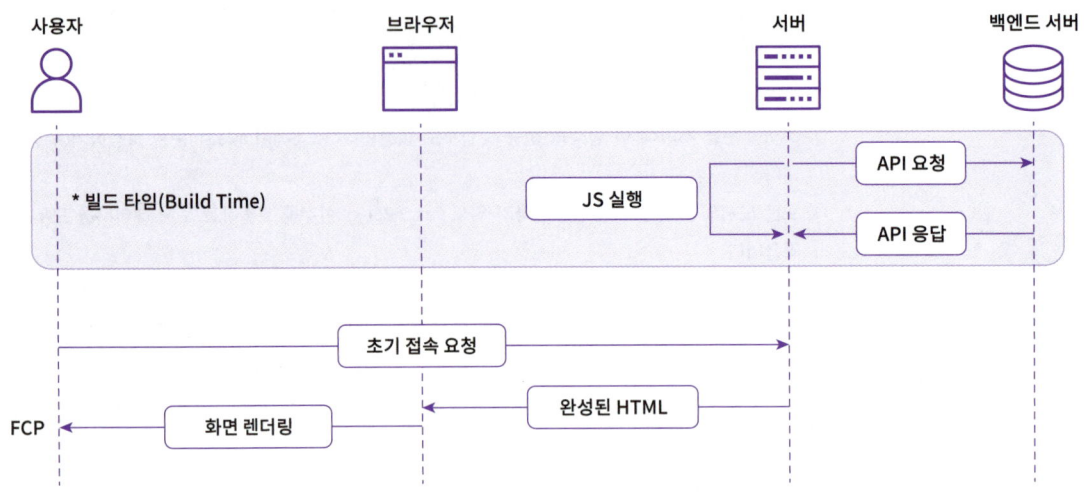

[그림 3-32] SSG로 설정한 페이지의 렌더링 흐름

SSG를 이용하면 브라우저의 페이지 요청에 빠르게 응답할 수 있어 사용자의 서비스 만족도를 크게 높일 수 있습니다. 반면에 빌드 타임 이후에는 페이지를 다시 생성하지 않으므로 최신 데이터를 반영하는 데 어려움이 있습니다. 예를 들어 관리자가 쇼핑몰의 상품 정보 데이터를 수정하거나 사용자가 새 리뷰를 추가하더라도 SSG로 생성한 페이지는 이 데이터를 반영할 수 없습니다.

따라서 데이터가 빈번하게 변하는 페이지라면 SSG를 사용하기 어렵습니다. 빠른 응답 속도를 포기하는 것이 아쉽지만, 최신 데이터를 반영하는 일이 더 중요하므로 이 상황에서는 대체로 SSR을 사용합니다. 그러나 SSR도 완벽한 해결책이라 보기는 어렵습니다. 앞서 살펴봤듯이 SSR은 요청할 때마다 페이지를 새로 생성하므로 서버의 부하가 커지고 데이터의 페칭 속도나 네트워크 상태에 따라 페이지의 응답이 느려질 수 있습니다. 결국 SSG와 SSR 모두 응답 속도와 최신 데이터 반영 중 하나는 포기해야 하는 상황입니다. 그렇다면 어떻게 응답 속도와 최신 데이터의 반영, 이 두 마리 토끼를 모두 잡을 수 있을까요?

새로운 사전 렌더링 방식인 증분 정적 재생성을 이용하면 빠른 응답 속도와 최신 데이터의 반영이라는 두 마리 토끼를 모두 잡을 수 있습니다. 명칭은 좀 거창해 보이지만 개념은 간단합니다.

ISR은 간단히 정의하면 SSG로 빌드 타임에 생성한 정적 페이지를 일정 주기마다 다시 생성해 최신 데이터를 반영하는 방식입니다. 마치 페이지에 유통 기한을 둔다고 생각하면 쉽습니다. 좀 더 구체적으로 설명하면 특정 시간이 지나기 전까지는 SSG처럼 미리 생성한 페이지로 빠르게 응답하고 설정 시간이 지나면 Next.js 서버가 백그라운드에서 해당 페이지를 다시 생성해 최신 데이터를 반영합니다.

[그림 3-33]은 ISR로 설정한 페이지가 시간에 따라 어떻게 변하는지 보여 줍니다.

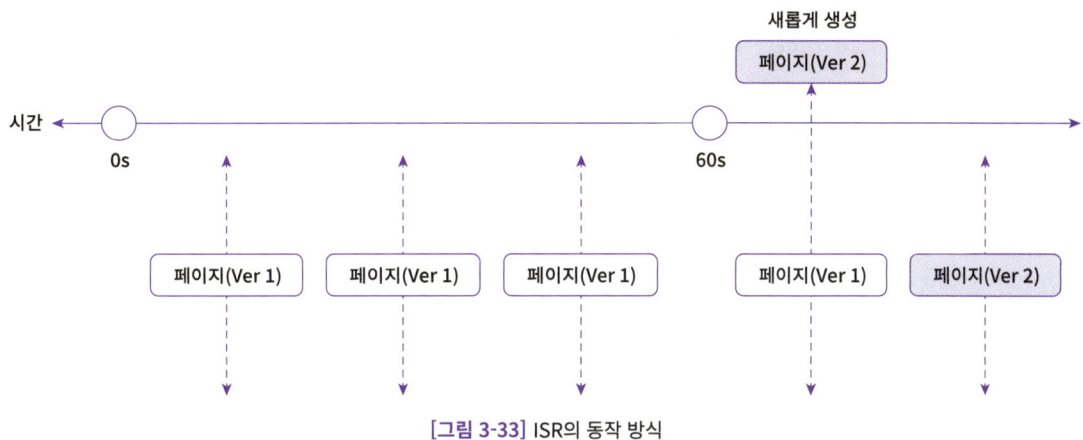

[그림 3-33] ISR의 동작 방식

[그림 3-33]을 보면 특정 페이지를 ISR 방식으로 설정하고 60초마다 다시 생성합니다. 처음 60초 동안은 미리 생성한 정적 페이지로 응답합니다. 이후 60초가 지나면 Next.js 서버가 백그라운드에서 해당 페이지를 최신 데이터로 다시 생성합니다. 사용자의 다음 요청이 있으면 최신 데이터가 반영된 페이지로 응답합니다. 이 동작으로 인해 사용자와 브라우저는 Next.js 서버로부터 요청 페이지를 빠르게 받으면서도 최신 데이터를 주기적으로 반영한 페이지를 얻을 수 있게 됩니다.

이때 한 가지 주의할 점이 있습니다. 설정 시간이 지난 다음에 들어온 첫 번째 요청에서 바로 페이지를 생성해 응답하는 것이 아니라는 점입니다. 대신 이미 생성된 페이지로 빠르게 응답함과 동시에 한편에서는 백그라운드에서 최신 데이터를 반영해 페이지를 다시 생성합니다. 이렇게 동작하는 까닭은 사용자가 페이지를 아무 때나 요청하더라도 언제든지 정적 페이지로 빠르게 응답하기 위함입니다.

결론적으로 특정 페이지의 데이터 변경이 매우 빈번하게, 예컨대 초 단위로 이루어지는 특별한 서비스 상황이 아니라면 ISR을 이용하는 편이 좋습니다. 빠른 응답 속도와 최신 데이터라는 두 가지 요구를 모두 만족시킬 수 있기 때문입니다.

인덱스 페이지에 ISR 적용하기

ISR을 직접 적용하겠습니다. 현재 프로젝트의 인덱스 페이지는 '지금 추천하는 도서' 섹션과 '등록된 모든 도서' 섹션으로 나누어져 있고 SSG 방식으로 작동하도록 설정되어 있습니다. 따라서 아무리 새로고침해도 '지금 추천하는 도서' 섹션의 데이터는 변경되지 않습니다. 페이지에 ISR을 적용해 일정 시간마다 업데이트된 추천도서 목록을 사용자에게 보여 주겠습니다.

ISR을 적용하는 방법은 매우 간단합니다. 다음과 같이 getStaticProps 함수가 반환하는 객체에 revalidate라는 속성을 추가해 해당 페이지에 재생성 주기를 설정하면 됩니다.

CODE file: src/pages/index.tsx
```
(...)
export async function getStaticProps() {
  (...)
  return { props: { allBooks, randomBooks }, revalidate: 3 }; ①
}
(...)
```

① revalidate: 3을 설정해 페이지를 3초마다 재생성합니다.

revalidate는 우리말로 '재생성' 혹은 '갱신'이라는 뜻입니다. 코드처럼 getStaticProps 함수가 반환하는 객체에 revalidate 속성을 추가하고 값으로 초 단위 시간을 설정하면 해당 시간마다 페이지를 갱신합니다. 이제 인덱스 페이지는 3초마다 새롭게 생성됩니다.

이를 직접 확인하려면 프로젝트를 빌드한 다음 프로덕션 모드에서 인덱스 페이지를 새로고침하면 됩니다. 그럼 3초마다 페이지가 다시 생성되어 '지금 추천하는 도서' 섹션의 데이터가 변경됩니다.

ISR을 이용하면 페이지의 응답 속도를 빠르게 유지하면서 동시에 일정 주기로 최신 데이터를 반영할 수 있어 다양한 상황에서 좀 더 융통성 있는 대처가 가능합니다. 실시간 데이터가 필요하거나 사용자마다 특화된 데이터를 제공하는 경우가 아니라면 대다수 페이지에서 ISR을 사용하는 편이 바람직합니다.

주문형 재생성

ISR에도 한계가 있습니다. 특히 페이지에서 데이터의 변화가 언제 발생할지 예측하기 어렵다면 더욱 그렇습니다. 지금까지 살펴보았듯이 ISR은 설정 주기에 맞춰 페이지를 재생성합니다. 데이터의 변화 시점을 예측하기 어렵다면 페이지를 다시 생성하기 전에 데이터가 변경되어 그 변화를 즉시 반영하지 못하거나 데이터에 아무런 변화가 없음에도 불필요하게 페이지를 다시 생성하는 일이 생길 수 있습니다.

일례로 커뮤니티 게시물의 상세 페이지를 보겠습니다. 게시물은 수정이 전혀 없을 수도 갑자기 수정될 수도 있습니다. 만약 이 페이지를 60초마다 다시 생성하도록 설정한다면 데이터가 수정된 후 최대 60초 동안 사용자는 이전 정보를 보게 됩니다. 반면 게시물에 아무런 수정이 없는데도 이 페이지는 60초마다 불필요하게 다시 생성됩니다. 이 사례는 최신 정보를 제공하지 못해 사용자에게 혼란을 주거나 비효율적으로 자원을 낭비하는 경우에 해당합니다.

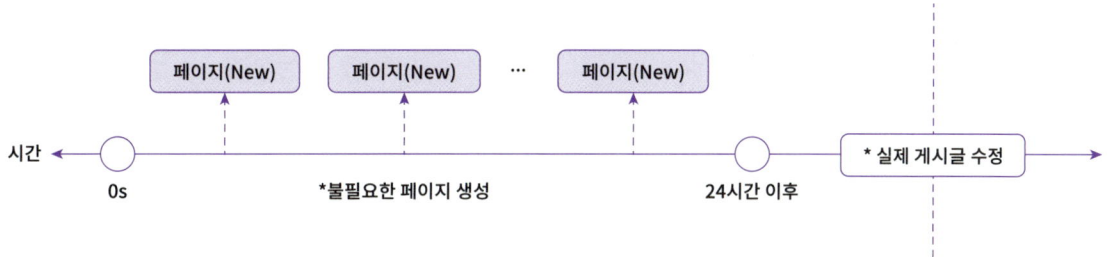

[그림 3-34] 커뮤니티 사례로 살펴본 ISR의 한계

Next.js는 이 문제를 해결하기 위해 일정 시간을 기준으로 페이지를 생성하는 게 아니라, 요청을 받으면 바로 페이지를 다시 생성하는 새로운 형태의 ISR을 제공합니다. 이를 주문형 재생성(On-Demand ISR) 방식이라고 합니다. 이 기능을 이용하면 데이터가 수정되었을 때 바로 해당 페이지를 다시 생성하도록 설정할 수 있습니다. 앞서 살펴본 커뮤니티 사례로 설명하면 사용자가 게시물을 수정하면 API 요청으로 Next.js 서버가 해당 페이지를 다시 생성하도록 지시할 수 있습니다.

주문형 재생성 기능을 사용하려면 71쪽 라우팅 설정에서 살펴봤던 API 라우트를 활용해 페이지의 재생성 요청을 처리하는 API를 만들어야 합니다. 개발 모드로 돌아갑니다. 새 API를 만들기 위해 src/pages/api 폴더에 revalidate.ts 파일을 생성하고 다음과 같이 작성합니다.

```ts
// file: src/pages/api/revalidate.ts
import { NextApiRequest, NextApiResponse } from "next";

export default async function handler(
  req: NextApiRequest,
  res: NextApiResponse
) {
  try {
    await res.revalidate("/"); // ①
    return res.json({ revalidate: true });
  } catch (err) {
    res.status(500).send("Revalidation Failed");
  }
}
```

① res 객체의 revalidate 메서드는 인수로 전달한 경로의 페이지를 다시 생성하도록 Next.js 서버에 요청합니다.

이제 '~/api/revalidate'로 요청을 보내면 ①에 따라 인덱스 페이지를 바로 다시 생성합니다. 확인을 위해 먼저 인덱스 페이지의 getStaticProps를 다음과 같이 수정합니다.

```tsx
// file: src/pages/index.tsx
export async function getStaticProps() {
  console.log("인덱스 페이지"); // ①
  const allBooks = await fetchBooks();
  const randomBooks = await fetchRandomBooks();

  return { props: { allBooks, randomBooks } }; // ②
}
```

① 인덱스 페이지를 생성할 때 서버 콘솔에 '인덱스 페이지'라는 메시지를 출력합니다.
② 주문형 재생성 기능이 잘 동작하는지 확인하기 위해 revalidate 속성을 제거합니다.

프로젝트를 빌드하고 프로덕션 모드로 실행합니다. 이제 인덱스 페이지는 더 이상 일정 시간마다 재생성되지 않기 때문에 새로고침해도 ①에서 작성한 메시지가 콘솔에 출력되거나 '지금 추천하는 도서' 섹션의 데이터가 변경되지 않습니다.

이때 브라우저에서 새 탭을 열고 '~/api/revalidate' 주소로 접속하면 주문형 재생성으로 인덱스 페이지를 다시 생성하는 API를 호출합니다. 그럼 Next.js 서버 콘솔에서는 ①에서 설정한 메시지가 출력됩니다.

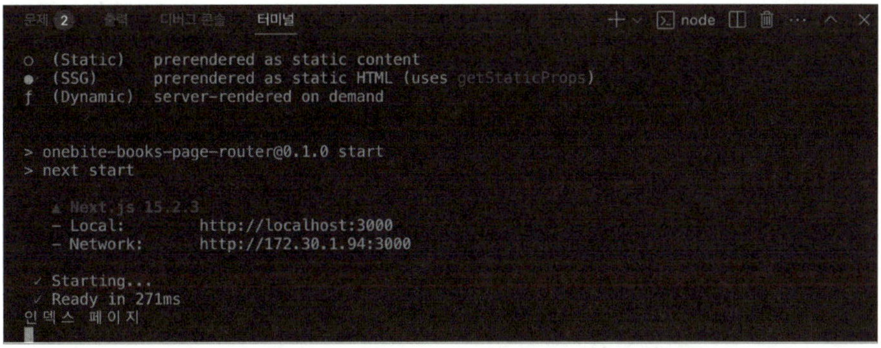

[그림 3-35] 인덱스 페이지가 다시 생성되었음을 알리는 서버 콘솔 메시지

계속해서 브라우저에서 기존 탭으로 돌아가 인덱스 페이지를 새로고침하면 '지금 추천하는 도서' 섹션의 데이터가 변경되는 것을 확인할 수 있습니다. 페이지를 다시 생성하라는 요청에 잘 응답한다는 것을 알 수 있습니다.

주문형 재생성 방식은 특정 요청이 발생했을 때 페이지를 바로 다시 생성할 수 있어 매우 유용합니다. 예를 들어 백엔드 서버에서 특정 데이터를 수정하라는 API 요청을 받으면 Next.js 서버에게 해당 페이지를 다시 생성하도록 요청하는 기능을 간단하게 구현할 수 있습니다.

모두 확인했다면 프로젝트를 다시 개발 모드로 가동하고 이후 실습을 위해 앞서 작성한 `console.log`는 제거합니다.

사전 렌더링 방식 최종 정리

지금까지 SSR, SSG, ISR이라는 3가지 사전 렌더링 방식을 살펴봤습니다. 각 방식의 장단점과 특징을 표로 정리하면 다음과 같습니다.

[표 3-2] 3가지 사전 렌더링 방식과 각각의 특징

	동작 방식	장점	단점
SSR (서버 사이드 렌더링)	브라우저의 접속 요청이 있을 때마다 새 페이지를 생성함	항상 최신 데이터를 보장할 수 있음	페이지 생성 과정에서 서버의 부하가 늘거나 응답 속도가 저하될 수 있음
SSG (정적 사이트 생성)	빌드 타임에 미리 페이지를 생성함	매우 빠른 속도로 페이지 응답이 가능함	최신 데이터의 반영은 불가능
ISR (증분 정적 재생성)	SSG 방식으로 생성한 정적 페이지를 일정 시간이나 요청을 기준으로 다시 생성함	매우 빠른 속도로 응답하면서 동시에 최신 데이터를 반영함	최신 데이터 반영이 조금 늦어질 수 있음

사전 렌더링 방식마다 고유한 특징과 장단점이 있어 어떤 방식을 선택하는 것이 옳은지 '정답'은 없습니다. 페이지의 성격, 데이터의 변동성, 성능 요구 사항, 사용자 경험 등을 종합적으로 고려해 상황에 맞는 방식을 선택하는 것이 중요합니다.

지금까지 사전 렌더링을 살펴보면서 페이지 라우터 기반 Next.js 앱의 주요 개념을 모두 살펴보았습니다. 아직 최적화나 기타 부가 기능 등은 다루지 않았지만, 이 내용들은 이후 앱 라우터 버전의 Next.js를 살펴보면서 함께 학습할 예정입니다.

메타 태그 및 파비콘 설정하기

이번 장에서는 지금까지 만든 한입북스 서비스를 실제로 배포하겠습니다. 페이지별로 필요한 메타 태그나 파비콘 등을 설정하고 검색 엔진 최적화도 간단하게 진행합니다.

썸네일 및 파비콘 이미지 준비하기

메타 태그 설정을 위해 썸네일 및 파비콘 이미지가 필요하므로 다음 링크에 접속해 다운로드합니다.

https://github.com/onebite-nextjs/book_onebite-next-introduce

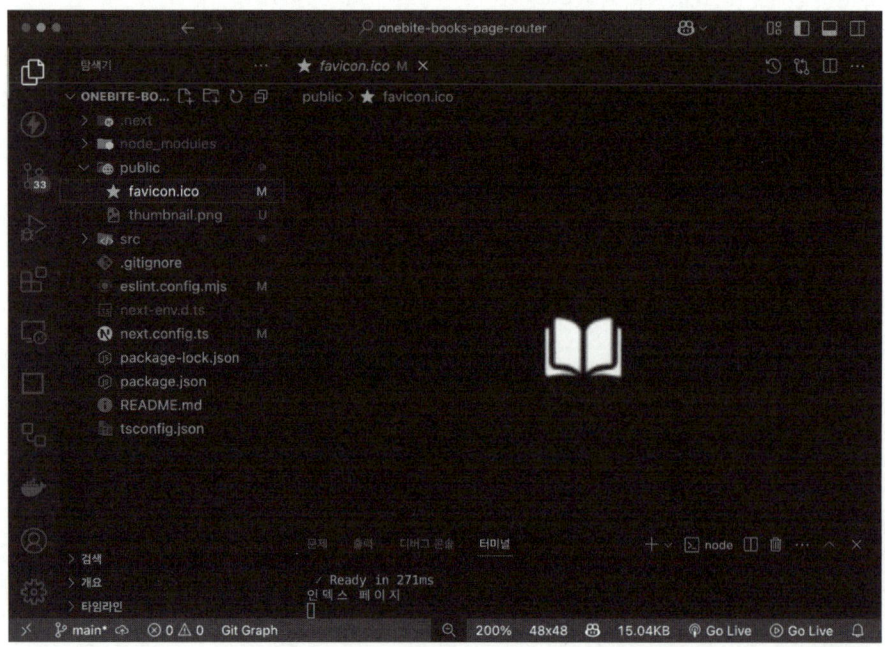

[그림 3-36] 이미지 파일들을 public 폴더로 옮기기

다운로드한 파일을 압축 해제하면 favicon.ico라는 이름의 파비콘 파일과 thumbnail.png 라는 이름의 썸네일 이미지 파일이 나옵니다. 이 파일들을 현 프로젝트의 public 폴더 아래로 옮깁니다. 이때 public 폴더에 원래 있던 다른 파일은 모두 제거합니다.

파비콘 설정하기

페이지 라우터 버전 앱은 public 폴더에 있는 favicon.ico 파일을 기본 파비콘으로 사용합니다. 앞서 이 파일을 변경했으므로 이미 파비콘 변경이 완료된 상태입니다. 따라서 프로젝트를 개발 모드로 가동하고 페이지에 접속하면 다음과 같이 파비콘이 변경되었음을 확인할 수 있습니다.

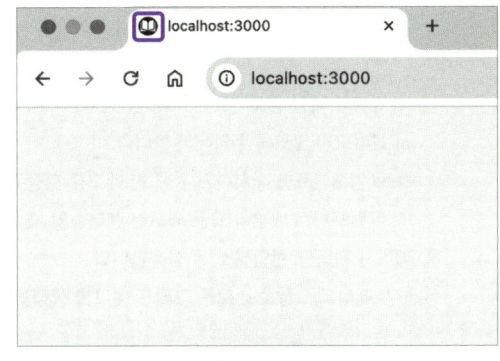

[그림 3-37] 변경된 파비콘

파비콘 설정이 완료되었다면 이제 페이지별로 메타 태그를 설정하겠습니다.

인덱스 페이지에서 메타 태그 설정하기

먼저 한입북스 인덱스 페이지에서 메타 태그를 설정합니다. 페이지 라우터 버전에서는 페이지 컴포넌트의 return 문에서 Next.js의 내장 컴포넌트인 Head를 다음과 같이 배치해 페이지별로 메타 태그를 설정할 수 있습니다.

```
CODE                                              file: src/pages/index.tsx
(...)
import Head from "next/head"; ①
(...)
export default function Home({
  allBooks,
  randomBooks,
}: InferGetStaticPropsType<typeof getStaticProps>) {
  return (
    <>②
      <Head> ③
        <title>한입북스</title> ④
        <meta property="og:title" content="한입북스-검색결과" /> ⑤
        <meta ⑥
```

```
        property="og:description"
        content="한입북스에 등록된 도서들을 만나보세요"
      />
      <meta property="og:image" content="/thumbnail.png" /> ⑦
    </Head>
    <div className={style.container}>
      (...)
    </div>
  </>
);
}
(...)
```

① Next.js의 내장 컴포넌트인 Head를 next/head 패키지에서 불러옵니다. 이때 next/document에서 불러오지 않도록 주의해야 합니다.
② Head 컴포넌트를 배치하기 위해 빈 태그를 최상위 태그로 설정합니다.
③ Head 컴포넌트 내부의 모든 태그는 렌더링할 때 실제로 HTML의 <head> 태그 안에 배치됩니다.
④ 페이지 제목을 '한입북스'로 설정합니다.
⑤⑥⑦ 메타 태그들로서 오픈 그래프 태그를 설정합니다.

인덱스 페이지에 접속해 개발자 도구의 [Elements] 탭을 열면 [그림 3-38]처럼 앞서 작성한 태그들이 HTML의 <head> 태그에 잘 들어가 있음을 알 수 있습니다.

Head 컴포넌트의 역할은?

Next.js에서 제공하는 Head 컴포넌트는 HTML 문서의 <head> 영역에 요소를 추가할 수 있도록 도와주는 내장 컴포넌트입니다. 예컨대 페이지마다 제목(title)을 다르게 설정하거나 검색 엔진 최적화(SEO)를 위해 메타(meta) 태그, OG(Open Graph) 태그, 파비콘, 외부 폰트 링크 등을 넣을 때 이 컴포넌트를 사용합니다.

검색 페이지에서 메타 태그 설정하기

검색 페이지도 다음과 같이 Head 컴포넌트를 이용해 메타 태그를 설정합니다.

CODE　　　　　　　　　　　　　　　　　　　　　file: src/pages/search/index.tsx
```
(...)
import Head from "next/head"; ①

export default function Page() {
  (...)
  return (
    <div>
      <Head> ②
```

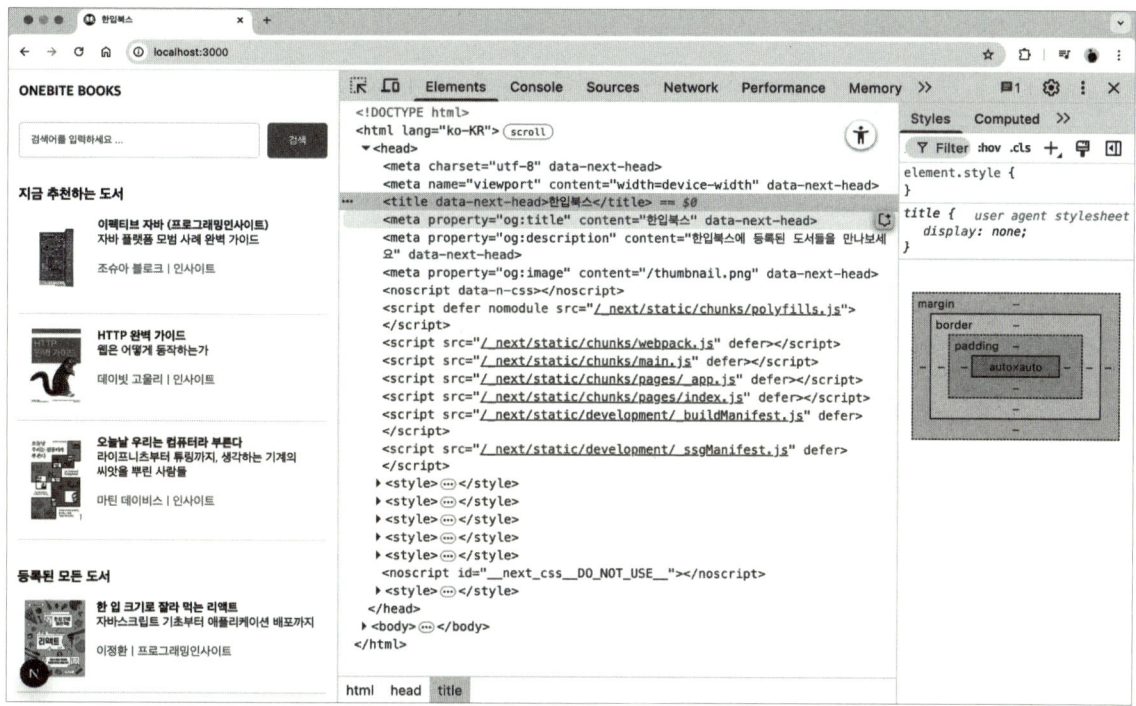

[그림 3-38] 설정된 메타 태그

```
      <title>한입북스 - 검색결과</title>
      <meta property="og:title" content="한입북스 - 검색결과" />
      <meta
        property="og:description"
        content="한입북스에 등록된 도서들을 만나보세요"
      />
      <meta property="og:image" content="/thumbnail.png" />
    </Head>
    {books.map((book) => (
      <BookItem key={book.id} {...book} />
    ))}
  </div>
  );
}
(...)
```

① Head 컴포넌트를 불러옵니다.
② Head 컴포넌트를 이용해 검색 페이지에서 메타 태그를 설정합니다. 제목을 제외하면 인덱스 페이지에서 작성할 때와 동일합니다.

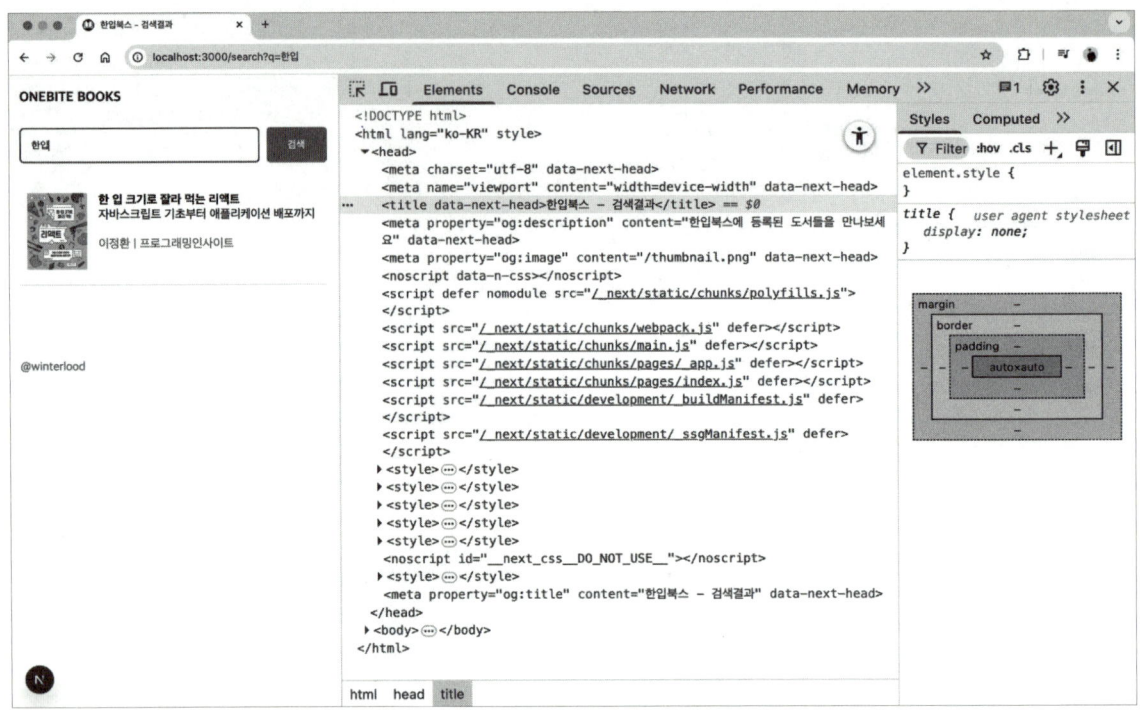

[그림 3-39] 검색 페이지의 메타 태그 확인하기

모두 설정했다면 검색 페이지로 접속해 개발자 도구의 [Elements] 탭에서 태그가 잘 설정되었는지 확인합니다.

도서 상세 페이지에서 메타 태그 설정하기

마지막으로 도서 상세 페이지에서 메타 태그를 설정합니다. 이번에도 Head 컴포넌트를 이용해 메타 태그를 설정합니다.

CODE　　　　　　　　　　　　　　　　　　　　　　　　file: src/pages/book/[id].tsx

```
(...)
import Head from "next/head"; ①
(...)
export default function Page({
  book,
}: InferGetStaticPropsType<typeof getStaticProps>) {
  (...)
  return (
    <>②
      <Head> ③
        <title>{title}</title>
```

```
          <meta property="og:title" content={title} />
          <meta
            property="og:description"
            content={description}
          />
          <meta property="og:image" content={coverImgUrl} />
        </Head>
        <div className={style.container}>
          (...)
        </div>
      </>
  );
}
```

① Head 컴포넌트를 불러옵니다.
② Head 컴포넌트를 사용하기 위해 빈 태그를 최상위 태그로 설정합니다.
③ Head 컴포넌트를 이용해 이 페이지의 메타 태그를 설정합니다. 이때 도서 상세 페이지의 제목과 설명, 이미지를 도서의 제목, 설명, 표지 이미지의 URL로 설정합니다.

도서 상세 페이지는 책 한 권의 정보를 자세히 소개하는 페이지입니다. 따라서 메타 태그에서도 그 정보가 확실히 드러나도록 도서 정보를 바탕으로 메타 태그의 값을 설정합니다.

이때 한 가지 주의할 것이 있습니다. 도서 상세 페이지는 다음과 같이 fallback 상태일 때는 Head 컴포넌트를 제외하고 로딩 UI만 렌더링합니다.

CODE   file: src/pages/book/[id].tsx
```
(...)
export default function Page({
  book,
}: InferGetStaticPropsType<typeof getStaticProps>) {
  const router = useRouter();
  if (router.isFallback) {
    return <div>로딩 중입니다...</div>;
  }
  (...)
}
```

도서 상세 페이지 컴포넌트는 router.isFallback이 true면, 즉 해당 페이지가 현재 데이터를 기다리는 fallback 상태에 있으면 '로딩 중입니다...'라는 로딩 페이지를 렌더링합니다. 이 페이지는 Head 컴포넌트를 포함하지 않기 때문에 로딩 중인 상태의 도서 상세 페이지에는 메타 태그가 제대로 설정되지 않는 문제가 발생합니다.

로딩 중일 때 페이지의 메타 정보를 적절하게 설정하지 못하면 검색 엔진 최적화(SEO)나 소셜 미디어의 미리보기 등에서 문제가 생길 수 있습니다. 이 문제를 해결하려면 다음과 같이 로딩 페이지에도 Head 컴포넌트를 설정해야 합니다.

CODE　　　　　　　　　　　　　　　　　　　　　　file: src/pages/book/[id].tsx

```tsx
(...)
export default function Page({
  book,
}: InferGetStaticPropsType<typeof getStaticProps>) {
  const router = useRouter();

  if (router.isFallback) {
    return (
      <div>
        <Head> ①
          <title>한입북스 - 검색결과</title>
          <meta property="og:image" content="/thumbnail.png" />
          <meta property="og:title" content="한입북스 - 검색결과" />
          <meta
            property="og:description"
            content="한입북스에 등록된 도서들을 만나보세요"
          />
        </Head>
        로딩 중입니다...
      </div>
    );
  }
  (...)
}
```

① 로딩 상태의 페이지도 메타 태그를 기본으로 설정하기 위해 Head 컴포넌트를 추가합니다.

모두 설정했다면 도서 상세 페이지로 접속하고 개발자 도구의 [Elements] 탭에서 태그가 잘 설정되었는지 확인합니다.

이렇듯 Next.js에서는 Head 컴포넌트를 제공해 페이지에 필요한 <title> 또는 <meta> 태그 등을 손쉽게 설정할 수 있습니다. 이 컴포넌트는 HTML 파일을 직접 수정하지 않고도 JSX 문법 안에서 필요한 만큼 자유롭게 <head> 정보를 구성할 수 있기 때문에 매우 유용합니다.

배포하기

서비스 개발 과정의 끝은 언제나 배포입니다. 이번 절에서는 지금까지 개발한 한입 북스 서비스를 실제로 배포해 누구나 접근할 수 있게 만들겠습니다.

클라우드 인프라 서비스 Vercel

Vercel은 서비스를 손쉽게 배포하고 관리할 수 있도록 도와주는 클라우드 인프라 서비스입니다. 특히 Vercel은 Next.js를 개발하고 운영하는 회사이므로 Next.js 앱을 배포하는 데 필요한 기능을 다양하게 지원합니다. 이 책에서는 Vercel을 이용해 배포를 진행합니다.

   Vercel은 학습 목적으로 프로젝트를 간단하게 배포하는 학습자에게는 관대한 프리티어 정책을 베풀고 있어 무료 이용이 가능합니다. Vercel에서 서비스를 배포하기 위해서는 먼저 회원 가입이 필요합니다. *https://vercel.com*에 접속해 회원 가입을 진행합니다.

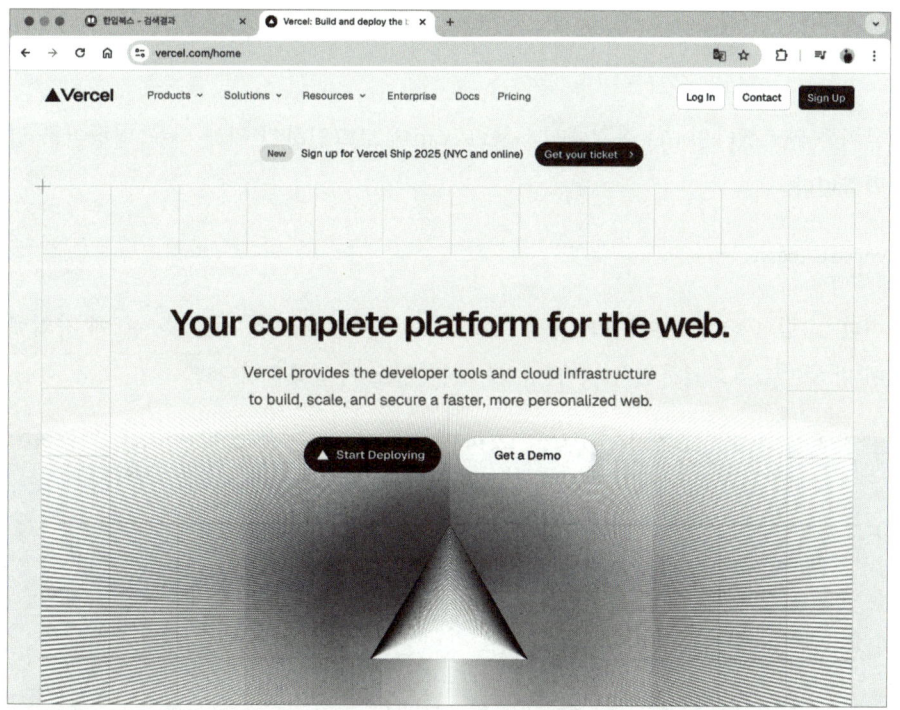

[그림 3-40] Vercel의 홈페이지

백엔드 서버 배포하기

회원 가입이 완료되었다면 이제 서비스를 배포할 차례입니다. 한입북스 Next.js 앱을 배포하기 전에 백엔드 서버를 먼저 배포합니다. 백엔드 서버를 먼저 배포해야 배포된 백엔드 서버 주소로 Next.js 앱이 API를 요청할 수 있기 때문입니다.

Vercel에서 프로젝트를 배포하려면 먼저 Vercel CLI(Command Line Interface) 도구를 PC에 설치해야 합니다. Vercel CLI는 간단한 명령어로 프로젝트를 Vercel에 자동으로 배포할 수 있게 도와주는 명령어 도구입니다. Node.js 패키지로 만들어져 있어 설치 방법도 매우 간단합니다.

비주얼 스튜디오 코드의 백엔드 서버 콘솔(book__onebite-books-server-main)에서 다음과 같이 Vercel CLI를 설치하는 명령어를 입력합니다(백엔드 서버가 가동 중이라면 가동을 중단합니다).

```
// windowsOS
npm i -g vercel

// macOS
sudo npm i -g vercel
```

설치를 완료했다면 CLI 환경에서 vercel.com에 로그인하기 위해 다음 명령어를 입력합니다.

```
vercel login
```

이때 [그림 3-40]과 같이 어떤 계정으로 로그인 할지 묻는데, 처음 Vercel에 가입했던 방식으로 로그인하면 됩니다(필자는 이메일로 가입했습니다)

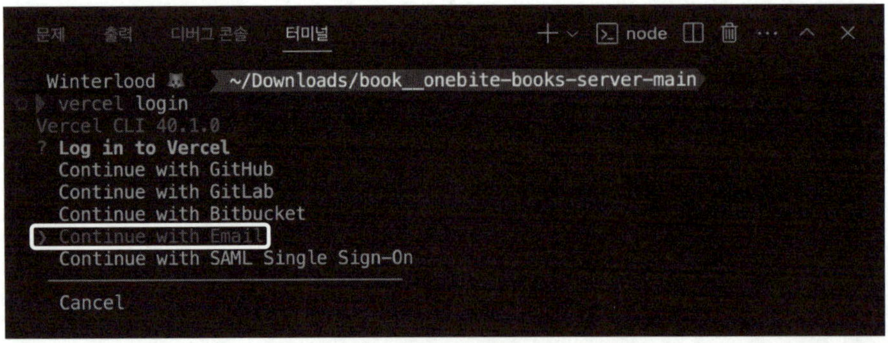

[그림 3-41] vercel login

로그인 과정에서 인증(가입한 이메일로 인증번호를 확인하는 과정)을 거치면 로그인이 완료됩니다.

이제 프로젝트를 배포할 차례입니다. 다음 명령어로 백엔드 서버의 배포를 시작합니다.

```
vercel --prod
```

그러면 현재 경로(백엔드 서버가 있는 경로)의 프로젝트를 배포할지 묻는 질문이 나옵니다. y를 입력하고 다음으로 넘어갑니다.

```
? Set up and deploy "~\Documents\onebite-books-server-main\book__onebite-books-server-main"?
```

다음으로 어떤 계정(Scope)에 프로젝트를 배포하길 원하는지 묻는 질문이 나옵니다. 앞서 로그인 과정에서 입력한 자신의 이름 계정을 선택하고 Enter 키를 누릅니다.

```
? Which scope should contain your project? (Use arrow keys)
> (독자의 이름) 계정
```

다음은 이미 Vercel에 있는 프로젝트와 연결할지 묻는 질문이 나옵니다. 첫 배포이므로 연결할 프로젝트가 당연히 없습니다. N을 입력합니다.

```
? Link to existing project? (y/N)
```

배포할 프로젝트 이름을 묻는 질문이 나옵니다. 이 프로젝트에 있는 package.json의 name 값이 기본으로 표시되는데, 바꾸지 않고 Enter 키를 누릅니다.

```
? What's your project's name? (book-onebite-books-server-main)
```

배포할 프로젝트의 코드 위치를 묻는 질문이 나옵니다. 기본값은 루트 경로로 설정되어 있습니다. 기본값을 사용하기 위해 아무것도 입력하지 않고 Enter 키를 누릅니다.

```
? In which directory is your code located? ./
```

이제 입력 정보를 바탕으로 프로젝트의 배포가 시작됩니다. 배포 완료까지는 대략 2~3분 정도의 시간이 소요됩니다.

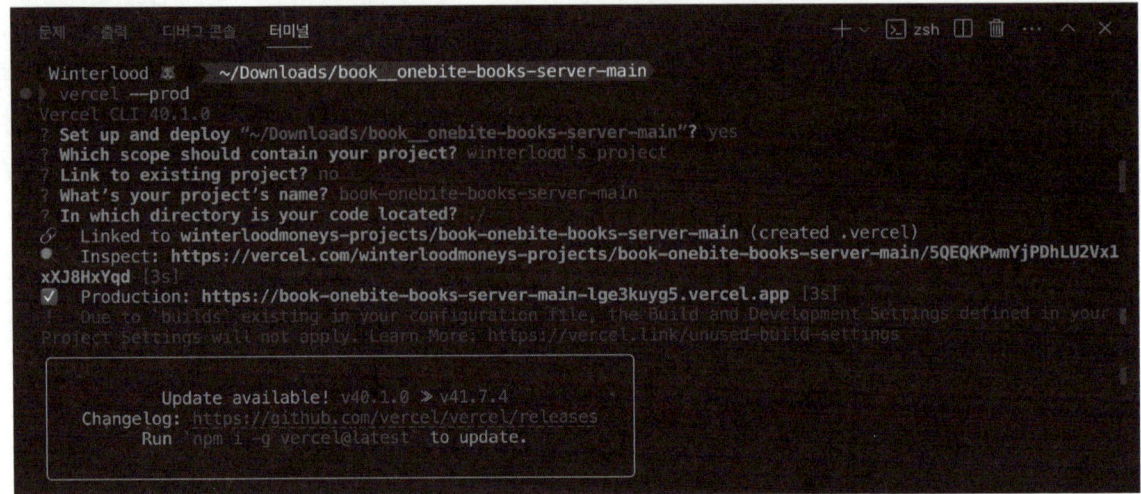

[그림 3-42] 백엔드 서버 배포 시작

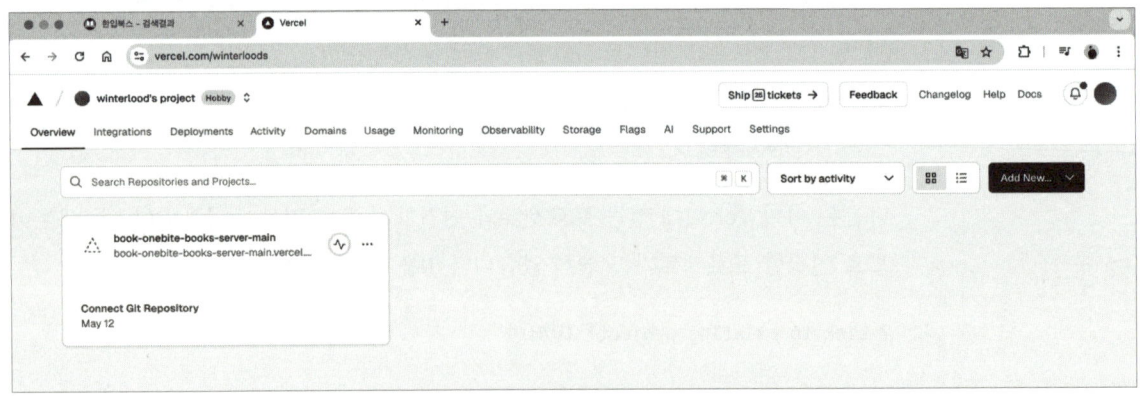

[그림 3-43] 배포가 완료된 백엔드 서버

배포를 완료했다면 *vercel.com* 웹 사이트에 접속해 대시보드로 이동합니다. [그림 3-43] 처럼 백엔드 서버가 잘 배포되어 있는 것을 확인할 수 있습니다.

　배포가 완료되었으니 이제 배포 주소를 확인할 차례입니다. 대시보드에 등록된 백엔드 서버 항목을 클릭해 상세 페이지로 이동합니다. 상세 페이지의 'Production Deployment' 섹션에서 미리보기 이미지 오른쪽에 있는 'Domains' 항목에서 배포 주소를 확인할 수 있습니다.

　브라우저에서 새 탭을 열고 이 주소로 접속하면 한입북스 백엔드 서버에 잘 접속한다는 사실을 알 수 있습니다.

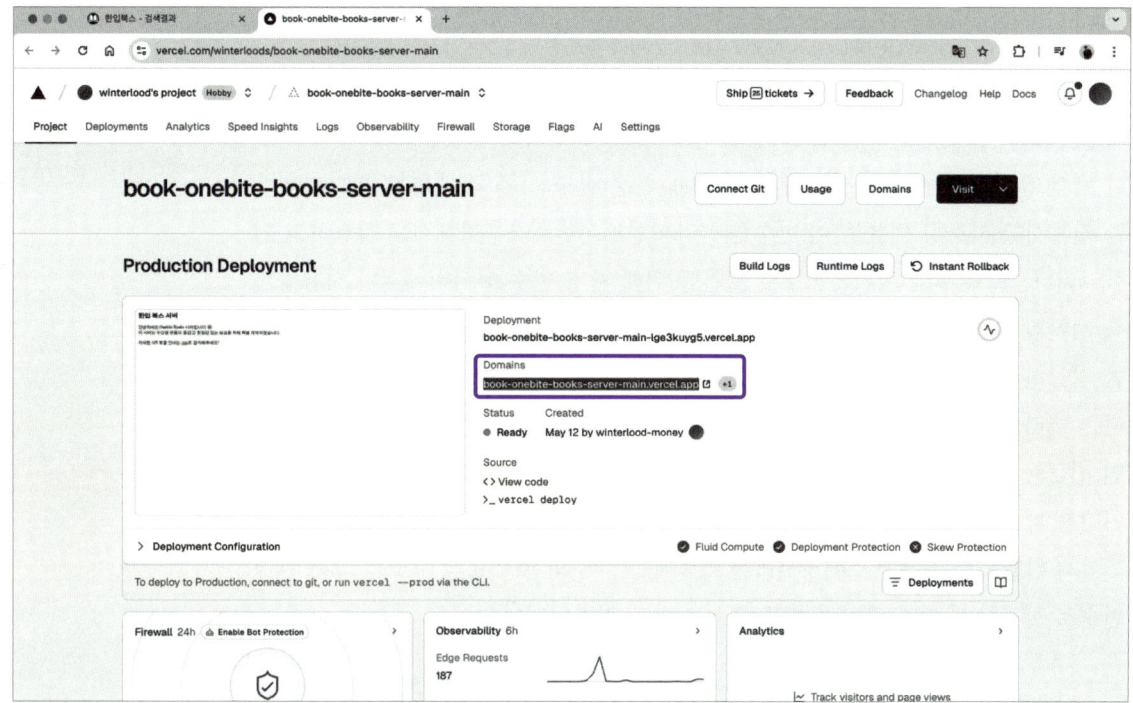

[그림 3-44] 백엔드 서버의 배포 주소 확인하기

[그림 3-45] 배포가 완료된 한입북스 서버에 접속하기

API 요청 주소 변경하기

이제 Next.js 앱에서 배포된 백엔드 서버로 API 요청을 보내기 위해 요청 주소를 변경합니다. 환경 변수를 사용해 주소를 일괄적으로 변경할 수 있게 한입북스 프로젝트 루트 폴더 아래에 .env 파일을 생성하고 다음과 같이 작성합니다.

```
CODE                                                         file: .env
NEXT_PUBLIC_API_SERVER_URL=앞서 배포한 백엔드 서버의 주소
```

> **TIP**
> 도메인 주소이므로 백엔드 서버 주소 앞에는 'https://'를 반드시 붙여야 합니다.

NEXT_PUBLIC_API_SERVER_URL이라는 환경 변수를 선언하고 변숫값으로 앞서 배포한 백엔드 서버의 주소를 설정합니다. 이때 환경 변수 이름 앞에 NEXT_PUBLIC이라는 접두사를 사용한 이유는 이 변수를 클라이언트, 즉 브라우저에서도 사용하기 위함입니다. Next.js 앱은 기본적으로 보안을 위해 환경 변수를 서버에서만 사용하도록 제한합니다. 즉, getServerSideProps 등과 같이 Next.js 서버에서 실행되는 함수만 접근하고 클라이언트에서는 접근할 수 없게 설계되어 있습니다. 다만 Next.js에서는 클라이언트에서 환경 변수를 사용해야 하는 경우 접두사 NEXT_PUBLIC을 붙이면 접근을 허용합니다. 한입북스 프로젝트의 검색 페이지는 클라이언트에서도 데이터를 페칭하므로 이 설정이 반드시 필요합니다.

이제 한입북스 프로젝트에서 API를 호출하는 함수의 API 요청 주소를 앞서 환경 변수로 설정한 백엔드 서버의 배포 주소로 각각 변경합니다.

```
CODE                                              file: src/lib/fetch-books.ts
(...)
export default async function fetchBooks(
  q?: string
): Promise<BookData[]> {
  let url = `${process.env.NEXT_PUBLIC_API_SERVER_URL}/book`;
  (...)
}
```

```
CODE                                       file: src/lib/fetch-random-books.ts
(...)
export default async function fetchRandomBooks(): Promise<
  BookData[]
> {
  const url = `${process.env.NEXT_PUBLIC_API_SERVER_URL}/book/random`;
  (...)
}
```

```
CODE                                          file: src/lib/fetch-one-book.ts
(...)
export default async function fetchOneBook(
  id: number
): Promise<BookData | null> {
  const url = `${process.env.NEXT_PUBLIC_API_SERVER_URL}/book/${id}`;
  (...)
}
```

환경 변수를 사용해 요청 주소를 변경했습니다. 요청 주소를 변경했다면 한입북스 앱이 정상적으로 동작하는지 인덱스, 검색, 도서 상세 페이지를 접속해 확인합니다.

Next.js 앱 배포하기

이제 Next.js 앱을 Vercel에 배포할 차례입니다. Next.js 앱을 Vercel에 배포하는 방법은 백엔드 서버를 Vercel에 배포했던 방법과 동일합니다. Next.js 서버 콘솔에서 다음 명령어를 입력해 배포 작업을 시작합니다.

vercel --prod

Vercel CLI가 실행되면서 Next.js 서버 콘솔 작업 경로에 있는 프로젝트를 배포하길 원하는지 묻습니다. Y를 입력합니다.

```
Vercel CLI 35.2.3
? Set up and deploy "~/Documents/onebite-next/onebite-books-page-router"? (Y/n)
```

다음으로 어떤 계정(Scope)에 프로젝트를 배포하길 원하는지 묻습니다. 백엔드 서버를 배포할 때 사용한 계정을 확인하고 Enter 키를 누릅니다.

```
? Which scope should contain your project? (Use arrow keys)
> (독자의 계정)
```

다음으로 이미 Vercel에 존재하는 프로젝트와 연결할지 묻습니다. Next.js 앱은 처음 배포하므로 연결할 프로젝트가 당연히 없습니다. N 입력합니다.

```
? Link to existing project? (y/N)
```

배포할 프로젝트 이름을 묻습니다. 이 프로젝트 package.json의 name 값이 기본으로 표시되는데, 바꾸지 않고 Enter 키를 누릅니다.

```
? What's your project's name? (onebite-books-page-router)
```

배포할 프로젝트의 코드 위치를 물어봅니다. 기본값은 루트 경로입니다. 기본값을 사용하므로 아무것도 입력하지 않고 Enter 키를 누릅니다.

```
? In which directory is your code located? ./
```

Vercel CLI가 현재 배포할 서비스가 Next.js의 프로젝트임을 감지하고 이 프로젝트를 배포하기 위한 기본 설정을 제안합니다. 변경을 원한다면 Y를 입력하라고 묻는데, 여기서는 기본 설정을 사용할 예정이므로 N을 입력합니다.

```
Local settings detected in vercel.json:
Auto-detected Project Settings (Next.js):
- Build Command: next build ①
- Development Command: next dev --port $PORT ②
- Install Command: `yarn install`, `pnpm install`, `npm install`, or `bun install` ③
- Output Directory: Next.js default ④
? Want to modify these settings? (y/N)
```

① 프로젝트를 빌드하는 명령어를 next build로 설정한다는 뜻입니다.
② 프로젝트를 개발 모드로 가동하는 명령어를 next dev --port $PORT로 설정한다는 뜻입니다.
③ 프로젝트의 의존성 설치를 이 프로젝트에 맞추어 설정한다는 의미입니다. 여기서는 npm을 사용하므로 언급한 4개의 후보 중 npm으로 자동 설정됩니다.
④ 빌드 산출물이 저장될 폴더를 기본값으로 설정합니다.

N을 입력해 기본 설정을 사용하도록 명령하면 프로젝트의 배포가 시작됩니다. 배포 완료까지는 대략 2~3분 정도의 시간이 소요됩니다.

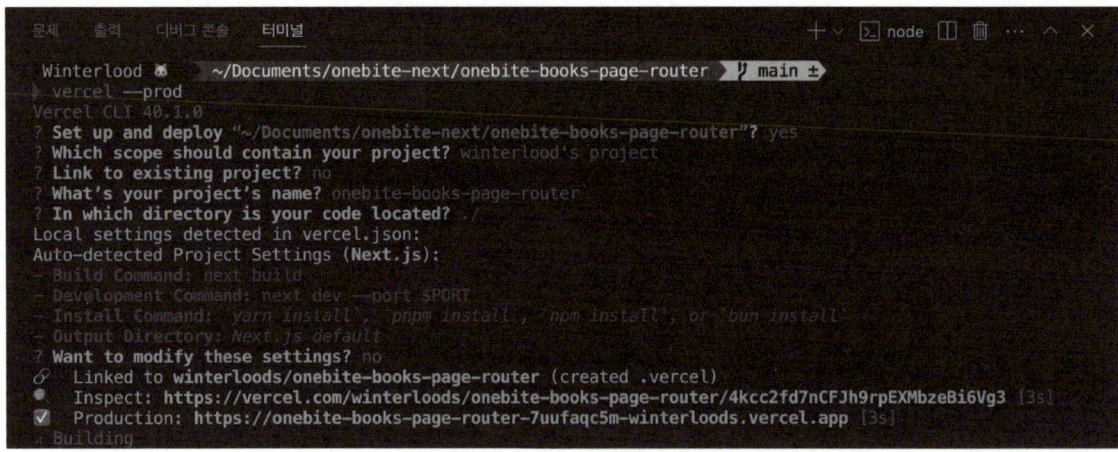

[그림 3-46] Next.js 프로젝트의 배포 과정

배포가 완료되면 백엔드 서버의 배포처럼 Vercel의 대시보드에는 한입북스 프로젝트 카드가 나타납니다.

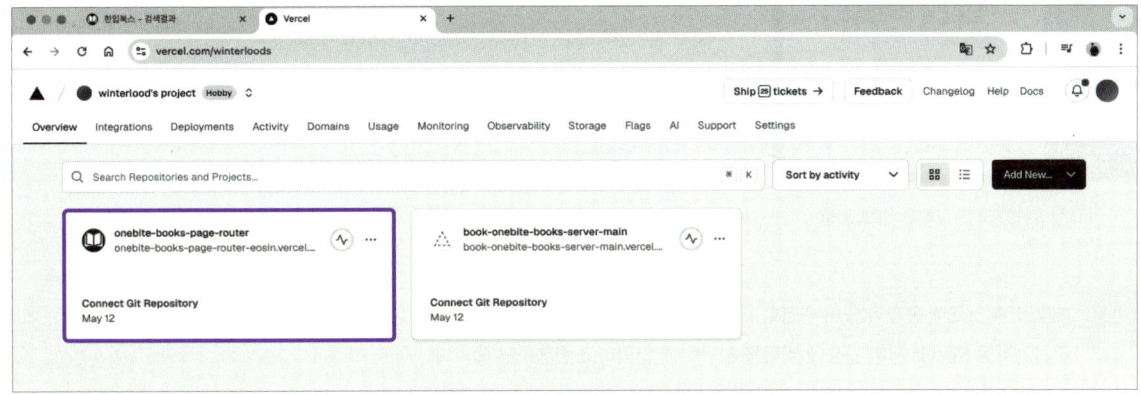

[그림 3-47] Vercel 대시보드에 표시된 배포 프로젝트

해당 카드를 클릭해 상세 페이지로 이동하면 배포 주소를 확인할 수 있습니다.

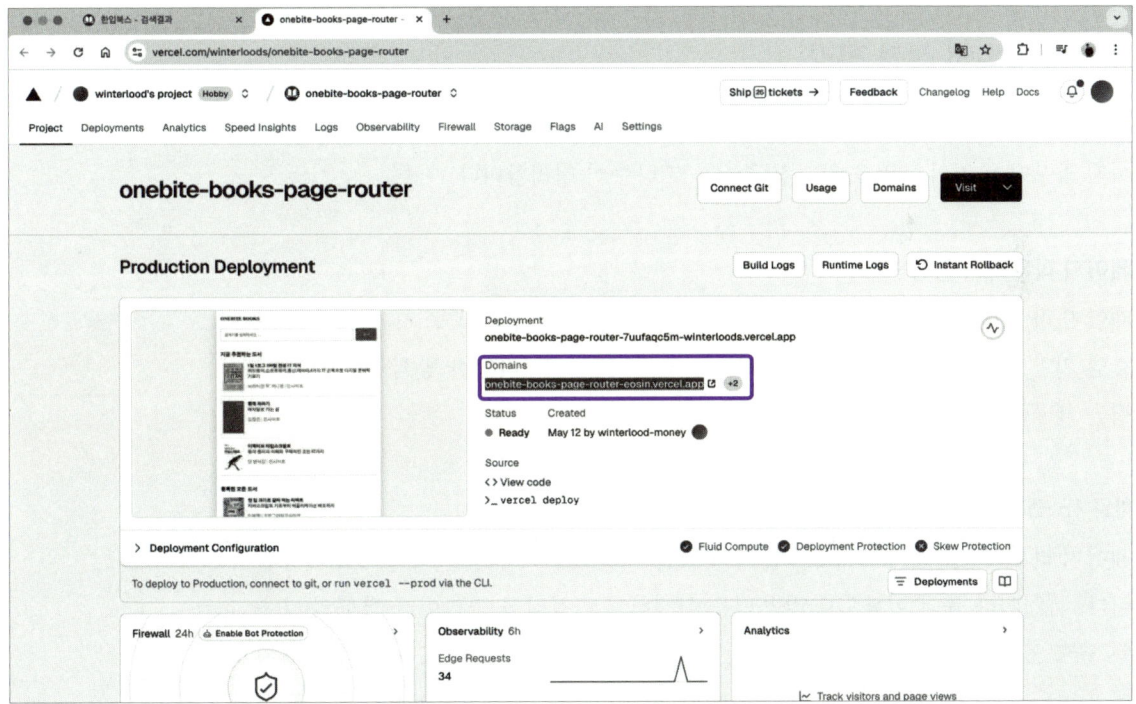

[그림 3-48] 배포된 Next.js 앱 주소 확인하기

[그림 3-49] 오픈 그래프 정보 노출

브라우저에서 새 탭을 열고 이 주소로 접속해 배포 서비스의 모든 기능이 다 잘 작동하는지 확인합니다.

다 잘 작동한다면 이 주소를 카카오톡 같은 SNS에 공유합니다. 앞서 페이지별로 메타 태그를 추가하면서 설정했던 오픈 그래프 이미지, 제목, 설명 정보 등이 잘 노출되는지 확인합니다.

> **TIP**
> 지금까지 실습 과정을 충실히 따라했다면 배포 앱은 모든 기능이 잘 작동하지만, 새로고침해도 추천도서는 변경되지 않습니다. 주문형 재검증(ISR) 방식을 배우면서 '~api/revalidate'로 접속해 재검증을 요청해야 추천도서를 갱신하기 때문입니다.

 배포 이후 코드에 문제가 있어 수정하고 다시 배포하려면 어떻게 하나요?

마찬가지로 Next.js 서버 콘솔에서 다음 명령어를 입력하고 실행하면 됩니다.

```
vercel --prod
```

이 명령어를 실행하면 Vercel이 현재 프로젝트를 프로덕션 환경으로 다시 배포합니다.

페이지 라우터 최종 정리

지금까지 2~3장에 걸쳐 페이지 라우터 버전을 살펴보았습니다. 이번 절에서는 페이지 라우터 버전의 특징을 장단점 중심으로 나누어 정리합니다.

페이지 라우터의 장점

페이지 라우터 버전은 장점이 많지만, 그중 가장 핵심적인 장점 두 가지는 파일 시스템 기반으로 간편하게 페이지 라우팅을 제공한다는 점, 다양한 방식의 사전 렌더링을 제공한다는 점입니다.

파일 시스템 기반의 간편한 페이지 라우팅

페이지 라우터 버전은 src/pages 폴더 구조를 기반으로 라우팅을 자동으로 제공합니다. 파일이나 폴더 이름으로 라우팅을 설정하므로 복잡한 조작이나 별도의 라우팅 코드 없이도 페이지 구조를 직관적으로 정의할 수 있습니다. 또한 정적 페이지뿐만 아니라 동적 경로가 있는 페이지도 손쉽게 라우팅할 수 있습니다. 다음은 이를 정리한 표입니다.

[표 3-2] 페이지 라우터의 장점

분류	파일명(/pages 이하)	대응 경로	설명
정적 라우트	/index.tsx	/	하나의 정적 경로에 대응
동적 라우트	/[id].tsx	/1, /2, … /100 등	URL 파라미터가 하나 있는 동적 경로에 대응
캐치올 세그먼트	/[...id].tsx	/1, /1/2, /1/2/3 등	URL 파라미터가 여러 개 있는 동적 경로에 대응
옵셔널 캐치올 세그먼트	/[[...id]].tsx	/, /1, /1/2, /1/2/3 등	URL 파라미터와 상관없이 모든 경로(정적, 동적 경로)에 대응

다양한 방식의 사전 렌더링 제공

페이지 라우터 버전은 장단점이 분명한 SSR, SSG, ISR이라는 3개의 사전 렌더링 방식을 제공합니다. 페이지마다 사전 렌더링을 다르게 설정할 수 있어 상황에 맞는 최적의 렌더링 전략을 선택할 수 있습니다. 다음은 3개의 사전 렌더링 방식의 특징과 장단점을 정리한 표입니다.

[표 3-3] 페이지 라우터 버전의 3가지 사전 렌더링 방식

	동작 방식	특징	단점	적용 방법
SSR (서버 사이드 렌더링)	브라우저의 접속 요청이 있을 때마다 새롭게 페이지를 생성함	항상 최신 데이터를 보장할 수 있음	페이지 생성 과정에서 서버에 부하가 발생하거나 응답 속도가 저하될 수 있음	페이지에서 `getServerSideProps` 함수를 export
SSG (정적 사이트 생성)	빌드 타임에 페이지 생성을 미리 마침	매우 빠른 속도로 페이지 응답이 가능함	최신 데이터 반영은 불가능	페이지에서 아무런 함수도 export 하지 않거나 `getStaticProps` 함수를 export
ISR (증분 정적 재생성)	SSG 방식으로 생성된 정적 페이지를 일정 시간이나 요청을 기준으로 다시 생성함	빠른 속도의 응답이 가능하면서도 동시에 최신 데이터도 반영함	최신 데이터 반영에서 일부 지연이 있음	`getStaticProps` 함수의 return 문 내부에 `revalidate` 값을 설정

페이지 라우터의 단점

이번에는 페이지 라우터 버전의 3가지 단점을 살펴보겠습니다.

페이지마다 레이아웃 설정이 생각보다 번거로움

94쪽에서 살펴봤듯이 페이지 라우터 버전은 글로벌 레이아웃이 아닌 페이지별로 레이아웃을 적용하려면 페이지 컴포넌트에서 getLayout 같은 함수를 메서드로 추가하고 이를 _app.tsx 파일의 App 컴포넌트에서 호출해 설정해야 합니다. 복습을 위해 관련 코드를 다시 살펴보겠습니다.

CODE   file: 레이아웃을 적용할 개별 페이지
```
export default function Page() {
  (...)
}

Page.getLayout = (page: ReactNode) => { ①
  return <SearchbarLayout>{page}</SearchbarLayout>;
};
```

① 페이지 컴포넌트에서 getLayout 메서드를 추가합니다. 이 메서드는 페이지 컴포넌트를 매개변수로 받아 페이지에 SearchbarLayout을 적용해 반환합니다.

CODE   file: src/pages/_app.tsx
```
type NextPageWithLayout = NextPage & { ①
  getLayout: (page: ReactNode) => ReactNode;
};

export default function App({ ②
  Component,
  pageProps,
}: AppProps & {
  Component: NextPageWithLayout;
}) {
  const getLayout = Component.getLayout || ((page) => page); ③

  return (
    <GlobalLayout>
      {getLayout(<Component {...pageProps} />)} ④
    </GlobalLayout>
  );
}
```

① NextPageWithLayout 타입을 정의해 기존 NextPage 타입에 getLayout 메서드를 추가합니다. 이렇게 추가하면 페이지 컴포넌트에 getLayout 등의 추가 메서드가 존재할 수 있음을 정의하게 됩니다.

② Props의 타입을 AppProps에서 AppProps & { Component: NextPageWithLayout }으로 확장합니다. 이 확장은 페이지 컴포넌트에 제공되는 Component Prop의 타입을 기존 NextPage 타입에서 getLayout 메서드가 추가된 NextPageWithLayout 타입으로 변경하려는 데 그 의미가 있습니다. 결과적으로 App 컴포넌트에 전달되는 Component Prop의 타입에 getLayout 메서드를 추

③ 변수 getLayout에 현재 페이지 컴포넌트의 getLayout 함수를 저장합니다. 이때 현재 페이지 컴포넌트에 설정된 getLayout이 없다면 변수 getLayout에는 페이지 컴포넌트를 그대로 반환하는 화살표 함수를 저장합니다.
④ getLayout을 호출하고 인수로 현재 페이지 컴포넌트를 전달해 페이지별 레이아웃을 적용합니다.

페이지 컴포넌트마다 getLayout 메서드를 추가하고 App 컴포넌트가 이 메서드를 호출해 적용하는 방식은 페이지 수가 많아지면 관리가 복잡하고 불편합니다. 특히 레이아웃을 변경하거나 수정하면 페이지에 적용된 getLayout 메서드를 일일이 찾아 수정해야 하는 번거로움이 있습니다. 더욱이 특정 레이아웃을 공용으로 사용하는 페이지가 늘어날수록 코드 중복이 발생할 가능성도 높습니다.

다음 장부터 살펴볼 앱 라우터 버전의 Next.js 앱에서는 라우팅과 레이아웃 관리에서 훨씬 개선된 기능을 제공합니다. 자세한 내용은 앱 라우터 버전에서 실습과 함께 살펴보겠습니다.

데이터 페칭이 페이지 컴포넌트에 집중됨

페이지 라우터 버전의 사전 렌더링 과정에서는 getServerSideProps나 getStaticProps를 이용해 Next.js 서버가 불러온 데이터를 모두 페이지 컴포넌트에 Props 형태로 전달합니다. 따라서 클라이언트에서 직접 데이터를 페칭하는 상황을 빼고는 페이지의 모든 데이터가 페이지 컴포넌트에 집중되는 경향이 있습니다.

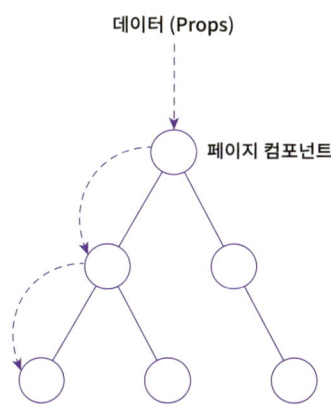

[그림 3-50] 페이지 컴포넌트에서 전달해야 하는 Props

모든 데이터가 페이지 컴포넌트에 집중되면 데이터 관리가 어렵습니다. 간단한 페이지를 구현하는 일이라면 큰 문제가 되지 않지만, 기능이 많고 컴포넌트 트리 구조가 복잡한 페이지를 구현할 때는 컴포넌트마다 필요한 데이터를 일일이 Props로 전달해야 하는 부담이 생깁니다. 컴포넌트 계층이 깊으면 코드는 복잡해지고 데이터의 전달 경로도 길어져 유지 보수하기가 어렵습니다. 특히 데이터가 필요한 중첩된 컴포넌트의 경우 Props를 전달하는 과정이 계속되면 코드의 가독성과 효율성은 급격히 떨어질 수 있습니다.

물론 Context API나 Redux, Zustand 등 글로벌 상태 관리 도구를 사용하면 이 문제를 해결할 수 있습니다. 그러나 글로벌 상태 관리 도구를 도입하면 코드의 복잡성은 증가할 뿐만 아니라 데이터 관리를 위한 추가 설정이 필요합니다. 대규모 프로젝트라면 이 도구들을 도입하는 게 타당할 수도 있지만, "닭 잡는 데 소 잡는 칼 쓴다"라는 격언처럼 간단한 기능 구현에 굳이 이런 도구까지 도입할 이유는 없습니다.

이 문제를 해결하기 위해 앱 라우터 버전의 Next.js 앱에서는 리액트 서버 컴포넌트라는 새로운 유형의 컴포넌트를 사용해 데이터가 필요한 컴포넌트가 직접 데이터를 페칭하도록 개선합니다. 데이터를 특정 페이지 컴포넌트에 집중하지 않고 데이터가 필요한 컴포넌트가 직접 데이터를 페칭할 수 있어 데이터 관리를 더욱 효율적이고 직관적으로 할 수 있습니다. 이것 역시 자세한 내용은 다음 장에서 실습과 함께 살펴보겠습니다.

JS Bundle에 불필요한 컴포넌트들이 포함됨

페이지 라우터 버전은 브라우저의 초기 접속 요청을 다음과 같은 순서로 처리합니다.

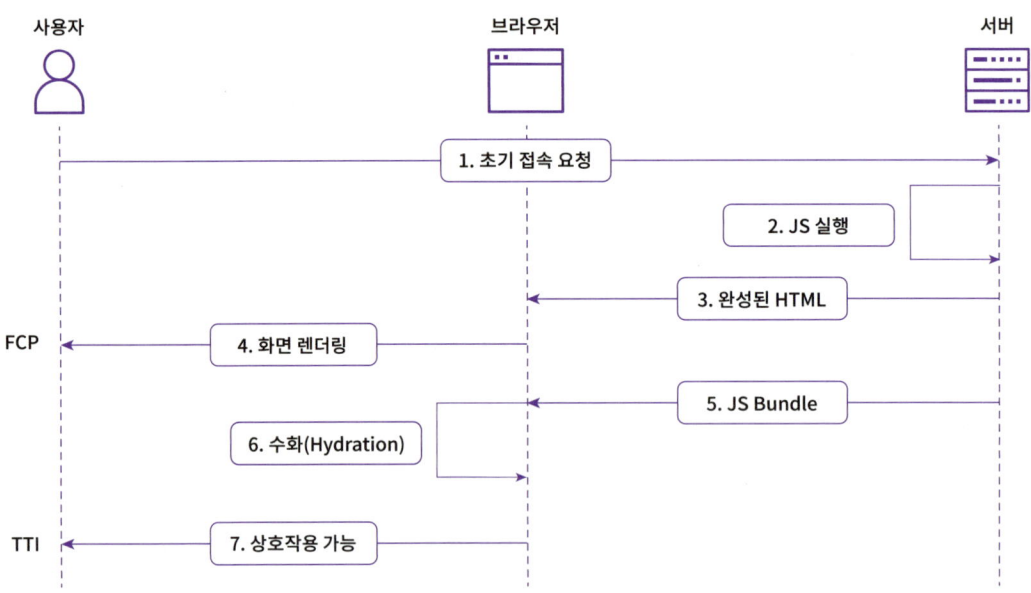

[그림 3-51] Next.js 앱이 브라우저의 초기 접속 요청을 처리하는 과정

1. 브라우저가 Next.js 서버에 초기 접속 요청을 보냅니다.
2. Next.js 서버는 접속 요청을 받은 경로의 페이지에 있는 컴포넌트를 모두 실행해 완성된 HTML 페이지를 생성합니다.
3. Next.js 서버가 2번에서 생성한 HTML 페이지를 브라우저에 전달해 응답합니다.
4. 브라우저가 3번에서 받은 HTML을 화면에 렌더링합니다. 사용자에게 콘텐츠가 채워진 페이지를 렌더링하는 이 시점을 FCP(First Contentful Paint)라고 표현합니다.
5. Next.js 서버는 페이지를 구성하는 모든 컴포넌트를 자바스크립트 번들로 묶어 브라우저에 전달합니다.
6. 브라우저가 5번에서 받은 자바스크립트 번들을 실행해 화면에 렌더링했던 HTML(4번)과 연결합니다. 이제 자바스크립트로 구현한 클릭, 드래그 등과 같은 동작을 사용자가 사용할 수 있는데, 이 과정을 하이드레이션(수화)이라고 합니다.
7. 6번과 동시에 사용자와 상호작용이 가능하므로 이 시점을 TTI(Time to interactive)라고 표현합니다.

그런데 이 과정에는 사실 비효율적인 부분이 있습니다. 4번 과정에서 Next.js 서버가 페이지를 구성하는 모든 컴포넌트를 자바스크립트 번들로 묶어 브라우저에 전달한다고 했는데, 곰곰이 생각해 보면 사실 모든 컴포넌트를 자바스크립트 번들로 전달할 필요는 없습니다. 이 과정을 수행하는 주요 목적이 하이드레이션(5번 과정)을 거쳐 브라우저가 사용자와 상호작용하기 위함인데, 앞서 프로젝트에서 만든 컴포넌트 중에는 상호작용하지 않는 컴포넌트도 있기 때문입니다.

예를 들어 다음과 같은 컴포넌트가 페이지를 구성한다고 생각해 보겠습니다.

CODE   **file: 예시**

```
export default function Example(){
  return <div>Hello!</div>
}
```

Example 컴포넌트는 단순히 화면에 'Hello!'라는 텍스트를 렌더링할 뿐 사용자와 어떠한 상호작용도 하지 않습니다. 따라서 이 컴포넌트는 Next.js 서버가 브라우저에 전달하는 자바스크립트 번들에 포함시켜 하이드레이션할 필요가 전혀 없습니다.

한입북스 프로젝트도 이렇게 브라우저에서 상호작용하지 않는 컴포넌트들이 있습니다. 대표적으로 BookItem 컴포넌트가 그렇습니다.

CODE　　　　　　　　　　　　　　　　　　　　　　file: src/components/BookItem.tsx
```tsx
import type { BookData } from "@/types";
import Link from "next/link";
import style from "./book-item.module.css";

export default function BookItem({
  id,
  title,
  subTitle,
  author,
  publisher,
  coverImgUrl,
}: BookData) {
  return (
    <Link href={`/book/${id}`} className={style.container}>
      <img src={coverImgUrl} />
      <div>
        <div className={style.title}>{title}</div>
        <div className={style.subTitle}>{subTitle}</div>
        <br />
        <div className={style.author}>
          {author} | {publisher}
        </div>
      </div>
    </Link>
  );
}
```

이 컴포넌트는 페이지에 도서 아이템을 렌더링할 뿐 사용자와 어떤 상호작용도 하지 않습니다. 물론 다른 페이지로 이동하는 기능이 있지만, 이는 브라우저의 고유한 기능일 뿐 자바스크립트로 처리할 상호작용 기능은 아닙니다. 따라서 이 컴포넌트는 굳이 Next.js 서버가 브라우저에 전달할 자바스크립트 번들에 포함할 이유가 없습니다. 상호작용 기능이 없으므로 하이드레이션할 필요도 없습니다.

그러나 페이지 라우터 버전은 페이지를 구성하는 모든 컴포넌트를 자바스크립트 번들에 포함시킵니다. 그 결과 필요치 않은 컴포넌트까지 자바스크립트 번들에 포함시켜 브라우저에서 하이드레이션합니다. 하이드레이션 연산이 불필요하게 추가되면 결국 TTI(Time To Interactive) 시점을 지연하기 때문에 사용자의 서비스 만족도는 떨어집니다.

이 점이 페이지 라우터 버전의 한계이자 단점입니다. 앞으로 살펴볼 앱 라우터 버전에서는 상호작용이 필요하지 않은 컴포넌트를 '서버 컴포넌트'라는 새로운 유형의 컴포넌트로 지정해 자바스크립트 번들에서 제외할 수 있습니다. 이로써 자바스크립트 번들에는 상호작용이 필요한 컴포넌트만 포함하므로 하이드레이션 과정을 단축하고 TTI를 개선합니다. 자세한 내용은 이후 장에서 다룹니다.

2부

앱 라우터(App Router) 속속들이 알아보기

2부에서 다루는 내용

- 앱 라우터 버전의 Next.js 앱 시작하기
- 앱 라우터 버전의 데이터 페칭
- 페이지 캐시
- 스트리밍
- 서버 액션
- 고급 라우트 기법
- 최적화 및 배포

4장

앱 라우터 버전의 Next.js 앱 시작하기

이 장에서 주목할 키워드

- 앱 라우터
- 라우팅
- 프리페칭
- 레이아웃
- 서버 컴포넌트
- 클라이언트 컴포넌트
- UI 구현하기

> **이 장의 학습 목표**
> - 앱 라우터 기반 Next.js 앱을 생성하고 프로젝트의 구성을 살펴봅니다.
> - 앱 라우터의 라우팅, 네비게이션, 레이아웃 설정과 프리페칭 적용 방법을 학습합니다.
> - 서버 컴포넌트와 클라이언트 컴포넌트의 차이를 이해합니다.

이번 장에서는 앱 라우터 버전 Next.js 앱(이하 앱 라우터 버전)을 생성하고 그 기능에 대해 자세히 살펴보겠습니다. 앱 라우터 버전은 2022년 10월 세상에 처음 공개되었습니다. Vercel은 이 버전을 공개하면서 라우팅과 레이아웃 설정에서 새로운 방식을 제안하는 한편, 리액트 서버 컴포넌트, 스트리밍 등과 같은 추가 기능도 함께 제공했습니다. 앱 라우트 버전이 어떤 기능들을 추가했는지 실습을 진행하며 천천히 알아보겠습니다.

새로운 Next.js 앱 생성하기

보통 Next.js 앱에서는 하나의 라우터만 사용하도록 권장합니다. 페이지 라우터와 앱 라우터 버전을 동시에 사용하는 방법도 있지만, 라우터 사이의 구조가 다르고 설정 방식도 달라 혼란스럽고 불편한 상황이 발생할 수 있습니다. 따라서 이번 장에서는 앞서 만들었던 페이지 라우터 대신 앱 라우터 버전으로 새로운 Next.js 앱을 만들고 실습합니다.

Next.js 앱 생성하기

앱 라우터 버전의 Next.js 앱을 새롭게 생성합니다. 생성 방법은 페이지 라우터 버전 Next.js 앱을 생성할 때와 동일합니다. macOS의 터미널(Windows의 명령 프롬프트)을 열고 문서(Documents) 폴더에 있는 onebite-next 폴더로 이동합니다.

```
cd ~/Documents/onebite-next
```

다음 명령어로 새로운 Next.js 앱을 생성합니다.

```
npx create-next-app@v15.2.3 onebite-books-app-router
```

명령어의 의미는 2장에서 이미 살펴봤으므로 여기서는 생략합니다. 생성할 앱의 옵션을 물어보는 질문에는 다음과 같이 답변합니다.

```
Would you like to use TypeScript?   Yes
Would you like to use ESLint?    Yes
Would you like to use Tailwind CSS?     No
Would you like your code inside a `src/` directory?    Yes
Would you like to use App Router? (recommended)     Yes ①
Would you like to use Turbopack for `next dev`?    No
Would you like to customize the import alias (`@/*` by default)?   No
```

① App Router를 사용할 것이냐는 질문에 이번에는 Yes로 대답합니다. 그 외의 질문은 2장과 마찬가지로 기본 설정으로 답변하면 됩니다.

질문에 대한 답변을 모두 마치면 새 Next.js 앱을 성공적으로 생성합니다.

구성 요소 살펴보기

앱을 잘 생성했다면 어떤 구성 요소로 이루어져 있는지 살펴볼 차례입니다. 비주얼 스튜디오 코드에서 생성한 Next.js 앱을 열어 어떤 파일과 폴더들이 있는지 자세히 살펴보겠습니다.

우선 앱 라우터 버전 앱은 페이지 라우터 버전 앱과 크게 다르지 않습니다. 정적 파일을 보관하는 public 폴더, 소스코드를 보관하는 src 폴더, Next.js 앱의 설정을 담당하는 next.config.ts 등 기본 파일들은 페이지 라우터 버전과 완전히 동일합니다.

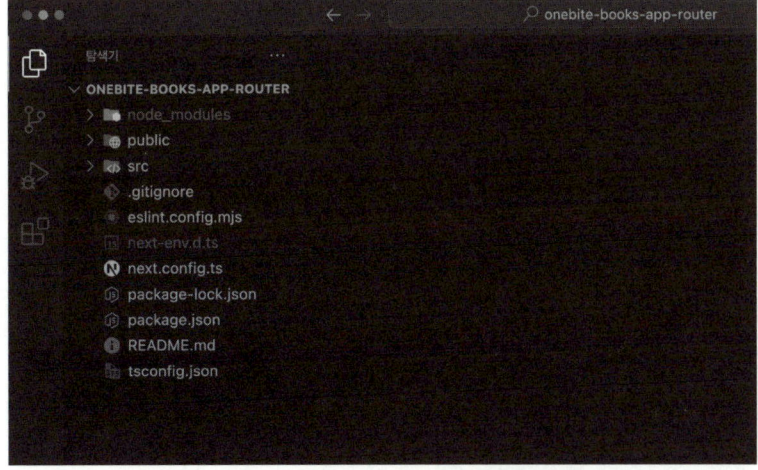

[그림 4-1] 페이지 라우터와 구조가 유사한 앱 라우터 버전 앱

그러나 중요한 차이가 하나 있는데, 바로 src 폴더 아래에 pages 대신 app 폴더가 있다는 점입니다. app 폴더 역시 페이지 라우터 버전의 pages처럼 폴더 구조에 따라 라우팅과 레이아웃을 설정하기 위해 사용하는데, 방식이 pages 폴더와 조금 다릅니다.

우선 app 폴더에서는 파일명이 'page'인 파일에서 페이지 컴포넌트를 정의해야 합니다. 예를 들어 ~/app/page.tsx 파일은 인덱스 페이지 컴포넌트, ~/app/search/page.tsx 파일은 검색 페이지 컴포넌트를 정의합니다. ~/app/page.tsx 파일을 열면 다음과 같이 인덱스 페이지 컴포넌트 역할을 하는 Home 컴포넌트가 정의되어 있습니다.

CODE   file: src/app/page.tsx

```
(...)
export default function Home() {
  return (...);
}
```

또한 앱 라우터 버전에서는 파일명이 'page'인 파일에서 페이지 컴포넌트를 정의하듯이 파일명이 'layout'인 파일에서 레이아웃 컴포넌트를 정의해야 합니다. 따라서 src/app/layout.tsx 파일을 열면 다음과 같이 RootLayout 컴포넌트가 기본적으로 정의되어 있습니다.

CODE   file: src/app/layout.tsx

```
(...)
export default function RootLayout({
  children,
}: Readonly<{
  children: React.ReactNode;
}>) {
  return (...);
}
```

정리하면 앱 라우터 버전의 app 폴더에서는 파일명이 'page'인 파일에는 페이지 컴포넌트, 파일명이 'layout'인 파일에는 레이아웃 컴포넌트를 정의해야 합니다.

앞으로 살펴보겠지만 이 기능 덕택에 페이지 라우터 버전보다 더 유연하게 라우팅과 레이아웃을 적용할 수 있습니다.

Next.js 앱 실행하기

개발 모드로 실행하기

앱을 실행하는 방법은 페이지 라우터 버전과 동일합니다. 비주얼 스튜디오 코드 터미널(이하 Next.js 서버 콘솔)에서 다음 명령어를 입력해 앱을 개발 모드로 실행합니다.

npm run dev

Next.js 앱을 개발 모드로 가동하면 Next.js 서버 콘솔에서는 접속할 수 있는 주소를 포함한 안내 메시지가 [그림 4-2]와 같이 출력됩니다.

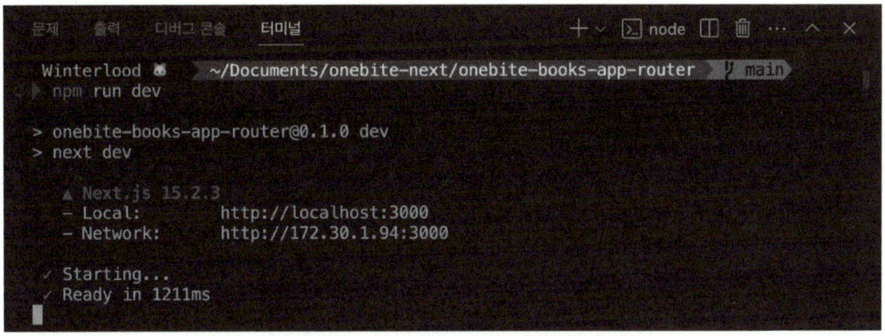

[그림 4-2] Next.js 앱에서 개발 모드로 실행하기

실행된 앱은 기본적으로 *http://localhost:3000* 주소로 접근할 수 있습니다.

> **TIP**
> 이때 실습 중인 PC에 이미 다른 Next.js 앱이 가동되고 있다면 포트 번호가 자동으로 변경되므로 '*http://localhost:3001*' 등의 주소로 접속해야 합니다. 정확한 접속 주소는 Next.js 서버 콘솔에 출력된 메시지로 확인할 수 있습니다.

프로덕션 모드로 실행하기

이번에는 앱을 프로덕션 모드로 실행합니다. Next.js 서버 콘솔에서 Ctrl + C 키를 눌러 개발 모드를 종료하고 앱을 빌드하는 명령어를 다음과 같이 입력합니다.

npm run build

빌드가 완료되면 다음과 같이 Next.js 서버 콘솔에 빌드 결과가 출력됩니다.

```
OUTPUT
> onebite-books-app-router@0.1.0 build
> next build

  ▲ Next.js 15.2.3
```

```
  Creating an optimized production build ...
 ✓ Compiled successfully
 ✓ Linting and checking validity of types
 ✓ Collecting page data
 ✓ Generating static pages (5/5)
 ✓ Collecting build traces
 ✓ Finalizing page optimization

Route (app)                                Size      First Load JS
┌ ○ /                                      5.7 kB          106 kB
└ ○ /_not-found                            978 B           101 kB
+ First Load JS shared by all              100 kB
  ├ chunks/4bd1b696-5b6c0ccbd3c0c9ab.js    53.2 kB
  ├ chunks/684-c0c78eab0c9b2e63.js         45.4 kB
  └ other shared chunks (total)            1.88 kB


○  (Static)   prerendered as static content
```

빌드 결과 메시지는 나중에 자세히 다루므로 지금은 잘 몰라도 괜찮습니다. 빌드를 완료했다면 이어 Next.js 서버 콘솔에서 다음 명령어를 입력해 앱을 프로덕션 모드로 실행합니다.

npm run start

프로덕션 모드 역시 기본적으로 *http://localhost:3000* 주소로 접근합니다. 잘 접속되는지 확인했다면 이후 실습을 위해 프로덕션 모드를 종료하고 개발 모드를 다시 가동합니다.

실습 준비하기

지금까지 앱 라우터 버전 앱을 생성해 구성 요소를 살펴보고 개발 모드, 프로덕션 모드의 실행 방법도 살펴보았습니다. 이후 실습을 위해 불필요한 코드나 파일을 삭제하고 ESLint 옵션을 작성하는 등 개발 환경을 간단히 설정합니다.

기본 스타일 제거하기

먼저 앱 생성과 동시에 자동으로 적용되는 기본 스타일부터 제거합니다. src/app 폴더에 있는 global.css와 page.module.css 파일의 내용을 모두 제거합니다.

```
// 내용 전부 제거
```
file: src/app/global.css

```
// 내용 전부 제거
```
file: src/app/page.module.css

다시 브라우저에서 인덱스 페이지에 접속하면 [그림 4-3]과 같이 스타일이 모두 제거된 페이지를 확인할 수 있습니다.

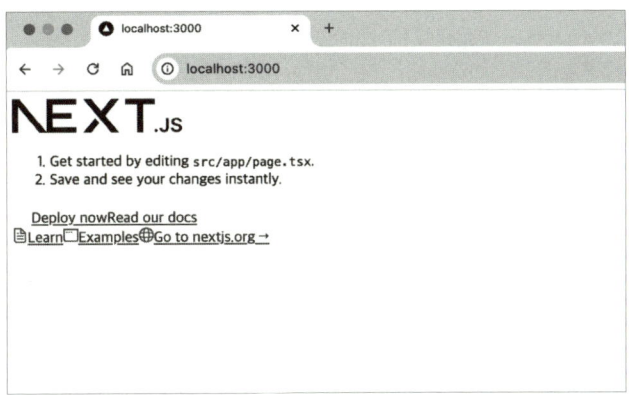

[그림 4-3] 스타일이 모두 제거된 페이지

레이아웃 초기화하기

다음으로 기본으로 설정되어 있는 레이아웃 설정을 초기화합니다. 앱 라우터 버전에서는 app 폴더에서 파일명이 'layout'인 파일이 페이지의 레이아웃을 정의한다고 했습니다. 따라서 src/app/layout.tsx의 내용을 다음과 같이 수정해 기본 레이아웃을 초기화합니다.

```
export default function RootLayout({
  children,
}: Readonly<{
  children: React.ReactNode;
}>) {
  return (
    <html lang="en">
      <body>{children}</body>
    </html>
  );
}
```
file: src/app/layout.tsx

불필요한 코드를 제거하는 작업이므로 화면의 렌더링 결과는 달라지지 않습니다.

인덱스 페이지 초기화하기

다음으로 인덱스 페이지의 UI를 초기화합니다. 앱 라우터 버전은 app 폴더에서 파일명이 'page'인 파일이 페이지 컴포넌트를 정의합니다. 따라서 src/app/page.tsx의 내용을 다음과 같이 수정해 인덱스 페이지를 초기화합니다.

CODE　　　　　　　　　　　　　　　　　　　　　　　　　　　file: src/app/page.tsx
```tsx
export default function Page() {
  return <h1>인덱스 페이지</h1>;
}
```

이제 브라우저에서 인덱스 페이지에 접속하면 [그림 4-4]와 같이 '인덱스 페이지'라는 텍스트만 하나 렌더링됩니다.

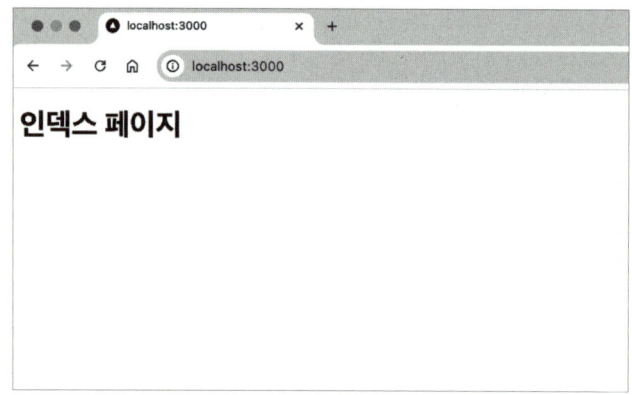

[그림 4-4] 초기화된 인덱스 페이지

React Strcit Mode 해제하기

다음으로 Next.js 앱의 설정을 관리하는 next.config.ts 파일에서 리액트의 엄격 검사 모드, 즉 리액트의 Strict Mode의 설정을 해제합니다. 이 모드가 활성화되어 있으면 앱의 잠재적인 오류 검사를 위해 컴포넌트가 의도치 않게 여러 번 실행될 수 있어 실습을 방해할 가능성이 있습니다. 따라서 다음과 같이 옵션을 해제합니다.

```
file: next.config.ts
import type { NextConfig } from "next";

const nextConfig: NextConfig = {
  /* config options here */
  reactStrictMode: false, ①
};

export default nextConfig;
```

① reactStrictMode를 false로 설정해 옵션을 해제합니다.

ESLint 규칙 설정하기

실습 준비의 마지막 단계로 ESLint 규칙을 설정합니다. 설정 방법은 페이지 라우터 버전과 동일합니다. 프로젝트 루트에 있는 eslint.config.mjs 파일을 열고 다음과 같이 수정합니다:

```
file: eslint.config.mjs
(...)

const eslintConfig = [
  ...compat.extends("next/core-web-vitals", "next/typescript"),
  {
    rules: {
      "@typescript-eslint/no-unused-vars": "off",
      "@typescript-eslint/no-explicit-any": "warn",
    },
  },
];

export default eslintConfig;
```

이렇게 설정하면 사용하지 않는 변수가 있을 때 error 대신 warn 수준의 경고만 출력됩니다. 실습 과정에서 발생할 수 있는 불필요한 오류 메시지를 미연에 방지할 수 있습니다.

라우팅 설정하기

이번 절에서는 앱 라우터 버전에서 라우팅을 설정하는 방법을 알아봅니다. 페이지 라우터 버전과 유사한 부분도 있지만 몇 가지 중요한 차이점이 있으므로 차이점에 집중해 살펴보겠습니다.

파일 시스템 기반의 페이지 라우팅

앱 라우터 버전에서는 app 폴더 구조를 기반으로 페이지 라우팅이 자동으로 설정됩니다. 몇 가지 예시를 들어 보겠습니다.

- src/app/page.tsx: 주소는 '/'이며 인덱스 페이지 컴포넌트를 정의하는 파일
- src/app/search/page.tsx: 주소는 '/search'이며 검색 페이지 컴포넌트를 정의하는 파일

경로 주소가 '/search'인 검색 페이지를 추가합니다. src/app 폴더에 경로 설정을 위한 search 폴더와 page.tsx 파일을 각각 생성하고 페이지 컴포넌트를 다음과 같이 정의합니다.

```
CODE                                          file: src/app/search/page.tsx
export default function Page() {
  return <h1>검색 페이지</h1>;
}
```

브라우저에서 '/search'로 접속해 검색 페이지를 잘 렌더링하는지 확인합니다.

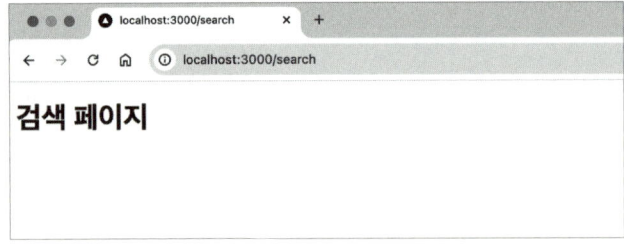

[그림 4-5] 검색 페이지

앱 라우터 버전에서는 페이지 컴포넌트를 정의하는 파일은 반드시 'page'라는 이름을 가져야 합니다. 이 점이 보통의 파일명으로 라우팅을 설정했던 페이지 라우터 버전과 가장 큰 차이입니다.

앱 라우터 버전에서 이런 방식을 택한 이유는 app 폴더 안에 페이지 컴포넌트를 정의하는 파일 외에도 일반 컴포넌트, 레이아웃, 에러 페이지 등 다양한 역할을 하는 파일을 저장하기 위함입니다. 페이지 라우터 버전의 pages 폴더에서는 페이지 컴포넌트를 정의하는 파일만 있어야 하기 때문에 목적이 다른 파일은 분리 관리해야 하는 불편함이 있었습니다. 예를 들어 pages 폴더에서 BookItem 컴포넌트인 book-item.tsx 파일을 생성하면 '~/book-item' 경로의 페이지 컴포넌트가 설정되므로, pages 폴더가 아닌 components 폴더에서 따로 보관해야 했습니다. 이런 불편함을 없애기 위해 앱 라우터 버전에서는 페이지 컴포넌트를 정의하는 파일은 반드시 이름에 'page'를 붙이게 했습니다. 이제 app 폴더에서는 역할이 다른 파일들을 다양하게 저장하고 관리할 수 있습니다.

동적 경로가 있는 페이지 라우팅

이번에는 'book/[id]'와 같이 동적 경로에 대응하는 페이지의 라우팅을 설정합니다. 페이지 라우터 버전과 동일하게 동적인 경로를 대괄호로 감싸면 됩니다. src/app/book/[id]/page.tsx 파일을 생성하고 페이지 컴포넌트를 다음과 같이 정의합니다.

CODE file: src/app/book/[id]/page.tsx
```
export default function Page() {
  return <h1>도서 상세 페이지</h1>;
}
```

브라우저에서 '/book/1'로 접속해 도서 상세 페이지가 잘 렌더링되는지 확인합니다.

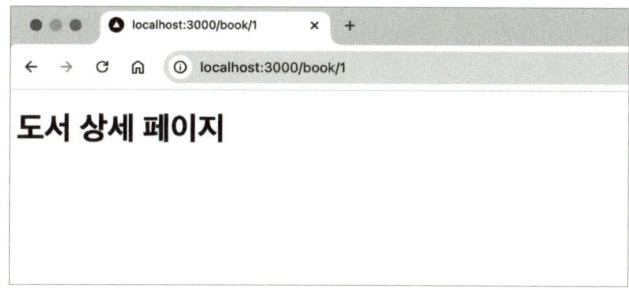

[그림 4-6] 동적 경로인 'book/1'로 접속한 페이지

다수의 URL 파라미터를 처리하는 캐치올 세그먼트의 설정 방법도 페이지 라우터 버전과 동일합니다. [id] 폴더의 이름을 [...id]로 수정하면 됩니다.

CODE　　　　　　　　　　　　　　　　　　　file: src/app/book/[...id]/page.tsx
```
export default function Page() {
  return <h1>도서 상세 페이지</h1>;
}
```

이제 도서 상세 페이지 컴포넌트는 '/book/[id]'뿐만 아니라 'book/1/1' 또는 'book/1/1/1' 등 URL 파라미터가 여러 개 있는 경로의 페이지도 라우팅 설정을 할 수 있습니다.

URL 파라미터가 하나도 없는, 즉 '/book'과 같은 경로의 컴포넌트를 화면에 렌더링하려면 [...id] 폴더의 이름을 [[...id]]로 변경하는 옵셔널 캐치올 세그먼트를 설정하면 됩니다.

CODE　　　　　　　　　　　　　　　　　　　file: src/app/book/[[...id]]/page.tsx
```
export default function Page() {
  return <h1>도서 상세 페이지</h1>;
}
```

이제 '/book'으로 시작하는 모든 경로의 페이지는 이 페이지 컴포넌트를 화면에 렌더링하도록 라우팅이 설정됩니다. 캐치올 세그먼트와 옵셔널 캐치올 세그먼트는 페이지 라우터 버전의 Next.js 앱을 다룰 때 설명했으므로 자세한 설명은 생략합니다(66~67쪽 참조).

이후 실습을 위해 [[...id]] 폴더의 이름은 다시 [id]로 수정해 하나의 URL 파라미터에만 대응하도록 수정합니다.

쿼리 스트링과 URL 파라미터

이번에는 경로와 함께 전달되는 값인 쿼리 스트링과 URL 파라미터를 꺼내 사용하는 방법을 살펴봅니다.

쿼리 스트링

useRouter 혹으로 쿼리 스트링과 URL 파라미터의 값을 가져왔던 페이지 라우터 버전과는 달리, 앱 라우터 버전에서는 쿼리 스트링과 URL 파라미터가 페이지 컴포넌트에 Props로 전달됩니다. 이를 확인하기 위해 현재 검색 페이지 컴포넌트가 받은 Props를 Next.js 서버 콘솔에 출력하겠습니다.

CODE　　　　　　　　　　　　　　　　　　　　　　　file: src/app/search/page.tsx
```
export default function Page(props) { ①
  console.log(props); ②
  return <h1>검색 페이지</h1>;
}
```

① 매개변수 props를 선언합니다. 이때 발생하는 타입 오류는 잠시 무시해도 괜찮습니다.
② props의 값을 콘솔에 출력합니다.

브라우저에서 '/search?q=한입'으로 접속한 후 Next.js 서버 콘솔에 출력된 props의 값을 확인합니다. 페이지 컴포넌트에 전달된 Props의 값을 다음과 같이 상세히 확인할 수 있습니다.

OUTPUT
```
{
  params: Promise {
    <pending>,
    [Symbol(async_id_symbol)]: 405302,
    (...)
  },
  searchParams: Promise {
    <pending>,
    q: [Getter/Setter],
    (...)
  }
}
```

Next.js 콘솔에 출력된 props 객체를 살펴보면 이 객체에는 URL 파라미터를 저장하는 params와 쿼리 스트링을 저장하는 searchParams라는 프로퍼티가 포함되어 있습니다. 각 프로퍼티의 값으로 Promise 객체가 저장되어 있습니다. 이로써 앱 라우터 버전은 URL 파라미터와 쿼리 스트링 값을 Promise 객체를 통해 비동기적으로 제공하고 있음을 알 수 있습니다.

비동기적으로 제공되는 쿼리 스트링 값을 검색 페이지에서 사용하려면 async/await을 사용해야 합니다. 검색 페이지 컴포넌트를 다음과 같이 수정합니다.

```
CODE                                            file: src/app/search/page.tsx
export default async function Page(props) {  ①
  const { q } = await props.searchParams;  ②

  return <h1>검색 페이지: {q}</h1>;  ③
}
```

① 페이지 컴포넌트에 async 키워드를 붙여 비동기 함수로 설정합니다. ②에서 await을 사용하기 위함입니다.
② await을 사용해 비동기적으로 제공되는 props의 프로퍼티 searchParams에서 쿼리 스트링을 꺼내 변수 q에 저장합니다.
③ 쿼리 스트링 q의 값을 페이지에 렌더링합니다.

컴포넌트에 async 키워드를 붙이는 것이 다소 어색할 수 있는데, 지금은 잘 몰라도 괜찮습니다. 이는 앱 라우터 버전에서 도입된 새로운 렌더링 기능과 관련이 있으며 나중에 서버 컴포넌트를 다룰 때 자세히 설명합니다. 지금은 비동기 데이터를 불러오기 위해 이 구문이 필요하다는 정도만 이해하면 충분합니다.

브라우저에서 '/search?q=한입'으로 접속하면 [그림 4-7]과 같이 쿼리 스트링 q의 값이 페이지에 렌더링됩니다.

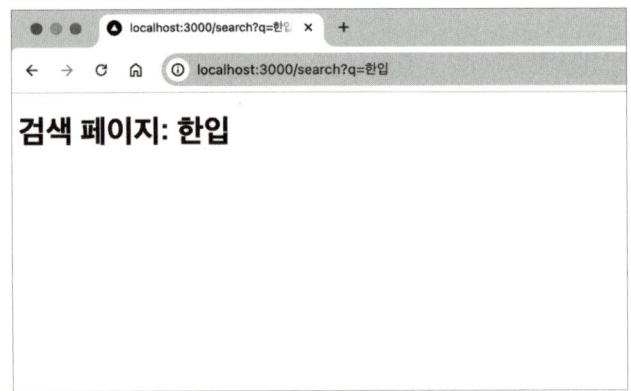

[그림 4-7] 쿼리 스트링 확인하기

다음으로 타입을 정의해 타입 오류를 해결하겠습니다. 다음과 같이 수정합니다.

```
CODE                                            file: src/app/search/page.tsx
export default async function Page({  ①
  searchParams,
}: {
```

```
  searchParams: Promise<{ q?: string }>;
}) {
  const { q } = await searchParams;

  return <h1>검색 페이지: {q}</h1>;
}
```

① 구조 분해 할당으로 props 객체에서 searchParams를 추출합니다. 이때 Props의 타입은 searchParams 프로퍼티를 포함하고 있는 객체입니다. 따라서 searchParams 프로퍼티의 타입은 문자열이나 undefined 타입의 q 프로퍼티를 선택적으로 반환하는 Promise 객체(비동기 객체)로 정의합니다.

URL 파라미터

쿼리 스트링에 이어 이번에는 URL 파라미터 값을 추출합니다. URL 파라미터 역시 페이지 컴포넌트에 props로 전달되기 때문에 쿼리 스트링과 동일한 방법으로 꺼내 사용할 수 있습니다.

URL 파라미터를 사용하는 도서 상세 페이지 컴포넌트를 다음과 같이 수정합니다.

CODE　　　　　　　　　　　　　　　　　　　　　　file: src/app/book/[id]/page.tsx
```
export default async function Page({ ①
  params,
}: {
  params: Promise<{ id: string }>; ②
}) {
  const { id } = await params; ③

  return <h1>{id}번 도서 상세 페이지</h1>; ④
}
```

① 페이지 컴포넌트에 async 키워드를 붙여 비동기 함수로 설정한 다음, Props 객체에서 URL 파라미터의 값을 담고 있는 params를 구조 분해 할당으로 추출합니다.
② Props의 타입은 params 프로퍼티를 포함하고 있는 객체입니다. params 프로퍼티 타입은 { id: string } 타입의 객체를 반환하는 Promise 객체로 정의합니다.
③ await을 사용해 비동기 객체 params에서 id 값을 꺼냅니다.
④ ③에서 꺼낸 id를 화면에 렌더링합니다.

브라우저에서 'book/1'로 페이지에 접속하면 [그림 4-8]처럼 id 파라미터 값을 렌더링합니다.

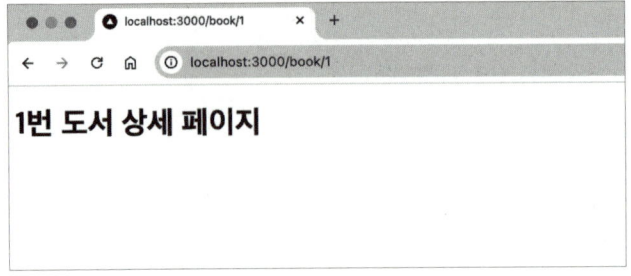

[그림 4-8] URL 파라미터 값 확인하기

특수 페이지 설정하기

페이지 라우터 버전에서 404 페이지를 설정하려면 pages 폴더에서 404.tsx 파일을 생성해야 했습니다. 앱 라우터 버전에서는 파일 이름이 not-found.tsx로 변경되었습니다. 따라서 app 폴더에 not-found.tsx 파일을 생성하고 페이지 컴포넌트를 정의하면 이 컴포넌트가 404 페이지의 역할을 수행합니다. 다음과 같이 작성합니다.

```
CODE                                         file: src/app/not-found.tsx
export default function Notfound() {
  return (
    <div>
      <h1>페이지를 찾을 수 없습니다.</h1>
      <div>
        잘못된 경로로 접근하셨습니다. 주소를 다시 확인해 주세요.
      </div>
    </div>
  );
}
```

이제 'localhost:3000/123123'과 같이 없는 경로로 접근하면 [그림 4-9]처럼 404 페이지가 출력됩니다.

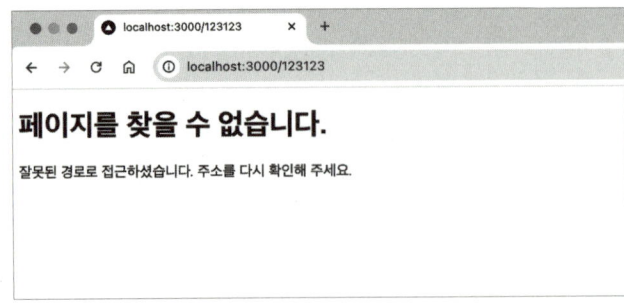

[그림 4-9] 404 페이지 확인하기

앱 라우터 버전에서는 404 페이지 외에도 예외를 처리하는 500 페이지, 즉 에러 페이지도 쉽게 설정할 수 있습니다. 에러 페이지 설정을 위해서는 서버 컴포넌트와 클라이언트 컴포넌트의 개념을 이해해야 하므로 지금은 404 페이지만 간단히 살펴보고 넘어갑니다. 에러 페이지는 페이지에서 발생하는 예외를 처리하는 과정에서 자세히 다룹니다.

라우트 핸들러

앱 라우터 버전의 라우트 핸들러는 폴더 구조만으로 새로운 API 엔드포인트를 생성하는 기능입니다. 페이지 라우터 버전의 API 라우트를 대체하는 기능이라고 이해하면 쉽습니다.

라우트 핸들러를 설정하는 방법은 간단합니다. app 폴더에 api 폴더를 생성하고 원하는 경로에 맞게 새로운 폴더를 추가합니다. 그리고 이 폴더에 route.ts 파일을 생성하고 API 요청을 처리하는 핸들러 함수를 만들면 됩니다.

핸들러 함수의 파일 이름은 반드시 route.ts이어야 하는데, Next.js가 폴더 구조를 기반으로 파일을 API의 엔드포인트로 인식하기 때문입니다. 페이지 컴포넌트를 정의하는 파일 이름이 반드시 page.tsx이어야 하는 원리와 같습니다.

따라서 'api/test'를 주소로 하는 API를 생성하려면 'src/app/api/test/route.ts'를 생성하고 다음과 같이 핸들러 함수를 작성하면 됩니다.

`CODE` file: src/app/api/test/route.ts
```
export function GET() {
  return new Response("테스트 API입니다.");
}
```

라우트 핸들러는 함수 이름으로 HTTP 메서드를 구분해 요청을 처리합니다. 쉽게 말해 브라우저에서 '~/api/test' 경로로 접속해 GET 요청을 보내면 파일의 `GET` 함수가 실행되어 요청을 처리합니다. 마찬가지로 POST 요청에는 해당 파일의 `POST` 함수가, PUT 요청에는 해당 파일의 `PUT` 함수가 요청을 처리합니다. 이 밖에도 `PATCH`, `DELETE`, `HEAD`, `OPTIONS` 모두 동일하게 동작합니다.

route.ts 파일에서 `GET` 함수를 선언하면 해당 경로로 들어온 GET 요청을 이 함수가 처리합니다. 브라우저에서 '~/api/test' 경로로 접속해 GET 요청을 보내면 `GET` 함수가 실행되며 [그림 4-10]처럼 결괏값으로 "테스트 API입니다."라는 메시지를 출력합니다.

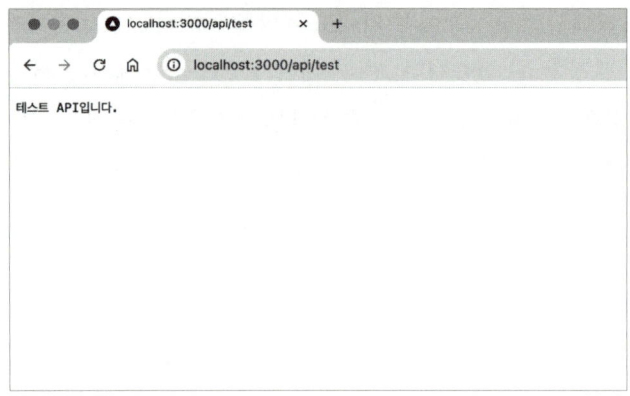

[그림 4-10] GET 메서드로 호출한 결과

앱 라우터 버전도 페이지 라우터 버전의 API 라우트처럼 API 엔드포인트를 손쉽게 설정할 수 있습니다. 이 기능을 잘 활용하면 하나의 앱에서 프런트엔드와 백엔드 기능을 모두 구현할 수 있습니다.

그러나 라우트 핸들러는 API 라우트처럼 주로 간단한 기능이나 테스트를 목적으로 설계한 것이어서 대규모 프로덕션에서 필요로 하는 결제나 인증 등의 복잡한 기능을 구현하는 데는 적합하지 않습니다. 따라서 이 책은 라우트 핸들러를 이 정도로 간단히 정리하고 넘어갑니다. 더 자세히 알아보고 싶은 독자라면 아래 링크를 참고하길 바랍니다.

https://nextjs.org/docs/app/building-your-application/routing/route-handlers

레이아웃 설정하기

앞서 3장에서 페이지 라우터 버전의 장단점을 소개하면서 페이지 라우터는 페이지별로 레이아웃을 설정하는 것이 불편하다고 말한 바 있습니다. 앱 라우터 버전은 파일 구조를 기반으로 레이아웃을 더욱 직관적이고 편리하게 설정할 수 있는 기능을 제공합니다.

파일 시스템 기반의 레이아웃 설정

앱 라우터 버전에서는 app 폴더 구조를 기반으로 레이아웃을 설정합니다. 레이아웃을 적용하려는 폴더에 layout.tsx 파일을 생성하고 레이아웃 컴포넌트를 작성하면 해당 폴더 이하의 모든 페이지에 레이아웃이 일괄적으로 적용됩니다.

예를 들어 '/search' 경로 이하의 모든 페이지에 동일한 레이아웃을 적용하고 싶다면 src/app/search 폴더에서 layout.tsx 파일을 생성하고 다음과 같이 레이아웃 컴포넌트를 생성하면 됩니다.

`file: src/app/search/layout.tsx`

```
import { ReactNode } from "react";

export default function Layout({ children }: { children: ReactNode }) {
  return (
    <div>
      <header>임시 헤더</header>
      <main>{children}</main>
      <footer>임시 푸터</footer>
    </div>
  );
}
```

layout.tsx 파일에서 정의한 레이아웃 컴포넌트는 children Props로 현재 경로에 대응하는 페이지 컴포넌트를 자동으로 받습니다. 그리고 레이아웃 컴포넌트는 이 페이지 컴포넌트에 헤더와 푸터가 포함된 레이아웃을 적용해 렌더링합니다.

이 레이아웃은 '~/search' 경로 이하의 페이지에서만 적용됩니다. 브라우저에서 '/search' 경로로 접속하면 [그림 4-11]과 같이 적용된 레이아웃을 확인할 수 있습니다.

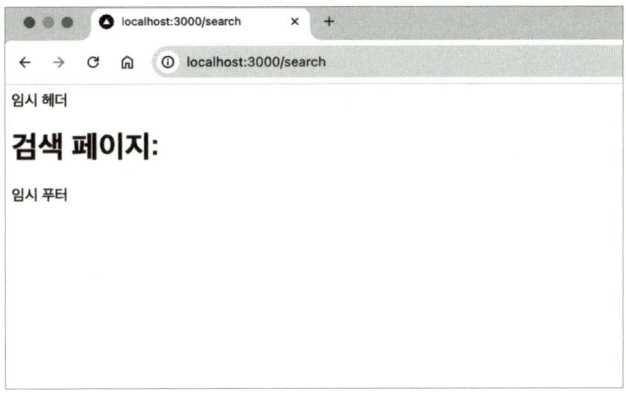

[그림 4-11] 레이아웃이 적용된 검색 페이지

앱 라우터 버전은 특정 폴더에 layout.tsx가 있으면 이 폴더 이하의 모든 페이지에 해당 레이아웃을 자동으로 적용합니다. 만일 app 폴더에 layout.tsx 파일을 생성하

레이아웃 설정하기 **229**

고 레이아웃 컴포넌트를 정의하면 이 컴포넌트는 전체 페이지에 레이아웃을 동일하게 적용하는 루트 레이아웃이 됩니다.

루트 레이아웃은 앱을 생성하면 기본으로 생성됩니다. src/app/layout.tsx 파일을 열면 다음과 같이 이미 생성되어 있는 루트 레이아웃을 확인할 수 있습니다.

CODE file: src/app/layout.tsx
```
export default function RootLayout({
  children,
}: Readonly<{
  children: React.ReactNode;
}>) {
  return (
    <html lang="en">
      <body>{children}</body>
    </html>
  );
}
```

RootLayout 컴포넌트의 return 문에서는 `<html>`과 `<body>` 태그를 직접 반환합니다. Next.js 앱의 기본 HTML 구조 역할을 루트 레이아웃이 수행하고 있음을 알 수 있습니다.

루트 레이아웃은 Next.js 앱의 필수 요소입니다. 루트 레이아웃이 없으면 앱은 기본 HTML 구조를 만들지 못해 정상적으로 동작하지 않습니다. 실제로 이 파일의 이름을 _layout.tsx로 변경해 루트 레이아웃을 제거하면 바로 [그림 4-12]처럼 오류가 발생합니다.

> **TIP**
> 간혹 layout.tsx가 자동으로 다시 생성되는 경우도 있습니다. 이때 발생하는 오류 메시지는 버전에 따라 조금씩 다를 수 있습니다.

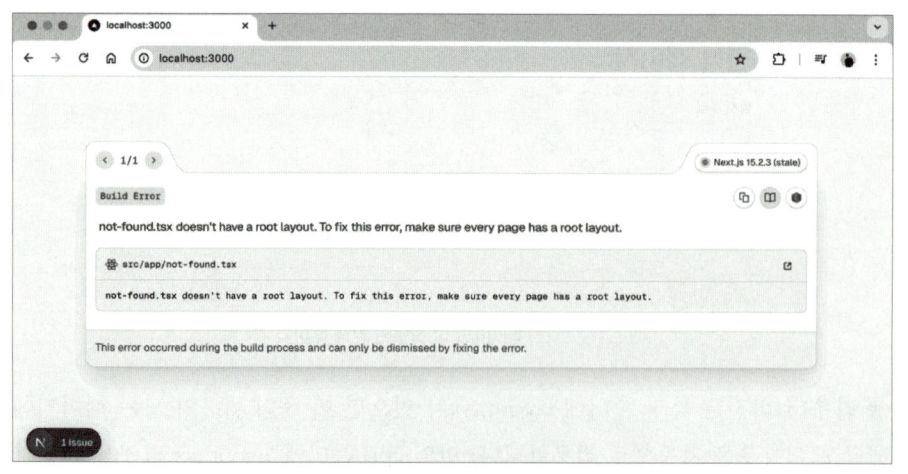

[그림 4-12] 루트 레이아웃이 사라지면 발생하는 오류

오류 발생을 확인했다면 _layout.tsx로 수정한 루트 레이아웃 파일의 이름을 다시 layout.tsx로 수정합니다.

레이아웃 중첩 적용하기

파일 구조를 기반으로 레이아웃을 설정한다면 하나의 페이지에 여러 레이아웃을 중첩으로 적용하는 일도 가능합니다. 실습을 위해 '/search/setting' 경로의 페이지를 하나 만들고 setting 페이지를 위한 추가적인 레이아웃이 필요하다고 가정해 보겠습니다.

다음과 같이 '/search/setting' 경로의 페이지에서 페이지 컴포넌트를 정의합니다.

```
CODE                                           file: src/app/search/setting/page.tsx
export default function Page() {
  return <h1>검색 설정 페이지</h1>;
}
```

이 페이지와 동일한 폴더에 layout.tsx 파일을 생성하고 레이아웃 컴포넌트를 정의합니다.

```
CODE                                          file: src/app/search/setting/layout.tsx
import { ReactNode } from "react";

export default function Layout({ children }: { children: ReactNode }) {
  return (
    <div>
      <div>설정 페이지 전용 헤더</div>
      {children}
    </div>
  );
}
```

'/search/setting' 경로 이하의 페이지는 모두 '설정 페이지 전용 헤더'라는 텍스트를 렌더링하도록 레이아웃을 적용했습니다. 이제 브라우저에서 '/search/setting' 페이지로 접속하면 [그림 4-13]과 같이 3개의 레이아웃이 중첩으로 적용됩니다.

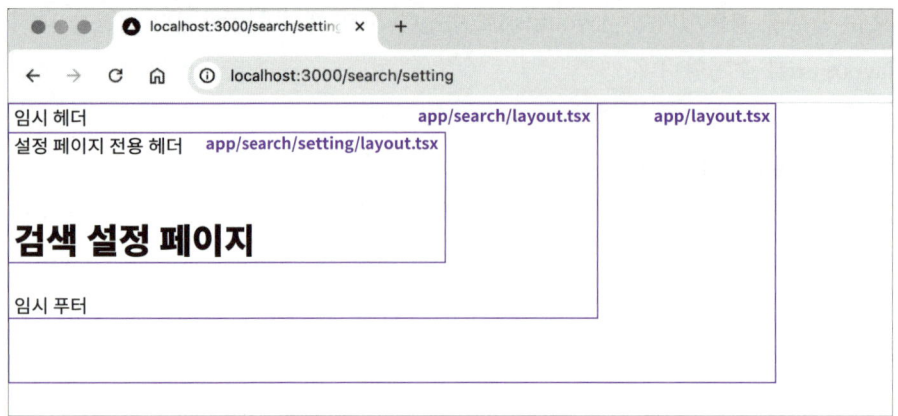

[그림 4-13] 레이아웃 중첩 적용 확인하기

이 페이지에 적용된 3개의 레이아웃은 다음과 같습니다.

- 루트 레이아웃: app/layout.tsx
- 검색 페이지 레이아웃: app/search/layout.tsx
- 검색 설정 페이지 레이아웃: app/search/setting/layout.tsx

레이아웃이 중첩 적용된다는 것을 확인했다면 이후 실습을 위해 'app/search/setting' 폴더와 파일은 모두 제거합니다.

경로가 다른 페이지에 공통 레이아웃 적용하기

이번엔 경로가 다른 페이지에도 동일한 레이아웃을 적용하는 방법을 살펴보겠습니다. 예리한 독자라면 앞서 살펴본 방식으로는 경로가 다른 두 페이지에서 공통 레이아웃을 적용하기가 어렵다는 사실을 눈치챘을 겁니다.

예를 들어 인덱스와 검색 페이지에 공통으로 적용할 검색 폼 레이아웃을 구현한다고 가정해 보겠습니다. 지금까지 배운 내용으로 생각해 보면 layout.tsx 파일을 저장할 곳은 app/layout.tsx이거나 app/search/layout.tsx입니다. 그러나 전자는 도서 상세 페이지에도 검색 폼 레이아웃을 적용하므로, 후자는 인덱스 페이지에는 이 레이아웃이 적용되지 않으므로 적합하지 않습니다.

이때는 앱 라우터 버전의 '그룹 라우팅' 기능을 이용하면 매우 편리합니다. 그룹 라우팅은 경로에 영향을 미치지 않는 특정 폴더를 생성해 경로가 다른 여러 페이지를 하나의 폴더로 묶어 줍니다. 예를 들어 그룹 라우팅을 이용해 인덱스와 검색 페이지를 하나로 묶고 싶다면 다음과 같이 폴더 구조를 수정하면 됩니다.

```
src/
app/
  (with-searchbar)/   # 라우트 그룹 폴더
    page.tsx          # 인덱스 페이지
    page.module.css
    search/
      layout.tsx      # 검색 페이지 레이아웃
      page.tsx        # 검색 페이지
  book/[id]
    page.tsx          # 도서 상세 페이지
```

정리하면 app에 (with-searchbar)라는 폴더를 생성하고 이 폴더에 app/page.tsx와 app/page.module.css 파일, 그리고 app/search 폴더를 옮깁니다. 소괄호로 감싼 (with-searchbar)는 라우트 그룹 폴더로 간주되어 실제 경로에는 아무런 영향을 미치지 않습니다. 따라서 (with-searchbar) 폴더의 page.tsx는 여전히 인덱스 페이지 컴포넌트 역할을 수행합니다. 마찬가지로 (with-searchbar) 폴더의 search/page.tsx도 여전히 검색 페이지 컴포넌트 역할을 수행합니다.

(with-searchbar) 폴더에 layout.tsx 파일을 생성하고 다음과 같이 검색 폼을 위한 레이아웃 컴포넌트를 정의합니다.

CODE   file: src/app/(with-searchbar)/layout.tsx

```tsx
import { ReactNode } from "react";

export default function Layout({ children }: { children: ReactNode }) {
  return (
    <div>
      <input placeholder="임시 검색 폼" />
      {children}
    </div>
  );
}
```

'임시 검색 폼'이라는 텍스트를 기본으로 출력하는 검색 폼 레이아웃을 정의했습니다. 이 레이아웃은 이제 (with-searchbar) 폴더에 있는 모든 페이지에 자동으로 적용됩니다. [그림 4-14]처럼 도서 상세 페이지를 제외하고 인덱스와 검색 페이지에서 이 레이아웃이 공통으로 적용되고 있음을 확인할 수 있습니다.

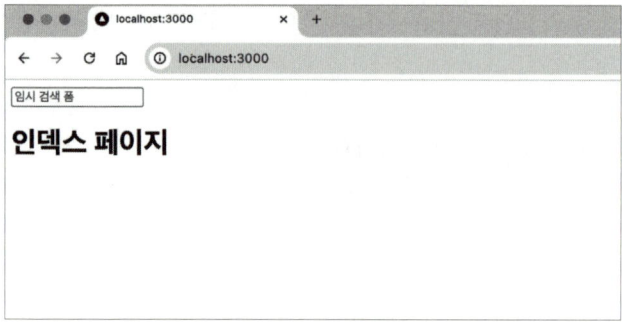

[그림 4-14] 검색 폼 레이아웃을 적용한 인덱스 페이지

 파일을 옮겼더니 Next.js 앱이 정상적으로 동작하지 않아요!
src/app 폴더의 파일을 이동하는 과정에서 앱이 무한 로딩에 빠지거나 Next.js 서버 콘솔에 오류 메시지가 출력되거나 브라우저 화면에 에러가 발생할 수 있습니다.
이런 현상은 라우팅에 영향을 주는 파일의 위치가 급격히 변경되면 개발 모드로 동작하는 Next.js 서버가 이를 제대로 감지하지 못해 생기는 일시적인 버그입니다.
이럴 땐 다음 순서대로 조치해 보세요.

1. 개발 모드의 Next.js 서버를 종료합니다.
2. 프로젝트 루트 폴더 아래의 .next 폴더를 제거합니다.
3. 개발 모드를 다시 실행합니다.

이렇게 하면 캐시를 초기화해 문제없이 앱을 실행할 수 있습니다. 앞으로도 이유 없이 Next.js 앱이 이상하게 동작한다면 이와 같이 초기화합니다. 그럼 문제가 대부분 해결됩니다.

그룹 라우팅 기능을 활용하면 경로에 영향을 주지 않는 폴더를 생성할 수 있어 경로가 서로 다른 페이지도 공통의 레이아웃을 적용할 수 있습니다. 이 기능은 로그인 이전과 이후에 페이지의 레이아웃을 다르게 렌더링하는 서비스나 이벤트 페이지 등에서 자주 활용되니 잘 알아 두면 도움이 됩니다.

서버 컴포넌트 이해하기

앱 라우터 버전이 제공하는 여러 기능 중 가장 핵심적이고 상징적인 기능을 꼽으라면 리액트 서버 컴포넌트일 겁니다. 이번 절에서는 리액트 서버 컴포넌트가 무엇인지, 그리고 이 컴포넌트를 어떻게 사용하는지, 어떤 효용이 있는지 등을 자세히 살펴보겠습니다.

서버 컴포넌트란?

서버 컴포넌트는 리액트 18 버전에서 처음 공개한 새로운 유형의 컴포넌트로서 리액트 자체에서 제공하는 기능입니다. 따라서 Next.js 없이 순수 리액트 환경에서도 사용할 수 있지만, 이 경우 추가적인 설정과 구현이 복잡하다는 단점이 있습니다.

이런 까닭에 서버 컴포넌트는 대부분 Next.js 환경에서 사용합니다. Next.js 앱 라우터 버전이 서버 컴포넌트를 쉽고 간단하게 사용할 수 있도록 지원하기 때문입니다. 이 내용은 Next.js 공식 문서에서도 쉽게 찾아볼 수 있습니다.

https://nextjs.org/docs/app/building-your-application/rendering/server-components

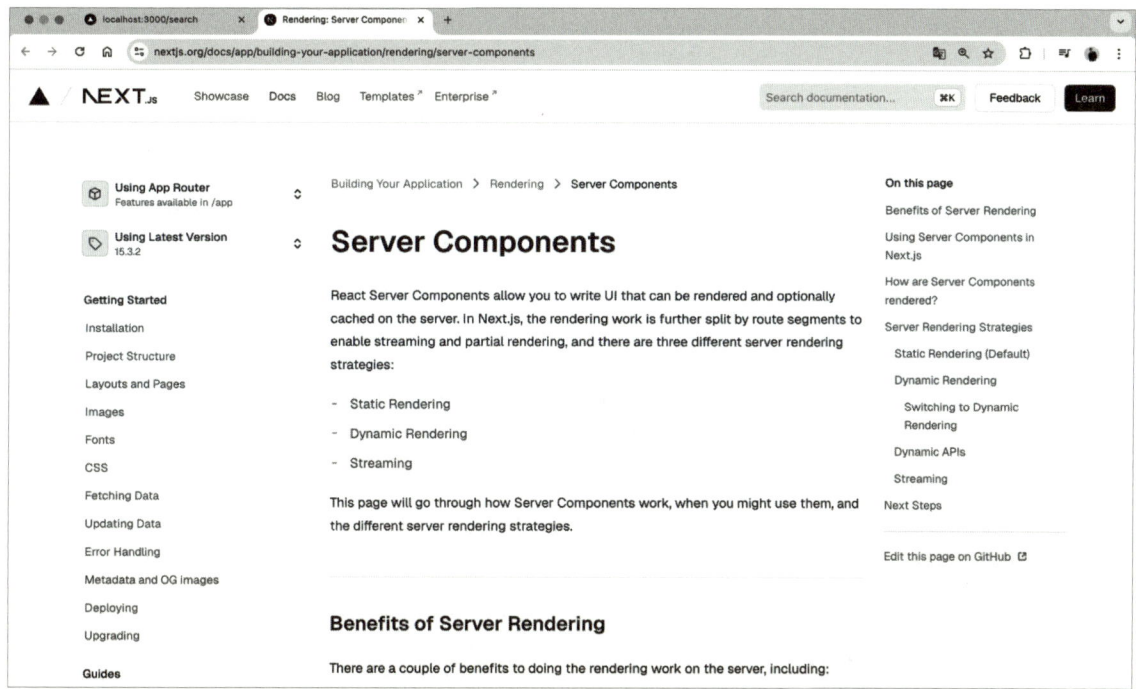

[그림 4-15] Next.js 공식 문서에 하나의 항목으로 되어 있는 서버 컴포넌트

서버 컴포넌트는 말 그대로 서버에서만 실행되는 컴포넌트로서 클라이언트인 브라우저에서는 실행되지 않습니다. 서버 컴포넌트의 특징을 활용하면 브라우저에서 실행할 컴포넌트의 개수를 줄여 페이지의 로딩 시간을 크게 단축할 수 있는데, 이를 자세하게 이해하려면 먼저 페이지 라우터 버전의 문제점을 다시 한번 살펴볼 필요가 있습니다.

앞서 페이지 라우터 버전은 초기 접속 요청을 처리하는 과정에서 '불필요한 컴포넌트들'까지 자바스크립트 번들에 포함하기 때문에 결국 하이드레이션 과정이 지연되어 TTI가 늦어진다고 했습니다. [그림 4-16]은 페이지 라우터 버전에서 브라우저의 초기 접속 요청을 처리하는 과정입니다.

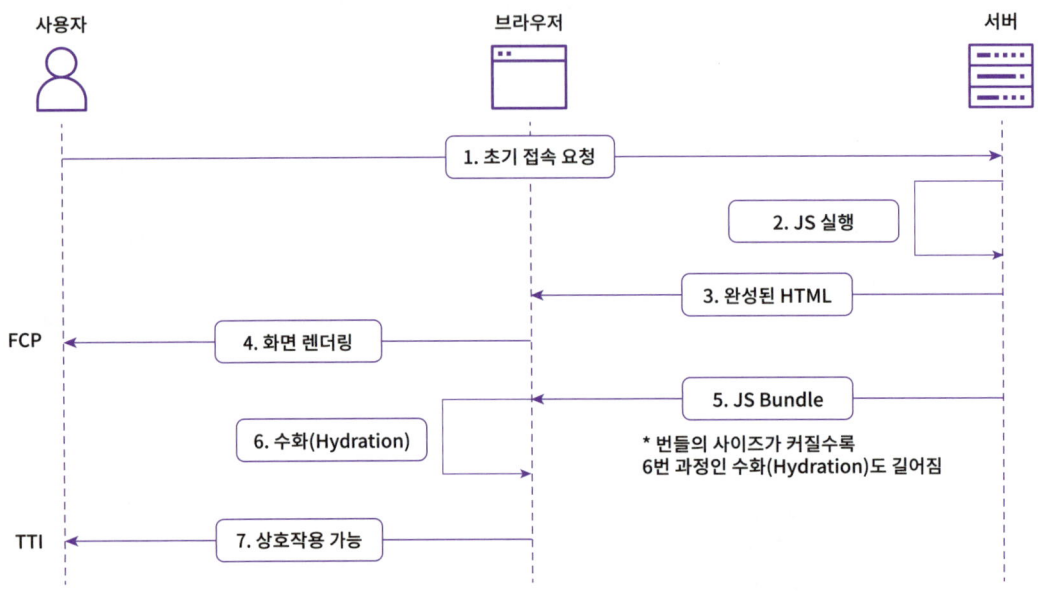

[그림 4-16] 페이지 라우터 버전이 초기 접속 요청을 처리하는 과정

[그림 4-16]의 5번에서 Next.js 서버는 접속 요청이 들어온 페이지의 모든 컴포넌트를 자바스크립트 번들로 묶어 브라우저에 전달합니다. 하지만 페이지의 모든 컴포넌트를 다 번들에 포함하는 작업은 효율성이 떨어집니다.

이유는 페이지를 구성하는 여러 컴포넌트 중에는 사용자와 직접 상호작용하지 않는 컴포넌트도 있기 때문입니다. 번들에 포함시켜 브라우저에 전달한 컴포넌트들은 6번처럼 이후 브라우저에서 다시 실행되어 하이드레이션되는데, 상호작용이 없는 컴포넌트는 굳이 이 과정을 거칠 필요가 없습니다. 결과적으로 이런 동작은 불필요한 연산을 발생시켜 TTI를 늦춥니다.

이 문제를 해결하는 방법은 간단합니다. 페이지 컴포넌트 중에 상호작용이 없는 컴포넌트는 따로 분류해 번들에 포함되지 않도록 설정하면 됩니다. 그럼 상호작용이 필요한 컴포넌트만 6번에서 다시 실행하기 때문에 불필요한 연산을 하지 않아 TTI 시간을 줄일 수 있습니다. 이때 번들에 포함되지 않도록 분류된 컴포넌트를 '서버 컴포넌트'라고 합니다.

서버 컴포넌트는 서버에서만 실행되는 컴포넌트입니다. 따라서 서버 컴포넌트로 분류된 컴포넌트는 사전 렌더링을 위해 [그림 4-16]의 2번에서 딱 한 번 실행되며, 번들에 포함되지 않기 때문에 브라우저에서 다시 실행되지 않습니다.

서버 컴포넌트를 활용하면 페이지 라우터 버전의 한계인 TTI 지연을 간단하게 해결할 수 있습니다. 앱 라우터 버전은 모든 컴포넌트를 기본적으로 서버 컴포넌트로 설정하며 서버 컴포넌트를 중심으로 다양한 기능을 제공합니다.

참고로 서버 컴포넌트가 아닌 일반 컴포넌트를 '클라이언트 컴포넌트'라고 합니다. 클라이언트 컴포넌트는 특별한 기능이 있거나 동작 방식이 달라서가 아니라 새롭게 추가한 '서버 컴포넌트'와 구분하기 위해 붙인 이름입니다.

앱 라우터 버전은 하나의 페이지를 서버 컴포넌트와 클라이언트 컴포넌트로 나누어 구성할 수 있습니다. 상호작용이 필요 없는 부분은 서버 컴포넌트로 만들고 상호작용이 필요한 부분은 클라이언트 컴포넌트로 구성합니다. 그 결과 브라우저로 전달되는 번들의 용량이 줄고 하이드레이션과 TTI 과정도 단축되어 서비스의 성능이 크게 개선됩니다.

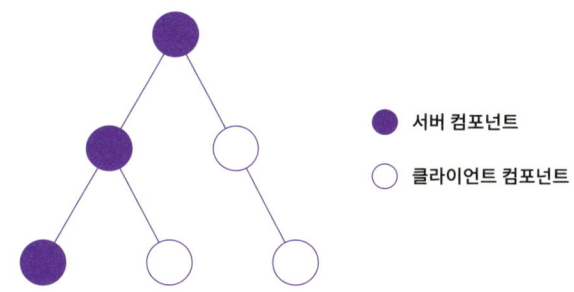

[그림 4-17] 하나의 페이지를 이루는 서버 컴포넌트와 클라이언트 컴포넌트

서버 컴포넌트 사용하기

서버 컴포넌트의 개념과 필요성을 알아보았으니 이제 직접 사용하겠습니다. 앱 라우터 버전에서 모든 컴포넌트는 기본적으로 서버 컴포넌트로 설정됩니다. 즉, 지금까지 작성한 컴포넌트는 모두 서버 컴포넌트입니다. 서버 컴포넌트인지 아닌지 확인하기 위해 인덱스 페이지에서 다음과 같이 브라우저 콘솔에 메시지를 출력하겠습니다.

```
CODE                                              file: src/app/(with-searchbar)/page.tsx
export default function Page() {
  console.log("인덱스 페이지 컴포넌트"); ①

  return <h1>인덱스 페이지</h1>;
}
```

① '인덱스 페이지 컴포넌트'라는 메시지를 브라우저 콘솔에 출력합니다.

브라우저의 개발자 도구에서 콘솔을 연 상태로 인덱스 페이지에 접속하면 '인덱스 페이지 컴포넌트'라는 메시지가 출력됩니다. 이때 메시지 앞에 'Server'라는 태그가 붙는데, 해당 메시지를 서버에서 출력한다는 의미입니다.

> **TIP**
> Next.js는 개발 모드에서 console.log로 출력한 서버에서의 메시지를 브라우저 콘솔에서도 보여 줍니다. 이때 'Server'와 같은 태그가 자동으로 붙습니다. 그러나 브라우저 콘솔에 보이긴 해도 실제로 브라우저로 메시지를 전송하는 것은 아닙니다.

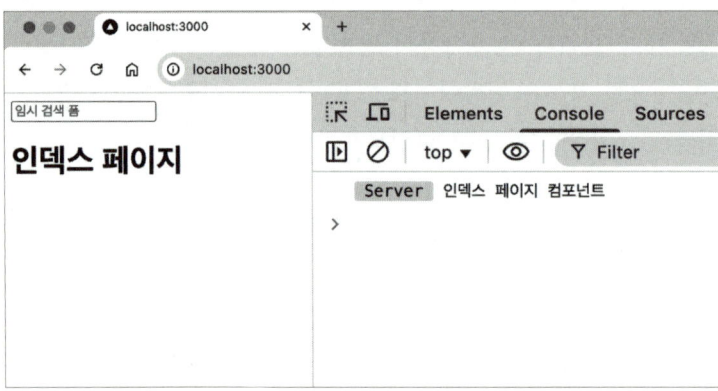

[그림 4-18] 서버 컴포넌트 동작 확인하기

서버 컴포넌트는 브라우저가 아닌 서버에서 실행되기 때문에 보안에 민감한 작업이나 데이터를 처리할 때 유용합니다. 예를 들어 데이터베이스에서 민감한 사용자 정보를 가져오거나 외부 API에 비밀 키로 요청을 보낼 때 서버 컴포넌트를 이용하면 클라이언트에서 노출되지 않고 안전하게 처리할 수 있습니다.

반면 서버 컴포넌트에서 브라우저의 window 객체에 접근하거나 이벤트 핸들러를 설정해 상호작용을 추가하는 등의 작업은 불가능합니다. 실습으로 확인해 보겠습니다. 인덱스 페이지 컴포넌트에서 새 버튼을 추가한 다음, 버튼을 클릭하면 '클릭'이라는 메시지를 브라우저 콘솔에 출력하는 코드를 다음과 같이 작성합니다.

```
CODE                                              file: src/app/(with-searchbar)/page.tsx
export default function Page() {
  return (
    <div> ①
```

```
        <h1>인덱스 페이지</h1>
        <button onClick={() => console.log("클릭")}>클릭</button> ②
      </div>
    );
}
```

① 최상위 태그 <div>를 추가합니다.
② <button> 태그를 추가하고 이 버튼을 클릭하면 브라우저 콘솔에 '클릭'이라는 메시지를 출력하도록 onClick 이벤트 핸들러를 설정합니다.

그럼 [그림 4-19]와 같이 오류가 발생합니다.

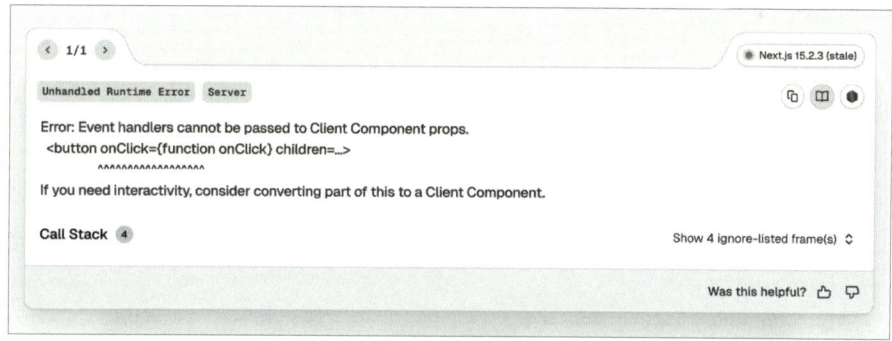

[그림 4-19] 서버 컴포넌트에 상호작용을 추가하면 오류 발생

[그림 4-19]의 오류 메시지에서 "If you need interactivity, consider converting part of this to a Client Component(상호작용하길 원한다면 코드의 이 부분을 클라이언트 컴포넌트에 포함하는 걸 고려하라)"라고 안내하듯이 서버 컴포넌트는 브라우저에서 발생하는 상호작용을 처리할 수 없습니다.

마찬가지로 useEffect, useState 등의 리액트 훅 또한 클라이언트인 브라우저에서 동작하는 기능이므로 다음과 같이 서버 컴포넌트에서 사용하면 유사 오류가 발생합니다.

CODE   file: src/app/(with-searchbar)/page.tsx
```
import { useEffect } from "react"; ①

export default function Page() {
  useEffect(() => { ②
    console.log("렌더링");
  });

  return (
```

```
      <div>
        <h1>인덱스 페이지</h1>
        <button onClick={() => console.log("클릭")}>클릭</button>
      </div>
    );
}
```

① useEffect를 불러옵니다.
② useEffect를 호출하고 컴포넌트를 렌더링할 때마다 '렌더링'이라는 텍스트를 브라우저 콘솔에 출력합니다.

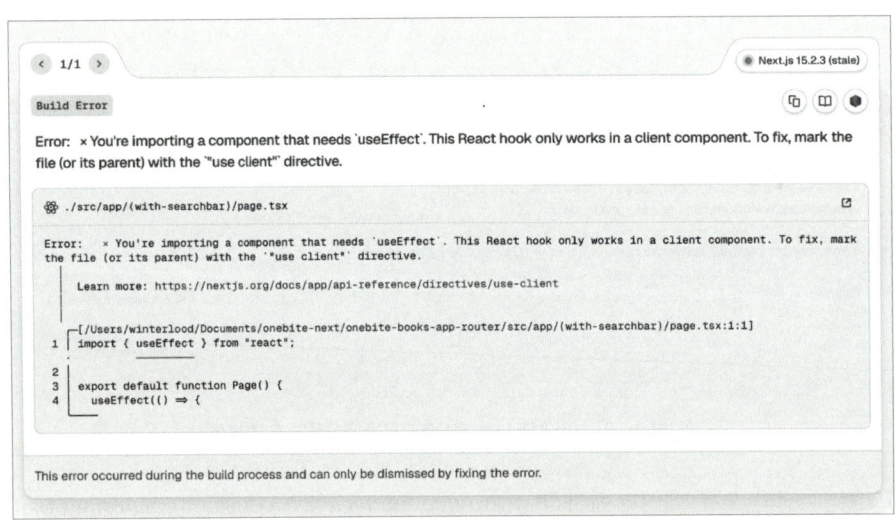

[그림 4-20] 서버 컴포넌트에서 리액트 훅을 사용하면 오류 발생

[그림 4-20]의 오류 메시지는 useEffect 등의 리액트 훅은 클라이언트 컴포넌트에서만 사용할 수 있으므로 문제를 해결하려면 파일 상단에 "use client"라는 지시자를 써서 이 파일의 컴포넌트를 클라이언트 컴포넌트로 설정하라고 안내합니다. 오류 메시지가 안내하듯이 특정 컴포넌트를 클라이언트 컴포넌트로 설정하고 싶다면 다음과 같이 파일 최상단에 "use client"라는 지시자를 작성하면 됩니다.

CODE file: src/app/(with-searchbar)/page.tsx
```
"use client"; ①

import { useEffect } from "react";

export default function Page() {
  useEffect(() => {
    console.log("렌더링");
  });
```

```
  return (
    <div>
      <h1>인덱스 페이지</h1>
      <button onClick={() => console.log("클릭")}>클릭</button>
    </div>
  );
}
```

① 파일 최상단에 "use client" 지시자를 추가합니다. 반드시 큰따옴표로 문자열을 감싸야 합니다.

파일 최상단에 "use client" 지시자를 작성하면 파일에서 선언한 모든 컴포넌트는 클라이언트 컴포넌트로 변경됩니다. 클라이언트 컴포넌트는 브라우저에서도 동작하므로 이제 페이지 컴포넌트에서 useEffect 등의 리액트 훅 또는 onClick 등의 이벤트 핸들러를 사용할 수 있습니다.

개발자 도구에서 브라우저 콘솔을 열고 페이지를 새로고침합니다. 그럼 콘솔에 '렌더링'이라는 메시지가 출력됩니다. 또한 브라우저의 〈클릭〉 버튼을 선택하면 [그림 4-21]처럼 콘솔에 '클릭'이라는 메시지가 출력됩니다.

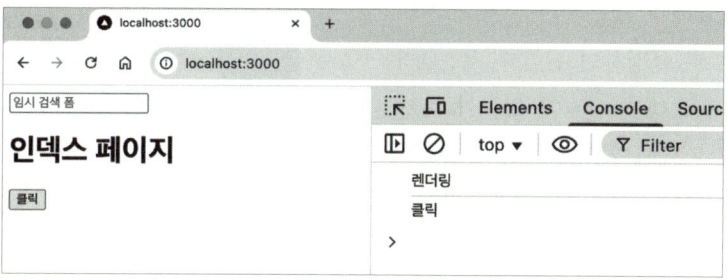

[그림 4-21] 클라이언트 컴포넌트로 전환하기

지금까지 살펴본 내용을 정리하면 앱 라우터 버전의 모든 컴포넌트는 기본적으로 서버 컴포넌트로 설정됩니다. 서버 컴포넌트는 서버에서만 실행되는 컴포넌트이기 때문에 초기 접속 요청 과정에서 자바스크립트 번들에 포함되어 브라우저에 전달되지 않습니다. 이런 특징으로 인해 서버 컴포넌트에서는 데이터베이스에 직접 접근하거나 보안에 민감한 정보를 직접 다루어도 큰 문제가 되지 않습니다. 서버 컴포넌트 코드는 오직 서버에서 접근할 수 있기 때문입니다. 반면 브라우저 환경이 제공하는 window 객체에 대한 접근, onClick 등의 이벤트 핸들러 설정, 리액트 훅 등은 사용할 수 없습니다. 이는 클라이언트 컴포넌트의 역할입니다.

다음은 서버 컴포넌트와 클라이언트 컴포넌트를 비교한 표입니다.

[표 4-1] 서버 컴포넌트와 클라이언트 컴포넌트 비교

	서버 컴포넌트	클라이언트 컴포넌트
설정 방법	기본으로 설정됨	파일 상단에 "use client" 작성
실행 위치	서버에서 실행됨	서버와 브라우저에서 모두 실행됨
민감한 정보에 대한 접근	안전함	위험함
상호작용 및 이벤트 리스너 사용	불가능	가능
리액트 훅 사용	불가능	가능
브라우저 전용 API 사용	불가능	가능

어떤 컴포넌트가 서버 컴포넌트일까?

그렇다면 어떤 컴포넌트를 서버 컴포넌트로 설정해야 할까요? 정답은 브라우저 전용 API나 상호작용 또는 리액트 훅이 필요하지 않는 컴포넌트를 서버 컴포넌트로 설정하면 됩니다. 즉, 브라우저에서 실행할 필요가 없는 컴포넌트는 모두 서버 컴포넌트로 설정하면 됩니다.

페이지 라우터 버전으로 만들었던 한입북스 서비스의 인덱스 페이지를 예로 들면 [그림 4-22]에서 박스로 표시한 검색 폼만 클라이언트 컴포넌트로 구현하면 됩니다. 사용자가 검색어를 직접 입력하는 상호작용 폼이기 때문입니다. 그 외 다른 부분은 상호작용이나 브라우저 API, 리액트 훅을 사용하지 않으므로 모두 서버 컴포넌트로 구현하면 됩니다.

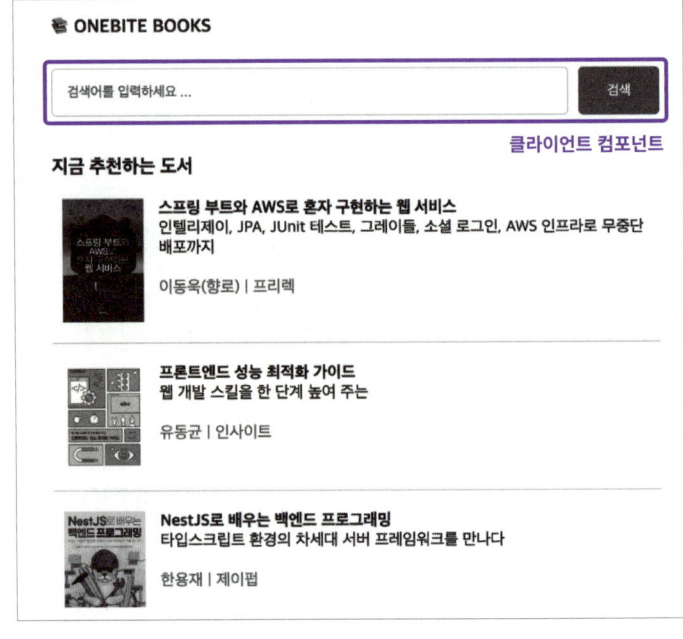

[그림 4-22] 페이지 라우터 버전으로 구현한 한입북스의 인덱스 페이지

도서 아이템 컴포넌트(BookItem)는 왜 클라이언트 컴포넌트가 아닌가요?

도서 아이템을 렌더링하는 BookItem 컴포넌트를 클릭하면 도서 상세 페이지로 이동하는 기능이 있습니다. 그런데 왜 이 컴포넌트는 클라이언트 컴포넌트로 설정하지 않아도 되는지 궁금할 수 있습니다.

이유는 Link 컴포넌트로 설정한 하이퍼링크는 자바스크립트의 상호작용 기능이 아니라 HTML의 고유 기능이기 때문입니다. 따라서 하이드레이션 과정을 거치지 않아도 페이지 이동을 원활하게 수행할 수 있습니다.

페이지 대부분을 서버 컴포넌트로 구성하면 결과적으로 페이지의 TTI를 크게 단축할 수 있습니다. 페이지의 초기 접속 요청을 처리하는 과정에서 Next.js 서버가 브라우저에 전달하는 자바스크립트 번들의 크기를 크게 줄이기 때문입니다. 번들 크기가 줄면 브라우저에서 실행되는 자바스크립트 코드의 총량도 함께 감소합니다. 따라서 하이드레이션에 필요한 시간이 줄고 TTI가 단축됩니다. [그림 4-23]은 이 흐름을 이해하기 쉽게 보여 줍니다.

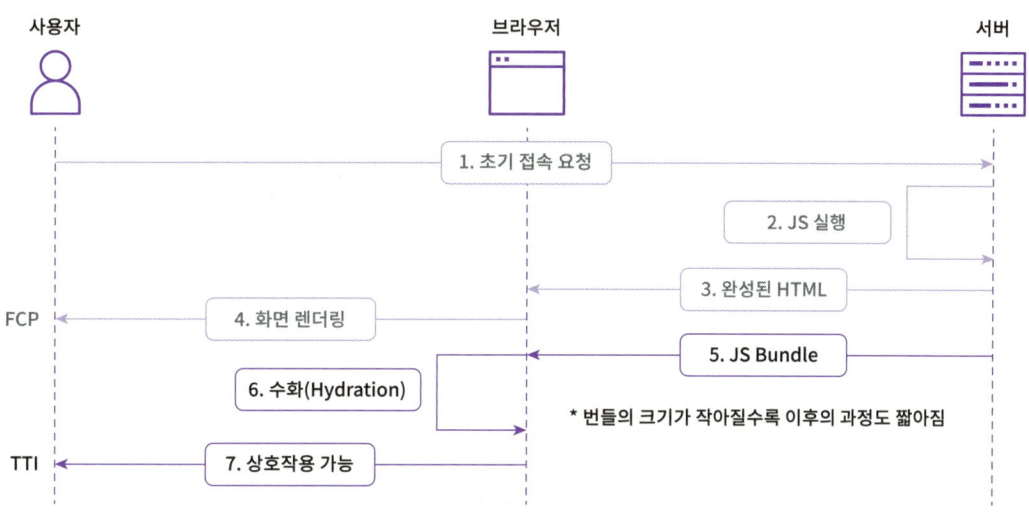

[그림 4-23] 자바스크립트의 번들 크기 감소로 인해 빨라지는 TTI

서버 컴포넌트는 어떻게 동작할까?

서버 컴포넌트는 새로운 유형의 컴포넌트로서 기존의 클라이언트 컴포넌트와는 다르게 동작합니다. 이 차이를 제대로 이해하려면 서버 컴포넌트가 구체적으로 어떻게 동작하는지 살펴봐야 합니다.

서버 컴포넌트는 Next.js 서버의 사전 렌더링 과정에서 단 한 번 실행됩니다. [그림 4-24]는 앱 라우터 버전의 사전 렌더링 과정입니다.

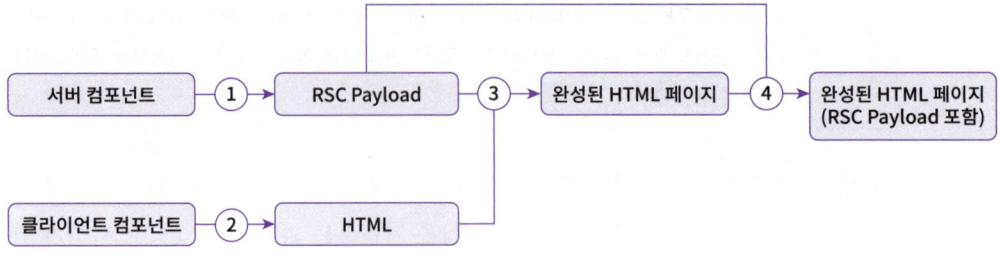

[그림 4-24] 앱 라우터 버전의 사전 렌더링 과정

Next.js 서버는 완성된 HTML 페이지를 생성해 브라우저에 전달해야 합니다. 이를 위해 서버 컴포넌트와 클라이언트 컴포넌트를 모두 실행해 그 결과를 계산합니다. 이때 ①에서 서버 컴포넌트를 실행한 결과물은 HTML이 아닌 RSC Payload라고 하는 특수한 형태의 직렬화 데이터입니다.

 직렬화란?

직렬화(Serialization)는 객체나 배열과 같이 복잡한 구조의 데이터를 데이터베이스에 저장하거나 네트워크로 전송할 수 있게 문자열, 숫자, 바이너리와 같은 단순한 형태로 변환하는 과정입니다. 자바스크립트에서는 다음과 같이 JSON.stringify라는 내장 메서드로 값을 직렬화합니다.

```
const user = {
  name: "Alice",
  age: 25,
  hobbies: ["reading", "traveling"],
};

const serializedUser = JSON.stringify(user); ①
console.log(serializedUser);

// 출력: {"name": "Alice", "age": 25,
//        "hobbies": ["reading", "traveling"]}
```

① 변수 user에 저장된 객체를 JSON 문자열로 직렬화합니다.

객체나 배열과 같이 복잡한 데이터를 직렬화하면 단순한 형태로 용량을 가볍게 해 저장하거나 전송할 수 있습니다. 직렬화 기법은 여러 방면에서 많이 사용합니다.

RSC Payload는 'React Server Component Payload'의 줄임말입니다. Payload는 우리말로 순수한 결과물 또는 순수한 데이터라는 뜻입니다. 결국 RSC Payload는 '리액트 서버 컴포넌트의 순수한 결과물' 정도로 해석할 수 있습니다. RSC Payload는 서버 컴포넌트의 렌더링 결과뿐만 아니라, 클라이언트 컴포넌트의 파일 위치나 전달할 Props 값 등 클라이언트 컴포넌트와 연관된 정보도 모두 포함합니다.

CODE 예시: RSC Payload
```
2:[71102,["1102","static/chunks/1102-1d1bc8488ce4aa1b.js","1931",
    "static/chunks/app/page-ec196d4b54e678ae.js"],""]
4:[71002,[],"NotFoundBoundary"]
5:[36552,["1102","static/chunks/1102-1d1bc8488ce4aa1b.js","3185",
    "static/chunks/app/layout-392b1e86c8c7e5aa.js"],"GoogleAnalytics"]
```

[그림 4-24]의 ❶에서 Next.js 서버는 클라이언트 컴포넌트를 실행합니다. 이 컴포넌트는 일반적인 리액트 컴포넌트이므로 그 결과로 HTML을 생성합니다.

서버 컴포넌트의 실행 결과로 RSC Payload를 생성하고 클라이언트 컴포넌트의 실행 결과로 HTML을 생성하면 ❸에서 Next.js는 이 두 결과를 결합해 완성된 HTML 페이지를 만듭니다. 마지막으로 ❹에서 완성된 HTML 페이지에 RSC Payload를 추가해 브라우저에 전달합니다.

지금까지 설명한 내용을 토대로 앱 라우터 버전의 초기 접속 과정을 상세 버전으로 표현하면 [그림 4-25]와 같습니다.

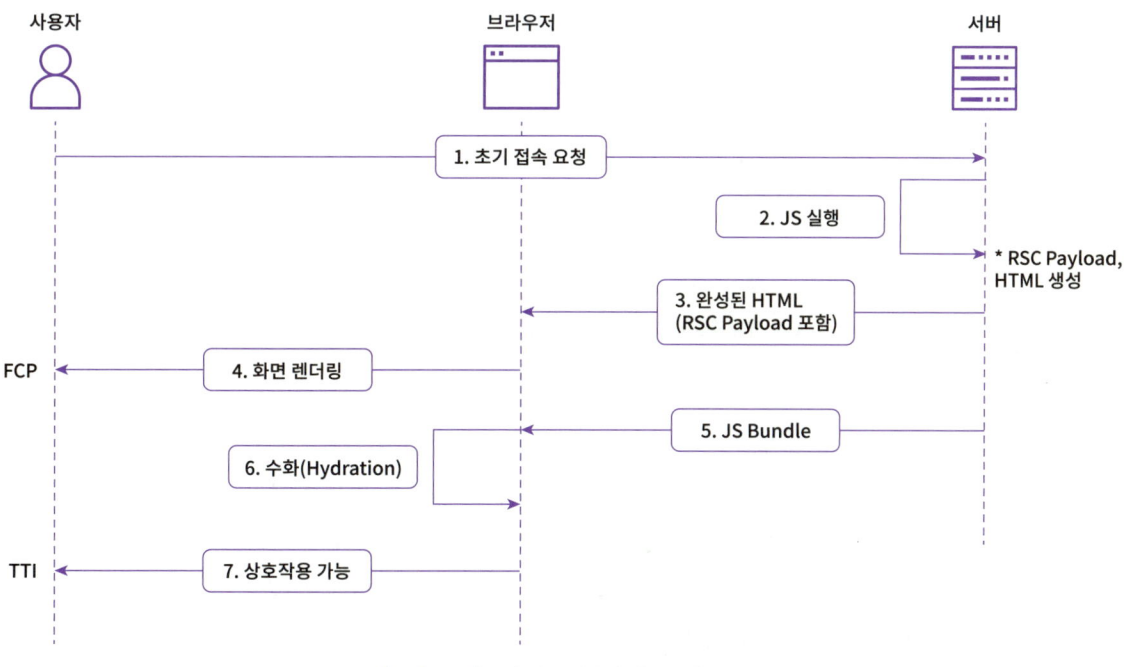

[그림 4-25] 초기 접속 과정에 대한 상세 버전

지금까지 살펴본 내용을 직접 확인해 보겠습니다. 브라우저에서 인덱스 페이지에 접속한 다음, 개발자 도구의 [네트워크] 탭을 엽니다. 브라우저 화면을 새로고침하면 [그림 4-26]처럼 Next.js 서버에서 받은 초기 HTML 파일인 'localhost'를 확인할 수 있습니다. 이 항목을 클릭하고 우측 패널의 [Response] 탭을 선택하면 HTML 문서의 실제 내용을 직접 확인할 수 있습니다. 이 문서는 서버에서 렌더링한 결과뿐만 아니라, 필요한 컴포넌트의 구조, 데이터가 있는 RSC Payload를 포함하고 있습니다. 참고로 RSC Payload는 문서 최하단에 있습니다.

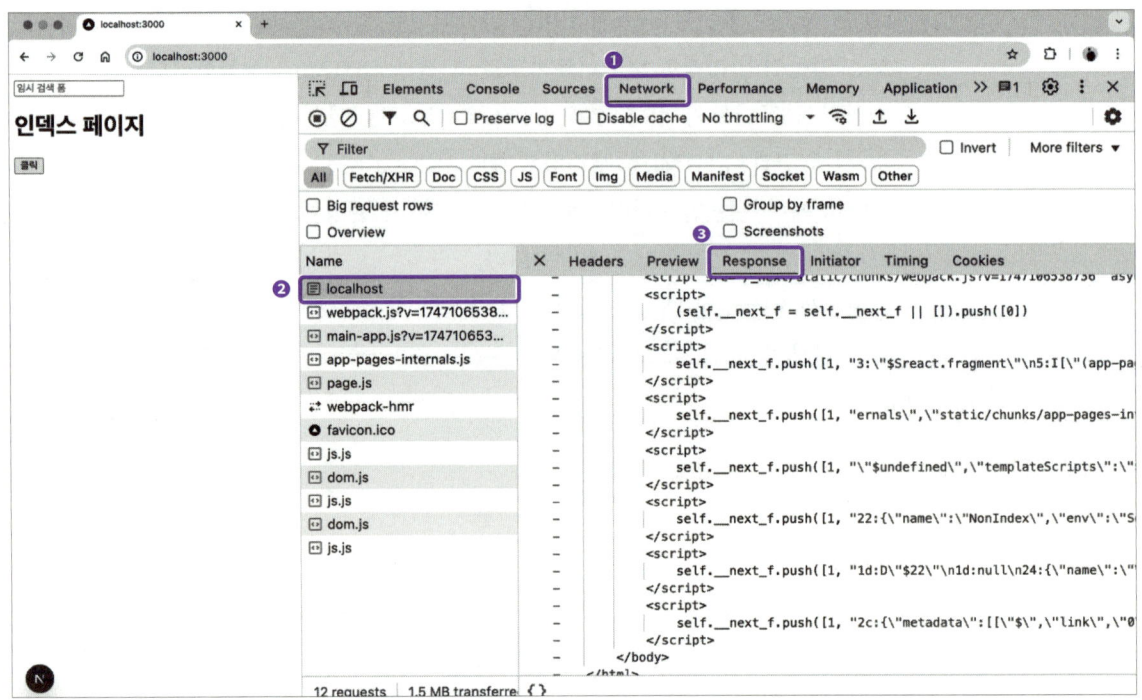

[그림 4-26] 초기 접속 과정에서 Next.js 서버에서 전달된 HTML 문서의 내용 확인하기

Next.js 서버가 브라우저에 HTML 페이지를 보낼 때 RSC Payload를 함께 보내는 이유는 브라우저에서 페이지 전체의 컴포넌트 트리를 완성하기 위함입니다. RSC Payload는 순수 서버 컴포넌트의 결과물로서 컴포넌트와 관련된 모든 정보를 포함하고 있으므로 브라우저에서 리액트 컴포넌트의 역할을 대신할 수 있습니다. 따라서 브라우저는 이 RSC Payload의 서버 컴포넌트와 이후 [그림 4-25] 5번에서 받는 자바스크립트 번들의 클라이언트 컴포넌트를 합쳐 전체 페이지 컴포넌트 트리를 완성합니다. 이후 브라우저는 이 컴포넌트 트리를 이용해 CSR 방식으로 페이지를

이동하거나 사용자와 상호작용합니다.

컴포넌트 트리를 확인하려면 인덱스 페이지에 접속한 다음, 개발자 도구의 [Components] 탭을 클릭하면 됩니다. [그림 4-27]과 같이 브라우저가 서버 컴포넌트와 클라이언트 컴포넌트를 합쳐 페이지의 전체 컴포넌트 트리를 완성합니다.

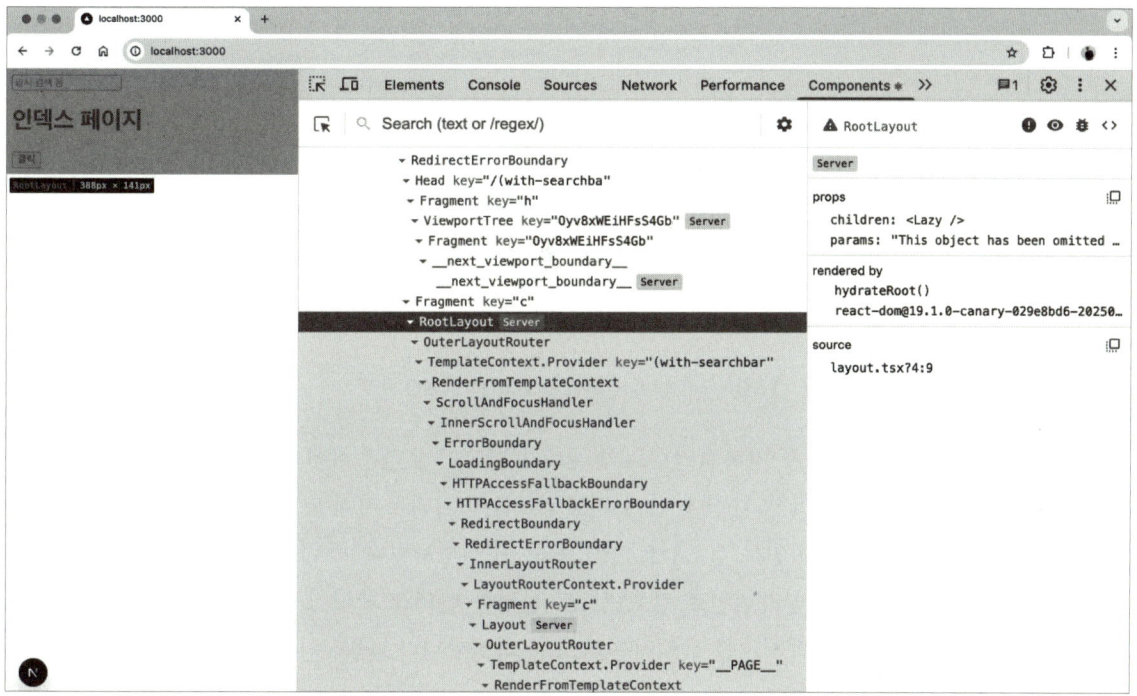

[그림 4-27] 서버 컴포넌트를 포함한 페이지의 전체 컴포넌트 트리

서버 컴포넌트를 사용할 때 주의할 사항

클라이언트 컴포넌트는 클라이언트에서만 실행되지 않는다.

클라이언트 컴포넌트는 클라이언트, 즉 브라우저에서만 실행되는 컴포넌트를 의미하는 것이 아닙니다. 클라이언트 컴포넌트는 서버와 클라이언트 양쪽에서 모두 실행됩니다.

[그림 4-28]은 서버, 클라이언트 컴포넌트가 각각 어디에서 실행되는지를 다이어그램으로 표현한 그림입니다.

클라이언트 컴포넌트는 서버 컴포넌트가 아니라 일반적인 리액트 컴포넌트입니다. 따라서 이 컴포넌트들은 초기 접속 요청이 있으면 2번 사전 렌더링 과정에서

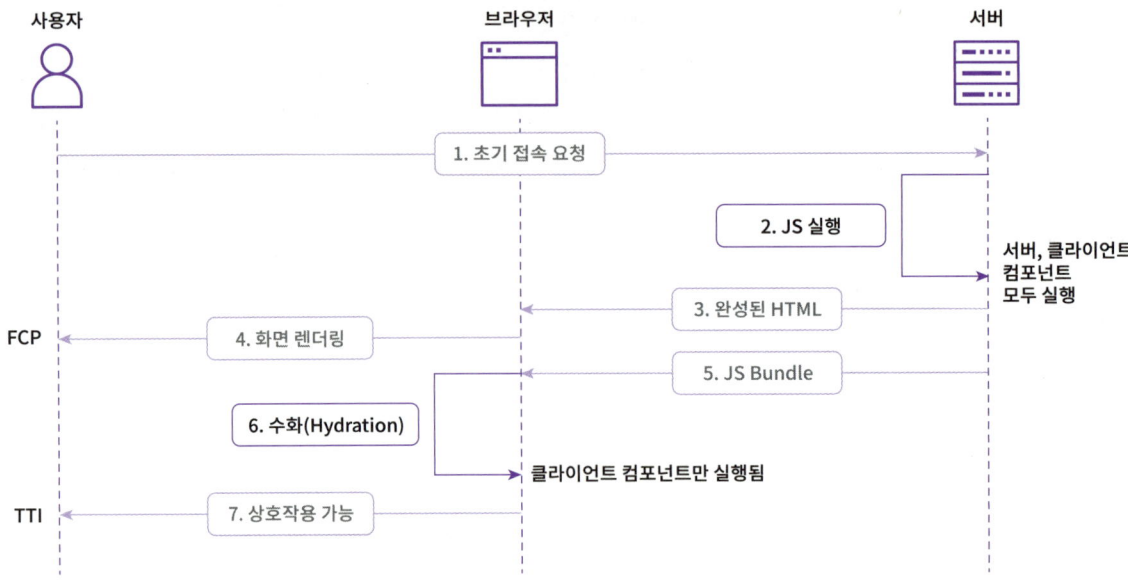

[그림 4-28] 서버, 클라이언트 컴포넌트의 실행 위치

서버에서 먼저 실행된 다음, 이후 자바스크립트 번들에 포함되어 브라우저에 전달됩니다. 그리고 6번 하이드레이션 과정에서 이 컴포넌트들이 브라우저에서 다시 한번 실행됩니다. 따라서 클라이언트 컴포넌트는 모두 두 번 실행됩니다.

이를 직접 확인하려면 앞서 클라이언트 컴포넌트로 설정한 인덱스 페이지 컴포넌트에서 다음과 같이 콘솔에 메시지를 출력하는 코드를 작성합니다. 앞서 작성했던 useEffect 코드는 제거합니다.

CODE file: src/app/(with-serachbar)/page.tsx
```
"use client";

export default function Page() {
  console.log("인덱스 페이지"); ①

  return (
    <div>
      <h1>인덱스 페이지</h1>
      <button onClick={() => console.log("클릭")}>클릭</button>
    </div>
  );
}
```
① 콘솔에 '인덱스 페이지' 메시지를 출력합니다.

브라우저에서 인덱스 페이지에 접속하면 브라우저 콘솔과 Next.js 서버 콘솔에서 '인덱스 페이지' 메시지가 출력됩니다.

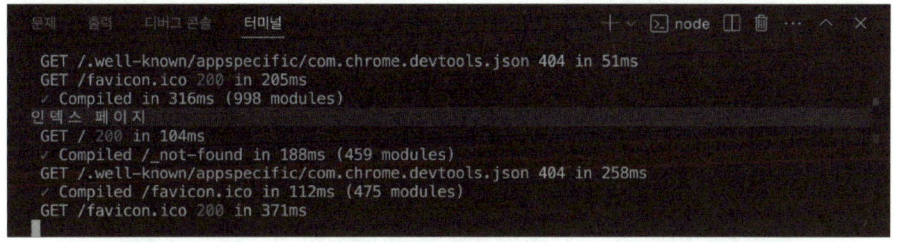

[그림 4-29] Next.js 서버 콘솔

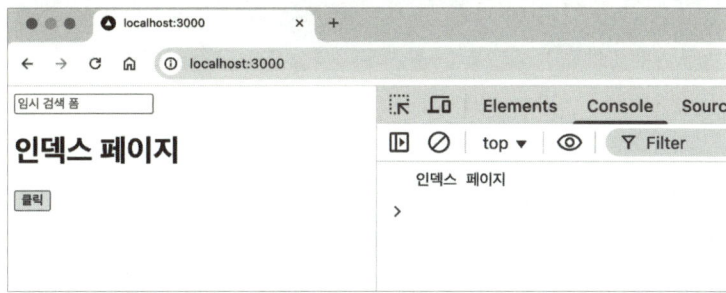

[그림 4-30] 브라우저 콘솔

클라이언트 컴포넌트는 서버에서 1번, 브라우저에서 1번, 모두 두 번 실행되기 때문에 컴포넌트에서 특별한 조건 없이 브라우저 환경에서만 제공되는 객체에 접근하면 오류가 발생합니다. 인덱스 페이지 컴포넌트를 다음과 같이 수정합니다.

CODE file: src/app/(with-searchbar)/page.tsx

```
"use client";

export default function Page() {
  console.log("인덱스 페이지");
  console.log(window.history); ①

  return (
    <div>
      <h1>인덱스 페이지</h1>
      <button onClick={() => console.log("클릭")}>클릭</button>
    </div>
  );
}
```

① window 객체의 history를 콘솔에 출력합니다.

서버 컴포넌트 이해하기   249

코드를 수정하고 브라우저에서 인덱스 페이지를 새로고침하면 오류가 발생합니다. [그림 4-31]처럼 Next.js 서버 콘솔이나 브라우저 콘솔에 오류 메시지가 출력되니 참고하길 바랍니다.

> TIP
> 사용 중인 Next.js 버전과 실습 환경에 따라 오류 메시지가 브라우저 화면에 표시되지 않을 수도 있습니다.

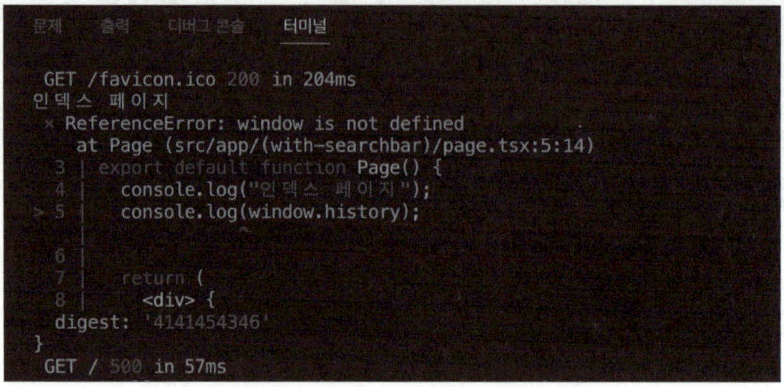

[그림 4-31] window 객체 접근 시 오류 발생

클라이언트 컴포넌트에서는 서버 컴포넌트를 불러올 수 없다

두 번째로 주의할 사항은 "use client" 지시자를 사용해 클라이언트 컴포넌트를 정의한 파일에서는 서버 컴포넌트를 불러올 수 없습니다. 이유는 매우 간단합니다. 브라우저에서 클라이언트 컴포넌트를 실행할 때 서버 컴포넌트의 코드는 브라우저가 갖고 있지 않기 때문입니다.

코드로 설명하기 위해 다음과 같이 src/app/(with-serchbar) 폴더에 server-component.tsx 파일을 하나 생성합니다. 임시로 사용할 서버 컴포넌트를 정의합니다.

> TIP
> 서버에서 브라우저로 전달된 RSC payload는 서버 컴포넌트의 결과물입니다. 이미 실행을 완료한 결과물이지 자바스크립트 코드 파일은 아니기 때문에 실행할 수 없습니다

CODE file: src/app/(with-searchbar)/server-component.tsx
```
export default function ServerComponent() {
  console.log("Server Component 실행");

  return <div>Server Component</div>;
}
```

참고로 앱 라우터 버전에서는 파일명이 page인 파일만이 페이지 컴포넌트를 정의합니다. 따라서 server-component.tsx처럼 일반적인 컴포넌트를 보관하기 위한 파일은 app 폴더 내에서 자유롭게 생성하고 저장할 수 있습니다.

계속해서 인덱스 페이지 컴포넌트에서 이 ServerComponent를 자식 컴포넌트로 렌더링하도록 설정합니다.

```tsx
// file: src/app/(with-searchbar)/page.tsx
"use client";

import ServerComponent from "./server-component"; ①

export default function Page() {
  return (
    <div>
      <h1>인덱스 페이지</h1>
      <button onClick={() => console.log("클릭")}>클릭</button>
      <ServerComponent /> ②
    </div>
  );
}
```

① ServerComponent를 불러옵니다.
② ServerComponent를 페이지 컴포넌트의 자식으로 렌더링합니다.

클라이언트 컴포넌트인 Page가 서버 컴포넌트인 ServerComponent를 불러와 사용하는 일은 원칙적으로 불가능합니다.

앱 라우터 버전에서는 브라우저가 Next.js 서버로부터 클라이언트 컴포넌트가 포함된 자바스크립트 번들을 받습니다. 이 번들에는 서버 컴포넌트의 코드가 포함되어 있지 않으므로 클라이언트 컴포넌트에서 서버 컴포넌트의 코드를 불러올 수는 없습니다.

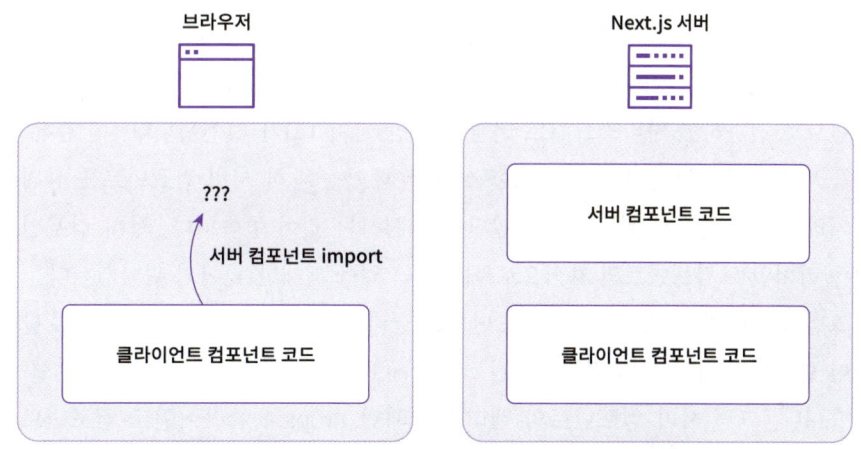

[그림 4-32] 클라이언트 컴포넌트에서 서버 컴포넌트를 불러올 수 없다

하지만 이상하게도 이와 같이 설정하면 [그림 4-33]과 같이 브라우저는 앞서 자식으로 배치한 ServerComponent를 화면에 렌더링하고 브라우저 콘솔도 'Server Component 실행'이라는 메시지를 출력합니다.

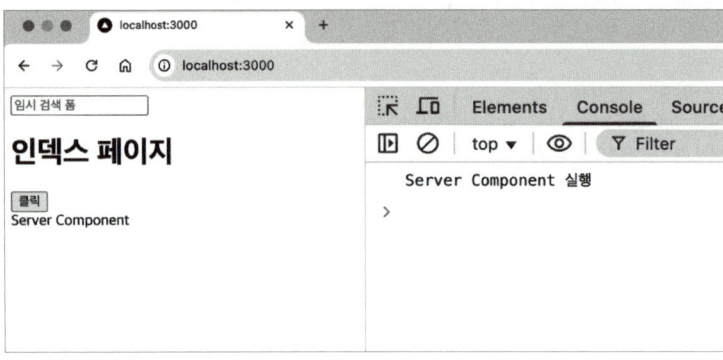

[그림 4-33] 클라이언트 컴포넌트에서 불러와 사용된 서버 컴포넌트

이게 어떻게 된 일일까요? 브라우저가 이 서버 컴포넌트를 원격으로 불러오기라도 한 걸까요?

Next.js는 오류를 방지하기 위해 서버 컴포넌트를 클라이언트 컴포넌트의 자식으로 배치하면 자동으로 해당 컴포넌트를 클라이언트 컴포넌트로 전환합니다. 즉, 현재 상황에서 ServerComponent는 클라이언트 컴포넌트로 자동 전환되며 자바스크립트 번들에 포함되어 브라우저에게 전달됩니다. 그 결과 [그림 4-33]과 같이 브라우저는 콘솔에 'Server Component 실행'이라는 메시지를 출력합니다.

그러나 앞서 이야기했듯이 상호작용하지 않는 컴포넌트를 계속 클라이언트 컴포넌트로 전환하면 자바스크립트 번들 용량만 커져 TTI가 지연됩니다. 이 같은 전환을 막으려면 컴포넌트 계층 구조를 설계할 때 가능한 한 서버 컴포넌트를 상위에 배치하고 클라이언트 컴포넌트는 말단에 배치하는 것이 좋습니다. 서버 컴포넌트가 클라이언트 컴포넌트의 자식으로 배치되는 일을 최대한 줄이기 위함입니다.

그럼에도 어쩔 수 없이 서버 컴포넌트를 클라이언트 컴포넌트의 자식으로 활용해야 할 상황이라면 서버 컴포넌트를 children Props로 전달하는 방법을 고려할 수 있습니다. 그럼 서버 컴포넌트의 렌더링 결과만 Props로 클라이언트 컴포넌트에 전달되므로 서버 컴포넌트가 클라이언트 컴포넌트로 전환되지 않습니다.

실습과 함께 살펴보겠습니다. 다음과 같이 서버 컴포넌트를 children Props로 받아 화면에 렌더링할 ClientComponent를 생성합니다.

```
CODE                                    file: src/app/(with-searchbar)/client-component.tsx
"use client";
import { ReactNode } from "react";

export default function ClientComponent({
  children,
}: {
  children: ReactNode;
}) {
  console.log("Client Component 실행");
  return <div>{children}</div>;
}
```

ClientComponent는 실행되면 'Client Component 실행'이라는 메시지를 브라우저 콘솔에 출력합니다. 그리고 children Props로 받은 또 다른 리액트 컴포넌트는 <div> 태그로 렌더링됩니다.

인덱스 페이지에 작성했던 "use client" 지시자를 삭제해 인덱스 페이지 컴포넌트를 서버 컴포넌트로 전환합니다. 그리고 ClientComponent의 자식으로 Server Component를 배치합니다. 인덱스 페이지에 있던 버튼 클릭 이벤트는 클라이언트 컴포넌트일 때만 동작하므로 삭제합니다.

```
CODE                                    file: src/app/(with-searchbar)/page.tsx
import ClientComponent from "./client-component"; ①
import ServerComponent from "./server-component";

export default function Page() {
  return (
    <div>
      <h1>인덱스 페이지</h1>
      <ClientComponent> ②
        <ServerComponent />
      </ClientComponent>
    </div>
  );
}
```

> ① ClientComponent를 불러옵니다
> ② ClientComponent를 렌더링하면서 children Prop으로 ServerComponent를 전달합니다.

서버 컴포넌트를 클라이언트 컴포넌트의 children Props으로 전달하면 서버 컴포넌트의 렌더링 결과만 전달하므로 서버 컴포넌트가 클라이언트 컴포넌트로 전환되지 않습니다.

브라우저에서 인덱스 페이지를 새로고침하고 브라우저 콘솔의 출력 결과를 확인합니다. [그림 4-34]와 같이 서버 컴포넌트에서 출력되는 메시지는 서버 콘솔에서만 출력되는 것을 알 수 있습니다.

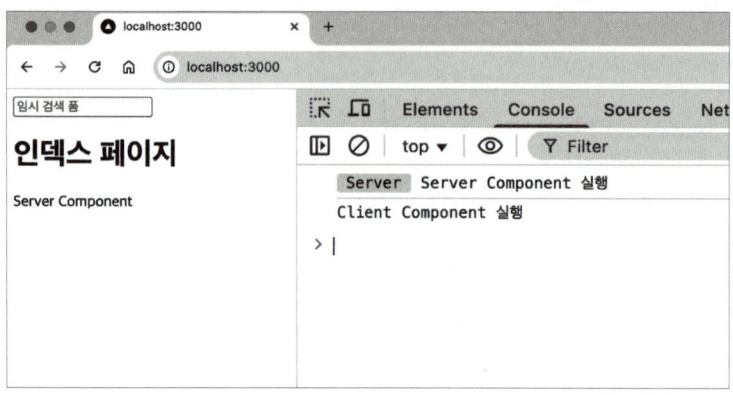

[그림 4-34] 서버 컴포넌트를 클라이언트 컴포넌트에 children Props로 전달하기

이 패턴은 주로 리액트 Context 객체의 Provider 컴포넌트 설정, 리액트 Query나 Redux와 같은 라이브러리의 Provider 컴포넌트를 설정할 때 많이 사용됩니다. Provider 컴포넌트는 주로 앱의 상태를 관리하고 리액트 훅이나 브라우저의 전용 기능들을 활용하므로 대개 클라이언트 컴포넌트로 설정해야 합니다. 동시에 앱 전체에 적용해야 하므로 서버 컴포넌트를 사용하는 환경에서 자칫 문제를 일으킬 수 있습니다. 하지만 설명한 대로 서버 컴포넌트를 children Props로 제공하면 이 문제를 해결할 수 있어 많이 사용합니다.

직렬화되지 않은 Props는 전달할 수 없다

끝으로 서버 컴포넌트가 클라이언트 컴포넌트에 Props로 전달될 경우 직렬화되지 않은 값은 전달할 수 없습니다.

자바스크립트에는 직렬화가 불가능한 값이 있습니다. 대표적인 예가 함수인데, 이유는 자바스크립트 함수가 매우 복잡한 정보를 가지고 있기 때문입니다. 함수뿐만 아니라 DOM 요소, 클래스의 인스턴스 등 함수처럼 다양하고 복잡한 정보를 포함하는 값은 직렬화가 어렵습니다.

> **함수가 무슨 복잡한 정보를 가지고 있나요?**
>
> 자바스크립트 함수는 단순한 코드 조각이 아니라 클로저나 실행 컨텍스트 같은 자신을 둘러싼 환경 정보도 포함합니다. 함수는 자신을 정의한 환경과 외부 스코프 변수들을 포함해 다양한 데이터를 참조합니다.

동작 원리에서 설명했듯이 서버 컴포넌트는 RSC Payload라는 형태로 직렬화됩니다. 직렬화 과정에서 서버 컴포넌트와 관련 데이터가 모두 직렬화되는데, 여기에는 클라이언트 컴포넌트로 전달되는 Props도 포함됩니다. 따라서 함수와 같이 직렬화가 불가능한 값을 Props로 사용하면 직렬화 단계에서 오류가 발생해 전달이 불가능해집니다. 따라서 서버 컴포넌트는 직렬화가 불가능한 값을 Props로 사용할 수 없습니다.

네비게이팅과 프리페칭

이번 절에서는 앱 라우터 버전에서 네비게이션을 구현하는 방법과 프리페칭 동작을 살펴보겠습니다. 페이지 라우터 버전과 큰 차이는 없지만, 서버 컴포넌트의 도입으로 일부 변화가 있으므로 해당 부분에 주목해서 설명합니다.

네비게이팅

페이지 라우터 버전과 마찬가지로 앱 라우터 버전도 초기 접속 이후의 페이지 이동은 Link 컴포넌트나 라우터 객체를 활용해 CSR 방식으로 처리됩니다.

Link 컴포넌트로 글로벌 네비게이션 바 작성

먼저 Link 컴포넌트를 사용해 앱의 모든 페이지에서 표시되는 글로벌 네비게이션 바를 만들겠습니다. 루트 레이아웃 컴포넌트에서 다음과 같이 Link 컴포넌트로 네비게이션 바를 추가합니다.

CODE　　　　　　　　　　　　　　　　　　　　　　　　　　file: src/app/layout.tsx
```
import Link from "next/link"; ①

export default function RootLayout({
  children,
}: Readonly<{
  children: React.ReactNode;
}>) {
```

```
  return (
    <html lang="en">
      <body>
        <header> ②
          <Link href={"/"}>index</Link>
           
          <Link href={"/search"}>search</Link>
           
          <Link href={"/book/1"}>book/1</Link>
        </header>
        {children}
      </body>
    </html>
  );
}
```

① Link 컴포넌트를 next/link 패키지에서 불러옵니다.
② <header> 태그를 추가하고 내부에 3개의 링크를 생성합니다. 링크는 각각 인덱스, 검색, 도서 상세 페이지와 연결됩니다. 추가로 링크 사이에 간격을 주기 위해 를 추가합니다.

브라우저에서 인덱스 페이지에 접속하면 [그림 4-35]와 같이 3개의 링크가 있는 네비게이션 바가 나옵니다. 링크를 클릭해 페이지 사이를 잘 이동하는지 확인합니다.

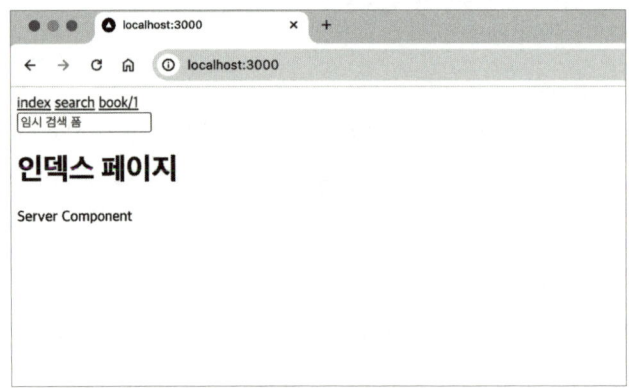

[그림 4-35] 추가된 글로벌 네비게이션 바

페이지를 이동할 때 브라우저와 서버의 데이터 교환

다음으로 페이지를 이동할 때 브라우저와 서버가 어떤 데이터를 주고받는지 확인하겠습니다. 우선 검색 페이지에 접속하고 브라우저를 새로고침합니다. 그런 다음 개발자 도구의 [네트워크] 탭을 열고 인덱스 페이지로 이동합니다.

[그림 4-36]과 같이 브라우저가 서버로부터 인덱스 페이지의 RSC Payload와 JS Bundle을 불러오고 있음을 확인할 수 있습니다.

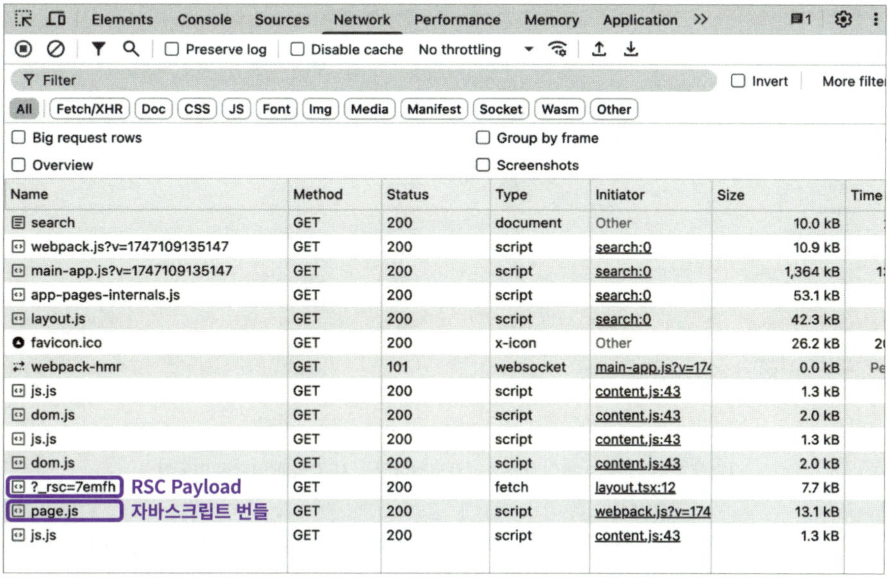

Name	Method	Status	Type	Initiator	Size
search	GET	200	document	Other	10.0 kB
webpack.js?v=1747109135147	GET	200	script	search:0	10.9 kB
main-app.js?v=1747109135147	GET	200	script	search:0	1,364 kB
app-pages-internals.js	GET	200	script	search:0	53.1 kB
layout.js	GET	200	script	search:0	42.3 kB
favicon.ico	GET	200	x-icon	Other	26.2 kB
webpack-hmr	GET	101	websocket	main-app.js?v=174	0.0 kB
js.js	GET	200	script	content.js:43	1.3 kB
dom.js	GET	200	script	content.js:43	2.0 kB
js.js	GET	200	script	content.js:43	1.3 kB
dom.js	GET	200	script	content.js:43	2.0 kB
?_rsc=7emfh **RSC Payload**	GET	200	fetch	layout.tsx:12	7.7 kB
page.js **자바스크립트 번들**	GET	200	script	webpack.js?v=174	13.1 kB
js.js	GET	200	script	content.js:43	1.3 kB

[그림 4-36] 검색 페이지에서 새로고침하고 인덱스 페이지로 이동했을 때 전달되는 데이터

앱 라우터 버전에서는 페이지를 이동할 때 브라우저가 Next.js 서버에서 RSC Payload와 JS Bundle을 함께 불러옵니다. 이는 서버 컴포넌트와 클라이언트 컴포넌트를 모두 불러오기 위함입니다. 페이지 라우터 버전에서는 JS Bundle로도 페이지를 구성하는 컴포넌트를 모두 불러올 수 있지만, 앱 라우터 버전에서는 서버 컴포넌트와 클라이언트 컴포넌트가 분리되어 있으므로 이 둘을 각각 불러와야 합니다.

이때 인덱스 페이지에서 새로고침하고 다시 검색 페이지로 이동하면 이번에는 아까와 달리 RSC Payload만 불러오고 JS Bundle은 불러오지 않습니다.

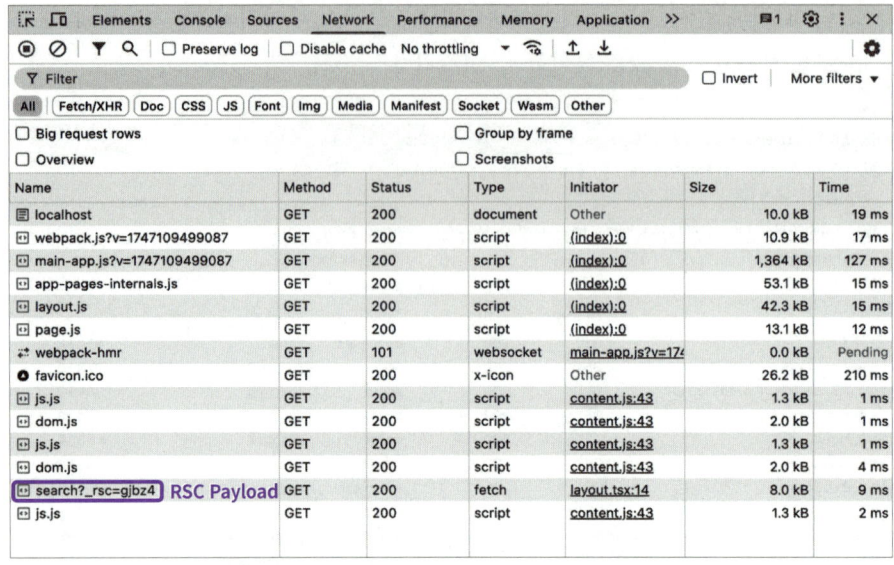

[그림 4-37] 인덱스 페이지에서 새로고침하고 다시 검색 페이지로 이동함

지금 검색 페이지에는 클라이언트 컴포넌트가 하나도 없기 때문입니다. 따라서 검색 페이지 컴포넌트에서 앞서 작성했던 클라이언트 컴포넌트(ClientComponent)를 자식으로 추가하겠습니다.

file: src/app/(with-searchbar)/search/page.tsx
```
import ClientComponent from "../client-component"; ①

export default async function Page({
  searchParams,
}: {
  searchParams: Promise<{ q?: string }>;
}) {
  const { q } = await searchParams;

  return (
    <ClientComponent> ②
      <h1>검색 페이지: {q}</h1>
    </ClientComponent>
  );
}
```

① ClientComponent를 불러옵니다.
② ClientComponent를 페이지 컴포넌트의 자식으로 배치합니다.

브라우저에서 인덱스 페이지로 접속한 다음, 새로고침하고 검색 페이지로 이동합니다. [그림 4-38]과 같이 RSC Payload와 JS Bundle을 함께 불러옵니다.

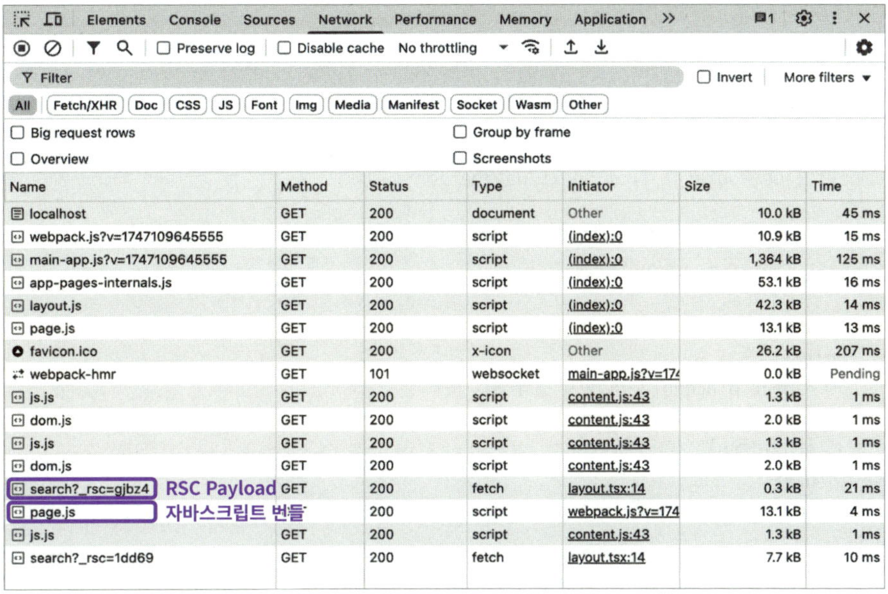

[그림 4-38] 검색 페이지로 다시 이동하기

앱 라우터 버전에서 페이지를 이동할 때 Next.js 서버는 브라우저에 서버 컴포넌트는 RSC Payload를, 클라이언트 컴포넌트는 JS Bundle을 전달합니다. 클라이언트 컴포넌트가 없는 페이지는 JS Bundle을 불러오지 않습니다. 마찬가지로 서버 컴포넌트가 없는 페이지는 JS Bundle만 가져옵니다.

참고로 지금은 개발 모드에서 실습 중이므로 프리페칭이 동작하지 않습니다. 따라서 페이지 이동 요청이 있을 때만 RSC Payload와 JS Bundle을 불러옵니다. 그러나 빌드하고 프로덕션 모드로 실행하면 프리페칭이 활성화되어 페이지를 이동하기 전에 RSC Payload와 JS Bundle을 미리 불러옵니다.

Link 컴포넌트로 페이지를 이동하는 방법과 그 과정에서 일어나는 일을 살펴봤으니 다음은 라우터 객체를 이용해 페이지를 이동하겠습니다.

라우터 객체를 이용한 페이지 이동

라우터 객체를 이용한 페이지 이동은 보통 프로그래매틱한 페이지 이동에 활용되므로 실습을 위해서는 클릭하면 페이지를 이동시킬 버튼이 필요합니다.

앞서 `<input>` 태그로 검색 폼을 만들었던 (with-searchbar) 라우트 그룹의 레이아웃 컴포넌트에서 〈검색〉 버튼을 하나 추가합니다. 이 〈검색〉 버튼을 클릭하면 '/search' 페이지로 이동합니다.

CODE   file: src/app/(with-searchbar)/layout.tsx

```tsx
"use client";  ①

import { ReactNode } from "react";
import { useRouter } from "next/navigation";  ②

export default function Layout({ children }: { children: ReactNode }) {
  const router = useRouter();  ③

  return (
    <div>
      <input placeholder="임시 검색 폼" />
      <button onClick={() => router.push("/search")}>검색</button>  ④
      {children}
    </div>
  );
}
```

① useRouter 등의 리액트 훅은 클라이언트 컴포넌트에서만 사용할 수 있습니다. 따라서 파일 최상단에 "use client" 지시자를 작성해 레이아웃 컴포넌트를 클라이언트 컴포넌트로 설정합니다.
② useRouter를 next/navigation 패키지에서 불러옵니다. next/router 패키지에서 불러오지 않도록 각별히 주의합니다. next/router는 페이지 라우터 버전 전용 패키지이므로 여기서 불러오면 오류가 발생합니다.
③ useRouter를 호출하고 반환된 라우터 객체를 변수에 저장합니다.
④ 〈검색〉 버튼을 추가합니다. 〈검색〉 버튼을 클릭하면 router.push 메서드를 호출하고 인수로 "/search"를 전달합니다. 따라서 버튼을 클릭하면 검색 페이지로 이동합니다.

앱 라우터 버전도 라우터 객체를 이용하는 방법은 페이지 라우터와 거의 비슷합니다. router.push 외에도 router.replace, router.back 같은 메서드들도 똑같이 사용합니다.

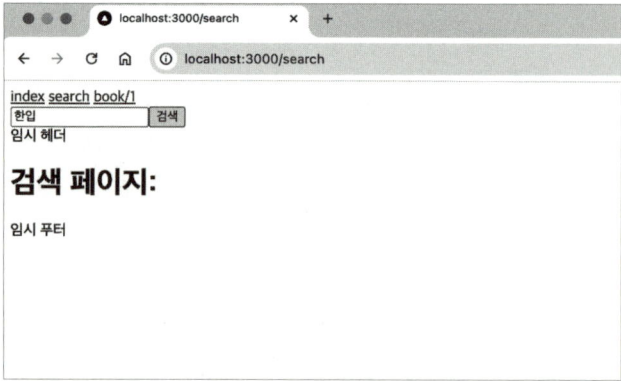

[그림 4-39] 〈검색〉 버튼을 추가

프리페칭

앱 라우터 버전도 페이지 라우터 버전과 마찬가지로 프리페칭 기능을 자동으로 제공합니다. 따라서 현재 페이지에서 이동이 가능한 다른 페이지의 JS Bundle을 미리 불러옵니다. 다만 앱 라우터 버전은 JS Bundle은 물론 서버 컴포넌트의 데이터도 RSC Payload 형태로 불러옵니다.

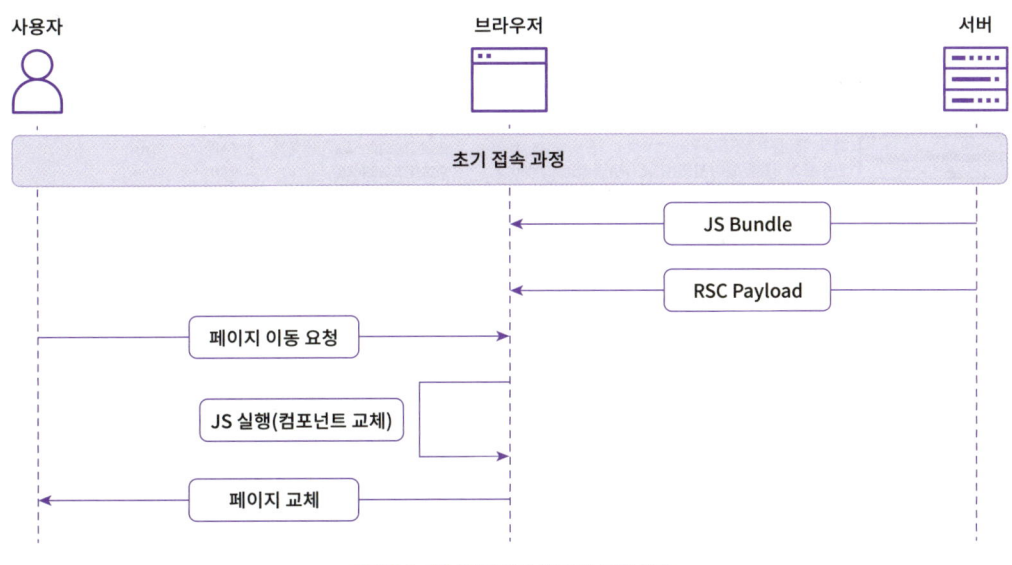

[그림 4-40] 앱 라우터 버전의 프리페칭

프리페칭은 프로덕션 모드에서 동작하므로 이를 직접 확인하려면 앱을 빌드한 다음 프로덕션 모드로 가동해야 합니다. 프로덕션 모드로 Next.js 앱을 가동하고 인덱스 페이지에 접속합니다. [그림 4-41]과 같이 개발자 도구의 [네트워크] 탭을 보면 검색 페이지(/search)와 도서 상세 페이지(book/1)를 위한 RSC Payload를 프리페칭하고 있음을 확인할 수 있습니다.

검색과 도서 상세 페이지의 JS Bundle은 프리페칭하지 않는다는 점도 확인할 수 있는데, 앱 라우터 버전의 프리페칭은 페이지 유형에 따라 그 동작이 조금씩 달라지기 때문입니다. 이를 이해하려면 새로운 페이지 캐싱 기능인 '풀 라우트 캐시'를 알아야 하는데, 이 기능은 5장에서 자세히 살펴봅니다. 지금은 앱 라우터 버전에서도 프리페칭이 동작하며, 기본적으로 이동할 페이지의 RSC Payload와 JS Bundle을 미리 불러온다는 정도만 이해하면 됩니다.

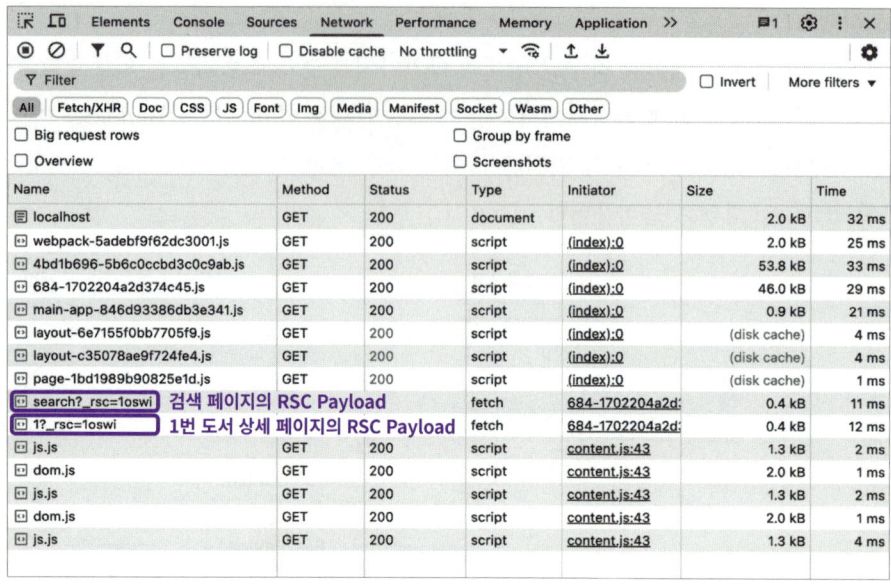

[그림 4-41] 인덱스 페이지의 프리페칭

한입북스 UI 구현하기

지금까지 라우팅, 네비게이팅, 서버 컴포넌트 등의 개념을 살펴보면서 앱 라우터 버전의 Next.js 앱을 생성하고 기본 사용법을 살펴보았습니다. 다음 장부터는 서버 컴포넌트를 활용해 백엔드 서버에서 데이터를 불러오거나 컴포넌트를 스트리밍하는 방법, 라우팅의 특수 기능 등 앱 라우터 버전에서 새롭게 제공하는 기능을 본격적으로 살펴보겠습니다.

그 전에 이런 기능을 시각적으로 확인할 UI가 필요합니다. 이번 절에서는 향후 실습을 위해 페이지 라우터 버전에서 만들었던 '한입북스'의 UI를 동일하게 다시 구현할 예정입니다. 그런데 이미 만들었던 UI를 다시 구현하는 일은 매우 번거롭고 시간도 많이 걸리는 작업입니다. 따라서 독자의 편의를 위해 앱 라우터 버전으로 UI 구현이 완료된 한입북스 프로젝트 코드를 미리 준비했습니다.

UI 구현이 완료된 코드 다운로드 받기

다음 링크로 접속해 UI 완성본 코드를 다운로드합니다.

https://github.com/onebite-nextjs/book_onebite-next-introduce

다운로드한 압축 파일을 문서 폴더에 있는 onebite-next 폴더(~/documents/onebite-next)로 옮기고 압축을 해제합니다. 압축을 해제하면 onebite-books-app-router-ui-complete-codes라는 폴더가 생깁니다. 이 폴더에 UI 구현이 완료된 Next.js 앱이 저장되어 있습니다.

다음으로 비주얼 스튜디오 코드에서 이 폴더를 열고 먼저 의존성을 설치하기 위해 터미널에서 다음 명령어를 입력합니다.

```
npm install
```

의존성 설치가 완료되었다면 터미널에서 앱을 개발 모드로 실행합니다.

```
npm run dev
```

가동된 Next.js 앱의 인덱스 페이지로 접속합니다. [그림 4-42]와 같이 UI가 잘 완성되어 있습니다.

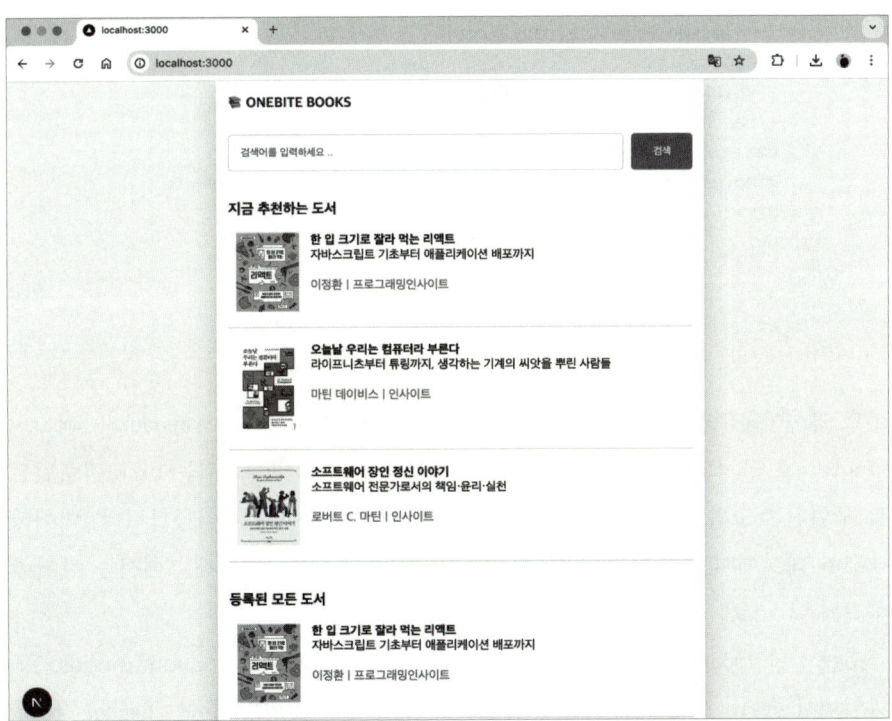

[그림 4-42] UI가 완성된 한입북스 앱 확인하기

UI 구현 세부 사항 살펴보기

다운로드한 Next.js 앱의 코드를 살펴보며 UI 구현이 어떻게 이루어졌는지 세부적으로 살펴보겠습니다. 가장 먼저 루트 레이아웃 컴포넌트를 살펴봅니다.

루트 레이아웃 관련 파일 살펴보기

```
CODE                                                        file: src/app/layout.tsx
import "./globals.css";
import Link from "next/link";
import style from "./layout.module.css";

export default function RootLayout({
  children,
}: Readonly<{
  children: React.ReactNode;
}>) {
  return (
    <html lang="en">
      <body>
        <div className={style.container}>
          <header>
            <Link href={"/"}>📚 ONEBITE BOOKS</Link>
          </header>
          <main>{children}</main>
          <footer>제작 @winterlood</footer>
        </div>
      </body>
    </html>
  );
}
```

루트 레이아웃 컴포넌트의 return 문을 보면 앱의 레이아웃은 `<header>`, `<main>`, `<footer>`로 구성되어 있음을 알 수 있습니다. `<header>` 태그에서는 Link 컴포넌트로 구현된 로고와 텍스트가 있으며 클릭하면 인덱스 페이지로 이동합니다. 이어서 `<main>` 태그에서는 페이지 컴포넌트를 렌더링하고, `<footer>` 태그에서는 간단한 제작자 텍스트를 렌더링합니다.

또한 상단 import 문을 살펴보면 컴포넌트의 스타일링을 위해 layout.module.css 파일에서 style 객체를 불러옵니다. layout.module.css 파일에서는 `header`, `main`, `footer`의 스타일을 지정하고 있습니다.

```css
/* file: src/app/layout.module.css */
.container {
  max-width: 600px;
  min-height: 100vh;
  margin: 0 auto;
  background-color: white;
  padding: 0px 15px;
  box-shadow: rgba(100, 100, 111, 0.2) 0px 7px 29px 0px;
}

.container > header {
  height: 60px;
  font-weight: bold;
  font-size: 18px;
  line-height: 60px;
}

.container > main {
  padding-top: 10px;
}

.container > footer {
  padding: 100px 0px;
  color: gray;
}
```

인덱스 페이지 관련 파일 살펴보기

인덱스 페이지와 관련된 파일들을 살펴보겠습니다. 우선 인덱스 페이지 컴포넌트부터 살펴봅니다.

```tsx
// file: src/app/(with-searchbar)/page.tsx
import BookItem from "@/components/book-item";
import style from "./page.module.css";
import books from "@/mock/books.json";

export default function Home() {
  return (
    <div className={style.container}>
      <section>
        <h3>지금 추천하는 도서</h3>
        {books.map((book) => (
          <BookItem key={book.id} {...book} />
        ))}
      </section>
      <section>
```

```
      <h3>등록된 모든 도서</h3>
      {books.map((book) => (
        <BookItem key={book.id} {...book} />
      ))}
    </section>
  </div>
 );
}
```

return 문을 보면 '지금 추천하는 도서' 섹션과 '등록된 모든 도서' 섹션이 있고, 섹션마다 BookItem 컴포넌트를 사용해 목 데이터(books)를 리스트로 렌더링합니다. 목 데이터의 파일을 열면 다음과 같이 객체 배열 형태의 도서 아이템 3개가 저장되어 있습니다.

CODE file: src/mock/books.json
```
[
  {
    "id": 1,
    "title": "한 입 크기로 잘라 먹는 리액트",
    "subTitle": "자바스크립트 기초부터 애플리케이션 배포까지",
    (...)
  },
  (...)
]
```

BookItem 컴포넌트를 보면 도서 아이템 하나를 렌더링하고 있습니다.

CODE file: src/components/book-item.tsx
```
import type { BookData } from "@/types";
import Link from "next/link";
import style from "./book-item.module.css";

export default function BookItem({
  id,
  title,
  subTitle,
  author,
  publisher,
  coverImgUrl,
}: BookData) {
  return (
    <Link href={`/book/${id}`} className={style.container}>
      <img src={coverImgUrl} />
      <div>
```

```
      <div className={style.title}>{title}</div>
      <div className={style.subTitle}>{subTitle}</div>
      <br />
      <div className={style.author}>
        {author} | {publisher}
      </div>
    </div>
  </Link>
 );
}
```

다음으로 인덱스 페이지에 중첩으로 적용되는 검색 폼 레이아웃 코드를 확인합니다.

`file: src/app/(with-searchbar)/layout.tsx`

```
import { ReactNode, Suspense } from "react";
import Searchbar from "../../components/searchbar";

export default function Layout({ children }: { children: ReactNode }) {
  return (
    <div>
      <Suspense fallback={<div>...</div>}>
        <Searchbar />
      </Suspense>
      {children}
    </div>
  );
}
```

이 레이아웃 컴포넌트에서는 Searchbar 컴포넌트를 페이지 컴포넌트 위에 렌더링해 페이지 상단에 검색 폼이 있는 레이아웃을 구현합니다. Searchbar 컴포넌트는 현재 Suspense 컴포넌트가 감싸고 있습니다. Suspense는 리액트가 기본으로 제공하는 내장 컴포넌트로 비동기 컴포넌트의 로딩 상태를 처리할 때 사용합니다. Suspense에 대한 자세한 내용은 뒷부분에서 따로 설명할 예정입니다. 따라서 지금은 "로딩 중일 때 보여줄 UI를 지정하기 위해 사용하는 컴포넌트"라고만 이해해도 괜찮습니다.

Searchbar 컴포넌트는 다음 코드에서 보듯이 사용자로부터 검색어를 입력으로 받는 등 브라우저와 상호작용하기 때문에 클라이언트 컴포넌트로 설정되어 있습니다.

`file: src/components/searchbar.tsx`

```tsx
"use client";

import { useEffect, useState } from "react";
import { useRouter, useSearchParams } from "next/navigation";
import style from "./serachbar.module.css";

export default function Searchbar() {
  const router = useRouter();
  const searchParams = useSearchParams();
  const [search, setSearch] = useState("");

  const q = searchParams.get("q");

  useEffect(() => {
    setSearch(q || "");
  }, [q]);

  const onChangeSearch = (e: React.ChangeEvent<HTMLInputElement>) => {
    setSearch(e.target.value);
  };

  const onSubmit = () => {
    if (!search || q === search) return;
    router.push(`/search?q=${search}`);
  };

  const onKeyDown = (e: React.KeyboardEvent<HTMLInputElement>) => {
    if (e.key === "Enter") {
      onSubmit();
    }
  };

  return (
    <div className={style.container}>
      <input
        placeholder="검색어를 입력하세요..."
        value={search}
        onChange={onChangeSearch}
        onKeyDown={onKeyDown}
      />
      <button onClick={onSubmit}>검색</button>
    </div>
  );
}
```

Searchbar는 클라이언트 컴포넌트이므로 useState, useEffect 등의 리액트 훅 또는 onClick, onChange, onKeyDown 등의 이벤트 핸들러를 사용할 수 있습니다. 참고로 검색 폼을 위한 레이아웃 컴포넌트에서 검색 폼 부분만 떼어 별도의 클라이언트 컴포넌트로 구현한 이유는 클라이언트 컴포넌트의 크기나 개수를 최대한 줄여 Next.js 서버가 브라우저에 전달하는 번들의 용량을 줄이기 위함입니다.

이 외에 검색 페이지나 도서 상세 페이지는 UI를 렌더링할 뿐 페이지 라우터 버전과 특별히 달라진 부분은 없으므로 자세한 설명은 생략합니다.

한 입 크기로 잘라 먹는 Next.js

5장

앱 라우터 버전의 데이터 페칭

이 장에서 주목할 키워드

- 서버 컴포넌트의 데이터 페칭
- 데이터 캐시
- 리퀘스트 메모이제이션
- 에러 핸들링

> **이 장의 학습 목표**
> - 앱 라우터 버전에서 데이터 페칭의 개념과 동작을 이해합니다.
> - Next.js의 데이터 캐시 기능을 이해하고 바른 캐시 전략으로 성능을 최적화합니다.
> - 리퀘스트 메모이제이션의 개념을 이해하고 요청을 중복하지 않도록 최적화합니다.
> - error.tsx 파일을 이용한 에러 처리 방식을 이해합니다.

이번 장에서는 앱 라우터 버전에서 API 요청으로 백엔드 서버에서 데이터를 불러오는 방법과 브라우저 요청에 대한 응답을 효율적으로 진행하기 위한 최적화 방법의 하나로 캐싱 전략 등을 살펴봅니다.

서버 컴포넌트 도입으로 변경된 데이터 페칭 방식

앱 라우터 버전은 리액트 서버 컴포넌트를 사용할 수 있게 되면서 페이지 라우터 버전과 비교해 페이지의 구성이나 렌더링 방식에서 많은 변화가 생겼습니다. 이 변화는 페이지 라우터 버전이 갖는 한계를 극복하기 위한 것이 대부분이므로 긍정적인 방향이라 할 수 있습니다. 이번 절에서 살펴볼 데이터 페칭 역시 서버 컴포넌트 도입으로 많은 변화가 생겼는데, 구체적으로 어떻게 변했는지 그리고 그로 인해 얻는 이점은 무엇인지 알아보겠습니다.

페이지 라우터 버전의 한계와 서버 컴포넌트의 등장

앱 라우터 버전의 데이터 페칭 방식이 어떻게 바뀌었는지 이해하기 위해 페이지 라우터 버전에서는 데이터 페칭을 어떻게 진행했는지 그리고 그로 인해 어떤 문제점이 생겼는지 다시 살펴보겠습니다.

[그림 5-1]은 페이지 라우터 버전의 대표적인 사전 렌더링 방식인 SSR에서 데이터 페칭이 이루어지는 과정을 표현한 다이어그램입니다.

브라우저에서 초기 접속 요청을 받은 Next.js 서버는 사전 렌더링을 진행하는데, 이때 페이지에 필요한 데이터를 불러오기 위해 백엔드 서버에 API를 요청합니다. API 요청 역할은 SSR의 경우 `getServerSideProps` 함수, SSG나 ISR의 경우 `getStaticProps` 함수가 수행했습니다.

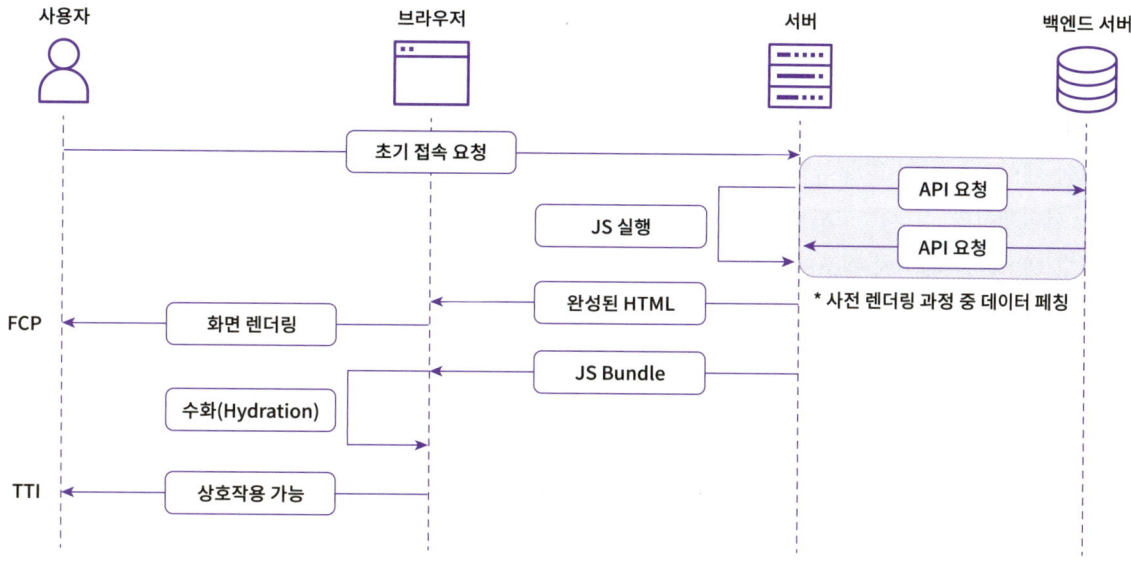

[그림 5-1] 페이지 라우터 버전 SSR의 데이터 페칭

```
export async function getServerSideProps() {
  // 데이터 페칭 코드
  return { props: { ... } };
}

export async function getStaticProps() {
// 데이터 페칭 코드
  return { props: { ... } };
}
```

이 함수로 불러온 데이터는 페이지 컴포넌트에 Props로 전달됩니다.

```
// 서버에서만 실행되는 코드
export async function getServerSideProps() {
  return { props: { ... } };
}

// 서버와 클라이언트에서 모두 실행되는 코드
export function Page(props) {
  return <div>...</div>;
}
```

페이지 라우터 버전이 이 방식을 사용했던 이유는 이 버전에서는 서버 컴포넌트가 존재하지 않아 모든 컴포넌트가 서버와 클라이언트에서 각각 한 번씩 실행되었기 때문입니다. 따라서 컴포넌트에서 데이터 페칭 코드를 작성하면 서버와 클라이언트에서 데이터를 중복 호출하거나 보안 문제 등이 발생할 수 있었습니다. 이런 이유로 서버에서만 실행할 코드는 getServerSideProps나 getStaticProps 함수로 분리하고 데이터는 페이지 컴포넌트에 Props로 전달하는 방식을 사용했습니다.

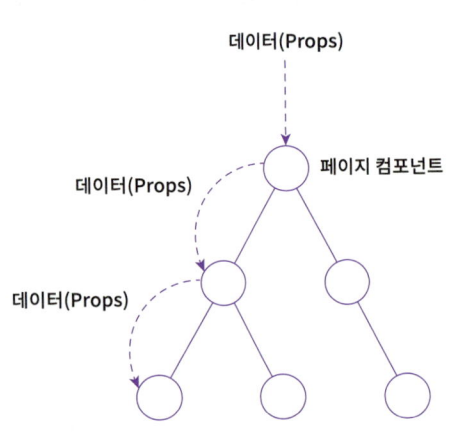

[그림 5-2] 페이지 라우터 버전 데이터 페칭의 문제점

그러나 이렇게 Props로 전달하는 방식은 또 다른 문제를 만듭니다. 페이지를 구성하는 컴포넌트 간에 데이터를 전달하는 과정이 불필요하게 복잡해집니다. 서버에서 불러온 데이터는 페이지 컴포넌트에 직접 제공됩니다. 이 데이터를 다른 하위 컴포넌트에서 사용하려면 페이지 컴포넌트를 거쳐 props 형태로 계속 전달해야 합니다. 이 구조는 마치 리액트에서 흔히 겪는 'Props Drilling' 문제를 떠올리게 합니다. 단지 데이터를 사용하기 위해 props가 여러 단계에 걸쳐 컴포넌트에 전달되면 코드는 복잡해지고 유지 보수는 어렵습니다.

앱 라우터 버전에서는 서버에서만 실행되는 '서버 컴포넌트'를 이용하면서 이 문제를 해결합니다. 서버 컴포넌트를 이용하면 getServerSideProps나 getStaticProps 함수를 더 이상 사용할 필요가 없습니다. 컴포넌트가 필요한 데이터를 직접 불러와 사용하는 식으로 변경되었기 때문에 컴포넌트 간에 데이터를 복잡하게 전달할 필요가 없습니다.

```
async function Page() {
  const dataForPage = await fetch("..."); // 페이지 컴포넌트에 필요한 데이터 페칭

  return <Child/>;
}

async function Child() {
  const dataForChild = await fetch("..."); // Child 컴포넌트에 필요한 데이터 페칭
```

```
    return <div>...</div>;
}
```

컴포넌트 함수에서 async를 사용할 수 있는 이유는 컴포넌트가 서버 컴포넌트이기 때문입니다. 서버 컴포넌트는 서버에서 실행되므로 async/await 구문으로 데이터를 비동기적으로 가져올 수 있습니다.

앱 라우터 버전에서 바뀐 데이터 페칭 방식을 그림으로 표현하면 [그림 5-3]과 같습니다.

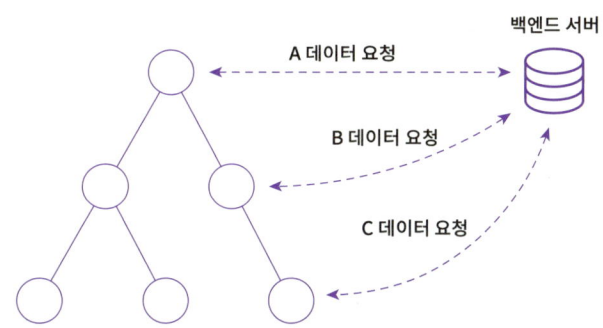

[그림 5-3] 서버 컴포넌트의 도입으로 바뀐 데이터 페칭 방식

지금까지 설명한 내용을 간추리면 다음과 같습니다. 페이지 라우터 버전에서는 모든 컴포넌트를 서버와 클라이언트에서 각각 한 번씩 실행했습니다. 따라서 서버에서만 필요한 데이터를 불러오려면 getServerSideProps나 getStaticProps와 같은 함수가 필요했습니다. 그러나 이 방식은 페이지 컴포넌트에 모든 데이터가 집중되는 결과를 만들었고 페이지를 구성하는 컴포넌트 간의 데이터 전달을 복잡하게 만들었습니다.

앱 라우터 버전에서는 컴포넌트가 직접 서버에서 데이터를 가져옵니다. 따라서 더 이상 getServerSideProps와 같은 함수를 사용할 필요 없이 컴포넌트가 필요한 데이터를 직접 가져올 수 있어 데이터 전달이 훨씬 단순해졌습니다.

데이터 페칭 실습

이제 서버 컴포넌트의 데이터 페칭을 구현합니다. 프로젝트 루트 위치에 .env 파일을 생성하고 백엔드 서버의 주소를 환경 변수로 저장합니다.

```
                                                              file: .env
NEXT_PUBLIC_API_URL=http://localhost:8080
```

process.env.NEXT_PUBLIC_API_URL로 설정된 백엔드 서버의 주소는 이제 어디서든 지 사용할 수 있습니다.

데이터 페칭 1: 인덱스 페이지

준비를 완료했다면 실습용 백엔드 서버를 가동하고 인덱스 페이지부터 하나씩 데이터 페칭을 구현합니다. 인덱스 페이지에 필요한 2개의 데이터('등록된 모든 도서', '지금 추천하는 도서') 중 '등록된 모든 도서'를 불러오도록 다음과 같이 인덱스 페이지 컴포넌트를 수정합니다.

```
                                        file: src/app/(with-searchbar)/page.tsx
(...)
import { BookData } from "@/types"; ①

export default async function Page() { ②
  const response = await fetch(`${process.env.NEXT_PUBLIC_API_URL}/book`); ③
  const allBooks: BookData[] = await response.json(); ④

  return (
    <div className={style.container}>
      <section>
        <h3>지금 추천하는 도서</h3>
        {books.map((book) => (
          <BookItem key={book.id} {...book} />
        ))}
      </section>
      <section>
        <h3>등록된 모든 도서</h3>
        {allBooks.map((book) => ( ⑤
          <BookItem key={book.id} {...book} />
        ))}
      </section>
    </div>
  );
}
```

① BookData 타입을 불러옵니다.

② 컴포넌트 함수에 async 키워드를 추가합니다. ③에서 await을 활용해 비동기적으로 데이터를 불러오기 위함입니다.

③ fetch 메서드를 활용해 '등록된 모든 도서'의 데이터 요청에 응답하는 '/book' API를 호출합니다.

④ fetch 메서드의 결괏값을 JSON 형태로 변환해 allBooks 변수에 저장합니다. 이때 변수 all
  Books의 타입은 BookData[] 타입으로 정의합니다.
⑤ 목 데이터였던 books 대신 ③과 ④에서 불러온 실제 '등록된 모든 도서'의 데이터를 리스트로 렌
  더링합니다.

브라우저에서 인덱스 페이지에 접속해 [그림 5-4]와 같이 백엔드 서버에서 불러온 도서 아이템이 '등록된 모든 도서' 섹션에 잘 렌더링되는지 확인합니다.

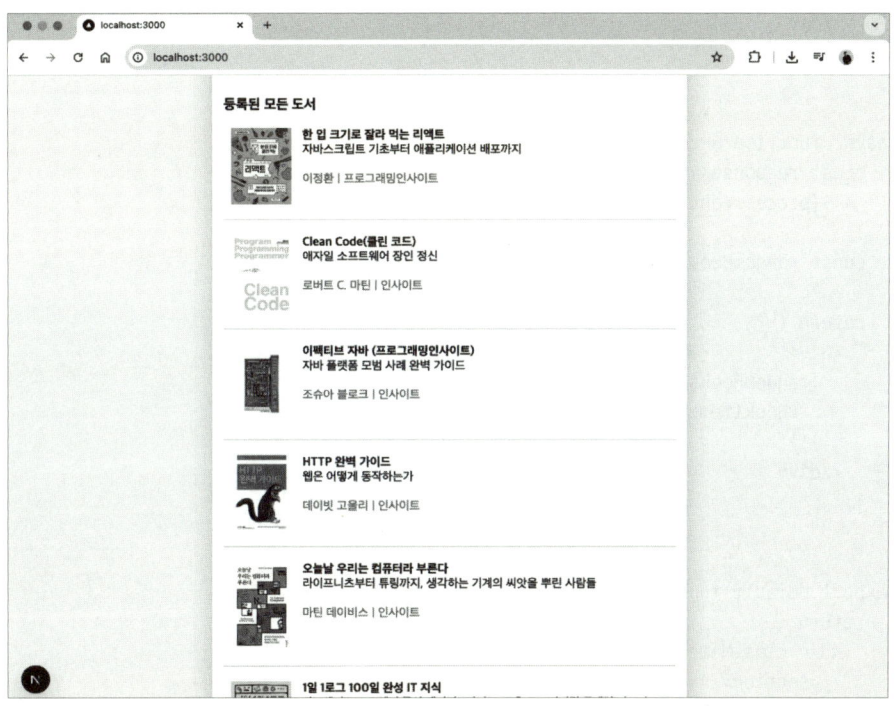

[그림 5-4] '등록된 모든 도서' 섹션에서 실제 데이터를 렌더링

이렇듯 앱 라우터 버전에서는 서버 컴포넌트에서 직접 fetch 메서드로 백엔드 서버의 데이터를 손쉽게 불러올 수 있습니다.

다음으로 '지금 추천하는 도서' 섹션의 데이터를 불러옵니다. 그런데 컴포넌트 하나에 두 개의 API 호출 코드가 있으면 가독성이 떨어지므로 '등록된 모든 도서' 섹션과 '지금 추천하는 도서' 섹션을 각각 분리된 컴포넌트로 만들겠습니다.

```
CODE                                          file: src/app/(with-searchbar)/page.tsx
(...)
async function AllBooks() { ①
  const response = await fetch(`${process.env.NEXT_PUBLIC_API_URL}/book`);
  const allBooks: BookData[] = await response.json();

  return (
    <div>
      {allBooks.map((book) => (
        <BookItem key={book.id} {...book} />
      ))}
    </div>
  );
}

async function RecoBooks() { ②
  const response = await fetch(
    `${process.env.NEXT_PUBLIC_API_URL}/book/random`
  );
  const randomBooks: BookData[] = await response.json();

  return (
    <div>
      {randomBooks.map((book) => (
        <BookItem key={book.id} {...book} />
      ))}
    </div>
  );
}

export default function Page() { ③
  return (
    <div className={style.container}>
      <section>
        <h3>지금 추천하는 도서</h3>
        <RecoBooks />
      </section>
      <section>
        <h3>등록된 모든 도서</h3>
        <AllBooks />
      </section>
    </div>
  );
}
```

① '등록된 모든 도서' 섹션을 AllBooks 컴포넌트로 분리합니다. 이 컴포넌트에서는 등록되어 있는 도서를 모두 불러오는 '/book' API를 호출하고 그 결괏값을 리스트로 렌더링합니다.

② '지금 추천하는 도서' 섹션을 RecoBooks 컴포넌트로 분리합니다. 이 컴포넌트에서는 추천 도서를

랜덤하게 불러오는 '/book/random' API를 호출하고 그 결괏값을 리스트로 렌더링합니다.

③ ①과 ②에서 분리한 AllBooks와 RecoBooks를 페이지 컴포넌트의 자식으로 사용합니다. 이제 이 컴포넌트는 직접 데이터를 불러올 필요가 없으므로 async 키워드는 제거합니다.

인덱스 페이지의 데이터 페칭 기능을 모두 완성했습니다. 브라우저에서 인덱스 페이지에 접속해 실제 백엔드 서버에서 불러온 데이터를 리스트로 잘 렌더링하는지 확인합니다.

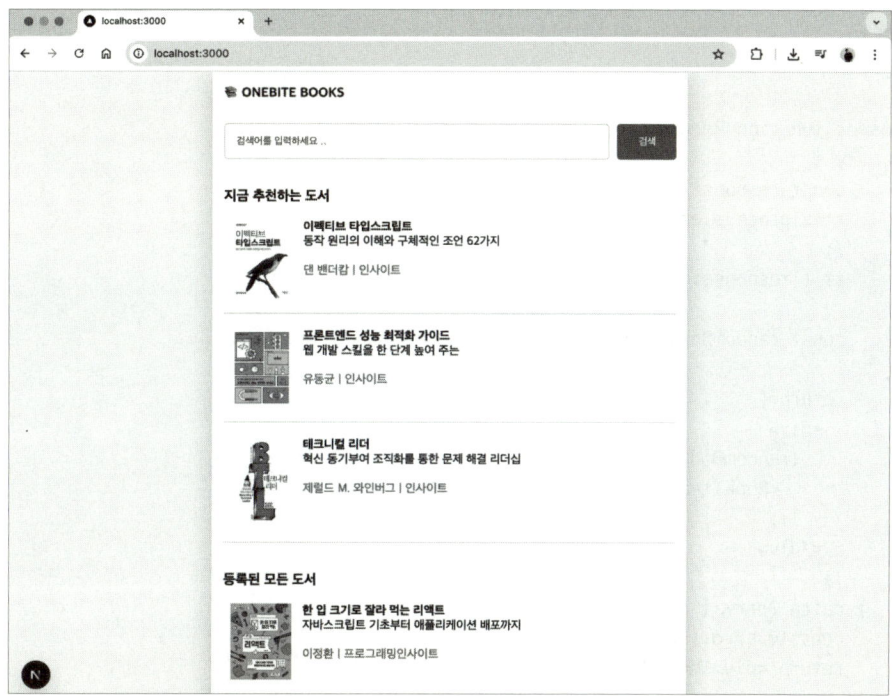

[그림 5-5] 데이터 페칭 기능이 완료된 인덱스 페이지

비동기 작업 과정에서 발생하는 예외를 처리하려면 데이터를 불러오는 컴포넌트 내부에 다음과 같이 try-catch 문을 추가하면 됩니다.

```
CODE                                          file: src/app/(with-searchbar)/page.tsx
(...)
async function AllBooks() {
  try {
    const response = await fetch(`${process.env.NEXT_PUBLIC_API_URL}/book`);
    if (!response.ok) throw new Error(response.statusText);
```

서버 컴포넌트 도입으로 변경된 데이터 페칭 방식   **279**

```
    const allBooks: BookData[] = await response.json();

    return (
      <div>
        {allBooks.map((book) => (
          <BookItem key={book.id} {...book} />
        ))}
      </div>
    );
  } catch (err) {
    console.error(err);
    return <div>오류가 발생했습니다.</div>;
  }
}

async function RecoBooks() {
  try {
    const response = await fetch(
      `${process.env.NEXT_PUBLIC_API_URL}/book/random`
    );
    if (!response.ok) throw new Error(response.statusText);

    const randomBooks: BookData[] = await response.json();

    return (
      <div>
        {randomBooks.map((book) => (
          <BookItem key={book.id} {...book} />
        ))}
      </div>
    );
  } catch (err) {
    console.error(err);
    return <div>오류가 발생했습니다.</div>;
  }
}

export default function Page() {
  return (...);
}
```

이제 AllBooks와 RecoBooks 컴포넌트는 API를 호출하는 과정에서 예외가 발생하면 '오류가 발생했습니다.'라는 텍스트를 대신 렌더링합니다. 실제로 확인하기 위해 다음과 같이 RecoBooks 컴포넌트에서 API 요청 주소를 잘못된 주소로 변경하겠습니다.

```
CODE                                                    file: src/app/(with-searchbar)/page.tsx
(...)
async function RecoBooks() {
  try {
    const response = await fetch(
      `${process.env.NEXT_PUBLIC_API_URL}/book/random/1234`  ①
    );
    (...)
  } catch (err) {
    console.error(err);
    return <div>오류가 발생했습니다.</div>;
  }
}
(...)
```

① 예외를 발생시키기 위해 일부러 API 요청 주소를 없는 주소로 설정합니다.

브라우저에서 인덱스 페이지에 접속하면 [그림 5-7]처럼 '지금 추천하는 도서' 섹션에는 '오류가 발생했습니다.'라는 텍스트를 렌더링합니다. 동시에 브라우저 콘솔에서는 오류 메시지를 출력합니다.

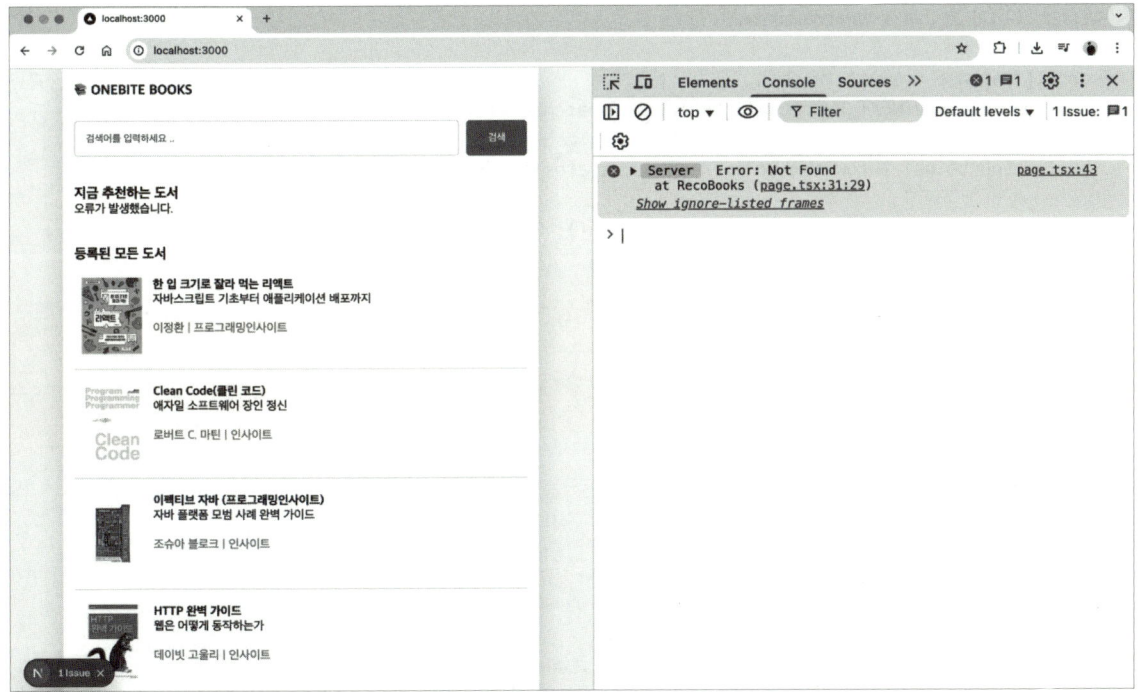

[그림 5-6] 오류 확인하기

서버 컴포넌트 도입으로 변경된 데이터 페칭 방식

오류를 확인했다면 이후 실습을 위해 코드는 다시 원래 상태로 복원합니다.

    컴포넌트를 적절히 분리해 컴포넌트마다 하나의 데이터만 페칭하도록 만들면 더 깔끔하고 가독성 있는 코드를 작성할 수 있습니다. 또한 예외 처리 과정에서 각 컴포넌트의 상황을 독립적으로 관리할 수 있어 유지 보수가 한결 쉽습니다.

데이터 페칭 2: 검색 페이지

다음으로 검색 페이지도 서버 컴포넌트를 활용해 데이터를 직접 백엔드 서버에서 불러오겠습니다. 검색 페이지 컴포넌트를 다음과 같이 수정합니다.

`CODE`　　　　　　　　　　　　　　　　file: src/app/(with-searchbar)/search/page.tsx

```tsx
(...)
import { BookData } from "@/types";

export default async function Page({
  searchParams,
}: {
  searchParams: Promise<{ q?: string }>;
}) {
  try { ①
    const { q } = await searchParams;

    const response = await fetch(
      `${process.env.NEXT_PUBLIC_API_URL}/book/search?q=${q}` ②
    );
    if (!response.ok) throw new Error(response.statusText); ③

    const books: BookData[] = await response.json(); ④

    return (
      <div>
        {books.map((book) => (
          <BookItem key={book.id} {...book} />
        ))}
      </div>
    );
  } catch (err) { ⑤
    console.error(err);
    return <div>오류가 발생했습니다.</div>;
  }
}
```

① 비동기 작업의 예외를 처리하기 위해 try 문으로 코드를 감쌉니다.
② 검색 결과를 불러오기 위해 '/book/search?q=검색어' 주소로 도서 검색 API를 요청합니다.

③ ②에서 호출한 API의 응답이 정상적이지 않으면 ⑤의 catch 블록으로 처리를 위임하기 위해 예외를 발생시킵니다.

④ ②에서 불러온 API의 응답 결과를 JSON 형태로 변환해 books 변수에 저장합니다. 이때 목 데이터를 불러왔던 books와 이름이 중복되므로 목 데이터의 import 문은 제거합니다.

⑤ 예외가 발생하면 에러 메시지를 콘솔에 출력하고 "오류가 발생했습니다."라는 텍스트를 화면에 렌더링합니다.

인덱스 페이지의 검색 폼에서 '한입'으로 검색하면 검색 페이지로 이동합니다. [그림 5-7]처럼 검색 결과를 잘 렌더링하는지 확인합니다.

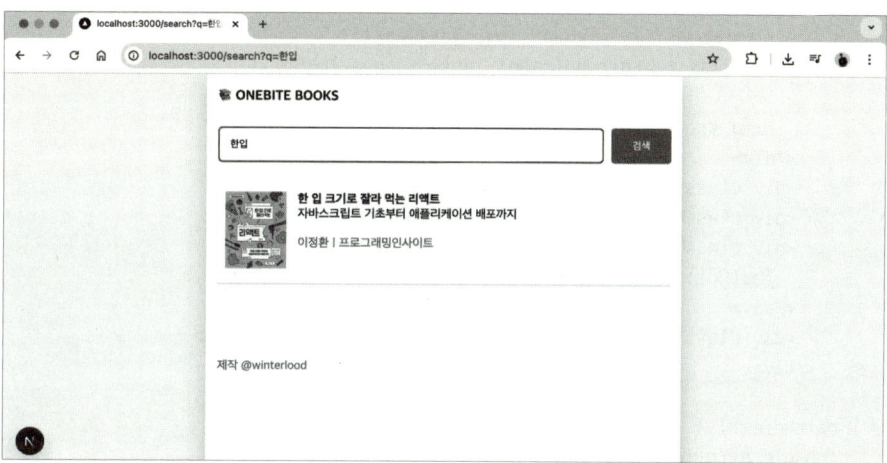

[그림 5-7] 검색어 '한입'으로 검색한 결과

데이터 페칭 3: 도서 상세 페이지

도서 상세 페이지의 데이터 페칭을 구현합니다. 도서 상세 페이지 컴포넌트를 다음과 같이 수정합니다.

CODE file: src/app/book/[id]/page.tsx
```
import style from "./page.module.css";
import { BookData } from "@/types";

export default async function Page({
  params,
}: {
  params: Promise<{ id: string }>;
}) {
```

```tsx
  try {
    const { id } = await params;

    const response = await fetch(
      `${process.env.NEXT_PUBLIC_API_URL}/book/${id}`
    );
    if (!response.ok) throw new Error(response.statusText);

    const book: BookData = await response.json();
    const { title, subTitle, description, author, publisher, coverImgUrl } = book;

    return (
      <div className={style.container}>
        <div
          className={style.cover_img_container}
          style={{ backgroundImage: `url('${coverImgUrl}')` }}
        >
          <img src={coverImgUrl} />
        </div>
        <div className={style.title}>{title}</div>
        <div className={style.subTitle}>{subTitle}</div>
        <div className={style.author}>
          {author} | {publisher}
        </div>
        <div className={style.description}>{description}</div>
      </div>
    );
  } catch (err) {
    console.error(err);
    return <div>오류가 발생했습니다.</div>;
  }
}
```

앞서 인덱스, 검색 페이지와 유사한 코드이므로 자세한 설명은 생략합니다. 수정이 완료되었다면 브라우저에서 임의의 도서 페이지(예: ~/book/7)로 접속합니다. [그림 5-8]과 같이 도서 상세 페이지에서 실제 백엔드 서버의 데이터를 잘 렌더링하는지 확인합니다.

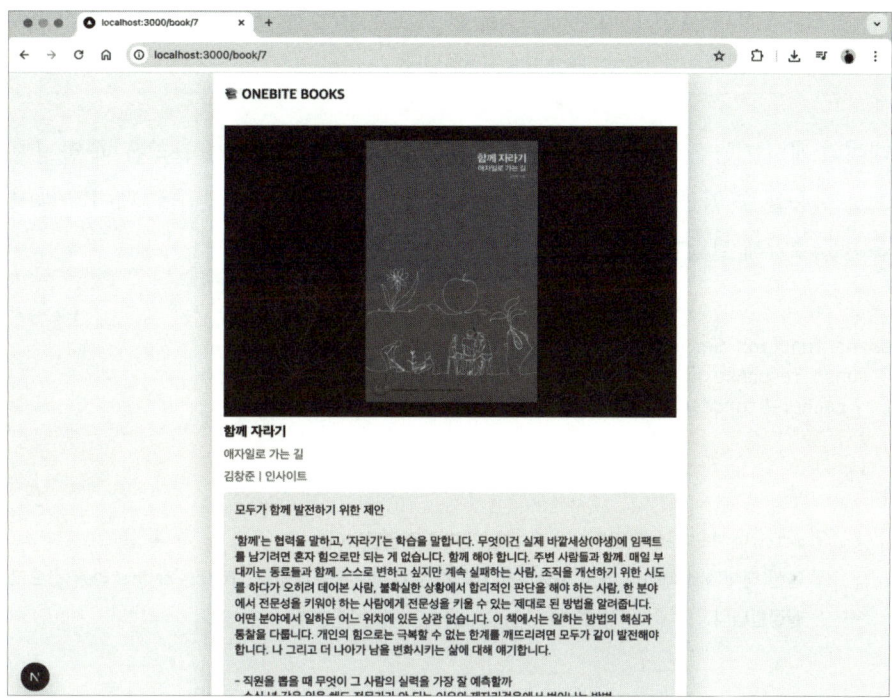

[그림 5-8] 데이터 페칭이 완성된 도서 상세 페이지

데이터 요청을 영구적으로 보관하는 데이터 캐시

이번 절에서는 앱 라우터 버전에서 제공하는 데이터 캐시 기능을 살펴보겠습니다.

데이터 캐시란?

데이터 캐시(Data Cache)란 백엔드 서버에서 불러온 데이터를 캐시하는 기능입니다. 이 기능을 활용하면 한 번 불러온 데이터를 백엔드 서버에 다시 요청하지 않고 재사용할 수 있어 성능을 크게 향상시킵니다.

 캐시(Cache)는 자주 사용하는 데이터를 빠르게 접근할 수 있도록 저장하는 공간 또는 그 데이터 자체를 의미합니다.

예를 들어 어떤 페이지에서 도서 목록을 불러온 다음, 그 데이터를 캐시에 저장하면 다음에 그 페이지를 방문할 때 서버에 다시 요청하지 않고 미리 저장된 데이터를 재사용할 수 있습니다. 이 과정을 흔히 '데이터를 캐시한다'라고 표현하며 저장 데이터는 '캐시된 데이터' 혹은 '캐시 데이터'라고 합니다.

캐시 데이터는 불필요한 네트워크 요청을 줄이고 로딩 속도를 높이는 데 큰 도움이 되므로 다양한 프레임워크와 라이브러리에서 적극 활용됩니다.

데이터 캐시 기능은 서버 컴포넌트에서 fetch 메서드로 데이터를 불러올 때 한정적으로 사용할 수 있는데, 다음과 같이 fetch 메서드에서 두 번째 인수로 데이터 캐시 옵션을 추가해 설정합니다.

`CODE` file: 예시
```
async function ServerComp() {
  const response = await fetch("...", { ①
    cache: "force-cache", ②
  });
  (...)
}
```

① fetch 메서드에서 두 번째 인수로 옵션 객체를 전달합니다.
② 옵션 객체에서 데이터 캐시의 동작을 정의하는 cache 프로퍼티를 "force-cache"라는 값으로 설정합니다.

옵션 객체의 cache 프로퍼티를 "force-cache"로 설정하면 fetch 메서드로 불러온 데이터는 무조건 캐시됩니다. 따라서 동일한 요청이 들어오면 데이터를 다시 호출하지 않고 영구적으로 캐시된 데이터를 사용합니다.

 예를 들어 인덱스 페이지 '지금 추천하는 도서' 섹션에서 불러온 도서 데이터를 캐시하려면 다음과 같이 RecoBooks 컴포넌트의 fetch 메서드에서 두 번째 인수의 옵션 객체를 { cache: "force-cache" }로 설정해 전달하면 됩니다.

`CODE` file: src/app/(with-searchbar)/page.tsx
```
(...)
async function RecoBooks() {
  try {
    const response = await fetch(
      `${process.env.NEXT_PUBLIC_API_URL}/book/random`,
      { cache: "force-cache" } ①
    );
    (...)
  }
  (...)
}
(...)
```

① fetch 메서드에 두 번째 인수로 데이터 캐시 옵션 객체를 전달합니다. 이때 옵션 객체의 값은 { cache:"force-cache" }로 설정합니다.

이제 RecoBooks 컴포넌트의 fetch 메서드는 영구적으로 캐시된 데이터를 사용하므로 브라우저에서 인덱스 페이지를 아무리 새로고침해도 '지금 추천하는 도서' 섹션의 목록은 변경되지 않습니다. 앱 라우터 버전의 데이터 캐시 기능은 fetch 메서드에서 옵션 객체를 설정하는 것만으로 요청 데이터를 영구적으로 캐시합니다.

> **데이터 캐시가 잘 동작하지 않는다면?**
> RecoBooks 컴포넌트의 fetch 메서드에 캐시 옵션을 적용했음에도 데이터 캐시가 동작하지 않는다면, 다시 말해 새로고침할 때마다 추천도서 목록이 변경된다면 다음 중 하나의 상황인지 의심해 보길 바랍니다.
>
> 1. 일반 새로고침이 아닌 강력한 새로고침을 사용했다.
> 2. RecoBooks가 아니라 AllBooks 컴포넌트의 fetch 메서드에 캐시 옵션을 적용했다
> 3. 캐시 옵션을 설정하면서 오타가 발생했다.

TIP 강력한 새로고침 단축키
윈도우: `Shift` + `F5`
macOS: `Command` + `Shift` + `R`

데이터 캐시 동작을 더 직관적으로 확인하려면 Next.js 앱의 로깅 기능을 사용하면 됩니다. 앱 라우터 버전은 개발 모드에서 서버 컴포넌트의 데이터 요청을 로깅하는 기능이 있습니다. 기본 설정에서는 이 기능이 꺼져 있습니다. 로깅 기능을 활성화하려면 next.config.ts 파일을 다음과 같이 수정해야 합니다.

CODE   **file: next.config.ts**

```typescript
import type { NextConfig } from "next";

const nextConfig: NextConfig = {
  /* config options here */
  reactStrictMode: false,
  logging: { ①
    fetches: {
      fullUrl: true,
    },
  },
};

export default nextConfig;
```

① nextConfig 객체에 logging 프로퍼티를 추가하고 값으로 { fetches: { fullUrl: true }}를 설정합니다. 이제 개발 모드로 가동할 때 서버 컴포넌트의 데이터 요청을 자동으로 로깅합니다.

작성을 완료하면 Next.js 앱이 자동으로 중단됐다가 다시 개발 모드로 가동됩니다. 브라우저에서 인덱스 페이지에 접속한 다음, 새로고침하면 [그림 5-9]처럼 Next.js 서버 콘솔에서 데이터 요청 로그가 출력되는 것을 확인할 수 있습니다.

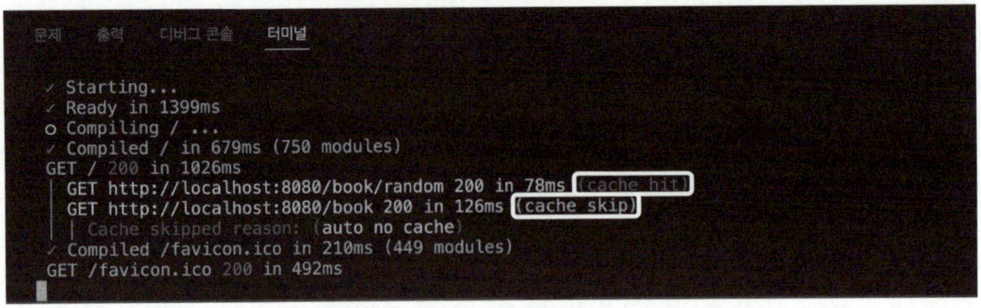

[그림 5-9] 데이터 요청 로깅 확인하기 1

로그를 자세히 보겠습니다. 인덱스 페이지에는 랜덤하게 데이터를 가져오는 '/book/random'과 모든 데이터를 가져오는 '/book'이라는 2개의 API가 있습니다. '/book/random' 주소로 요청한 API는 cache hit라고 하여 캐시 데이터를 사용하지만, '/book' 주소로 요청한 API는 cache skip이라고 하여 캐시 데이터를 사용하지 않습니다. '/book/random' 주소에서 가져온 데이터를 캐시 데이터로 사용하는 이유는 fetch 메서드에서 데이터 캐시 옵션을 "force-cache"로 설정했기 때문입니다.

AllBooks 컴포넌트의 fetch 메서드에도 RecoBooks 컴포넌트와 동일하게 데이터 캐시 옵션을 다음과 같이 설정하면 두 API 요청 모두 캐시 데이터를 사용한다는 로그를 출력할 것입니다.

CODE file: src/app/(with-searchbar)/page.tsx
```
(...)
async function AllBooks() {
  try {
    const response = await fetch(`${process.env.NEXT_PUBLIC_API_URL}/book`, { ①
      cache: "force-cache",
    });
    (...)
  }
  (...)
}
(...)
```

① fetch 메서드에서 데이터 캐시 옵션을 cache: "force-cache"로 설정합니다.

코드를 수정했다면 인덱스 페이지를 새로고침해 로깅 정보를 확인합니다.

[그림 5-10] 데이터 요청 로깅 확인하기 2

fetch 메서드의 두 번째 인수로 전달하는 데이터 캐시 옵션을 { cache: "force-cache" }로 설정하면 데이터를 영구적으로 캐시할 수 있습니다. Next.js는 이 외에도 다양한 데이터 캐시 옵션을 제공하는데, 옵션을 다 나열하면 다음과 같습니다.

- cache: "force-cache"
- cache: "no-store"
- next: { revalidate: 10 }
- next: { tags: [] }

옵션별로 데이터 캐시의 동작이 달라지므로 순서대로 살펴보겠습니다.

cache: "force-cache"

cache: "force-cache"는 데이터를 영구적으로 캐시하는 옵션입니다. [그림 5-11]은 데이터 페칭에서 이 옵션을 설정한 페이지가 렌더링되는 과정을 다이어그램으로 표현하고 있습니다.

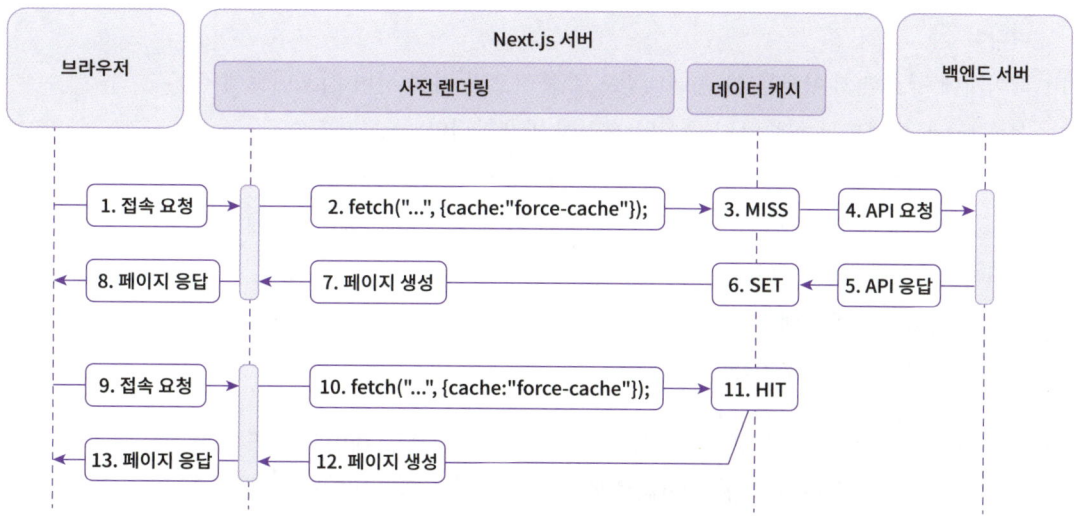

[그림 5-11] cache: "force-cache" 옵션이 설정된 페이지의 렌더링 과정

1. 브라우저가 Next.js 서버에게 접속 요청을 보냅니다. 접속 요청을 받은 Next.js 서버는 곧바로 완성된 HTML 페이지를 만들기 위해 사전 렌더링을 시작합니다.
2. 페이지에 필요한 데이터를 사전 렌더링으로 불러오기 위해 서버 컴포넌트에 작성한 fetch 메서드를 실행하면 데이터 요청이 발생합니다. 이때 fetch의 데이터 캐시 옵션은 cache: "force-cache"로 설정되어 있다고 가정합니다.
3. 2번 과정에서 옵션이 cache: "force-cache"로 설정되어 있으므로 백엔드 서버에 데이터를 요청하기 전에 데이터 캐시에 캐시된 데이터가 있는지 먼저 확인합니다. 이 시점은 첫 번째 접속 요청이라 가정하므로 캐시된 데이터가 없어 캐시 MISS가 발생합니다.
4. 3번 과정에서 캐시 MISS가 발생했으므로 백엔드 서버에 데이터를 요청합니다.
5. 4번 요청에 따라 백엔드 서버에서 데이터를 받아옵니다.
6. 백엔드 서버에서 불러온 데이터를 중복해 불러오지 않도록 데이터 캐시에 SET, 즉 데이터 캐시에 보관합니다.
7. 5, 6번으로 불러온 데이터를 사용해 페이지를 생성합니다.
8. 페이지를 완성해 브라우저에 응답합니다.

여기까지가 첫 번째 접속 요청을 처리하기 위해 Next.js 서버가 수행하는 일입니다. 이제 두 번째 접속 요청이 발생하면 [그림 5-11]의 9번 과정을 시작합니다.

9. 브라우저가 Next.js 서버에게 동일한 접속 요청을 보냅니다. 접속 요청을 받은 Next.js 서버는 바로 완성된 HTML 페이지를 만들기 위해 사전 렌더링을 시작합니다.
10. 페이지에 필요한 데이터를 사전 렌더링으로 불러오기 위해 서버 컴포넌트에 작성한 fetch 메서드를 실행하면 데이터 요청이 발생합니다.
11. 백엔드 서버에 데이터를 요청하기 전에 캐시된 데이터가 있는지 먼저 확인합니다. 이 시점에서 캐시 HIT가 됩니다. 첫 번째 접속 요청을 처리하는 6번에서 데이터를 캐시했기 때문입니다.
12. 캐시된 데이터를 활용해 빠르게 페이지를 생성합니다.
13. 완성된 페이지로 브라우저에 응답합니다.

cache: "force-cache" 옵션은 한 번 요청한 데이터는 영구적으로 데이터 캐시에 보관해 동일한 데이터를 다시 백엔드 서버에서 불러오지 않도록 합니다. 이 옵션은 변경할 가능성이 거의 없는 정적 데이터나 잘 변하지 않는 설정 정보를 불러올 때 주로 사용됩니다.

cache: "no-store"

cache: "no-store" 옵션은 cache: "force-cache"와는 정반대의 기능을 하는 옵션입니다. 이 옵션을 사용하면 요청으로 불러온 데이터를 절대 캐시하지 않습니다. 언제나 백엔드 서버에 최신 데이터를 요청하며 어떤 상황에서도 캐시된 데이터를 사용하지 않습니다. [그림 5-12]는 데이터 페칭에서 이 옵션을 설정한 페이지가 렌더링되는 과정을 다이어그램으로 표현하고 있습니다.

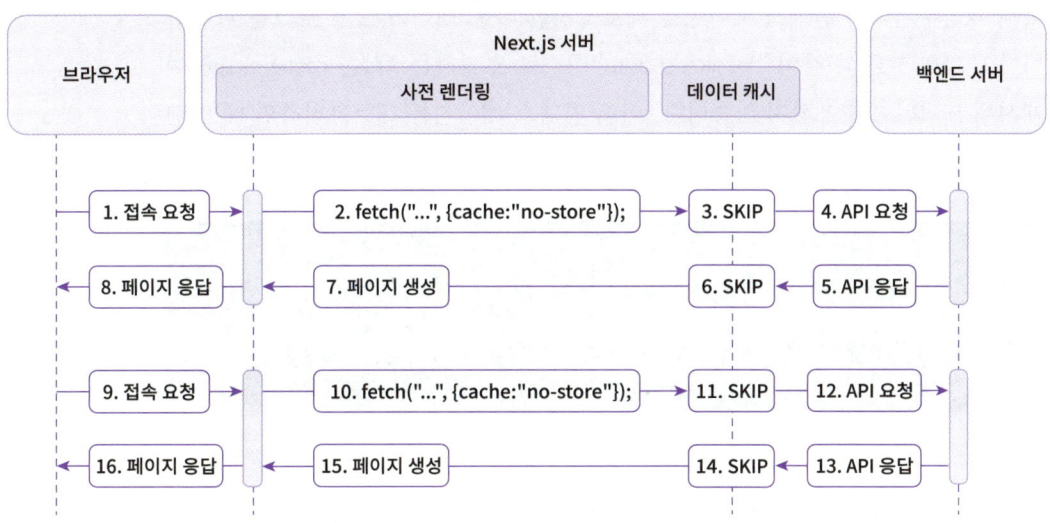

[그림 5-12] cache: "no-store" 옵션이 설정된 페이지의 렌더링 과정

[그림 5-12]에서 3, 6, 11, 14번 과정을 보면 데이터 캐시에 저장된 데이터를 확인하는 과정이 생략되고 있음을 알 수 있습니다. cache: "no-store" 옵션을 설정하면 데이터 페칭은 데이터를 캐시하지 않고 캐시된 데이터가 있어도 사용하지 않습니다. 요청이 들어오면 백엔드 서버에 새로운 데이터를 매번 요청합니다.

이 옵션은 데이터가 실시간으로 변하는 페이지에서 데이터를 렌더링해야 할 때 주로 사용합니다. 예를 들어 한입북스 프로젝트에서 인덱스 페이지를 새로고침할 때마다 '지금 추천하는 도서' 섹션을 매번 새로운 도서로 바꾸고 싶다면 데이터 캐시 옵션을 cache: "no-store"로 설정하면 됩니다.

```
CODE                                      file: src/app/(with-searchbar)/page.tsx
(...)
async function RecoBooks() {
  try {
    const response = await fetch(
      `${process.env.NEXT_PUBLIC_API_URL}/book/random`, {
      cache: "no-store",
    });
    (...)
  }
  (...)
}
(...)
```

이제 브라우저에서 인덱스 페이지를 새로고침한 다음 데이터 요청 로그를 확인합니다. [그림 5-13]과 같이 '/book/random' 주소로 호출하는 API는 cache skip하며 캐시된 데이터를 활용하지 않습니다. 이제 인덱스 페이지를 새로고침하면 매번 랜덤하게 새로운 도서를 렌더링하는 것을 볼 수 있습니다.

[그림 5-13] cache: "no-store" 결과 확인

하나의 페이지에서 fetch 메서드를 여러 번 호출할 때 각각의 fetch 메서드에 서로 다른 데이터 캐시 옵션을 설정하는 일도 가능합니다. 그럼 최신 데이터를 보장하면서도 불필요한 데이터의 호출을 최소화해 서비스의 성능을 최적화할 수 있습니다.

SSR이나 SSG 가운데 하나를 선택해 페이지 단위로 캐시를 설정했던 페이지 라우터와는 달리, 앱 라우터 버전은 데이터 캐시 옵션으로 각 데이터의 특성에 맞게 캐시하므로 페이지의 성능을 극대화할 수 있습니다.

참고로 현재 살펴보고 있는 cache: "no-store" 옵션은 데이터 캐시의 기본 옵션입니다. 따라서 fetch 메서드에 아무런 데이터 캐시 옵션도 지정하지 않으면 자동으로 이 옵션이 적용됩니다. Next.js 14 버전까지는 cache: "force-cache"를 데이터 캐시의 기본 옵션으로 적용했으나, 사용자의 피드백을 반영해 24년 11월에 출시된 Next.js 15 버전부터는 cache: "no-store"를 기본 옵션으로 적용합니다.

따라서 최신 데이터를 불러오려면 cache: "no-store" 대신 처음부터 데이터 캐시 옵션을 설정하지 않으면 됩니다. 다만 Next.js에서는 캐시 방식이 버전에 따라 달라지는 문제가 있으므로 fetch 메서드를 사용할 때는 캐시 옵션을 명시적으로 지정하도록 권장합니다.

next: { revalidate : 시간 }

다음으로 살펴볼 데이터 캐시 옵션은 "next: { revalidate : 시간 }"입니다. 이 옵션은 기본적으로 cache: "force-cache"와 마찬가지로 데이터를 영구적으로 캐시하지만 특정 시간 주기로 캐시 데이터를 갱신합니다. 마치 페이지 라우터 버전의 ISR과 비슷하다고 이해하면 쉽습니다.

예를 들어 다음과 같이 서버 컴포넌트에서 fetch 메서드의 데이터 캐시 옵션으로 "next: { revalidate : 3 }"을 지정하면 fetch로 불러오는 데이터를 기본으로 캐시함과 동시에 특정 시간(여기서는 3초)을 주기로 갱신합니다.

```
async function ServerComp() {
  const response = await fetch("...", {
    next: { revalidate: 3 }, ①
  });
}
```

① fetch 메서드의 데이터 캐시 옵션을 { next: { revalidate: 3 } }으로 설정해 3초 주기로 데이터를 갱신합니다.

데이터 페칭에서 이 옵션을 설정한 페이지의 렌더링 흐름을 다이어그램으로 표현하면 [그림 5-14]와 같습니다.

3초 이후의 접속 요청에 Next.js 서버는 데이터 캐시에 저장된 데이터를 찾는 3번(캐시 HIT)에서 일단 캐시된 데이터로 응답합니다. revalidate에 설정한 시간이 지났음에도 캐시 데이터를 사용하는 이유는 이어지는 4번에서 일단 페이지를 빠르게 생성해 브라우저에 응답하기 위함입니다. 3번에서는 캐시 데이터를 Stale(상한) 상태로 표시하고 기존 데이터를 사용해 빠르게 페이지를 생성합니다.

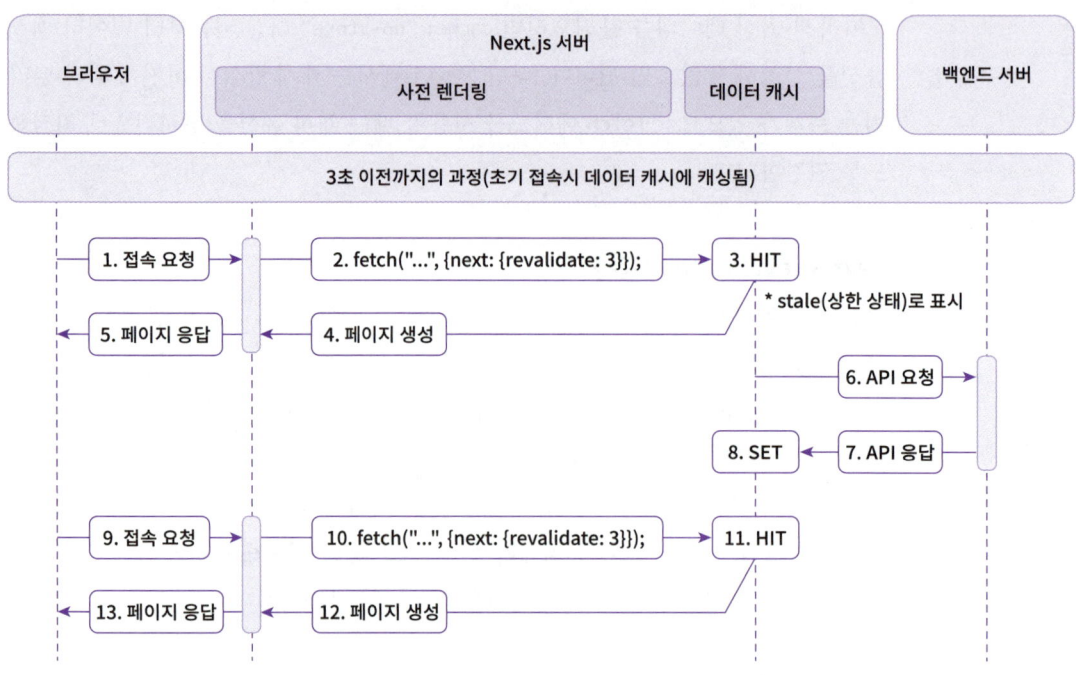

[그림 5-14] next: { revalidate: 시간 } 옵션을 설정한 페이지의 렌더링 흐름

5번에서 생성한 페이지로 브라우저에 응답한 다음, Next.js 서버는 Stale(상한)로 표시한 데이터를 갱신합니다. 백그라운드에서 6, 7번으로 백엔드 서버에서 새로운 데이터를 불러오고 8번에서 이 데이터를 새롭게 데이터 캐시에 저장, 즉 갱신합니다.

9번에서 새로운 접속 요청이 발생하면 이제 갱신된 데이터가 캐시 HIT됩니다(11번). 새로운 데이터로 페이지를 생성해(12번) 브라우저에 응답합니다(13번).

실습을 위해 이번에는 인덱스 페이지의 '지금 추천하는 도서' 섹션을 3초 주기로 데이터를 갱신하도록 설정합니다. RecoBooks 컴포넌트에서 fetch 메서드의 데이터 캐시 옵션을 {next: { revalidate: 3}}으로 설정합니다.

CODE file: src/app/(with-searchbar)/page.tsx
```
(...)
async function RecoBooks() {
  try {
    const response = await fetch(
      `${process.env.NEXT_PUBLIC_API_URL}/book/random`, {
      next: { revalidate: 3 }, ①
    });
    (...)
```

```
    }
    (...)
}
(...)
```

| ① 이 fetch 메서드의 데이터 캐시 옵션을 next: { revalidate: 3 }으로 설정합니다.

이제 브라우저에서 인덱스 페이지를 새로고침하면 3초 주기로 '지금 추천하는 도서' 섹션의 리스트가 변경됩니다. 이때 데이터 요청 로그를 살펴보면 [그림 5-15] 처럼 매번 캐시 HIT로 캐시 데이터를 사용한다는 사실을 알 수 있습니다. next: { revalidate: 시간 } 옵션은 페이지 응답을 빠르게 하기 위해 갱신 시간이 지나더라도 일단 캐시 데이터를 활용하고 데이터의 갱신은 백그라운드에서 진행하기 때문입니다.

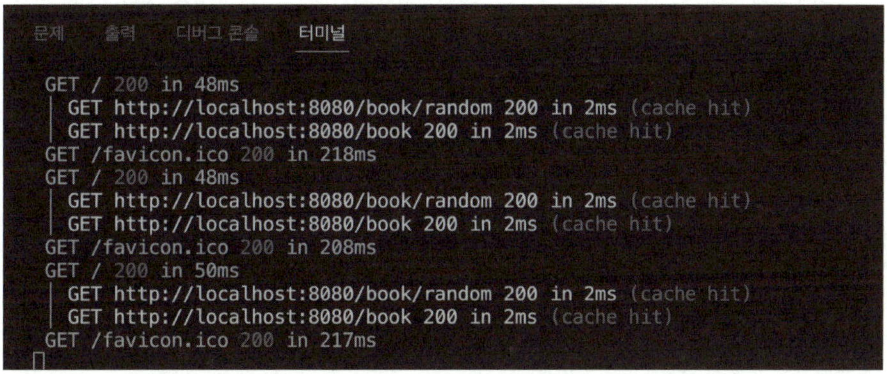

[그림 5-15] 항상 캐시된 데이터를 활용하는 next: { revalidate: 시간 } 옵션

next: { tags: [] }

마지막으로 살펴볼 데이터 캐시 옵션인 next: { tags: [] }는 페이지 라우터 버전의 주문형 재검증(on-demand revalidation)처럼 시간 기반이 아니라 요청 기반 데이터 갱신 기능을 제공합니다. 좀 더 쉽게 말하면 기본적으로 cache: "force-cache" 옵션과 마찬가지로 데이터를 영구적으로 캐시하지만, 설정한 태그값을 이용해 특정 시점에 캐시 데이터를 갱신할 수 있습니다.

예를 들어 데이터 캐시 옵션으로 next: { tags: ["a"] }를 설정하면 해당 fetch로 불러오는 데이터는 영구적으로 캐시되지만, "a"라는 태그를 활용해 특정 시점에 데이터를 갱신할 수 있습니다.

```
CODE                                                      file: 예시
async function ServerComp() {
  const response = await fetch("...", {
    next: { tags: ["a"] }, ①
  });
}
```

① fetch 메서드의 데이터 캐시 옵션을 { next: { tags: ["a"] } }로 설정해 태그값으로 데이터를 갱신합니다.

옵션 객체 tags는 배열이므로 태그를 여러 개 명시할 수 있습니다. 즉, tags: ["a", "b", "c", ..., "z"]와 같은 방식으로 하나의 데이터 페칭에 여러 태그를 설정할 수 있습니다. 태그를 여러 개 설정할 경우 태그 중 하나라도 갱신 대상이 되면 이 태그와 연관된 모든 데이터 캐시는 무효화됩니다.

"a" 태그가 설정된 데이터를 갱신하려면 Next.js가 제공하는 revalidateTag 메서드를 사용하면 됩니다. 이 메서드를 호출한 다음 인수로 태그를 전달하면 해당 태그가 있는 데이터 캐시를 바로 무효화, 즉 데이터 캐시에서 제거합니다. 이 메서드는 반드시 서버에서 실행해야 하므로 라우트 핸들러나 앞으로 살펴볼 서버 액션에서 주로 사용합니다.

다음은 revalidateTag 메서드를 호출해 "a" 태그가 있는 데이터 캐시를 무효화하는 라우트 핸들러의 예입니다.

```
CODE                                                      file: 예시
import { revalidateTag } from "next/cache"; ①

export async function GET() {
  await revalidateTag("a"); ②

  return new Response("a 태그 갱신 성공", { status: 200 });
}
```

① revalidateTag 메서드를 next/cache 패키지에서 불러옵니다.
② revalidateTag 메서드를 호출하고 인수로 "a"를 전달해 "a" 태그가 있는 데이터 캐시를 모두 무효화합니다. 이 메서드는 비동기적으로 동작하므로 await을 사용합니다.

라우트 핸들러의 GET 함수가 실행되면, 즉 이 라우트 핸들러가 정의하는 API가 GET 메서드로 호출되면 "a" 태그와 관련된 데이터 캐시는 즉시 무효화됩니다. 따라서 특정 요청이 발생했을 때 백엔드 서버나 클라이언트에서 이 API를 직접 호출해 캐시를 갱신하거나 초기화할 수 있습니다.

데이터 페칭에서 이 옵션이 설정된 페이지의 렌더링 흐름을 다이어그램으로 표현하면 [그림 5-16]과 같습니다.

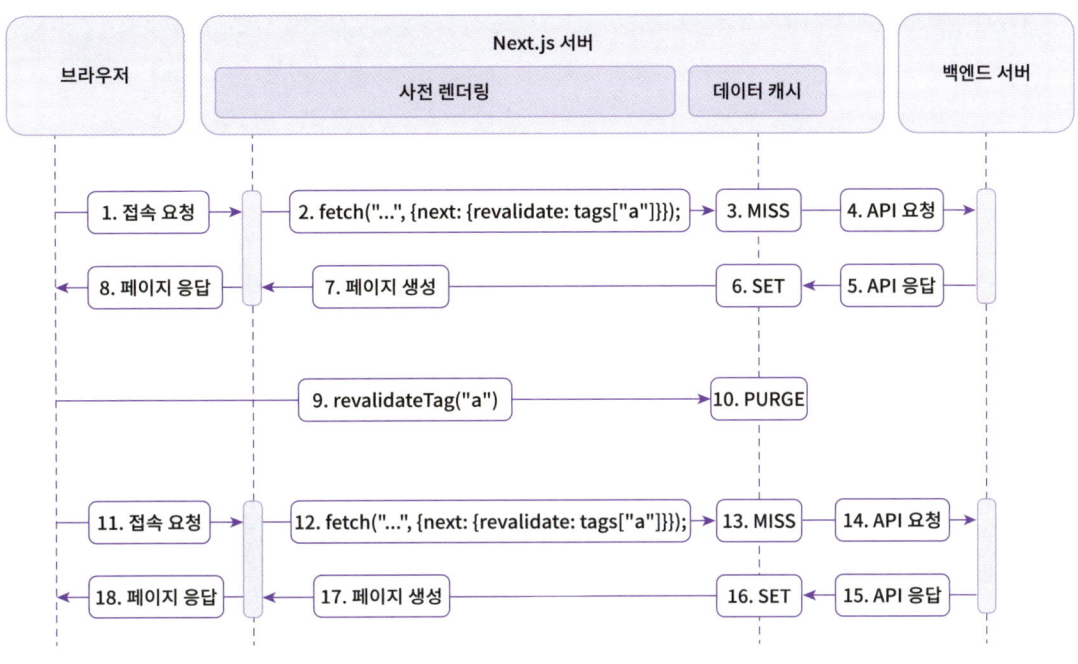

[그림 5-16] next: { tags: [] } 옵션을 설정한 데이터 페칭 페이지의 렌더링 흐름

브라우저의 첫 번째 접속 요청을 처리하는 1~8번까지의 과정을 살펴보면 6번에서 데이터를 불러와 데이터 캐시에 보관합니다. 이후 9번에서 revalidateTag 메서드를 호출하면 Next.js 서버는 10번처럼 데이터 캐시에 보관된 데이터를 무효화(Purge)합니다. 데이터 캐시에 보관된 데이터가 아예 삭제되었다고 이해하면 됩니다. 이후 11번처럼 브라우저에서 접속 요청이 있으면 13번과 같이 캐시 MISS로 데이터 캐시에 데이터가 없다고 판단하고 백엔드 서버에서 새롭게 데이터를 불러와 페이지를 생성합니다.

실습을 위해 인덱스 페이지 '지금 추천하는 도서' 섹션의 데이터를 태그를 이용해 갱신하겠습니다. 먼저 RecoBooks 컴포넌트에서 fetch 메서드의 데이터 캐시 옵션을 다음과 같이 변경합니다.

```
CODE                                          file: src/app/(with-searchbar)/page.tsx
(...)
async function RecoBooks() {
  try {
```

```
    const response = await fetch(
      `${process.env.NEXT_PUBLIC_API_URL}/book/random`, {
      next: { tags: ["random-books"] }, ①
    });
    (...)
  }
  (...)
}
(...)
```

① fetch 메서드의 데이터 캐시 옵션을 next: { tags: ["random-books"] }로 설정합니다.

'/book/random' API로 불러온 데이터는 기본적으로 데이터 캐시에 영구 저장되지만, "random-books"라는 태그로 필요할 때 언제든 갱신할 수 있습니다. 이제 데이터 갱신을 위해 revalidateTag 메서드를 호출하는 라우트 핸들러를 작성합니다.

app 폴더에 api 폴더를 생성합니다. 그리고 api 폴더에 revalidate/route.ts 파일을 추가합니다.

CODE　　　　　　　　　　　　　　　　　　　　file: src/app/api/revalidate/route.ts
```
import { revalidateTag } from "next/cache";

export async function GET() {
  await revalidateTag("random-books");

  return new Response("random-books 태그 갱신 성공", { status: 200 });
}
```

이제 '~/api/revalidate' 주소로 GET 메서드를 요청하면 "random-books" 태그가 있는 모든 데이터 캐시를 다 무효화합니다. next: { tags: [] } 옵션은 개발 모드가 아니라 프로덕션 모드에서 동작하기 때문에 확인을 위해서는 Next.js 앱을 빌드한 다음 프로덕션 모드로 가동해야 합니다.

빌드 과정에서 오류 메시지가 나와요!

참고로 빌드 과정에서 다음과 같은 에러 메시지가 출력될 수 있는데, 이 오류는 나중에 자세히 살펴볼 예정입니다. 빌드를 잘 완료했다면 무시해도 괜찮습니다.

OUTPUT
```
Error: Dynamic server usage: Route /search couldn't be rendered
statically because it used ``await searchParams`, `searchParams.then`,
or similar`. See more info here: https://nextjs.org/docs/messages/
dynamic-server-error...
```

인덱스 페이지에서 새로고침을 반복해도 추천도서 목록은 변하지 않습니다. 이때 브라우저에서 새 탭을 열고 '~/api/revalidate' 주소로 접속해 GET 요청을 보내면 데이터 캐시를 무효화합니다. 이제 인덱스 페이지를 새로고침하면 비로소 데이터가 갱신됩니다.

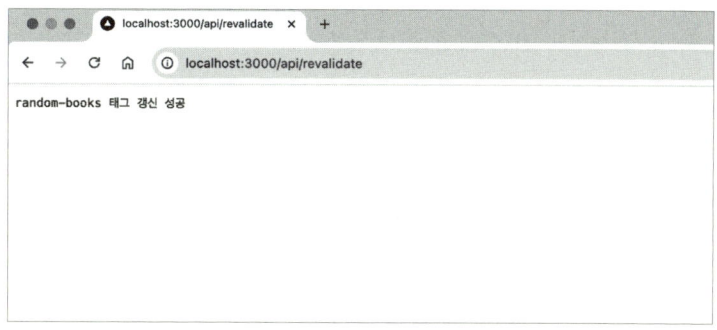

[그림 5-17] '~/api/revalidate' 주소로 접속해 데이터 캐시 무효화하기

{ next: { tags: [] } 옵션을 사용하면 특정 시점의 요청을 기반으로 데이터 캐시를 무효화할 수 있습니다. 이 옵션은 데이터 변경이 빈번하지 않고 불규칙적으로 발생하는 페이지에서 사용하면 효과적입니다.

참고로 next: { tags: [] } 옵션은 다른 옵션과 결합해 사용할 수도 있습니다.

- { next: { revalidate: 3, tags: ["a"] }}: 특정 주기로 데이터를 갱신함과 동시에 "a" 태그로도 갱신합니다.
- { cache: "force-cache", next: { tags: ["a"] }}: 영구적으로 캐싱된 데이터를 "a" 태그로 갱신할 수 있도록 설정합니다.

데이터 캐시를 사용할 때 주의할 사항

지금까지 4가지 데이터 캐시 옵션을 차례대로 살펴보았습니다. 다음으로 데이터 캐시를 사용하면서 주의해야 할 사항을 살펴보겠습니다.

기본 옵션은 cache: "no-store"로 설정합니다.

앞서 이야기 했듯이 데이터 캐시의 기본값은 cache: "no-store"입니다. 따라서 서버 컴포넌트에서 호출한 모든 fetch 메서드는 별도의 캐시 옵션을 지정하지 않으면 데이터를 캐시하지 않으며 데이터를 매번 백엔드 서버에서 불러옵니다.

요청 주소, 쿼리 파라미터, 헤더, 캐시 옵션을 기준으로 구분해 캐시합니다

Next.js의 데이터 캐시는 '캐시 키'라는 고유 식별자를 기준으로 데이터를 저장하고 관리합니다. 캐시 키는 요청 주소, 쿼리 파라미터, HTTP 헤더, 캐시 옵션을 해시한 결과로 생성됩니다. 따라서 이 4가지 가운데 하나라도 다르면 서로 다른 캐시 키로 생성되며 별도의 캐시로 관리됩니다.

예를 들어 요청 주소가 각각 다르면 두 fetch 메서드는 캐시 키가 서로 다르며 별도의 캐시로 저장됩니다.

```
fetch('/book/');
fetch('/book/random');
```

요청 주소는 같지만 쿼리 파라미터가 달라도 두 fetch 메서드는 캐시 키가 서로 다르며 별도의 캐시로 저장됩니다.

```
fetch('/book/search?q=123');
fetch('/book/search?q=234');
```

요청 주소와 쿼리 파라미터가 같아도 HTTP 헤더가 다르면 두 fetch 메서드는 캐시 키가 서로 다르며 별도의 캐시로 저장됩니다.

```
fetch("/book", {
  headers: { Authorization: "Bearer token-1" },
});

fetch("/book", {
  headers: { Authorization: "Bearer token-2" },
});
```

요청 주소와 쿼리 파라미터, 헤더가 같아도 캐시 옵션이 다르면 두 fetch 메서드는 캐시 키가 서로 다르며 별도의 캐시로 저장됩니다.

```
fetch("/book", {
  headers: { Authorization: "Bearer token-1" },
  cache: "force-cache",
});

fetch("/book", {
  headers: { Authorization: "Bearer token-1" },
  next: { revalidate: 3 },
});
```

데이터 캐시를 확인하려면 .next에서 cache/fetch-cache 폴더를 확인하면 됩니다. 이 폴더에는 데이터 캐시가 파일별로 저장되어 있는데, 각각의 파일 이름이 캐시 키입니다.

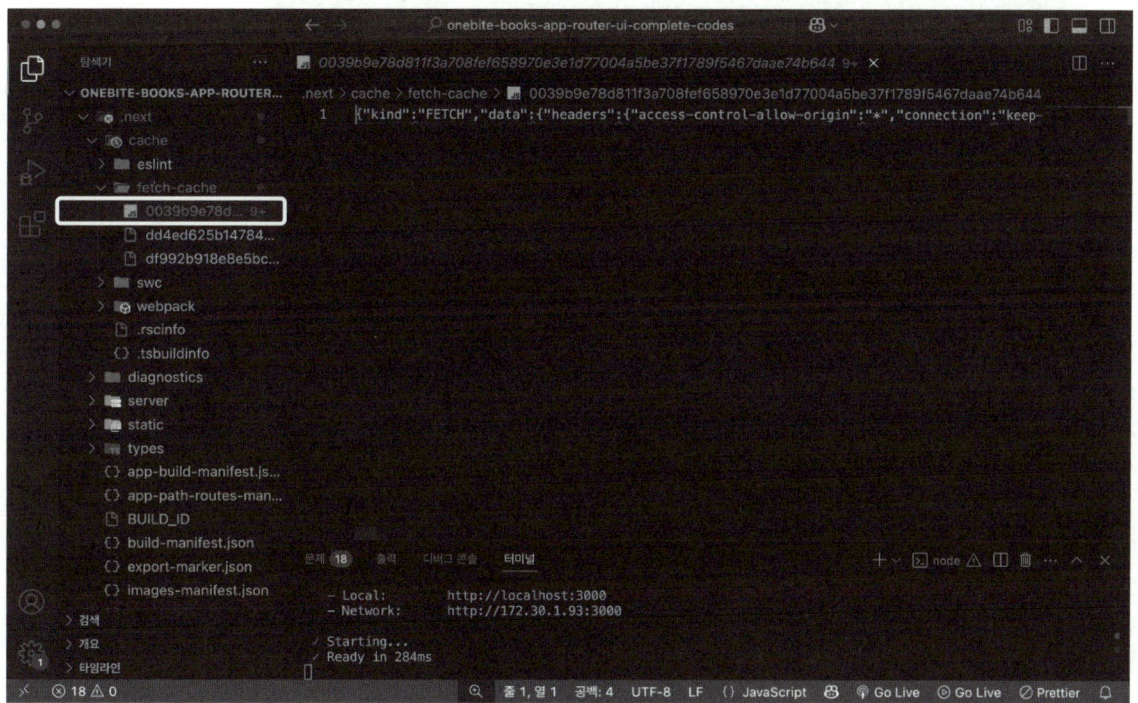

[그림 5-18] 데이터 캐시 파일 직접 열어보기

데이터 캐시의 실제 내용이 궁금해요.

프로젝트 루트에 data.json 파일을 생성합니다. [그림 5-18]에서 확인했던 데이터 캐시 파일 하나를 선택한 다음, 파일 내용 전체를 선택해서 복사합니다. 그리고 새로 생성한 data.json 파일에 붙여넣기합니다. 모두 완료했다면 Ctrl + S 키를 눌러 저장합니다.

독자의 비주얼 스튜디오 코드에 프리티어(Prettier) 확장 프로그램이 설치되어 있다면 다음과 같이 Next.js 서버에 저장된 데이터 캐시의 실제 모습을 살펴볼 수 있습니다. 데이터 캐시는 다름 아닌 .json 파일로 이루어진 데이터입니다.

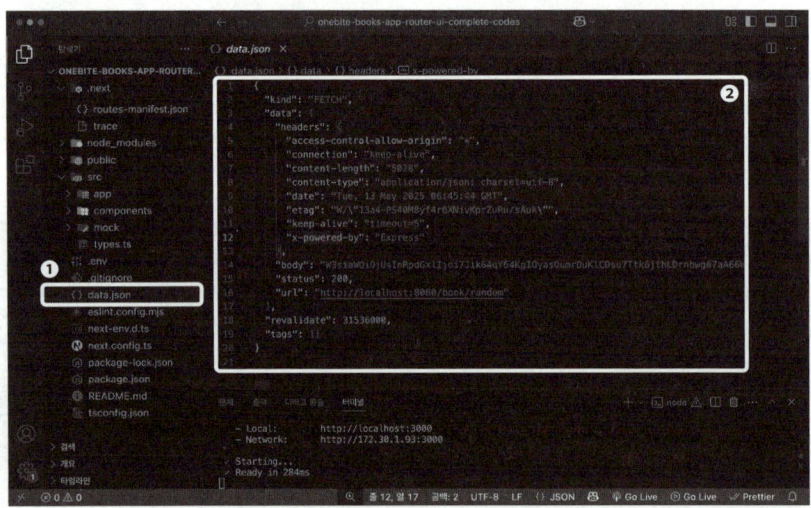

[그림 5-19] 데이터 캐시 내용 확인하기

데이터 캐시 옵션은 fetch 메서드에서만 사용할 수 있다

마지막으로 Next.js에서 제공하는 4가지 데이터 캐시 옵션은 오직 fetch 메서드에서만 사용할 수 있습니다. 이유는 Next.js에서 제공하는 fetch는 일반 브라우저의 fetch가 아니라, 데이터 캐시 옵션을 설정하도록 Next.js가 확장한 기능이기 때문입니다. 쉽게 말해 Next.js만의 fetch 메서드라고 생각하면 됩니다. 따라서 axios나 ky 등 추가 라이브러리에서는 이와 같은 데이터 캐시 옵션을 사용할 수 없습니다. 따라서 서버 컴포넌트에서 캐시 옵션을 설정하려면 Next.js에서 제공하는 fetch 메서드를 사용하는 것이 가장 손쉬운 방법입니다.

> **axios, ky는 뭔가요?**
>
> axios와 ky는 자바스크립트에서 HTTP 요청을 보내기 위한 라이브러리입니다. 백엔드 서버에 데이터를 요청하거나 보낼 때 주로 이들 라이브러리를 사용합니다.
>
> - axios: HTTP 요청과 관련해 가장 널리 쓰이는 라이브러리 중 하나로 사용법이 직관적이며 기능(인터셉터, 에러 처리)이 다양합니다.
> - ky: fetch API를 기반으로 만든 가볍고 모던한 라이브러리입니다. 코드가 간결하면서도 구조적이어서 읽기 쉽습니다.

그러나 특정 서드파티(Firebase, Supabase, Prisma 등)를 사용하는 경우 불가피하게 fetch 메서드를 사용할 수 없는 상황이 존재합니다. 서드파티가 제공하는 메서드를 이용해 데이터를 불러와야 하기 때문입니다. 이때는 리액트에서 제공하는 cache 메서드를 사용해 데이터 요청을 수동으로 메모이제이션할 수 있습니다.

다음은 Supabase를 사용하는 예입니다.

```
CODE                                                              file: 예시
import { cache } from "react";

export const getPosts = cache(async () => {
  const { data: posts } = await supabase.from("posts").select();

  return posts;
});
```

리액트의 cache 메서드는 인수로 함수를 받아 이 함수의 반환값을 캐시합니다. 캐시는 함수를 호출할 때 전달된 인수를 기준으로 이루어지며 프로그램이 종료되면 자동으로 소멸됩니다. 자세한 정보는 아래의 리액트 공식 문서를 참고하길 바랍니다.

https://ko.react.dev/reference/react/cache

한입북스 프로젝트에 데이터 캐시 적용하기

지금까지 살펴본 내용을 토대로 한입북스 앱에 존재하는 모든 fetch 메서드에 각각 적절한 데이터 캐시 옵션을 설정하겠습니다. 흐름을 살펴보기 용이하도록 페이지 단위로 작업을 진행합니다.

인덱스 페이지

인덱스 페이지에서는 모든 도서와 추천도서 리스트를 불러오기 위한 2개의 `fetch` 메서드가 있습니다. 각각의 `fetch` 메서드에 다음과 같이 데이터 캐시 옵션을 적용합니다.

```
                                           file: src/app/(with-searchbar)/page.tsx
async function AllBooks() {
  try {
    const response = await fetch(`${process.env.NEXT_PUBLIC_API_URL}/book`, {
      cache: "force-cache", ①
    });
    (...)
  }
(...)
}

async function RecoBooks() {
  try {
    const response = await fetch(
      `${process.env.NEXT_PUBLIC_API_URL}/book/random`, {
      next: { revalidate: 5 }, ②
    });
    (...)
  }
  (...)
}
```

① '등록된 모든 도서' 섹션에서 불러오는 `fetch` 메서드에는 데이터 캐시 옵션 `cache: "force-cache"`를 설정합니다. 한입북스 프로젝트에는 새로운 도서를 추가, 수정, 삭제하는 기능이 없기 때문입니다.

② '지금 추천하는 도서' 섹션에서 불러오는 `fetch` 메서드에는 `next: { revalidate: 5 }` 데이터 캐시 옵션을 설정합니다. 5초 주기로 새로운 도서를 불러와 렌더링하기 위함입니다.

검색 페이지

검색 페이지에는 검색한 도서 리스트를 불러오는 `fetch` 메서드가 있습니다. 메서드에 다음과 같이 데이터 캐시 옵션을 설정합니다.

```
                                    file: src/app/(with-searchbar)/search/page.tsx
(...)
export default async function Page({
  searchParams,
}: {
```

```
    searchParams: Promise<{ q?: string }>;
}) {
  try {
    const { q } = await searchParams;
    const response = await fetch(
      `${process.env.NEXT_PUBLIC_API_URL}/book/search?q=${q}`,
      { cache: "force-cache" }, ①
    );
    (...)
  }
  (...)
}
```

① 데이터 캐시 옵션 cache: "force-cache"를 설정합니다. 검색어가 동일하면 검색 결과를 다시 불러올 필요는 없습니다.

검색어 q가 달라졌음에도 cache: "force-cache" 옵션으로 인해 캐시 데이터를 사용하지 못할까 걱정할 수 있습니다. 하지만 데이터 캐시는 요청 주소, 쿼리 스트링, HTTP 헤더, 캐시 옵션 중 하나라도 다르면 캐시 키를 새롭게 생성합니다. 따라서 검색어 q가 달라지면 새로운 캐시 키를 생성하므로 이 요청은 별도의 데이터로 처리됩니다.

도서 상세 페이지

도서 상세 페이지에는 도서의 상세 정보를 불러오는 fetch 메서드가 있습니다. 메서드에 다음과 같이 데이터 캐시 옵션을 설정합니다.

CODE　　　　　　　　　　　　　　　　　　　file: src/app/book/[id]/page.tsx
```
(...)
export default async function Page({ params }: { params: Promise<{ id: string }> }) {
  try {
    const { id } = await params;

    const response = await fetch(
      `${process.env.NEXT_PUBLIC_API_URL}/book/${id}`, {
      cache: "force-cache", ①
    });
    (...)
  }
  (...)
}
```

① 데이터 캐시 옵션 cache: "force-cache"를 설정합니다. 도서 정보는 변경되지 않습니다.

페이지를 생성할 때 중복 요청을 방지하는 리퀘스트 메모이제이션

앱 라우터 버전에서는 앞서 살펴본 데이터 캐시 외에도 리퀘스트 메모이제이션 (Request Memoization)이라는 데이터 페칭 최적화 기능이 있습니다. 이 절에서는 리퀘스트 메모이제이션이 무엇인지 실습과 함께 살펴보겠습니다.

리퀘스트 메모이제이션이란?

리퀘스트 메모이제이션(Request Memoization)은 Next.js 서버에서 특정 페이지를 사전 렌더링할 때 페이지에 필요한 데이터를 불러오는 요청이 중복 수행되지 않도록 최적화하는 기능입니다.

예를 들어 [그림 5-20]처럼 페이지에서 레이아웃 컴포넌트와 페이지 컴포넌트가 API를 중복 요청하는 경우, Next.js의 리퀘스트 메모이제이션이 자동으로 중복 요청을 한 번만 수행하도록 최적화합니다.

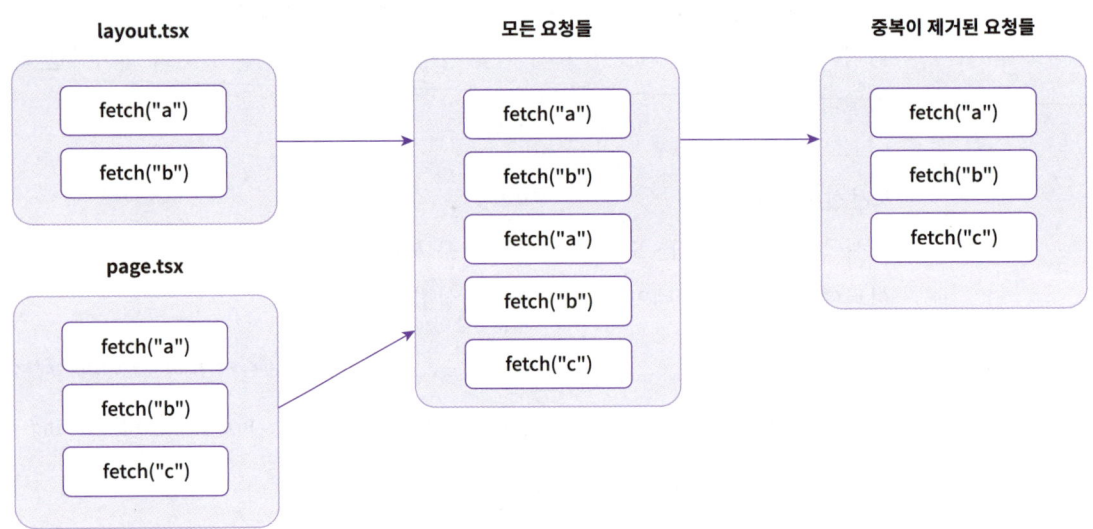

[그림 5-20] 리퀘스트 메모이제이션

리퀘스트 메모이제이션은 중복 요청을 방지하는 데 목적이 있으므로 Next.js 서버에서 페이지를 사전 렌더링할 때만 활용됩니다. [그림 5-21]은 사전 렌더링 과정에서 리퀘스트 메모이제이션이 동작해 중복 요청을 방지하는 과정을 다이어그램으로 표현한 그림입니다.

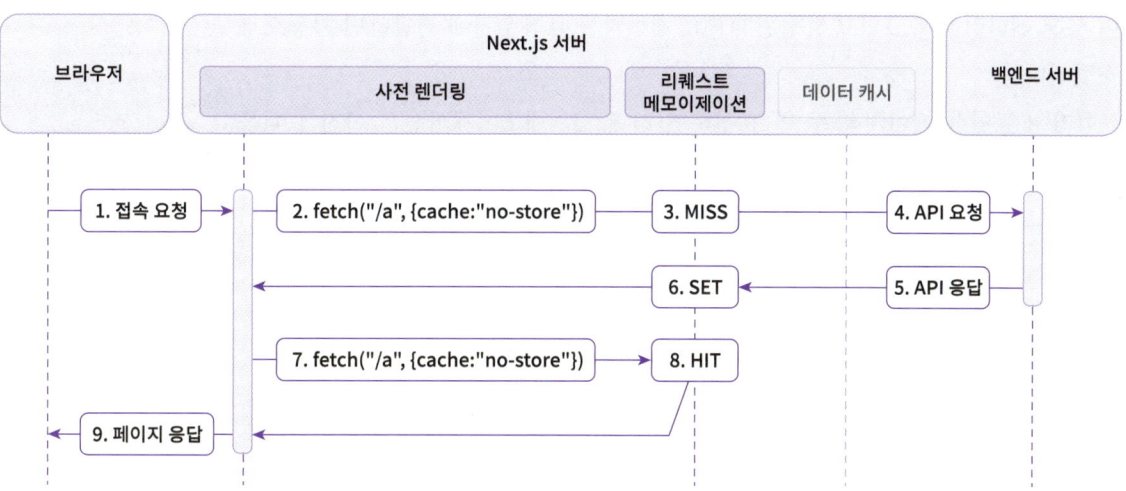

[그림 5-21] 리퀘스트 메모이제이션의 동작 원리

1. 브라우저가 Next.js 서버에게 접속 요청을 보냅니다. Next.js 서버는 곧바로 사전 렌더링을 시작합니다.
2. 페이지에 필요한 데이터를 사전 렌더링으로 불러오기 위해 서버 컴포넌트에서 작성한 fetch 메서드를 실행해 데이터를 요청합니다.
3. Next.js 서버는 2번에서 요청한 데이터 페칭이 중복 요청인지 확인하기 위해 리퀘스트 메모이제이션에 저장한 캐시를 확인합니다. 지금은 첫 번째 요청이므로 캐시된 데이터가 없어 MISS가 발생합니다.

4~5. 3번에서 MISS가 발생했으므로 백엔드 서버에 데이터를 요청합니다.

6. 백엔드 서버에서 받은 데이터를 중복 호출하지 않도록 리퀘스트 메모이제이션에 저장합니다.
7. fetch 메서드를 호출해 2번 데이터와 동일한 데이터를 요청합니다.
8. 7번에서 요청한 데이터 페칭이 중복 요청인지 확인하기 위해 리퀘스트 메모이제이션에 저장된 캐시를 확인합니다. 6번에서 저장한 캐시가 있으므로 HIT가 발생해 이 데이터를 활용합니다.
9. 페이지를 생성해 브라우저에 응답합니다.

리퀘스트 메모이제이션은 페이지를 사전 렌더링하는 과정에서 fetch 메서드로 요청한 데이터를 일시적으로 캐시해 데이터를 중복 요청하지 않도록 합니다. 이때 리퀘스트 메모이제이션에 캐시된 데이터는 사전 렌더링을 진행하는 동안에만 유효하며 사전 렌더링이 종료되고 완성된 HTML 페이지를 브라우저에 전달하면 자동으로 소멸됩니다.

따라서 동일한 페이지를 두 번 요청하면 리퀘스트 메모이제이션은 이전 요청을 처리하는 과정에서 캐시된 데이터를 다시 사용하지 않고 새로운 데이터를 요청합니다. [그림 5-21]은 리퀘스트 메모이제이션의 소멸을 다이어그램으로 표현한 그림입니다.

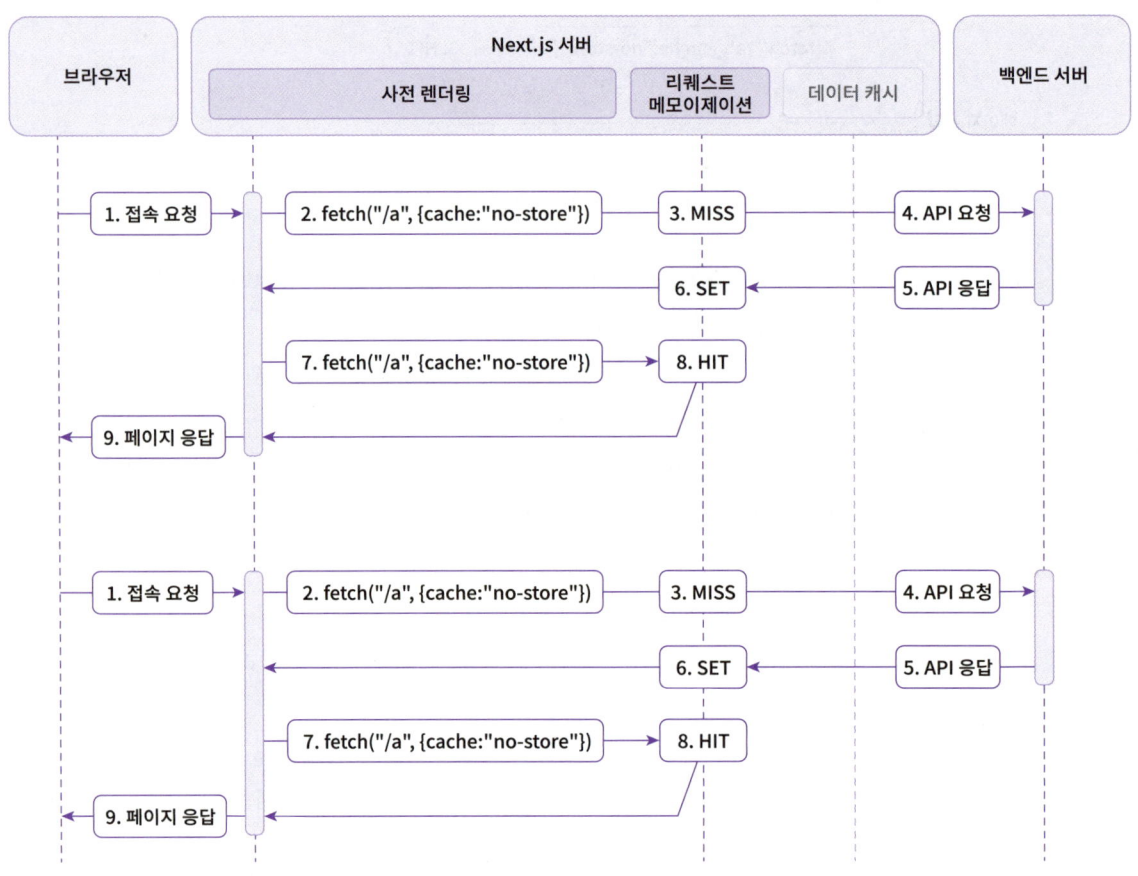

[그림 5-22] 리퀘스트 메모이제이션의 소멸

[그림 5-22]를 살펴보면 첫 번째 접속 요청을 처리하면 리퀘스트 메모이제이션에 저장된 캐시는 모두 소멸됩니다. 따라서 다음에 접속을 요청할 때는 이전에 저장한 캐시를 사용하지 못하므로 캐시 MISS가 발생합니다.

이 점은 데이터를 영구적으로 캐시하는 데이터 캐시와의 중요한 차이입니다. 리퀘스트 메모이제이션은 사전 렌더링 과정에서 중복 요청을 방지하기 위해 일시적으로 데이터를 캐시하는 데 초점이 맞춰져 있습니다. 따라서 사전 렌더링이 종료되면 저장한 캐시도 함께 사라진다는 점에 주의해야 합니다.

리퀘스트 메모이제이션 실습

이번에는 리퀘스트 메모이제이션의 동작을 직접 확인하기 위해 의도적으로 인덱스 페이지를 새로고침할 때마다 API를 중복 호출하겠습니다. 우선 인덱스 페이지의 RecoBooks 컴포넌트의 fetch 메서드를 다음과 같이 수정합니다.

```
CODE                                        file: src/app/(with-searchbar)/page.tsx
(...)
async function RecoBooks() {
  try {
    const response = await fetch(
      `${process.env.NEXT_PUBLIC_API_URL}/book/random`, {
      cache: "no-store", ①
    });
    (...)
  }
  (...)
}
(...)
```

① 도서를 랜덤하게 불러오는 fetch 요청의 데이터 캐시 옵션을 cache: "no-store"로 변경합니다. 그럼 새로고침할 때마다 새로운 데이터를 불러옵니다.

다음으로 인덱스 페이지 컴포넌트를 다음과 같이 수정해 '지금 추천하는 도서' 섹션을 두 번 중복해 렌더링합니다.

```
CODE                                        file: src/app/(with-searchbar)/page.tsx
(...)
export default function Page() {
  return (
    <div className={style.container}>
      <section>
        <h3>지금 추천하는 도서</h3>
        <RecoBooks />
      </section>
      <section>
```

```
        <h3>지금 추천하는 도서</h3>
        <RecoBooks />
      </section>
      <section>
        <h3>등록된 모든 도서</h3>
        <AllBooks />
      </section>
    </div>
  );
}
(...)
```

인덱스 페이지에 접속할 때마다 두 개의 RecoBooks 컴포넌트를 렌더링하면서 '지금 추천하는 도서' API를 중복 호출합니다. 그러나 리퀘스트 메모이제이션이 자동으로 동작해 중복 요청은 실제로 한 번만 실행됩니다.

[그림 5-23]과 같이 브라우저의 인덱스 페이지를 새로고침하고 백엔드 서버의 로그를 살펴보면 API를 하나만 호출하고 있다는 사실을 알 수 있습니다.

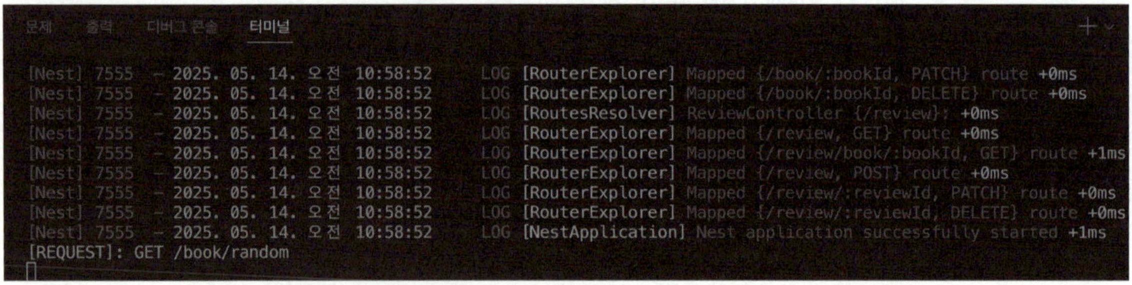

[그림 5-23] 리퀘스트 메모이제이션 동작으로 API 요청은 한 번만 실행됨

앱 라우터 버전에서는 영구적으로 데이터를 캐시하는 데이터 캐시뿐만 아니라, 사전 렌더링 과정에서 활용할 수 있는 리퀘스트 메모이제이션도 제공합니다. 이 기능들을 적절히 활용하면 데이터의 중복 요청을 방지하고 효율적인 캐시 전략으로 성능을 최적화할 수 있습니다. 다음 실습을 위해 중복 작성했던 '지금 추천하는 도서' 섹션 중 하나는 삭제합니다.

리퀘스트 메모이제이션(Request Memoization) 기능이 실제로 동작하더라도 [그림 5-24]처럼 Next.js 서버 콘솔에는 중복 요청이 발생한 것처럼 출력됩니다. 그러나 백엔드 서버 콘솔에서 확인한 것처럼 실제로는 첫 번째 요청한 결과를 다시 사용합니다.

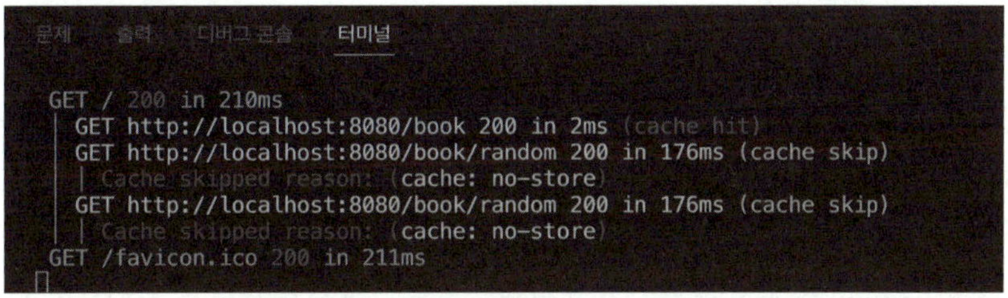

[그림 5-24] Next.js 서버 콘솔에 발생하는 중복 요청

에러 처리

데이터 페칭은 서로 다른 프로그램이 데이터를 교환하는 작업입니다. 이 과정에서 네트워크 문제, 서버 응답 지연, 잘못된 요청 등으로 예상치 못한 오류가 발생할 수 있습니다. 따라서 데이터를 페칭할 때는 항상 오류가 발생할 가능성을 염두에 두고 이를 처리할 수 있는 에러 처리 기능을 함께 설정해야 합니다. 이번 절에서는 앱 라우터 버전에서 발생하는 에러의 처리 방법을 자세히 알아봅니다.

페이지 에러를 처리하는 error.tsx 파일

앞서 앱 라우터 버전 한입북스 프로젝트에서 페이지별로 데이터의 페칭 기능을 만들면서 try-catch 문으로 일반적인 에러 처리 기능을 구현했습니다. 그러나 앱 라우터 버전에서는 try-catch 문 외에도 페이지별로 에러를 처리하는 방법이 있습니다. error.tsx 파일을 사용하면 특정 레이아웃이나 페이지에서 발생한 에러를 감지하고 처리할 수 있습니다.

error.tsx 파일은 레이아웃을 정의하는 layout.tsx처럼 자신과 하위 폴더의 페이지와 레이아웃 파일에서 발생한 오류를 자동으로 처리합니다. 즉, 특정 폴더에 error.tsx 파일을 생성하면 이 폴더에서 시작해 그 하위 폴더의 레이아웃과 페이지 파일에서 발생하는 에러를 자동으로 감지해 모두 처리합니다. 다음은 간단한 예시입니다.

```
app/
├── layout.tsx
├── page.tsx
├── error.tsx <- app 폴더를 포함해 하위의 에러 처리
└── nested/
    ├── page.tsx
    └── layout.tsx
```

Next.js 앱의 폴더 구조가 이와 같이 구성되어 있다면 이 앱의 모든 레이아웃과 페이지 파일에서 발생한 오류는 최상위에 위치한 app/error.tsx 파일이 처리합니다.

하위에 있는 nested 폴더의 페이지와 레이아웃에서 발생한 에러를 별도로 처리하고 싶다면 다음과 같이 nested 폴더에 error.tsx 파일을 추가로 생성하면 됩니다.

```
app/
├── layout.tsx
├── page.tsx
├── error.tsx // <- app 폴더와 그 하위 폴더에 있는 에러를 모두 핸들링
└── nested/
    ├── page.tsx
    ├── layout.tsx
    └── error.tsx // <- nested 폴더와 그 하위 폴더에 있는 에러를 모두 핸들링
```

nested와 그 하위 폴더에 있는 페이지나 레이아웃 파일에서 발생한 오류는 app/error.tsx가 아닌 nested/error.tsx가 대신 처리합니다.

앱 라우터 버전에서 error.tsx 파일은 자신이 위치한 폴더를 기준으로 페이지나 레이아웃에서 발생한 에러를 처리합니다. 즉, 가장 가까운 폴더에 있는 error.tsx 파일이 먼저 에러를 처리하고 폴더에 error.tsx가 없다면 부모 폴더로 올라가 상위 레벨의 error.tsx가 대신 에러를 처리하는 구조입니다. 이처럼 폴더 구조를 따라 단계별로 에러를 처리하는 방식을 '계층적인 에러 처리 방식'이라고 합니다.

error.tsx 파일을 이용한 에러 처리 실습

직접 error.tsx 파일을 생성해 에러를 처리해 보겠습니다. app 폴더에 error.tsx 파일을 생성한 다음, 에러가 발생하면 페이지에 렌더링할 Error 컴포넌트를 다음과 같이 작성합니다.

CODE   file: src/app/error.tsx
```
"use client";

export default function Error() {
```

```
  return <div>오류가 발생했습니다</div>;
}
```

Error 컴포넌트는 반드시 클라이언트 컴포넌트로 정의해야 합니다. 따라서 파일 상단에 "use client" 지시자를 작성했습니다. 클라이언트 컴포넌트로 작성해야 하는 이유는 Error 컴포넌트가 오류를 복구할 때 브라우저가 제공하는 기능을 사용하기 때문입니다. 이 기능은 나중에 살펴봅니다. 지금처럼 app 폴더에 error.tsx 파일을 생성해 Error 컴포넌트를 정의하면 Next.js 앱의 모든 페이지와 레이아웃 파일에서 발생한 오류는 이 컴포넌트로 처리할 수 있습니다.

확인을 위해 백엔드 서버의 가동을 중단하고 브라우저에서 인덱스 페이지로 접속합니다. 그럼 페이지 생성 과정에서 데이터 페칭이 실패하므로 오류가 발생합니다. 그리고 화면에는 페이지 컴포넌트 대신 앞서 정의한 Error 컴포넌트가 렌더링될 겁니다.

그러나 실제로 인덱스 페이지에 접속하면 예상과는 달리, [그림 5-25]처럼 Error 컴포넌트 대신 '지금 추천하는 도서' 섹션에만 오류가 발생하고 페이지의 나머지 컴포넌트는 잘 렌더링됩니다.

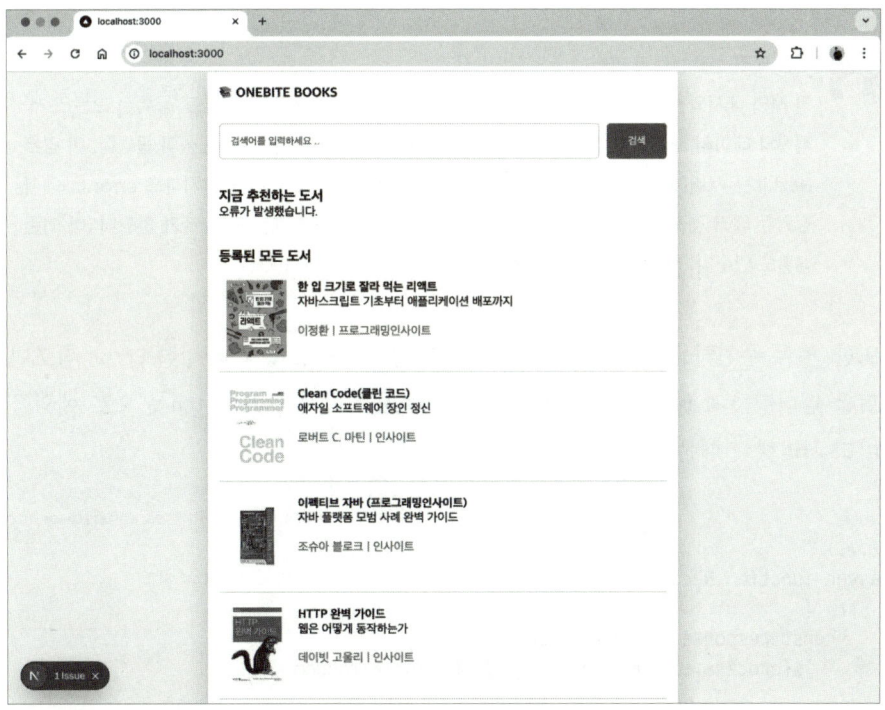

[그림 5-25] 백엔드 서버를 종료한 상태에서 접속한 인덱스 페이지

우선 '등록된 모든 도서' 섹션의 데이터를 정상적으로 렌더링하는 이유는 AllBooks 컴포넌트의 fetch 메서드에서 데이터 캐시 옵션을 cache: "force-cache"로 설정했기 때문입니다.

CODE　　　　　　　　　　　　　　　　　　　file: src/app/(with-searchbar)/page.tsx
```
(...)
async function AllBooks() {
  try {
    const response = await fetch(`${process.env.NEXT_PUBLIC_API_URL}/book`, {
      cache: "force-cache",
    });
    (...)
  }
  (...)
}
(...)
```

캐시 옵션을 cache: "force-cache"로 설정한 fetch 메서드는 이전에 캐시한 데이터가 있으면 백엔드 서버에 추가로 요청을 보내지 않습니다. 따라서 백엔드 서버의 가동이 중단되었더라도 캐시 데이터를 사용하므로 아무런 예외도 발생하지 않습니다.

 저는 에러 컴포넌트가 화면에 렌더링되는데요?
이 책의 예시와는 달리, 실제로 에러 컴포넌트가 화면에 표시된다면 아마도 '등록된 모든 도서' 섹션의 데이터 캐시를 무효화하거나 삭제한 상태에서 앱을 실행했을 가능성이 큽니다. 이 경우 Next.js는 서버에서 데이터를 정상적으로 가져올 수 없으므로 에러를 감지하고 error.tsx에서 정의한 에러 컴포넌트를 대신 렌더링합니다. 하지만 실습 진행에는 큰 문제가 없으니 '아 이런 상황도 있구나!'하고 넘어가도 괜찮습니다.

또한 '지금 추천하는 도서' 섹션에 오류가 발생했음에도 앞서 작성한 Error 컴포넌트를 렌더링하지 않는 까닭은 RecoBooks 컴포넌트에서 try-cactch 문으로 예외를 미리 처리했기 때문입니다.

CODE　　　　　　　　　　　　　　　　　　　file: src/app/(with-searchbar)/page.tsx
```
(...)
async function RecoBooks() {
  try {
    const response = await fetch(
      `${process.env.NEXT_PUBLIC_API_URL}/book/random`, {
```

```
      cache: "no-store",
    });
    (...)
  } catch (err) {
    (...)
  }
}
(...)
```

따라서 AllBooks나 RecoBooks 컴포넌트에 오류가 발생하더라도 해당 오류는 try-catch 문으로 기본적으로 처리되므로 Error 컴포넌트를 페이지에 렌더링하지 않습니다.

AllBooks와 RecoBooks 컴포넌트에서 try-catch 블록을 제거하면 [그림 5-24]와 같이 Error 컴포넌트를 렌더링합니다.

CODE　　　　　　　　　　　　　　　　　　　file: src/app/(with-searchbar)/page.tsx
```
(...)
async function AllBooks() {
  const response = await fetch(`${process.env.NEXT_PUBLIC_API_URL}/book`, {
    cache: "force-cache",
  });
  if (!response.ok) throw new Error(response.statusText);

  const allBooks: BookData[] = await response.json();

  return (...);
}

async function RecoBooks() {
  const response = await fetch(
   `${process.env.NEXT_PUBLIC_API_URL}/book/random`, {
    cache: "no-store",
  });
  if (!response.ok) throw new Error(response.statusText);

  const randomBooks: BookData[] = await response.json();

  return (...);
}
(...)
```

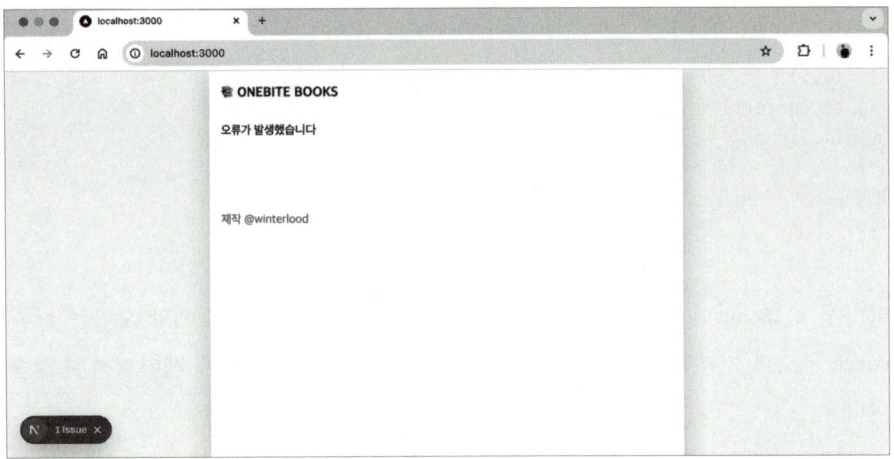

[그림 5-26] 페이지에 렌더링된 Error 컴포넌트

앱 라우터 버전에서는 컴포넌트나 기타 함수에 try-catch 문을 매번 사용하지 않아도 error.tsx 파일로 페이지나 레이아웃 파일에서 발생한 오류를 일괄 처리합니다. 이렇듯 에러 처리 로직을 단순화할 수 있어 매우 편리합니다.

물론 코드 블록 단위로 에러를 세밀하게 처리하는 try-catch 문에 비해 error.tsx는 페이지나 레이아웃 단위로 에러를 처리한다는 제약이 있습니다. error.tsx는 에러를 세밀하게 제어해야 하는 경우에는 적합하지 않지만, 페이지의 전체 에러를 한 번에 처리할 경우에는 매우 간단하고 효과적입니다. 따라서 세밀한 에러 처리는 try-catch 문, 페이지 또는 레이아웃 단위의 에러 처리는 error.tsx를 사용하는 식으로 융통성 있게 사용할 수 있습니다. 이 책에서는 Next.js 기능에 초점을 맞추기 위해 일반적인 try-catch 문보다는 가능한 한 error.tsx를 사용해 에러를 처리하겠습니다.

인덱스 페이지와 마찬가지로 검색 페이지와 도서 상세 페이지의 try-catch 문도 모두 제거합니다. 이 프로젝트의 모든 페이지에서 발생하는 에러가 error.tsx로 일괄 처리되는지 확인합니다.

CODE   file: src/app/(with-searchbar)/search/page.tsx
```
(...)
export default async function Page({
  searchParams,
}: {
  searchParams: Promise<{ q?: string }>;
}) {
```

```
  const { q } = await searchParams;
  // try-catch 블록 제거
  (...)
}
```

```
file: src/app/book/[id]/page.tsx
(...)
export default async function Page({ params }: { params: Promise<{ id: string }> }) {
  const { id } = await params;
  // try-catch 블록 제거
  (...)
}
```

브라우저에서 직접 주소를 입력해 검색 페이지와 도서 상세 페이지에 접속하면 인덱스 페이지처럼 app/error.tsx 파일의 Error 컴포넌트를 렌더링합니다.

한 가지 아쉬운 점이 있는데, 인덱스와 검색 페이지에서 오류가 발생하면 검색 폼 레이아웃까지 페이지 컴포넌트와 함께 Error 컴포넌트로 대체됩니다. 이렇게 되는 까닭은 Next.js에서는 에러가 발생하면 현재 에러를 핸들링하는 error.tsx 파일과 같은 위치에 있거나 그보다 상위에 있는 레이아웃만 렌더링하기 때문입니다. 반대로 말하면 Next.js는 에러를 처리하는 error.tsx 파일보다 하위에 있는 레이아웃이나 컴포넌트 파일은 렌더링하지 않습니다. 어떤 페이지에서 에러가 발생하든 현재 error.tsx와 같은 위치에 있는 루트 레이아웃인 app/layout.tsx 파일만 페이지에 렌더링됩니다.

```
app/
├─ layout.tsx
├─ error.tsx // <- 에러를 핸들링할 때 하위의 레이아웃 파일은 모두 무시된다
├─ (with-searchbar)/
│   ├─ layout.tsx
│   ├─ page.tsx
│   └─ search/
│       └─ page.tsx
└─ book/
    └─ [id]/
        └─ page.tsx
```

에러가 발생했을 때 검색 폼 레이아웃도 같이 렌더링하려면 (with-searchbar) 폴더에 별도의 error.tsx 파일을 생성하고 다음과 같이 Error 컴포넌트를 정의하면 됩니다.

```
file: src/app/(with-searchbar)/error.tsx
"use client";

export default function Error() {
  return <div>오류가 발생했습니다</div>;
}
```

이제 인덱스 페이지나 검색 페이지에서 발생한 오류는 모두 이 Error 컴포넌트가 처리합니다. 브라우저에서 인덱스 페이지나 검색 페이지에 접속하면 Error 컴포넌트와 함께 검색 폼 레이아웃이 정상적으로 렌더링됩니다. Next.js의 error.tsx 파일은 에러를 핸들링할 때 자신과 같은 위치 또는 상위 레이아웃은 모두 렌더링하기 때문입니다.

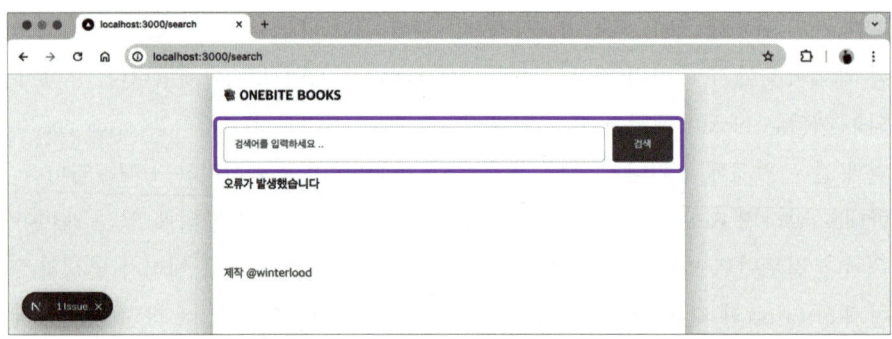

[그림 5-27] 에러 발생에도 정상적으로 렌더링되는 검색 폼 레이아웃

error.tsx를 어디에 배치하는지에 따라 Error 컴포넌트와 함께 렌더링할 레이아웃의 범위를 조정할 수 있습니다. 물론 레이아웃 없이 Error 컴포넌트만 렌더링해도 문제는 없지만, 사용자가 보는 페이지에서 최소한의 부분만 에러로 표시하고 정상으로 동작하는 나머지는 그대로 보여 주는 것이 사용자의 만족도를 높입니다.

에러 메시지 확인하기

Error 컴포넌트에는 2개의 Props가 자동으로 제공됩니다. Error 컴포넌트는 error와 reset이라는 두 가지 Props를 받는데, 그중 error는 객체로서 현재 발생한 오류 정보를 담고 있습니다. 따라서 Props로 제공되는 error 객체를 활용하면 Error 컴포넌트에서 발생한 에러가 무엇인지 확인할 수 있고 에러 메시지도 출력할 수 있습니다.

(with-searchbar)/error.tsx의 Error 컴포넌트를 다음과 같이 수정합니다.

CODE   file: src/app(with-searchbar)/error.tsx

```tsx
"use client";

interface Props { ①
  error: Error & { digest?: string };
}

export default function Error({ error }: Props) { ②
  console.log(error); ③

  return <div>오류가 발생했습니다</div>;
}
```

① Error 컴포넌트에 제공되는 Props의 타입을 정의합니다. 객체 타입으로서 error 프로퍼티를 포함합니다. 이 프로퍼티 타입은 자바스크립트 표준 Error 타입을 기반으로 digest라는 문자열 속성을 선택적으로 갖습니다.

② Error 컴포넌트의 Props 타입을 ①에서 정의한 타입으로 정의합니다.

③ Props로 받은 error 객체를 콘솔에 출력합니다.

브라우저에서 인덱스 페이지를 새로고침하면 [그림 5-28]과 같이 Next.js 서버 콘솔에 error 객체의 값이 출력됩니다. 이 정보를 토대로 에러의 원인을 분석하고 디버깅할 수 있습니다.

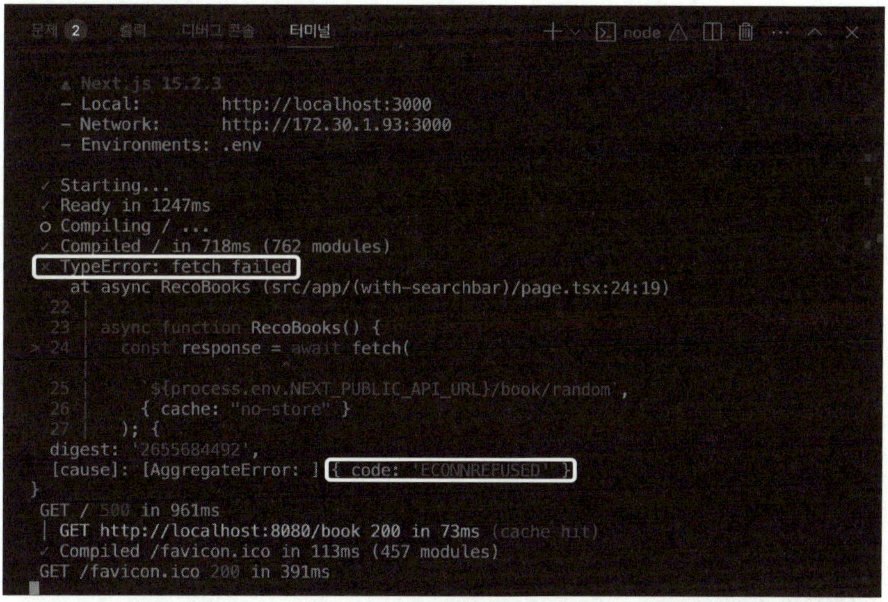

[그림 5-28] 콘솔에 출력된 error 객체

콘솔에 나타난 에러 메시지를 간략하게 살펴보면 다음과 같습니다. 먼저 `Type Error: fetch failed`는 RecoBooks 함수 안에서 호출한 `fetch` 메서드가 실패했다는 의미입니다. 그다음 `{ code: 'ECONNREFUSED' }`는 서버의 연결이 거부되었음을 나타내는 에러 코드입니다. 즉, 이 에러 메시지는 `fetch` 메서드로 요청을 보냈지만, 연결하려던 서버가 꺼져 있거나 접근이 불가능해서 실패했다는 것을 알려 줍니다.

에러 복구하기

이번에는 Error 컴포넌트에 전달되는 2개의 Props 중 `reset`을 살펴보겠습니다. `reset`에는 페이지에서 발생한 오류를 복구할 수 있는 특별한 함수가 저장됩니다. 이 함수는 에러 상태를 초기화하고 페이지를 다시 렌더링하는 역할을 합니다.

Props로 전달된 `reset`을 사용하기 위해 Error 컴포넌트를 다음과 같이 수정합니다.

CODE file: src/app/(with-searchbar)/error.tsx
```tsx
"use client";

interface Props {
  error: Error & { digest?: string };
  reset: () => void; ①
}

export default function Error({ error, reset }: Props) { ②
  console.log(error);

  return <div>오류가 발생했습니다</div>;
}
```

① Props로 전달되는 reset의 타입을 정의합니다. 매개변수는 없고 반환값은 void 타입의 함수로 정의합니다.
② 구조 분해 할당으로 reset을 Props에서 추출합니다.

`reset` 함수를 사용해 에러를 복구합니다. 버튼을 하나 추가하고 사용자가 이 버튼을 클릭하면 복구하도록 다음과 같이 코드를 수정합니다.

CODE file: src/app/(with-searchbar)/error.tsx
```tsx
"use client";

interface Props {
  error: Error & { digest?: string };
```

```
    reset: () => void;
}

export default function Error({ error, reset }: Props) {
  console.log(error);

  return (
    <div>
      <h3>오류가 발생했습니다</h3>
      <button onClick={() => reset()}>다시 시도</button> ①
    </div>
  );
}
```

① 〈다시 시도〉 버튼을 생성하고 onClick 이벤트 핸들러로 사용자가 이 버튼을 클릭하면 reset 함수를 호출합니다.

이제 백엔드 서버를 다시 가동하고 브라우저에서 〈다시 시도〉 버튼을 클릭합니다. 그럼 [그림 5-29]처럼 에러 복구를 위해 페이지 컴포넌트들을 다시 실행하는데, 브라우저 콘솔에는 에러 메시지가 계속 출력됩니다.

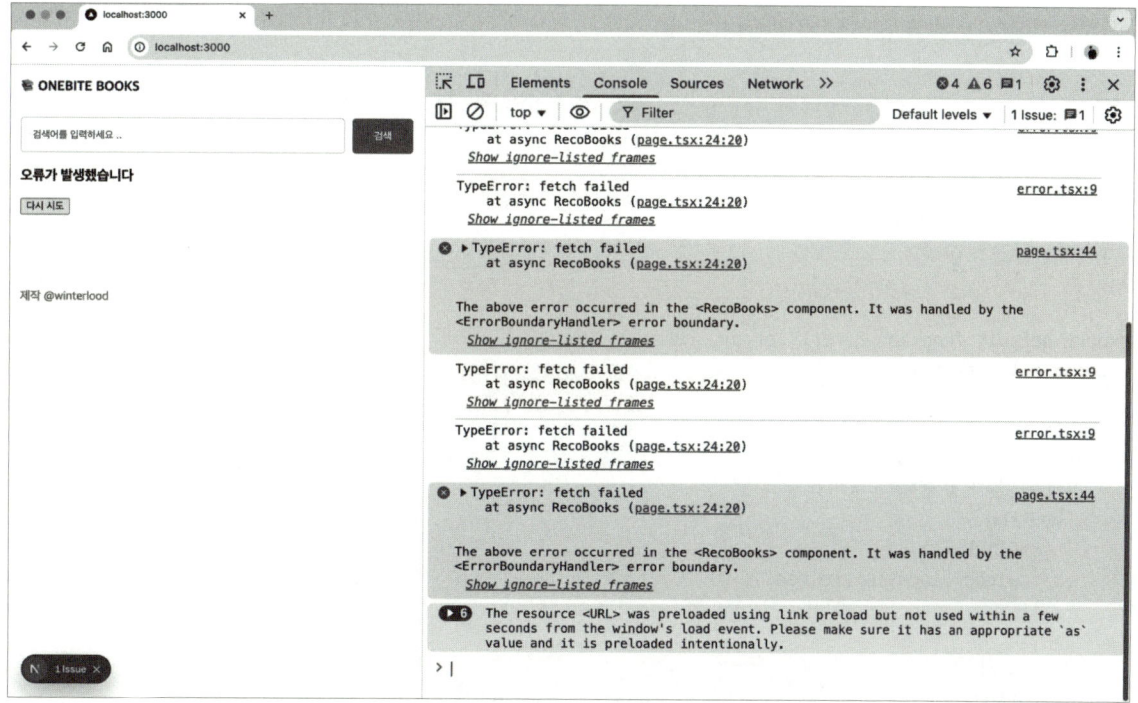

[그림 5-29] 에러 복구 시도하기

브라우저 콘솔에서는 오류 메시지만 계속 출력할 뿐 에러를 복구하지 않습니다. 그 이유는 현재의 오류가 서버 컴포넌트에서 발생하기 때문입니다. 좀 더 구체적으로 말하면 인덱스 페이지의 자식 컴포넌트인 RecoBooks 컴포넌트에서 데이터를 가져오는 fetch 메서드가 실패해 오류가 발생하기 때문입니다.

서버 컴포넌트에서 발생한 문제를 해결하려면 당연히 서버 컴포넌트를 다시 실행해야 합니다. 서버 컴포넌트는 오직 서버에서만 실행할 수 있습니다. 따라서 Next.js 서버에서 문제가 발생한 서버 컴포넌트를 다시 수행하고 그 결과를 응답하도록 요청해야 합니다.

그러나 Error 컴포넌트에 제공하는 reset 메서드는 클라이언트, 즉 브라우저에서만 동작하며 단지 에러 상태를 초기화하고 컴포넌트를 다시 페이지에 렌더링할 뿐입니다. 서버 컴포넌트를 다시 실행하거나 Next.js 서버에게 이를 다시 실행할 것을 요청하지는 않습니다. 따라서 〈다시 시도〉 버튼을 클릭해도 서버 컴포넌트의 오류는 그대로 남아 있어 문제는 해결되지 않고 똑같은 오류 메시지만 계속 출력됩니다.

그렇다면 이럴 때는 어떻게 해야 할까요? 쉽게 떠올릴 수 있는 방법은 브라우저의 새로고침 기능을 이용하는 방법입니다.

`CODE` file: src/app/(with-searchbar)/error.tsx

```tsx
"use client";

interface Props {
  error: Error & { digest?: string };
  reset: () => void;
}

export default function Error({ error, reset }: Props) {
  console.log(error);

  return (
    <div>
      <h3>오류가 발생했습니다</h3>
      <button
        onClick={() => {
          window.location.reload(); ①
        }}
      >
        다시 시도
      </button>
    </div>
```

```
  );
}
```

① 〈다시 시도〉 버튼을 클릭하면 window.location.reload 메서드를 실행해 브라우저를 새로고침합니다.

〈다시 시도〉 버튼을 클릭해 브라우저를 새로고침하면 브라우저는 Next.js 서버에게 초기 접속 요청을 다시 보내며, 이때 서버 컴포넌트가 다시 실행되면서 오류가 해결됩니다.

그러나 이 방식은 페이지 전체를 처음부터 다시 로드하므로 사용자를 불편하게 만들 수 있습니다. 예를 들어 사용자가 페이지에서 이미 많은 정보를 입력한 상황에서 에러가 발생한 경우 새로고침하면 입력 정보는 모두 사라집니다. 데이터 입력이 많은 폼을 작성하는 페이지에서 이런 일이 발생한다면 사용자는 무척 짜증이 날 겁니다.

따라서 이때는 Next.js가 제공하는 라우터 객체를 이용하는 게 좋습니다. 라우터 객체의 새로고침 메서드인 router.refresh를 사용하면 페이지를 새로고침하지 않고도 Next.js 서버에게 서버 컴포넌트를 다시 실행하고 그 결과를 응답하도록 요청할 수 있습니다.

다음과 같이 Error 컴포넌트를 수정합니다.

CODE　　　　　　　　　　　　　　　　　　　　file: src/app/(with-searchbar)/error.tsx
```
"use client";

import { useRouter } from "next/navigation"; ①

interface Props {
  error: Error & { digest?: string };
  reset: () => void;
}

export default function Error({ error, reset }: Props) {
  const router = useRouter(); ②

  return (
    <div>
      <h3>오류가 발생했습니다</h3>
      <button
        onClick={() => { ③
          router.refresh(); // 서버 컴포넌트를 다시 실행하도록 요청
          reset(); // 에러 상태 초기화, 컴포넌트를 페이지에 다시 렌더링
```

```
      }}
    >
      다시 시도
    </button>
  </div>
);
}
```

① useRouter 훅을 next/navigation 패키지에서 불러옵니다. 페이지 라우터 전용인 next/router 에서 불러오지 않도록 주의합니다.
② useRouter 훅을 호출하고 받은 라우터 객체를 router 변수에 저장합니다.
③ 〈다시 시도〉 버튼을 클릭하면 먼저 router.refresh 메서드를 호출하고 그 뒤에 reset 메서드를 호출하도록 설정합니다.

브라우저에서 〈다시 시도〉 버튼을 클릭합니다. 그럼 router.refersh 메서드가 호출되어 Next.js 서버에게 현재 페이지를 구성하는 서버 컴포넌트를 다시 실행할 것을 요청합니다. 이 요청은 [그림 5-30]과 같이 브라우저 개발자 도구의 [Network] 탭에서 확인할 수 있는데, Next.js 서버에게 현재 페이지에 필요한 서버 컴포넌트를

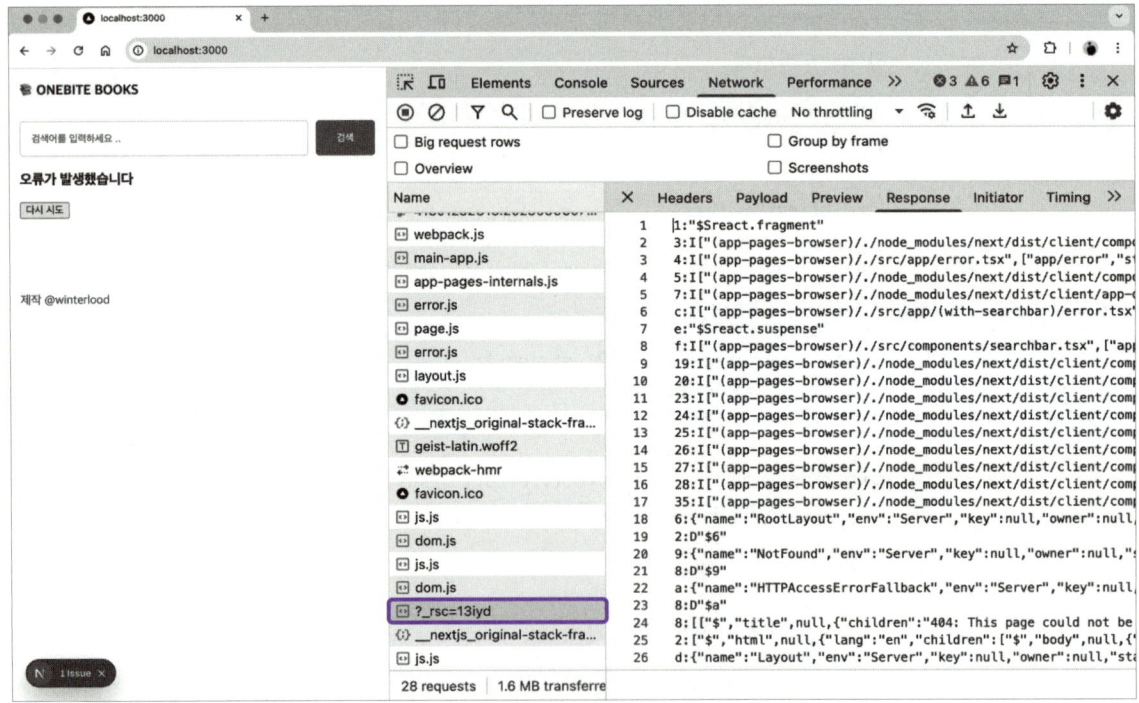

[그림 5-30] router.refresh 메서드를 호출하면 발생하는 서버 컴포넌트 실행 요청

RSC Payload 형태로 요청하고 있습니다. 그런 다음 reset 함수를 호출해 에러 상태를 초기화하고 불러온 서버 컴포넌트의 결과를 페이지에 렌더링합니다. 그럼 에러를 효과적으로 복구할 수 있습니다.

이제 백엔드 서버를 다시 가동한 다음 〈다시 시도〉 버튼을 클릭하면 에러가 성공적으로 복구될 겁니다. 그러나 확인하면 Next.js 서버에게 서버 컴포넌트의 실행을 다시 요청할 뿐 페이지의 에러는 복구되지 않습니다.

에러가 복구되지 않는 이유는 router.refresh 메서드가 비동기적으로 동작하기 때문입니다. router.refresh 메서드가 Next.js 서버에서 서버 컴포넌트의 결과물을 불러오기 전에 reset 함수를 먼저 호출해 에러 상태를 초기화하고 페이지를 다시 렌더링합니다. 그러나 이 시점에서 서버 컴포넌트의 실행 결과가 아직 도착하지 않으므로 에러는 복구되지 않고 그대로 남습니다.

이 문제는 다행히 리액트의 startTransition 메서드를 사용하면 간단히 해결할 수 있습니다. 다음과 같이 Error 컴포넌트를 수정합니다.

CODE　　　　　　　　　　　　　　　　　　　file: src/app/(with-searchbar)/error.tsx

```tsx
"use client";

import { useRouter } from "next/navigation";
import { startTransition } from "react";

interface Props {
  error: Error & { digest?: string };
  reset: () => void;
}

export default function Error({ error, reset }: Props) {
  const router = useRouter();

  return (
    <div>
      <h3>오류가 발생했습니다</h3>
      <button
        onClick={() => {
          startTransition(() => { ①
            router.refresh(); // 서버 컴포넌트를 다시 실행하도록 요청
            reset(); // 에러 상태 초기화, 컴포넌트를 페이지에 다시 렌더링
          });
        }}
      >
        다시 시도
      </button>
```

```
      </div>
    );
}
```

① startTranstion 메서드를 호출하고 인수로 router.refresh와 reset 메서드를 순서대로 호출하는 화살표 함수를 전달합니다.

startTransition 메서드는 리액트에서 UI를 멈추지 않고(즉, state를 즉시 바꾸지 않고), 조금 여유 있게 업데이트하는 기능입니다. 이 메서드는 콜백 함수 하나를 인수로 받는데, 이 함수에서 일어나는 상태 업데이트나 화면 변경은 사용자를 위해 급히 처리할 작업은 아니라고 간주해서 우선순위를 낮추고 한번에 일괄 처리합니다. 그럼 이제 router.refresh 메서드가 서버 컴포넌트의 결과물을 비동기로 불러온 다음, reset 함수를 수행하도록 설정할 수 있습니다.

이제 브라우저에서 〈다시 시도〉 버튼을 클릭하면 성공적으로 에러를 복구합니다. 이렇듯 라우터 객체를 reset 함수와 함께 사용하면 서버 컴포넌트에서 발생한 오류도 새로고침 없이 복구할 수 있습니다.

확인 작업을 마쳤다면 다음 장의 실습을 위해 인덱스 페이지의 RecoBooks 컴포넌트에서 사용한 데이터 페칭의 캐시 옵션을 다음과 같이 원래대로 되돌려 놓습니다.

CODE   file: src/app/(with-searchbar)/page.tsx
```
(...)
async function RecoBooks() {
  const response = await fetch(
    `${process.env.NEXT_PUBLIC_API_URL}/book/random`,
    { next: { revalidate: 3 } } ①
  );
  if (!response.ok) throw new Error(response.statusText);

  const randomBooks: BookData[] = await response.json();

  return (
    <div>
      {randomBooks.map((book) => (
        <BookItem key={book.id} {...book} />
      ))}
    </div>
  );
}
(...)
```

① 데이터 캐시 옵션을 next: { revalidate: 3 }으로 설정합니다.

한 입 크 기 로 잘 라 먹 는 **Next.js**

6장

페이지 캐시

이 장에서 주목할 키워드

- 페이지 캐싱
- 스태틱 페이지
- 다이나믹 페이지
- 풀 라우트 캐시
- 클라이언트 라우터 캐시
- 라우트 세그먼트 컨픽

> **이 장의 학습 목표**
> - 풀 라우트 캐시를 이해하고 정적 페이지를 캐시에 저장하는 방법을 알아봅니다.
> - 동적 경로에서 캐시를 활용하는 방법과 제어 옵션들을 알아봅니다.
> - 라우트 세그먼트 옵션 및 클라이언트 라우터 캐시의 역할을 이해합니다.

이번 장은 앱 라우터 버전에서 페이지를 캐시해 성능을 최적화하고 사용자의 요청에 빠르게 응답하는 방법을 살펴봅니다. 이 과정을 살펴보면 앱 라우터 버전의 페이지 캐시 메커니즘을 깊이 이해할 수 있습니다.

서버의 페이지 캐시 - 풀 라우트 캐시

앱 라우터 버전은 서버와 클라이언트에서 페이지를 각각 캐시합니다. 이번 절은 Next.js 서버의 페이지 캐시 기능인 '풀 라우트 캐시'를 살펴봅니다.

풀 라우트 캐시란?

풀 라우트 캐시는 Next.js 서버에서 사전 렌더링 결과로 생성한 HTML 페이지를 캐시하는 기능입니다. 이 기능을 이용하면 브라우저의 접속 요청에 서버가 페이지를 다시 생성할 필요 없이 캐시 페이지로 바로 응답할 수 있어 응답 속도가 크게 향상됩니다.

[그림 6-1]은 이해를 돕기 위해 Next.js 앱의 특정 페이지, 예를 들어 인덱스 페이지의 사전 렌더링 결과를 풀 라우트 캐시 기능으로 서버에 캐시하고 이후 브라우저에서 접속 요청이 오면 빠르게 응답하는 과정을 다이어그램으로 나타낸 것입니다. 설명의 편의를 위해 데이터 캐시와 리퀘스트 메모이제이션 동작은 모두 생략했습니다.

[그림 6-1]에 나타난 흐름을 순서대로 살펴보면 다음과 같습니다.

1. 인덱스 페이지의 사전 렌더링 결과를 풀 라우트 캐시에 저장하기 위해 Next.js 서버는 빌드 타임에 미리 인덱스 페이지의 생성을 요청합니다. 참고로 이 과정에서 요청을 보내는 주체도, 요청을 처리해 페이지를 생성하는 주체도 모두 Next.js 서버입니다.
2. 인덱스 페이지에 필요한 데이터를 페칭합니다. 지금은 풀 라우트 캐시에 집중

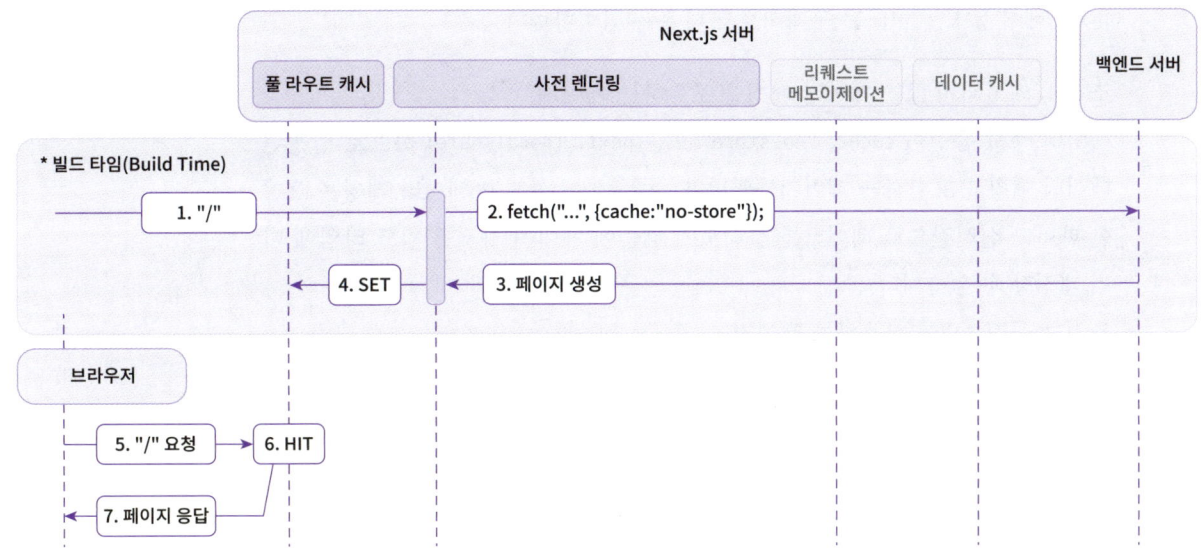

[그림 6-1] 풀 라우트 캐시의 동작

하기 위해 리퀘스트 메모이제이션과 데이터 캐시의 동작은 생략했습니다.

3. 페이지 생성을 완료합니다.
4. 생성이 완료된 페이지를 풀 라우트 캐시에 저장합니다.
5. 빌드 종료 후 Next.js 서버가 가동되면 브라우저가 Next.js 서버에 인덱스 페이지를 요청합니다.
6. 인덱스 페이지의 사전 렌더링 결과는 풀 라우트 캐시에 보관되어 있으므로 이 시점에서 캐시가 HIT됩니다. Next.js 서버는 페이지를 새로 생성하지 않고 캐시 페이지로 즉시 응답합니다.
7. 캐시 페이지로 응답하므로 속도가 매우 빠릅니다.

[그림 6-1]과 함께 살펴본 풀 라우트 캐시의 구체적인 동작을 다시 요약하면 다음과 같습니다. 먼저 빌드 타임에 풀 라우트 캐시에 보관할 페이지를 미리 생성해 모두 캐시합니다. 그런 다음 빌드를 종료하고 Next.js 앱을 가동할 때 브라우저가 특정 페이지를 요청하면 캐시된 페이지를 이용해 빠르게 응답합니다. 페이지 라우터 버전의 SSG(정적 사이트 생성)와 유사하다고 생각하면 쉽습니다.

그렇다면 어떤 페이지를 풀 라우트 캐시에 보관할까요? 정답은 간단합니다. 동적 데이터를 포함하지 않는 페이지는 자동으로 빌드 타임에 생성하고 풀 라우트 캐시에 보관합니다.

Next.js에서 동적 데이터는 구체적으로 다음을 의미합니다.

- 조건 1: 캐시되지 않는 데이터 페칭을 포함하는 페이지
  데이터 캐시 옵션이 cache: "no-store" 또는 next: {revalidate: 0}으로 설정된 데이터 페칭을 포함하는 페이지들입니다. 이 옵션이 설정된 데이터 페칭은 요청할 때마다 실시간으로 데이터를 불러오기 때문에 페이지 자체를 빌드 타임에 미리 캐시할 수 없습니다.
- 조건 2: 동적 API를 사용하는 페이지
  동적 API란 브라우저의 접속 요청과 함께 전달되는 값인 헤더, 쿠키, 쿼리 스트링을 불러오는 메서드입니다. 이 메서드를 사용하는 페이지 역시 빌드 타임에 미리 캐시할 수 없습니다.

페이지를 구성하는 모든 서버 컴포넌트에서 동적 데이터를 사용하는 컴포넌트가 하나도 없다면 그 페이지는 풀 라우트 캐시에 보관하는 페이지로, 그렇지 않은 페이지는 보관하지 않는 페이지로 설정합니다. 참고로 Next.js는 풀 라우트 캐시에 보관하는 페이지를 특별히 스태틱 페이지(Static Page), 그렇지 않은 페이지는 다이나믹 페이지(Dynamic Page)라고 합니다.

앱 라우터의 스태틱 페이지는 페이지 라우터에서 말하는 정적 페이지와 비슷한 개념입니다. 둘 다 빌드 타임에 미리 HTML을 만들어 두는 방식이기 때문에 사용자는 빠르게 응답을 받을 수 있습니다.
하지만 앱 라우터에서는 '정적 페이지'가 아닌 '스태틱 페이지(static page)'라고 따로 구분해 부를 예정입니다. 이유는 Next.js가 자체적으로 '스태틱(static)'이라는 용어를 사용해 캐시 처리 방식을 구분하기 때문입니다. 앱 라우터는 스태틱, 다이나믹과 같은 식으로 페이지를 분류하고 이 분류에 따라 페이지를 언제, 어떻게 생성할지 아니면 캐시에서 제공할지 결정합니다.
즉, 앱 라우터의 스태틱 페이지는 단순히 과거처럼 정적 HTML을 만든다는 뜻을 넘어 Next.js가 그 페이지를 캐싱하고 제공하는 방식을 정의하는 중요한 기준입니다.

정리하면 동적 데이터를 사용하는 컴포넌트가 하나도 없는 스태틱 페이지는 빌드 타임에 미리 생성해 풀 라우트 캐시에 보관하고, 그렇지 않은 다이나믹 페이지는 풀 라우트 캐시에 보관하지 않고 접속 요청이 있을 때마다 실시간으로 새롭게 생성합니다.

[그림 6-2]는 스태틱 페이지와 다이나믹 페이지의 동작을 비교합니다. 설명의 편의를 위해 인덱스 페이지는 스태틱 페이지, 검색 페이지는 다이나믹 페이지라고 가정하겠습니다.

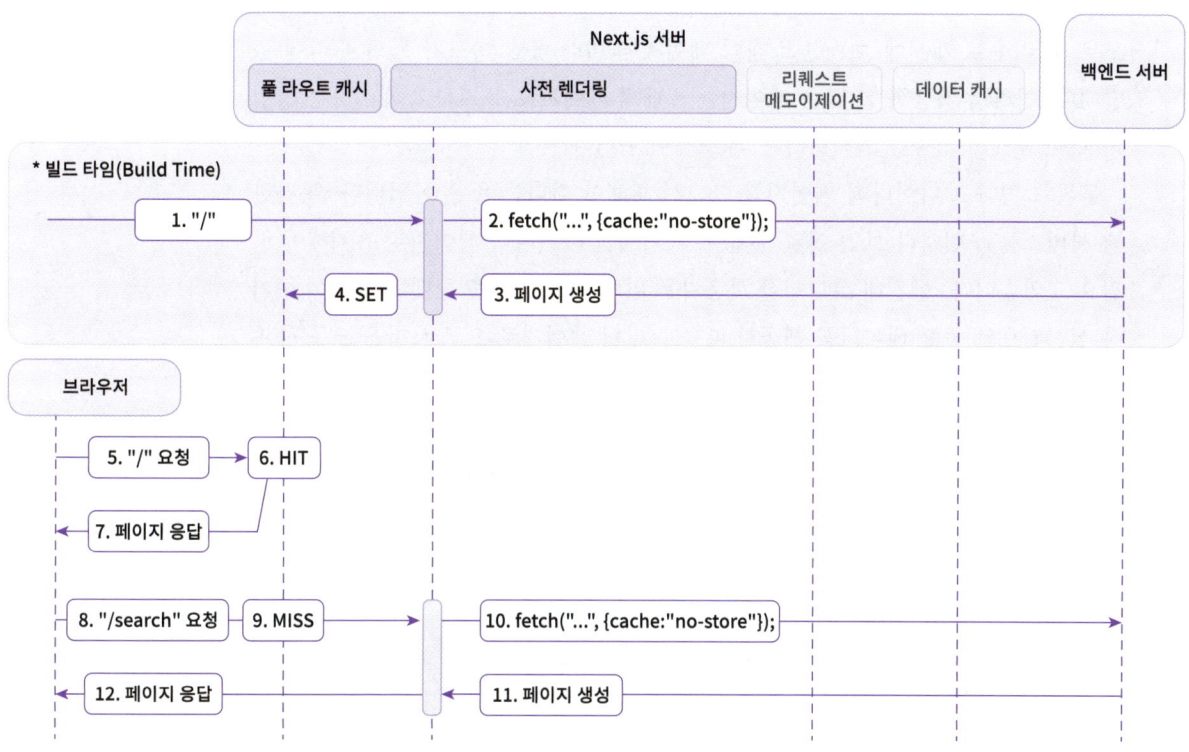

[그림 6-2] 스태틱 페이지와 다이나믹 페이지의 동작 비교

[그림 6-2]를 번호 순서대로 살펴보면 다음과 같습니다.

- 1~4번: 빌드 타임에 스태틱 페이지인 인덱스 페이지를 생성해 풀 라우트 캐시에 보관합니다.
- 5~7번: 빌드를 종료한 후 브라우저가 Next.js 서버에 스태틱 페이지인 인덱스 페이지를 요청합니다. 이때 인덱스 페이지는 풀 라우트 캐시에 보관되어 있으므로 6번에서 캐시가 HIT되어 캐시 페이지로 브라우저에 빠르게 응답합니다.
- 8~12번: 브라우저가 Next.js 서버에 다이나믹 페이지인 검색 페이지를 요청합니다. 다이나믹 페이지는 풀 라우트 캐시에 보관하지 않으므로 9번에서 캐시가 MISS됩니다. 이후 Next.js 서버에서 실시간으로 페이지를 생성해 브라우저에 응답합니다.

다이나믹 페이지로 설정한 페이지는 풀 라우트 캐시에 보관하지 않으므로 브라우저의 요청이 있을 때마다 Next.js 서버에서 실시간으로 생성합니다. 이는 페이지 라우터 버전에서 SSR(서버 사이드 렌더링) 방식으로 동작하는 페이지와 유사합니다.

다이나믹 페이지는 브라우저의 접속 요청이 있으면 실시간으로 페이지를 생성하므로 풀 라우트 캐시에 보관한 스태틱 페이지에 비해 응답 속도가 느릴 수밖에 없습니다. 따라서 가능한 한 많은 페이지를 스태틱 페이지로 유지하고 캐시하는 방법이 Next.js 앱의 성능을 최적화하는 데 도움이 됩니다.

물론 그렇다고 다이나믹 페이지를 반드시 피해야 한다는 뜻은 아닙니다. 복잡한 웹 서비스를 구현하다 보면 어쩔 수 없이 페이지를 다이나믹 페이지로 유지해야 할 필요도 있습니다. 예컨대 로그인한 사용자를 위해 개인별 맞춤 콘텐츠를 보여 주거나 실시간으로 중요 데이터를 제공할 때는 스태틱 페이지로 요구 사항을 모두 충족하기 어렵습니다.

또한 다이나믹 페이지라고 해서 꼭 느리다는 생각도 잘못입니다. 풀 라우트 캐시에 보관하지 않으므로 스태틱 페이지에 비해 느릴 수밖에 없지만 데이터 캐시나 리퀘스트 메모이제이션을 활용하면 충분히 빠른 성능을 유지할 수 있습니다.

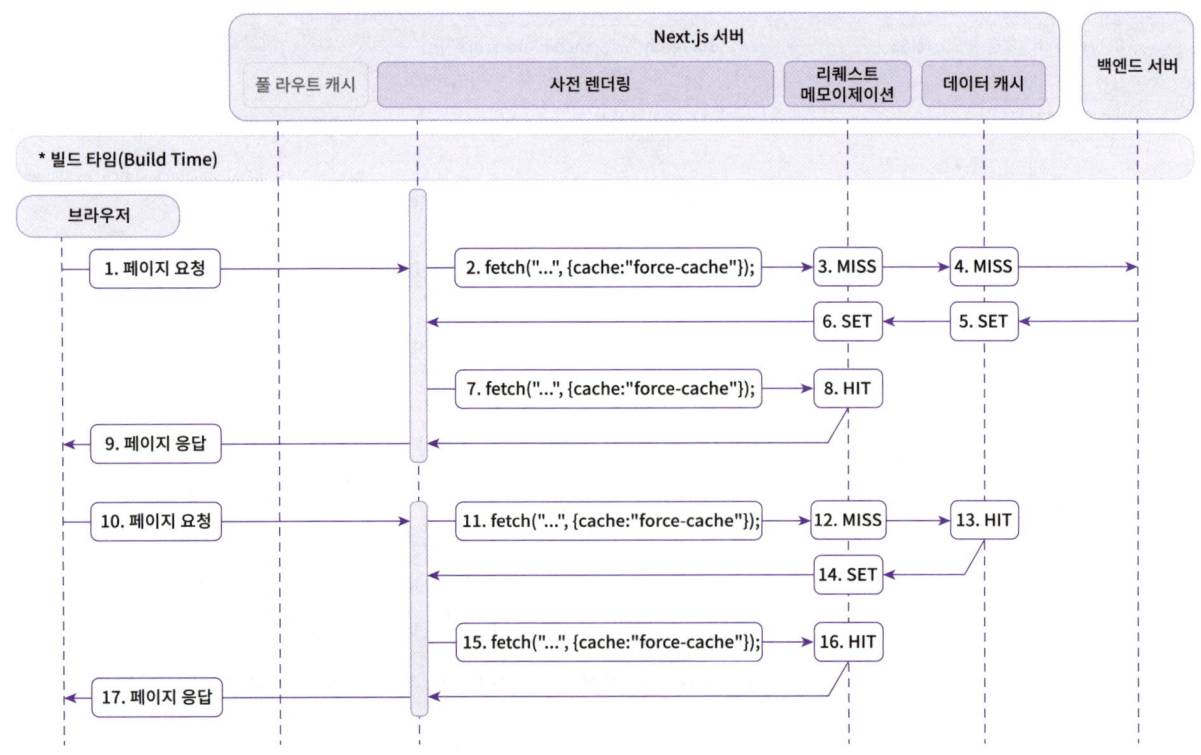

[그림 6-3] 데이터 캐시와 리퀘스트 메모이제이션으로 최적화된 다이나믹 페이지

여기서 한 가지 중요한 점은 Next.js 각각의 캐시는 독립적으로 동작한다는 사실입니다. 따라서 풀 라우트 캐시를 이용하지 못하는 다이나믹 페이지라도 데이터 캐시나 리퀘스트 메모이제이션을 이용하면 충분히 빠른 속도로 페이지를 제공합니다.

[그림 6-3]은 데이터 캐시와 리퀘스트 메모이제이션으로 최적화된 다이나믹 페이지의 동작을 보여 줍니다.

캐시가 독립적으로 동작한다는 점이 앱 라우터와 페이지 라우터 버전의 중요한 차이 중 하나입니다. 페이지 라우터는 SSG, SSR 방식처럼 오직 페이지 단위로 캐시할 수 있었지만, 앱 라우터는 독립적으로 동작하는 캐시 기능을 조합해 페이지 내부의 특정 컴포넌트나 API 요청 결과까지도 개별적으로 유연하게 최적화할 수 있습니다. 따라서 다이나믹 페이지에서도 성능 저하를 최소화할 수 있습니다.

스태틱 페이지와 풀 라우트 캐시 확인하기

한입북스 앱의 페이지들이 각각 어떤 유형으로 설정되는지 확인하겠습니다. 페이지의 유형을 확인하려면 프로젝트를 빌드할 때 출력하는 빌드 결과 메시지를 살펴보면 됩니다.

현재 한입북스 앱을 빌드합니다.

```
OUTPUT
Route (app)                              Size    First Load JS  Revalidate  Expire
┌ ○ /                                    299 B   104 kB             3s        1y
├ ○ /_not-found                          978 B   102 kB
├ ƒ /api/revalidate                      135 B   101 kB
├ ƒ /book/[id]                           292 B   101 kB
└ ƒ /search                              277 B   104 kB
+ First Load JS shared by all            101 kB
  ├ chunks/4bd1b696-3d9901fa9457558e.js  53.2 kB
  ├ chunks/684-af898bcf710b4a36.js       45.4 kB
  └ other shared chunks (total)          1.93 kB

○  (Static)    prerendered as static content
ƒ  (Dynamic)   server-rendered on demand
```

빌드 결과를 보여 주는 메시지는 이 Next.js 앱 모든 페이지의 목록과 함께 각 페이지의 대략적인 정보를 출력합니다. 이때 페이지 이름 앞에 표시된 기호는 해당 페이지의 유형을 나타냅니다. 기호에 대한 설명은 빌드 메시지 최하단에 나오는데, o는 스태틱 페이지, f는 다이나믹 페이지입니다. 현재 한입북스 앱의 인덱스 페이지는 스태틱 페이지, 검색과 도서 상세 페이지는 다이나믹 페이지로 설정되어 있습니다.

인덱스 페이지가 스태틱 페이지로 설정된 이유는 현재 인덱스 페이지를 구성하는 모든 컴포넌트에서 동적 데이터를 필요로 하는 컴포넌트가 없기 때문입니다. 인덱스 페이지는 루트 레이아웃(app/layout.tsx)과 검색 폼 레이아웃(app/(with-searchbar)/layout.tsx) 컴포넌트, 페이지 컴포넌트(app/(with-searchbar)/page.tsx), `AllBooks`, `RecoBooks` 컴포넌트로 구성되어 있습니다. 이들 가운데 캐시되지 않는 데이터 페칭을 수행하거나 동적 API를 사용하는 컴포넌트가 없으므로 인덱스 페이지는 스태틱 페이지로 설정됩니다.

다음으로 검색 페이지를 다이나믹 페이지로 설정한 이유는 동적 API를 사용하기 때문입니다. 검색 페이지 컴포넌트를 보면 Props로 `searchParams`를 받고 쿼리 스트링 q에서 값을 꺼내 사용합니다. 이 동작은 브라우저의 접속 요청이 있을 때마다 실시간으로 처리해야 하므로 동적 API로 간주합니다.

CODE   file: src/app/(with-searchbar)/search/page.tsx

```
(...)
export default async function Page({
  searchParams,
}: {
  searchParams: Promise<{ q?: string }>;
}) {
  const { q } = await searchParams; ①
  (...)
}
```

① 검색 페이지를 다이나믹 페이지로 만드는 동적 API

마지막으로 도서 상세 페이지를 다이나믹 페이지로 설정한 이유는 이 페이지가 어떤 값이든 들어올 수 있는 동적 경로인 URL 파라미터를 사용하기 때문입니다. 도서 상세 페이지를 구성하는 컴포넌트 중 캐시되지 않는 데이터 페칭이나 동적 API를 사용하는 컴포넌트는 없지만, URL 파라미터로 어떤 값이 들어올지 예상할 수 없습니다. 따라서 브라우저에서 접속 요청을 받을 때마다 실시간으로 URL 파라미터 값을 확인해야 하므로 이 페이지는 예외적으로 다이나믹 페이지로 설정합니다. URL

파라미터의 값을 제한하는 방법은 추후에 살펴볼 예정입니다.

```tsx
// file: src/app/book/[id]/page.tsx
(...)
export default async function Page({ params }: { params: Promise<{ id: string }> }) {
  const { id } = await params; ①
  (...)
}
```

① id 값으로 어떤 값이든 제공될 수 있어 이 페이지는 다이나믹 페이지로 설정됩니다.

결과적으로 한입북스 앱의 모든 페이지에서 인덱스 페이지만이 스태틱 페이지로 설정됩니다. 앞서 말했듯이 스태틱 페이지로 설정된 페이지는 빌드 타임에 미리 사전 렌더링을 진행하고 그 결과로 생성된 HTML 페이지를 풀 라우트 캐시에 보관합니다.

보관된 페이지는 .next/server/app 폴더의 index.html을 클릭하면 확인할 수 있습니다.

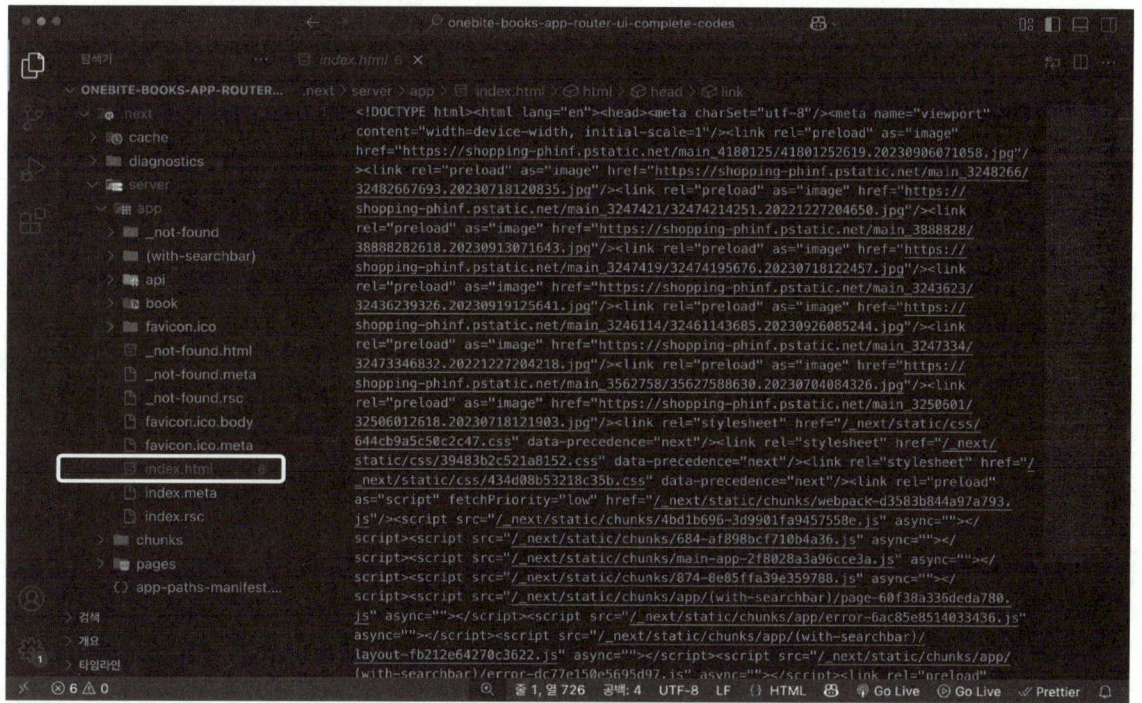

[그림 6-4] 풀 라우트 캐시에 보관된 페이지 확인하기

만일 인덱스 페이지의 특정 컴포넌트에서 캐시되지 않는 데이터 페칭이나 동적 API를 사용하도록 코드를 수정하면 인덱스 페이지는 다이나믹 페이지로 설정되어 풀 라우트 캐시에 보관되지 않습니다.

이 동작을 직접 확인하기 위해 인덱스 페이지의 RecoBooks 컴포넌트를 다음과 같이 수정합니다.

CODE file: src/app/(with-searchbar)/page.tsx
```
(...)
async function RecoBooks() {
  const response = await fetch(
    `${process.env.NEXT_PUBLIC_API_URL}/book/random`, {
    cache: "no-store", ①
  });
  (...)
}
(...)
```

① 추천도서를 불러오는 fetch 메서드의 데이터 캐시 옵션을 cache: "no-store"로 설정합니다.

이제 RecoBooks 컴포넌트는 데이터를 캐시하지 않는 데이터 페칭을 필요로 하므로 이 컴포넌트를 포함하고 있는 인덱스 페이지는 다이나믹 페이지로 설정됩니다. 확인을 위해 Next.js 앱을 다시 빌드합니다.

OUTPUT
```
(...)
Route (app)                              Size       First Load JS
┌ ƒ /                                    299 B      104 kB ①
├ ○ /_not-found                          978 B      102 kB
├ ƒ /api/revalidate                      135 B      101 kB
├ ƒ /book/[id]                           292 B      101 kB
└ ƒ /search                              277 B      104 kB
+ First Load JS shared by all            101 kB
  ├ chunks/4bd1b696-3d9901fa9457558e.js  53.2 kB
  ├ chunks/684-af898bcf710b4a36.js       45.4 kB
  └ other shared chunks (total)          1.93 kB

○  (Static)    prerendered as static content
ƒ  (Dynamic)   server-rendered on demand
```

① 인덱스 페이지가 다이나믹 페이지로 설정되었습니다.

빌드 결과 인덱스 페이지가 다이나믹 페이지로 변경되었습니다. 캐시되지 않는 데이터 페칭이나 동적 API 등 실시간 데이터가 필요한 컴포넌트를 포함하는 페이지는 자동으로 다이나믹 페이지로 설정됩니다.

다이나믹 페이지는 스태틱 페이지에 비해 응답 속도가 느리므로 굳이 인덱스 페이지를 다이나믹 페이지로 설정할 필요가 없습니다. 이후 실습을 위해 RecoBooks 컴포넌트의 데이터 페칭을 다시 다음과 같이 원래대로 수정합니다.

`CODE` file: src/app/(with-searchbar)/page.tsx
```
(...)
async function RecoBooks() {
  const response = await fetch(
    `${process.env.NEXT_PUBLIC_API_URL}/book/random`, {
    next: { revalidate: 3 }, ①
  });
  (...)
}
(...)
```

① 추천도서를 불러오는 fetch 메서드의 데이터 캐시 옵션을 다시 next: { revalidate: 3 }으로 설정합니다.

이제 인덱스 페이지는 다시 스태틱 페이지가 되어 풀 라우트 캐시에 보관됩니다.

풀 라우트 캐시 갱신하기

풀 라우트 캐시에 보관한 페이지도 자동으로 갱신할 수 있습니다. 데이터 캐시를 갱신하면 해당 데이터를 사용하는 페이지도 자동으로 갱신됩니다.

현재 인덱스 페이지를 구성하는 RecoBooks 컴포넌트의 fetch 메서드는 데이터 캐시에 보관한 데이터를 3초 주기로 갱신하는 next: {revalidate: 3} 옵션이 설정되어 있습니다.

`CODE` file: src/app/(with-searchbar)/page.tsx
```
(...)
async function RecoBooks() {
  const response = await fetch(
    `${process.env.NEXT_PUBLIC_API_URL}/book/random`, {
    next: { revalidate: 3 }, ①
  });
  (...)
}
(...)
```

① fetch 메서드의 결과로 저장한 데이터 캐시를 3초 주기로 갱신합니다.

데이터 캐시를 갱신하면 해당 데이터를 사용하는 페이지도 갱신됩니다. 즉, fetch 메서드로 풀 라우트 캐시에 보관된 인덱스 페이지 또한 3초 주기로 자동 갱신됩니다.

  개발 모드로 앱을 실행하고 인덱스 페이지를 계속 새로고침하면 3초 주기로 추천도서 섹션의 데이터가 새롭게 갱신된다는 사실을 알 수 있습니다.

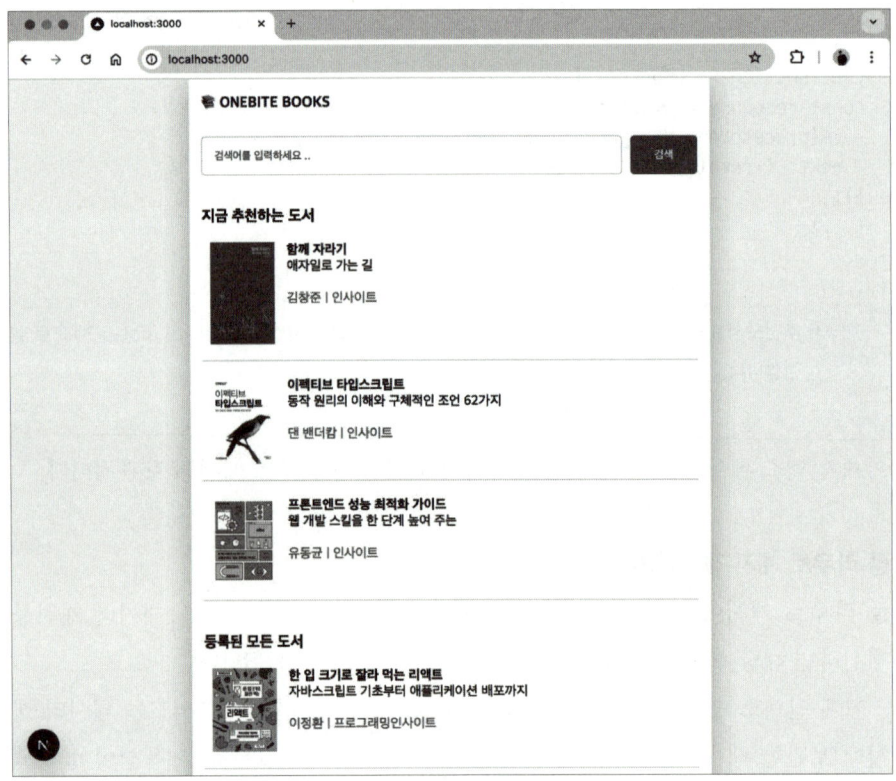

[그림 6-5] 3초 주기로 갱신되는 인덱스 페이지

[그림 6-6]은 인덱스 페이지가 3초 주기로 갱신되는 과정을 다이어그램으로 표현하고 있습니다.

  [그림 6-6]을 순서대로 살펴보면 다음과 같습니다.

- 1~6번 과정: 빌드 타임에 인덱스 페이지를 사전 렌더링해 풀 라우트 캐시에 보관합니다.
- 7~9번 과정: 빌드가 종료되고 브라우저의 첫 번째 접속 요청(인덱스 페이지)이 들어오면 Next.js 서버는 풀 라우트 캐시에 보관된 인덱스 페이지로 응답합니다.

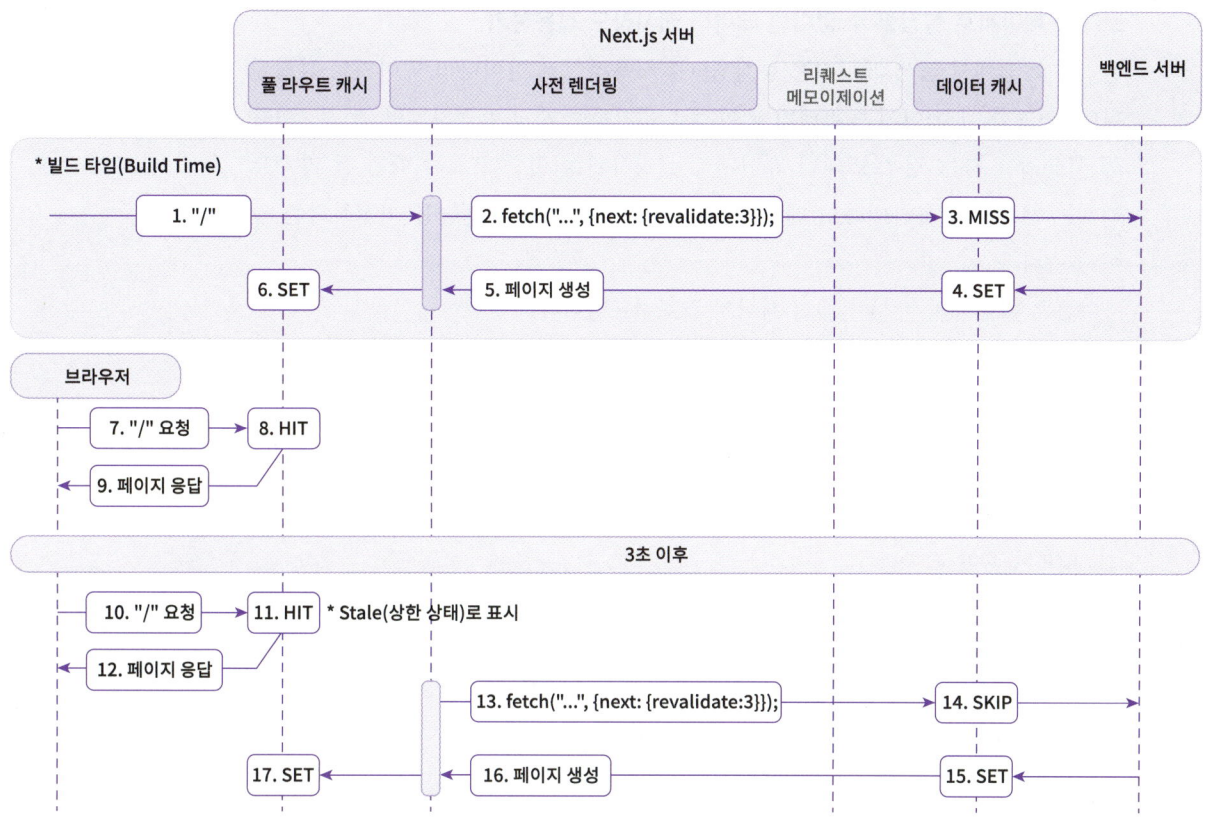

[그림 6-6] 데이터 캐시와 함께 갱신되는 풀 라우트 캐시

- 10~12번 과정: 데이터 캐시의 갱신 주기(3초) 이후에 브라우저의 두 번째 접속 요청이 들어오면 Next.js 서버는 우선 풀 라우트 캐시에 보관된 인덱스 페이지로 빠르게 응답하고 이 페이지를 Stale(상한) 상태로 설정합니다.
- 13~17번 과정: Stale(상한) 상태로 표시된 페이지를 다시 생성합니다. 이 과정에서 갱신 주기가 지난 데이터 캐시 역시 함께 갱신됩니다. 이후 접속 요청에는 새로운 페이지로 응답합니다.

풀 라우트 캐시에 보관한 페이지 역시 데이터 캐시가 갱신되면 함께 갱신되므로 스태틱 페이지는 캐시의 이점을 유지하면서도 최신 데이터를 주기적으로 페이지에 반영할 수 있습니다. 이는 페이지 라우터 버전의 ISR(증분 정적 재생성) 방식과 유사합니다.

스태틱 페이지로 설정할 수 없다면 데이터 캐시라도 적용하기

한입북스 앱에서 검색 페이지는 동적 API를 사용하므로 다이나믹 페이지로 설정됩니다. 가능한 한 페이지는 스태틱 페이지로 유지하는 게 바람직하지만, 동적 API를 꼭 사용해야 하는 경우 스태틱 페이지로 설정하기 어렵습니다. 이때는 풀 라우트 캐시는 사용하지 못하더라도 데이터 캐시를 최대한 활용해 성능을 최적화하는 것이 좋습니다.

다음은 현재까지 작성한 검색 페이지 컴포넌트입니다.

```
CODE                                  file: src/app/(with-searchbar)/search/page.tsx
(...)
export default async function Page({
  searchParams,
}: {
  searchParams: Promise<{
    q?: string;
  }>;
}) {
  const { q } = await searchParams;

  const response = await fetch(
    `${process.env.NEXT_PUBLIC_API_URL}/book/search?q=${q}`,
    { cache: "force-cache" } ①
  );
  (...)
}
```

① 데이터 캐시 옵션이 cache: "force-cache"으로 설정되었으므로 이 요청은 영구적으로 캐시됩니다.

5장에서 데이터 캐시를 실습하면서 이미 cache: "force-cache" 옵션을 적용했기 때문에 추가로 데이터 캐시를 적용할 일은 없습니다.

참고로 독자들 중에는 검색어가 다름에도 불구하고 동일한 캐시 데이터를 사용하지 않을까 걱정할 수 있습니다. 앞서 다룬 내용이지만 독자들이 자주 오해하는 내용이므로 한 번 더 짚고 넘어가겠습니다. 데이터 캐시의 캐시 키는 요청 주소, 요청 헤더, 쿼리 파라미터, 요청 메서드를 해시해 생성하기 때문에 이 네 가지 중 하나라도 다르면 다른 데이터 캐시로 구별합니다. 검색어(쿼리 스트링)가 다르다면 각기 다른 데이터 캐시로 분리되므로 동일한 캐시 데이터를 사용할 일은 거의 없습니다.

이를 확인하려면 검색 페이지에서 한 번도 입력하지 않았던 검색어로 검색한 다음, .next/cache/fetch-cache 폴더에 새로운 데이터 캐시가 생성되는지 살펴보면 됩니다. 새로운 검색어를 입력할 때마다 fetch-cache 폴더에 데이터 캐시가 하나씩 추가된다는 사실을 확인할 수 있습니다.

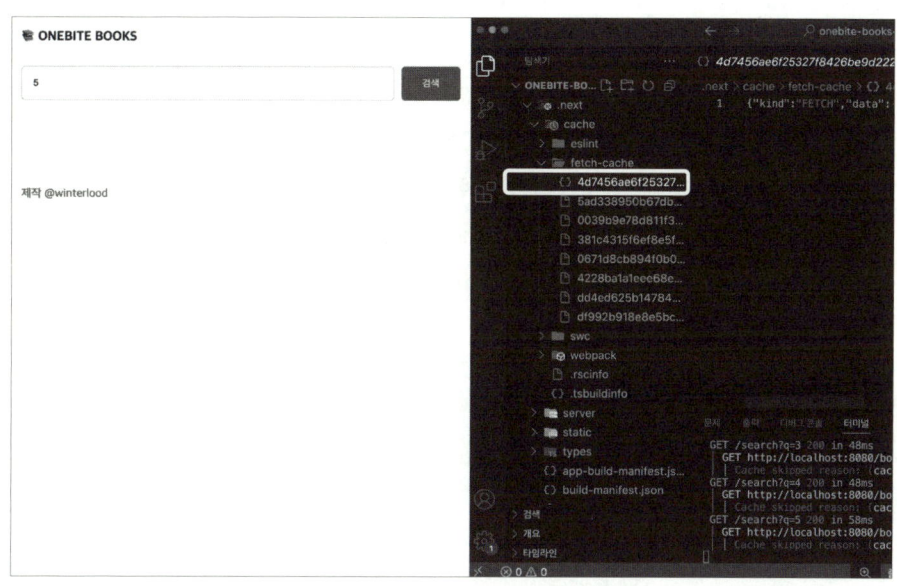

[그림 6-7] 쿼리 스트링별로 구별되는 데이터 캐시 확인하기

동적 경로가 있는 페이지를 스태틱 페이지로 설정하기

이번에는 동적 경로가 있는 도서 상세 페이지를 스태틱 페이지로 설정해 풀 라우트 캐시에 보관하겠습니다. 동적 경로가 있는 페이지를 스태틱 페이지로 설정하는 방법은 간단합니다. 다음과 같이 generatedStaticParams라는 약속된 이름의 함수를 사용해 URL 파라미터의 사용값을 미리 정의하면 됩니다.

CODE file: src/app/book/[id]/page.tsx
```
(...)
export function generateStaticParams() { ①
  return [{ id: "1" }, { id: "2" }, { id: "3" }];
}

export default async function Page({ params }: { params: Promise<{ id: string }> }) {
  (...)
}
```

① genertateStaticParams 함수를 선언하고 내보냅니다. 이때 함수의 반환값으로 URL 파라미터 객체 3개를 담은 배열을 설정합니다.

---

generateStaticParams 함수는 동적 경로가 있는 페이지에서 URL 파라미터 값을 미리 정의하기 위해 사용합니다. 페이지 컴포넌트와 함께 이 함수를 선언하면 빌드 타임에 Next.js는 이 함수에서 내보낸 URL 파라미터와 일치하는 페이지들을 미리 스태틱 페이지로 생성해 풀 라우트 캐시에 보관합니다. 이는 페이지 라우터 버전의 getStaticPaths 함수와 유사한 기능을 수행합니다.

generateStaticParams 함수에서 반환한 URL 파라미터의 값이 id: "1", id: "2", id: "3"이므로 빌드 타임에 'book/1', 'book/2', 'book/3' 페이지를 스태틱 페이지로 생성해 풀 라우트 캐시에 보관합니다. 이를 확인하려면 앱을 빌드해 그 결과를 살펴보면 됩니다.

다음은 빌드 결과입니다.

```
OUTPUT
Route (app)                                   Size     First Load JS    Revalidate    Expire
┌ ○ /                                         299 B         104 kB         3s           1y
├ ○ /_not-found                               978 B         102 kB
├ ƒ /api/revalidate                           135 B         101 kB
├ ● /book/[id]                                292 B         101 kB
│   ├ /book/1
│   ├ /book/2
│   └ /book/3
└ ƒ /search                                   277 B         104 kB
+ First Load JS shared by all                 101 kB
  ├ chunks/4bd1b696-3d9901fa9457558e.js       53.2 kB
  ├ chunks/684-af898bcf710b4a36.js            45.4 kB
  └ other shared chunks (total)               1.93 kB


○  (Static)     prerendered as static content
●  (SSG)        prerendered as static HTML (uses generateStaticParams)
ƒ  (Dynamic)    server-rendered on demand
```

빌드 결과 메시지를 보면 book/[id] 페이지 이름 앞에 동그라미 기호(●)가 붙어 있습니다. ● 기호가 붙은 페이지는 generateStaticParams 함수로 빌드 타임에 특정 URL 파라미터로 생성한 스태틱 페이지(SSG, Static Site Generation)라는 의미입니다. 또한 'book/[id]' 아래에 'book/1', 'book/2', 'book/3' 경로의 페이지가 생성되었

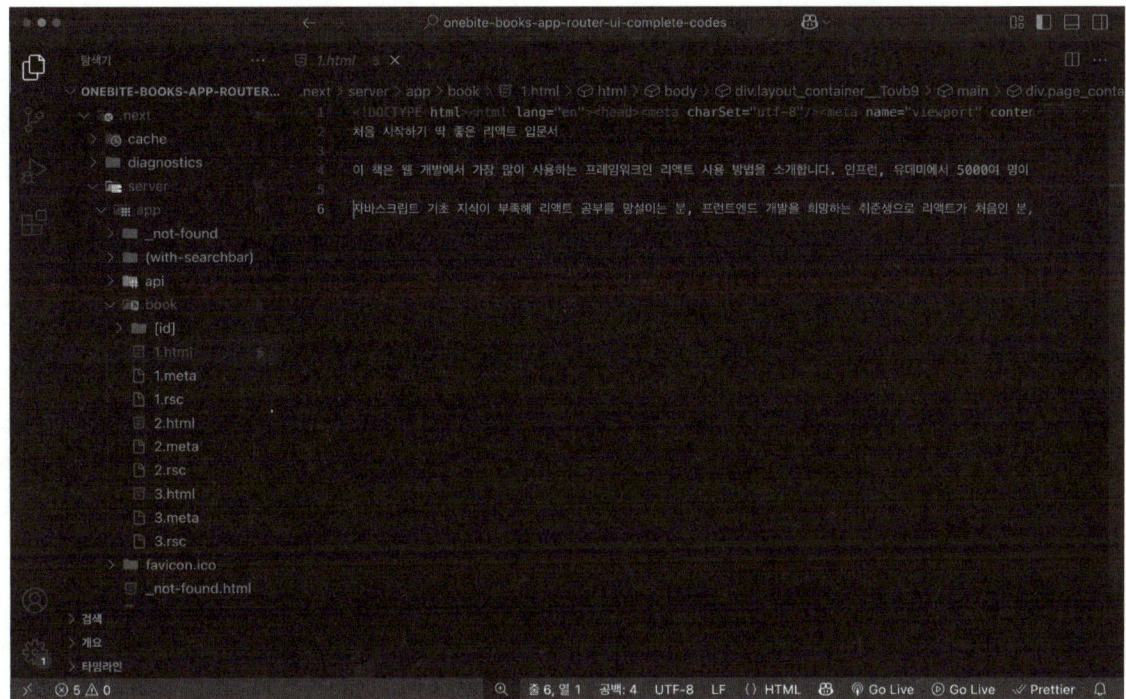

[그림 6-8] 파일로 보관된 'book/1, 2, 3' 경로의 페이지

음을 알리는 결과 메시지도 있습니다. 생성한 페이지들은 Next.js 서버에 파일로 보관되는데, .next/server/app/book 폴더를 열어 보면 확인할 수 있습니다.

이렇듯 generateStaticParams 함수를 사용하면 동적 경로가 있는 페이지를 스태틱 페이지로 설정할 수 있습니다.

한 가지 주의할 점은 URL 파라미터 값은 반드시 문자열로 설정해야 한다는 점입니다. 그렇지 않고 다음과 같이 URL 파라미터의 값을 숫자 등으로 설정하면 오류가 발생합니다. 다음 예제는 굳이 따라할 필요는 없습니다.

CODE   file: src/app/book/[id]/page.tsx
```
(...)
export function generateStaticParams() {
  return [{ id: 1 }, { id: 2 }, { id: 3 }]; ①
}
(...)
```

① 문자열로 설정되어 있던 URL 파라미터의 값을 숫자로 수정합니다.

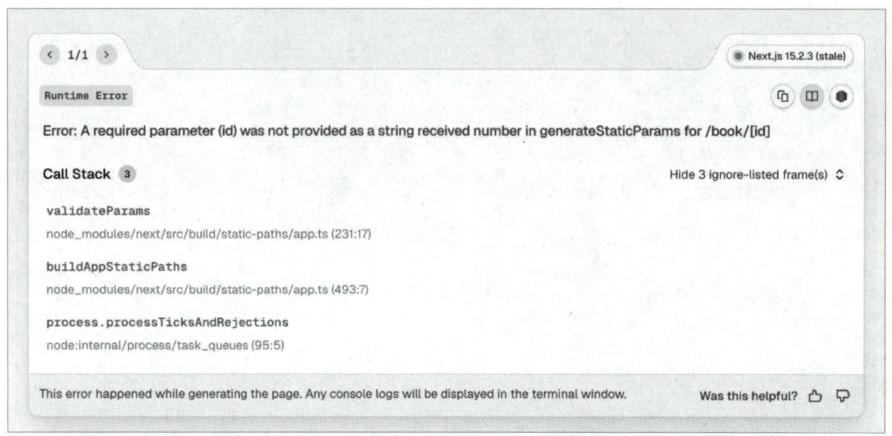

[그림 6-9] URL 파라미터를 문자열이 아닌 숫자로 설정하면 발생하는 오류

추가로 generateStaticParams 함수는 스태틱 페이지로 한정한 페이지 외에 다른 경로로 페이지에 접근하면 빌드 타임에 생성하지 않았어도 해당 경로의 페이지를 실시간으로 생성한다는 점에 주의해야 합니다.

어떻게 동작하는지 확인하기 위해 프로덕션 모드를 가동한 다음, '~/book/4'처럼 generateStaticParams 함수의 반환값으로 정의하지 않은 경로로 접속하면 Next.js 서버가 해당 페이지를 실시간으로 생성해 응답합니다. 또한 실시간으로 생성한 페이지는 스태틱 페이지로 처리해 풀 라우트 캐시에 보관되므로 .next/server/app/book 폴더에 저장된다는 점도 [그림 6-10]에서 확인할 수 있습니다.

여기서 알 수 있는 중요한 사실 하나는 generateStaticParams 함수는 빌드 타임에 미리 생성할 페이지의 URL 파라미터 목록만 정의할 뿐, 그 외의 경로를 막거나 없는 페이지(404)로 처리하지 않는다는 사실입니다.

generateStaticParams 함수에서 정의한 경로 이외의 페이지를 없는 페이지로 취급하려면 dynamicParams라는 지정된 이름의 변수를 사용해 다음과 같이 도서 상세 페이지에서 내보내야 합니다.

> **TIP**
> 'book/4'뿐만 아니라 'book/5', 'book/6' 등과 같은 경로로 접근하면 각각의 경로에 해당하는 HTML 파일이 생성되어 스태틱 페이지로 보관됩니다.

[그림 6-10] 실시간으로 생성되는 'book/4' 경로의 페이지

```
(...)
export const dynamicParams = false; ①

export function generateStaticParams() {
  return [{ id: "1" }, { id: "2" }, { id: "3" }];
}
(...)
```
file: src/app/book/[id]/page.tsx

① dynamicParams라는 변수를 선언하고 값을 false로 설정해 내보냅니다. 기본값은 true입니다.

dynamicParams 변수는 페이지에서 동적 URL 파라미터를 허용할지 여부를 결정합니다. 기본값은 true로 설정되어 있습니다. true로 설정하면 generateStaticParams 함수에서 정의하지 않은 URL 파라미터 경로로 요청이 들어와도 실시간으로 페이지를 생성합니다. 반면 dynamicParams를 false로 설정하면 generateStaticParams 함수에서 정의한 경로 외에는 모두 404 에러로 처리합니다.

앞서의 실습처럼 generateStaticParams 함수에서 { id: "1" }, { id: "2" }, { id: "3" }을 반환한다고 가정합시다. dynamicParams의 값을 false로 설정하면 Next.js

는 '/book/1', '/book/2', '/book/3' 경로만 접속할 수 있고 '/book/4'와 같은 경로의 요청은 404 페이지로 처리합니다.

이를 직접 확인하려면 프로젝트를 빌드한 다음 프로덕션으로 가동합니다.

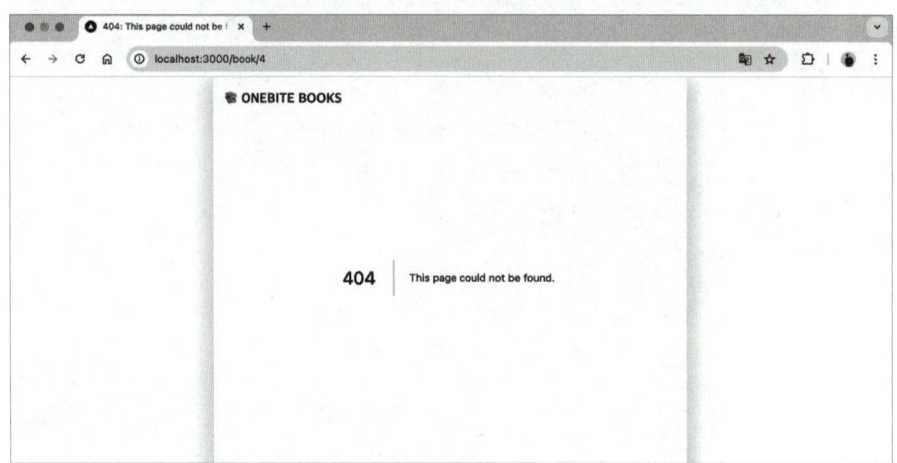

[그림 6-11] '~/book/4'로 접속하면 404 페이지를 렌더링함

 dynamicParams처럼 페이지 설정을 조절하는 몇몇 변수를 라우트 세그먼트 컨픽(Route Segment Config)이라고 합니다. 라우트 세그먼트 컨픽은 페이지나 경로 등의 동작을 세부적으로 제어하기 위해 사용합니다. dynamicParams 변수는 각각의 경로를 명시적으로 정의할 때 사용합니다.
dynamicParams 외에도 라우트 세그먼트 컨픽에는 페이지의 유형을 결정하는 dynamic, 페이지의 갱신 주기를 설정하는 revalidate와 같은 옵션이 있습니다. 자세한 내용은 이후 절에서 살펴보겠습니다.

generateStaticParams 함수는 Next.js 서버의 사전 렌더링 과정에서 딱 한 번 동작하므로 async 키워드를 사용해 비동기 작업을 수행하도록 설정할 수 있습니다. 빌드 타임에 모든 도서의 페이지를 생성하도록 설정하겠습니다

```
CODE                                      file: src/app/book/[id]/page.tsx
(...)
export async function generateStaticParams() {
  const response = await fetch(`${process.env.NEXT_PUBLIC_API_URL}/book`); ①
  if (!response.ok) throw new Error(response.statusText); ②

  const books: BookData[] = await response.json(); ③
```

```
  return books.map((book) => ({ ④
    id: String(book.id),
  }));
}
(...)
```

① '/book' 주소로 API를 호출하고 백엔드 서버에서 도서 데이터를 모두 불러옵니다.
② API 호출의 응답 상태를 확인하고 문제가 있으면 예외가 발생하도록 설정합니다. 참고로 도서 상세 페이지 파일이 있는 폴더와 가장 가까운 위치에 있는 error.tsx 파일이 이 Error 컴포넌트를 처리합니다.
③ 백엔드 서버에서 받은 응답을 JSON 형태로 변환해 books 변수에 저장합니다.
④ 각 도서의 id 값을 문자열로 변환한 다음 { id: "도서 아이디" } 형태의 객체 배열을 반환합니다.

이제 빌드 타임에 데이터베이스에 저장되어 있는 모든 도서 페이지가 스태틱 페이지로 생성되어 풀 라우트 캐시에 보관됩니다. 이를 확인하기 위해 앱을 다시 빌드해 빌드 메시지를 살펴봅니다.

```
OUTPUT
Route (app)                                Size     First Load JS   Revalidate   Expire
┌ ○ /                                      299 B    104 kB          3s           1y
├ ○ /_not-found                            978 B    102 kB
├ ƒ /api/revalidate                        135 B    101 kB
├ ● /book/[id]                             292 B    101 kB
├   ├ /book/1
├   ├ /book/2
├   ├ /book/3
├   └ [+8 more paths]
└ ƒ /search                                277 B    104 kB
+ First Load JS shared by all              101 kB
  ├ chunks/4bd1b696-3d9901fa9457558e.js    53.2 kB
  ├ chunks/684-af898bcf710b4a36.js         45.4 kB
  └ other shared chunks (total)            1.93 kB


○  (Static)     prerendered as static content
●  (SSG)        prerendered as static HTML (uses generateStaticParams)
ƒ  (Dynamic)    server-rendered on demand
```

빌드 결과 메시지를 보면 book/1, book/2, book/3에 더해 추가로 8개의 페이지가 더 생성되었음을 확인할 수 있습니다.

이렇듯 빌드 타임에 generateStaticParams 함수를 사용하면 동적 경로를 사용하는 페이지라도 빌드 타임에 미리 스태틱 페이지로 생성할 수 있습니다. 한입북스처럼 양이 많지 않은 데이터를 기반으로 동작하는 페이지라면 스태틱 페이지의 이점을 극대화할 수 있습니다.

클라이언트의 페이지 캐시 - 라우터 캐시

지금까지 서버의 페이지 캐시 기능인 풀 라우트 캐시를 살펴보았습니다. 이번 절에서는 클라이언트의 페이지 캐시 기능인 클라이언트 라우터 캐시를 살펴보겠습니다.

클라이언트 라우터 캐시란?

클라이언트 라우터 캐시는 이름 그대로 클라이언트인 브라우저에서 페이지의 데이터를 직접 캐시하는 기능입니다. 이 기능은 사용자가 브라우저에서 페이지를 이동할 때 불필요한 데이터 요청을 방지해 페이지를 빠르게 이동하도록 도와줍니다.

클라이언트 라우터 캐시의 주요 목적은 브라우저에서 페이지를 이동할 때 두 페이지가 동일한 레이아웃 컴포넌트를 사용하는 경우 중복 요청을 방지하는 데 있습니다. 이를 위해 브라우저에서 레이아웃 컴포넌트의 결과물인 RSC Payload를 캐시해 보관하는 방식으로 동작합니다. [그림 6-12]는 클라이언트 라우터 캐시의 동작을 다이어그램으로 표현하고 있습니다.

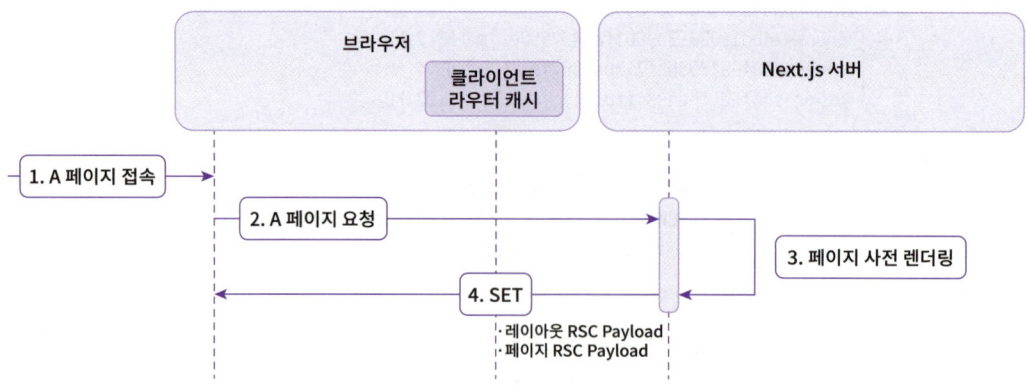

[그림 6-12] 클라이언트 라우터 캐시의 동작 방식

[그림 6-12]를 순서대로 살펴보면 다음과 같습니다.

1. 사용자가 브라우저에서 주소를 입력해 A 페이지에 접속합니다.
2. 브라우저는 접속 요청(1번)을 처리하기 위해 Next.js 서버에게 A 페이지를 요청합니다.
3. Next.js 서버는 브라우저의 요청에 여러 캐시(풀 라우트 캐시, 리퀘스트 메모이제이션, 데이터 캐시)를 동원해 최대한 빠른 속도로 응답합니다.
4. 브라우저는 Next.js 서버에서 받은 페이지의 RSC Payload를 '클라이언트 라우터 캐시'에 보관합니다. 보관할 때 layout.tsx 파일에서 작성한 레이아웃 컴포넌트 결과와 page.tsx 파일에서 작성한 페이지 컴포넌트 결과를 각각 나누어 저장합니다. 다시 말해 레이아웃 컴포넌트의 RSC Payload와 페이지 컴포넌트의 RSC Payload를 나누어 저장합니다.

클라이언트 라우터 캐시는 브라우저의 메모리에 저장되는 캐시 공간으로, Next.js 서버에서 받은 서버 컴포넌트의 결과물(RSC Payload)을 레이아웃과 페이지 단위로 나누어 저장합니다. 클라이언트 라우터 캐시가 레이아웃과 페이지 단위로 데이터를 나누어 저장하는 이유는 두 데이터의 사용 목적이 다르기 때문입니다.

- 레이아웃 컴포넌트의 RSC Payload: 새로고침이 이루어지기 전까지 계속 재사용됩니다. 동일한 레이아웃을 사용하는 페이지 사이를 이동할 때 불필요한 중복 요청을 방지합니다.
- 페이지 컴포넌트의 RSC Payload: 브라우저에서 '뒤로 가기' 또는 '앞으로 가기' 동작에 사용합니다. 이런 동작은 보통 페이지를 이동할 때는 사용하지 않으며, 페이지 이동 과정에서 최신 데이터를 갱신할 때 사용합니다.

정리하면 페이지를 이동할 때는 캐시 데이터에서 레이아웃 컴포넌트의 RSC Payload를 사용합니다. 초기 접속 이후 사용자가 페이지 사이를 이동할 때 두 페이지의 레이아웃이 중복되는 경우 클라이언트 라우터 캐시에 보관된 레이아웃 컴포넌트의 RSC Payload를 재사용해 불필요한 데이터 요청을 방지합니다.

예를 들어 동일한 레이아웃을 사용하는 A 페이지와 B 페이지가 있다고 가정해 봅시다. 사용자가 A 페이지에서 B 페이지로 이동할 때마다 동일한 레이아웃 컴포넌트를 다시 불러오는 일은 불필요한 데이터 요청입니다. 이때 클라이언트 라우터 캐시는 공통 데이터를 재사용해 효율적으로 페이지를 전환하도록 지원합니다.

[그림 6-13]에서는 클라이언트 라우터 캐시를 이용해 효율적으로 페이지를 전환하는 흐름을 보여 줍니다.

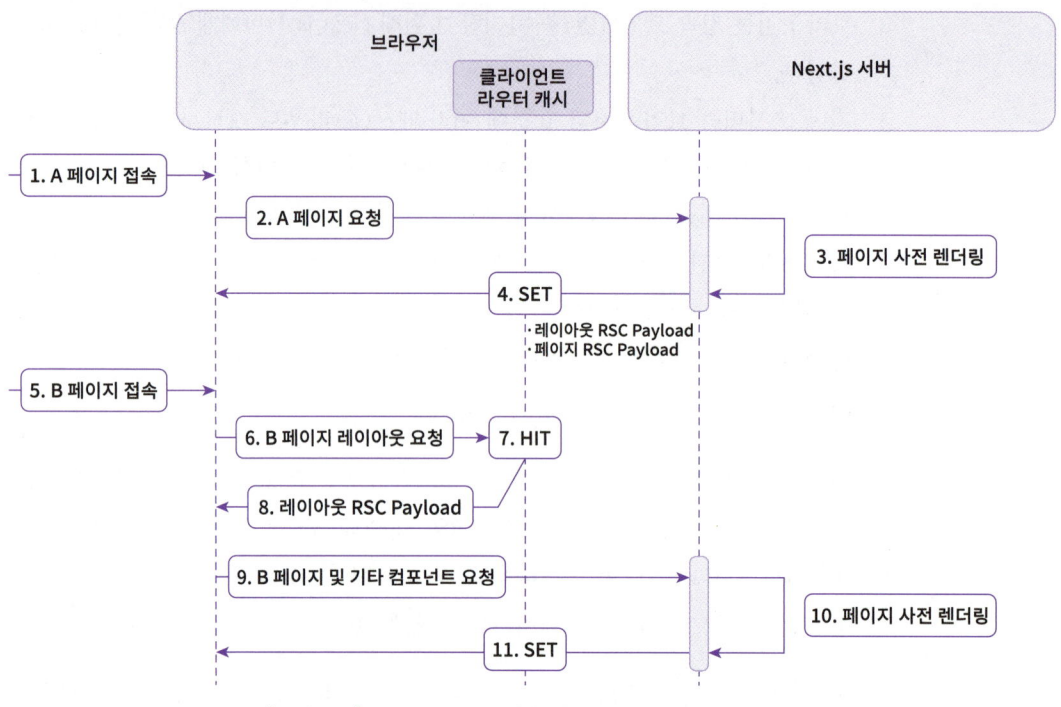

[그림 6-13] RSC Payload로 레이아웃 컴포넌트의 중복 요청 방지

[그림 6-13]을 순서대로 살펴보면 다음과 같습니다.

- 1~4번: 사용자가 A 페이지에 접속하면 Next.js 서버가 이 페이지의 서버 컴포넌트 데이터인 RSC Payload로 브라우저에 응답하고, 브라우저는 이 데이터를 클라이언트 라우터 캐시에 레이아웃과 페이지 단위로 나누어 저장합니다

- 5~6번: 사용자가 B 페이지로 이동하기 위해 링크나 버튼을 클릭합니다. 이때 브라우저는 Next.js 서버에 B 페이지를 렌더링하는 데 필요한 데이터를 요청합니다.

- 7~8번: Next.js 서버에 데이터를 요청하기 전에 브라우저는 먼저 클라이언트 라우터 캐시에 동일한 레이아웃 컴포넌트의 RSC Payload가 저장되어 있는지 확인합니다. A 페이지와 B 페이지가 동일한 레이아웃을 공유한다면 캐시 HIT가 발생하며 레이아웃 컴포넌트의 RSC Payload를 중복 요청하지 않습니다.

- 9~10번: 브라우저는 레이아웃 외에 B 페이지에 필요한 페이지 컴포넌트 등의 RSC Payload를 Next.js 서버에 요청하고 응답을 받습니다.

이 과정에서 레이아웃 컴포넌트의 RSC Payload는 캐시로 재사용되고 페이지 컴포넌트의 RSC Payload만 서버에 새롭게 요청합니다. 따라서 효율적인 데이터 전송과 빠른 페이지 렌더링이 가능합니다.

클라이언트 라우터 캐시 확인하기

클라이언트 라우터 캐시의 동작을 확인하겠습니다. 특정 레이아웃 컴포넌트에 현재 시간을 렌더링하도록 설정한 다음, 동일한 레이아웃을 사용하는 다른 페이지로 이동하면 됩니다. 그럼 클라이언트 라우터 캐시에 보관된 레이아웃 데이터는 다시 요청하지 않고 재사용되기 때문에 처음 접속할 때 렌더링한 시간이 그대로 표시됩니다.

한입북스 앱의 인덱스와 검색 페이지에만 적용되는 검색 폼 레이아웃 컴포넌트에 다음과 같이 현재 시간을 출력하도록 설정합니다.

CODE   file: src/app/(with-searchbar)/layout.tsx

```
(...)
export default function Layout({ children }: { children: ReactNode }) {
  return (
    <div>
      <div>{new Date().toLocaleTimeString()}</div> ①
      <Suspense fallback={<div>...</div>}>
        <Searchbar />
      </Suspense>
      {children}
    </div>
  );
}
```

① 현재 시간을 출력합니다.

정확한 캐시 동작을 확인하기 위해 앱을 빌드한 다음, 프로덕션 모드를 실행합니다. 그리고 인덱스 페이지에 접속해 검색 폼 레이아웃에 나타난 시간을 확인하고 아무 검색어나 입력해 검색 페이지로 이동합니다. 그리고 검색 폼 레이아웃에서 시간을 확인합니다. 두 개의 시간이 같다면 인덱스 페이지에서 검색 페이지로 이동할 때 검색 폼 레이아웃을 중복 호출하지 않았음을 의미합니다.

인덱스 페이지   검색 페이지

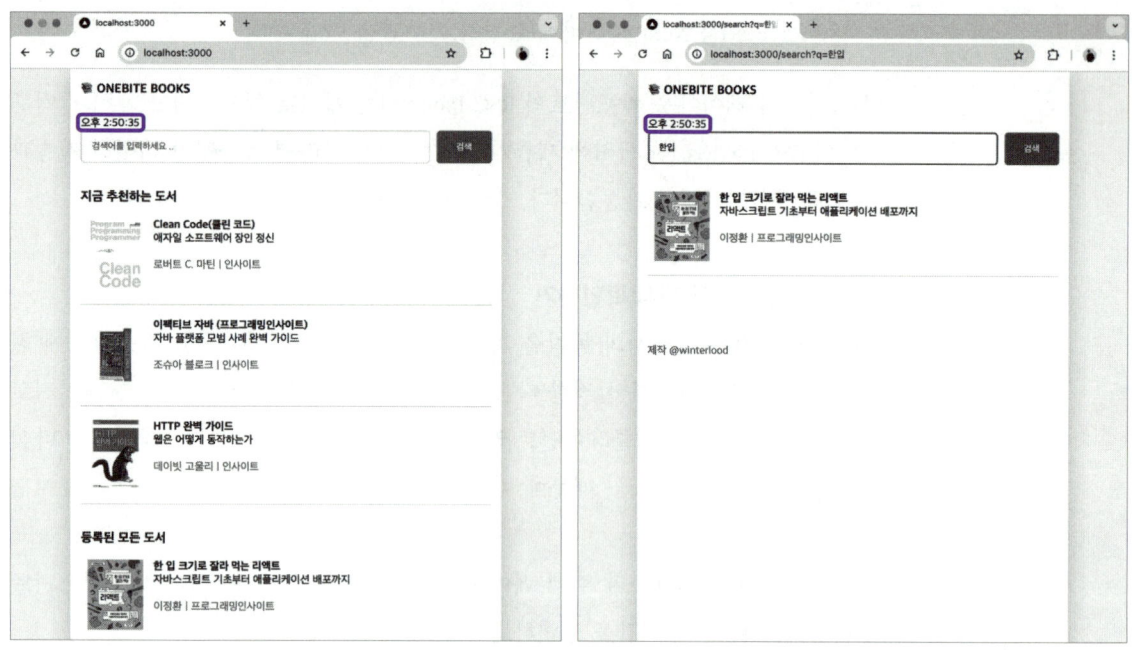

[그림 6-14] 클라이언트 라우터 캐시 동작 확인하기

확인을 마쳤다면 이후 실습을 위해 검색 폼 레이아웃 컴포넌트에 작성했던 시간 코드는 삭제합니다.

클라이언트 라우터 캐시는 자동으로 적용되며 페이지를 이동할 때 레이아웃 컴포넌트의 불필요한 중복 호출을 방지하기 위한 목적으로 사용합니다.

프리페칭과 클라이언트 라우터 캐시

클라이언트 라우터 캐시는 프리페칭한 데이터도 저장할 수 있습니다. 앱 라우터 버전도 페이지 라우터 버전과 마찬가지로 프리페칭 기능을 제공합니다. 그러나 앱 라우터 버전에서는 JS Bundle뿐만 아니라 서버 컴포넌트의 결과물인 RSC Payload도 함께 프리페칭합니다. 이때 클라이언트 라우터 캐시에는 RSC Payload만 저장됩니다. 이 저장 결과로 페이지를 전환할 때 서버 요청을 최소화하고 더 빠른 렌더링을 가능하게 합니다.

앞서 이야기 했듯이 클라이언트 라우터 캐시에 저장되는 RSC Payload는 레이아웃 컴포넌트의 RSC Payload와 페이지 컴포넌트의 RSC Payload로 나누어 저장됩니

다. 저장된 레이아웃 컴포넌트의 RSC Payload는 새로고침하기 전까지 재사용할 수 있어 중복 요청을 방지합니다. 반면 페이지 컴포넌트의 RSC Payload는 브라우저에서 '뒤로 가기'나 '앞으로 가기' 동작에서 활용됩니다.

결국 클라이언트 라우터 캐시는 프리페칭된 RSC Payload를 활용해 서버 데이터에 대한 불필요한 요청을 방지하고 동일한 레이아웃이나 페이지 데이터를 재사용하도록 최적화합니다. 다만 이런 내부 동작을 깊게 알 필요는 없습니다. Next.js가 자동으로 최적화하므로 개발자는 크게 신경 쓰지 않고도 좋은 성능을 꾀할 수 있습니다.

라우트 세그먼트 컨픽

앱 라우터 버전은 특정 페이지의 동작을 명시적으로 설정하는 라우트 세그먼트 컨픽(Route Segment Config) 기능을 제공합니다. 이번 절에서는 라우트 세그먼트 컨픽이 무엇이며 이를 활용해 페이지 동작을 어떻게 제어하는지 살펴보겠습니다.

라우트 세그먼트 컨픽이란?

라우트 세그먼트 컨픽(Route Segment Config)은 특정 페이지의 캐시 유무나 갱신 등의 동작을 강제로 설정하는 Next.js의 한 기능으로 약속된 이름의 변수를 레이아웃이나 페이지 파일에서 내보내는 방식으로 설정합니다.

예를 들어 페이지 파일에서 `dynamic`이라는 변수를 선언하고 값을 `"force-dynamic"`으로 설정해 내보내면 해당 페이지는 다음과 같이 다이나믹 페이지로 강제 설정됩니다.

CODE   file: 임의 경로의 page.tsx

```
export const dynamic = "force-dynamic"
// 이제 이 페이지는 다이나믹 페이지로 설정됩니다.

export default function Page() {
    return <div>...</div>
}
```

이처럼 라우트 세그먼트 컨픽의 하나인 `dynamic`의 옵션값을 `"force-dynamic"`으로 설정하면 해당 페이지는 강제로 다이나믹 페이지로 동작합니다.

라우트 세그먼트 컨픽에는 `dynamic` 외에도 다양한 옵션을 제공합니다. 그중 하나가 dynamicParams입니다. 앞서 풀 라우트 캐시를 살펴보면서 동적 경로가 있는 페이지를 스태틱 페이지로 설정하기 위해 도서 상세 페이지(book/[id]/page.tsx) 파일에서 변수 dynamicParams를 선언하고 내보냈습니다. 이때 사용했던 dynamicParams 변수가 바로 라우트 세그먼트 컨픽 옵션의 하나입니다.

CODE · file: src/app/book/[id]/page.tsx
```
(...)
export const dynamicParams = false; ①

export async function generateStaticParams() {
  (...)
}
(...)
```

① 라우트 세그먼트 컨픽인 dynamicParams 옵션을 false로 설정해 이 페이지의 URL 파라미터가 동적으로 생성되지 않도록 제한합니다. 그럼 generateStaticParams 함수에서 정의하지 않은 URL 파라미터로 요청이 오면 Next.js는 해당 페이지를 실시간으로 생성하는 대신 404 에러 페이지를 반환합니다.

라우트 세그먼트 컨픽을 이용하면 페이지의 동작을 강제로 설정할 수 있어 특정 상황에서 꽤 유용하게 사용할 수 있습니다. 예를 들어 방금 살펴본 것처럼 동적 경로의 URL 파라미터를 제한하려는 요구를 간단히 구현할 수 있습니다. 라우트 세그먼트 컨픽은 복잡한 라우팅 요구 사항도 쉽게 구현합니다.

하지만 라우트 세그먼트 컨픽은 Next.js에서 제공하는 여러 기능 중 상대적으로 잘 사용하지 않는 옵션에 속합니다. 이유는 라우트 세그먼트 컨픽은 컴포넌트 단위가 아니라 페이지 단위로 설정하기 때문에 세밀한 조정이 어렵습니다. 또한 기본적으로 Next.js가 제공하는 기능만으로 충분하기 때문에 라우트 세그먼트 컨픽이 꼭 필요하지 않은 경우가 많습니다. 특별한 라우팅 요구 사항이 아니라면 일반적인 프로젝트에서는 이 옵션을 사용할 일이 거의 없습니다.

이 책에서는 라우트 세그먼트 컨픽 옵션 가운데 상대적으로 자주 활용하는 dynamic 옵션만 간략히 다루고 넘어가겠습니다. 라우트 세그먼트 컨픽에 대한 좀 더 자세한 정보를 원한다면 다음 문서를 참고하길 바랍니다.

https://nextjs.org/docs/app/api-reference/file-conventions/route-segment-config#dynamicparams

dynamic 옵션

dynamic은 특정 페이지를 스태틱 또는 다이나믹으로 명시적으로 설정하는 옵션입니다. dynamic 옵션은 총 4가지 중 하나로 설정됩니다.

1. `dynamic="auto"`
   - 기본값, 아무것도 설정하지 않은 것과 동일합니다
   - Next.js가 자체적으로 페이지를 스태틱 또는 다이나믹으로 판단합니다. 동적 API(쿠키, 헤더 등) 호출이 있거나 캐시되지 않는 데이터 페칭이 있으면 다이나믹 페이지로, 그렇지 않으면 스태틱 페이지로 설정합니다.

2. `dynamic="force-dynamic"`
   - 페이지를 강제로 다이나믹 페이지로 설정합니다.
   - 동적 API나 캐시되지 않는 데이터 페칭이 없음에도 특정 페이지를 다이나믹 페이지로 설정하고 싶을 때 사용합니다.

3. `dynamic="force-static"`
   - 페이지를 강제로 스태틱 페이지로 설정합니다.
   - 동적 API(쿠키, 헤더, 쿼리 스트링 등)를 사용하면 undefined로 처리되니 주의해야 합니다.

4. `dynamic="error"`
   - 페이지를 스태틱 페이지로 설정합니다.
   - 기본적으로는 3번(force-static)과 동일하게 동작하지만, 페이지에서 동적 API를 사용하거나 캐시되지 않는 데이터 페칭을 사용하면 빌드 에러가 발생합니다.

한 입 크기로 잘라 먹는 Next.js

7장

스트리밍

이 장에서 주목할 키워드

- 스트리밍
- 페이지 스트리밍
- 컴포넌트 스트리밍
- 스켈레톤 UI

> **이 장의 학습 목표**
> - 스트리밍의 개념을 이해하고 적용 방법을 학습합니다.
> - 스켈레톤 UI로 사용자에게 초기 화면을 자연스럽게 제공하는 법을 익힙니다.

이번 장에서는 앱 라우터 버전의 UI 요소를 브라우저에 스트리밍 방식으로 전송하는 방법을 살펴봅니다.

스트리밍이란?

앱 라우터 버전은 특정 UI 요소를 스트리밍 방식으로 렌더링하는 기능을 제공합니다. 이 기능을 이용하면 페이지에서 렌더링이 오래 걸리는 UI 요소가 있더라도 렌더링 가능한 요소부터 먼저 표시하기 때문에 사용자를 필요 이상으로 오래 기다리지 않게 할 수 있습니다. 이번 절에서는 웹 서비스의 스트리밍이란 구체적으로 무엇인지, 어떻게 구현하는지 살펴보겠습니다.

스트리밍이란?

스트리밍(Streaming)은 데이터 전송 방식의 하나로 용량이 크거나 준비하는 데 오랜 시간이 걸리는 데이터를 보다 효과적으로 전송하기 위해 고안된 방식입니다.

스트리밍은 데이터를 한꺼번에 전송하는 대신, 데이터를 여러 개로 나누어 조각별로 실시간으로 전송합니다. 이 방식을 이용하면 용량이 커서 페이지를 준비하는 데 시간이 걸리는 데이터라도 한꺼번에 다운로드할 필요가 없고 전송된 데이터는 사용자가 바로 확인할 수 있습니다.

특정 기술을 쉽게 이해하려면 그 이름에 담긴 의미를 살펴보는 것이 도움이 됩니다. 스트리밍(Streaming)이라는 용어는 우리말로 강물, 개천을 의미하는 스트림

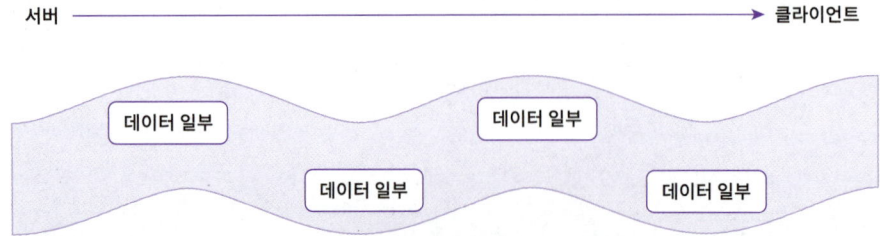

[그림 7-1] 강물에 물자를 흘려보내듯 데이터를 전송하는 스트리밍

(Stream)에서 유래되었습니다. 과거 강물을 이용해 물자를 하나씩 흘려보내던 방식처럼 스트리밍은 데이터를 작은 조각으로 나누어 순차적으로 전달합니다.

넷플릭스, 디즈니 플러스 등의 OTT 서비스는 스트리밍의 이점을 가장 잘 보여 주는 대표적인 사례입니다. 이들 플랫폼은 대용량의 동영상 데이터를 작은 단위로 나누어 전송하는 스트리밍 방식을 이용합니다. 그럼 사용자는 재생 버튼을 누르는 순간부터 바로 콘텐츠를 시청할 수 있습니다.

웹 서비스의 스트리밍

웹 서비스의 스트리밍 역시 이와 비슷한 원리로 동작합니다. 페이지를 컴포넌트 단위로 나누고 준비에 시간이 오래 걸리는 부분과 바로 준비되는 부분을 구분합니다. 스트리밍 방식으로 준비된 부분부터 바로 전송해 사용자가 기다릴 필요 없이 페이지를 빠르게 확인할 수 있도록 지원합니다. 스트리밍 방식은 데이터의 규모가 크거나 UI가 복잡한 웹 페이지에서 더 나은 사용자 경험을 제공합니다. [그림 7-2]는 웹 서비스에서 페이지의 일부분을 빠르게 전송하는 스트리밍 방식을 다이어그램으로 표현하고 있습니다.

[그림 7-2] 웹 서비스의 스트리밍

웹 서비스에서 스트리밍을 이용할 경우 컴포넌트 단위로 렌더링이 오래 걸리는 요소는 로딩 상태('로딩 중')로 처리됩니다. 이후 해당 요소의 렌더링이 모두 완료되면 페이지에 추가됩니다.

스트리밍 방식은 페이지의 일부 UI가 준비되지 않았더라도 렌더링이 가능한 부분부터 먼저 사용자에게 표시해 초기 로딩 시간을 줄입니다. 이후 렌더링을 완료한 요소를 점진적으로 페이지에 추가합니다. 따라서 사용자는 전체 페이지가 로드되지 않았더라도 필요한 정보를 빠르게 확인할 수 있습니다. 스트리밍은 로딩 상태와 최종 렌더링을 분리해 효율적인 페이지 구성을 가능하게 하는 기술입니다.

Next.js의 스트리밍 활용 사례

앱 라우터 버전은 다이나믹 페이지를 최적화하기 위해, 더 정확히 말하면 다이나믹 페이지에서 사용자 경험을 향상하기 위해 스트리밍을 활용합니다. 다이나믹 페이지는 스태틱 페이지와 달리 브라우저의 접속 요청에 따라 실시간으로 서버에서 생성하므로 데이터를 불러오거나 UI 요소를 렌더링하는 데 시간이 걸릴 수 있습니다. 이런 지연은 페이지의 로딩 속도를 느리게 만들어 사용자에게 부정적인 영향을 미칩니다.

다이나믹 페이지에 스트리밍 기법을 적용하면 준비된 UI 요소부터 사용자에게 표시하고 나머지 요소는 준비되는 대로 페이지에 점진적으로 추가할 수 있습니다. 따라서 초기 로딩 시간을 줄여 주므로 실시간 데이터 처리로 인한 서비스 지연으로 사용자가 불만을 갖는 일을 최소화합니다.

이해를 돕기 위해 한입북스 앱의 다이나믹 페이지인 검색 페이지를 예로 들어 설명하겠습니다. 검색 페이지는 [그림 7-3]처럼 비동기 데이터(검색 결과)를 필요로 하는 페이지 컴포넌트와 두 개의 레이아웃 컴포넌트 그리고 검색 폼 컴포넌트로 구성되어 있습니다.

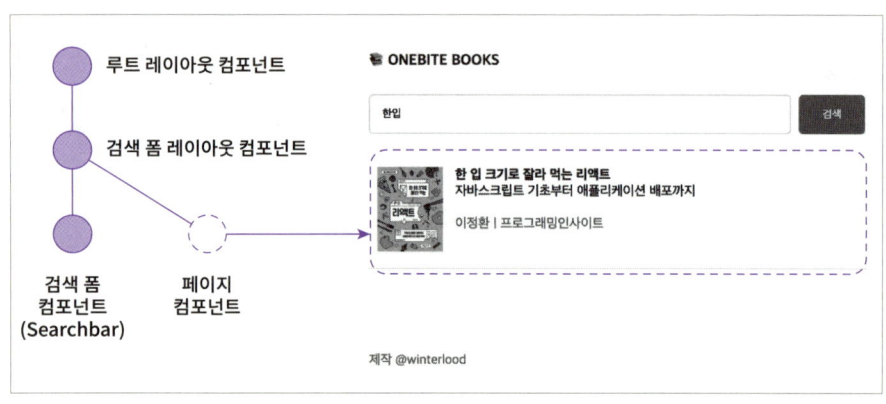

[그림 7-3] 검색 페이지의 구성

[그림 7-3]에서 점선으로 표시한 페이지 컴포넌트 외에 나머지 컴포넌트는 비동기 데이터를 필요로 하지 않는 스태틱 컴포넌트들입니다. 따라서 페이지 컴포넌트를

제외하고 나머지 레이아웃 및 검색 폼 컴포넌트는 브라우저가 접속을 요청하면 바로 렌더링할 수 있습니다. 반면 페이지 컴포넌트는 검색의 결과물과 같은 비동기 데이터가 필요하기 때문에 데이터가 준비되기 전에는 렌더링되지 않습니다. 또한 Next.js는 기본적으로 페이지의 모든 컴포넌트를 렌더링한 다음, 완성된 HTML 페이지로 브라우저에 응답합니다. 따라서 [그림 7-4]처럼 비동기 데이터를 준비할 때까지 전체 페이지의 렌더링이 지연되는 문제가 발생할 수 있습니다.

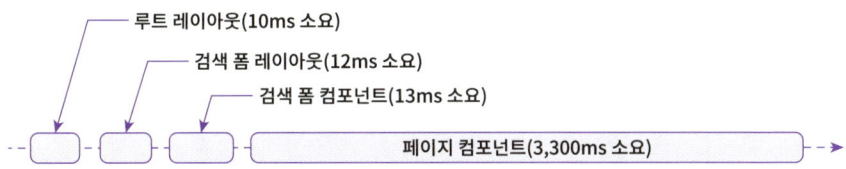

[그림 7-4] 하나의 비동기 컴포넌트로 인해 페이지의 렌더링 전체가 지연되는 문제

[그림 7-4]를 보면 검색 페이지를 구성하는 컴포넌트 중 비동기 데이터를 필요로 하지 않는 루트 레이아웃, 검색 폼 레이아웃, 검색 폼 컴포넌트는 10~13ms 이내에 렌더링을 완료합니다. 반면 페이지 컴포넌트는 비동기 데이터가 필요하므로 렌더링까지 무려 3,300ms(약 3.3초)의 시간을 소요합니다.

　지연 문제를 해결하기 위해 스트리밍이 필요합니다. 검색 페이지를 스트리밍 방식으로 설정하면 빠르게 렌더링할 수 있는 루트 레이아웃, 검색 폼 레이아웃 등의 컴포넌트부터 먼저 브라우저에 응답해 렌더링하고, 시간이 오래 소요되는 페이지 컴포넌트는 점진적으로 렌더링합니다. 여기서 점진적으로 렌더링한다 함은 브라우저에서 로딩 UI 같은 대체 콘텐츠로 먼저 응답하고, 서버에서 데이터가 준비되면 이 데이터를 브라우저로 전송해 콘텐츠를 업데이트한다는 의미입니다. 구체적인 설정 방법은 다음 절에서 다룹니다.

스트리밍 설정하기

이번 절에서는 Next.js 앱의 스트리밍 기능을 구체적으로 살펴보기 위해 한입북스 앱의 검색 페이지를 스트리밍합니다.

loading.tsx 파일을 이용한 스트리밍 설정

앱 라우터 버전에서는 src/app 폴더에 loading.tsx를 생성하면 이 파일의 경로 폴더를 포함해 아래 경로의 페이지는 모두 자동으로 스트리밍할 수 있습니다. 또한 이 파일에서 정의한 컴포넌트를 로딩 과정에서 보여 줄 UI로 자동으로 사용할 수 있습니다.

  개발 모드를 작동합니다. 그리고 src/app/(with-searchbar)/search 폴더에 loading.tsx 파일을 생성하고 검색 페이지를 스트리밍하는 Loading 컴포넌트를 다음과 같이 정의합니다.

CODE   file: src/app/(with-searchbar)/search/loading.tsx
```
export default function Loading() {
  return <div>검색 결과를 불러오는 중입니다...</div>;
}
```

스트리밍이 제대로 동작하는지 확인하려면 브라우저에서 인덱스 페이지에 접속한 다음, 검색 폼에서 아무 검색어나 입력해 검색 페이지로 이동하면 됩니다. 하지만 실습에서는 백엔드 서버와 Next.js 서버가 동일한 PC에서 실행되고 있기 때문에 백엔드 서버에서 데이터를 불러오는 과정이 매우 빠르게 진행됩니다. 따라서 스트리밍 동작을 충분히 확인하기 어려우므로 딜레이(지연)를 추가해 데이터의 응답 속도를 인위적으로 느리게 조정하겠습니다.

  일정 시간 동안 함수의 실행을 막는 함수를 만들어 검색 페이지에서 페이지 컴포넌트의 렌더링을 인위적으로 지연합니다. 먼저 src 폴더에 util 폴더를 생성합니다. 해당 폴더에서 delay.ts 파일을 만들고 다음과 같이 delay 함수를 작성합니다.

CODE   src/util/delay.ts
```
export async function delay(ms: number) {
  return new Promise((resolve) => setTimeout(resolve, ms));
}
```

다음과 같이 delay 함수를 검색 페이지 컴포넌트에서 호출해 인위적으로 이 컴포넌트의 생성을 지연합니다.

CODE   src/app/(with-searchbar)/search/page.tsx
```
(...)
import { delay } from "@/util/delay"; ①

export default async function Page({
  searchParams,
```

```
}: {
  searchParams: Promise<{ q?: string }>;
}) {
(...)
  await delay(3000); ②
  const response = await fetch(
    `${process.env.NEXT_PUBLIC_API_URL}/book/search?q=${q}`, {
      cache: "force-cache",
    });

  (...)
}
```

① delay 함수를 불러옵니다.
② delay 함수를 호출해 페이지 컴포넌트의 실행을 3초간 지연합니다.

먼저 검색 페이지로 이동합니다. 검색 페이지를 새로고침하면 약 3초 동안 '검색 결과를 불러오는 중입니다…'라는 텍스트를 페이지에 렌더링합니다. 이후 데이터가 준비되면 그때 실제 검색 결과를 렌더링합니다.

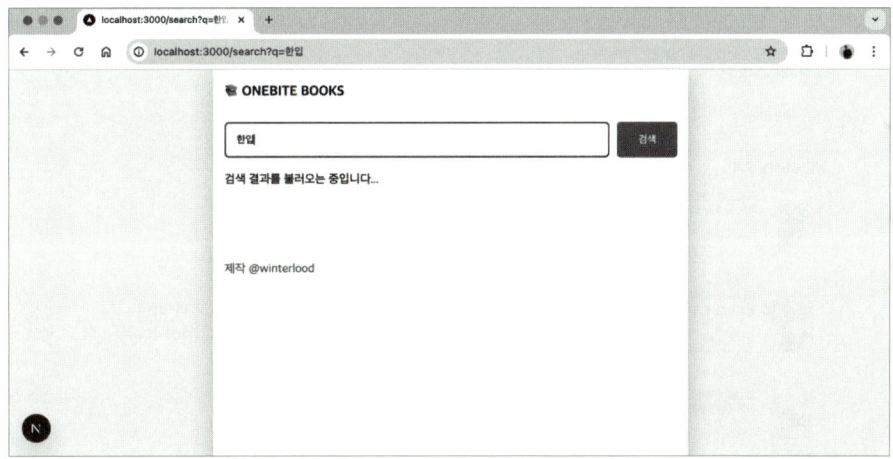

[그림 7-5] 스트리밍을 적용한 검색 페이지

앱 라우터 버전에서 loading.tsx 파일을 이용하면 페이지 컴포넌트를 점진적으로 렌더링하는 스트리밍 기능을 간단히 구현할 수 있습니다.

스트리밍은 클라이언트의 접속 요청에 실시간으로 페이지를 생성해야 하는 다이나믹 페이지에 특히 유용합니다. 즉, 다이나믹 페이지를 생성하는 데 시간이 오래 걸리더라도 전체 페이지의 응답이 지연되지 않도록 비동기 데이터가 필요하지 않은 부분부터 먼저 페이지에 렌더링하기 때문에 사용자의 대기 시간을 효과적으로 줄여 줍니다. 어쩔 수 없이 다이나믹 페이지로 설정하는 경우에도 스트리밍을 사용하면 사용자의 경험을 크게 개선할 수 있습니다.

loading.tsx 파일을 이용해 스트리밍을 설정할 때 주의할 점

페이지 컴포넌트만 점진적으로 렌더링할 수 있다.

loading.tsx를 이용해 스트리밍을 설정하면 페이지 컴포넌트만 점진적으로 렌더링할 수 있습니다. 페이지 컴포넌트 이외의 컴포넌트(예: 검색 폼 컴포넌트 등)에서 비동기 데이터를 호출하더라도 이 컴포넌트를 점진적으로 렌더링할 수는 없습니다.

예를 들어 한입북스 인덱스 페이지에서 '등록된 모든 도서 섹션'과 '지금 추천하는 도서' 섹션을 각각 병렬로 그리고 점진적으로 렌더링한다고 가정합시다. 섹션별로 별도의 로딩 UI를 설정하고 완성된 섹션부터 렌더링하도록 만들려면 지금까지 살펴본 loading.tsx만으로는 구현하기 어렵습니다.

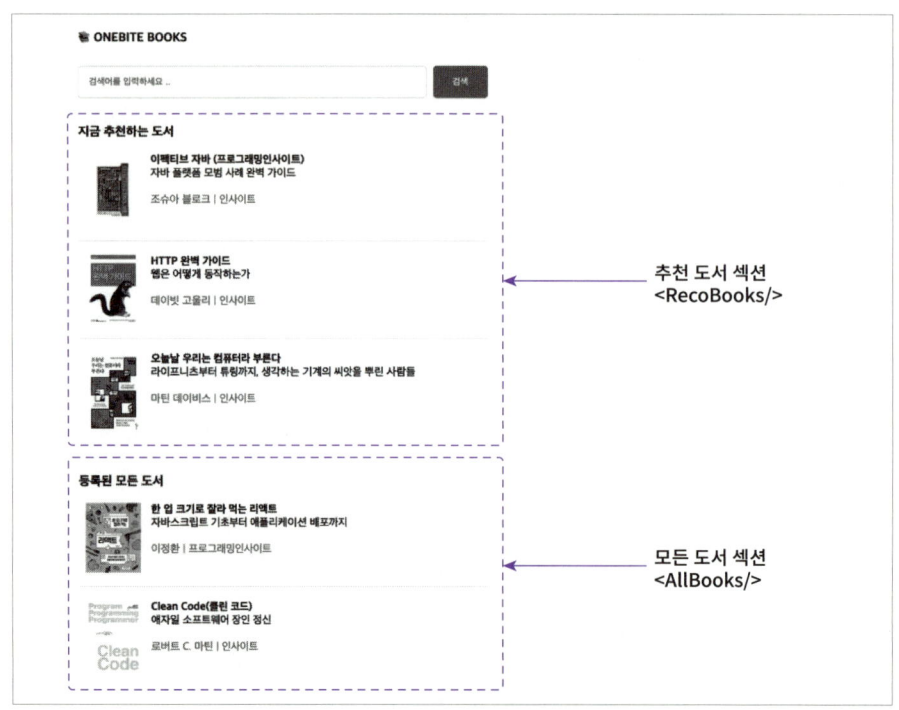

[그림 7-6] 한입북스 앱의 인덱스 페이지

스트리밍을 컴포넌트 단위로 세밀하게 조정하려면 다음 절에서 다룰 리액트의 Suspense 컴포넌트를 활용해야 합니다. Suspense를 사용하면 특정 컴포넌트 단위로 로딩 상태를 처리하기 때문에 페이지 전체가 아닌 개별 컴포넌트 수준에서 더 정교한 로딩 UI를 설정할 수 있습니다. 따라서 더 유연하고 효율적인 로딩 전략을 구현할 수 있습니다.

쿼리 스트링 변경은 스트리밍을 다시 유발하지 않는다

검색 페이지에서 새로운 검색어를 입력하면 스트리밍이 다시 동작하지 않습니다. 이미 검색 페이지에 접속한 상태라면 검색어를 변경하더라도 스트리밍이 동작하지 않아 페이지 컴포넌트의 로딩 UI가 다시 표시되지 않습니다.

한입북스 앱에서는 검색어 변경이 쿼리 스트링을 업데이트하는 식으로 처리되기 때문입니다. 쿼리 스트링 변경은 페이지 이동으로 간주하지 않으며 단지 클라이언트(브라우저) 상태를 업데이트하는 동작으로 처리됩니다.

Next.js의 스트리밍은 기본적으로 초기 접속이나 페이지를 이동할 때만 활성화되므로 쿼리 스트링 변경처럼 클라이언트의 상태 업데이트에는 반응하지 않습니다. 이런 까닭에 새 검색어를 입력해도 로딩 UI는 표시되지 않은 채 데이터의 준비 시간이 길어지면 사용자는 불만이 생길 수 있습니다.

이 문제를 해결하려면 쿼리 스트링을 변경할 때도 클라이언트에서 로딩 UI를 다시 렌더링하도록 설정해야 합니다. 다음 절에서 살펴볼 리액트의 Suspense 컴포넌트를 활용하는 방법이 좋은 해결책입니다. Suspense 컴포넌트를 사용하면 데이터 로드가 다시 발생할 때 로딩 상태를 효과적으로 처리할 수 있습니다.

Suspense를 이용한 스트리밍 설정

리액트의 Suspense 컴포넌트는 특정 컴포넌트를 완전히 로드하기 전까지 페이지에 대체 UI(즉, 로딩 UI)를 표시하도록 합니다. 이 컴포넌트를 사용하면 비동기 데이터나 외부 리소스를 불러오는 동안 '로딩 중'임을 나타내는 UI를 보여 줄 수 있어 더 나은 사용자 경험을 제공합니다.

다음은 Suspense 컴포넌트의 간단한 사용 예입니다.

```
CODE                                                              file: 예시
<Suspense fallback=<div>로딩 중입니다...</div> ①
  <Child />
</Suspense>
```

① Suspense는 Child 컴포넌트를 점진적으로 렌더링하도록 설정합니다. fallback Props로 전달된 <div>로딩 중입니다...</div>는 Child 컴포넌트가 완전히 로드되기 전까지 대체 UI로 화면에 표시됩니다.

Suspense는 특정 컴포넌트를 점진적으로 렌더링할 때 사용하는 도구입니다. 이 컴포넌트를 이용하면 Next.js 앱에서 페이지뿐만 아니라 다른 컴포넌트도 점진적으로 렌더링할 수 있어 로딩 UI를 세밀하게 구현할 수 있습니다.

이번에는 인덱스 페이지를 다이나믹 페이지로 설정하고 일부 컴포넌트에는 스트리밍 기능을 설정하겠습니다. 스트리밍은 다이나믹 페이지에서만 동작합니다. 따라서 스태틱 페이지로 설정되어 있는 인덱스 페이지를 다이나믹 페이지로 변경해야 합니다.

먼저 인덱스 페이지 컴포넌트 위에 "dynamic" 라우트 세그먼트 컨픽을 "force-dynamic"으로 설정합니다

```
CODE                                       file: src/app/(with-serachbar)/page.tsx
(...)
export const dynamic = "force-dynamic"; ①
(...)
```

① dynamic 라우트 세그먼트 컨픽을 "force-dynamic"으로 설정해 인덱스 페이지를 다이나믹 페이지로 강제 설정합니다.

다음으로 인덱스 페이지에서 비동기 데이터를 불러오는 AllBooks와 RecoBooks 컴포넌트를 Suspense로 감싸 점진적으로 렌더링하도록 설정합니다.

```
CODE                                       file: src/app/(with-serachbar)/page.tsx
import { Suspense } from "react"; ①
(...)
export default function Page() {
  return (
    <div className={style.container}>
      <section>
        <h3>지금 추천하는 도서</h3>
        <Suspense fallback={<div>로딩 중입니다...</div>}> ②
          <RecoBooks />
```

```
        </Suspense>
      </section>
      <section>
        <h3>등록된 모든 도서</h3>
        <Suspense fallback={<div>로딩 중입니다...</div>}> ③
          <AllBooks />
        </Suspense>
      </section>
    </div>
  );
}
```

① Suspense 컴포넌트를 리액트에서 불러옵니다.
②③ 비동기적으로 데이터를 불러오는 RecoBooks, AllBooks 컴포넌트를 Suspense로 감싸 점진적으로 렌더링하도록 설정합니다. 이때 로딩 UI로는 <div>로딩 중입니다...</div>로 설정합니다.

마지막으로 스트리밍 동작을 조금 더 명확히 확인할 수 있도록 RecoBooks와 AllBooks 컴포넌트 내부에 delay 함수를 각각 추가해 렌더링을 의도적으로 지연하겠습니다.

CODE file: src/app/(with-serachbar)/page.tsx

```
(...)
import { delay } from "@/util/delay"; ①

export const dynamic = "force-dynamic";

async function AllBooks() {
  await delay(3000); ②
  (...)
}

async function RecoBooks() {
  await delay(5000); ③
  (...)
}
(...)
```

① delay 함수를 불러옵니다.
② AllBooks 컴포넌트에서 delay 함수를 호출하고 인수로 3,000ms를 전달해 이 컴포넌트의 실행을 의도적으로 3초 지연합니다.
③ RecoBooks 컴포넌트에서 delay 함수를 호출하고 인수로 5,000ms를 전달해 이 컴포넌트의 실행을 의도적으로 5초 지연합니다.

이제 브라우저에서 인덱스 페이지를 새로고침하면 AllBooks와 RecoBooks 컴포넌트를 점진적으로 렌더링하므로 로딩 UI가 나타납니다. 특히 두 컴포넌트의 지연 시간을 다르게 설정했으므로 AllBooks 컴포넌트를 먼저 렌더링하고 이후 RecoBooks 컴포넌트를 렌더링합니다. 컴포넌트의 렌더링 시간에도 차이가 발생하고 있음을 확인할 수 있습니다.

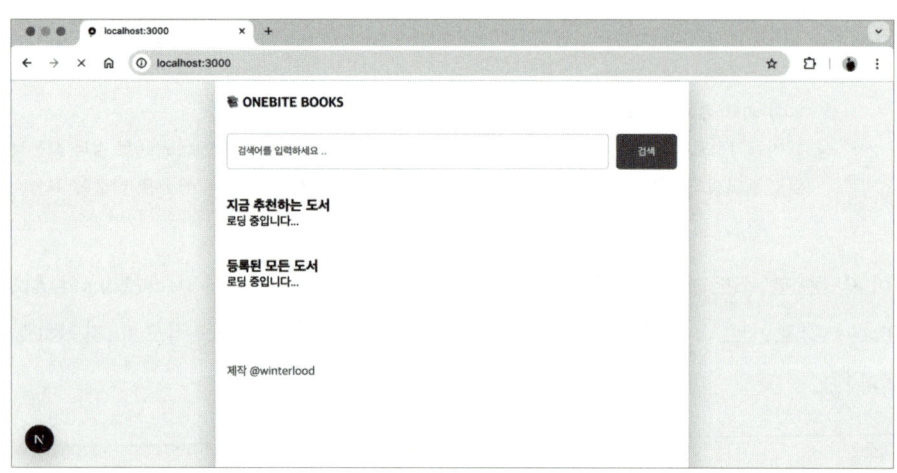

[그림 7-7] 스트리밍이 적용된 인덱스 페이지

Suspense를 활용하면 컴포넌트 단위로 점진적인 렌더링 설정이 가능해 스트리밍을 보다 정교하게 구현할 수 있습니다. 페이지의 특정 영역이 비동기 데이터를 필요로 할 경우 준비된 콘텐츠를 먼저 렌더링한 다음, 데이터 로드가 완료된 컴포넌트를 순차적으로 페이지에 추가하므로 서비스에 대한 사용자의 만족도를 높일 수 있습니다. 대규모 데이터나 복잡한 UI를 가진 웹 서비스에서 이 같은 스트리밍 기능은 매우 유용합니다.

다음으로 loading.tsx 파일을 사용해 스트리밍을 구현했던 검색 페이지에서 Suspense 컴포넌트를 사용하도록 변경합니다. loading.tsx 파일은 삭제하고 검색 페이지를 다음과 같이 수정합니다.

```
CODE                                    file: src/app/(with-serachbar)/search/page.tsx
(...)
import { Suspense } from "react"; ①

async function SearchResult({ q }: { q: string }) { ②
  await delay(3000);
```

```
  const response = await fetch(
    `${process.env.NEXT_PUBLIC_API_URL}/book/search?q=${q}`, {
    cache: "force-cache",
  });

  if (!response.ok) throw new Error(response.statusText);

  const books: BookData[] = await response.json();

  return (
    <div>
      {books.map((book) => (
        <BookItem key={book.id} {...book} />
      ))}
    </div>
  );
}

export default async function Page({
  searchParams,
}: {
  searchParams: Promise<{ q?: string }>;
}) {
  const { q } = await searchParams;

  return (
    <Suspense fallback={<div>검색 결과를 불러오는 중입니다...</div>}> ③
      <SearchResult q={q || ""} />
    </Suspense>
  );
}
```

① Suspense 컴포넌트를 react 패키지에서 불러옵니다.
② 페이지 컴포넌트 위에 새 SearchResult 컴포넌트를 만듭니다. 기존 페이지 컴포넌트에서 검색 결과 데이터를 불러오는 비동기 로직을 이 컴포넌트로 옮깁니다. ③에서 비동기 동작을 하는 컴포넌트를 Suspense로 감싸기 위함입니다.
③ Suspense를 이용해 비동기 컴포넌트인 SearchResult를 감싸 점진적으로 스트리밍하도록 설정합니다. 로딩 UI는 검색 결과를 불러오는 중입니다...라는 텍스트를 렌더링합니다.

이제 인덱스 페이지에서 검색어를 입력해 검색 페이지로 이동하면 스트리밍이 동작해 [그림 7-8]과 같은 로딩 UI가 나타납니다.

그러나 이때도 loading.tsx를 이용했을 때와 똑같이 검색 페이지에서 다른 검색어를 입력해 쿼리 스트링을 변경하면 로딩 UI가 표시되지 않습니다. Next.js 스트리밍은 기본적으로 페이지 이동과 초기 페이지의 접속에서만 동작하기 때문입니다.

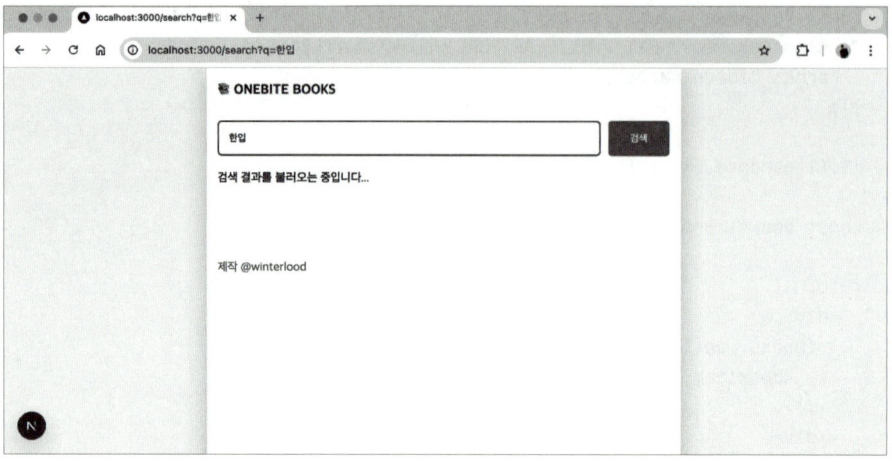

[그림 7-8] Suspense를 이용해 설정한 스트리밍

로딩 UI의 렌더링을 담당하는 Suspense 컴포넌트를 활용하면 이 문제를 간단히 해결할 수 있습니다. Suspense 컴포넌트의 key Prop으로 현재 쿼리 스트링을 설정하면 그만입니다.

쿼리 스트링을 변경할 때마다 key 값이 달라지므로 Suspense 컴포넌트를 강제로 다시 렌더링해 로딩 UI를 표시합니다. 이제 사용자가 새로운 검색어를 입력할 때마다 자연스럽게 로딩 UI가 나타나고 데이터가 준비되면 최종 결과를 보여 줍니다.

CODE   file: src/app/(with-serachbar)/search/page.tsx
```
(...)
export default async function Page({
  searchParams,
}: {
  searchParams: Promise<{ q?: string }>;
}) {
  const { q } = await searchParams;

  return (
    <Suspense key={q || ""} fallback={<div>검색 결과를 불러오는 중입니다 ...</div>}> ①
      <SearchResult q={q || ""} />
    </Suspense>
  );
}
```

① Suspense 컴포넌트의 key Prop을 현재의 쿼리 스트링 값으로 설정합니다. 쿼리 스트링의 값을 변경하면 Suspense 컴포넌트를 다시 렌더링합니다.

이제 검색 페이지에서 다른 검색어를 입력하면 로딩 UI를 다시 표시합니다.

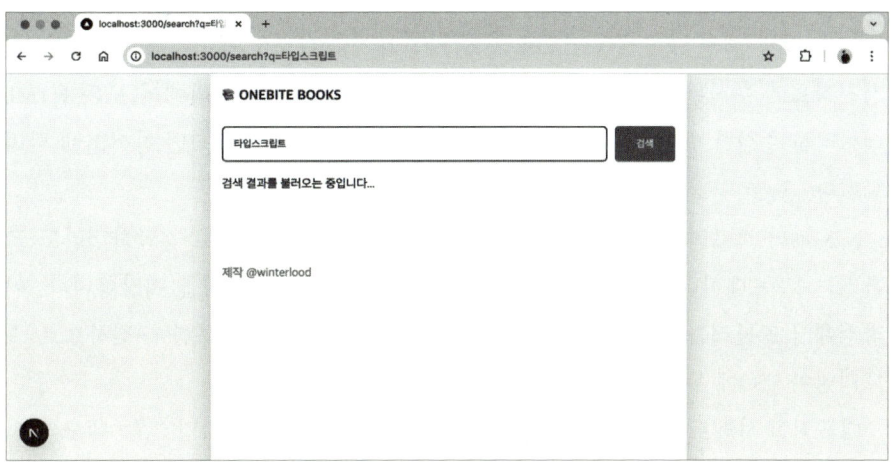

[그림 7-9] Suspense를 이용해 로딩 UI 불러오기

이처럼 Suspense 컴포넌트와 key Prop의 특징을 이용하면 한입북스 앱의 검색 기능처럼 쿼리 스트링만 변경되고 페이지는 이동하지 않는 상황에서도 스트리밍을 작동할 수 있습니다.

key Prop은 리액트에서 특정 컴포넌트를 식별하기 위해 사용하는 고유한 식별자입니다. 리액트는 이를 기반으로 컴포넌트의 변화를 추적하며 가상 돔(Virtual DOM)을 효율적으로 업데이트합니다. key 값이 변경되면 리액트는 기존에 렌더링한 컴포넌트를 완전히 제거하고 새 컴포넌트를 생성합니다. 이는 리액트의 재조정(Reconciliation) 과정에서 발생하는데, key 값이 달라지면 리액트는 현재의 컴포넌트와 이전 컴포넌트를 동일한 것으로 간주하지 않기 때문입니다.

결론적으로 Suspense 컴포넌트에서 key Prop으로 현재의 쿼리 스트링을 전달하면 쿼리 스트링이 변경될 때마다 리액트는 기존의 Suspense를 제거하고 새로 생성하는 과정에서 로딩 UI를 다시 표시합니다.

스트리밍과 검색 엔진 최적화(SEO)

검색 엔진 최적화(SEO)를 해본 독자라면 혹시 Next.js의 스트리밍 기능이 검색 엔진 최적화에 방해가 되지 않을까 생각할 수 있습니다. 특히 검색 엔진 크롤러가 페이지를 크롤링할 때 점진적으로 렌더링하는 컴포넌트들을 완전하지 않은 상태(예: 로딩 UI)로 인식할까 우려할 수 있습니다.

그러나 Next.js의 스트리밍은 검색 엔진 최적화에 영향을 미치지 않습니다. 그 이유는 검색 엔진 크롤러의 동작에서 찾을 수 있습니다. 구글 봇(Google bot)과 같은 대다수 검색 엔진 크롤러는 브라우저와 마찬가지로 HTML 페이지를 요청하지만, 점진적으로 수신된 데이터는 처리하지 않습니다. 크롤러는 서버에서 모든 HTML 데이터를 수신할 때까지 대기하다가 HTML 콘텐츠가 모두 로드되면 한꺼번에 처리합니다.

Next.js의 스트리밍 기능으로 데이터를 점진적으로 브라우저로 전달하더라도 크롤러는 모든 데이터를 기다렸다가 완전한 형태의 HTML 페이지를 저장합니다. 이 과정에서 크롤러는 로딩 UI가 아닌 최종적으로 렌더링한 콘텐츠를 수집하므로 스트리밍이 SEO에 부정적인 영향을 끼치지 않습니다.

대표적인 사례로 Next.js 팀에서 제공하는 앱 라우터의 스트리밍 기능 데모 앱이 있습니다. 이 앱은 스트리밍 기능을 사용해 콘텐츠를 점진적으로 렌더링하지만, 구글 봇과 같은 검색 엔진 크롤러도 문제없이 모든 콘텐츠를 수집합니다. [그림 7-10]은 해당 데모 앱 페이지를 구글 봇이 크롤링한 결과입니다.

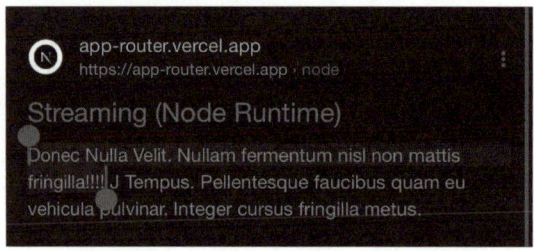

[그림 7-10] 스트리밍 기능 데모 앱의 구글 검색 결과

스트리밍 방식으로 점진적으로 렌더링한 콘텐츠도 검색 엔진에서는 완전한 HTML로 잘 수집되기 때문에 스트리밍을 사용한다고 해서 검색 엔진 최적화(SEO)에 부정적인 영향을 미치지 않습니다. Next.js의 스트리밍 기능은 사용자 경험을 개선하는 동시에 검색 엔진 최적화에서도 문제 없이 작동하는 강력한 도구입니다.

스켈레톤 UI

이번 절에서는 사용자의 서비스 만족도를 더욱 높이기 위해 콘텐츠를 점진적으로 렌더링하는 동안 사용하는 스켈레톤 UI(Skeleton UI)를 살펴보겠습니다.

스켈레톤 UI란?

스켈레톤 UI에서 스켈레톤(Skeleton)은 '뼈대'라는 뜻입니다. 스켈레톤 기능이란 렌더링할 콘텐츠의 최종 모습을 간략히 보여 주는 로딩 UI를 말합니다. [그림 7-11]은 유튜브의 스켈레톤 UI 모습입니다.

[그림 7-11] 유튜브의 스켈레톤 UI

스켈레톤 UI 기능을 사용하면 콘텐츠를 기다리는 사용자에게 어떤 내용이 나타날지 대략적으로 미리 예고할 수 있습니다. 단순히 '로딩 중…'과 같은 메시지만 보여 주는 것보다 사용자가 실제로 페이지에 나타날 콘텐츠의 레이아웃과 구조를 예상할 수 있어 더 나은 사용자 경험을 제공합니다. 이런 이점 때문에 오늘날 대다수 웹 서비스는 스켈레톤 UI를 적극적으로 활용합니다.

스켈레톤 UI 구현하기

한입북스 앱에서 점진적으로 렌더링하는 콘텐츠는 도서 아이템 컴포넌트(`BookItem` 컴포넌트)입니다. 도서 아이템 컴포넌트의 스켈레톤 버전을 만들겠습니다.

src/components 폴더에 book-item-skeleton.tsx와 스타일을 정의하는 book-item-skeleton.module.css 파일을 생성하고 다음과 같이 각각 작성합니다.

```tsx
// file: src/components/book-item-skeleton.tsx
import style from "./book-item-skeleton.module.css";

export default function BookItemSkeleton() {
  return (
    <div className={style.container}>
      <div className={style.cover_img}></div>
      <div className={style.info_container}>
        <div className={style.title}></div>
        <div className={style.subtitle}></div>
        <br />
        <div className={style.author}></div>
      </div>
    </div>
  );
}
```

```css
/* file: src/components/book-item-skeleton.module.css */
.container {
  display: flex;
  gap: 15px;
  padding: 20px 10px;
  border-bottom: 1px solid rgb(220, 220, 220);
}

.cover_img {
  width: 80px;
  height: 105px;
  background-color: rgb(230, 230, 230);
}

.info_container {
  flex: 1;
}

.title,
.subtitle,
.author {
  width: 100%;
  height: 20px;
  background-color: rgb(230, 230, 230);
}
```

도서 아이템의 스켈레톤 컴포넌트를 생성하고 스타일까지 설정했다면 실제로 사용할 차례입니다. 먼저 인덱스 페이지에서 AllBooks와 RecoBooks 컴포넌트를 점진적으로 렌더링할 때 로딩 UI를 대체하도록 다음과 같이 인덱스 페이지를 수정합니다.

```
CODE                                        file: src/app/(with-searchbar)/page.tsx
(...)
import BookItemSkeleton from "@/components/book-item-skeleton"; ①

(...)
export default function Page() {
  return (
    <div className={style.container}>
      <section>
        <h3>지금 추천하는 도서</h3>
        <Suspense ②
          fallback={new Array(3).fill(0).map((_, idx) => (
            <BookItemSkeleton key={`reco-book-skeleton-${idx}`} />
          ))}
        >
          <RecoBooks />
        </Suspense>
      </section>
      <section>
        <h3>등록된 모든 도서</h3>
        <Suspense ③
          fallback={new Array(5).fill(0).map((_, idx) => (
            <BookItemSkeleton key={`all-book-skeleton-${idx}`} />
          ))}
        >
          <AllBooks />
        </Suspense>
      </section>
    </div>
  );
}
```

① BookItemSkeleton 컴포넌트를 불러옵니다.
② RecoBooks를 로딩할 때 도서 아이템 스켈레톤 컴포넌트 3개를 렌더링하도록 설정합니다. 이때 Suspense의 fallback에 설정한 new Array(3).fill(0)은 길이가 3이고 요솟값은 모두 0으로 채운 배열을 생성하는 문법입니다.
③ AllBooks를 로딩할 때 도서 아이템 스켈레톤 컴포넌트 5개를 렌더링하도록 설정합니다.

이제 브라우저에서 인덱스 페이지를 새로고침하면 스켈레톤 UI를 볼 수 있습니다. 구체적으로 [그림 7-12]와 같이 '지금 추천하는 도서' 섹션에는 3개의 스켈레톤 컴포넌트, '등록된 모든 도서' 섹션에는 5개의 스켈레톤 컴포넌트를 로딩 UI로 렌더링합니다.

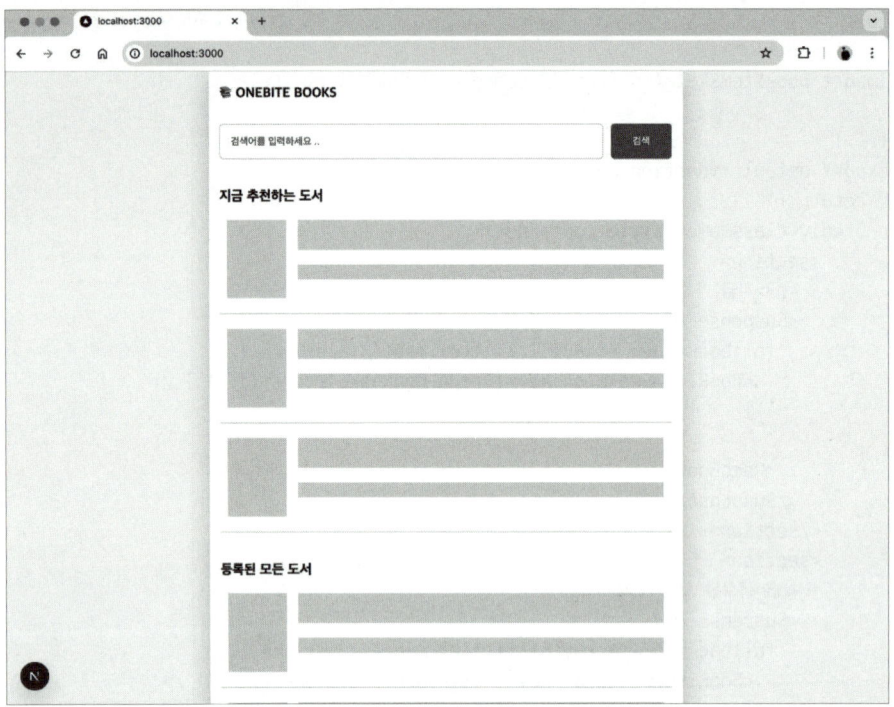

[그림 7-12] 스켈레톤 UI가 적용된 인덱스 페이지

동일한 방법으로 검색 페이지에도 스켈레톤 UI를 적용합니다.

```
                                          file: src/(with-searchbar)/search/page.tsx
import BookItemSkeleton from "@/components/book-item-skeleton"; ①
(...)
export default async function Page({
  searchParams,
}: {
  searchParams: Promise<{ q?: string }>;
}) {
  const { q } = await searchParams;

  return (
    <Suspense
      key={q || ""}
      fallback={new Array(3).fill(0).map((_, idx) => ( ②
        <BookItemSkeleton key={`search-result-skeleton-${idx}`} />
      ))}
    >
      <SearchResult q={q || ""} />
    </Suspense>
  );
}
```

① BookItemSkeleton 컴포넌트를 불러옵니다.
② SearchResult 컴포넌트(검색 결과)를 로딩할 때 도서 아이템 스켈레톤 컴포넌트 3개를 렌더링하도록 설정합니다.

이제 브라우저에서 검색어를 입력해 검색 페이지로 이동하거나 검색 페이지를 새로고침하면 [그림 7-13]과 같이 스켈레톤 UI가 로딩 UI로 렌더링됩니다.

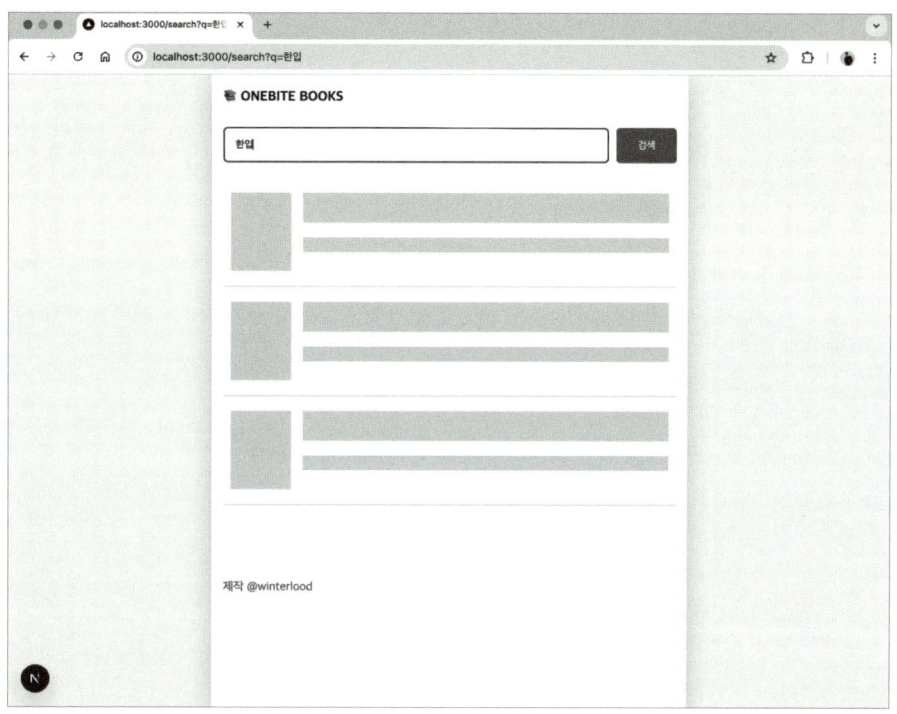

[그림 7-13] 스켈레톤 UI가 적용된 검색 페이지

확인을 마쳤다면 다음 장의 실습을 위해 각각의 페이지 컴포넌트에 설정한 delay 함수는 모두 제거합니다.

```
file: src/app/(with-searchbar)/page.tsx
(...)
async function AllBooks() {
  // await delay(3000); <- 삭제
  (...)
}

async function RecoBooks() {
  // await delay(5000); <- 삭제
```

```
  (...)
}
(...)
```

`CODE` file: src/app/(with-searchbar)/search/page.tsx
```
(...)
async function SearchResult({ q }: { q: string }) {
  // await delay(3000); <- 삭제
  (...)
}
(...)
```

한 입 크기로 잘라 먹는 Next.js

8장

서버 액션

이 장에서 주목할 키워드

- 서버 액션
- 캐시 무효화
- 리뷰 기능 구현하기

> **이 장의 학습 목표**
> - 서버 액션의 개념과 구현 방법을 배웁니다.
> - 서버 액션을 활용해 리뷰 데이터의 추가, 조회, 삭제 기능을 구현합니다.
> - 다양한 캐시 재검증 전략을 살펴보고 상황에 맞게 선택하는 법을 배웁니다..

이번 장에서는 앱 라우터 버전에서 새롭게 추가된 서버 액션 기능을 살펴보겠습니다.

서버 액션이란?

Next.js의 서버 액션을 이용하면 로그인, 회원 가입, 로그아웃 등 서버에서 이루어지는 작업을 쉽고 간단하게 구현할 수 있습니다. 이번 절에서는 서버 액션이란 무엇인지, 어떻게 구현하는지 살펴봅니다.

서버 액션이란?

서버 액션(Server Action)이란 Next.js 서버에서 실행되는 비동기 함수 가운데 클라이언트가 직접 호출할 수 있는 함수를 말합니다. 서버 액션을 사용하면 로그인, 회원 가입, 데이터 생성처럼 서버에서 이루어지는 작업을 쉽고 간단하게 구현할 수 있습니다.

이해를 돕기 위해 서버 액션(Server Action)을 사용해 로그인 기능과 유사한 예제를 하나 만들겠습니다. 실습을 위해 먼저 src/app/test 폴더를 생성합니다. test 폴더에서 page.tsx 파일을 만들고 다음과 같이 작성합니다.

CODE — file: src/app/test/page.tsx

```
export default function Page() {
  return (
    <form> ①
      <input type="text" name="id" />
      <input type="password" name="password" />
      <button type="submit">로그인</button>
    </form>
  );
}
```

① 사용자가 아이디와 패스워드를 입력하는 폼을 만듭니다. 로그인 버튼을 클릭하면 이 폼을 제출할 수 있습니다.

로그인 폼을 만들었다면 다음으로 이 폼을 제출했을 때, 즉 사용자가 아이디와 패스워드를 입력하고 〈로그인〉 버튼을 클릭했을 때 서버에서 실행될 함수인 '서버 액션'을 구현합니다.

CODE file: src/app/test/page.tsx
```
export default function Page() {
  const loginAction = async () => { ①
    "use server";

    console.log("서버 액션 loginAction 호출!");
  };

  return (
    <form action={loginAction}> ②
      (...)
    </form>
  );
}
```

① 비동기 함수 loginAction을 만듭니다. 그리고 이 함수 최상단에 "use server"라는 지시자를 작성합니다. 이제 이 함수는 클라이언트에서 호출할 수 있는 서버 함수인 '서버 액션'으로 설정됩니다.

② 폼을 제출했을 때 서버 액션인 loginAction을 호출하도록 설정합니다.

브라우저에서 '~/test' 경로로 접속합니다. 아이디와 패스워드 입력 폼에 임의의 값을 입력한 다음, 〈로그인〉 버튼을 클릭해 폼을 제출하면 서버 액션 loginAction이 호출됩니다.

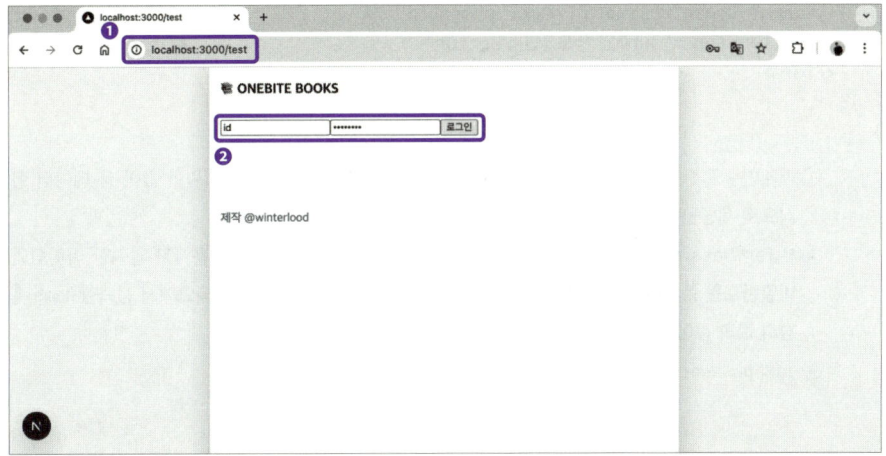

[그림 8-1] '/test' 페이지에 접속한 다음 〈로그인〉 버튼 클릭하기

〈로그인〉 버튼을 클릭해 호출한 `loginAction`은 서버에서 실행되어 Next.js 서버 콘솔에 [그림 8-2]와 같이 **서버 액션 loginAction 호출!**이라는 텍스트를 출력합니다.

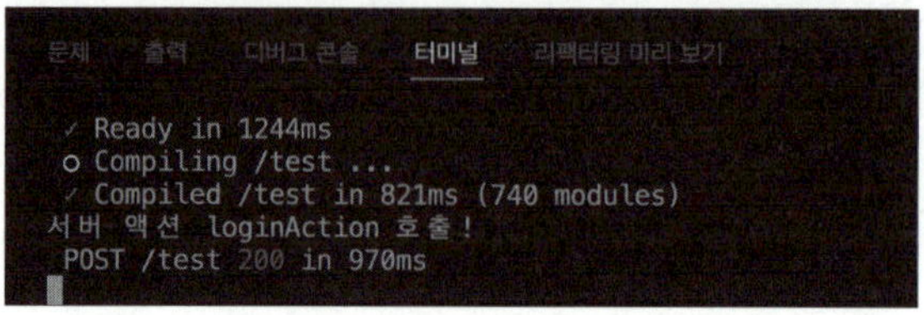
문제 출력 디버그 콘솔 터미널 리팩터링 미리 보기
✓ Ready in 1244ms
○ Compiling /test ...
✓ Compiled /test in 821ms (740 modules)
서버 액션 loginAction 호출!
POST /test 200 in 970ms

[그림 8-2] 서버 액션 호출 확인하기

사용자가 폼에 작성한 아이디와 패스워드는 서버 액션에 폼 데이터(Form Data) 형태의 인수로 전달됩니다. 따라서 서버 액션에서는 다음과 같이 매개변수로 사용자가 입력한 값을 꺼내 사용할 수 있습니다.

CODE file: src/app/test/page.tsx

```
export default function Page() {
  const loginAction = async (formData: FormData) => { ①
    "use server";

    const id = formData.get("id"); ②
    const password = formData.get("password"); ③

    console.log({ id, password }); ④
  };

  return (
    <form action={loginAction}>
      <input type="text" name="id" />
      <input type="password" name="password" />
      <button type="submit">로그인</button>
    </form>
  );
}
```

① 매개변수로 `formData`를 선언합니다. 이 매개변수에는 사용자가 폼에 입력한 값이 폼 데이터 형식으로 제공됩니다.

②③ `formData.get("id")`와 `formData.get("password")`를 사용해 사용자가 입력한 아이디와 비밀번호를 폼 데이터에서 추출합니다. 이때 키값은 <form>의 <input> 태그에서 정의한 name 속성의 값과 같아야 합니다.

④ id와 password를 콘솔에 출력합니다.

이제 브라우저에서 아이디와 패스워드를 입력하고 〈로그인〉 버튼을 클릭합니다. 독자가 임의로 입력한 값이 폼 데이터 형식으로 서버 액션에 전달됩니다. 그 결과 [그림 8-3]과 같이 사용자가 입력한 아이디와 비밀번호가 Next.js 서버 콘솔에 출력됩니다.

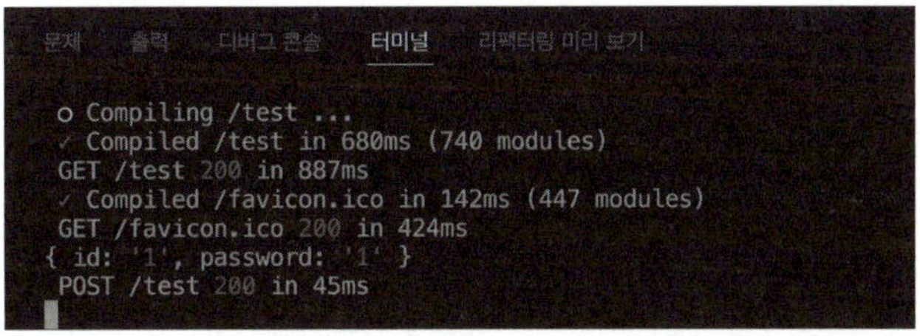

```
○ Compiling /test ...
✓ Compiled /test in 680ms (740 modules)
GET /test 200 in 887ms
✓ Compiled /favicon.ico in 142ms (447 modules)
GET /favicon.ico 200 in 424ms
{ id: '1', password: '1' }
POST /test 200 in 45ms
```

[그림 8-3] 사용자가 입력한 아이디, 비밀번호 확인하기

여기서 눈여겨볼 부분은 브라우저에서 사용자가 버튼을 클릭해 폼을 제출하는 동작만으로 Next.js 서버에서 실행되는 함수를 직접 호출할 수 있다는 점입니다. 이는 클라이언트와 서버 간의 상호작용을 한층 간결하게 만듭니다.

서버 액션은 브라우저에서 호출할 수 있는 Next.js 서버의 비동기 함수입니다. 서버 액션을 이용하면 로그인이나 회원 가입 등과 같은 서버 동작을 쉽고 간단하게 구현할 수 있습니다. 서버 액션을 사용하지 않고 전통적인 방식으로 동일한 기능을 구현하려면 클라이언트와 서버의 상호작용을 위해 REST 또는 GraphQL과 같은 별도의 API를 설계하고 구현해야 합니다. 또한 새로운 API 엔드포인트를 정의하고 각각의 엔드포인트에 맞는 핸들러를 구현하며 요청 및 응답 처리, 상태 코드 관리, 에러 핸들링과 같은 작업도 추가해야 합니다.

서버 액션을 사용하면 복잡한 과정을 크게 줄일 수 있습니다. 서버에서 실행할 함수를 간단하게 정의하고 클라이언트에서 이를 직접 호출하는 방식으로 작업을 처리할 수 있어 개발 생산성을 크게 높이는 것은 물론 코드를 간결하게 만들 수 있습니다.

물론 로직이 복잡하거나 대규모 통합 작업이 필요한 경우에는 여전히 전통적인 API 설계 방식이 적합할 수 있습니다. 하지만 모든 서비스가 복잡한 API 설계 과정을 거쳐야 할 필요는 없습니다. 서버 액션은 간단한 서버 동작 또는 클라이언트와 서버의 상호작용을 빠르게 구현할 때 매우 유용한 선택이 될 수 있습니다.

한편 서버 액션은 Next.js 서버에서 동작하는 함수로 클라이언트, 즉 브라우저에서는 코드가 노출되지 않습니다. 따라서 보안이 중요한 작업에도 적합합니다. 예를

들면 비밀 키를 이용해 인증/인가 로직을 작성하거나 다음 예시처럼 데이터베이스와 연결해 SQL 문을 직접 실행할 수도 있습니다.

```
// SQL 문을 직접 호출하는 서버 액션 예시
const createPostAction = async(formData:FormData)=>{
    'use server'

    const content = formData.get("content");
    await sql'INSERT INTO BOARD (content) VALUES (content)';
}
```
file: 예시

서버 액션은 클라이언트와 서버 간의 상호작용을 간편하게 처리할 수 있는 기능으로서 코드의 복잡성을 줄이고 개발 효율성을 높입니다.

서버 액션은 어떻게 동작하는 걸까?

Next.js의 서버 액션은 클라이언트가 POST 메서드를 이용해 Next.js 서버에게 HTTP 요청을 보내는 방식으로 동작합니다. 이를 확인하려면 브라우저의 개발자 도구에서 [네트워크] 탭을 열고 'Fetch/XHR' 필터를 활성화한 상태에서 폼을 제출해 서버 액션을 호출하면 됩니다. [그림 8-4]와 같이 POST 메서드를 이용한 HTTP 요청이 Next.js 서버로 전송되는 모습을 확인할 수 있습니다.

이 과정을 확인하기 위해 다음 순서대로 진행합니다.

1. 브라우저에서 '~/test' 페이지에 접속합니다.
2. 개발자 도구의 [네트워크] 탭을 열고 상단의 'Fetch/XHR' 필터를 활성화합니다. 필터의 위치는 [그림 8-4]를 참고합니다.
3. 임의의 아이디와 패스워드를 입력한 뒤 〈로그인〉 버튼을 클릭해 폼을 제출합니다.
4. [네트워크] 탭 'Name' 항목에서 'test'를 선택해 POST 요청을 확인합니다. 요청 항목(test)을 클릭하고 패널에서 [Headers] 탭을 선택하면 이 요청의 세부 사항을 살필 수 있습니다.

[Headers] 탭에서 드래그해 요청의 'Request Headers' 항목을 살펴보면 [그림 8-5]와 같이 'Next-Action'이라는 특별한 필드를 확인할 수 있습니다. 여기에 담긴 값은 호출하려는 서버 액션의 고유 아이디를 의미하는데, 현재는 앞서 만든 `loginAction`

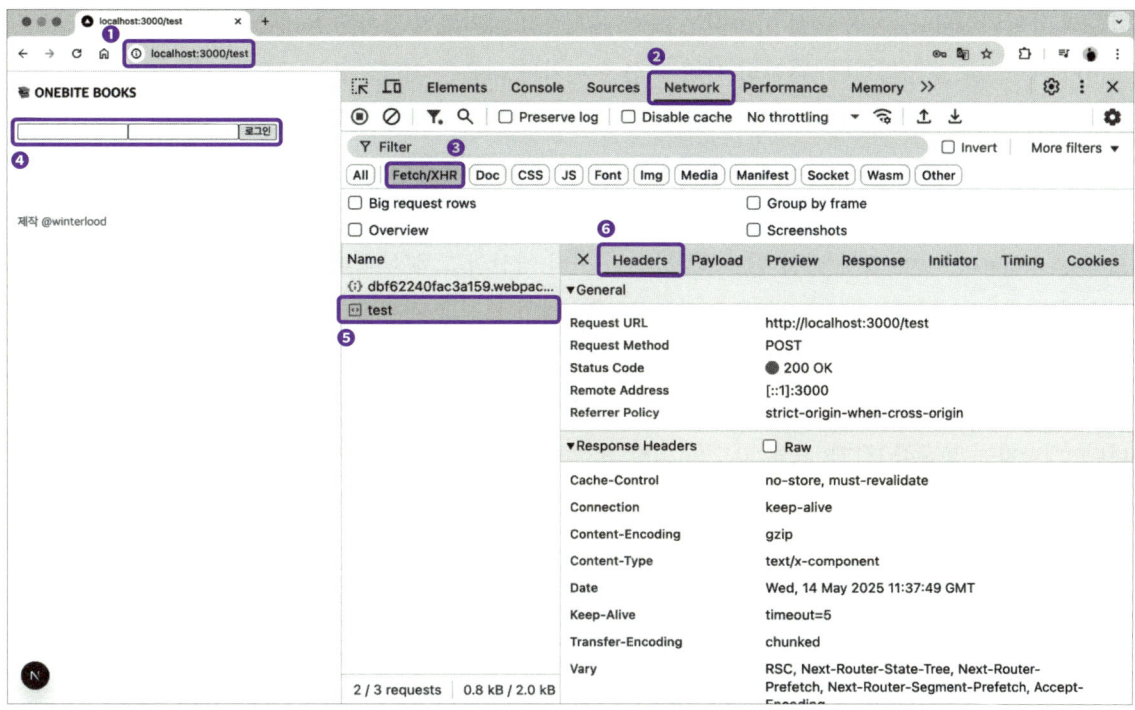

[그림 8-4] POST 메서드를 이용해 HTTP 요청으로 발송되는 서버 액션

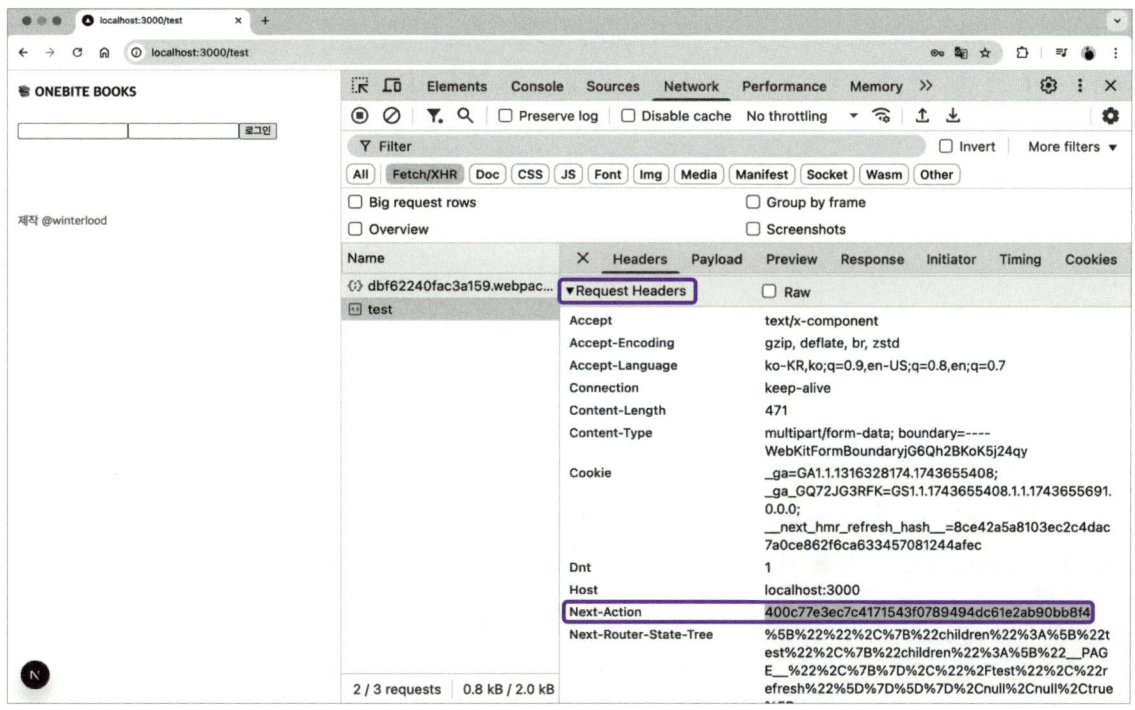

[그림 8-5] Next Action 필드 확인하기

서버 액션이란? **385**

함수의 아이디입니다. 서버 액션 아이디는 개발자가 직접 정의하지 않아도 Next.js 서버가 자동으로 생성합니다. 각각의 서버 액션은 위치와 내용을 기반으로 고유한 아이디를 가지는데, 이 아이디는 클라이언트가 서버에 요청할 때 함께 전송되어 어떤 서버 액션을 실행할지 Next.js 서버가 정확히 판단할 수 있도록 합니다.

따라서 Next.js의 서버 액션은 내부적으로 POST 메서드를 사용하는 HTTP 요청으로 동작합니다. 이때 요청 헤더에는 실행하려는 서버 액션의 고유 아이디가 함께 전송되며, Next.js 서버는 이 아이디를 바탕으로 어떤 서버 액션을 실행할지 식별합니다. 식별이 완료되면 해당 서버 액션에서 정의된 로직이 실행됩니다.

사실 이 모든 과정은 Next.js가 내부적으로 추상화해 자동으로 처리하는 것들입니다. 개발자는 복잡한 HTTP 요청 코드를 직접 작성하지 않고 마치 일반 함수처럼 서버 액션을 선언하고 호출하는 것만으로 서버에서 비동기 로직을 손쉽게 실행할 수 있습니다.

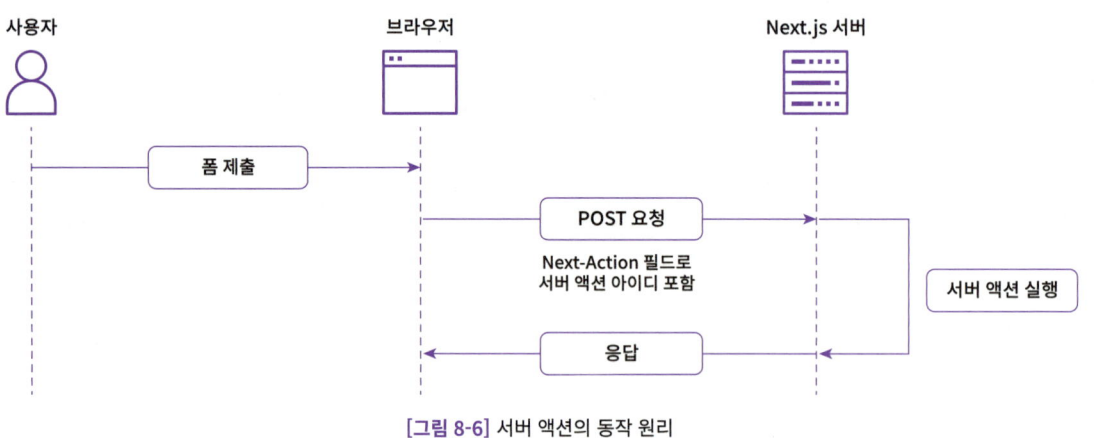

[그림 8-6] 서버 액션의 동작 원리

서버 액션에서 주의할 사항

이번에는 서버 액션을 사용할 때 몇 가지 주의할 사항을 살펴보겠습니다.

꼭 <form> 태그를 이용해야 하는 것은 아니다

서버 액션은 반드시 <form> 태그를 이용해 호출해야 하는 것은 아닙니다. 서버 액션은 보통 <form> 태그와 함께 사용하지만, 자바스크립트 함수이므로 다른 방식으로도 얼마든지 호출할 수 있습니다. 예를 들어 서버 액션을 별도 파일로 분리한 다음, 페이지 컴포넌트를 클라이언트 컴포넌트로 만들고 버튼의 onClick 이벤트 핸들러에서 일반 함수를 부르듯이 서버 액션을 호출할 수도 있습니다. 실습으로 직접 살펴보겠습니다.

먼저 다음과 같이 src/app/test 폴더에 login.action.ts 파일을 생성합니다. 페이지 컴포넌트에서 작성했던 loginAction 함수를 별도의 파일로 분리합니다.

CODE file: src/app/test/login.action.ts
```
"use server";

export const loginAction = async (formData: FormData) => {
  const id = formData.get("id");
  const password = formData.get("password");

  console.log({ id, password });
};
```

서버 액션을 별도의 파일로 분리할 경우 "use server" 지시자를 함수의 최상단이 아니라 파일 최상단에 작성해야 합니다. Next.js는 해당 파일이 서버에서만 실행되어야 하는지, 클라이언트에서도 실행될 수 있는지를 파일 단위로 판단하기 때문입니다. Next.js는 파일 단위로 코드의 실행 위치를 결정합니다.

이어서 다음과 같이 페이지 컴포넌트를 클라이언트 컴포넌트로 설정합니다. 그럼 <form> 태그 대신 이벤트 핸들러를 사용해 서버 액션을 호출할 수 있습니다.

CODE file: src/app/test/page.tsx
```
"use client"; ①

import { useRef } from "react";
import { loginAction } from "./login.action";

export default function Page() {
  const idRef = useRef<HTMLInputElement>(null); ②
  const pwRef = useRef<HTMLInputElement>(null); ③

  const onClickLogin = async () => { ④
    if (!idRef.current || !pwRef.current) return;

    const id = idRef.current.value;
    const password = pwRef.current.value;

    const formData = new FormData();
    formData.set("id", id);
    formData.set("password", password);
```

```
      await loginAction(formData);
    };

    return (
      <div> ⑤
        <input ref={idRef} type="text" name="id" /> ⑥
        <input ref={pwRef} type="password" name="password" /> ⑦
        <button onClick={onClickLogin}>로그인</button> ⑧
      </div>
    );
}
```

① 파일 상단에서 "use client"를 선언해 페이지 컴포넌트를 클라이언트 컴포넌트로 설정합니다.
②③ <input> 태그에서 아이디와 패스워드를 참조할 idRef와 pwRef를 생성합니다.
④ 〈로그인〉 버튼을 클릭하면 실행할 이벤트 핸들러 함수를 만듭니다. 이 함수는 서버 액션인 login Action을 호출하는데, 이때 인수로는 현재 사용자가 입력한 아이디와 패스워드를 폼 데이터 형식으로 묶어 전달합니다.
⑤ <form>을 <div> 태그로 교체합니다.
⑥⑦ 아이디와 패스워드를 받은 <input> 태그를 각각 idRef와 pwRef가 참조하도록 설정합니다.
⑧ 〈로그인〉 버튼을 클릭하면 ④에서 만든 이벤트 핸들러 함수를 호출하도록 설정합니다.

서버 컴포넌트에서 <form> 태그를 활용해 호출하던 서버 액션을 이제는 클라이언트 컴포넌트에서 onClick 이벤트 핸들러로 호출합니다. 정상적으로 작동하는지 확인하기 위해 브라우저에서 임의의 아이디와 패스워드를 입력하고 〈로그인〉 버튼을 클릭합니다. [그림 8-7]과 같이 입력한 값이 Next.js 서버 콘솔에서 잘 출력되는지 확인합니다.

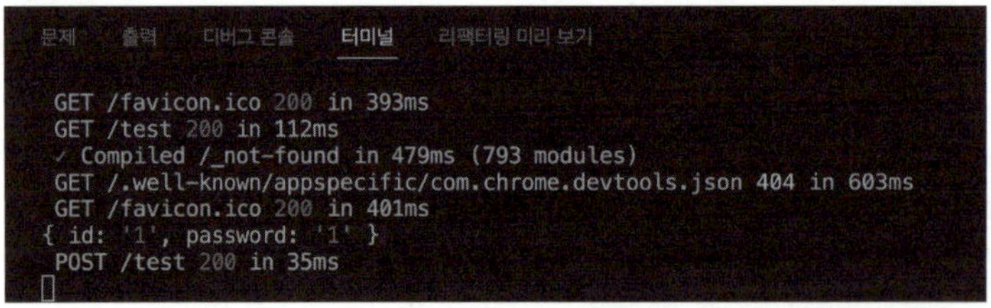

[그림 8-7] 이벤트 핸들러를 이용해 호출한 서버 액션 확인하기

비동기 함수로 만들어야 한다

다음으로 주의할 점은 서버 액션은 반드시 비동기 함수로 구현해야 합니다. Next.js 공식 문서에서 소개하고 있는 서버 액션의 정의 자체가 "Next.js 서버에서 실행되는

비동기 함수"이므로 다음과 같이 서버 액션 함수를 동기적으로 구현하면 오류가 발생합니다.

```
CODE                                    file: src/app/test/login.action.ts
"use server";
export const loginAction = (formData: FormData) => { ①
  const id = formData.get("id");
  const password = formData.get("password");

  console.log({ id, password });
};
```

① async 키워드를 제거해 서버 액션 함수를 동기 함수로 설정합니다.

서버 액션을 동기 함수로 설정하고 Next.js 서버 콘솔을 살펴보면 [그림 8-8]처럼 오류가 발생하면서 "Server Actions must be async functions."라는 오류 메시지를 출력합니다.

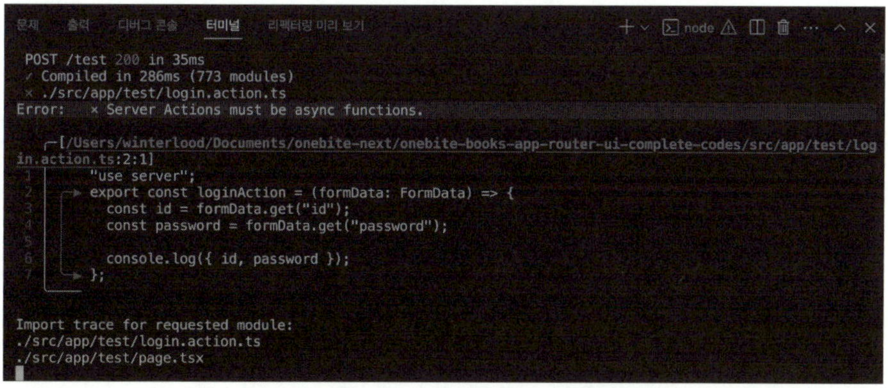

[그림 8-8] 동기 함수로 서버 액션을 구현하면 발생하는 오류

> **여기서 잠깐** 서버 액션 함수가 아니라 일반 함수를 별도 파일에 선언한다면 파일 최상단에 있는 "use server" 지시자를 제거해야 합니다. Next.js에서는 파일 상단에 "use server" 지시자를 작성하면 해당 파일에서 내보내는 함수를 모두 서버 액션으로 간주합니다.

서버 액션이란? **389**

확인을 마쳤다면 이후 실습을 위해 loginAction 함수에 async를 다시 추가합니다.

```
"use server";
export const loginAction = async(formData: FormData) => { ①
  const id = formData.get("id");
  const password = formData.get("password");

  console.log({ id, password });
};
```

① async 키워드 다시 추가

서버 액션으로 리뷰 기능 구현하기

이번 절에서는 앞서 살펴본 서버 액션(Server Action)을 활용해 한입북스 앱에서 도서별로 새로운 리뷰를 작성하고 삭제하는 기능을 구현합니다.

리뷰 추가 기능 구현하기

서버 액션을 활용해 사용자가 특정 도서의 리뷰를 작성하는 기능을 구현하겠습니다. 먼저 도서 상세 페이지 컴포넌트에서 백엔드 서버의 도서 데이터를 불러와 렌더링하는 기능을 별도의 컴포넌트로 분리합니다. 기능을 분리하면 이후에 리뷰를 손쉽게 추가하고 관리할 수 있습니다.

도서 상세 페이지 컴포넌트 위에 BookDetail 컴포넌트를 새롭게 생성하고 다음과 같이 작성합니다.

file: src/app/book/[id]/page.tsx
```
(...)
async function BookDetail({ bookId }: { bookId: string }) { ①
  const response = await fetch(
    `${process.env.NEXT_PUBLIC_API_URL}/book/${bookId}`, { ②
    cache: "force-cache",
  });
  if (!response.ok) throw new Error(response.statusText);

  const book: BookData = await response.json();
  const { title, subTitle, description, author, publisher, coverImgUrl } = book;

  return (
    <section> ③
      <div
```

```
      className={style.cover_img_container}
      style={{ backgroundImage: `url('${coverImgUrl}')` }}
    >
      <img src={coverImgUrl} />
    </div>
    <div className={style.title}>{title}</div>
    <div className={style.subTitle}>{subTitle}</div>
    <div className={style.author}>
      {author} | {publisher}
    </div>
    <div className={style.description}>{description}</div>
  </section>
  );
}

export default async function Page({ params }: { params: Promise<{ id: string }> }) {
  const { id } = await params;

  return (
    <div className={style.container}>
      <BookDetail bookId={id} /> ④
    </div>
  );
}
```

①② BookDetail 컴포넌트를 생성하고 그동안 페이지 컴포넌트가 담당했던 도서 데이터를 불러와 렌더링하는 기능을 이 컴포넌트로 옮겼습니다. BookDetail 컴포넌트는 페이지 컴포넌트에서 URL 파라미터로 전달된 도서 아이디를 bookId라는 이름의 Prop으로 받습니다. 이 bookId를 사용해 백엔드 서버에서 도서 데이터를 불러옵니다.

③ 스타일링을 위해 BookDetail 컴포넌트의 최상위 태그는 <section> 태그로 설정합니다.

④ BookDetail 컴포넌트를 자식으로 배치하면서 현재의 도서 id를 Props로 전달합니다.

UI 스타일링을 변경하기 위해 도서 상세 페이지의 스타일링을 담당하는 page.module.css 파일을 다음과 같이 수정합니다.

CODE　　　　　　　　　　　　　　　　　　　　file: src/app/book/[id]/page.module.css
```
.container { ①
  display: flex;
  flex-direction: column;
  gap: 50px;
}

.container > section { ②
  display: flex;
  flex-direction: column;
```

```
  gap: 10px;
}
(...)
```

① 기존 .container 스타일에서 gap 속성을 10px에서 50px로 수정합니다. 페이지 컴포넌트와 자식 컴포넌트의 간격을 넓히기 위함입니다.

② .container > section 스타일을 새롭게 추가합니다.

도서 데이터를 불러와 렌더링하는 부분을 BookDetail 컴포넌트로 만들어 페이지 컴포넌트와 분리하고 알맞게 스타일링까지 해주었습니다.

다음으로 리뷰를 작성하는 컴포넌트를 만들고 서버 액션을 사용해 새로운 리뷰를 추가하겠습니다. 새로운 리뷰를 작성하는 컴포넌트 ReviewEditor를 생성하고 다음과 같이 작성합니다.

CODE   file: src/app/book/[id]/page.tsx
```
(...)
function ReviewEditor() { ①
  return (
    <section>
      <form>
        <input name="content" placeholder="리뷰 내용" />
        <input name="author" placeholder="작성자" />
        <button type="submit">작성하기</button>
      </form>
    </section>
  );
}

export default async function Page({ params }: { params: Promise<{ id: string }> }) {
  const { id } = await params;

  return (
    <div className={style.container}>
      <BookDetail bookId={id} />
      <ReviewEditor /> ②
    </div>
  );
}
```

① 사용자가 새로운 리뷰를 작성할 수 있는 ReviewEditor 컴포넌트를 만듭니다.

② ①에서 만든 ReviewEditor 컴포넌트를 페이지 컴포넌트의 자식으로 추가합니다.

도서 상세 페이지에 접속하면 페이지 하단에는 [그림 8-9]과 같이 ReviewEditor 컴포넌트가 렌더링됩니다.

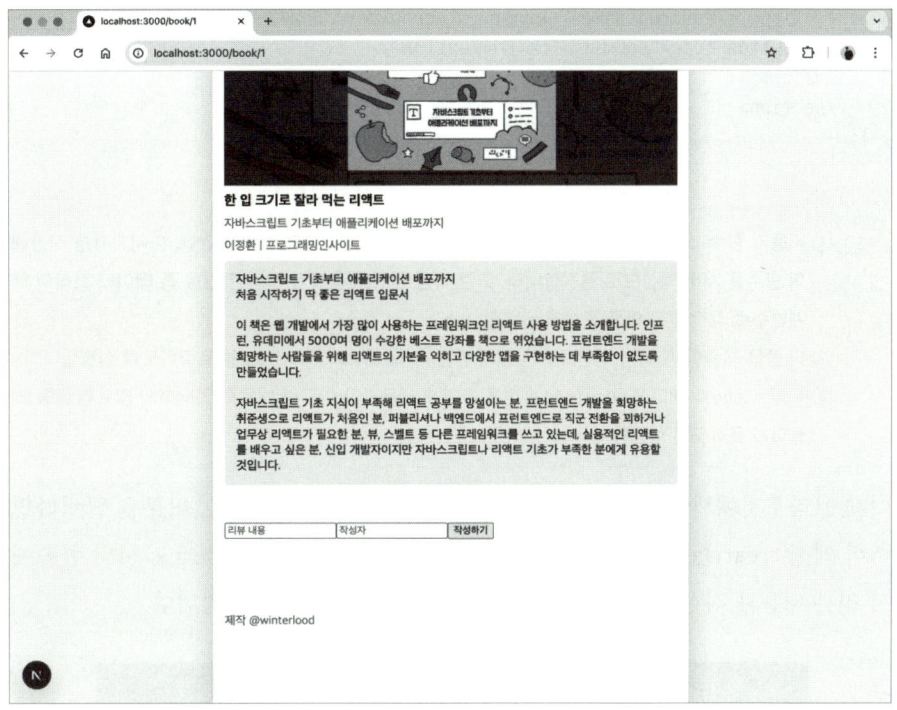

[그림 8-9] 추가된 ReviewEditor 컴포넌트

이제 리뷰 내용과 작성자를 입력하고 〈작성하기〉 버튼을 클릭하면 서버 액션을 호출해 새 리뷰를 추가하는 기능을 작성합니다. 다음과 같이 〈작성하기〉 버튼을 클릭하면 호출할 서버 액션을 ReviewEditor 컴포넌트에 만듭니다.

CODE　　　　　　　　　　　　　　　　　　　　　　　　file: src/app/book/[id]/page.tsx
```
(...)
function ReviewEditor() {
  const createReviewAction = async (formData: FormData) => { ①
    "use server";

    const content = formData.get("content");
    const author = formData.get("author");

    console.log({ content, author });
  };
```

```
    return (
      <section>
        <form action={createReviewAction}> ②
          <input required name="content" placeholder="리뷰 내용" /> ③
          <input required name="author" placeholder="작성자" /> ④
          <button type="submit">작성하기</button>
        </form>
      </section>
    );
}
(...)
```

① 비동기 함수 createReviewAction을 만들고 함수의 최상단에 "use server" 지시자를 작성해 이 함수를 서버 액션으로 설정합니다. 그런 다음 현재 사용자가 입력한 값을 폼 데이터 형식의 매개변수로 각각 받고 이를 콘솔에 출력합니다.

② 이 폼을 제출할 때 서버 액션으로 ①에서 만든 createReviewAction을 호출하도록 설정합니다.

③④ 두 <input> 태그에 required 속성을 추가해 사용자가 아무런 내용도 입력하지 않으면 폼을 제출하지 못하도록 설정합니다.

이제 브라우저에서 리뷰 내용과 작성자를 입력하고 〈작성하기〉 버튼을 클릭하면 서버 액션 createReviewAction을 호출합니다. [그림 8-10]처럼 Next.js 서버 콘솔에서 리뷰 내용과 작성자의 값이 입력한 대로 잘 출력되는지 확인합니다.

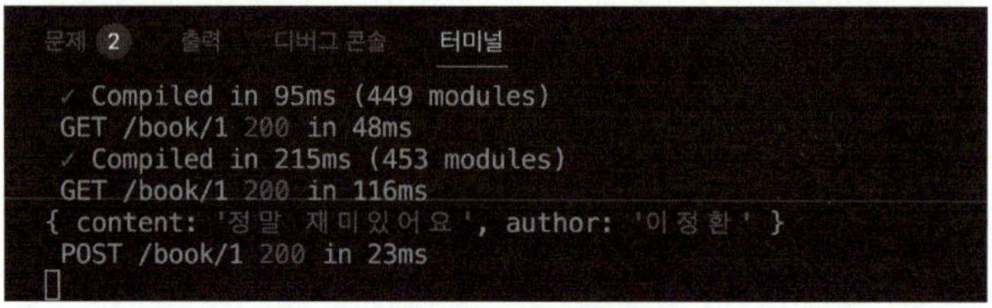

[그림 8-10] 서버 액션 호출 확인하기

서버 액션이 정상적으로 호출되고 데이터도 잘 전달되는 것을 확인할 수 있습니다.

다음으로 백엔드 서버의 API를 호출해 실제로 데이터베이스에 새로운 리뷰를 추가할 차례입니다. *http://localhost:8080/api*로 접속해 API 문서를 살펴보면 [그림 8-11]과 같이 Review 섹션의 두 번째 항목으로 새 리뷰를 생성하는 API가 있음을 확인할 수 있습니다.

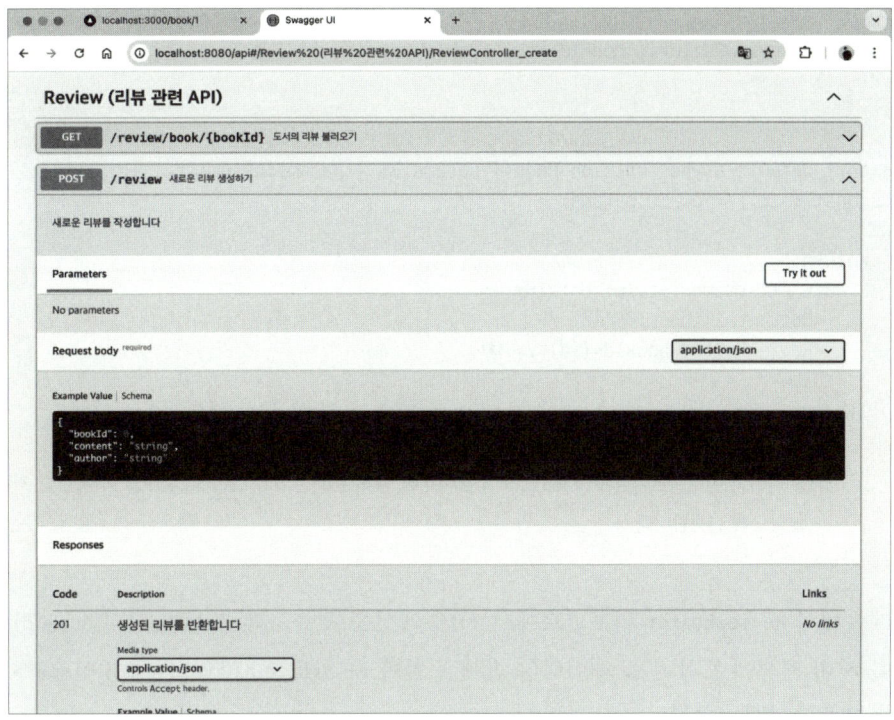

[그림 8-11] 새로운 리뷰를 추가하는 API

문서에 따르면 새로운 리뷰를 추가하는 API의 명세는 다음과 같습니다.

- HTTP 메서드: POST
- 요청(Request) Body 필드:
    - bookId: 리뷰를 추가하려는 도서의 아이디(필수)
    - content: 리뷰 내용(필수)
    - author: 리뷰 작성자의 이름(필수)

명세를 기반으로 서버 액션인 `createReviewAction` 내부에 API를 호출하는 코드를 작성합니다. 그러나 한 가지 문제가 있습니다. 현재 API의 body로 전달해야 하는 도서 아이디(bookId)를 서버 액션과 폼을 구현하고 있는 `ReviewEditor` 컴포넌트가 알지 못한다는 점입니다.

이 문제를 해결하려면 도서 상세 페이지 컴포넌트가 `bookId`를 `ReviewEditor` 컴포넌트에 Props로 전달하도록 설정해야 합니다.

서버 액션으로 리뷰 기능 구현하기   395

```
CODE                                              file: src/app/book/[id]/page.tsx
function ReviewEditor({ bookId }: { bookId: string }) { ①
  (...)
}

export default async function Page({ params }: { params: Promise<{ id: string }> }) {
  const { id } = await params;

  return (
    <div className={style.container}>
      <BookDetail bookId={id} />
      <ReviewEditor bookId={id} /> ②
    </div>
  );
}
```

> ①② 페이지 컴포넌트가 ReviewEditor 컴포넌트에 현재 도서의 아이디인 bookId를 Prop으로 전달하도록 설정합니다.

계속해서 ReviewEditor 컴포넌트에서 서버 액션을 호출하면 도서 아이디(bookId)를 서버 액션에 포함된 폼 데이터와 함께 전달할 수 있도록 hidden 타입의 <input> 태그를 추가합니다.

```
CODE                                              file: src/app/book/[id]/page.tsx
(...)
function ReviewEditor({ bookId }: { bookId: string }) {
  (...)
  return (
    <section>
      <form action={createReviewAction}>
        <input name="bookId" value={bookId} type="hidden" readOnly /> ①
        <input required name="content" placeholder="리뷰 내용" />
        <input required name="author" placeholder="작성자" />
        <button type="submit">작성하기</button>
      </form>
    </section>
  );
}
(...)
```

> ① <form> 태그에 <input> 요소를 추가합니다. 이때 속성 name은 "bookId", value는 Prop으로 받은 bookId 값으로 설정합니다. 이렇게 하면 서버 액션에 폼을 제출할 때 도서 아이디를 "bookId"라는 이름으로 전달할 수 있습니다. 이때 <input> 태그의 type 속성을 "hidden"으로 설정해 페이지에서는 보이지 않게 합니다. readOnly 속성을 추가해 값이 수정되지 않도록 합니다.

TIP
hidden 타입의 <input> 태그는 사용자에게는 보이지 않는 <input> 요소를 의미합니다. 하지만 화면에 표시되지 않을 뿐, 폼을 제출할 때는 다른 입력 필드들과 마찬가지로 지정된 name과 value를 서버로 함께 전송합니다.

이제 사용자가 폼을 제출하면 도서 아이디를 폼 데이터에 포함시켜 서버 액션에 전달합니다. 서버 액션을 다음과 같이 수정해 전달받은 도서 아이디를 출력하는지 확인합니다.

CODE file: src/app/book/[id]/page.tsx
```tsx
(...)
function ReviewEditor({ bookId }: { bookId: string }) {
  const createReviewAction = async (formData: FormData) => {
    "use server";

    const bookId = formData.get("bookId"); ①
    const content = formData.get("content");
    const author = formData.get("author");

    console.log({ bookId, content, author }); ②
  };

  return (
    <section>
      <form action={createReviewAction}>
        <input name="bookId" value={bookId} type="hidden" readOnly />
        <input required name="content" placeholder="리뷰 내용" />
        <input required name="author" placeholder="작성자" />
        <button type="submit">작성하기</button>
      </form>
    </section>
  );
}
(...)
```

① 전달된 폼 데이터에서 키값이 "bookId"인 데이터를 추출합니다. 여기에는 현재 도서의 아이디가 저장되어 있습니다..
② bookId, content, author의 값을 콘솔에 출력합니다.

브라우저에서 리뷰 내용과 작성자 이름을 작성하고 〈작성하기〉 버튼을 클릭해 폼을 제출합니다. [그림 8-12]와 같이 Next.js 서버 콘솔에서 도서 아이디(bookId)와 리뷰 내용(content), 작성자 이름(author)이 잘 출력되는지 확인합니다.

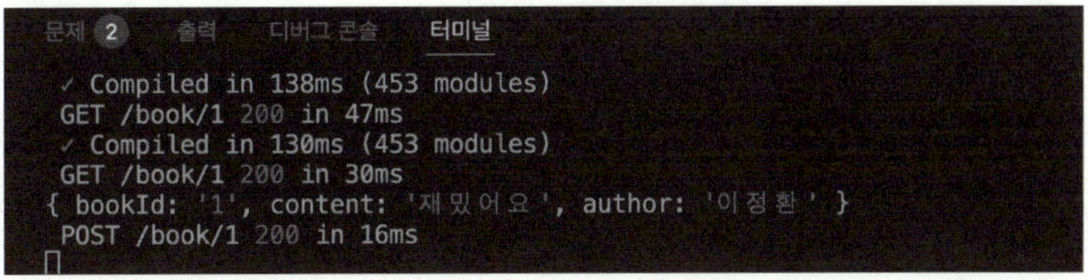

[그림 8-12] 서버 액션에 도서 아이디 값을 잘 전달하는지 확인하기

서버 액션에 도서 아이디까지 잘 전달된다는 사실을 확인했다면 이제 API를 호출해 데이터베이스에 새로운 리뷰를 추가합니다. API 명세를 기반으로 서버 액션 내부에 다음과 같이 API를 호출하는 코드를 추가합니다.

```tsx
file: src/app/book/[id]/page.tsx
(...)
function ReviewEditor({ bookId }: { bookId: string }) {
  const createReviewAction = async (formData: FormData) => {
    "use server";

    const bookId = formData.get("bookId");
    const content = formData.get("content");
    const author = formData.get("author");

    try { ①
      if (!bookId || !content || !author) throw new Error("잘못된 요청입니다"); ②
      const response = await fetch(
        `${process.env.NEXT_PUBLIC_API_URL}/review`, { ③
        method: "POST",
        body: JSON.stringify({
          bookId,
          content,
          author,
        }),
      });

      if (!response.ok) throw new Error(response.statusText); ④
    } catch (e) { ⑤
      console.error(e);
    }
  };

  return (...);
}
(...)
```

① 예상치 못한 API 에러 등 예외 상황을 처리하기 위해 try-catch 블록을 사용합니다.

② bookId, content, author 중 하나라도 값이 없으면 잘못된 요청으로 간주해 예외가 발생하도록 합니다. 에러 메시지로는 "잘못된 요청입니다"라고 간단하게 설정합니다.

③ 앞서 살펴본 API 명세를 기반으로 새 리뷰를 추가하기 위해 API를 호출합니다. 요청 주소는 '~/review', 요청 method는 POST입니다. 요청 body에는 bookId, content, author를 포함하는 객체를 JSON으로 직렬화해 전송합니다.

④ 만약 ③에서 호출한 API가 실패하면 예외가 발생합니다.

⑤ try 문 내부에서 예외가 발생하면 콘솔에 현재의 에러를 출력합니다.

이제 서버 액션으로 API를 호출해 데이터베이스에 새로운 리뷰를 추가할 수 있습니다. 다시 리뷰를 입력하고 〈작성하기〉 버튼을 클릭합니다.

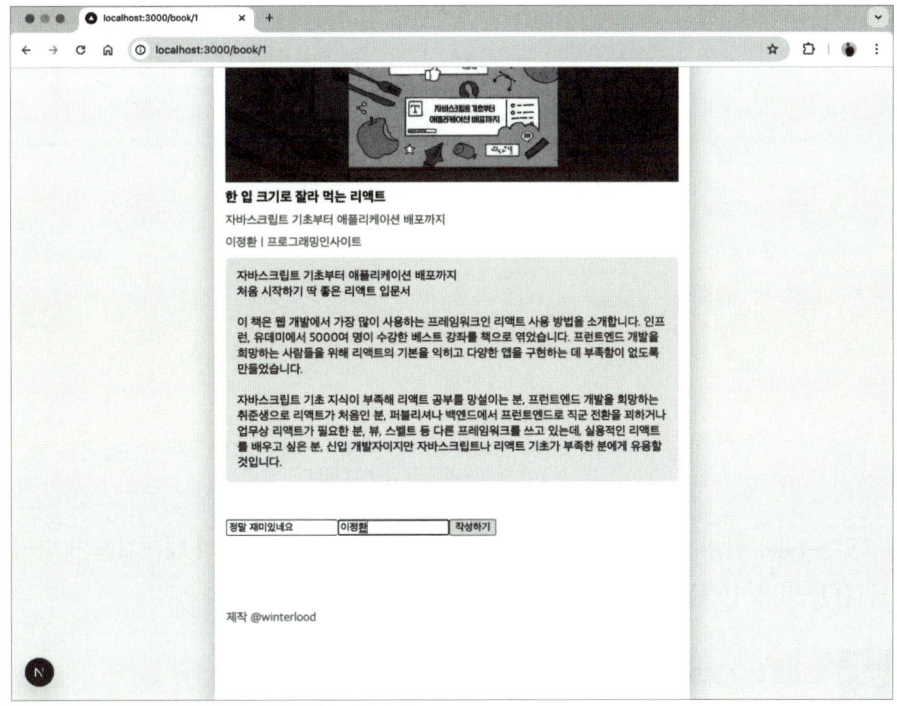

[그림 8-13] 리뷰 작성하기

방금 추가한 리뷰가 데이터베이스에 잘 저장되었는지 확인하겠습니다. 이를 위해 프리즈마 스튜디오를 가동합니다. 프리즈마 스튜디오는 백엔드 서버와 연결된 데이터베이스를 조회할 때 사용하는 도구로 1장 28쪽에서 백엔드 서버를 설정하면서 잠시 살펴본 바 있습니다.

프리즈마 스튜디오를 가동하기 위해 백엔드 서버 콘솔을 열고 백엔드 서버가 위치한 폴더로 이동해 다음 명령어를 입력합니다(또는 백엔드 서버가 열려 있는 비주얼 스튜디오 코드의 터미널 분할 아이콘을 클릭해도 됩니다).

CODE
```
> npx prisma studio

// 출력
Environment variables loaded from .env
Prisma schema loaded from prisma/schema.prisma
Prisma Studio is up on http://localhost:5555
```

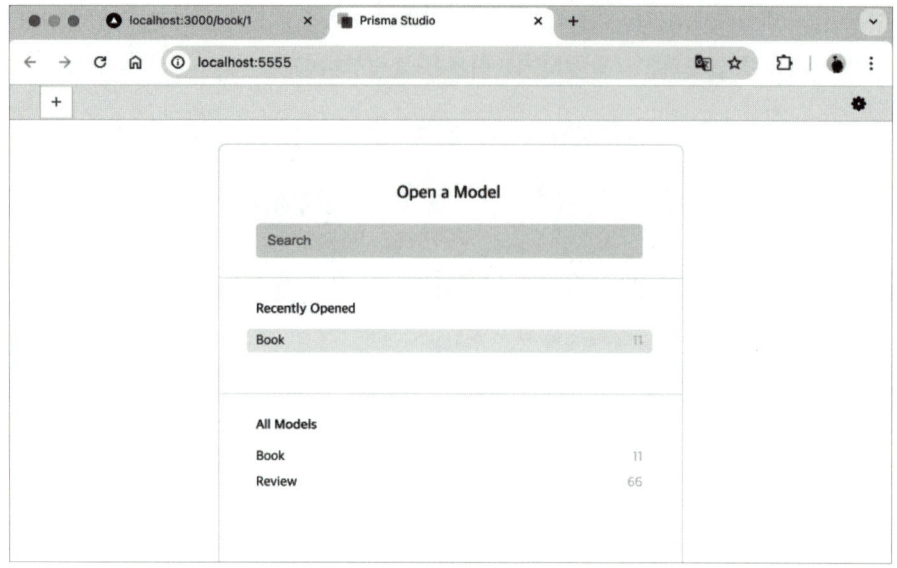

[그림 8-14] 프리즈마 스튜디오 대시보드

[그림 8-14]와 같이 모든 테이블이 다 나열된 프리즈마 스튜디오의 대시보드가 나타납니다. 여기서 리뷰 데이터만 확인하기 위해 'Review'를 클릭합니다.

 프리즈마 스튜디오 대시보드의 UI가 달라요!

1장에서 이미 프리즈마 스튜디오를 살펴보았습니다. 따라서 npx prisma studio 명령을 입력하면 처음 실행했을 때와 달리 대시보드 메인 화면이 아닌 Book 테이블의 데이터가 바로 나타날 수 있습니다. 이는 프리즈마 스튜디오가 마지막으로 열었던 테이블 화면을 기억하고 다시 열었을 때 해당 테이블 페이지로 곧장 이동하기 때문입니다.

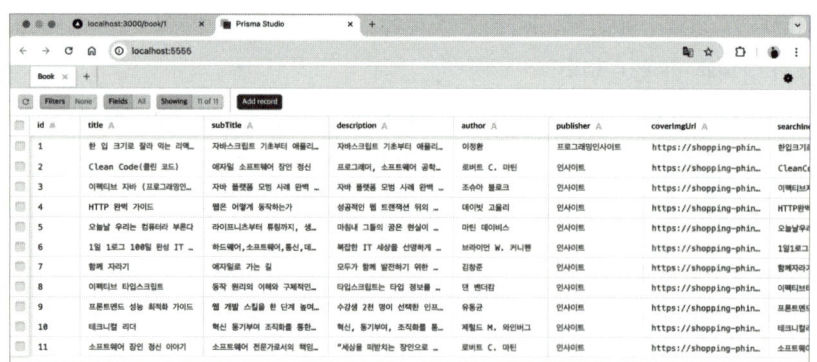

[그림 8-15] Book 테이블 데이터 조회 화면

따라서 화면이 [그림 8-15]처럼 Book 테이블이 먼저 표시되더라도 당황할 필요는 없습니다. 프리즈마 스튜디오의 상단에 있는 [+] 버튼을 클릭하면 [그림 8-14]처럼 다양한 테이블을 한눈에 볼 수 있는 대시보드 메인 화면으로 이동합니다. 여기서 'Review' 항목을 클릭하면 됩니다.

[그림 8-16]처럼 리뷰 테이블에는 1장에서 미리 설정해 둔 리뷰 데이터가 저장되어 있습니다. 이 데이터는 Book 테이블의 데이터와 마찬가지로 실습을 원활하게 진행할 수 있도록 미리 만든 샘플 데이터입니다. 실제 운영 환경에서 사용하는 데이터는 아니며 학습과 테스트를 위해 구성된 예시 데이터이므로 부담 없이 다양한 실습에 활용해도 괜찮습니다.

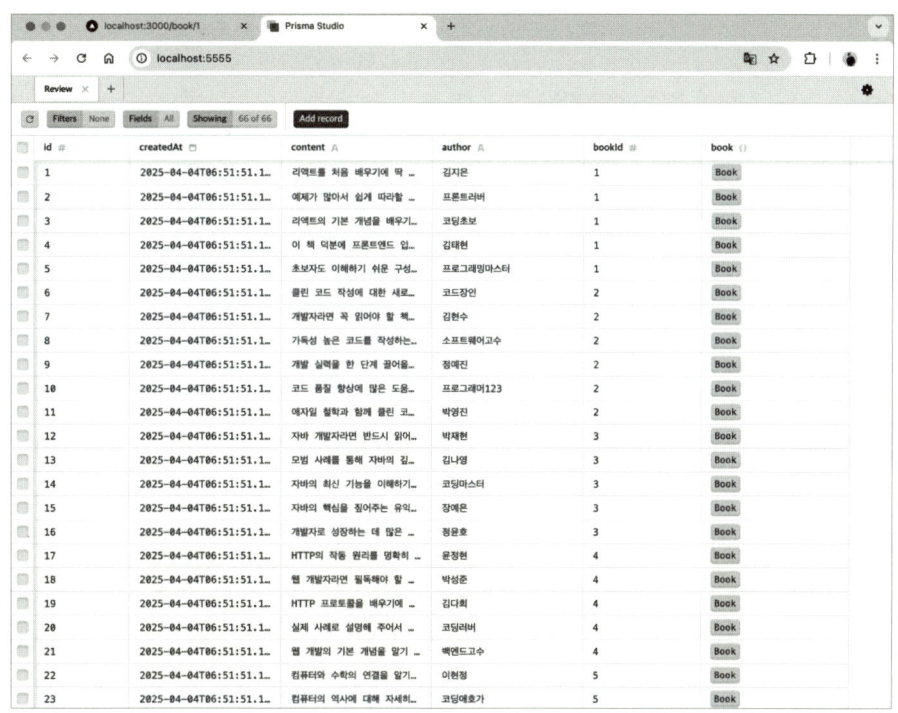

[그림 8-16] 리뷰 테이블 데이터 확인하기

앞서 추가한 리뷰 데이터를 확인하려면 [그림 8-17]에서 빨간색으로 표시된 'createdAt' 열을 두 번 클릭해 최신순으로 데이터를 정렬하면 됩니다. 테이블 최상단에 앞서 추가한 리뷰가 잘 저장되어 있음을 확인할 수 있습니다.

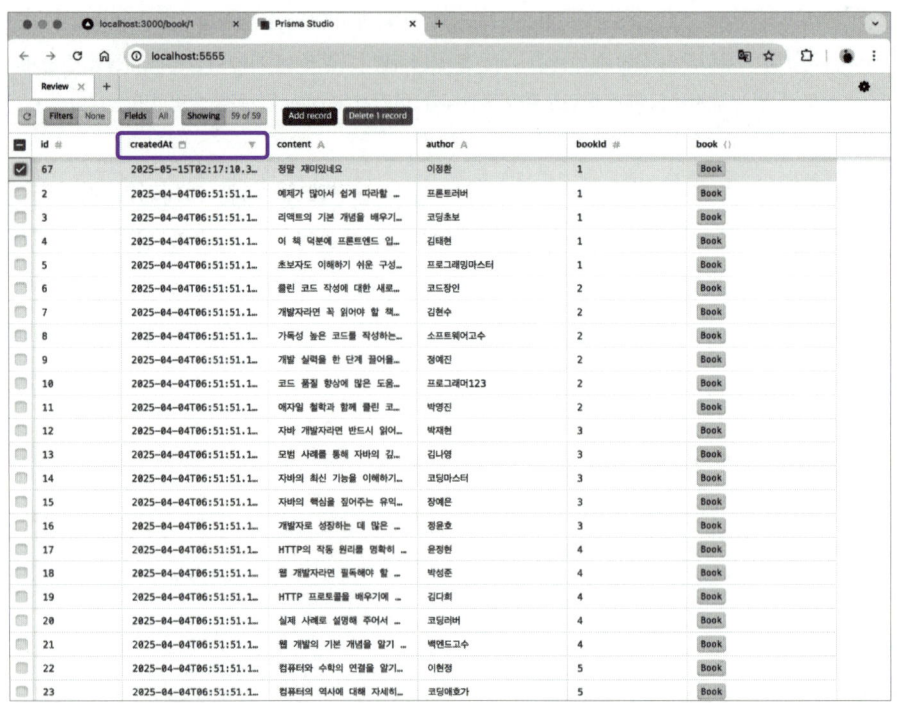

[그림 8-17] 테이블을 최신순으로 정렬해 방금 추가한 리뷰 확인하기

ReviewEditor 컴포넌트 스타일 설정하기

새 리뷰를 추가하는 기능을 구현했지만, ReviewEditor 컴포넌트의 스타일을 지정하지 않아 UI가 다소 단조롭습니다. 이제 ReviewEditor 컴포넌트의 스타일을 지정해 깔끔하고 보기 좋은 디자인을 만들겠습니다.

먼저 ReviewEditor 컴포넌트를 별도의 파일로 분리합니다. 너무 많은 코드를 파일 하나에 작성하면 컴포넌트의 재사용성과 확장성이 떨어집니다. src/components 폴더에 review-editor.tsx와 review-editor.module.css 파일을 각각 생성합니다. 그리고 review-editor.tsx 파일에 도서 상세 페이지에서 작성했던 ReviewEditor 컴포넌트를 그대로 옮깁니다.

CODE　　　　　　　　　　　　　　　　　　file: src/components/review-editor.tsx
```
export default function ReviewEditor({ bookId }: { bookId: string }) { ①
  const createReviewAction = async (formData: FormData) => {
    "use server";
```

```
    const bookId = formData.get("bookId");
    const content = formData.get("content");
    const author = formData.get("author");

    try {
      if (!bookId || !content || !author) throw new Error("잘못된 요청입니다");
      const response = await fetch(
        `${process.env.NEXT_PUBLIC_API_URL}/review`, {
        method: "POST",
        body: JSON.stringify({
          bookId,
          content,
          author,
        }),
      });

      if (!response.ok) throw new Error(response.statusText);
    } catch (e) {
      console.error(e);
    }
  };

  return (
    <section>
      <form action={createReviewAction}>
        <input name="bookId" value={bookId} type="hidden" readOnly />
        <input required name="content" placeholder="리뷰 내용" />
        <input required name="author" placeholder="작성자" />
        <button type="submit">작성하기</button>
      </form>
    </section>
  );
}
```

① ReviewEditor 컴포넌트를 기본으로 내보내기 위해 export default 키워드를 추가합니다.

스타일링을 위해 ReviewEditor 컴포넌트의 return 문을 다음과 같이 수정합니다.

CODE   file: src/components/review-editor.tsx

```
import style from "./review-editor.module.css"; ①

export default function ReviewEditor({ bookId }: { bookId: string }) {
  (...)
  return (
    <section className={style.container}> ②
      <form action={createReviewAction}>
```

```
        <input name="bookId" value={bookId} hidden readOnly />
        <textarea required name="content" placeholder="리뷰 내용" /> ③
        <div className={style.submit_container}> ④
          <input required name="author" placeholder="작성자" />
          <button type="submit">작성하기</button>
        </div>
      </form>
    </section>
  );
}
```

① 앞서 생성한 review-editor.module.css 파일에서 style 객체를 불러옵니다.
② 최상위 태그의 className을 style.container로 설정합니다.
③ 리뷰 내용을 입력하는 폼을 <input> 태그에서 <textarea> 태그로 변경합니다.
③ 리뷰 작성자를 입력하는 <input>과 <button> 태그를 <div> 태그로 감싸고 <div>의 className을 style.submit_container로 설정합니다.

review-editor.module.css 파일에서 다음과 같은 스타일 규칙을 추가합니다.

CODE   file: src/components/review-editor.module.css
```css
.container {
  display: flex;
  flex-direction: column;
  gap: 5px;
}

.container textarea {
  width: 100%;
  height: 100px;
  resize: vertical;
  padding: 10px;
  box-sizing: border-box;
  border: 1px solid rgb(220, 220, 220);
  border-radius: 5px;
}

.container input {
  padding: 10px;
  box-sizing: border-box;
  border: 1px solid rgb(220, 220, 220);
  border-radius: 5px;
}

.container button {
  width: 80px;
  padding: 10px;
```

```
  background-color: rgb(37, 147, 255);
  color: white;
  border: none;
  border-radius: 5px;
  cursor: pointer;
}

.container .submit_container {
  display: flex;
  justify-content: flex-end;
  gap: 5px;
}
```

ReviewEditor 컴포넌트의 스타일링을 모두 완료했으니 이 컴포넌트를 사용하도록 페이지 컴포넌트를 수정합니다. 앞서 페이지 컴포넌트 위에 작성했던 ReviewEditor 컴포넌트는 제거합니다.

CODE file: src/app/book/[id]/page.tsx
```
import ReviewEditor from "@/components/review-editor"; ①
(...)
export default async function Page({ params }: { params: Promise<{ id: string }> }) {
  const { id } = await params;

  return (
    <div className={style.container}>
      <BookDetail bookId={id} />
      <ReviewEditor bookId={id} />
    </div>
  );
}
```

① ReviewEditor 컴포넌트를 불러옵니다.

브라우저에서 'book/1' 페이지로 접속하면 [그림 8-18]과 같이 ReviewEditor 컴포넌트의 스타일링이 잘 설정되었습니다.

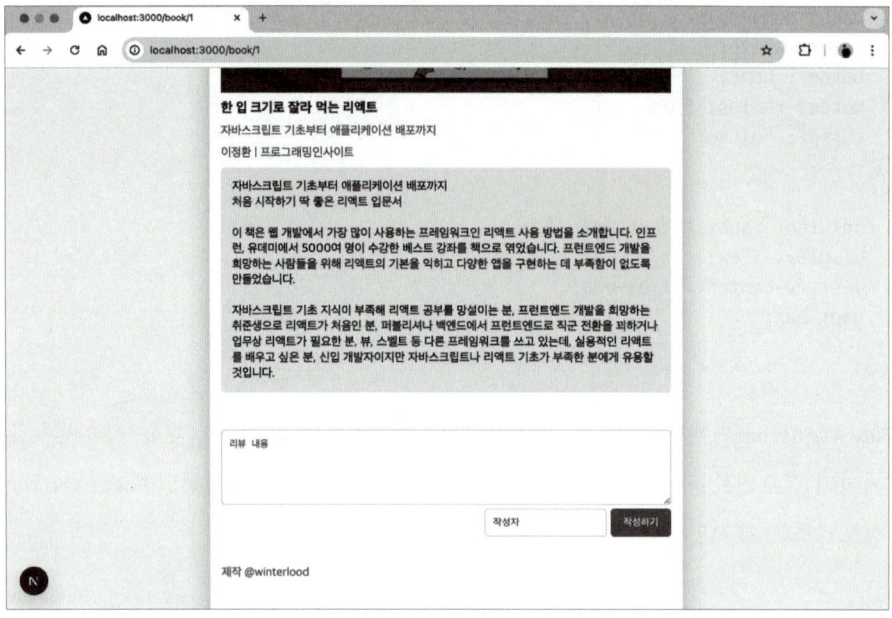

[그림 8-18] 스타일링 설정이 완료된 ReviewEditor 컴포넌트

리뷰 조회 및 갱신 기능 구현하기

이번 절에서는 지금까지 등록한 리뷰를 조회하고 새롭게 추가한 리뷰를 페이지에서 갱신하는 기능을 살펴보겠습니다.

리뷰 조회 기능 구현하기

지금까지 서버 액션을 이용해 새 리뷰를 추가하고 이를 호출하는 `ReviewEditor` 컴포넌트의 스타일링까지 완료했습니다. 이제는 데이터베이스에 등록한 리뷰를 불러와 리스트로 렌더링할 차례입니다. 이를 위해 백엔드 서버에서 현재 도서의 모든 리뷰 데이터를 불러와 리스트로 렌더링하는 새로운 컴포넌트를 만들고 페이지 컴포넌트의 자식으로 배치하겠습니다.

`ReviewList` 컴포넌트를 생성하고 도서 상세 페이지 컴포넌트에 배치합니다.

CODE　　　　　　　　　　　　　　　　　　　　　　file: src/app/book/[id]/page.tsx
```
(...)
async function ReviewList({ bookId }: { bookId: string }) { ①
  return <section></section>;
}
```

```
export default async function Page({ params }: { params: Promise<{ id: string }> }) {
  const { id } = await params;

  return (
    <div className={style.container}>
      <BookDetail bookId={id} />
      <ReviewEditor bookId={id} />
      <ReviewList bookId={id} /> ②
    </div>
  );
}
```

> ① ReviewList 컴포넌트를 만듭니다. 이 컴포넌트는 백엔드 서버에서 도서 리뷰 데이터를 불러오
> 므로 async 키워드를 사용해 비동기 컴포넌트로 설정합니다. 또한 리뷰 데이터를 가져올 때 도서
> 아이디가 필요하므로 Props로 bookId 값을 받도록 설정합니다.
> ② ReviewList 컴포넌트를 페이지 컴포넌트의 자식으로 배치합니다.

다음으로 ReviewList 컴포넌트에서 도서의 모든 리뷰 데이터를 불러오는 기능을 추가해야 합니다. *http://localhost:8080/api*로 접속해 백엔드 서버의 API 문서를 살펴보면 [그림 8-19]와 같이 Review 섹션의 첫 번째 아이템으로 특정 도서의 리뷰를 모두 불러오는 API가 있음을 확인할 수 있습니다.

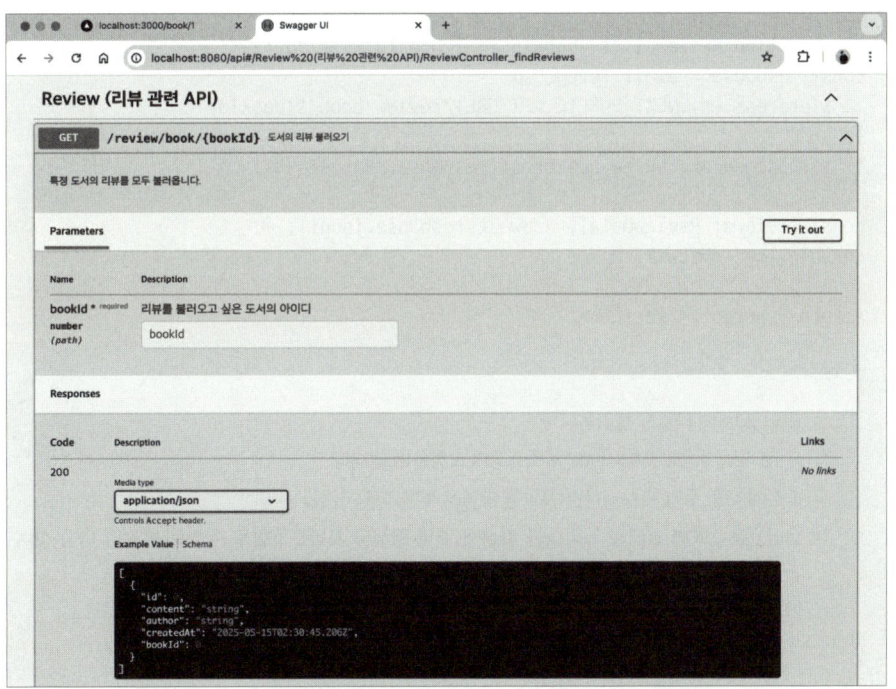

[그림 8-19] 특정 도서의 리뷰를 모두 불러오는 API

문서에 따르면 특정 도서의 리뷰를 불러오는 API 명세는 다음과 같습니다:

- HTTP 메서드: GET
- 요청 주소: /review/book/{도서 아이디}
- 응답 데이터: id, content, author, createdAt, bookId

type.ts 파일에서 이 명세를 기반으로 한 리뷰 데이터의 타입을 추가로 정의합니다.

```ts
// file: src/types.ts
(...)
export interface ReviewData {
  id: number;
  content: string;
  author: string;
  createdAt: string;
  bookId: number;
}
```

그리고 ReviewList 컴포넌트에서 리뷰 데이터를 불러오는 기능을 추가합니다.

```tsx
// file: src/app/book/[id]/page.tsx
import { BookData, ReviewData } from "@/types"; ①
(...)
async function ReviewList({ bookId }: { bookId: string }) {
  const response = await fetch( ②
    `${process.env.NEXT_PUBLIC_API_URL}/review/book/${bookId}`
  );
  if (!response.ok) throw new Error(response.statusText); ③

  const reviews: ReviewData[] = await response.json(); ④
  console.log(reviews); ⑤

  return <section></section>;
}
(...)
```

① ReviewData 타입을 불러옵니다.
② '~/review/book/${bookId}' 주소로 API 요청을 보냅니다.
③ 요청에 대한 응답이 실패하면 예외를 발생시켜 에러로 처리합니다.
④ 응답받은 JSON 형태의 데이터를 파싱해 배열 형태의 자바스크립트 객체로 변환한 다음, 변수 reviews에 저장합니다.
⑤ 리뷰 데이터를 콘솔에 출력합니다.

브라우저에서 1번 도서 페이지인 '~/book/1'로 접속하면 ReviewList 컴포넌트가 백엔드 서버에서 해당 도서의 모든 리뷰 데이터를 성공적으로 가져옵니다. Next.js 서버 콘솔에서 확인하면 [그림 8-20]처럼 도서 리뷰가 배열 형태로 나타납니다. 다른 도서 페이지에 접속해도 마찬가지로 그 도서의 리뷰를 모두 확인할 수 있습니다.

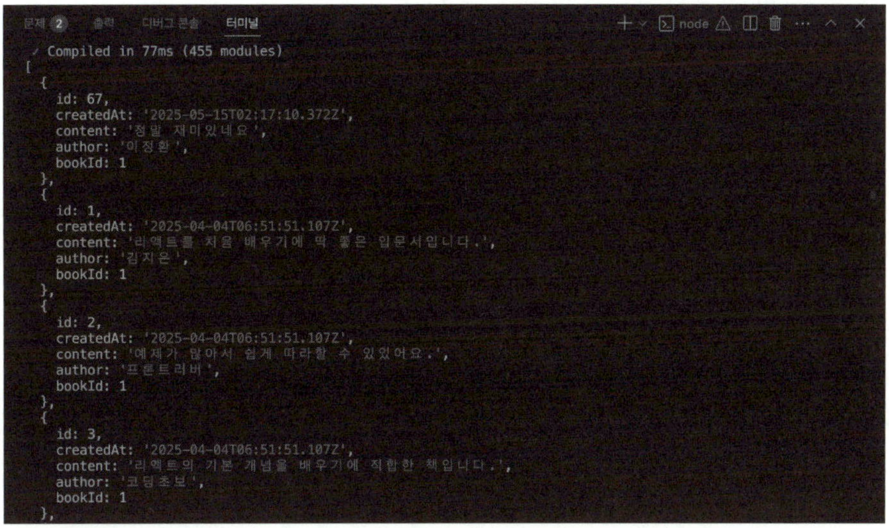

[그림 8-20] 리뷰 데이터 확인하기

리뷰 데이터를 정상적으로 불러온다는 것이 확인되었다면 이제 리뷰 조회 기능의 마지막 단계로 리뷰 아이템을 렌더링할 UI 컴포넌트를 만들고 이를 리스트 형태로 페이지에 표시하겠습니다. 그 전에 앞서 ReviewList 컴포넌트 ❺에 작성했던 `console.log(reviews)`는 다음 실습을 위해 삭제합니다.

components 폴더에 review-item.tsx와 review-item.module.css 파일을 생성하고 다음과 같이 각각 작성합니다.

CODE file: src/components/review-item.tsx
```
import { ReviewData } from "@/types";
import style from "./review-item.module.css";

export default function ReviewItem({
  id,
  content,
  author,
  createdAt,
  bookId,
```

```
}: ReviewData) {
  return (
    <div className={style.container}>
      <div className={style.author}>{author}</div>
      <div className={style.content}>{content}</div>
      <div className={style.bottom_container}>
        <div className={style.date}>{new Date(createdAt).toLocaleString()}
        </div>
        <div className={style.delete_btn}>삭제하기</div>
      </div>
    </div>
  );
}
```

```
CODE                                        file: src/components/review-item.module.css
.container {
  display: flex;
  flex-direction: column;
  gap: 5px;
  padding: 15px 0px;
}

.author {
  font-size: 14px;
}

.content {
  background-color: rgb(240, 240, 240);
  padding: 15px 10px;
  border-radius: 5px;
}

.bottom_container {
  display: flex;
  gap: 10px;
  color: gray;
  font-size: 14px;
}

.delete_btn {
  cursor: pointer;
}
```

다음으로 ReviewItem 컴포넌트로 도서 리뷰 데이터를 렌더링할 수 있도록 ReviewList 컴포넌트를 다음과 같이 수정합니다.

CODE　　　　　　　　　　　　　　　　　　　file: src/app/book/[id]/page.tsx

```
(...)
import ReviewItem from "@/components/review-item"; ①

async function ReviewList({ bookId }: { bookId: string }) {
  (...)
  return (
    <section>
      {reviews.map((review) => ( ②
        <ReviewItem key={`review-item-${review.id}`} {...review} />
      ))}
    </section>
  );
}
(...)
```

① ReviewItem 컴포넌트를 불러옵니다
② 변수 reviews에 저장되어 있는 배열 형태의 리뷰 데이터들을 ReviewItem 컴포넌트를 이용해 리스트로 렌더링합니다.

[그림 8-21]과 같이 도서 상세 페이지 하단에서 리뷰 리스트를 정상적으로 렌더링합니다.

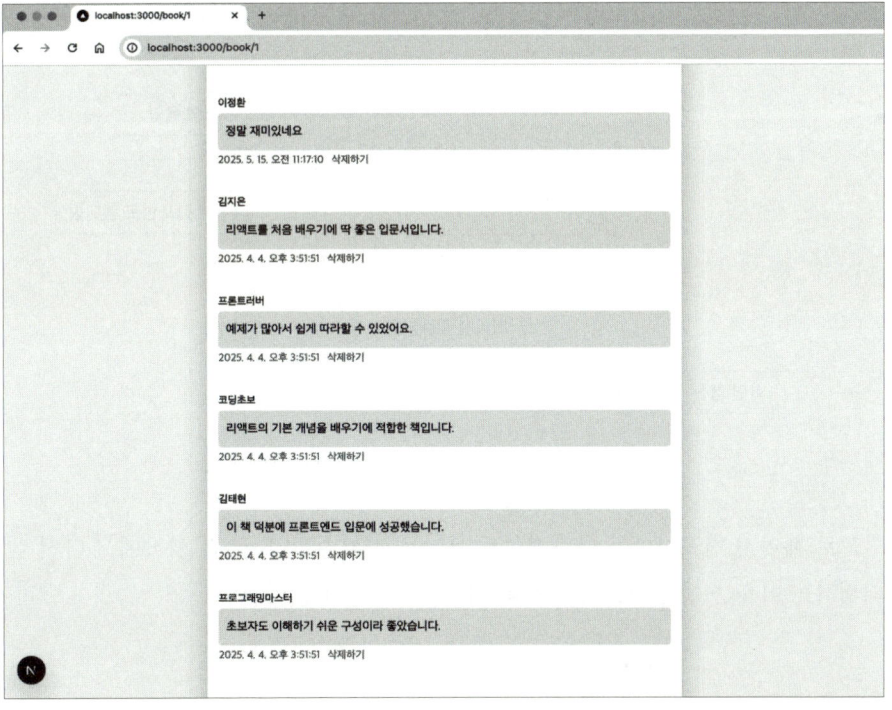

[그림 8-21] 렌더링한 리뷰 리스트 확인하기

리뷰 갱신 기능 구현하기

지금까지 새 리뷰를 작성하는 ReviewEditor, 리뷰 리스트를 불러와 렌더링하는 ReviewList, 그리고 리뷰 아이템 UI를 렌더링하는 ReviewItem 컴포넌트까지 모두 구현하면서 리뷰의 추가 기능과 조회 기능을 완성했습니다.

그러나 현재의 리뷰 기능은 새 리뷰를 추가해도 실시간으로 데이터를 페이지에 반영하지 않습니다. 다시 말해 사용자가 리뷰를 추가하면 리뷰를 바로 페이지에 렌더링하지 않고 새로고침해야 반영합니다.

이 문제를 해결하려면 [그림 8-22]처럼 ReviewEditor 컴포넌트에서 호출한 서버 액션이 수행되어 데이터베이스에 리뷰가 추가되면 페이지 컴포넌트를 Next.js 서버에서 다시 렌더링해 데이터를 새롭게 반영하고 그 결괏값을 클라이언트에 보내야 합니다.

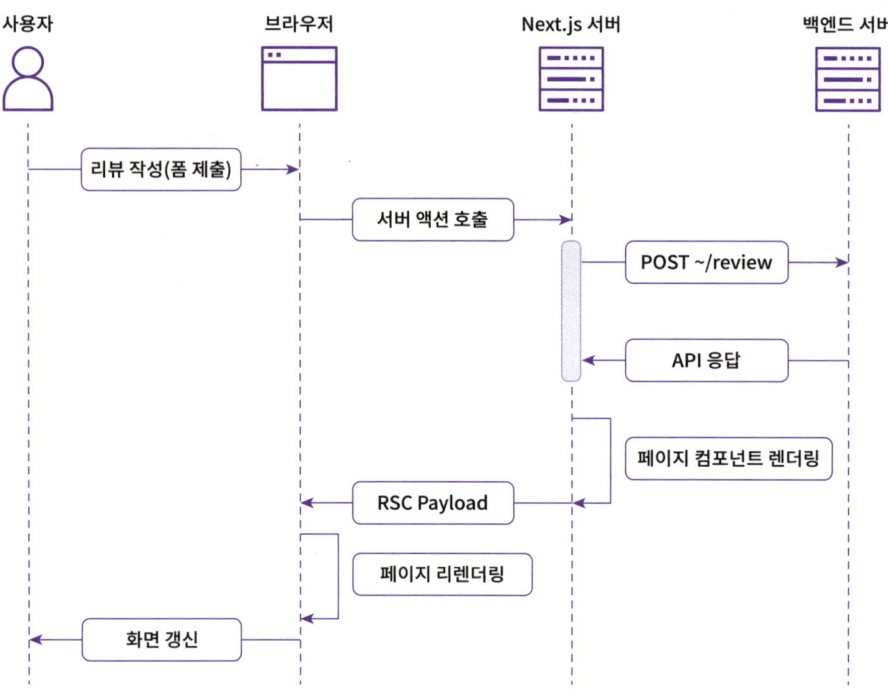

[그림 8-22] 새 리뷰를 추가할 때 페이지 갱신 시나리오

참고로 페이지 컴포넌트를 클라이언트(브라우저)가 아닌 Next.js 서버에서 다시 렌더링하는 이유는 이 컴포넌트가 서버 컴포넌트이기 때문입니다.

서버 액션이 호출되었을 때 어떻게 하면 Next.js 서버가 페이지를 다시 실행하고 그 결과를 브라우저에 전달하도록 만들 수 있을까요? 앱 라우터 버전에서 제공하는 revalidatePath라는 내장 메서드를 사용하는 방법이 있습니다. revalidatePath는 특정 경로의 캐시 데이터를 모두 제거하는 기능으로 경로에 해당하는 풀 라우트 캐시와 데이터 캐시를 무효화합니다.

다음은 revalidatePath 메서드로 특정 경로의 캐시를 모두 무효화하는 예입니다. 이해를 돕기 위한 예시이므로 따라 작성할 필요는 없습니다.

CODE · file: 예시

```
import { revalidatePath } from "next/cache"; ①

revalidatePath("/") ②
```

> ① next/cache 패키지에서 revalidatePath 메서드를 불러옵니다.
> ② revalidatePath 메서드를 호출하고 인수로 "/"를 전달합니다. 그 결과 "/" 경로에 해당하는 인덱스 페이지의 풀 라우트 캐시와 데이터 캐시를 모두 무효화합니다.

revalidatePath 메서드를 호출해 특정 경로의 캐시를 모두 제거하면 해당 페이지에 접속했을 때 최신 데이터를 반영한 페이지를 새롭게 생성합니다.

한입북스 앱에서 새 리뷰를 추가하는 서버 액션인 createReviewAction에서 다음과 같이 revalidatePath 메서드를 호출하고 도서 상세 페이지의 경로를 전달합니다.

CODE · file: src/components/review-editor.tsx

```
import { revalidatePath } from "next/cache"; ①
(...)
export default function ReviewEditor({ bookId }: { bookId: string }) {
  const createReviewAction = async (formData: FormData) => {
    "use server";

    const bookId = formData.get("bookId");
    const content = formData.get("content");
    const author = formData.get("author");

    try {
      (...)
      revalidatePath(`/book/${bookId}`); ②
    } catch (e) {
      console.error(e);
    }
  };
```

```
  (...)
}
```

① next/cache 패키지에서 revalidatePath 메서드를 불러옵니다.
② revalidatePath 메서드를 호출하고 인수로 도서 상세 페이지의 경로를 전달합니다. 그럼 이 경로의 캐시는 다 무효화됩니다.

revalidatePath 메서드를 서버 액션에서 호출하면서 인수로 현재 사용자가 위치한 페이지의 경로를 전달하면 해당 경로의 캐시를 모두 무효화함과 동시에 해당 경로의 페이지를 바로 생성해 브라우저에 응답합니다. 그 결과 사용자는 페이지를 새로 고침하지 않아도 업데이트된 리뷰 데이터를 실시간으로 확인할 수 있습니다.

브라우저에서 새 리뷰를 추가한 다음, 〈작성하기〉 버튼을 클릭합니다. 그 결과 [그림 8-23]처럼 새 리뷰가 곧바로 페이지에 나타납니다.

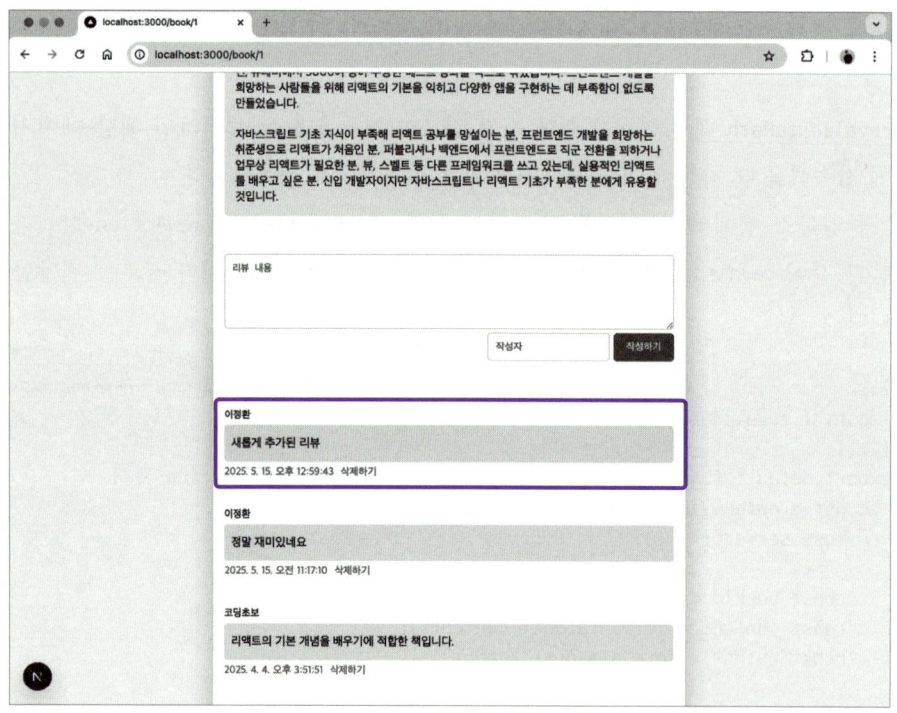

[그림 8-23] 페이지에서 바로 렌더링되는 새 리뷰

revalidatePath 메서드 자세히 살펴보기

앞서 리뷰를 실시간으로 바로 페이지에 렌더링하도록 특정 경로의 캐시를 모두 무효화하는 revalidatePath 메서드를 살펴보았습니다.

revalidatePath 메서드는 특정 경로의 캐시 하나를 무효화하는 기능뿐만 아니라, 동적 경로의 모든 캐시 또는 앱 전체의 모든 캐시를 무효화하는 확장 기능도 제공합니다. 이런 특성 때문에 revalidatePath 메서드는 앱 라우터 버전의 앱 개발에서 매우 중요한 도구가 되고 있습니다.

캐시 무효화의 범위를 설정하는 두 번째 인수 type

revalidatePath 메서드에는 선택적으로 전달되는 두 번째 인수 type이 있는데, 이 인수로 캐시 무효화의 대상과 방식을 세밀하게 설정할 수 있습니다.

```
import { revalidatePath } from 'next/cache'

revalidatePath(path, type)
```

앞의 실습처럼 첫 번째 인수로 경로를 전달하고 두 번째 인수를 생략하면 기본적으로 첫 번째 인수로 전달한 경로의 캐시만을 무효화합니다.

```
import { revalidatePath } from 'next/cache'

revalidatePath("book/1")
// 'book/1' 경로의 캐시 무효화
```

다음과 같이 type으로 "page"를 전달하면 첫 번째 인수로 전달한 경로의 모든 캐시를 무효화합니다.

```
import { revalidatePath } from 'next/cache'

revalidatePath("book/[id]", "page")
// "book/[id]" 경로의 캐시 무효화
```

이 코드에서 동적 경로 'book/[id]'에 포함되는 경로(예: '/book/1', '/book/2', '/book/3' 등)의 캐시는 전부 무효화됩니다. 두 번째 인수로 "page"를 전달할 때는 첫 번째 인수를 실제 URL 경로(예: '/book/1' 등)가 아닌 Next.js의 파일 구조에 해당하는 경로(예: 'book/[id]' 등)로 지정해야 한다는 점에 주의합니다. 실제 URL 경로를 전달하면 의도대로 작동하지 않을 수 있습니다.

   revalidatePath 메서드의 type으로 "layout"을 전달하면 첫 번째 인수 path로 전달한 경로와 레이아웃을 공유하는 모든 하위 경로의 캐시를 무효화합니다. 이 type을 사용하면 첫 번째 인수로 전달한 경로를 기준으로 그 하위에 속하는 모든 경로의 캐시를 무효화할 수 있습니다.

```
CODE
import { revalidatePath } from 'next/cache'

revalidatePath('/(with-searchbar)', 'layout')
// (with-searchbar)/layout.tsx 파일의 레이아웃 컴포넌트가 적용되는
// 모든 경로의 캐시를 무효화합니다.
```

이 코드에서는 (with-searchbar)/layout.tsx 파일의 레이아웃 컴포넌트를 사용하는 모든 경로의 캐시를 무효화합니다. 이 파일의 레이아웃 컴포넌트가 현재 경로는 물론 하위 경로에도 모두 적용되기 때문입니다. 따라서 (with-searchbar) 경로 아래에 있는 '/search' 페이지의 캐시도 모두 무효화됩니다.

   revalidatePath 메서드를 호출하면서 첫 번째 인수로 인덱스 경로인 "/"을 전달하면서 두 번째 인수로 "layout"을 전달하면 이 앱에 있는 캐시를 모두 무효화합니다.

```
CODE
import { revalidatePath } from 'next/cache'

revalidatePath('/', 'layout')
// 이 Next.js 앱의 캐시를 모두 무효화합니다.
```

앞서 revalidatePath 메서드의 두 번째 인수로 "layout"을 전달하면 첫 번째 인수로 지정한 경로와 그 하위 경로의 캐시를 모두 무효화한다고 했습니다. 따라서 첫 번째 인수로 앱의 최상단 경로인 "/"를 전달하면 이 경로와 하위 경로 전체의 캐시를 모두 무효화합니다. 결국 앱에 있는 캐시를 모두 무효화합니다.

   이렇듯 revalidatePath 메서드는 전달할 인수에 따라 캐시를 무효화할 대상과 범위를 세밀하게 조정합니다. 이 메서드를 사용하면 특정 경로의 캐시만을 선택적으

로 갱신하거나 레이아웃 단위로 앱의 캐시를 갱신하는 등 요구 사항에 맞는 유연한 처리가 가능합니다.

자매품 revalidateTag

Next.js에는 revalidatePath의 자매품으로 revalidateTag라는 메서드가 존재합니다. 두 메서드는 특정 캐시를 무효화할 때 사용하는데, 둘의 차이는 다음과 같습니다.

- revalidatePath: 특정 경로의 모든 캐시를 무효화함
- revalidateTag: 특정 태그가 있는 데이터 캐시를 무효화함

revalidateTag는 revalidatePath와 달리 특정 태그가 있는 데이터 캐시를 무효화합니다. 여기서 태그란 데이터 캐시에 설정된 태그를 의미합니다. 앞서 5장에서 데이터 캐시를 살펴보면서 fetch 메서드의 여러 데이터 캐시 옵션 중 next: {tags: []}라는 옵션을 살펴본 적이 있습니다. 여기서 태그(tag)는 데이터 캐시에 설정한 식별자로서 데이터를 효율적으로 갱신하고 관리하기 위해 사용합니다.

```
fetch(url, { next: { tags: ["a"] } });
// "a" 태그를 설정했습니다.
```

태그가 설정된 데이터 캐시를 무효화할 때 revalidateTag를 사용합니다. 예를 들어 다음과 같이 이 메서드를 호출하고 인수로 태그를 전달하면 해당 태그가 있는 모든 데이터 캐시를 즉시 무효화합니다.

```
import { revalidateTag } from 'next/cache';

revalidateTag("a");
// 태그 "a"가 있는 데이터 캐시를 모두 무효화합니다.
```

revalidateTag는 오직 데이터 캐시만 무효화합니다. 따라서 revalidateTag는 데이터 캐시뿐만 아니라 풀 라우트 캐시까지 무효화하는 revalidatePath보다 더 작은 범위의 캐시를 무효화할 때 주로 사용합니다.

Next.js 서버에서만 호출할 수 있다는 점에 주의

revalidatePath 메서드는 Next.js 서버에서만 호출할 수 있습니다. revalidatePath 메서드가 주로 Next.js 서버에 저장된 풀 라우트 캐시와 데이터 캐시를 무효화하기 위한 동작을 수행하기 때문입니다. 이 캐시들은 브라우저가 아닌 서버에 저장되므로 클라이언트 환경에서는 접근 또는 제어할 수 없습니다.

revalidatePath 메서드는 서버 액션, 라우트 핸들러, 또는 서버 컴포넌트와 같이 Next.js 서버에서만 호출할 수 있습니다. 반면 클라이언트 컴포넌트나 이벤트 핸들러가 동작하는 브라우저 환경에서는 이 메서드를 호출할 수 없습니다. 클라이언트 환경에서 호출하면 오류가 발생하므로 사용하는 위치에 특별히 주의해야 합니다.

리뷰 갱신 기능 업그레이드하기

앞서 살펴본 revalidatePath와 revalidateTag 메서드를 사용해 현재 한입북스 앱에서 구현한 리뷰 추가 및 갱신 기능을 업그레이드합니다. 지금은 서버 액션에서 리뷰를 추가하고 revalidatePath를 사용해 현재 경로의 모든 캐시를 무효화하는데, 곰곰이 생각하면 불필요하게 많은 캐시를 무효화합니다.

한입북스의 도서 상세 페이지에는 데이터 캐시에 저장할 수 있는 두 가지 fetch 메서드가 있습니다.

1. `BookDetail` 컴포넌트: 도서의 상세 정보를 불러오는 fetch 메서드
2. `ReviewList` 컴포넌트: 리뷰 데이터를 불러오는 fetch 메서드

설명의 편의를 위해 1번 메서드의 데이터 캐시는 도서 상세 데이터 캐시, 2번 메서드의 데이터 캐시는 리뷰 데이터 캐시라고 하겠습니다. 두 개의 데이터 캐시 중 새 리뷰를 추가했을 때 무효화할 캐시는 리뷰 데이터 캐시뿐입니다. 도서 정보는 변경되지 않으므로 도서 상세 데이터 캐시까지 무효화할 필요는 없습니다.

그러나 revalidatePath 메서드를 사용하고 있으므로 새 리뷰를 추가하면 두 캐시 모두 무효화됩니다. 이를 개선하려면 revalidatePath 대신 revalidateTag 메서드를 사용하면 됩니다.

ReviewList 컴포넌트의 fetch 메서드와 서버 액션을 수정해야 합니다. 먼저 ReviewList 컴포넌트의 fetch 메서드에서 다음과 같이 데이터 캐시 옵션을 추가합니다.

```
(...)
async function ReviewList({ bookId }: { bookId: string }) {
  const response = await fetch(
    `${process.env.NEXT_PUBLIC_API_URL}/review/book/${bookId}`,
    { next: { tags: [`review-${bookId}`] } } ①
  );
  (...)
}
(...)
```

① 리뷰 캐시의 데이터 캐시 옵션을 next: { tags: [review-${bookId}] }로 설정합니다.

그리고 서버 액션을 다음과 같이 수정합니다.

file: src/components/review-editor.tsx
```
import { revalidateTag } from "next/cache"; ①
(...)
export default function ReviewEditor({ bookId }: { bookId: string }) {
  const createReviewAction = async (formData: FormData) => {
    (...)
    try {
      (...)
      revalidateTag(`review-${bookId}`); ②
    } catch (e) {
      console.error(e);
    }
  };
  (...)
}
```

① revalidatePath 대신 revalidateTag를 불러옵니다.
② 새 리뷰를 추가할 때 revalidatePath 대신 revalidateTag를 호출하고 인수로 review-${bookId}를 전달합니다.

새 리뷰를 추가하면 review-${bookId} 태그가 있는 데이터 캐시를 무효화하도록 변경했습니다. 이로써 도서 정보를 불필요하게 다시 불러오는 동작을 방지하면서도 페이지를 효과적으로 갱신할 수 있게 되었습니다.

이때 데이터 캐시만 무효화했음에도 페이지가 자동으로 갱신되는 이유가 궁금할 수 있습니다. 이는 데이터 캐시를 무효화하면 해당 데이터와 연관된 풀 라우트 캐시도 자동으로 무효화되기 때문입니다(337쪽 참조). 풀 라우트 캐시는 페이지를 생성할 때 참조된 데이터 캐시의 의존성을 모두 포함합니다. 따라서 데이터 캐시를 무효화하면 이를 참조하는 풀 라우트 캐시도 유효하지 않아 Next.js 서버는 페이지를 다시 생성합니다. 새롭게 생성한 페이지를 브라우저에 반환하면 최신 데이터를 반영한 상태로 자동 갱신됩니다.

결론적으로 데이터 캐시를 무효화하면 페이지의 갱신 범위를 최소화하면서도 필요한 부분은 정확히 갱신하므로 페이지 갱신과 성능 최적화를 효율적으로 달성할 수 있습니다.

리뷰 추가 및 갱신 기능 업그레이드하기

이번 절에서는 지금까지 구현한 리뷰 추가 및 갱신 기능에 로딩 상태를 표시하고 오류 메시지를 출력합니다. 사용자가 리뷰를 등록하거나 수정하는 동안에는 작업이 진행 중임을 알리는 로딩 상태를 표시하고 오류가 발생하면 그 원인을 안내하는 메시지를 제공해 사용자에게 보다 명확하고 안정적인 피드백을 전달합니다.

ReviewEditor 컴포넌트를 클라이언트 컴포넌트로 전환하기

지금까지 서버 액션을 활용해 새 리뷰를 추가하고 페이지에서 리뷰를 자동으로 갱신하도록 했습니다. 하지만 여전히 아쉬운 점이 남습니다. 새 리뷰를 추가해도 사용자에게 로딩 상태를 표시하거나 오류 메시지를 출력하는 등 현재 상황에 대한 적절한 피드백을 제공하는 기능이 없습니다.

이 기능을 제공하려면 한입북스 앱에서 사용자가 리뷰를 작성하고 추가하는 ReviewEditor 컴포넌트를 클라이언트 컴포넌트로 전환해야 합니다. 현재 ReviewEditor 컴포넌트는 서버 컴포넌트로 설정되어 있습니다. 서버 컴포넌트는 사용자가 버튼을 클릭했을 때 로딩 상태를 표시하거나 오류 메시지를 출력하는 등 사용자와 상호작용하는 기능은 제공하지 않습니다.

ReviewEditor 컴포넌트 파일 최상단에 "use client" 지시자를 추가해 이 컴포넌트를 클라이언트 컴포넌트로 전환합니다.

CODE file: src/components/review-editor.tsx
```
"use client"; ①
(...)
export default function ReviewEditor({ bookId }: { bookId: string }) {
  (...)
}
```

① "use client" 지시자를 파일 최상단에 추가해 파일에서 내보내는 ReviewEditor 컴포넌트를 클라이언트 컴포넌트로 설정합니다.

그럼 [그림 8-24]와 같이 오류가 발생하는데, 클라이언트 컴포넌트로 전환된 ReviewEditor 컴포넌트에 createReviewAction이라는 서버 액션 함수가 선언되어 있기 때문입니다.

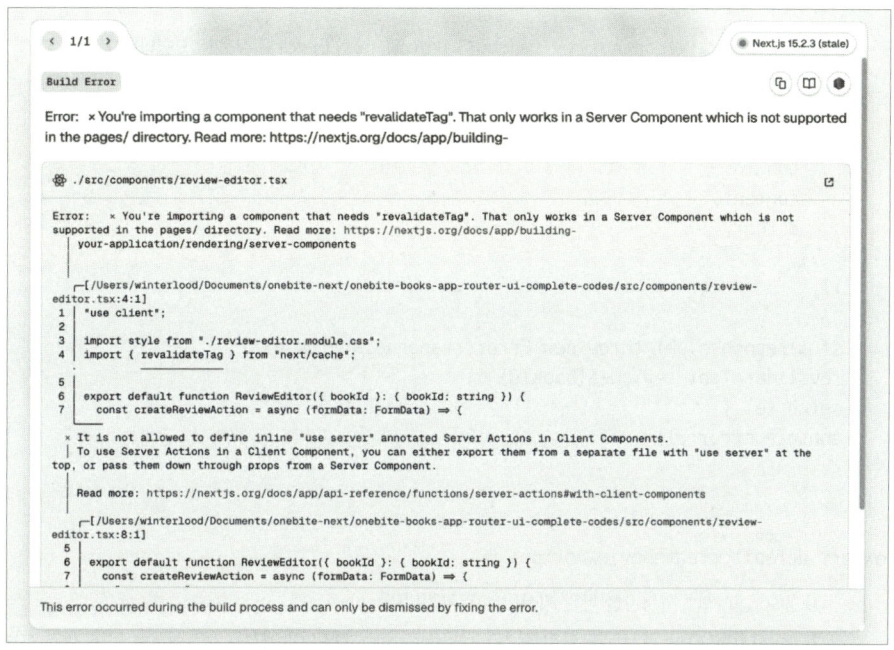

[그림 8-24] ReviewEditor 컴포넌트를 클라이언트 컴포넌트로 전환하면 발생하는 오류

서버 액션은 Next.js 서버에서 실행되는 함수이므로 클라이언트 컴포넌트에 포함하면 오류가 발생합니다. 따라서 이 문제를 해결하려면 서버 액션을 별도의 파일로 분리해야 합니다.

src 폴더에 서버 액션을 보관할 actions 폴더를 생성합니다. actions 폴더에서 create-review.action.ts 파일을 생성합니다. 그리고 review-editor.tsx 파일의 ReviewEditor 컴포넌트에서 작성했던 createReviewAction 함수를 옮겨 옵니다. 다음은 새롭게 작성한 코드입니다.

```
CODE                              file: src/actions/create-review.aciton.ts
"use server"; ①

import { revalidateTag } from "next/cache"; ②

const createReviewAction = async (formData: FormData) => { ③
  const bookId = formData.get("bookId");
  const content = formData.get("content");
  const author = formData.get("author");

  try {
    if (!bookId || !content || !author) throw new Error("잘못된 요청입니다");
    const response = await fetch(`${process.env.NEXT_PUBLIC_API_URL}/review`, {
      method: "POST",
      body: JSON.stringify({
        bookId,
        content,
        author,
      }),
    });

    if (!response.ok) throw new Error(response.statusText);
    revalidateTag(`review-${bookId}`);
  } catch (e) {
    console.error(e);
  }
};

export default createReviewAction; ④
```

① "use server" 지시자를 파일 최상단에 추가합니다.

② revalidateTag 메서드를 불러옵니다. review-editor.tsx 파일에서는 이 import 문을 제거해야 합니다.

③ review-editor.tsx 파일에서 createReviewAction 함수를 옮겨 옵니다. 이때 이 함수 최상단의 "use server" 지시자는 ①에서 이미 작성했으므로 제거합니다.

④ createReviewAction을 기본으로 내보냅니다.

이 파일에서 내보낸 서버 액션 **createReviewAction**을 **review-editor.tsx** 파일에서 불러와 사용할 수 있도록 다음과 같이 수정합니다.

```
CODE                              file: src/components/review-editor.tsx
"use client";

import createReviewAction from "@/actions/create-review.action"; ①
```

```
import style from "./review-editor.module.css";

export default function ReviewEditor({ bookId }: { bookId: string }) {
  return (
    <section className={style.container}>
      <form action={createReviewAction}>
        (...)
      </form>
    </section>
  );
}
```

① createReviewAction을 불러옵니다.

ReviewEditor 컴포넌트를 클라이언트 컴포넌트로 전환하면서 서버 액션 createReviewAction을 별도의 파일로 분리했습니다. 코드 수정 이후에도 리뷰 추가 기능이 잘 작동하는지 브라우저에서 새 리뷰를 작성해 보길 바랍니다.

새 리뷰를 추가하면 오류가 발생해요!
리뷰를 추가하려는 과정에서 오류가 발생했다면 최근에 파일 내용을 크게 수정하면서 Next.js 내부의 경로 참조나 캐시 정보가 일시적으로 어긋났을 가능성이 있습니다. 이럴 경우 브라우저를 새로고침하거나 개발 모드를 종료한 다음, .next 폴더를 삭제하고 다시 실행하면 문제가 해결되는 경우가 많습니다.
그래도 오류가 계속 발생한다면 코드 작성 과정의 실수일 수 있으니 관련 코드를 다시 한번 점검하길 바랍니다.

useActionState를 이용해 <form> 액션 상태 관리하기

성공적으로 ReviewEditor 컴포넌트를 클라이언트 컴포넌트로 전환했다면 이제부터 서버 액션 결과에 따라 사용자에게 적절한 피드백(예: 성공 또는 오류 메시지)을 제공하겠습니다.

이를 위해서는 ReviewEditor 컴포넌트에서 서버 액션의 결괏값을 추적할 수 있어야 합니다. 이 기능은 useActionState라는 리액트 훅을 이용하면 쉽게 구현할 수 있습니다. useActionState는 액션의 상태를 관리하기 위해 리액트 19 버전에서 새롭게 도입한 훅(Hook)으로 주로 <form> 액션의 상태를 관리할 목적으로 사용합니다. 이 훅을 사용하면 <form> 액션의 처리 결과(성공, 실패)와 로딩 상태를 저장하고 추적하는 상태(State)를 생성할 수 있습니다. 쉽게 말해 useActionState를 활용

하면 현재 <form> 액션의 실행 결과와 로딩 상태를 State로 간편하게 불러와 사용할
수 있습니다.

다음은 리액트 공식 문서에서 소개하는 useActionState의 사용법입니다.

```
const [state, action, isPending] = useActionState(fn, initialState, permalink?);
```

useActionState는 순서대로 다음과 같은 인수를 전달할 수 있습니다.

- fn: function의 약자로 상태를 관리하는 액션 함수를 전달합니다.
- initialState: 액션 상태의 초깃값을 전달합니다.
- permalink: 생략해도 되는 인수로 보통 사용하지 않습니다. <form> 제출 또는 액션 실행 이후 이동하려는 URL을 전달합니다.

그럼 배열 형태의 결괏값을 반환하는데, 배열에 저장된 각 요소의 값은 다음과 같습니다.

- state: 첫 번째 요소로서 <form> 액션의 결괏값을 저장하는 상태(State)입니다. 이 요소로 현재 액션의 처리 결과를 알 수 있습니다.
- action: 두 번째 요소로서 <form> 액션을 발생시키는 함수입니다. 이 함수를 호출하면 전달한 액션 함수(fn)를 실행하며 그 결괏값을 추적합니다.
- isPending: 세 번째 요소로서 현재 액션의 진행 여부를 나타내는 로딩 상태를 반환합니다.

useActionState 사용하기

한입북스 앱에서 새 리뷰를 추가하는 서버 액션은 현재 <form> 태그로 호출하므로 useActionState를 사용하면 서버 액션의 실행 결과와 로딩 상태를 효율적으로 추적할 수 있습니다. 다음과 같이 ReviewEditor 컴포넌트에서 useActionState를 호출합니다.

CODE file: src/components/review-editor.tsx
```tsx
(...)
import { useActionState } from "react"; ①

export default function ReviewEditor({ bookId }: { bookId: string }) {
  const [state, action, isPending] = useActionState(createReviewAction, null); ②
```

```
  return (
    <section className={style.container}>
      <form action={action}> ③
        (...)
      </form>
    </section>
  );
}
```

> ① useActionState를 불러옵니다.
> ② useActionState를 호출합니다. 이때 첫 번째 인수(액션 함수)로 서버 액션 createReview
>   Action을, 두 번째 인수(상태 초깃값)로 null을 전달합니다. 결괏값으로 state(현재 액션의 상
>   태), action(액션을 발생시키는 함수), isPending(액션의 로딩 상태)을 반환합니다.
> ③ <form>의 action을 ②에서 createReviewAction의 결괏값으로 받은 action으로 수정합니다.
>   이렇게 해야 useActionState가 관리하는 state와 isPending에 서버 액션의 상태가 제대로 반
>   영됩니다.

useActionState를 호출하는 ②에서 타입 오류가 발생합니다. 서버 액션을 useAction State로 감싸면 서버 액션에 전달하는 인수의 구조가 달라지기 때문입니다. 기존에는 formData 형태의 인수 하나만 전달했지만, useActionState를 사용하면 첫 번째 인수로 이전 상태(state), 두 번째 인수로 formData를 전달합니다.

따라서 useActionState와 함께 사용되는 서버 액션인 createReviewAction을 다음과 같이 수정해야 합니다:

CODE   file: src/actions/create-review.action.tsx
```
(...)
const createReviewAction = async (prevState: unknown, formData: FormData) => { ①
  (...)
};
export default createReviewAction;
```

> ① 두 인수에 대응하기 위해 기존의 매개변수 formData 앞에 매개변수 prevState를 추가합니다.
>   이때 prevState는 이전 상태를 나타내는 값으로 특정 로직에서 활용하지 않으면 unknown 타입
>   으로 정의해 처리합니다.

그럼 ReviewEditor 컴포넌트에서 호출한 useActionState의 타입 오류는 사라집니다.

서버 액션의 결괏값 이용하기

다음으로 서버 액션의 결괏값이 State에 잘 저장되는지 확인합니다. 현재 createReviewAction에서 return 문으로 반환하는 결괏값이 없으므로 다음과 같이 반환값을 설정합니다.

CODE   file: src/actions/create-review.action.ts

```ts
(...)
const createReviewAction = async (prevState: unknown, formData: FormData) => {
  (...)
  try {
    (...)
    return { ①
      status: true,
      message: "리뷰를 성공적으로 추가했습니다.",
    };
  } catch (e) {
    return { ②
      status: false,
      message: `새로운 리뷰를 추가하지 못했습니다: ${e}`,
    };
  }
};

export default createReviewAction;
```

① try 문이 정상적으로 실행되었을 때 반환할 값을 설정합니다. 새로운 리뷰를 정상적으로 추가하 면 반환값을 { status: true, message: "리뷰를 성공적으로 추가했습니다." }로 설정합니다.

② try 문에서 예외가 발생했을 때 반환할 값을 설정합니다. 새로운 리뷰를 정상적으로 추가하지 못 하면 반환값을 { status: false, message: 새로운 리뷰를 추가하지 못했습니다: ${e} }로 설정 합니다.

설정한 서버 액션의 반환값은 ReviewEditor 컴포넌트의 useActionState가 반환하 는 state에 업데이트됩니다. 확인을 위해 ReviewEditor 컴포넌트에서 useEffect를 사용해 state의 값이 변경될 때마다 브라우저 콘솔에 출력하도록 다음과 같이 설정 합니다.

CODE   file: src/components/review-editor.tsx

```tsx
(...)
import { useActionState, useEffect } from "react"; ①

export default function ReviewEditor({ bookId }: { bookId: string }) {
  const [state, action, isPending] = useActionState(createReviewAction, null);
```

```
useEffect(() => { ②
  console.log(state);
}, [state]);
(...)
}
```

① useEffect를 불러옵니다.
② useEffect를 사용해 state의 값이 변경될 때마다 브라우저 콘솔에 출력합니다.

도서 상세 페이지에서 새 리뷰를 추가하고 브라우저 콘솔을 확인하면 [그림 8-25]와 같이 서버 액션의 결괏값이 state에 업데이트됩니다.

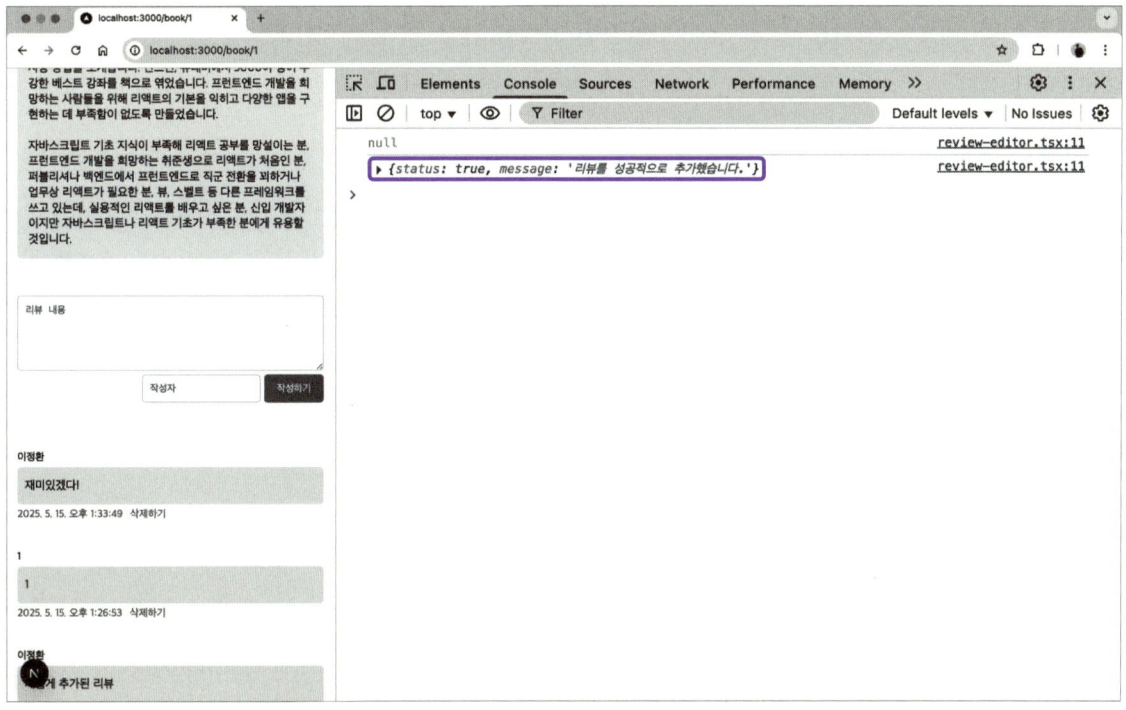

[그림 8-25] state에 서버 액션의 결괏값이 잘 업데이트되는지 확인하기 1

서버 액션이 실패했을 때의 결괏값도 확인하기 위해 임시로 createReviewAction 함수에서 예외가 발생하는 코드를 추가합니다.

CODE　　　　　　　　　　　　　　　　　　　　file: src/actions/create-review.action.ts
```
"use server";

import { revalidateTag } from "next/cache";
```

리뷰 추가 및 갱신 기능 업그레이드하기　427

```
const createReviewAction = async (prevState: unknown, formData: FormData) => {
  (...)
  try {
    throw new Error("일시적 오류 발생!!"); ①
    (...)
  } catch (e) {
    (...)
  }
  (...)
};
(...)
```

① try 문 내에서 throw new Error()를 사용해 의도적으로 예외를 발생시킵니다.

새 리뷰를 작성하고 추가하면 [그림 8-26]과 같이 실패했을 때의 결괏값도 출력됩니다.

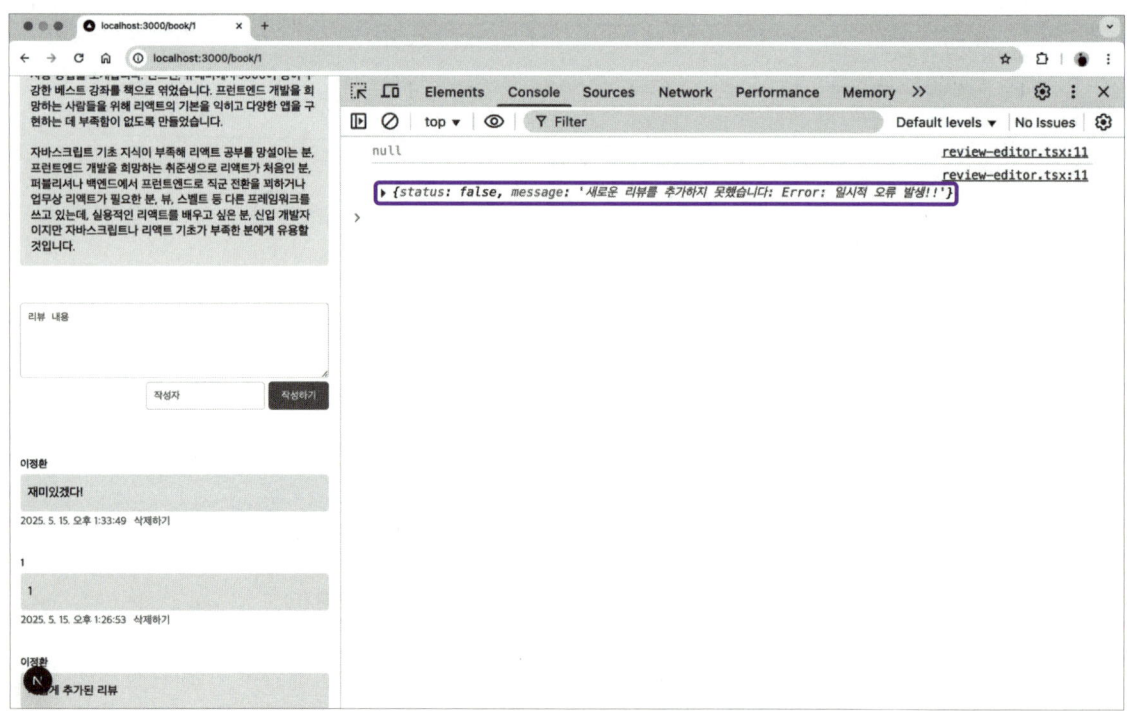

[그림 8-26] state에 서버 액션의 결괏값이 잘 업데이트되는지 확인하기 2

[그림 8-26]처럼 서버 액션이 실패하면 state.status의 값이 false가 됩니다. 따라서 이 값을 이용해 서버 액션이 실패했을 때 경고 대화상자를 출력하면 사용자에게 적절한 피드백을 다음과 같이 제공할 수 있습니다.

CODE
file: src/components/review-editor.tsx

```
(...)
export default function ReviewEditor({ bookId }: { bookId: string }) {
  const [state, action, isPending] = useActionState(createReviewAction, null);

  useEffect(() => {
    if (state && !state.status) { ①
      alert(state.message);
    }
  }, [state]);
  (...)
}
```

① state의 값이 있고 state.status가 false면 서버 액션이 실패했다는 의미이므로 alert 함수를 호출해 사용자에게 피드백합니다.

리뷰 추가 서버 액션이 실패하면 [그림 8-27]처럼 경고 대화상자가 출력됩니다. 이 대화상자로 사용자에게 리뷰를 추가하는 동작이 실패했음을 전달할 수 있습니다.

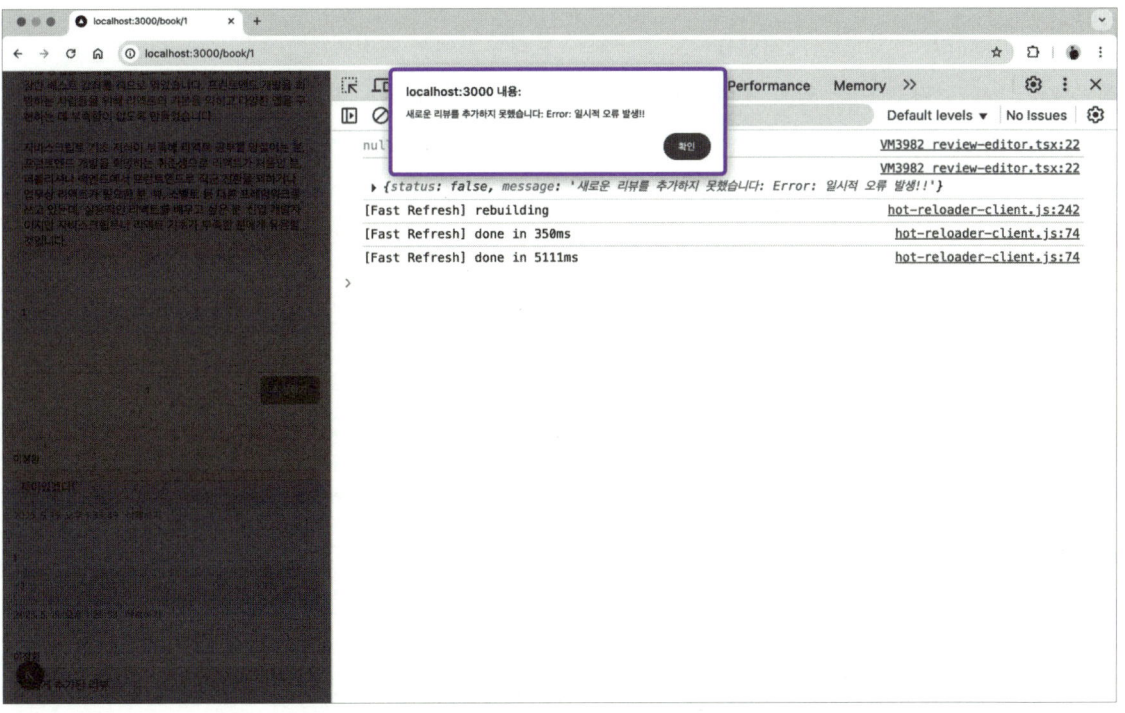

[그림 8-27] 서버 액션이 실패하면 경고 대화상자 출력

앞서 의도적으로 예외를 발생시키려고 createReviewAction에 추가했던 코드는 제거합니다.

```ts
// file: src/actions/create-review.action.ts
"use server";

import { revalidateTag } from "next/cache";

const createReviewAction = async (prevState: unknown, formData: FormData) => {
  (...)
  try {
    // throw new Error("일시적 오류 발생!!");   <- 삭제
    (...)
  } catch (e) {
    (...)
  }
  (...)
};
(...)
```

만약 throw new Error 코드를 제거했음에도 불구하고 브라우저에서 여전히 경고 대화 상자가 나타난다면 이는 이전 에러 상태가 Next.js 서버에 남아 있기 때문일 수 있습니다. 이럴 때는 개발 모드를 중단한 뒤 다시 실행하면 문제를 해결할 수 있습니다.

로딩 UI 설정하기

useActionState의 isPending에는 현재 액션의 로딩 상태를 저장합니다. 서버 액션을 실행하고 있을 때는 폼을 다시 제출하지 않도록 isPending을 이용해 로딩 UI를 설정할 수 있습니다. 다음과 같이 ReviewEditor 컴포넌트를 수정합니다.

```tsx
// file: src/components/review-editor.tsx
(...)
export default function ReviewEditor({ bookId }: { bookId: string }) {
  const [state, action, isPending] = useActionState(createReviewAction, null);
  (...)
  return (
    <section className={style.container}>
      <form action={action}>
        <input name="bookId" value={bookId} hidden readOnly />
        <textarea disabled={isPending} required name="content"
                  placeholder="리뷰 내용" /> ①
```

```
        <div className={style.submit_container}>
          <input disabled={isPending} required name="author"
              placeholder="작성자" /> ②
          <button disabled={isPending} type="submit"> ③
            작성하기
          </button>
        </div>
      </form>
    </section>
  );
}
```

> ①②③ 리뷰 내용을 입력하는 `<textarea>`, 작성자를 입력하는 `<input>`, 작성하기 `<button>` 태그의 disabled 속성을 각각 isPending으로 설정합니다.

이제 〈작성하기〉 버튼을 클릭하면 서버 액션이 완료되기 전까지는 폼이 비활성화됩니다. 하지만 지금은 서버 액션이 너무 빨리 완료되어 비활성화 상태를 정확히 파악하기 어렵습니다. 확인을 위해 다음과 같이 createReviewAction에 delay 함수를 설정합니다.

CODE   file: src/actions/create-review.action.ts
```
(...)
import { delay } from "@/util/delay"; ①

const createReviewAction = async (prevState: unknown, formData: FormData) => {
  await delay(3000); ②
  (...)
};

export default createReviewAction;
```

> ① delay 함수를 불러옵니다.
> ② delay 함수를 호출하고 인수로 3000ms를 전달해 3초간 딜레이를 발생시킵니다.

이제 새 리뷰를 작성하고 〈작성하기〉 버튼을 클릭하면 [그림 8-28]처럼 일시적으로 폼이 비활성화되고 있음을 확인할 수 있습니다.

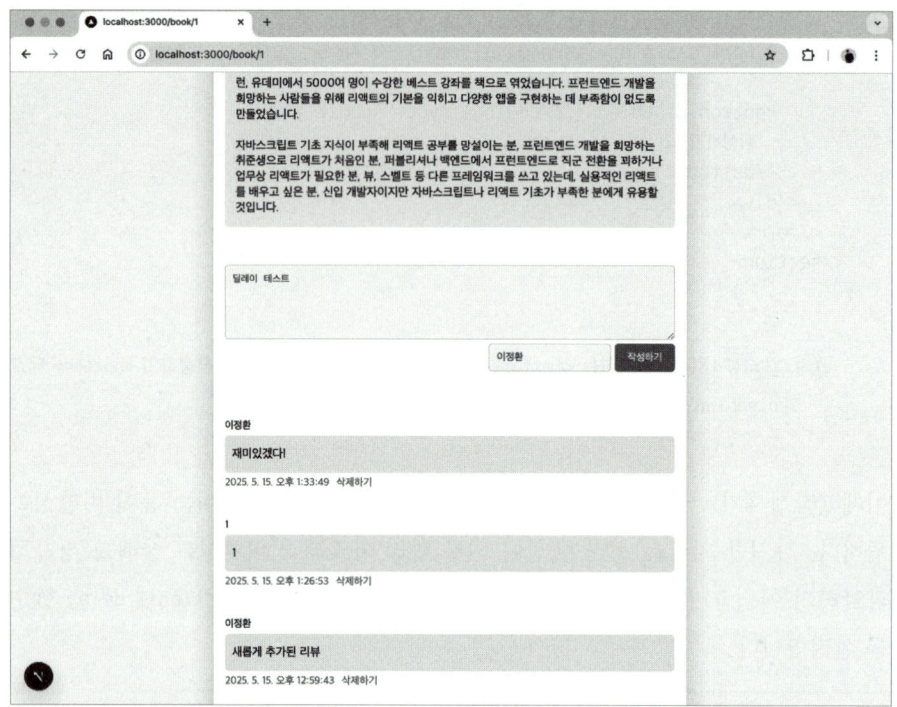

[그림 8-28] 딜레이를 추가해 UI 비활성화

확인을 마쳤다면 이후 실습을 위해 delay 함수는 다시 제거합니다.

리뷰 삭제 기능 구현하기

이번 절에서는 서버 액션을 이용해 리뷰 아이템을 삭제합니다.

리뷰를 삭제하려면 ReviewItem 컴포넌트에서 〈삭제하기〉 버튼을 클릭했을 때 서버 액션을 호출해 데이터베이스에서 특정 리뷰 데이터를 삭제하도록 설정해야 합니다.

먼저 서버 액션을 호출할 <form> 태그가 필요합니다. 따라서 다음과 같이 ReviewItem 컴포넌트에서 〈삭제하기〉 버튼을 감싸는 <form> 태그를 추가합니다.

CODE　　　　　　　　　　　　　　　　　　file: src/components/review-item.tsx
```
import { ReviewData } from "@/types";
import style from "./review-item.module.css";

export default function ReviewItem({
  id,
```

```
    content,
    author,
    createdAt,
    bookId,
}: ReviewData) {
    return (
        <div className={style.container}>
            <div className={style.author}>{author}</div>
            <div className={style.content}>{content}</div>
            <div className={style.bottom_container}>
                <div className={style.date}>{new Date(createdAt).toLocaleString()}
                </div>
                <form> ①
                    <div className={style.delete_btn}>삭제하기</div>
                </form>
            </div>
        </div>
    );
}
```

① 〈삭제하기〉 버튼을 감싸는 <form> 태그를 추가합니다. 이 <form>은 이후에 〈삭제하기〉 버튼을 클릭하면 제출되도록 설정할 예정입니다.

<form> 태그로 꼭 감싸야 하는 이유가 있나요?

서버 액션은 자바스크립트 함수이므로 <form> 태그를 사용하지 않아도 일반적인 함수 호출 방식으로 사용할 수 있습니다. 하지만 <form> 태그로 감싸야 useActionState와 같은 훅으로 서버 액션의 결과를 추적하고 로딩 상태를 효율적으로 관리할 수 있습니다.

ReviewItem 컴포넌트에 추가한 <form> 태그를 제출하면 서버 액션을 호출하며, 해당 액션 상태는 useActionState 훅으로 처리할 수 있습니다.

useActionState와 같은 훅을 사용하려면 ReviewItem 컴포넌트를 클라이언트 컴포넌트로 먼저 전환해야 합니다. 그러나 〈삭제하기〉 버튼 하나를 처리하기 위해 ReviewItem 컴포넌트 전체를 클라이언트 컴포넌트로 설정하는 일은 비효율적입니다. 불필요한 부분까지 자바스크립트 번들에 포함되어 TTI가 늦어지는 등 성능에 부정적인 영향을 미칠 가능성이 높습니다. 따라서 이때는 〈삭제하기〉 버튼만 클라이언트 컴포넌트로 전환하는 게 훨씬 효율적인 문제 해결 방법입니다.

다음과 같이 src/components 폴더에 〈삭제하기〉 버튼을 위한 delete-review-item-button.tsx 파일을 생성합니다.

```
CODE                                    file: src/components/delete-review-item-button.tsx
"use client";

export default function DeleteReviewItemButton() {
  return (
    <form>
      <div>삭제하기</div>
    </form>
  );
}
```

리뷰 아이템의 〈삭제하기〉 버튼만 담당하는 DeleteReviewItemButton 컴포넌트를 생성하고 클라이언트 컴포넌트로 설정했습니다.

다음으로 이 컴포넌트를 ReviewItem 컴포넌트의 자식 컴포넌트로 설정합니다.

```
CODE                                           file: src/components/review-item.tsx
(...)
import DeleteReviewItemButton from "./delete-review-item-button"; ①

export default function ReviewItem(...) {
  return (
    <div className={style.container}>
      (...)
      <div className={style.bottom_container}>
        <div className={style.date}>{new Date(createdAt).toLocaleString()}
        </div>
        <div className={style.delete_btn}> ②
          <DeleteReviewItemButton />
        </div>
      </div>
    </div>
  );
}
```

① DeleteReviewItemButton 컴포넌트를 불러옵니다.
② DeleteReviewItemButton 컴포넌트를 〈삭제하기〉 버튼 대신 렌더링하도록 설정합니다.

다음으로 〈삭제하기〉 버튼을 클릭했을 때 데이터베이스에서 리뷰를 삭제할 서버 액션을 구현할 차례입니다. src/actions 폴더에 delete-review.action.ts 파일을 생성하고 다음과 같이 리뷰를 삭제하는 서버 액션을 구현합니다.

```
"use server";

import { revalidateTag } from "next/cache";

const deleteReviewAction = async (prevState: unknown, formData: FormData) => {
  const reviewId = formData.get("reviewId"); ①
  const bookId = formData.get("bookId"); ②

  if (!reviewId) { ③
    return {
      status: false,
      message: "삭제할 리뷰가 없습니다",
    };
  }

  try { ④
    const response = await fetch(
      `${process.env.NEXT_PUBLIC_API_URL}/review/${reviewId}`,
      {
        method: "DELETE",
      }
    );

    if (!response.ok) {
      throw new Error(response.statusText);
    }

    revalidateTag(`review-${bookId}`); ⑤
    return {
      status: true,
      message: "",
    };
  } catch (err) { ⑥
    return {
      status: false,
      message: `리뷰 삭제에 실패했습니다: ${err}`,
    };
  }
};

export default deleteReviewAction;
```

① formData에서 삭제할 리뷰 아이템의 아이디 reviewId를 추출합니다.

② formData에서 삭제할 리뷰가 등록되어 있는 도서 아이디 bookId를 추출합니다. bookId는 ⑤에서 리뷰를 성공적으로 삭제하면 현재 페이지의 데이터 캐시를 무효화하는 데 사용합니다.

③ reviewId가 null이거나 undefined이면 삭제할 리뷰가 없으므로 서버 액션을 종료합니다.

④ try 문에서 실제 리뷰를 삭제하는 API를 호출합니다. 이때 API 명세는 백엔드 API 문서에서 확인할 수 있습니다.
⑤ 리뷰 삭제가 성공하면 페이지에 반영하기 위해 revalidateTag 메서드로 review-${bookId} 태그가 있는 데이터 캐시를 무효화합니다.
⑥ try 문에서 예외가 발생하면 서버 액션을 종료합니다.

특정 리뷰를 제거하는 서버 액션 deleteReviewAction을 구현했습니다. 앞서 구현한 서버 액션 createReviewAction과 비슷하므로 자세한 설명은 생략합니다.

리뷰를 삭제하는 서버 액션을 구현했다면 〈삭제하기〉 버튼을 렌더링하는 DeleteReviewItemButton 컴포넌트에서 <form> 태그로 서버 액션을 호출하도록 설정합니다. 다만 이 컴포넌트에서는 서버 액션을 호출하기 전에 formData로 전달할 bookId와 reviewId를 부모 컴포넌트인 ReviewItem에서 Props로 받도록 설정해야 합니다.

다음과 같이 ReviewItem 컴포넌트가 DeleteReviewItemButton 컴포넌트에 bookId와 reviewId Props를 전달합니다.

CODE file: src/components/review-item.tsx
```
(...)
export default function ReviewItem(...)
) {
  return (
    <div className={style.container}>
      (...)
      <div className={style.bottom_container}>
        <div className={style.date}>{new Date(createdAt).toLocaleString()}
        </div>
        <div className={style.delete_btn}>
          <DeleteReviewItemButton bookId={bookId} reviewId={id} /> ①
        </div>
      </div>
    </div>
  );
}
```

① DeleteReviewItemButton 컴포넌트에 Props로 bookId와 reviewId를 전달합니다.

전달한 Props를 다음과 같이 DeleteReviewItemButton 컴포넌트에서 받도록 설정합니다.

```
file: src/components/delete-review-item-button.tsx
"use client";

export default function DeleteReviewItemButton({ ①
  bookId,
  reviewId,
}: {
  bookId: number;
  reviewId: number;
}) {
  return (
    <form>
      <div>삭제하기</div>
    </form>
  );
}
```

① 앞서 전달한 Props를 받아옵니다.

도서 아이디(bookId)와 리뷰 아이디(reviewId)를 Props로 모두 받아왔다면 다음으로 서버 액션을 호출할 때 이 값들을 formData에 포함해 전달하도록 설정합니다.

```
file: src/components/delete-review-item-button.tsx
"use client";

export default function DeleteReviewItemButton({
  bookId,
  reviewId,
}: {
  bookId: number;
  reviewId: number;
}) {
  return (
    <form>
      <div>삭제하기</div>
      <input name="bookId" value={bookId} type="hidden" readOnly /> ①
      <input name="reviewId" value={reviewId} type="hidden" readOnly /> ②
    </form>
  );
}
```

①② <input ~ type="hidden"/>을 이용하면 사용자에게는 보이지 않지만, 서버 액션을 호출할 때 formData에 포함시켜 전달할 값을 설정할 수 있습니다.

서버 액션에 전달할 값을 설정했다면 〈삭제하기〉 버튼을 클릭했을 때 <form> 태그를 제출해 서버 액션을 호출하도록 설정해야 합니다. 그러나 현재 〈삭제하기〉 버튼은 <div> 태그로 구현되어 있습니다. <div> 태그에 type="submit" 속성을 추가하더라도 <form> 태그를 제출할 수 없습니다.

이때는 보통 <div>를 <button> 태그로 변경하면 쉽게 해결할 수 있지만, 디자인 요구 사항이나 기타 이유로 <div> 태그를 유지해야 하는 경우도 있습니다. useRef를 사용하면 <div>를 클릭했을 때 <form> 태그를 프로그래매틱하게 제출할 수 있습니다.

CODE　　　　　　　　　　　　　　file: src/components/delete-review-item-button.tsx

```tsx
"use client";

import { useRef } from "react"; ①

export default function DeleteReviewItemButton({
  bookId,
  reviewId,
}: {
  bookId: number;
  reviewId: number;
}) {
  const formRef = useRef<HTMLFormElement>(null); ②

  return (
    <form ref={formRef}> ③
      <div
        onClick={() => { ④
          if (formRef.current) formRef.current.requestSubmit();
        }}
      >
        삭제하기
      </div>
      <input name="bookId" value={bookId} type="hidden" readOnly />
      <input name="reviewId" value={reviewId} type="hidden" readOnly />
    </form>
  );
}
```

① useRef를 불러옵니다.
② useRef를 호출해 <form> 태그를 참조할 레퍼런스 객체를 생성하고 변수에 저장합니다.
③ ②에서 생성한 레퍼런스 객체가 <form> 태그를 참조하도록 설정합니다.
④ 〈삭제하기〉 버튼을 클릭하면 <form> 태그의 requestSubmit 메서드를 호출해 <form>을 프로그래매틱하게 제출하도록 설정합니다.

> **<form> 태그의 requestSubmit 메서드는 뭔가요?**
>
> requestSubmit 메서드는 브라우저에서 자체적으로 제공하는 자바스크립트 DOM API로 <form> 태그를 프로그래매틱하게 제출하는 기능이 있습니다. 유사한 메서드로 submit 메서드가 있습니다. submit 메서드는 폼을 강제로 제출하는데, <form> 태그의 유효성 검사를 모두 무시하므로 잘 사용하지 않습니다. 반면 requestSubmit 메서드는 사용자가 <Submit> 버튼을 클릭한 것과 동일하게 동작하며 유효성 검사도 정상적으로 수행합니다.

〈삭제하기〉 버튼을 클릭하면 <form> 태그를 성공적으로 제출합니다. 그러나 아직 <form> 태그를 제출할 때 서버 액션을 호출하도록 설정하지 않았으므로 리뷰를 실제로 삭제하지는 않습니다.

useActionState를 사용해 <form> 태그를 제출했을 때 실제로 서버 액션을 호출해 리뷰를 삭제합니다. 이 과정에서 로딩 상태와 에러 처리도 함께 구현합니다.

CODE file: src/components/delete-review-item-button.tsx

```tsx
"use client";

import deleteReviewAction from "@/actions/delete-review.action"; ①
import { useActionState, useEffect, useRef } from "react"; ②

export default function DeleteReviewItemButton({
  bookId,
  reviewId,
}: {
  bookId: number;
  reviewId: number;
}) {
  const formRef = useRef<HTMLFormElement>(null);
  const [state, action, isPending] = useActionState(deleteReviewAction, null); ③

  useEffect(() => { ④
    if (state && !state.status) {
      alert(state.message);
    }
  }, [state]);

  return (
    <form ref={formRef} action={action}> ⑤
      {isPending ? ( ⑥
        <div>...</div>
      ) : (
        <div
          onClick={() => {
```

```
          if (formRef.current) formRef.current.requestSubmit();
        }}
      >
        삭제하기
      </div>
    )}
    <input name="bookId" value={bookId} type="hidden" readOnly />
    <input name="reviewId" value={reviewId} type="hidden" readOnly />
  </form>
);
}
```

① 서버 액션 deleteReviewAction을 불러옵니다.
② useActionState, useEffect, useRef를 불러옵니다.
③ useActionState를 호출합니다. 인수로는 리뷰를 삭제하는 서버 액션인 deleteReviewAction과 State의 초깃값 null을 전달합니다. 반환값은 순서대로 액션의 결괏값을 저장하는 state, 서버 액션을 호출하는 action, 액션의 로딩 상태를 저장하는 isPending을 반환합니다.
④ useEffect를 호출해 state.status가 false일 경우, 즉 서버 액션이 실패하면 경고 대화상자를 출력해 사용자에게 피드백합니다.
⑤ <form> 태그의 action으로 ③에서 useActionState로부터 받은 action 함수를 설정합니다.
⑥ isPending이 true면 서버 액션을 실행 중이므로 〈삭제하기〉 버튼 대신 ...을 출력합니다.

이제 브라우저에서 〈삭제하기〉 버튼을 클릭해 리뷰를 잘 삭제하는지 확인합니다.

한 입 크기로 잘라 먹는 Next.js

9장

고급 라우트 기법

이 장에서 주목할 키워드

- 병렬 라우트
- 가로채기 라우트

> **이 장의 학습 목표**
> - 병렬 라우트로 하나의 화면에 페이지를 동시에 렌더링하는 방법을 학습합니다.
> - 가로채기 라우트로 사용자의 상황에 따라 페이지를 다르게 렌더링합니다.
> - 병렬 라우트와 가로채기 라우트로 상황에 맞는 라우팅 전략을 설계합니다.

앱 라우터 버전에서는 병렬 라우트(Parallel Route)와 가로채기 라우트(Intercepting Route)라는 고급 라우트 기법을 제공합니다. 이 기법을 활용하면 하나의 화면에서 두 페이지를 병렬로 표시하거나 특정 상황에서는 렌더링할 원래의 페이지 대신 다른 페이지를 렌더링하도록 설정할 수 있습니다. 이번 장에서는 고급 라우트 패턴을 알아보고 이를 활용해 페이지 이동 과정에서 배경 페이지를 유지하거나 모달 형태의 UI로 사용자에게 더 자연스러운 탐색 경험을 제공하겠습니다.

병렬 라우트

이번 절에서는 고급 라우트의 첫 번째 기법인 병렬 라우트를 살펴봅니다.

병렬 라우트란?

병렬(Parallel) 라우트는 이름 그대로 하나의 화면에서 여러 페이지를 병렬로 렌더링하는 기능입니다. 병렬 라우트 기능을 활용하면 레이아웃이 복잡하거나 멀티태스킹이 필요한 UI를 구현할 때 매우 유용합니다.

"하나의 화면에 여러 페이지를 렌더링한다"라는 표현이 다소 어색하게 들릴 수 있습니다. 좀 더 쉽게 표현하면 하나의 화면에 여러 개의 페이지 컴포넌트를 동시에 렌더링한다는 의미로 이해하면 됩니다. Next.js는 병렬 라우트 방식으로 다중 콘텐츠를 자연스럽게 표현하도록 돕습니다.

이해를 돕기 위해 [그림 9-1]처럼 두 섹션으로 이루어진 간단한 관리자 대시보드 서비스를 제작한다고 가정해 보겠습니다.

[그림 9-1]을 보면 헤더 UI 요소 아래에 회원 관리 섹션과 알림 섹션이 배치되어 있습니다.

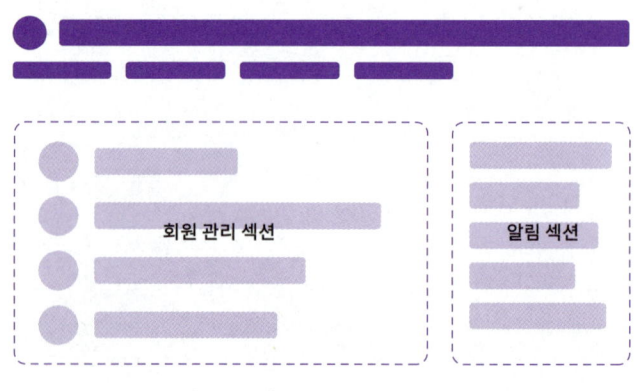

[그림 9-1] 대시보드 서비스 예시

병렬 라우트를 사용하지 않고 일반적인 방식으로 구현하려면 먼저 각각의 섹션(예: 회원 관리, 알림)을 담당하는 개별 컴포넌트를 생성합니다. 그리고 레이아웃 컴포넌트를 만들고 여기에서 헤더 UI 요소를 구현합니다. 계속해서 페이지 컴포넌트에 각각의 섹션 컴포넌트를 나란히 배치하도록 구성합니다

다음은 종전 방식으로 구현한 개략적인 코드 구조입니다.

`CODE`   file: layout.tsx 예시
```tsx
import { ReactNode } from "react";

export default function Layout({ children }: { children: ReactNode }) {
  return (
    <>
      <header>...</header>
      {children}
    </>
  );
}
```

`CODE`   file: page.tsx 예시
```tsx
import User from "@/components/user";
import Notification from "@/components/notification";

export default function Page() {
  return (
    <>
      <User />
      <Notification />
    </>
  );
}
```

헤더는 레이아웃 컴포넌트에서 렌더링하고 회원 관리 섹션과 알림 섹션은 페이지 컴포넌트에서 렌더링합니다.

그러나 이 방식에는 문제점이 있습니다. 두 섹션을 단순히 컴포넌트로 구현하면 특정 섹션에서 오류가 발생하거나 렌더링에 문제가 생길 경우 페이지 컴포넌트 전체에 예외가 발생합니다. 즉, 오류가 없는 섹션에도 영향을 미치는 상황이 발생합니다.

[그림 9-2] 오류가 발생하면 페이지 전체가 마비됨

물론 각각의 컴포넌트에 try-catch 문을 도입해 예외를 처리할 수 있습니다. 하지만 try-catch 문은 코드를 복잡하게 해 유지 보수성을 떨어뜨립니다. 특히 예외 처리 로직을 각각의 컴포넌트에서 중복으로 사용하면 코드의 일관성이 저하되는데, 애플리케이션의 규모가 커지면 관리는 점점 어려워집니다.

또한 이 방식에는 섹션 단위로 하위 탐색이 불가능한 경우가 많은데, 이를 애써 구현할 경우 구조가 과도하게 복잡해지는 문제가 발생합니다. 예를 들어 알림 섹션에 보관된 알림을 확인하기 위해 섹션에서 하위 탐색을 하려면 별도의 상태 관리나 복잡한 라우팅 로직을 추가로 구현해야 할 수도 있습니다.

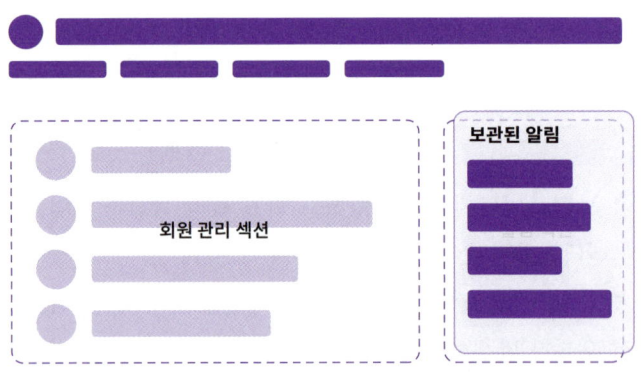

[그림 9-3] 섹션 단위의 하위 탐색 예

이번 절에서 다룰 병렬 라우트를 사용하면 이런 문제를 모두 해결할 수 있습니다. 병렬 라우트를 이용하면 각각의 섹션을 일반 리액트 컴포넌트가 아닌, Next.js의 페이지 컴포넌트로 구성할 수 있습니다. 따라서 [그림 9-4]처럼 특정 섹션에서 오류가 발생하면 해당 섹션에만 영향이 미치고 나머지 페이지는 정상적으로 동작합니다.

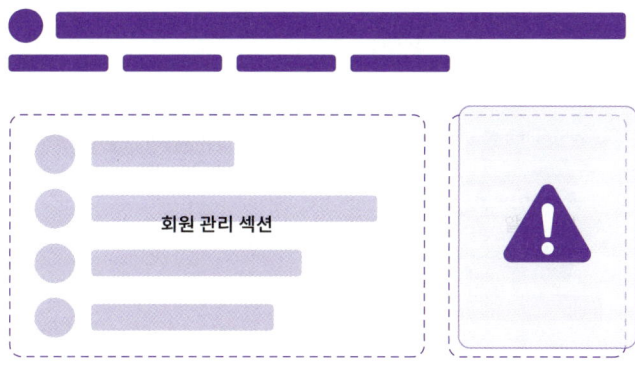

[그림 9-4] 병렬 라우트의 오류 처리

또한 섹션 단위로 별도의 라우트를 제공해 하위 탐색 기능을 간단하고도 직관적으로 구현할 수 있습니다. 예를 들어 알림 섹션에 보관된 알림을 확인하거나 특정 사용자 정보를 자세히 탐색할 때도 병렬 라우트를 활용하면 간단하게 구현할 수 있습니다.

대시보드 UI 구현하기

병렬 라우트를 활용해 관리자 대시보드 UI를 직접 구현하겠습니다. 지금까지 실습을 해온 한입북스 앱에서는 병렬 라우트를 적용할 만한 적절한 시나리오가 없습니다. 따라서 대시보드라는 새로운 시나리오를 기반으로 예제를 진행합니다.

먼저 '/admin' 경로를 기준으로 관리자 대시보드를 구현할 수 있도록 src/app에서 admin 폴더를 생성합니다. admin 폴더에 layout.tsx와 page.tsx 파일을 각각 생성하고 다음과 같이 입력합니다.

CODE　　　　　　　　　　　　　　　　　　　　　　　　　　file: src/app/admin/layout.tsx
```tsx
import { ReactNode } from "react";

export default function Layout({ children }: { children: ReactNode }) {
  return <div>{children}</div>;
}
```

CODE　　　　　　　　　　　　　　　　　　　　　　　　　　file: src/app/admin/page.tsx
```tsx
export default function Page() {
  return <div>관리자 페이지</div>;
}
```

브라우저에서 '/admin' 경로의 페이지로 접속해 새롭게 생성한 관리자 페이지를 확인합니다.

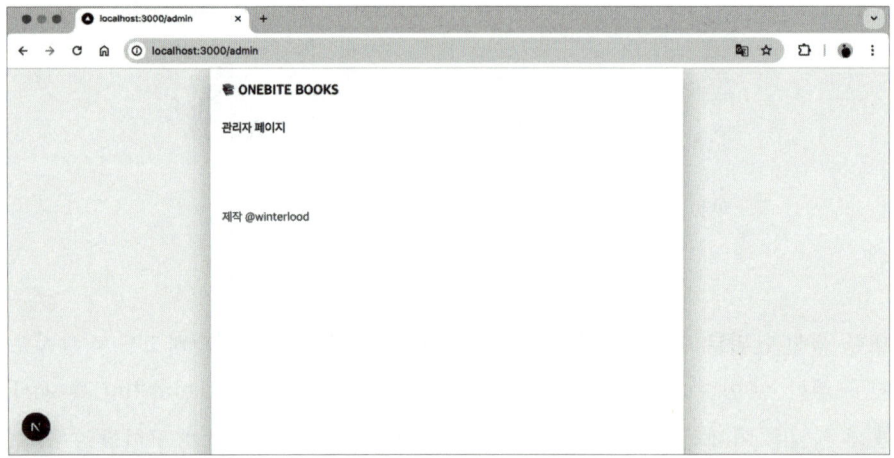

[그림 9-5] '/admin' 경로의 페이지

페이지를 잘 렌더링한다면 이제 병렬 라우트를 이용해 관리자 페이지의 회원 관리 섹션과 알림 섹션을 구현합니다. 이를 위해서는 먼저 슬롯(Slot) 폴더를 생성해야 합니다.

  슬롯(Slot)이란 병렬로 렌더링할 페이지, 즉 병렬로 렌더링할 페이지 컴포넌트를 보관하는 특별한 폴더입니다. 폴더의 이름 앞에 @ 기호를 붙여 특정 폴더를 슬롯으로 지정할 수 있습니다. src/app/admin 폴더에 회원 관리 섹션과 알림 섹션을 위한 다음 2개의 슬롯 폴더를 생성합니다.

- src/app/admin/@notification
- src/app/admin/@user

슬롯에는 병렬로 렌더링할 페이지 컴포넌트를 저장합니다. 따라서 각각의 슬롯에서 page.tsx 파일을 생성하고 슬롯에 해당하는 페이지 컴포넌트를 다음과 같이 작성합니다.

`CODE`   file: src/app/admin/@notification/page.tsx
```
export default function Page() {
  return <div>@notification</div>;
}
```

```
CODE                                            file: src/app/admin/@user/page.tsx
export default function Page() {
  return <div>@user</div>;
}
```

슬롯에 보관한 각각의 페이지 컴포넌트는 Next.js가 자동으로 레이아웃 컴포넌트에 Props로 전달합니다. 이때 슬롯 이름이 Props의 Key가 됩니다. 다시 말해 ~/admin/@notification/page.tsx 파일의 페이지 컴포넌트는 notification이라는 이름으로, ~/admin/@user/page.tsx 파일의 페이지 컴포넌트는 user라는 이름의 Props로 레이아웃 컴포넌트에 전달됩니다.

레이아웃 컴포넌트에서는 받은 Props를 사용해 다음과 같이 병렬로 여러 페이지 컴포넌트를 렌더링할 수 있습니다.

```
CODE                                            file: src/app/admin/layout.tsx
import { ReactNode } from "react";

export default function Layout({
  children,
  notification, ①
  user, ②
}: {
  children: ReactNode;
  notification: ReactNode; ③
  user: ReactNode; ④
}) {
  return (
    <div>
      {children}
      {notification} ⑤
      {user} ⑥
    </div>
  );
}
```

①② notification, user를 Props로 받습니다.
③④ notification, user의 타입을 정의합니다. children과 동일하게 페이지 컴포넌트가 제공되므로 ReactNode 타입으로 정의합니다.
⑤⑥ children 아래에 notification, user로 전달되는 페이지 컴포넌트를 렌더링합니다.

~/admin/page.tsx 파일의 페이지 컴포넌트인 children 밑에 @notification 슬롯과 @user 슬롯의 페이지 컴포넌트를 병렬로 렌더링합니다. 브라우저에서 '/admin' 페

이지로 접속하면 [그림 9-6]처럼 3개의 페이지 컴포넌트를 병렬로 렌더링합니다.

[그림 9-6] 병렬 렌더링 결과 확인하기

이렇게 Next.js의 고급 라우트 기법 중 하나인 병렬 라우트를 활용해 알림 섹션과 회원 관리 섹션에서 각각의 페이지 컴포넌트를 병렬로 렌더링했습니다.

저는 병렬 라우트가 동작하지 않아요?

이 책의 코드를 정확히 입력했음에도 병렬 라우트가 정상적으로 작동하지 않는다면 Next.js 개발 모드에서 발생하는 버그일 가능성이 높습니다. 이때는 프로젝트를 잠시 중단하고 프로젝트 루트 폴더에 있는 .next 폴더를 삭제하고 다시 실행하면 됩니다. 이렇게 하면 대부분 문제를 해결할 수 있습니다. 이번 장에서 다루는 고급 라우트 기능을 살펴볼 때 이런 문제가 특히 많이 발생하니 주의합니다.

방식이 색달라 다소 어렵게 느껴질 수 있습니다. 다시 정리하면 병렬 라우트는 하나의 페이지에서 여러 페이지 컴포넌트를 병렬로 렌더링하는 기능으로서 슬롯(slot) 폴더를 사용해 구현합니다. 슬롯(slot) 폴더는 @notification, @user처럼 @ 기호와 이름으로 구성된 폴더로서 병렬로 렌더링할 페이지 컴포넌트를 보관합니다. 슬롯 폴더에 보관한 페이지 컴포넌트는 Next.js가 자동으로 레이아웃 컴포넌트에 Props로 전달합니다. 이때 슬롯의 이름이 Props의 Key가 됩니다.

레이아웃 컴포넌트는 [그림 9-7]처럼 슬롯에 보관한 여러 개의 페이지 컴포넌트를 Props로 받아 병렬로 렌더링할 수 있습니다.

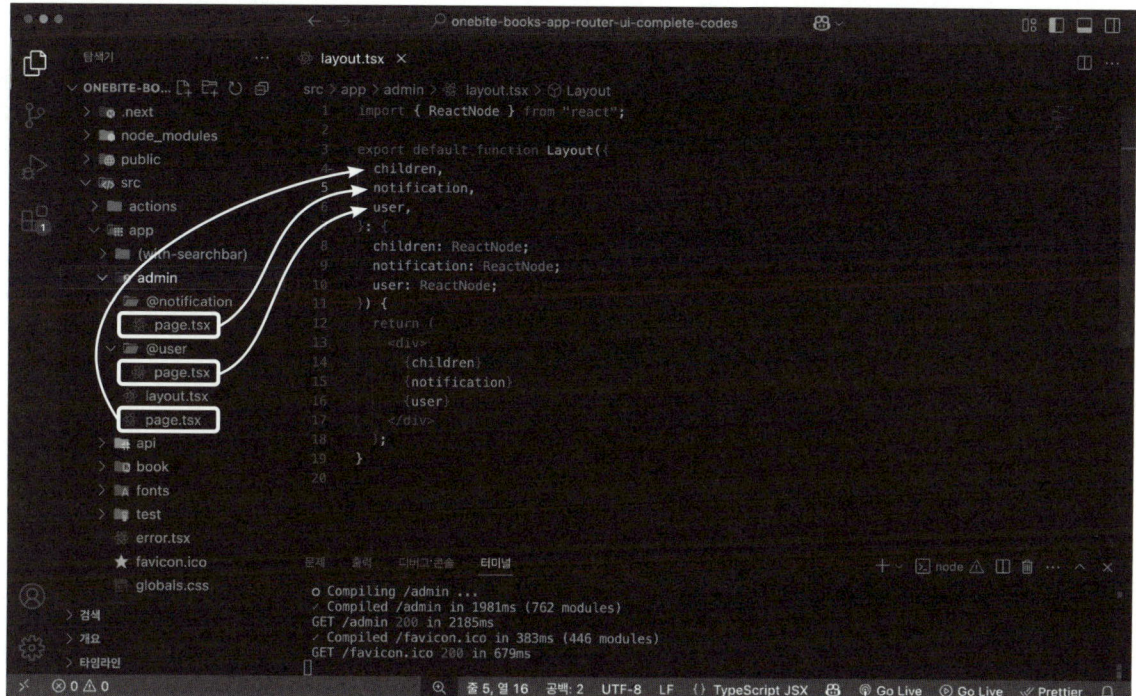

[그림 9-7] 슬롯에 보관한 페이지 컴포넌트를 Props로 받는 레이아웃 컴포넌트

[그림 9-7]을 보면 레이아웃 컴포넌트가 Props로 3개의 페이지 컴포넌트를 받습니다. @notification 슬롯의 페이지 컴포넌트는 notification, @user 슬롯의 페이지 컴포넌트는 user라는 이름의 Props로 제공됩니다.

한 가지 흥미로운 사실은 children Props로 제공되는 페이지 컴포넌트 역시 슬롯의 일부라는 점입니다. 다만 children은 별도의 폴더나 이름으로 지정하지 않으며 레이아웃 컴포넌트와 동일한 또는 하위 경로에 있는 페이지를 가리키는 기본 슬롯으로 동작합니다.

예외 처리하기

이번에는 병렬 라우트에서 특정 섹션에 발생한 예외를 처리하는 방법을 알아보겠습니다. 회원 관리 섹션에서 예외가 발생했다고 가정하기 위해 이 섹션의 페이지 컴포넌트를 다음과 같이 변경합니다.

```
                                           file: src/app/admin/@user/page.tsx
export default function Page() {
  throw new Error(); ①

  return <div>@user</div>;
}
```
① 명시적으로 예외를 발생시킵니다.

지금은 별도의 예외 처리를 하지 않았으므로 브라우저에서 '/admin' 경로로 접속하면 페이지 전체에서 오류가 발생합니다. 기본 페이지는 물론 알림 섹션도 렌더링되지 않습니다.

[그림 9-8] 페이지 전체에 오류 발생

이 문제를 해결하려면 병렬 라우트가 각각의 섹션을 페이지 컴포넌트로 저장한다는 점을 활용하면 됩니다. 5장에서 살펴보았듯이 페이지 컴포넌트에서 발생한 오류는 error.tsx 파일을 사용하면 효과적으로 처리할 수 있습니다. 따라서 @user/page.tsx의 예외를 처리하기 위해 @user 슬롯 아래에 error.tsx 파일을 생성하고, 에러가 발생하면 페이지 컴포넌트 대신 렌더링할 컴포넌트를 작성합니다.

```
                                           file: src/app/admin/@user/error.tsx
"use client";

export default function Error() {
  return <div>오류 발생!</div>;
}
```

이제 회원 관리 섹션에서 예외가 발생하면 [그림 9-9]처럼 Error 컴포넌트를 페이지 컴포넌트 대신 렌더링합니다.

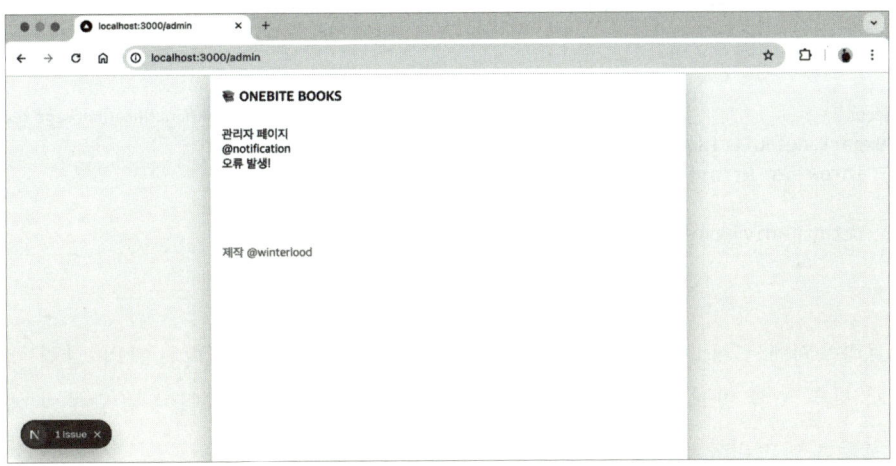

[그림 9-9] 회원 관리 섹션의 예외 처리 확인하기

error.tsx 파일로 특정 슬롯의 페이지 컴포넌트에서 발생한 예외를 처리하면 오류가 발생하더라도 해당 슬롯의 페이지 컴포넌트만 마비될 뿐 다른 슬롯이나 레이아웃에는 영향을 미치지 않습니다. 다시 말해 병렬 라우트의 독립적인 구조 덕분에 오류가 발생한 섹션만 별도로 처리되며 나머지 섹션과 페이지는 정상적으로 렌더링됩니다.

5장에서 error.tsx 파일은 폴더의 계층적 특성을 반영해 자신과 동등한 위치에 있거나 하위에 있는 모든 페이지 컴포넌트를 예외로 처리합니다. 현재 @user 슬롯에 위치한 error.tsx 파일을 admin 폴더로 옮기면 admin 폴더에 있거나 하위에 있는 모든 페이지 컴포넌트의 예외를 처리합니다.

error.tsx를 admin 폴더로 옮겼을 때의 폴더 구조는 다음과 같습니다.

```
app/
└── admin/
    ├── @notification/
    │   └── page.tsx
    ├── @user/
    │   └── page.tsx
    ├── error.tsx <- 이동한 에러 파일
    ├── layout.tsx
    └── page.tsx
```

error.tsx 파일을 admin 폴더로 옮기면 이제 @user 슬롯뿐만 아니라 @notification 슬롯의 페이지 컴포넌트에서 발생한 예외도 이 파일이 처리합니다.

확인을 위해 다음과 같이 @notification 슬롯의 페이지 컴포넌트에서 예외가 발생하도록 코드를 추가합니다.

CODE file: src/app/admin/@notification/page.tsx
```
export default function Page() {
  throw new Error();

  return <div>@notification</div>;
}
```

브라우저에서 '/admin' 경로로 접속하면 슬롯 역할을 하는 섹션(회원 관리, 알림)에서 모두 '오류 발생!'이라는 텍스트를 렌더링합니다. error.tsx 파일이 두 슬롯의 예외를 모두 처리하고 있음을 알 수 있습니다.

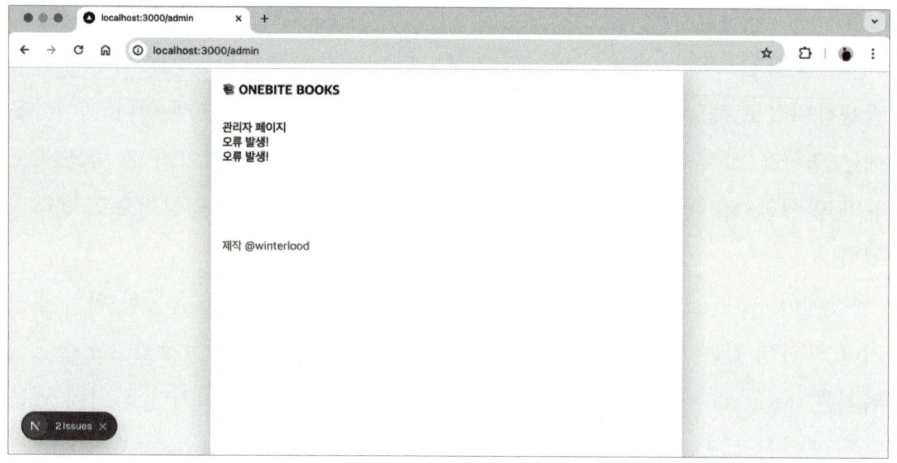

[그림 9-10] 두 슬롯의 예외를 동시에 처리하기

예외를 잘 처리한다면 이후 실습을 위해 @user, @notification 페이지 컴포넌트에 추가한 예외 발생 코드는 모두 제거합니다.

섹션별로 하위 탐색 구현하기

앞서 병렬 라우트를 사용하지 않고 여러 섹션을 일반 컴포넌트로 구성하면 [그림 9-11]처럼 섹션별로 하위 탐색이 불가능하거나 구현이 지나치게 복잡해진다고 했습니다.

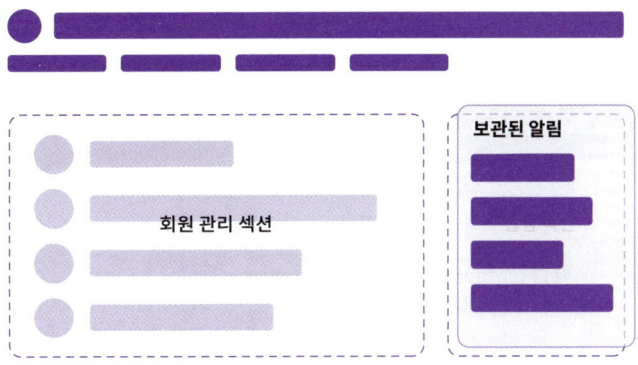

[그림 9-11] 섹션별 하위 탐색의 예

병렬 라우트를 활용하면 섹션별로 하위 탐색을 간단하게 구현할 수 있습니다.

실습을 위해 [그림 9-11]처럼 페이지 우측의 알림(notification) 섹션에서는 내부 탐색을 거쳐 보관된 알림 페이지로 이동할 수 있다고 가정합니다. 이때 주소는 '/admin'에서 '/admin/archived'로 변경됩니다.

- '/admin': 대시보드 페이지. 회원 관리 섹션과 알림 섹션을 렌더링합니다.
- '/admin/archived': 대시보드 페이지로 회원 관리 섹션과 '보관된' 알림 섹션을 렌더링합니다.

[그림 9-12]는 섹션별 하위 탐색을 시각적으로 표현한 다이어그램입니다.

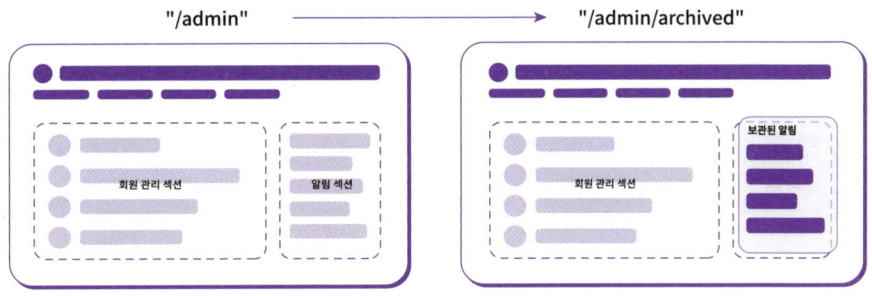

[그림 9-12] 섹션별 하위 탐색을 시각화한 표현

요구 사항은 다음과 같습니다. 사용자가 브라우저에서 '~/admin/archived' 주소로 접속하면 '~/admin'과 동일한 대시보드가 화면에 표시됩니다. 그러나 알림 섹션에는 @notification 슬롯의 기본 페이지 컴포넌트 대신 보관된 알림을 렌더링하는 별도의 페이지 컴포넌트가 표시되어야 합니다.

이를 구현하려면 먼저 @notification 슬롯에 archived라는 이름의 폴더를 생성합니다. 그리고 archived 폴더에 page.tsx 파일을 생성하고 보관된 알림을 렌더링하는 페이지 컴포넌트를 다음과 같이 정의해야 합니다.

```
src/
└── app/
    └── admin/
        ├── @notification/
        │   ├── archived/
        │   │   └── page.tsx   // <- 알림 섹션의 '보관된 알림' 페이지
        │   └── page.tsx        // <- 알림 섹션의 '기본' 페이지
        ├── @user/
        │   └── page.tsx
        ├── layout.tsx
        ├── error.tsx
        └── page.tsx
```

CODE   file: src/app/admin/@notification/archived/page.tsx
```
export default function Page() {
  return <div>@notification/archived</div>;
}
```

새로 추가한 페이지 컴포넌트는 사용자가 브라우저에서 '~/admin/archived' 경로로 접속했을 때 알림 섹션에 렌더링됩니다. 이는 병렬 라우트의 독특한 동작 원리 때문입니다.

좀 더 자세히 설명하면 병렬 라우트는 현재 사용자가 접속한 경로를 기준으로 각각의 슬롯에서 렌더링할 페이지를 독립적으로 탐색합니다. 사용자가 '~/admin/archived' 경로로 접속하면 @notification, @user, 그리고 기본 children 슬롯에서는 각각 자신의 archived 폴더를 탐색하고 해당 폴더의 page.tsx에서 정의한 페이지 컴포넌트를 화면에 렌더링합니다.

- 현재의 접속 주소: '~/admin/archived'
- 슬롯별 페이지 컴포넌트:
    - @notification 슬롯: ~/admin/@notification/archived/page.tsx
    - @user 슬롯: ~/admin/@user/archived/page.tsx
    - children 슬롯: ~/admin/archived/page.tsx

이때 하나의 슬롯이라도 archived 폴더가 없거나 폴더는 있으나 page.tsx 파일이 없어 렌더링할 페이지 컴포넌트를 찾지 못하면 404 페이지를 반환합니다. 즉, 지금처럼 @notification 슬롯에만 archived 폴더를 추가하면 @user와 기본 슬롯인 children에서 렌더링할 페이지를 찾지 못하므로 결과적으로 404 페이지를 렌더링합니다.

> **TIP**
> 404 페이지가 아니라 화면에 오류 메시지가 나타난다면 브라우저에서 몇 차례 새로고침해 보세요. 그래도 오류 메시지가 사라지지 않는다면 개발 모드를 중단한 다음, .next 폴더를 삭제하고 다시 실행해 보세요.

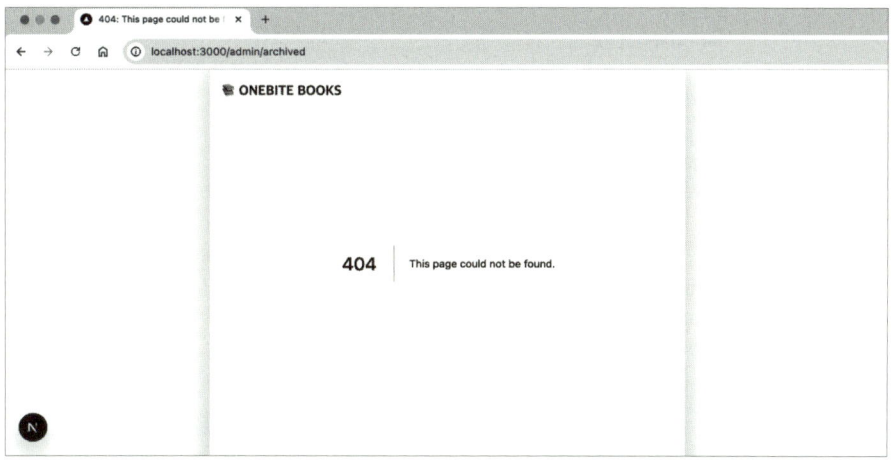

[그림 9-13] 하나의 슬롯이라도 페이지 컴포넌트를 찾지 못하면 나타나는 404 페이지

404 페이지를 렌더링하지 않도록 막는 가장 단순한 방법은 각각의 슬롯에서 archived 폴더를 추가하고 이 폴더에 page.tsx 파일을 생성하는 것입니다. 그러나 이 방식은 관리하기도 번거롭고 효율적이지 못합니다. 실제로 '보관된 알림' 페이지는 알림 섹션에만 필요한 기능인데, 불필요하게 다른 섹션에 archived 폴더와 페이지 컴포넌트를 강제로 추가하는 꼴입니다.

이 문제는 슬롯에서 Default 컴포넌트를 설정하면 쉽게 해결할 수 있습니다. Default 컴포넌트는 특정 슬롯에서 현재 경로에 맞는 페이지를 찾지 못하면 기본으로 표시할 컴포넌트입니다. Default 컴포넌트를 활용해 기본으로 보여 줄 UI를 지정하면 다른 슬롯에 불필요한 폴더나 페이지를 추가할 필요 없이 문제를 해결할 수 있습니다.

슬롯에서 Default 컴포넌트를 추가하는 방법은 간단합니다. 슬롯 폴더에 default.tsx 파일을 만들고 이 파일에서 Default 컴포넌트를 정의하면 됩니다. 다음과 같이 @user 슬롯과 children 슬롯에 default.tsx 파일을 추가합니다.

병렬 라우트

```
src/
└─ app/
    └─ admin/
        ├─ @notification/
        │   ├─ archived/
        │   │   └─ page.tsx
        │   └─ page.tsx
        ├─ @user/
        │   ├─ page.tsx
        │   └─ default.tsx // <- @user 슬롯의 Default 컴포넌트
        ├─ layout.tsx
        ├─ error.tsx
        ├─ page.tsx
        └─ default.tsx // <- chlidren 슬롯의 Default 컴포넌트
```

CODE   file: src/app/admin/@user/default.tsx
```
// @user 슬롯의 Default 컴포넌트
export default function Default() {
  return <div>@user/default</div>;
}
```

CODE   file: src/app/admin/default.tsx
```
// children 슬롯의 Default 컴포넌트
export default function Default() {
  return <div>default</div>;
}
```

이제 브라우저에서 "~/admin/archived" 주소로 접속하면 404 페이지가 아닌 대시보드를 잘 렌더링합니다.

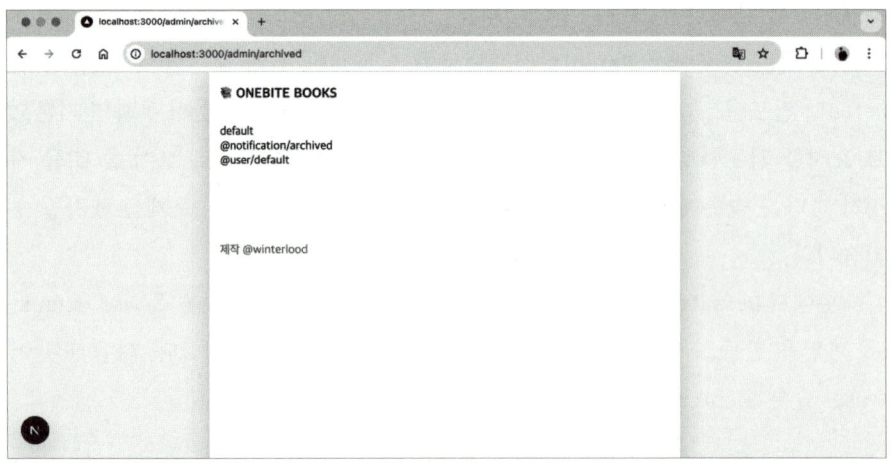

[그림 9-14] Default 컴포넌트 적용 후의 대시보드 페이지

슬롯별로 렌더링되는 컴포넌트를 자세히 살펴보면 다음과 같습니다.

- @notification 슬롯: ~/admin/@notification/archived/page.tsx의 페이지 컴포넌트 렌더링
- @user 슬롯: ~/admin/@user/default.tsx의 `Default` 컴포넌트 렌더링
- children 슬롯: ~/admin/default.tsx의 `Default` 컴포넌트 렌더링

이를 그림으로 표현하면 [그림 9-15]와 같습니다.

[그림 9-15] '~/admin/archived' 경로로 접속했을 때 슬롯별로 렌더링되는 컴포넌트

`Default` 컴포넌트를 이용하면 특정 슬롯을 렌더링하는 섹션의 하위 탐색을 구현할 때 다른 슬롯에 불필요한 폴더나 페이지 컴포넌트를 추가하지 않아도 됩니다. 따라서 특정 섹션의 하위 페이지를 구현하면서도 유지 보수를 쉽게 해 관리의 복잡도를 줄입니다.

섹션별로 하위 탐색할 때 주의할 사항

앞서 병렬 라우트의 섹션별 하위 탐색 방법을 살펴보면서 병렬 라우트는 현재 경로에 맞는 페이지 컴포넌트를 슬롯별로 찾아 렌더링한다는 점을 확인했습니다. 이때 하나의 슬롯이라도 해당 경로에 렌더링할 페이지 컴포넌트가 없으면 404 페이지가 나타나므로 이를 방지하려면 경로가 없는 슬롯에는 Default 컴포넌트를 정의해야 합니다.

그러나 이 내용은 사실 하드 네비게이션 방식으로 페이지에 접근했을 때 적용되는 이야기입니다.

 하드 네비게이션과 소프트 네비게이션

- **하드 네비게이션(Hard Navigation)**
  브라우저의 주소 표시줄에서 URL을 직접 입력하거나 페이지를 새로고침해 이동하는 방식입니다. 이 방식에서는 서버로부터 새로운 페이지를 다시 로드하고 기존의 상태나 UI를 초기화합니다.

- **소프트 네비게이션(Soft Navigation)**
  Link 컴포넌트 또는 라우터 객체의 navigate 메서드 등 클라이언트 사이드 렌더링으로 페이지를 이동하는 방식입니다. 기존의 상태를 유지하면서 필요한 부분만 업데이트하므로 페이지 이동이 더 빠르고 부드럽습니다.

지금까지는 하드 네비게이션 방식, 즉 브라우저의 주소 표시줄에서 URL을 직접 입력해 '~/admin/archived' 경로의 페이지로 이동했기 때문에 모든 슬롯에서 현재 경로에 맞는 페이지 컴포넌트 또는 Default 컴포넌트가 필요했습니다. 그러나 소프트 네비게이션 방식으로 페이지를 이동할 경우에는 이러한 제약이 적용되지 않습니다.

소프트 네비게이션 방식에서는 현재 경로에 맞는 페이지 컴포넌트가 존재하는 슬롯만 업데이트되며 경로에 맞는 페이지 컴포넌트가 없는 슬롯은 이전 상태를 그대로 유지합니다. 예를 들어 '/admin' 경로의 페이지에서 소프트 네비게이션 방식으로 '/admin/archived' 경로의 페이지로 이동하면 이 경로에 페이지 컴포넌트가 있는 슬롯인 @notification의 페이지 컴포넌트만 업데이트됩니다. 반면 다른 슬롯들은 업데이트되지 않고 이전 상태를 그대로 유지합니다.

이 동작을 실제로 확인하려면 '/admin' 페이지의 레이아웃 컴포넌트에서 소프트 네비게이션 방식으로 페이지를 이동시킬 Link 컴포넌트를 다음과 같이 추가해야 합니다.

> CODE
> file: src/app/admin/layout.tsx

```tsx
import Link from "next/link"; ①
import { ReactNode } from "react";

export default function Layout({
  children,
  notification,
  user,
}: {
  children: ReactNode;
  notification: ReactNode;
  user: ReactNode;
}) {
  return (
    <div>
      <header style={{ display: "flex", gap: "10px" }}> ②
        <Link href={"/admin"} style={{ color: "blue" }}> ③
          /admin
        </Link>
        <Link href={"/admin/archived"} style={{ color: "blue" }}> ④
          /admin/archived
        </Link>
      </header>
      <br />
      {children}
      {notification}
      {user}
    </div>
  );
}
```

① next/Link 패키지에서 Link 컴포넌트를 불러옵니다.

② 여러 개의 Link 컴포넌트를 감싸는 <header> 태그를 추가합니다. 이때 링크 사이의 간격을 위해 인라인 스타일을 {display: "flex", gap: "10px"}로 설정합니다.

③④ '/admin'과 '/admin/archived' 경로의 페이지로 이동하는 Link 컴포넌트를 추가합니다.

[그림 9-16]처럼 2개의 링크가 추가되어 있음을 확인할 수 있습니다.

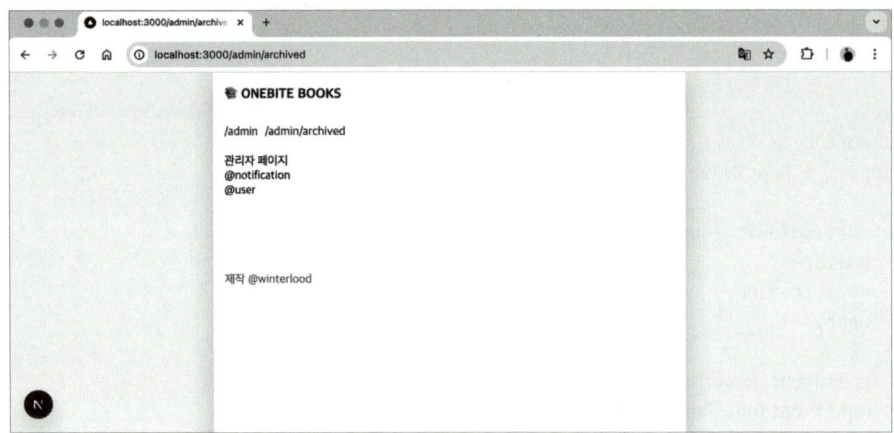

[그림 9-16] 링크 추가하기

Link 컴포넌트를 적용한 '/admin'에서 '/admin/archived' 경로의 페이지로 이동합니다. 그럼 [그림 9-17]처럼 @notification 슬롯의 페이지 컴포넌트만 교체되고 나머지 슬롯의 페이지 컴포넌트는 그대로 유지됩니다.

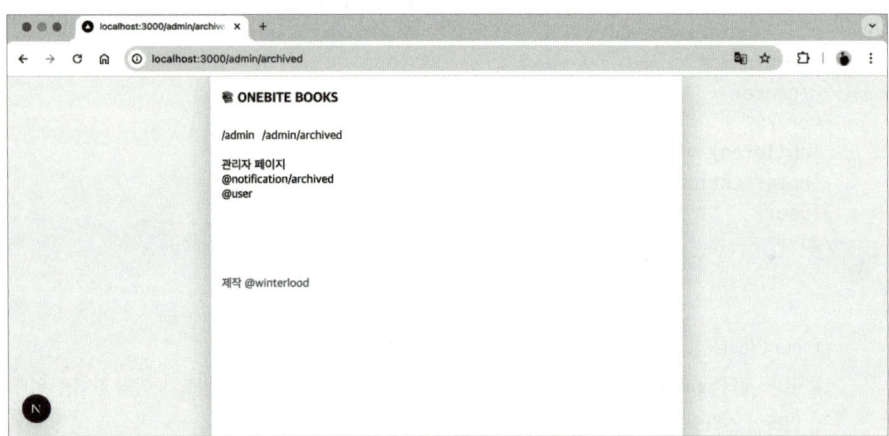

[그림 9-17] 소프트 네비게이션으로 병렬 라우트가 적용된 페이지의 이동

소프트 네비게이션 방식으로 페이지를 이동할 때는 현재 경로에 맞는 페이지 컴포넌트가 있는 슬롯만 업데이트됩니다. 그리고 현재 경로에 맞지 않은 슬롯은 기존 페이지 컴포넌트를 그대로 유지합니다.

참고로 이때 페이지를 새로고침하면 이는 하드 네비게이션으로 접근하는 것이므

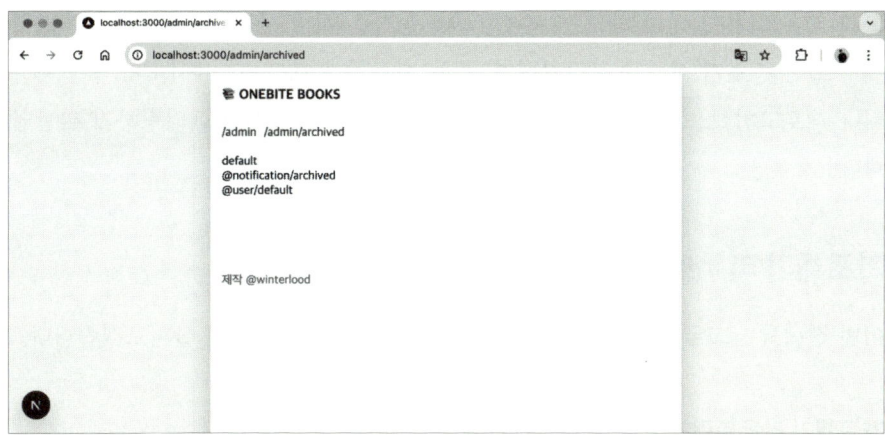

[그림 9-18] 하드 네비게이션으로 병렬 라우트가 적용된 페이지 이동

로 [그림 9-18]처럼 @user와 children 슬롯에는 Default 컴포넌트를 렌더링합니다.

지금까지 살펴본 내용을 정리하면 다음과 같습니다. 병렬 라우트가 적용된 페이지는 페이지에 접근하는 방식에 따라 동작이 다음과 같이 달라집니다.

- 하드 네비게이션으로 접근하는 경우
  모든 슬롯은 현재 경로에 맞는 페이지 컴포넌트를 찾아 렌더링합니다. 특정 슬롯에 현재 경로에 맞는 페이지 컴포넌트가 없으면 Default 컴포넌트를 찾아 렌더링합니다. Default 컴포넌트도 없으면 404 페이지가 나타납니다.

- 소프트 네비게이션으로 접근하는 경우
  현재 경로에 맞는 슬롯의 페이지 컴포넌트만 업데이트됩니다.

Next.js의 병렬 라우트가 이렇게 동작하는 이유는 서비스에 대한 보다 유연하고 직관적인 사용자 경험을 제공하기 위해서입니다. 예컨대 관리자의 대시보드처럼 여러 섹션으로 구성된 복잡한 페이지를 탐색하는 경우 클릭할 때마다 페이지 전체를 갱신하면 사용자가 원하는 정보를 파악하기 어렵습니다. 따라서 Next.js의 병렬 라우트는 사용자와 상호작용하는 섹션만 업데이트하고 나머지 섹션은 그대로 유지합니다. 병렬 라우트를 사용하면 하나의 페이지에서 여러 정보를 동시에 확인하거나 비교하는 작업이 더 쉽고 직관적입니다.

그러나 하드 네비게이션 방식으로 이동할 경우 모든 슬롯에서 경로에 맞는 페이지 컴포넌트를 다시 탐색하고 렌더링해야 합니다. 하드 네비게이션은 소프트 네비게이션 방식과 달리 매우 엄격하게 동작하는데, 이유는 페이지를 완전히 새로 로드하기 때문입니다. 대신 하드 네비게이션의 동작은 서버 사이드 렌더링(SSR) 환경에서 일관된 초기 상태를 보장합니다. 이는 사용자가 브라우저에서 URL을 입력하거나 새로고침했을 때 정확하고 예외 없이 페이지를 올바르게 렌더링하기 위함입니다.

가로채기 라우트

이번 절에서는 고급 라우트 기법의 두 번째로 가로채기 라우트를 살펴보겠습니다.

가로채기 라우트란?

Next.js의 가로채기(Intercepting) 라우트란 특정 경로에 사용자가 소프트 네비게이션 방식으로 접근했을 때, 해당 요청을 가로채 원래 렌더링할 페이지 컴포넌트 대신 다른 페이지 컴포넌트를 렌더링하는 기능입니다.

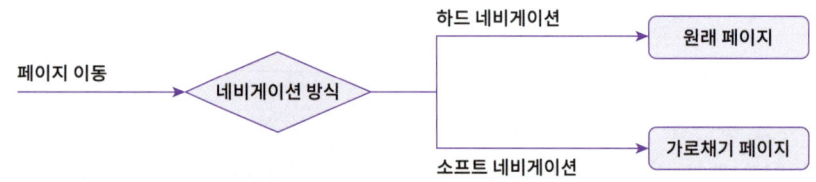

[그림 9-19] 가로채기 라우트 동작 방식

가로채기 라우트를 이용하면 동일한 페이지라도 사용자의 접근 방식에 따라 다른 UI를 제공할 수 있습니다. 예를 들어 소프트 네비게이션 방식으로 접근했을 때는 해당 페이지를 모달 형태로 보여 주고, 하드 네비게이션 방식으로 접근했을 때는 전체 페이지 형태로 보여 주는 동작이 가능합니다. 이런 식의 구현은 서비스에 대한 사용자 경험을 더욱 유연하고 직관적으로 만들기 때문에 자주 사용됩니다.

가로채기 라우트는 피드 형식의 SNS 서비스에서 자주 활용됩니다. 대표적으로 인스타그램 게시물의 상세 페이지를 예로 들 수 있습니다.

[그림 9-20]처럼 인스타그램에서는 동일한 게시물이라도 접근 방식에 따라 표시되는 형태가 다릅니다. 소프트 네비게이션 방식으로 접근하면 왼쪽의 모달 형식으로 표시되어 사용자가 탐색 중이던 피드를 유지할 수 있습니다. 반면 하드 네비게이션 방식으로 접근하면 오른쪽의 전체 페이지 형식으로 표시됩니다.

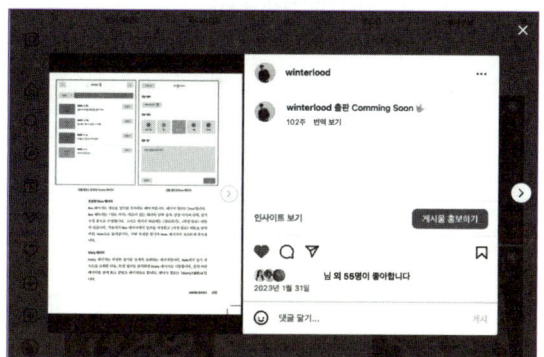 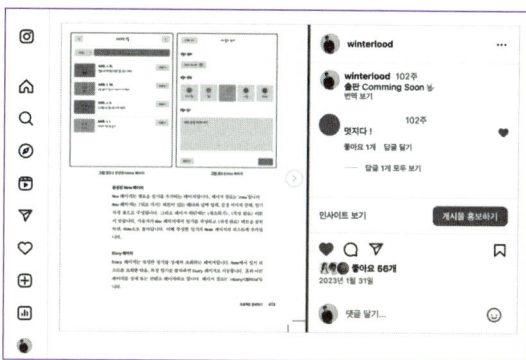

[그림 9-20] 인스타그램의 가로채기 라우트 예

가로채기 라우트 적용 방법 살펴보기

가로채기 라우트를 구현하려면 먼저 app 폴더에 특정 경로를 가로채는 폴더(이하 가로채기 폴더)를 생성해야 합니다. 그리고 폴더에서 page.tsx 파일을 생성하고 가로채기가 동작했을 때 원래의 페이지 컴포넌트 대신 화면에 렌더링할 페이지 컴포넌트를 만들어야 합니다.

원래의 경로를 가로채는 '가로채기 폴더'를 생성하는 방법은 간단합니다. 가로채려는 경로의 페이지 컴포넌트가 위치한 폴더 이름 앞에 (.)을 붙여 새 폴더를 생성하면 됩니다. 다음은 이해를 돕기 위한 간단한 예시입니다.

```
src/
└── app/
    ├── photo/
    │   └── page.tsx
    └── (.)photo/  <- 가로채기 폴더
        └── page.tsx
```

폴더 이름 앞에 (.)을 붙이면 Next.js는 해당 폴더를 자동으로 가로채기 폴더로 인식합니다. 이때 가로채려는 경로는 (.)을 제외한 경로라고 간주합니다

앞 예시의 폴더 구조에서 가로채기 라우트가 동작하면 (.)photo/page.tsx에서 작성한 페이지 컴포넌트가 photo/page.tsx에서 작성한 페이지 컴포넌트를 대체합니다.

다음은 또 다른 예시입니다.

```
src/
└── app/
    ├── photo/
    │   └── [id]/
    │       └── page.tsx
    └── (.)photo/
        └── [id]/
            └── page.tsx
```

이 폴더 구조에서 가로채기 라우트가 동작하면 (.)photo/[id]/page.tsx에서 작성한 페이지 컴포넌트가 photo/[id]/page.tsx에서 작성한 페이지 컴포넌트를 대체합니다. 이처럼 중첩 경로의 페이지 컴포넌트도 동일한 방법으로 폴더를 만들어 가로챌 수 있습니다.

참고로 가로채기 라우트에서 가로채기 폴더를 만들기 위해 사용되는 (.)의 의미는 다음과 같습니다.

- 소괄호: 가로채기 라우트를 위한 폴더임을 명시
- 마침표(.): 동일한 경로에 있는 폴더의 가로채기임을 명시

현재 위치보다 한 단계 위에 위치한 페이지를 가로채려면 폴더 이름 앞에 (.) 대신 (..)을 명시해야 합니다. 다음은 한 단계 위에 위치한 폴더를 가로채기하는 예입니다.

```
src/
└── app/
    ├── photo/
    │   └── page.tsx
    └── feed/
        ├── (..)photo/ ①
        │   └── page.tsx
        └── page.tsx
```

① feed 폴더에서 한 단계 위에 있는 app 폴더의 photo/page.tsx 페이지를 가로챕니다.

두 단계 위에 위치한 페이지를 가로채려면 다음과 같이 폴더 이름 앞에 (..)(..)를 명시합니다.

```
src/
└── app/
    ├── photo/
    │   └── [id]/
    │       └── page.tsx
    └── main/
        └── feed/
            └── (..)(..)photo/ ①
                └── [id]/
                    └── page.tsx
```

① main/feed 폴더에서 두 단계 위에 있는 app 폴더의 photo/[id]/page.tsx 페이지를 가로챕니다.

만약 폴더 구조가 더 복잡해져 두 단계보다 더 높은 상위 단계의 페이지를 가로채고 싶다면 폴더 이름 앞에 (...)을 명시해 루트(app) 폴더를 기준으로 가로채기할 수 있습니다.

```
src/
└── app/
    ├── photo/
    │   └── [id]/
    │       └── page.tsx
    └── v1/
        └── main/
            └── feed/
                └── (...)photo/ ①
                    └── [id]/
                        └── page.tsx
```

① 루트(app) 폴더 아래 photo/[id]/page.tsx의 페이지를 가로챕니다.

도서 상세 페이지에 가로채기 라우트 적용하기

지금까지 살펴본 가로채기 라우트를 한입북스 앱의 도서 상세 페이지(book/[id])에 적용하겠습니다. [그림 9-21]처럼 사용자가 도서를 클릭해 소프트 네비게이션 방식으로 도서 상세 페이지에 접근하면 모달 창 형태의 페이지를 표시하고, 하드 네비게이션 방식으로 접근하면 전체 페이지로 표시합니다.

[그림 9-21] 가로채기 라우트를 적용한 도서 상세 페이지 예

도서 상세 페이지가 위치한 'book/[id]' 경로의 page.tsx를 가로채기 위해 다음과 같이 app 폴더에 (.)book/[id] 폴더를 생성합니다. 그리고 page.tsx 파일을 만들고 페이지 컴포넌트를 생성합니다.

```
src/
└── app/
    ├── (.)book/
    │   └── [id]/
    │       └── page.tsx ①
    └── book/
        └── [id]/
            └── page.tsx
```

① book/[id]/page.tsx의 페이지 컴포넌트 대신 렌더링

CODE　　　　　　　　　　　　　　　　　　　file: src/app/(.)book/[id]/page.tsx
```
export default function Page() {
  return <div>가로채기한 도서 상세 페이지!</div>;
}
```

브라우저의 인덱스 페이지에서 도서 아이템을 클릭해 소프트 네비게이션 방식으로 도서 상세 페이지에 접근합니다. 그럼 [그림 9-22]처럼 가로채기 라우트가 동작해 원래의 페이지 컴포넌트 대신 가로채기 컴포넌트를 렌더링합니다. 만약 가로채기 라우트가 동작하지 않는다면 프로젝트를 잠시 중단한 다음, 프로젝트 루트의 .next 폴더를 삭제하고 다시 실행합니다.

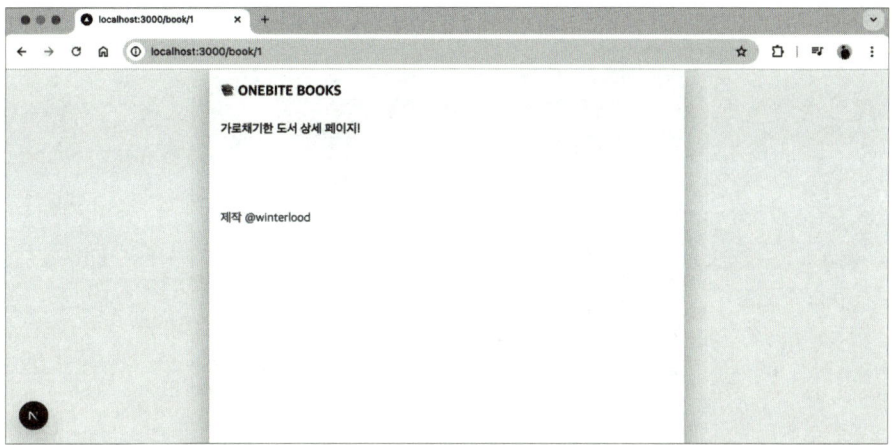

[그림 9-22] 가로채기 라우트 확인하기

이때 페이지를 새로고침해 하드 네비게이션 방식으로 도서 상세 페이지에 접근하면 가로채기 라우트는 동작하지 않으며 원래의 도서 상세 페이지를 다시 렌더링합니다.

모달 구현하기

도서 상세 페이지에 적용한 가로채기 라우트가 잘 작동하는지 확인했다면 이제 [그림 9-23]처럼 가로채기 라우트가 동작했을 때 기존 페이지 컴포넌트를 모달 형태로 렌더링하겠습니다.

이를 구현하려면 가로채기 폴더의 페이지 컴포넌트에서 원래의 페이지 컴포넌트를 가져와 모달 형태로 렌더링해야 합니다. 다음과 같이 가로채기 폴더의 페이지 컴포넌트에서 기존 페이지 컴포넌트를 불러와 화면에 렌더링합니다.

CODE file: src/app/(.)book/[id]/page.tsx
```
import BookPage from "@/app/book/[id]/page"; ①

export default function Page(props: any) { ②
  return <BookPage {...props} />; ③
}
```

① 원래의 페이지 컴포넌트를 BookPage라는 이름으로 불러옵니다.
②③ 가로채기 폴더의 페이지 컴포넌트가 받은 props를 BookPage 컴포넌트에 그대로 전달합니다. 이를 통해 URL 파라미터, 쿼리 스트링 등 Next.js가 페이지 컴포넌트에 제공하는 모든 Props가 BookPage 컴포넌트에도 동일하게 전달됩니다.

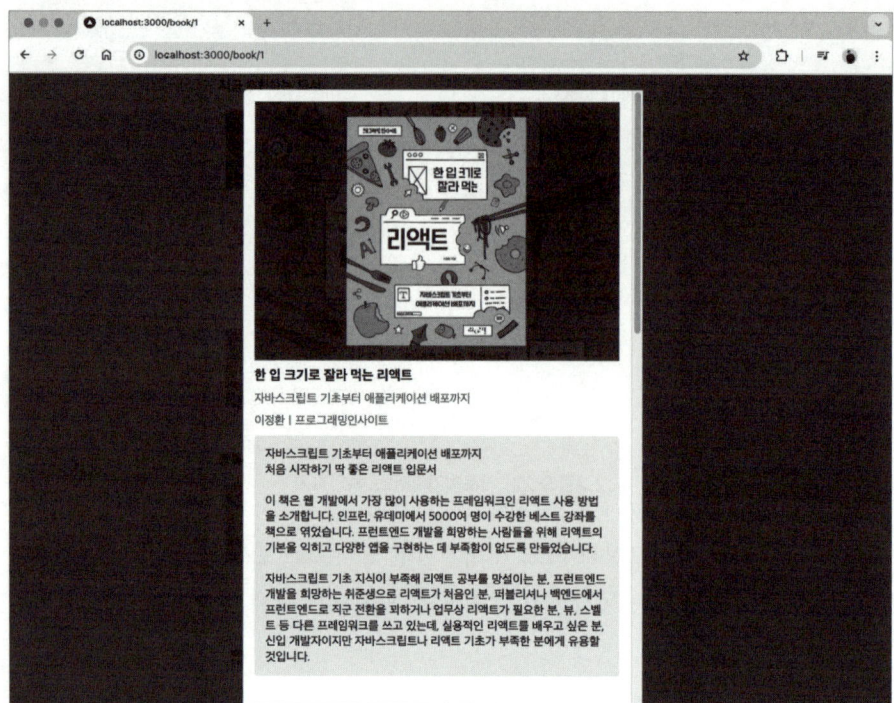

[그림 9-23] 모달 형태로 렌더링한 화면

 any 타입을 사용해도 괜찮나요?

물론 any 타입을 직접 정의하는 일은 되도록 피해야 하지만, 지금처럼 Props로 전달되는 값의 타입을 명시하기 어렵거나 불필요하게 복잡해지는 상황이라면 any 타입을 사용하는 것이 현실적인 선택일 수 있습니다.

[그림 9-24]와 같이 가로채기 라우트가 동작하는 상태에서도 소프트 네비게이션 방식으로 종전의 도서 상세 페이지를 잘 렌더링하는지 확인합니다.

이번에는 도서 상세 페이지를 모달로 감싸 렌더링합니다. 모달로 렌더링하려면 페이지 컴포넌트를 children Props로 받아 렌더링할 새로운 모달 컴포넌트가 필요합니다. src/components 폴더에 modal.tsx와 modal.module.css 파일을 생성해 모달을 구현합니다.

CODE file: src/components/modal.tsx
```tsx
import { ReactNode } from "react";
import style from "./modal.module.css";

export default function Modal({ children }: { children: ReactNode }) {
```

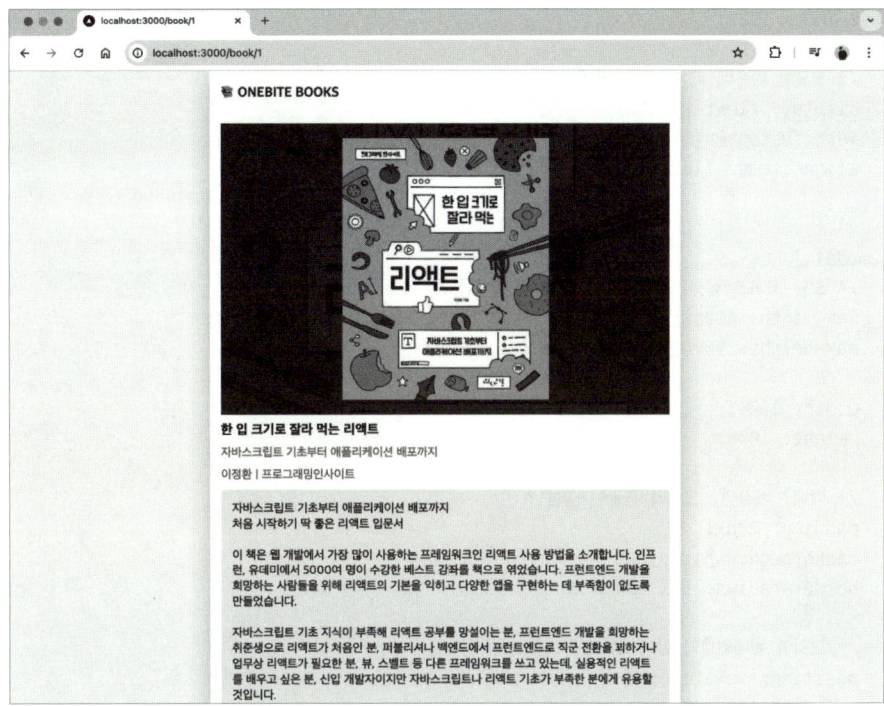

[그림 9-24] 가로채기 라우트가 있는 상태에서 종전의 도서 상세 페이지 렌더링하기

```
  return (
    <div className={style.backdrop}> ①
      <div className={style.modal}>{children}</div> ②
    </div>
  );
}
```

① 모달의 뒷배경 역할을 담당할 <div> 태그입니다. className은 backdrop으로 설정합니다.
② 모달의 실제 콘텐츠를 담을 <div> 태그입니다. className은 modal로 설정합니다.

CODE　　　　　　　　　　　　　　　　　　　file: src/components/modal.module.css
```css
.backdrop {
/* 뒷배경을 살짝 투명한 검은색으로 설정 */
  background: rgba(0, 0, 0, 0.7);

  /* 뒷배경이 페이지를 전부 감싸도록 설정 */
  position: fixed;
  top: 0;
  left: 0;
  width: 100vw;
  height: 100vh;
  padding: 0;
```

```css
  z-index: 999;

  /* 모달을 가운데 배치하도록 설정 */
  display: flex;
  justify-content: center;
  align-items: flex-end;
}

.modal {
  /* 모달 사이즈 설정(가로 600px, 세로 90vh) */
  max-width: 600px;
  max-height: 90vh;

  width: 100%;
  height: 100%;

  /* 여백, 배경색, 모서리 둥글기 설정 */
  padding: 20px;
  background: white;
  border-radius: 5px 5px 0 0;

  /* 모달이 뒷배경보다 앞에 보이도록 설정 */
  position: relative;
  z-index: 1000;

  /* 모달 내용을 스크롤 할 수 있도록 설정 */
  overflow-y: scroll;
}
```

Modal 컴포넌트를 작성하고 스타일링을 마쳤다면 이제 Modal 컴포넌트가 종전의 페이지 컴포넌트를 감싸 렌더링할 수 있도록 가로채기 폴더의 페이지 컴포넌트를 다음과 같이 수정합니다.

CODE   file: src/(.)book/[id]/page.tsx

```tsx
import BookPage from "@/app/book/[id]/page";
import Modal from "@/components/modal"; ①

export default function Page(props: any) {
  return (
    <Modal> ②
      <BookPage {...props} />
    </Modal>
  );
}
```

① 앞서 만든 Modal 컴포넌트를 불러옵니다.
② 원래의 페이지 컴포넌트인 BookPage를 Modal 컴포넌트의 children으로 전달합니다.

브라우저의 인덱스 페이지에서 도서 아이템을 클릭해 소프트 네비게이션 방식으로 도서 상세 페이지에 접근하면 [그림 9-24]처럼 기존 페이지 컴포넌트를 모달로 감싸 렌더링합니다.

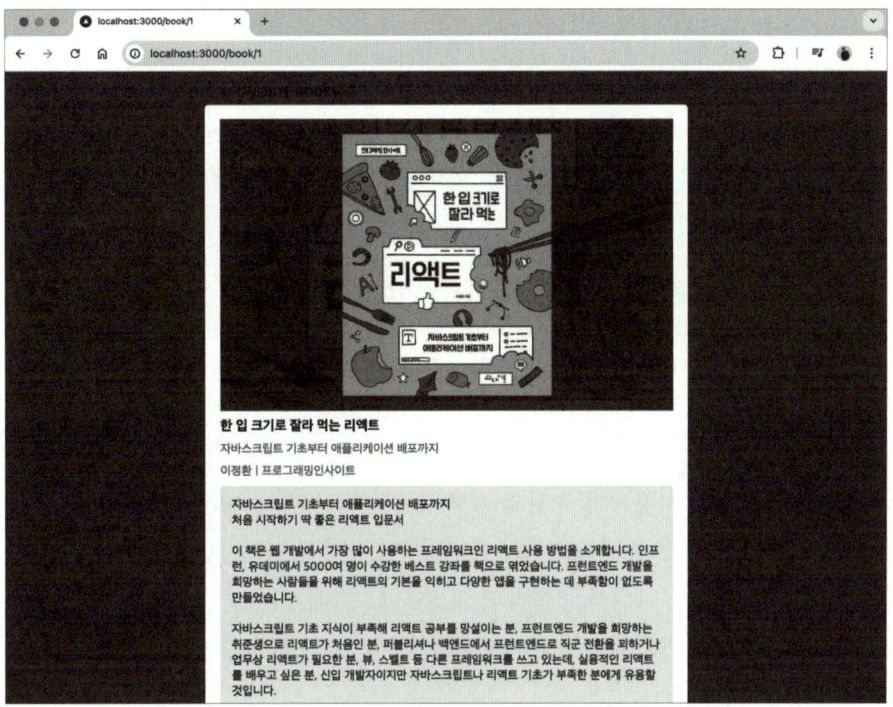

[그림 9-25] 모달 형태로 렌더링하는 도서 상세 페이지

다음으로 모달에 부가 기능을 추가해 완성도를 좀 더 높이겠습니다. 먼저 모달의 뒷배경을 클릭하면 페이지를 뒤로 가게 하는 기능을 추가합니다.

CODE file: src/components/modal.tsx

```
"use client"; ①

(...)
import { useRouter } from "next/navigation"; ②

export default function Modal({ children }: { children: ReactNode }) {
  const router = useRouter(); ③

  return (
    <div
      className={style.backdrop}
      onClick={(e) => { ④
```

```
      if (e.target === e.currentTarget) {
        router.back();
      }
    }}
  >
    <div className={style.modal}>{children}</div>
  </div>
);
}
```

① "use client" 지시자를 파일 상단에 작성해 Modal 컴포넌트를 클라이언트 컴포넌트로 전환합니다. ④에서 뒷배경을 클릭하면 뒤로가기 이벤트를 동작하게 하기 위함입니다.

② useRouter 훅을 불러옵니다. next/router가 아닌 next/navigation 패키지에서 불러와야 합니다

③ useRouter 훅을 호출하고 반환된 라우터 객체를 변수에 저장합니다.

④ 모달의 뒷배경을 클릭하면 router.back 메서드를 호출해 페이지를 뒤로 가도록 합니다. 이때 e.target과 e.currentTarget이 일치하는지 비교하는 이유는 모달의 뒷배경을 클릭했을 때만 페이지를 뒤로 가도록 설정하기 위함입니다.

이제 브라우저에서 사용자가 모달의 뒷배경을 클릭하면 router.back 메서드를 호출해 이전에 탐색했던 페이지로 이동합니다. 이 동작은 마치 모달을 닫는 것과 같은 효과가 있습니다. 이렇게 구현하면 모달을 단지 숨기는 것이 아니라 사용자의 페이지 히스토리를 기준으로 이전 페이지로 돌아가므로 사용자에게는 보다 직관적이고 자연스럽습니다.

다음으로 모달이 열려 있으면 모달이 아닌 영역은 스크롤하지 못하도록 설정합니다.

CODE   file: src/components/modal.tsx

```
(...)
import { ReactNode, useEffect } from "react"; ①

export default function Modal({ children }: { children: ReactNode }) {
  (...)
  useEffect(() => { ②
    document.body.style.overflow = "hidden";
    return () => {
      document.body.style.overflow = "unset";
    };
  }, []);
  (...)
}
```

① useEffect를 불러옵니다.
② useEffect를 이용해 Modal 컴포넌트가 페이지에 마운트되면, 즉 모달이 페이지에 나타나면 <body> 태그의 overflow 스타일을 "hidden"으로 설정해 스크롤을 제한합니다. 그리고 Modal 컴포넌트가 언마운트되면, 즉 모달이 페이지에서 사라지면 <body> 태그의 overflow 스타일을 "unset"으로 설정해 스크롤할 수 있게 합니다.

마지막으로 Modal 컴포넌트가 HTML에서 실제로 렌더링되는 위치를 변경합니다. 브라우저의 개발자 도구를 살펴보면 [그림 9-26]처럼 현재 Modal 컴포넌트는 전체 페이지 위에 있음에도 불구하고 <body> 태그 바로 밑이 아니라 루트 레이아웃 컴포넌트에서 렌더링되고 있습니다.

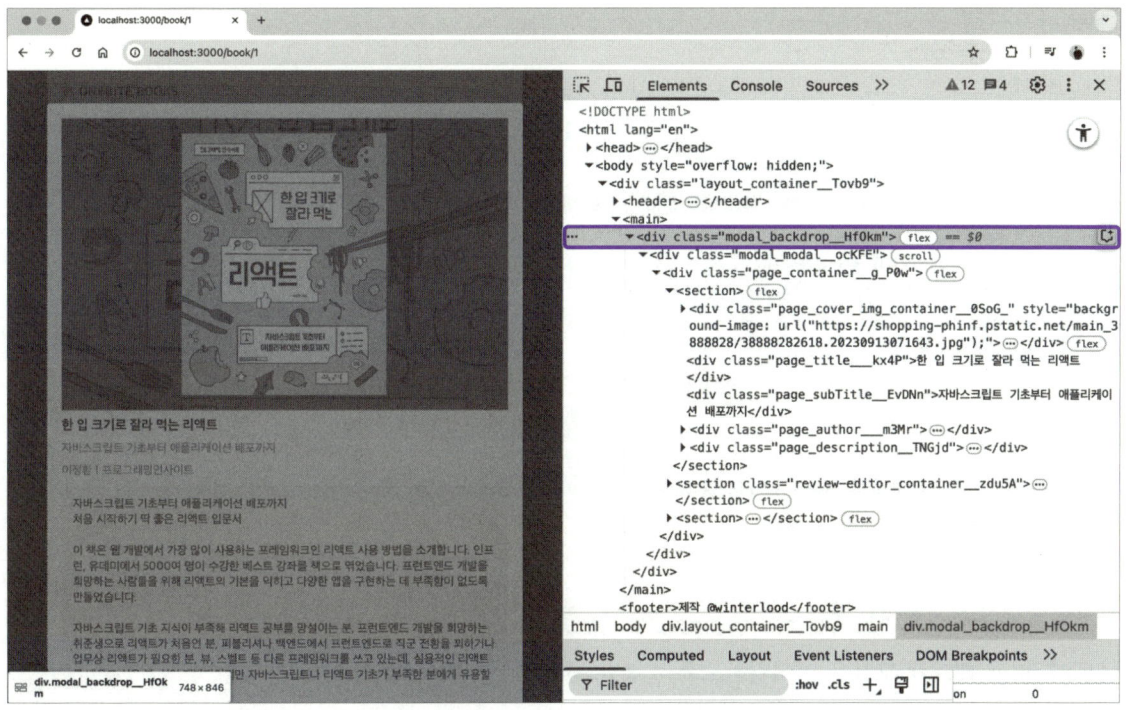

[그림 9-26] Modal 컴포넌트가 렌더링되고 있는 위치 확인하기

리액트는 컴포넌트 계층 구조에 따라 UI를 렌더링하므로 이런 현상이 일어납니다. 하지만 Modal 컴포넌트는 일반적으로 독립적이므로 최상단에 렌더링하는 것이 바람직합니다. 지금처럼 루트 레이아웃에서 렌더링하면 레이아웃 스타일(예: overflow, z-index)에 영향을 받거나 의도치 않은 스타일 충돌을 일으킬 수 있습니다.

이 문제를 해결하려면 리액트의 createPortal 메서드를 이용하면 됩니다. 이 메서드는 특정 컴포넌트를 컴포넌트 트리에서 분리해 HTML 구조의 원하는 위치에 렌더링합니다.

먼저 Modal 컴포넌트의 렌더링 위치를 지정하기 위해 app/layout.tsx 파일의 루트 레이아웃 컴포넌트에서 다음과 같이 새 요소를 추가합니다.

```
CODE                                            file: src/app/layout.tsx
(...)
export default function RootLayout({
  children,
}: Readonly<{
  children: React.ReactNode;
}>) {
  return (
    <html lang="en">
      <body>
        <div id="modal-root"></div> ①
        <div className={style.container}>
          <header>
            <Link href={"/"}>📚 ONEBITE BOOKS</Link>
          </header>
          <main>{children}</main>
          <footer>제작 @winterlood</footer>
        </div>
      </body>
    </html>
  );
}
```

> ① <body> 태그 바로 밑에 "modal-root"를 id로 하는 <div> 태그를 새롭게 추가합니다. 이 요소에 Modal 컴포넌트를 렌더링할 예정입니다.

계속해서 Modal 컴포넌트에서 createPortal 메서드를 이용해 루트 레이아웃 컴포넌트의 <div> 태그에 모달을 렌더링하도록 설정합니다.

```
CODE                                    file: src/app/components/modal.tsx
(...)
import { createPortal } from "react-dom"; ①

export default function Modal({ children }: { children: ReactNode }) {
  (...)
  return createPortal( ②
    <div
      className={style.backdrop}
```

```
      onClick={(e) => {
        if (e.target === e.currentTarget) {
          router.back();
        }
      }}
    >
      <div className={style.modal}>{children}</div>
    </div>,
    document.getElementByID("modal-root") as HTMLElement
  );
}
```

① createPortal 메서드를 불러옵니다.

② createPortal 메서드를 호출합니다. 이때 인수로 전달하는 값은 다음과 같습니다.

- 첫 번째 인수: 렌더링하려는 UI 요소.
- 두 번째 인수: 첫 번째 인수로 전달하는 UI 요소를 렌더링할 위치

이제 Modal 컴포넌트는 <body> 태그 바로 밑에 있는 <div id="modal-root"> 요소에 렌더링됩니다. 브라우저의 개발자 도구에서 확인합니다.

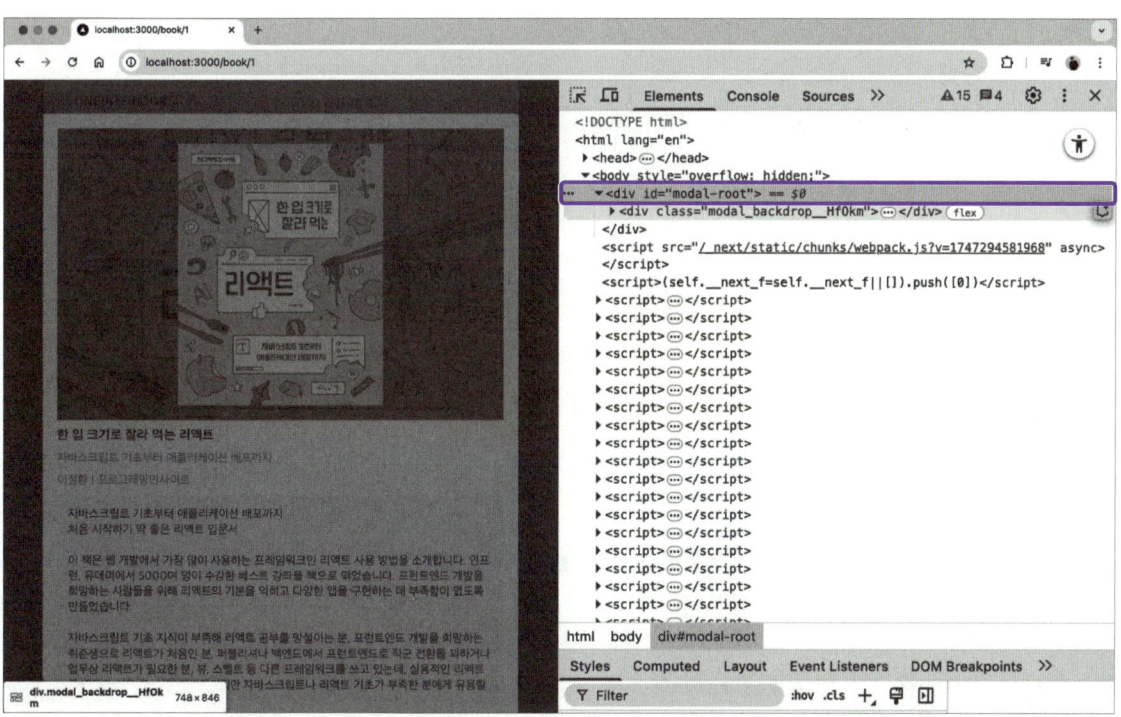

[그림 9-27] <div id="modal-root"> 요소에 렌더링되는 Modal 컴포넌트

가로채기 라우트와 병렬 라우트 함께 사용하기

지금까지 가로채기 라우트를 사용해 사용자가 소프트 네비게이션으로 도서 상세 페이지에 접근할 때 해당 페이지를 모달 형태로 렌더링했습니다. 단순히 페이지 전체를 렌더링하는 종전 방식과는 사뭇 다르게 유연한 탐색 방식을 제공하고 있어 사용자의 흥미를 돋워 줍니다.

한 가지 아쉬운 점은 현재 설정에서는 모달이 페이지에 나타날 때 원래 탐색하던 페이지는 보이지 않는다는 것입니다. 가로채기 라우트로 모달을 렌더링하면 모달이 종전에 탐색했던 페이지를 완전히 대체하기 때문입니다.

모달을 렌더링해도 종전에 탐색하던 페이지를 뒷배경에 나오도록 구현하려면 모달과 기존 페이지를 동시에 렌더링하는 방식으로 구조를 수정해야 합니다. 다시 말해 하나의 화면에서 두 개 이상의 페이지를 동시에 렌더링하도록 설정해야 합니다.

다행히 병렬 라우트를 이용하면 이 구조를 쉽게 구현할 수 있습니다. 병렬 라우트를 활용하면 모달 형태로 열리는 도서 상세 페이지는 @modal이라는 슬롯, 종전 페이지는 children 슬롯으로 설정해 하나의 페이지에서 동시에 렌더링할 수 있습니다.

먼저 모달 형태의 도서 상세 페이지를 위한 @modal 슬롯 폴더를 app 폴더에 생성합니다. 계속해서 이 슬롯 폴더에 앞서 만든 가로채기 라우트 폴더를 그대로 옮깁니다.

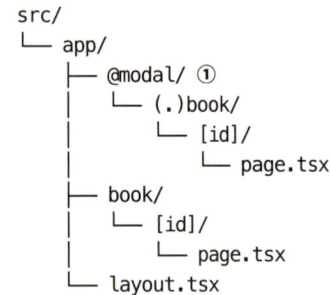

> **TIP**
> 개발 모드를 종료하고 가로채기 폴더를 옮깁니다.

① @modal 슬롯 폴더를 생성하고 이 폴더에 가로채기 폴더를 모두 옮깁니다.

그런 다음 @modal 슬롯에서 기본적으로 보여줄 Default 컴포넌트를 다음과 같이 생성합니다. Default 컴포넌트를 만들지 않으면 해당 슬롯에서 렌더링할 컴포넌트가 없을 경우 404 페이지를 렌더링하거나 의도치 않은 방향으로 동작할 수 있습니다.

```
                                                    file: src/app/@modal/default.tsx
export default function Default() {
  return null;
}
```

이제 app/layout.tsx 파일의 루트 레이아웃 컴포넌트에서는 children과 modal이라는 두 슬롯의 페이지 컴포넌트가 Props로 제공됩니다. 루트 레이아웃 컴포넌트에서 두 슬롯의 페이지 컴포넌트를 병렬로 함께 렌더링하도록 다음과 같이 코드를 수정합니다.

```
                                                    file: src/app/layout.tsx
(...)
export default function RootLayout({
  children,
  modal, ①
}: Readonly<{
  children: React.ReactNode;
  modal: React.ReactNode; ②
}>) {
  return (
    <html lang="en">
      <body>
        {modal} ③
        <div id="modal-root"></div>
        <div className={style.container}>
          <header>
            <Link href={"/"}>📚 ONEBITE BOOKS</Link>
          </header>
          <main>{children}</main>
          <footer>제작 @winterlood</footer>
        </div>
      </body>
    </html>
  );
}
```

①② modal 슬롯의 페이지 컴포넌트를 Props로 받습니다.
③ modal 슬롯의 페이지 컴포넌트를 children 슬롯의 페이지 컴포넌트와 함께 렌더링합니다.

이제 브라우저에서 도서 상세 페이지에 소프트 네비게이션 방식으로 접근하면 모달 형태로 페이지를 렌더링하는 동시에 뒷배경에는 종전에 탐색하던 인덱스 페이지를 병렬로 렌더링합니다.

가로채기 라우트

이 방식은 모달과 기본 페이지를 동시에 표시해 사용자의 경험을 개선하는 효과가 있습니다. 병렬 라우트를 활용하면 하나의 화면에서 여러 페이지를 효율적으로 렌더링할 수 있습니다.

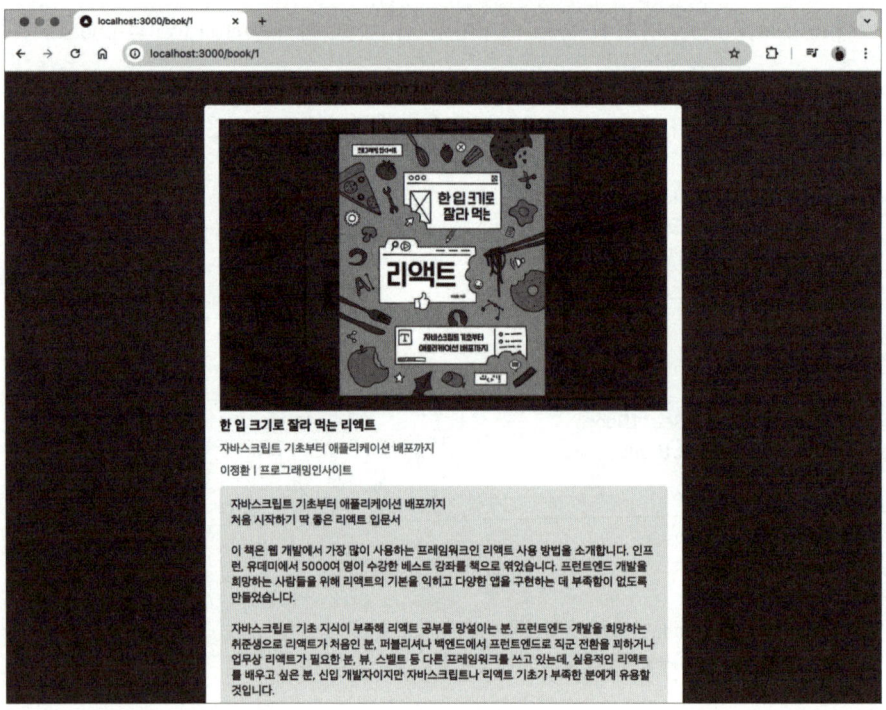

[그림 9-28] 병렬로 렌더링하는 두 페이지 확인하기

도서 상세 페이지 로딩 UI 설정하기

지금까지 사용자가 도서 상세 페이지에 소프트 네비게이션으로 접근했을 때, 가로채기 라우트와 병렬 라우트를 이용해 종전 페이지 위에 도서 상세 페이지를 모달 형태로 띄우는 기능을 구현했습니다.

그런데 아쉬운 점이 하나 더 있습니다. 현재 도서 상세 페이지를 로딩하는 동안 모달이 나타나지 않아 사용자가 도서 아이템을 클릭해도 반응이 없는 것처럼 느껴집니다. 이는 서비스에 대한 사용자의 관심을 떨어뜨리는 요소입니다.

따라서 이번에는 로딩 중임을 표시하는 로딩 UI를 추가하고 스트리밍 방식으로 페이지를 로딩하는 동안 사용자에게 로딩 UI를 보여 주도록 설정하겠습니다.

다음과 같이 가로채기 폴더에서 page.tsx를 수정합니다.

```
file: src/app/@modal/(.)book/[id]/page.tsx
import BookPage from "@/app/book/[id]/page";
import Modal from "@/components/modal";
import { Suspense } from "react"; ①

export default function Page(props: any) {
  return (
    <Modal>
      <Suspense fallback={<div>로딩 중</div>}> ②
        <BookPage {...props} />
      </Suspense>
    </Modal>
  );
}
```

① Suspense 컴포넌트를 불러옵니다.
② 도서 상세 페이지 컴포넌트인 BookPage를 Suspense 컴포넌트로 감싸고, fallback Prop의 값으로 '로딩 중'이라는 텍스트가 포함된 <div> 태그를 전달합니다.

이제 브라우저에서 새로운 도서 상세 페이지에 접근하면 BookPage 컴포넌트에 스트리밍이 적용되어 데이터를 로딩하는 동안 '로딩 중'이라는 텍스트를 페이지에 표시합니다.

[그림 9-29] 로딩 UI가 설정된 BookPage 컴포넌트

'로딩 중'이라는 텍스트가 너무 단순하다면 BookPage 컴포넌트 전용 스켈레톤 UI를 만들어도 괜찮습니다.

가로채기 폴더에 book-page-skeleton.tsx 파일을 생성하고 다음과 같이 BookPage 컴포넌트를 위한 스켈레톤 컴포넌트를 작성합니다. 이 컴포넌트의 스타일 파일인 book-page-skeleton.module.css도 동시에 생성합니다.

`CODE`   file: src/app/@modal/(.)book/[id]/book-page-skeleton.tsx
```tsx
import style from "./book-page-skeleton.module.css";

export default function BookPageSkeleton() {
  return (
    <div className={style.container}>
      <div className={style.cover_img}></div>
      <div className={style.title}></div>
      <div className={style.subTitle}></div>
      <div className={style.author}></div>
      <div className={style.description}></div>
    </div>
  );
}
```

스켈레톤 컴포넌트를 잘 생성했다면 이제 다음과 같이 스켈레톤 컴포넌트를 위한 스타일 코드도 추가합니다.

`CODE`   file: src/app/@modal/(.)book/[id]/book-page-skeleton.module.css
```css
.container {
  display: flex;
  flex-direction: column;
  gap: 10px;
}

.container > div {
  border-radius: 5px;
  background-color: rgb(230, 230, 230);
}

.container .cover_img {
  height: 350px;
}

.container .title {
  height: 22px;
}
```

```css
.container .subTitle {
  width: 80%;
  height: 18px;
}

.container .author {
  width: 40%;
  height: 18px;
}

.container .description {
  width: 100%;
  height: 200px;
}
```

BookPage를 위한 스켈레톤 컴포넌트를 생성하고 컴포넌트의 스타일링까지 완료했습니다. 다음으로 가로채기 폴더의 페이지 컴포넌트에서 Suspense의 fallback 속성으로 이 스켈레톤 컴포넌트를 설정합니다.

CODE   file: src/app/@modal/(.)book/[id]/page.tsx
```tsx
(...)
import BookPageSkeleton from "./book-page-skeleton"; ①

export default function Page(props: any) {
  return (
    <Modal>
      <Suspense fallback={<BookPageSkeleton />}> ②
        <BookPage {...props} />
      </Suspense>
    </Modal>
  );
}
```

① 앞서 구현한 BookPageSkeleton 컴포넌트를 불러옵니다.
② fallback Prop의 값을 BookPageSkeleton 컴포넌트로 설정합니다.

브라우저에서 도서 상세 페이지에 소프트 네비게이션 방식으로 접근합니다. BookPage 컴포넌트가 로딩 중이면 설정한 스켈레톤 UI가 정상적으로 렌더링되는 것을 확인할 수 있습니다.

[그림 9-30] 북 페이지의 스켈레톤 UI 구현 완료

이전에는 로딩 중일 때 페이지에서 아무런 변화가 없었지만, 이제는 스켈레톤 UI가 먼저 표시되어 사용자가 현재 페이지가 로딩 중임을 직관적으로 인지하게 됩니다.

한 입 크기로 잘라 먹는 Next.js

10장

최적화 및 배포

이 장에서 주목할 키워드

- 이미지 최적화
- 검색 엔진 최적화
- 배포하기

> **이 장의 학습 목표**
> - Next.js의 이미지 최적화 기능과 SEO 메타 태그 설정 방법을 익힙니다.
> - Vercel을 활용해 앱 라우터 버전 프로젝트를 배포합니다.

Next.js는 React.js를 확장한 프레임워크이므로 기본적으로 리액트의 최적화 기법을 모두 지원합니다. 더 나아가 Next.js 자체로도 최적화 기능을 추가로 제공하고 있어 보다 빠르고 효율적인 애플리케이션을 개발할 수 있습니다. 이번 장에서는 Next.js가 제공하는 다양한 최적화 기능과 함께 앱 라우터 버전 앱의 배포 과정을 알아보겠습니다.

이미지 최적화

이번 절에서는 Next.js의 첫 번째 최적화 기능으로 이미지 최적화를 살펴봅니다.

이미지 최적화가 필요한 이유

이미지 최적화는 웹 페이지의 성능을 개선하는 데 매우 중요한 요소입니다. 웹 페이지에서 이미지는 필수적이지만, 자바스크립트, HTML, CSS 등 다른 웹 요소 비해 파일의 크기가 커서 많은 용량을 차지합니다.

1996년부터 매년 웹 생태계를 연구하는 HTTP 아카이브의 2024년 조사에 따르면 [그림 10-1]과 같이 비디오를 제외하고 웹에서 가장 많은 용량을 차지하는 요소는 이미지입니다.

[그림 10-1]을 보면 데스크톱과 모바일 환경 모두 이미지가 가장 많은 용량을 차지하고 있습니다. 이처럼 이미지는 웹 페이지의 성능을 좌우하는 중요한 요소로 최적화 여부에 따라 페이지의 로딩 속도와 사용자 경험에 큰 영향을 미칩니다.

다양한 이미지 최적화 기법들

이미지를 최적화하는 방법은 매우 다양합니다. 그중 대표적으로 자주 사용하는 최적화 기법을 살펴보면 다음과 같습니다.

WebP, AVIF 등 차세대 이미지 포맷으로 변환하기

WebP와 AVIF는 기존의 PNG나 JPEG와 유사하지만, 압축률이 높고 품질도 좋은

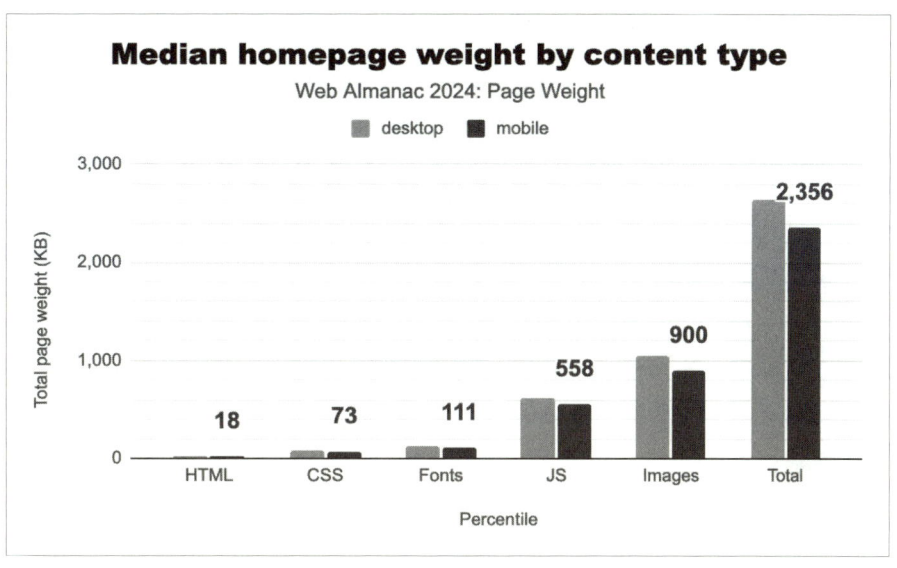

[그림 10-1] 비디오를 제외한 웹 페이지 주요 리소스 유형 통계. 출처: *https://almanac.httparchive.org/en/2024/page-weight#content-type-and-file-formats*

차세대 이미지 포맷입니다.

WebP는 기존에 널리 사용하던 JPEG를 대체하기 위해 구글이 제시하는 차세대 이미지 포맷입니다. 이 포맷을 사용하면 화질 저하를 최소화하면서도 파일 크기는 최대 10~80%까지 압축할 수 있습니다. 이 포맷은 인터넷 익스플로러(IE)를 제외하고 대다수 최신 브라우저가 지원합니다.

다음으로 AVIF는 AV1(차세대 비디오 코덱)을 기반으로 개발된 최신 이미지 포맷으로 WebP보다 더 뛰어난 압축률과 화질을 제공합니다. 넷플릭스, 구글, 마이크로소프트 등이 AVIF의 개발을 주도하고 있습니다. 다만 WebP가 2010년에 공개된 것에 반해 AVIF는 2019년에 공개되었기 때문에 아직 호환되지 않는 브라우저나 소프트웨어가 있습니다. 대표적인 클라우드 이미지 호스팅 서비스인 Cloudinary의 기사에 따르면 Edge, Safari 등의 브라우저는 아직 AVIF 포맷을 지원하지 않는다고 합니다.

결론적으로 기존의 PNG나 JPEG 대신 WebP나 AVIF 같은 차세대 이미지 포맷을 사용하면 높은 화질을 유지하면서도 용량을 효과적으로 줄일 수 있어 웹 페이지 성능 최적화에 큰 도움이 됩니다.

사용자 화면 크기에 맞게 이미지 불러오기

다음으로 소개할 이미지 최적화 방법은 사용자의 화면 크기에 맞게 이미지 사이즈를 적절히 조절해 불러오는 기법입니다. 예를 들어 [그림 10-2]처럼 942×1200px 사이즈의 이미지를 각각 핸드폰, 태블릿, 데스크톱 환경에서 불러와 화면에 렌더링한다고 가정하겠습니다.

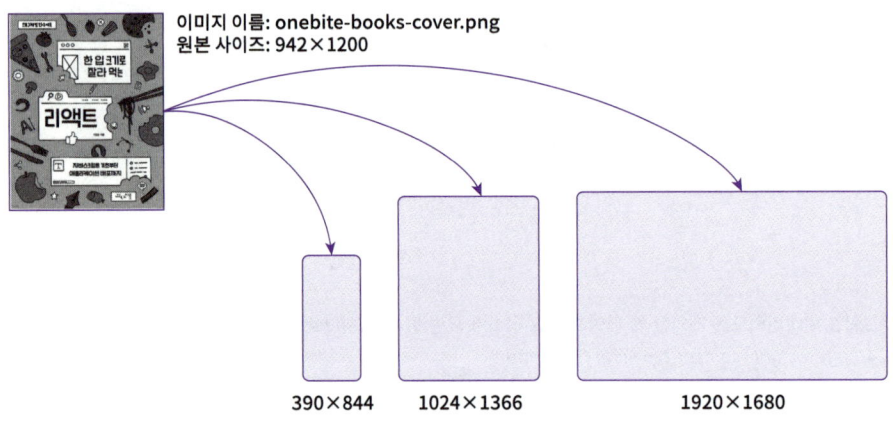

[그림 10-2] 사용자 화면 크기에 맞는 이미지 불러오기

[그림 10-2]에서 보듯이 핸드폰은 화면의 해상도가 390×844로 원본 이미지보다 훨씬 작습니다. 그런데도 원본 이미지를 그대로 불러와 표시하면 불필요하게 큰 데이터를 불러오게 됩니다. 이는 네트워크 트래픽 증가, 로딩 속도 저하, 앱 성능 저하 등 많은 문제를 유발합니다.

따라서 사용자의 화면 크기에 맞게 이미지의 크기를 조절하는 최적화 전략이 필요합니다. 적절한 최적화 전략은 좋은 화질을 유지하면서도 불필요한 데이터 로드를 최소화해 웹 성능을 향상시킵니다.

이미지 레이지 로딩 적용하기

이미지 레이지 로딩(Image Lazy Loading)이란 직역하면 '이미지를 게으르게 불러온다'는 뜻입니다. 이 방식은 사용자가 지금 보는 페이지에 표시할 이미지만 먼저 불러오고 스크롤을 올리거나 내려야 보이는 이미지는 나중에 필요할 때 불러오는 기법입니다.

이미지 레이지 로딩을 이용하면 사용자가 페이지에 처음 접속할 때 페이지에서 보이지 않는 이미지들은 바로 로드하지 않도록 방지할 수 있습니다. 그 결과 페이

[그림 10-3] 이미지 레이지 로딩 적용 전과 후 비교

지의 초기 로딩 속도는 빨라지고 네트워크 트래픽은 감소하므로 사용자의 서비스 만족도를 높입니다. 이미지가 많은 웹 페이지나 무한 스크롤 방식을 적용하는 서비스에서는 이 방식이 매우 효과적입니다.

이미치 최적화 올인원 next/Image 컴포넌트

지금까지 대표적으로 활용되는 이미지 최적화 기법들을 살펴보았습니다. 이제 이 기법들을 Next.js 앱에 적용할 차례입니다. 하지만 이를 직접 구현하는 일은 상당한 시간이 소요될 뿐만 아니라, 유지 보수 또한 어렵습니다. 지금까지 작성한 한입북스 앱의 코드보다 더 많은 양의 코드를 추가로 작성해야 할지도 모릅니다.

다행히 Next.js는 이러한 최적화 과정을 자동으로 처리하는 Image 컴포넌트를 제공합니다. 이 컴포넌트를 활용하면 별도의 추가 설정 없이도 이미지 포맷 변환, 크기 조정, 레이지 로딩(Lazy Loading)과 같은 이미지 최적화 기능들을 쉽게 구현할 수 있습니다. Next.js의 Image 컴포넌트는 이미지 최적화를 위한 올인원 솔루션이라고 감히 말할 수 있습니다.

Next.js에서 Image 컴포넌트를 사용하는 방법은 간단합니다. 다음 예시처럼 next/Image 패키지에서 Image 컴포넌트를 불러와 기존의 <img> 태그를 대체하면 됩니다. 그럼 다양한 이미지 최적화 기능이 자동으로 적용됩니다.

```
CODE                                                    file: 예시
import Image from 'next/image'

export default function Page() {
  return (
    <Image
      src="/profile.png"
      width={500}
      height={500}
      alt="Picture of the author"
    />
  )
}
```

예제 코드에서 보듯이 Image 컴포넌트의 사용법은 기존의 `<img>` 태그와 거의 유사합니다. src 속성에서는 이미지 주소를, width 및 height 속성에서는 렌더링할 이미지의 크기를, alt 속성에서는 이미지를 대체할 텍스트를 설정합니다.

그러나 몇 가지 주의할 점이 있습니다. src 속성값으로 외부 서버에 있는 이미지를 설정하려면 Next.js의 보안 정책에 따라 추가적인 설정이 필요합니다. 또한 width 및 height의 속성값은 기본으로 제공해야 한다는 점도 명심해야 합니다. 이 사항들은 실습을 하면서 자세히 살펴보겠습니다.

한입북스 앱 이미지 최적화하기

한입북스 앱에 있는 이미지들을 Next.js의 Image 컴포넌트로 최적화합니다. 실습 과정에서 이미지 최적화의 효과를 직접 확인하고 Image 컴포넌트를 사용할 때 주의할 점도 살펴봅니다.

최적화를 구현하기 전에 현재 페이지가 이미지를 어떻게 로드하는지 개발자 도구로 먼저 확인하겠습니다. 최적화는 결국 현재 상태를 점검하고 문제를 발견하면 개선책을 찾아 해결하는 방식으로 진행하기 때문입니다.

인덱스 페이지에 접속해 개발자 도구의 [네트워크] 탭을 엽니다. 이미지 요청만을 살펴보기 위해 필터 패널에 있는 'img'를 클릭합니다.

'img' 필터를 선택했다면 페이지를 강력 새로고침(Ctrl+Shift+R 또는 Command+Shift+R)으로 다시 불러옵니다.

[그림 10-5]와 같이 [네트워크] 탭에서 현재 페이지의 이미지 요청 정보를 상세히 확인할 수 있습니다.

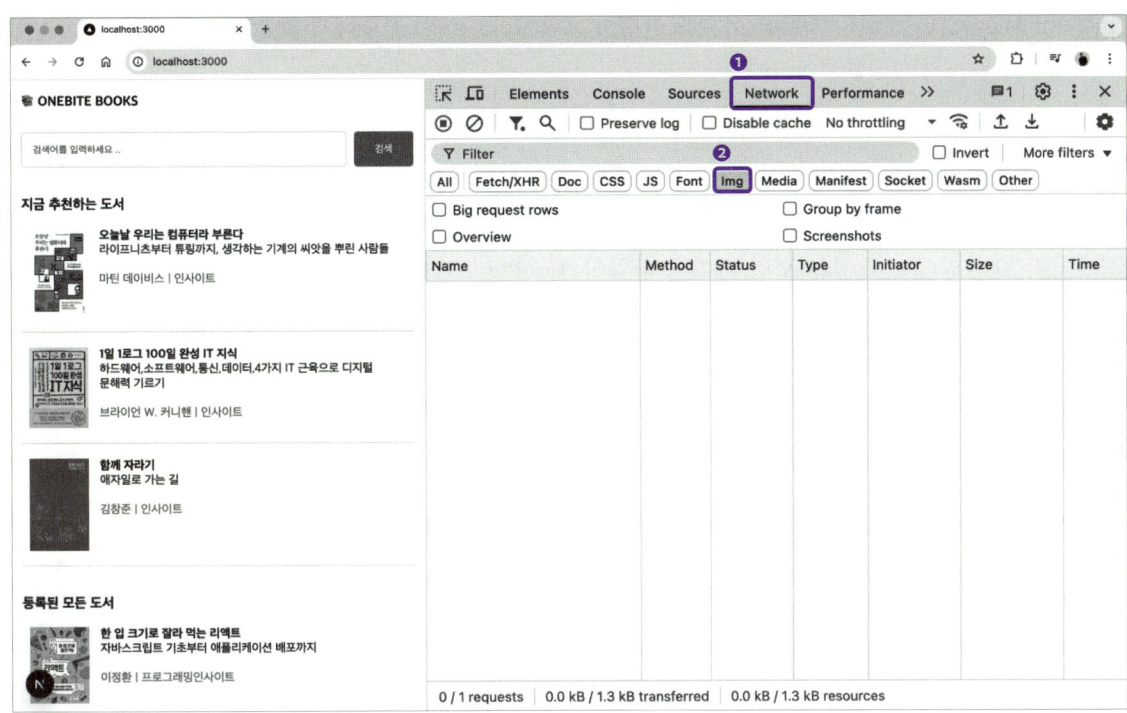

[그림 10-4] 네트워크 탭에서 'img' 필터 선택하기

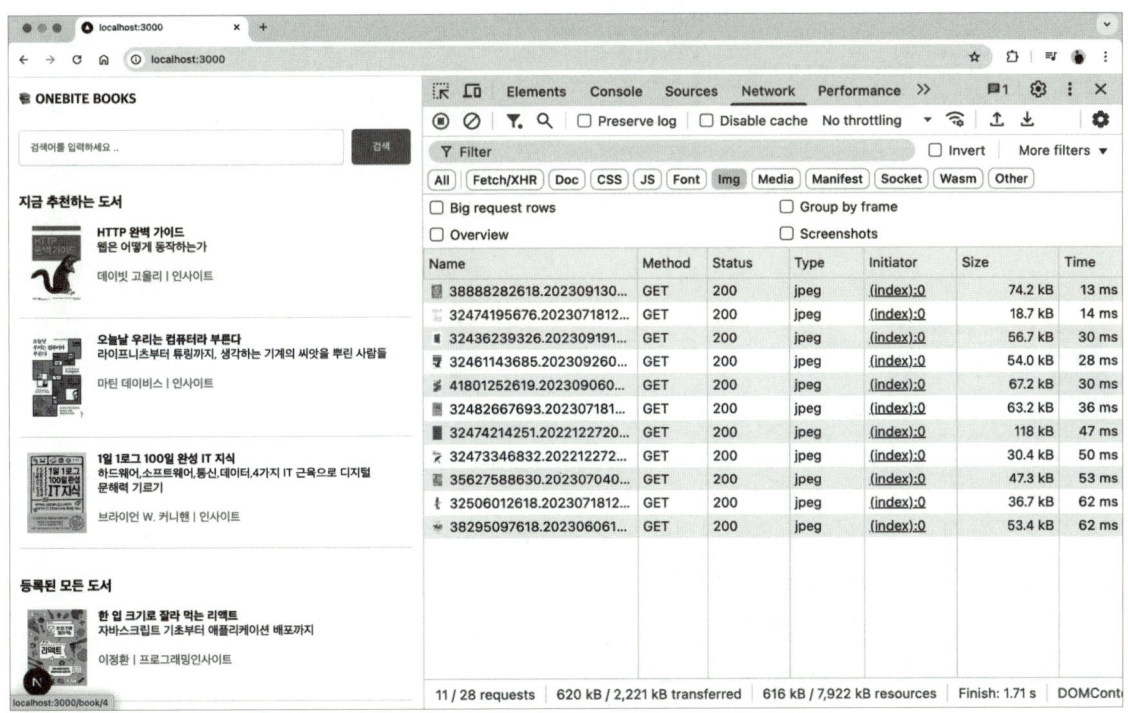

[그림 10-5] 이미지 정보 확인하기

[그림 10-5]에 나타난 이미지 정보를 이용해 인덱스 페이지의 이미지 로딩에서 비효율적인 점이 있는지 살펴보겠습니다.

우선 한입북스 인덱스 페이지는 레이지 로딩 방식이 구현되지 않았습니다. 현재 화면에 표시된 이미지는 3~4개지만, 실제 네트워크에서 불러온 이미지를 보면 그보다 많은 이미지 요청이 이루어졌음을 알 수 있습니다.

또한 각 요청의 'Type' 열을 보면 이미지 타입이 WebP나 AVIF 형식이 아니라 JPEG라는 사실도 알 수 있습니다.

> **TIP** 화면에 표시되는 이미지의 개수는 독자의 화면 크기에 따라 다를 수 있습니다.

끝으로 요청 이미지를 하나 클릭한 다음, [Preview] 탭 하단에 표시되는 이미지 크기를 살펴보면 [그림 10-6]처럼 화면에서 실제로 렌더링되는 크기보다 훨씬 큰 이미지를 불러오고 있음을 알 수 있습니다.

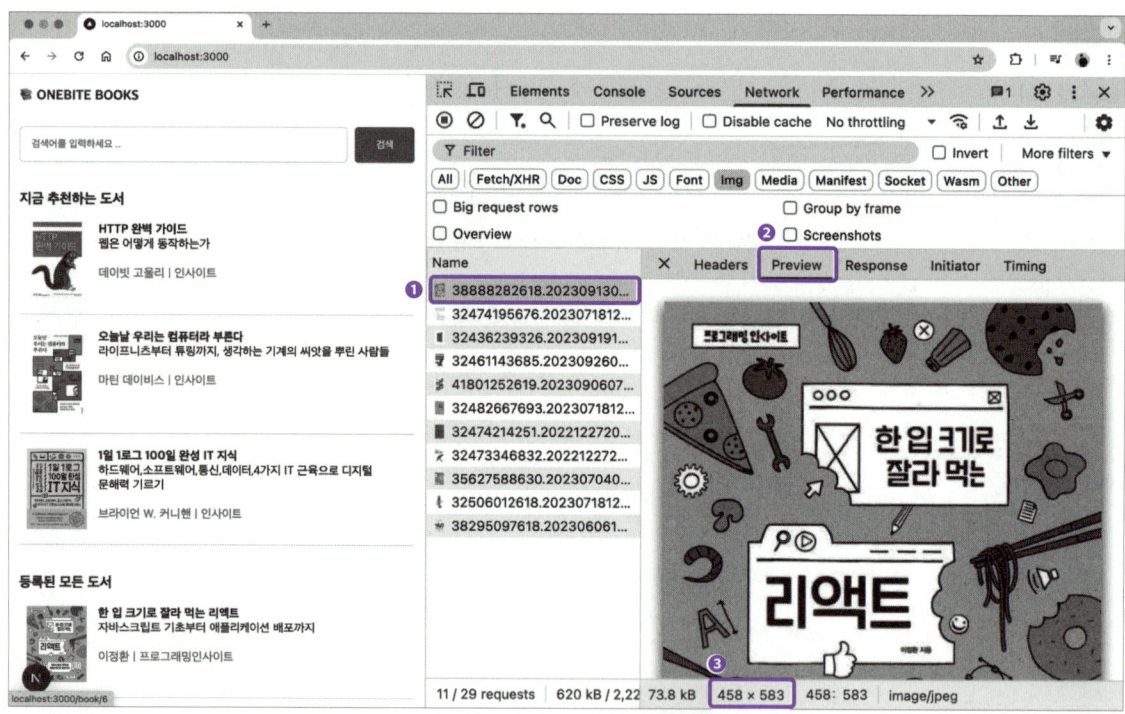

[그림 10-6] 불필요하게 큰 이미지 수령

개발자 도구를 살펴보니 이미지 요청 과정이 매우 비효율적이라는 사실을 확인할 수 있었습니다. 물론 지금은 불러오는 이미지의 개수가 많지 않으므로 성능 저하가 크지 않겠지만, 앞으로 이 서비스에서 도서를 계속 추가해 불러올 이미지의 양이 많아진다면 페이지의 로딩 속도나 성능은 크게 저하될 것입니다.

Next.js의 Image 컴포넌트를 이용하면 이 문제를 쉽게 해결할 수 있습니다. 문제를 해결하기 위해 BookItem 컴포넌트의 `<img>` 태그를 다음과 같이 Image 컴포넌트로 대체합니다.

CODE   file: src/components/book-item.tsx

```tsx
(...)
import Image from "next/image"; ①

export default function BookItem({
  id,
  title,
  subTitle,
  author,
  publisher,
  coverImgUrl,
}: BookData) {
  return (
    <Link href={`/book/${id}`} className={style.container}>
      <Image ②
        src={coverImgUrl}
        width={80}
        height={105}
        alt={`도서 "${title}"의 표지 이미지`}
      />
      <div>
        <div className={style.title}>{title}</div>
        <div className={style.subTitle}>{subTitle}</div>
        <br />
        <div className={style.author}>
          {author} | {publisher}
        </div>
      </div>
    </Link>
  );
}
```

① next/Image 패키지에서 Image 컴포넌트를 불러옵니다.

② 기존의 `<img>` 태그를 Image 컴포넌트로 대체합니다. 이때 Image 컴포넌트에 전달하는 Props 각각의 의미는 다음과 같습니다.

- src: 이미지의 주소
- width: 화면에 렌더링할 이미지 너비
- height: 화면에 렌더링할 이미지 높이
- alt: 이미지 대체 텍스트

Image 컴포넌트를 사용할 때는 반드시 width와 height의 값을 설정해야 합니다. Next.js가 이미지 크기를 미리 확인해 이미지의 종횡비를 바르게 유추하도록 하기 위함입니다. 브라우저는 이미지를 로드하기 전에 이 정보를 이용해 이미지를 위한 공간을 예약하는 데 사용합니다.

 반응형 이미지는 어떻게 설정하나요?
만약 Image 컴포넌트를 사용하면서 이미지 크기를 고정하지 않고 반응형으로 설정하려면 fill Prop을 활용하면 됩니다. 아래는 간단한 예시입니다.

```
import Image from "next/image";

export default function Example() {
  return (
    <div style={{ position: "relative", width: "100%",
                  height: "300px" }}>
      <Image src="/example.jpg" alt="Example Image" fill />
    </div>
  );
}
```

Image 컴포넌트에 fill Prop을 설정하면 width, height를 설정하지 않아도 자동으로 부모 요소를 꽉 채우도록 크기를 조정합니다. 다만 부모 요소의 크기가 명확히 설정되어 있어야 정상적으로 동작합니다.

그런데 이미지 최적화를 잘 구현했는지 확인하기 위해 인덱스 페이지를 새로고침하면 [그림 10-7]과 같이 오류가 발생합니다. 오류 메시지는 브라우저 콘솔에서 확인할 수 있습니다.

　브라우저 콘솔에 나타난 오류 메시지를 살펴보면 'Invalid src prop'이라는 메시지와 함께 https://shopping-phinf...jpg와 같이 도서 표지의 이미지 주소가 나옵니다. 오류가 발생하는 이유는 Next.js의 Image 컴포넌트가 보안상의 이유로 외부 서버의 이미지를 기본적으로 허용하지 않기 때문입니다. 따라서 이를 해결하려면 Next.js 앱의 설정 파일인 next.config.ts를 수정해 특정 외부 서버(즉, 특정 도메인)에서 제공하는 이미지는 허용하도록 설정해야 합니다.

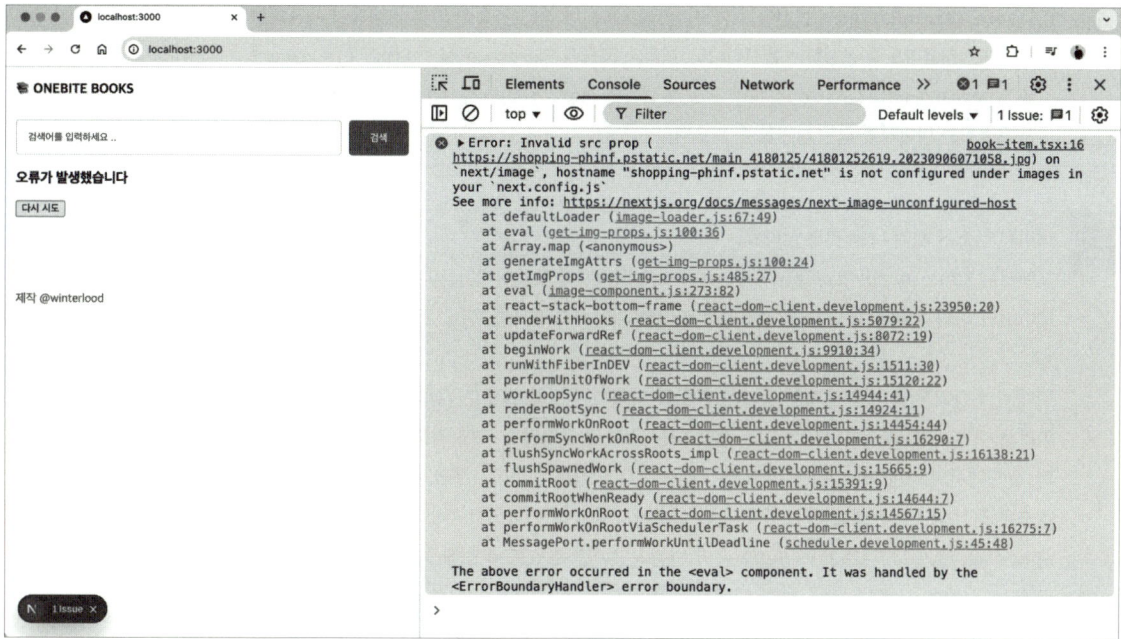

[그림 10-7] Image 컴포넌트를 사용했더니 발생하는 오류

다음과 같이 next.config.ts를 수정합니다.

CODE   file: /next.config.ts
```
import type { NextConfig } from "next";

const nextConfig: NextConfig = {
  /* config options here */
  reactStrictMode: false,
  logging: {
    fetches: {
      fullUrl: true,
    },
  },
  images: { ①
    remotePatterns: [
      {
        protocol: "https",
        hostname: "shopping-phinf.pstatic.net",
      },
    ],
  },
};

export default nextConfig;
```

① `images.remotePatterns` 옵션을 추가로 설정합니다. 이 옵션은 특정 외부 서버에서 제공하는 이미지는 허용하도록 설정하는 옵션입니다. 따라서 코드처럼 protocol을 "https"로, hostname을 "shopping-phinf.pstatic.net"으로 설정하면 *https://shopping-phinf.pstatic.net* 서버에서 제공하는 이미지를 모두 사용할 수 있습니다.

이미지 주소가 책에 나온 것과 달라요!

책에서는 *http://shopping.phinf.naver.net* 주소의 이미지를 사용하지만, 실제 실습 환경에서는 네이버의 이미지 제공 정책이나 서버 설정에 따라 해당 이미지가 더 이상 표시되지 않을 수 있습니다.

이때는 독자의 실습이 중도에서 끊기지 않도록 이미지 주소를 별도로 교체해 둘 예정입니다. 따라서 화면에 표시된 이미지 주소가 책에 나온 것과 다르더라도 크게 걱정하지 않아도 됩니다. 코드에서 제시한 대로 'http://' 또는 'https://'로 시작하는 이미지 주소를 그대로 입력하면 실습은 정상적으로 진행됩니다. 예를 들어 실습에서 사용하는 이미지 주소가 `https://sample.image.com/3223434-292393.jpg`와 같이 변경되었다면 호스트 주소에 해당하는 `https://sample.image.com`을 hostname에 입력하면 됩니다.

브라우저에서 개발자 도구의 [네트워크] 탭을 열고 인덱스 페이지를 새로고침하면 [그림 10-8]처럼 Image 컴포넌트로 설정한 모든 이미지를 잘 렌더링합니다.

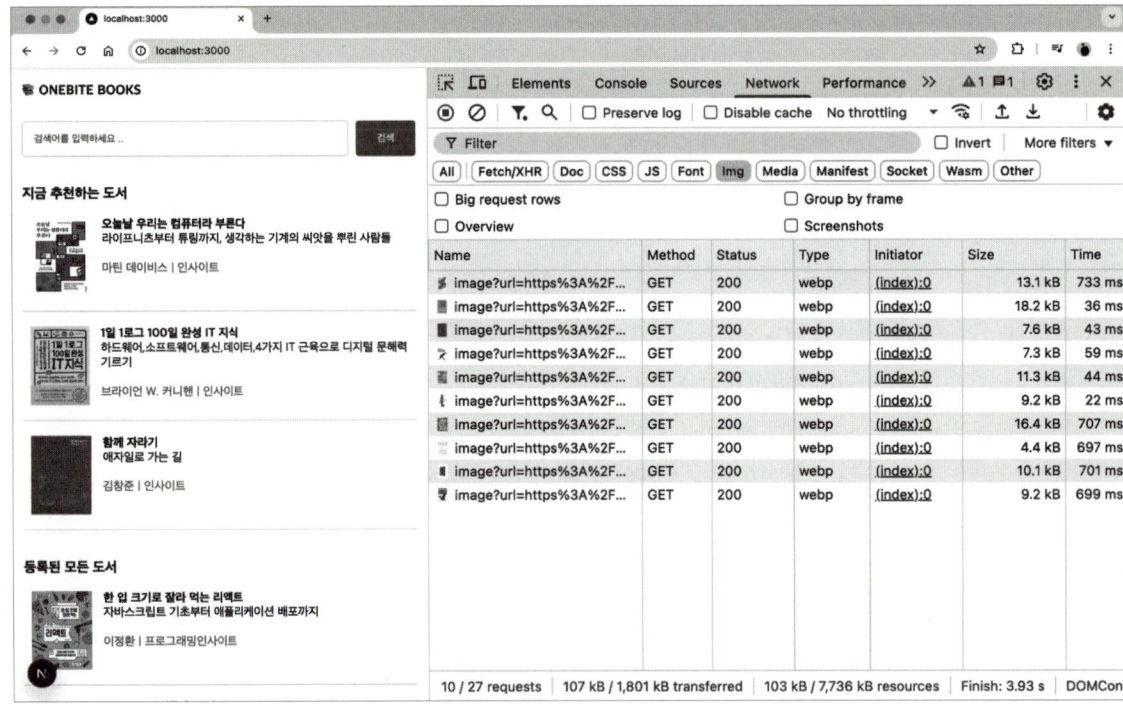

[그림 10-8] Image 컴포넌트로 설정한 이미지 렌더링 확인하기

[네트워크] 탭의 정보를 살펴보면 Image 컴포넌트의 최적화 기능이 자동으로 적용되면서 `<img>` 태그를 사용했을 때와 크게 달라져 있습니다.

먼저 'Type' 열을 보면 이미지를 WebP 포맷으로 불러오고 있습니다. 'Size' 열을 보면 크기가 줄고 로드 시간도 단축되었습니다. 이는 WebP 포맷이 기존 PNG나 JPEG보다 뛰어난 압축률을 제공하기 때문입니다.

레이지 로딩(Lazy Loading) 기능을 적용하는 것도 확인할 수 있습니다. 즉, 모든 이미지를 한꺼번에 로드하지 않고 페이지에서 이미지가 필요한 순간에 로드하는 모습을 볼 수 있습니다. 물론 현재 페이지는 표시되는 이미지보다 더 많은 이미지를 불러오지만, [그림 10-9]처럼 스크롤을 내릴 때마다 추가로 몇 개의 이미지를 불러오는 것을 보면 레이지 로딩이 정상적으로 동작하고 있음을 확인할 수 있습니다.

> **TIP**
> 레이지 로딩 기능을 더 확실히 확인하려면 다음과 같이 해보세요. 브라우저의 화면 크기를 가능한 줄인 다음, `Command` + `+`(macOS) 또는 `Ctrl` + `+`(Windows)를 눌러 화면을 300% 이상 확대합니다. 그리고 강력 새로 고침(`Ctrl` + `Shift` + `R` / `Command` + `R`)합니다. 그 상태에서 스크롤을 천천히 아래로 내리면 이미지들이 하나씩 뒤늦게 로드되는 모습을 확인할 수 있습니다.

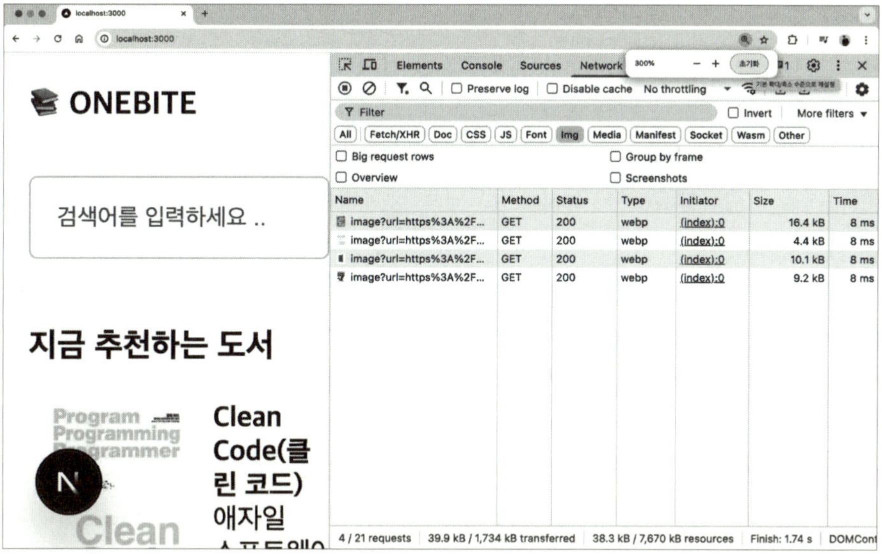

[그림 10-9] 스크롤을 내리면 추가로 불러오는 이미지 확인하기

또한 이미지 요청을 하나 클릭해 상세 정보를 확인하면 실제 렌더링할 크기와 유사한 사이즈로 이미지를 적절히 조정해 불러왔음을 알 수 있습니다. 앞에서는 458×583 크기의 원본 이미지를 불러왔지만, 이제는 그보다 훨씬 작은 크기의 이미지를 불러옵니다.

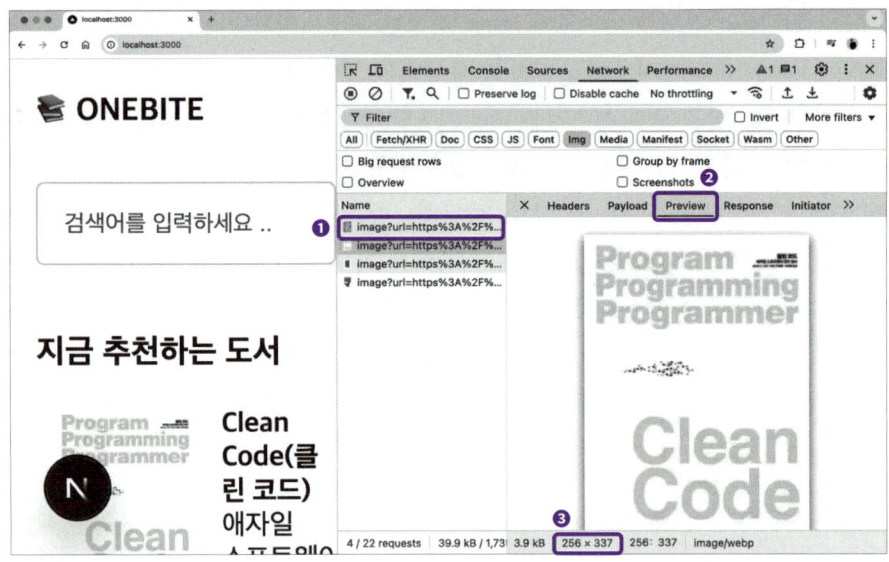

[그림 10-10] 이미지를 화면 크기에 맞게 불러옴

지금까지 BookItem 컴포넌트에서 <img> 태그를 Next.js의 Image 컴포넌트로 교체해 이미지를 최적화했습니다. Image 컴포넌트 방식이 성능과 최적화 면에서 훨씬 효율적입니다.

다음으로 <img> 태그를 사용하는 BookDetail 컴포넌트도 동일하게 Image 컴포넌트를 사용해 최적화합니다.

```
CODE                                    file: src/app/book/[id]/page.tsx
(...)
import Image from "next/image"; ①
(...)
async function BookDetail({ bookId }: { bookId: string }) {
  (...)
  return (
    <section>
      <div
        className={style.cover_img_container}
        style={{ backgroundImage: `url('${coverImgUrl}')` }}
      >
        <Image ②
          src={coverImgUrl}
          width={240}
          height={300}
          alt={`도서 ${title}의 표지 이미지`}
        />
      </div>
```

```
        <div className={style.title}>{title}</div>
        <div className={style.subTitle}>{subTitle}</div>
        <div className={style.author}>
          {author} | {publisher}
        </div>
        <div className={style.description}>{description}</div>
    </section>
  );
}
(...)
```

① next/Image 패키지에서 Image 컴포넌트를 불러옵니다.
② 기존 <img> 태그를 Image 컴포넌트로 대체합니다.

브라우저에서 [네트워크] 탭을 연 상태로 '/book/1' 주소를 입력해 1번 도서의 상세 페이지에 접속하면 [그림 10-10] 처럼 도서 표지 이미지를 WebP 형태로 불러오는 것을 확인할 수 있습니다. 이때 같은 위치에 JPEG 형식의 이미지도 함께 로드되는데, 이 이미지는 도서 표지 이미지 아래에 깔리는 백그라운드 이미지입니다.

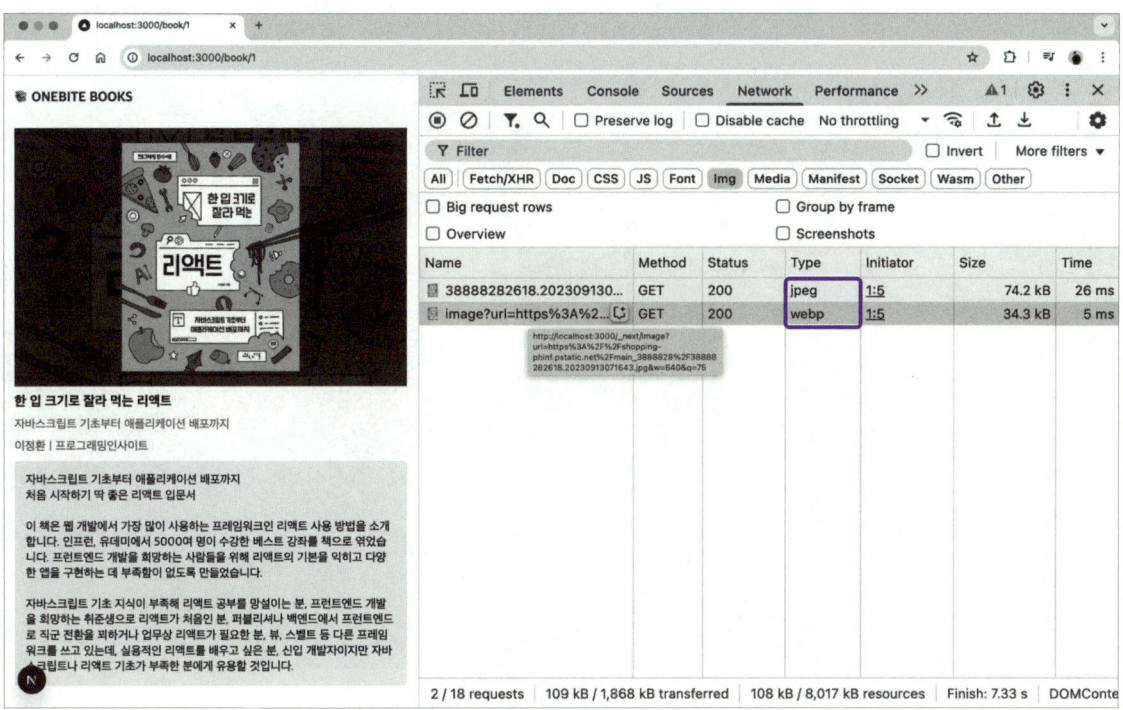

[그림 10-11] 도서 상세 페이지 이미지 최적화 확인하기

이미지 최적화   **497**

검색 엔진 최적화

이번 절에서는 앱 라우터 버전에서 검색 엔진 최적화(SEO)를 위해 파비콘, 메타 태그, 사이트맵 등의 설정 방법을 살펴봅니다.

썸네일 및 파비콘 이미지 준비하기

파비콘 및 메타 태그 설정을 위해서는 썸네일 및 파비콘 이미지가 필요합니다. 다음 링크로 접속해 다운로드합니다.

https://github.com/onebite-nextjs/book__onebite-next-introduce

다운로드한 파일을 압축 해제하면 favicon.ico라는 이름의 파비콘 파일과 thumbnail.png라는 이름의 썸네일 이미지 파일이 나옵니다. 한입북스 프로젝트의 public 폴더에 있는 모든 파일을 제거한 다음, 이 파일들을 이 폴더로 옮깁니다.

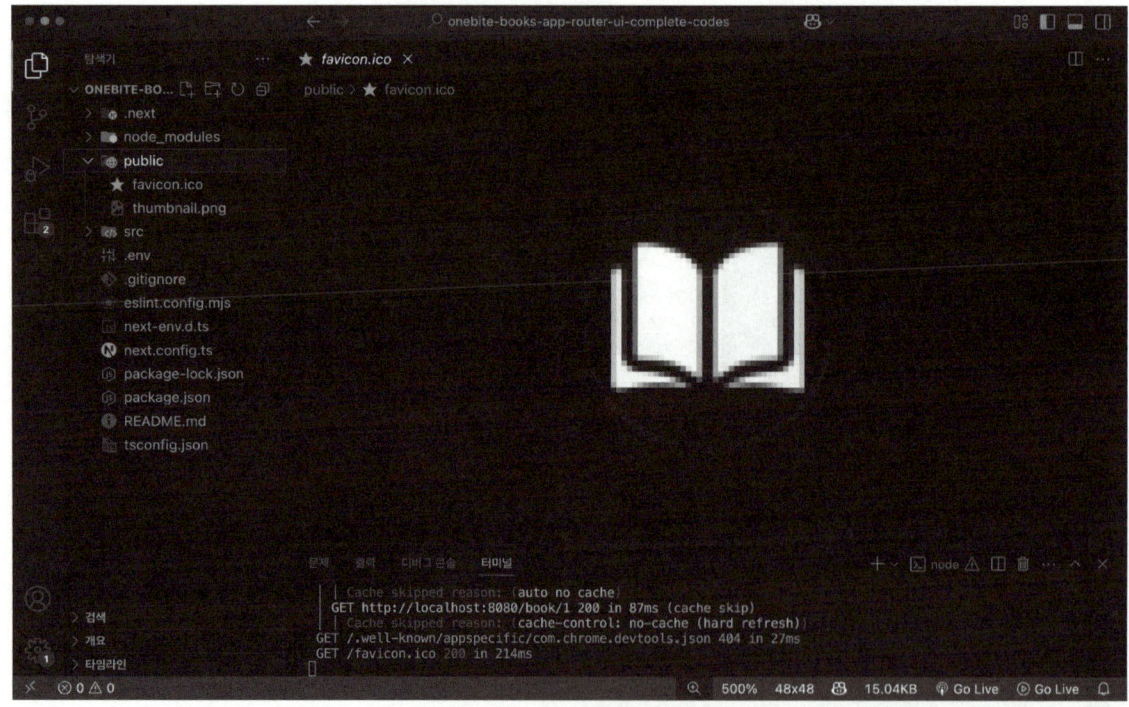

[그림 10-12] 이미지 파일을 public 폴더로 옮기기

파비콘 설정하기

파비콘 이미지인 favicon.ico 파일을 public 폴더에 잘 옮겼다면 원래 src 폴더에 있던 기존의 favicon.ico 파일은 삭제합니다. 그럼 앞서 public 폴더로 옮긴 favicon.ico 파일이 새로운 파비콘으로 설정됩니다.

브라우저에서 페이지를 여러 번 강력 새로고침해 변경된 파비콘을 탭에서 확인합니다.

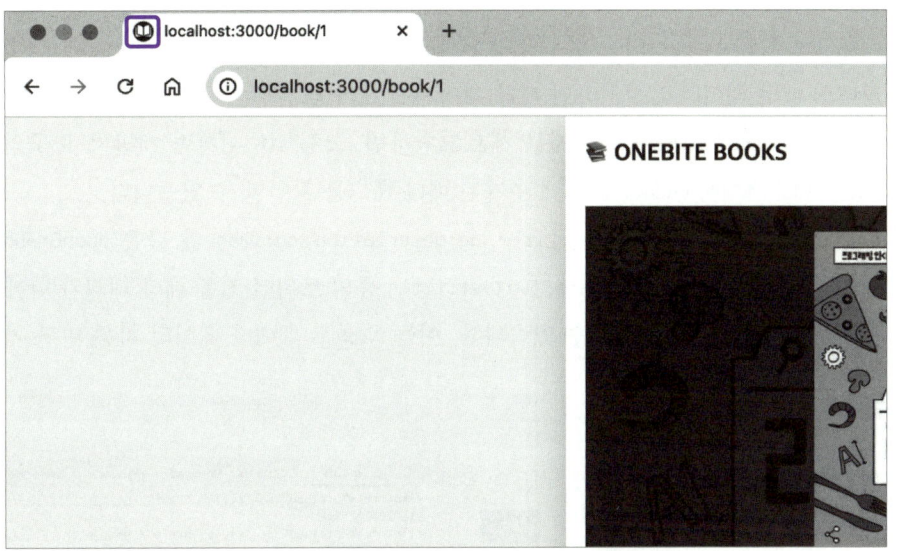

[그림 10-13] 파비콘 이미지 변경 확인하기

인덱스 페이지의 메타 태그 설정하기

이번에는 페이지별로 메타 태그의 설정 방법을 살펴봅니다. 먼저 인덱스 페이지에 메타 태그를 설정합니다. 앱 라우터 버전에서는 metadata라는 이름의 변수를 page.tsx 파일에서 내보내면 특정 페이지의 메타 데이터를 설정할 수 있습니다.

CODE fle: src/app/(with-searchbar)/page.tsx
```
(...)
import { Metadata } from "next"; ①

export const metadata: Metadata = { ②
  title: "한입북스",
  description: "한입북스에 등록된 도서를 만나보세요.",
  openGraph: {
    title: "한입북스",
```

```
      description: "한입북스에 등록된 도서를 만나보세요.",
      images: ["/thumbnail.png"],
    },
};
(...)
```

① Next.js에서 제공하는 Metadata 타입을 불러옵니다.
② metadata라는 변수를 선언하고 ①에서 불러온 Metadata 타입으로 정의한 다음, 이 페이지의 메타 데이터를 객체 형태로 저장해 내보냅니다.

page.tsx에서 metadata라는 변수를 선언하고 title, description, openGraph를 객체 형태의 메타 데이터로 설정하면 해당 페이지에 메타 태그가 자동으로 적용됩니다.

브라우저에서 인덱스 페이지를 새로고침하면 [그림 10-14]처럼 개발자 도구의 [Elements] 탭에서 <head> 태그에 추가된 메타 태그를 확인할 수 있습니다.

참고로 [그림 10-14]처럼 og:title, og:description, og:image와 같은 openGraph 메타 태그 외에도 twitter:card, twitter:title 등의 트위터 전용 메타 태그가 함께 추가되어 있는 것을 확인할 수 있습니다. 이는 Next.js의 메타 데이터 자동 변환 기

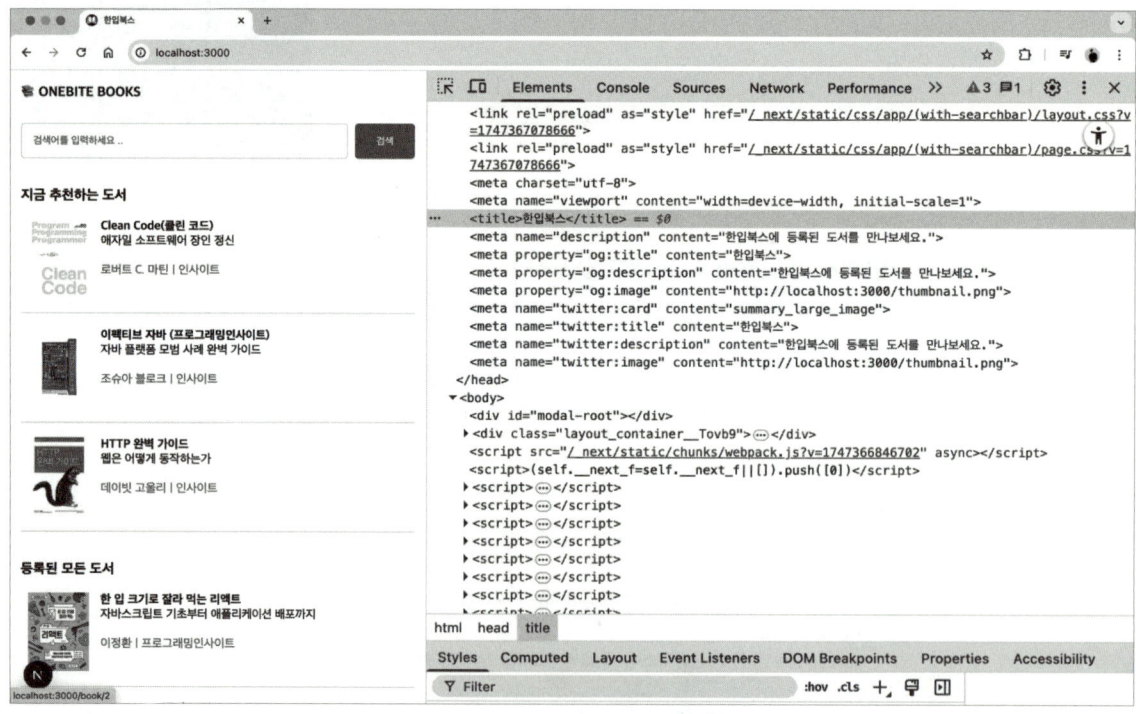

[그림 10-14] 설정된 메타 태그 확인하기

능 때문입니다. 즉, openGraph 속성에 설정한 내용이 자동으로 트위터 전용 메타 태그("twitter:title", "twitter:description", "twitter:image" 등)로 변환되어 적용됩니다. 따라서 별도의 메타 태그를 지정하지 않아도 트위터에서 링크를 공유하면 최적화된 미리보기를 제공합니다.

검색 페이지의 메타 태그 설정하기

이번에는 검색 페이지에서 메타 태그를 설정합니다. 앞서 봤듯이 metadata 변수를 선언하고 내보내면 메타 태그를 설정할 수 있습니다. 하지만 검색 페이지에서는 한 가지 문제가 있습니다. 검색 페이지의 title에 쿼리 스트링으로 검색어를 전달하려면 같은 방식으로는 불가능합니다. 변수 metadata는 정적인 값만 설정할 수 있기 때문입니다. 즉, 페이지를 렌더링하기 전에 미리 선언된 값만 사용하며 사용자 요청에 따라 실시간으로 바뀌는 쿼리 스트링 값은 반영할 수 없습니다.

이 문제를 해결하려면 정적 변수 metadata 대신 동적 메타 데이터를 생성하는 generateMetadata라는 함수를 다음과 같이 활용해야 합니다.

CODE file: src/app/(with-searchbar)/search/page.tsx
```
(...)
export async function generateMetadata ( ) { }
(...)
```

코드처럼 page.tsx 파일에서 generateMetadata 함수를 선언하고 내보내면 Next.js가 자동으로 이 함수의 반환값을 해당 페이지의 메타 태그로 설정합니다.

generateMetadata 함수는 페이지 컴포넌트가 Next.js 서버로부터 받는 Props(쿼리 스트링, URL 파라미터 등)를 그대로 전달받습니다. 따라서 다음과 같은 방법으로 쿼리 스트링이나 URL 파라미터에 접근할 수 있습니다.

CODE file: 예시
```
(...)
export async function generateMetadata({
  searchParams,
}: {
  searchParams: Promise<{ q?: string }>;
}) {
  const { q } = await searchParams;
}
(...)
```

검색 페이지의 페이지 컴포넌트를 다음과 같이 수정합니다.

file: src/app/(with-searchbar)/search/page.tsx
```
(...)
export async function generateMetadata({
  searchParams,
}: {
  searchParams: Promise<{ q?: string }>;
}) {
  const { q } = await searchParams;
  return {
    title: `${q}: 한입북스 검색`,
    description: `${q} 검색 결과입니다`,
    openGraph: {
      title: `${q}: 한입북스 검색`,
      description: `${q} 검색 결과입니다`,
      images: ["/thumbnail.png"],
    },
  };
}
(...)
```

브라우저에서 검색 페이지로 접속해 메타 태그가 잘 설정되었는지 확인합니다.

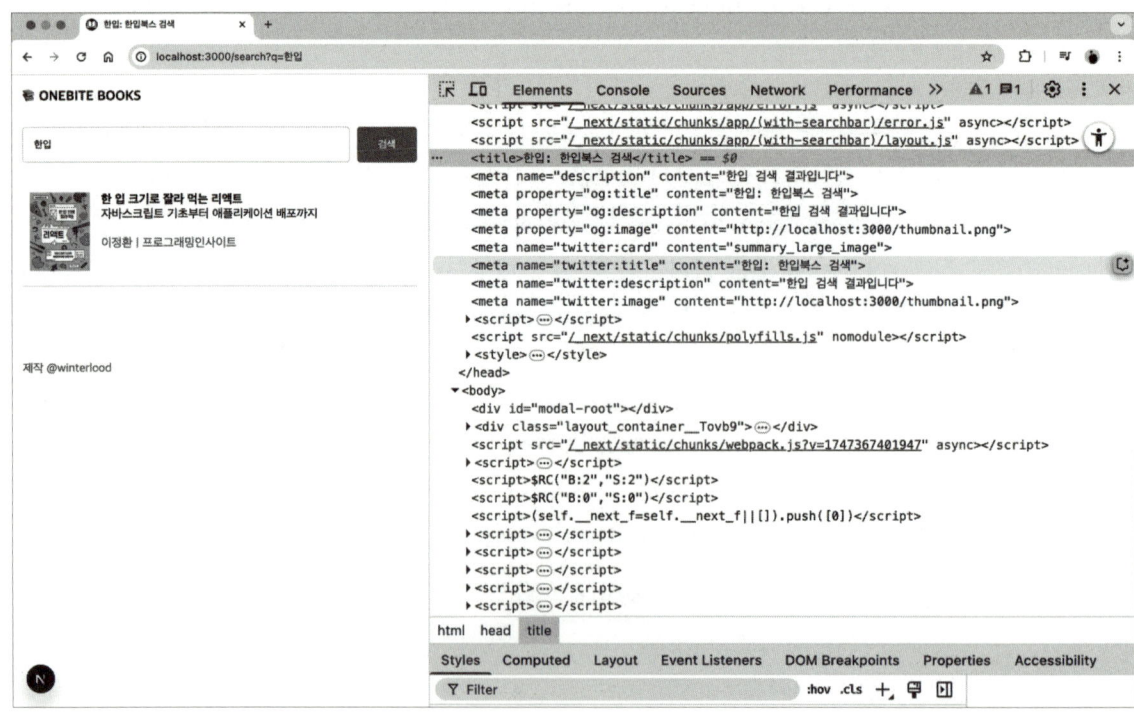

[그림 10-15] 검색 페이지의 메타 태그 확인하기

도서 상세 페이지의 메타 태그 설정하기

이번에는 도서 상세 페이지의 메타 태그를 설정합니다. 한입북스 앱의 도서 상세 페이지는 개별 도서의 상세 정보를 제공하는 페이지이므로 메타 데이터 역시 해당 도서 정보를 기반으로 동적으로 설정하는 것이 적절합니다.

generateMetadata 함수를 활용해 현 페이지의 도서 정보를 동적으로 불러오는 메타 태그를 생성합니다. 먼저 도서 상세 페이지의 page.tsx 파일에서 generateMetadata 함수를 호출합니다. 그런 다음 매개변수에서 현재 페이지의 도서 아이디를 추출합니다.

CODE　　　　　　　　　　　　　　　　　　　　file: src/app/book/[id]/page.tsx

```
(...)
export async function generateMetadata({ params }: { params: Promise<{ id:
       string }> }) {
  const { id } = await params;
}
(...)
```

계속해서 추출한 도서 아이디(id)를 기반으로 API를 호출해 도서의 상세 정보를 가져옵니다. 이때 호출할 API는 앞서 도서 상세 페이지에서 도서 정보를 렌더링할 때 사용했던 BookDetail 컴포넌트가 호출한 API와 동일합니다. 다음과 같이 수정합니다.

CODE　　　　　　　　　　　　　　　　　　　　file: src/app/book/[id]/page.tsx

```
(...)
export async function generateMetadata({ params }: { params: Promise<{ id:
       string }> }) {
  const { id } = await params;
  const response = await fetch(`${process.env.NEXT_PUBLIC_API_URL}/
                                book/${id}`);

  if (!response.ok) {
    throw new Error(response.statusText);
  }

  const book: BookData = await response.json();
}
(...)
```

계속해서 불러온 도서 상세 정보를 바탕으로 메타 데이터를 반환합니다.

file: src/app/book/[id]/page.tsx
```
(...)
import { Metadata } from "next"; ①

export async function generateMetadata({
  params,
}: {
  params: Promise<{ id: string }>;
}): Promise<Metadata> { ②
  (...)
  return { ③
    title: `${book.title} - 한입북스`,
    description: `${book.description}`,
    openGraph: {
      title: `${book.title} - 한입북스`,
      description: `${book.description}`,
      images: [book.coverImgUrl],
    },
  };
}
(...)
```

① Metadata 타입을 next 패키지에서 불러옵니다.

② generateMetadata 함수의 반환값 타입을 Promise<Metadata>로 설정합니다.

③ 메타 데이터의 객체 값을 반환합니다.

브라우저에서 임의의 도서 상세 페이지로 접속해 메타 태그가 잘 설정되었는지 확인합니다. 이때 도서 상세 페이지는 브라우저에서 주소를 직접 입력하는 하드 네비게이션 방식으로 접속해야 합니다. 예컨대 브라우저에서 '~/book/1'과 같은 경로를 입력해 접속하는 방식입니다. 이렇게 해야 generateMetadata 함수가 제대로 실행되어 메타 태그를 페이지에 반영됩니다. 반면 링크를 클릭해서 이동하는 소프트 네비게이션 방식으로 접속하면 가로채기 라우트(Intercepting Route)가 동작해 해당 페이지가 모달 형태로 렌더링됩니다. 이때는 전체 HTML 문서가 다시 생성되지 않기 때문에 메타 태그가 변경되지 않습니다.

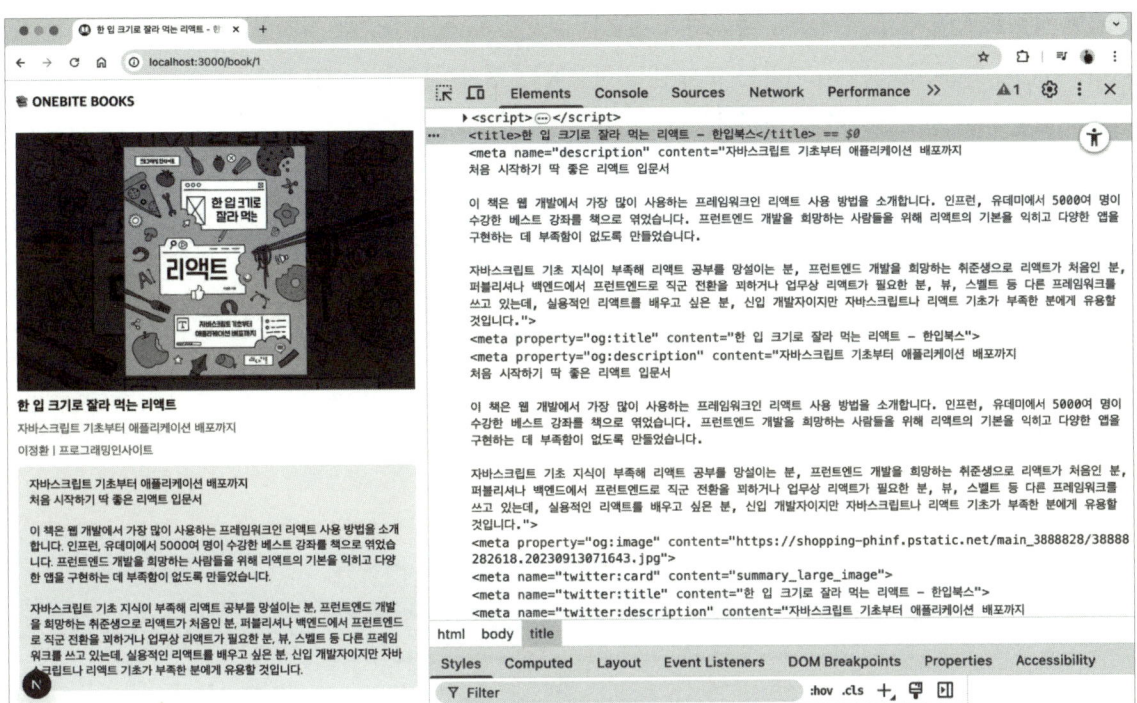

[그림 10-16] 도서 상세 페이지의 메타 태그 확인하기

 가로채기 라우트가 동작할 때에는 왜 메타 태그가 적용되지 않나요?

가로채기 라우트는 사용자가 링크를 클릭해서 페이지를 이동할 때처럼 전체 페이지를 다시 로딩하지 않고 일부 화면만 바꿔서 보여 주는 방식입니다. 인스타그램에서 피드를 보다가 사진을 클릭하면 새 페이지로 이동하는 대신 모달 창이 뜨는 것처럼 말입니다.

이 방식은 사용자 입장에서는 빠르고 끊김 없이 페이지를 탐색할 수 있어 굉장히 유용하지만, 이때 브라우저는 HTML 문서 전체를 새롭게 요청하지 않습니다. 그래서 기존에 열려 있던 페이지의 <head> 태그 영역, 즉 메타 태그들도 그대로 유지됩니다.

사이트맵 생성하기

사이트맵(Sitemap)은 구글이나 네이버의 검색 엔진 크롤러가 웹사이트의 페이지, 동영상, 이미지 등의 콘텐츠를 효율적으로 수집하도록 도와주는 파일입니다. 보통 웹사이트의 페이지 구조를 검색 엔진에 알리는 용도로 사용됩니다. 사이트맵은 검색 엔진이 웹사이트의 콘텐츠를 더 빠르고 정확하게 크롤링하도록 도와줍니다.

보통 사이트맵은 XML 형식으로 제공되며 경로는 보통 '/sitemap.xml'로 설정됩니다. 예컨대 winterlood.com이라는 도메인을 사용하는 웹사이트의 사이트맵은 다음과 같은 경로로 접근할 수 있습니다.

https://winterlood.com/sitemap.xml

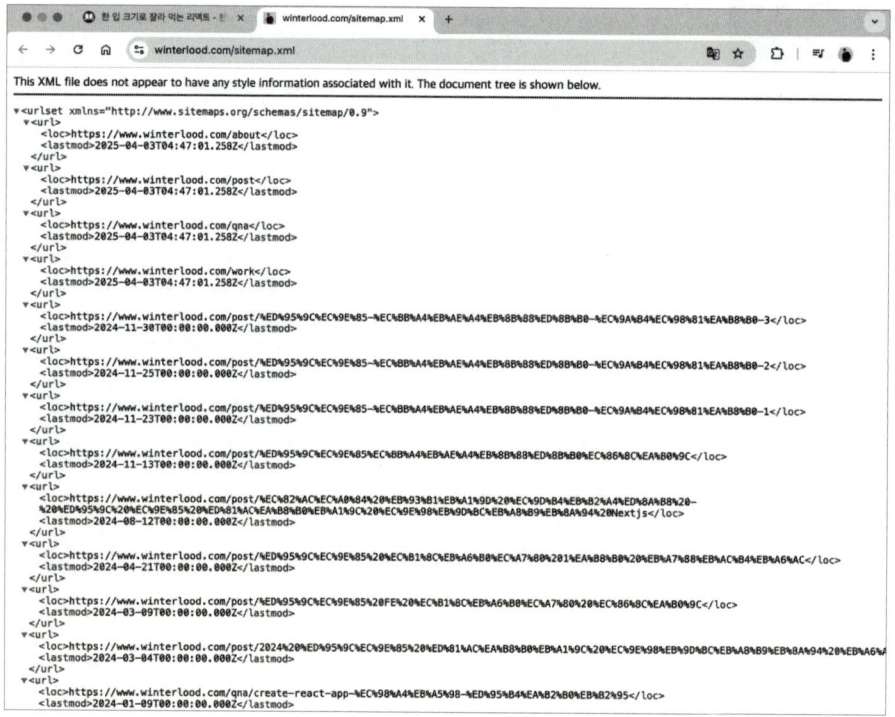

[그림 10-17] 필자의 블로그에서 제공하는 사이트맵

앱 라우터 버전은 사이트맵을 쉽게 설정할 수 있습니다. src/app 폴더에 sitemap.ts 파일을 생성하고 사이트맵의 정보를 배열 형태로 반환하는 함수를 작성하면 됩니다. 다음과 같이 sitemap.ts를 추가합니다.

CODE   file: src/app/sitemap.ts
```
import type { MetadataRoute } from "next"; ①

export default function sitemap(): MetadataRoute.Sitemap { ②
  return [ ③
    {
      url: "http://localhost:3000",
      lastModified: new Date(),
    },
```

```
      {
        url: "http://localhost:3000/search",
        lastModified: new Date(),
      },
      {
        url: "http://localhost:3000/book/1",
        lastModified: new Date(),
      },
    ];
}
```

① Next.js에서 제공하는 MetadataRoute 타입을 불러옵니다. 이 타입에 Sitemap 타입이 포함되어 있습니다. Sitemap 타입을 사용하면 사이트맵의 구조를 바르게 정의할 수 있고 타입스크립트의 타입 검사를 통해 보다 안전하게 사이트맵을 생성할 수 있습니다.

② 배열 형태로 사이트맵 정보를 반환하는 sitemap 함수를 선언하고 내보냅니다. 이때 이 함수의 반환값 타입을 ①에서 불러온 MetadataRoute.Sitemap 타입으로 정의합니다.

③ 사이트맵의 정보를 배열 형태로 반환합니다. 하나의 페이지를 하나의 객체로 표현하며 객체 내부의 프로퍼티는 다음과 같은 정보를 포함할 수 있습니다.
- url: 페이지의 주소를 지정.
- lastModified: 페이지를 마지막으로 수정한 날짜 지정.
- changefreq(선택 사항): 페이지의 변경 빈도를 나타내는데, 값에는 daily, weekly, monthly가 있음.
- priority(선택 사항): 페이지의 상대적 중요도를 0.0~1.0 사이의 값으로 설정.

인덱스, 검색, 도서 상세 페이지의 기본 정보를 포함하는 사이트맵을 임시로 생성했습니다. 이제 브라우저에서 'localhost:3000/sitemap.xml' 경로로 접속하면 [그림 10-18]처럼 XML 형태의 사이트맵이 나타납니다.

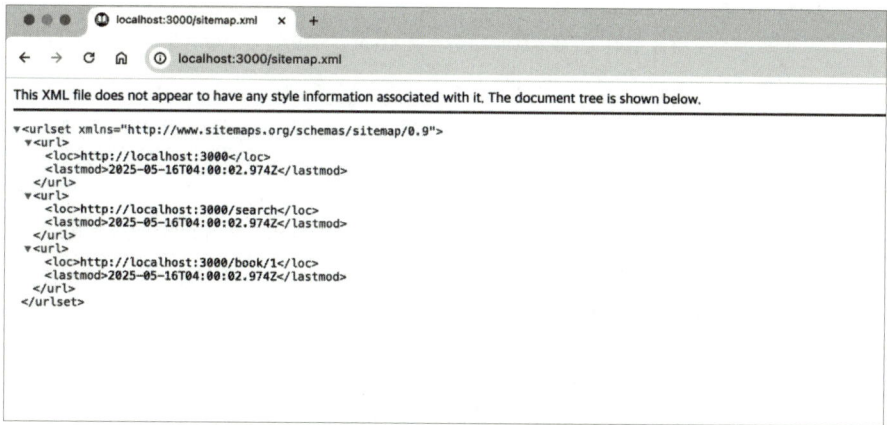

[그림 10-18] 사이트맵 확인하기

사이트맵은 웹 서비스의 모든 페이지를 포함하는 것이 일반적입니다. 따라서 sitemap 함수로 현재 데이터베이스에 등록된 모든 도서 목록 정보를 동적으로 불러오는 사이트맵을 만들겠습니다.

CODE | file: src/app/sitemap.ts
```ts
import { BookData } from "@/types"; ①
import type { MetadataRoute } from "next";

export default async function sitemap(): Promise<MetadataRoute.Sitemap> { ②
  const response = await fetch(`${process.env.NEXT_PUBLIC_API_URL}/book`, { ③
    cache: "force-cache",
  });
  if (!response.ok) throw new Error(response.statusText); ④

  const allBooks: BookData[] = await response.json(); ⑤

  return [
    {
      url: "http://localhost:3000",
      lastModified: new Date(),
    },
    {
      url: "http://localhost:3000/search",
      lastModified: new Date(),
    },
    ...allBooks.map((book) => ({ ⑥
      url: `http://localhost:3000/book/${book.id}`,
      lastModified: new Date(),
    })),
  ];
}
```

① BookData 타입을 불러옵니다.
② API를 호출해 값을 불러오도록 sitemap 함수에 async 키워드를 추가합니다. 이 비동기 함수의 반환값 타입을 Promise<MetadataRoute.Sitemap>으로 정의합니다.
③ '/book' API를 호출해 전체 도서 데이터를 불러옵니다.
④ API 응답이 정상적이지 않으면 예외를 발생시킵니다.
⑤ JSON 형식의 데이터를 객체로 변환해 allBooks 변수에 저장합니다.
⑥ 도서 상세 페이지에 대한 사이트맵 정보를 설정하려면 API로 불러온 도서 데이터를 map 메서드로 변환합니다. map 메서드는 도서 데이터를 순회하면서 도서 id로 url을 생성하고 lastModified 속성으로 현재 날짜를 설정합니다.

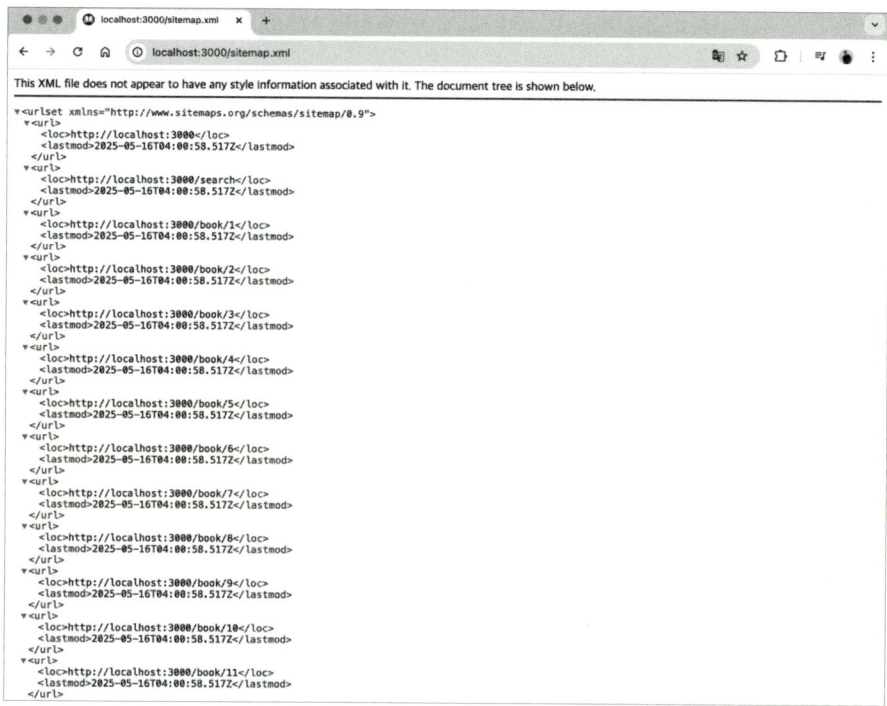

[그림 10-19] 도서 상세 페이지의 모든 페이지가 추가된 사이트맵

브라우저에서 '~/sitemap.xml' 경로로 접속합니다. 새로고침하면 사이트맵에 추가한 도서 상세 페이지 정보를 확인할 수 있습니다.

이렇게 사이트맵 설정을 완료했습니다. 그러나 한 가지 아쉬운 점이 있습니다. 현재 사이트맵의 URL이 'http://localhost:3000'으로 고정되어 있는데, 이 주소는 지금 개발 중인 독자의 컴퓨터에서만 사용할 수 있는 주소입니다. 실제 배포 과정에서는 해당 사이트의 도메인 주소를 반영해야 합니다. 이 문제를 해결하려면 환경 변수를 이용해 사이트 주소를 동적으로 설정해야 합니다.

먼저 .env 파일에서 현재 서비스의 주소를 뜻하는 환경 변수를 새롭게 추가합니다.

CODE file: .env

```
NEXT_PUBLIC_API_URL=http://localhost:8080
NEXT_PUBLIC_BASE_URL=http://localhost:3000 ①
```

① 현재 서비스의 주소를 의미하는 환경 변수를 추가합니다.

이 환경 변수의 주소를 기반으로 사이트맵을 생성할 수 있도록 sitemap.ts 파일을 다음과 같이 수정합니다.

file: src/app/sitemap.ts
```
(...)
const BASE_URL = process.env.NEXT_PUBLIC_BASE_URL!; ①

export default async function sitemap(): Promise<MetadataRoute.Sitemap> {
  const response = await fetch(`${process.env.NEXT_PUBLIC_API_URL}/book`, {
    cache: "force-cache",
  });
  if (!response.ok) throw new Error(response.statusText);

  const allBooks: BookData[] = await response.json();

  return [ ②
    {
      url: BASE_URL,
      lastModified: new Date(),
    },
    {
      url: `${BASE_URL}/search`,
      lastModified: new Date(),
    },
    ...allBooks.map((book) => ({
      url: `${BASE_URL}/book/${book.id}`,
      lastModified: new Date(),
    })),
  ];
}
```

① NEXT_PUBLIC_BASE_URL 환경 변수에 등록된 값을 BASE_URL 변수에 저장합니다. 이때 환경 변수의 값이 null일 수 있으므로 !(단언 연산자)를 사용해 null이 아님을 보장합니다.

② 종전 주소 '*http://localhost:3000*'을 BASE_URL로 변경합니다.

이제 배포 환경에서도 사이트맵이 주소를 올바르게 반영할 수 있습니다. 로컬 개발 환경에서는 localhost를, 배포 환경에서는 환경 변수로 지정된 도메인을 자동으로 사용할 수 있어 관리가 더욱 편리해집니다. 배포 환경의 환경 변수 지정은 이후에 살펴봅니다.

배포하기

이미지와 검색 엔진 최적화 작업까지 완료했다면 Next.js 앱을 실제 서비스로 배포할 차례입니다. 이번 절에서는 지금까지 개발한 앱 라우터 버전의 한입북스 앱을 실제로 배포해 누구나 접근할 수 있도록 만들겠습니다.

Vercel에 배포하기

페이지 라우터 버전의 한입북스 앱을 배포했을 때처럼 이번에도 Vercel을 이용해 배포합니다. 앱 라우터 버전이라고 해서 배포 방식이 달라지는 것은 아니며 전체적인 과정은 이전과 동일합니다.

Vercel에 프로젝트를 배포하려면 Vercel CLI를 설치하고 계정으로 로그인해야 합니다. 앞서 Vercel CLI를 설치하고 로그인까지 완료했으므로 이 과정에 대한 설명은 생략합니다.

> **TIP**
> Vercel CLI의 설치 및 로그인 과정을 다시 살펴보려면 192쪽을 참고하길 바랍니다.

Next.js 서버 콘솔에서 다음 명령어를 입력해 배포를 시작합니다. 이때 콘솔의 작업 경로는 앱 라우터 버전 한입북스의 루트 경로이어야 합니다.

```
vercel --prod
```

Vercel CLI가 실행되면서 콘솔의 작업 경로에 있는 프로젝트를 배포하길 원하는지 묻습니다. y 또는 yes를 입력합니다.

```
Vercel CLI 40.1.0
? Set up and deploy "~/Documents/onebite-next/onebite-books-app-router-ui-complete-codes"? Y
```

다음으로 어떤 계정(Scope)에 프로젝트를 배포하길 원하는지 묻는 질문이 나옵니다. 앞서 백엔드 서버를 배포할 때 사용한 계정에 커서를 올리고 Enter 키를 누릅니다.

```
? Which scope do you want to deploy to? (Use arrow keys)
> 독자의 계정
```

다음으로 이미 Vercel에 있는 프로젝트와 연결할지 묻는 질문이 나옵니다. 앱 라우터 버전 앱은 처음 배포하므로 연결할 프로젝트가 당연히 존재하지 않습니다. N 또는 No를 입력합니다.

? Link to existing project? (y/N)

배포할 프로젝트의 이름을 묻는 질문이 나옵니다. 기본값은 이 프로젝트 package.json의 name 값으로 설정되는데, 3장에서 배포한 페이지 라우터 버전의 앱과 이름을 통일시키기 위해 이름을 onebite-books-app-router로 설정합니다.

? What's your project's name? (onebite-books-app)
? What's your project's name? (onebite-books-app-router-ui-complete-codes)
onebite-books-app-router

배포할 프로젝트의 코드 위치를 묻는 질문이 나옵니다. 기본값은 루트 경로로 설정되어 있습니다. 기본값을 사용하기 위해 아무것도 입력하지 않고 Enter 키를 누릅니다.

? In which directory is your code located? ./

Vercel CLI가 현재 배포할 서비스가 Next.js 프로젝트임을 감지하고 이 프로젝트를 배포하기 위한 기본 설정을 제안합니다. 변경을 원한다면 y를 입력하라고 하는데, 기본 설정을 이용할 예정이므로 N을 입력합니다.

```
CODE
Local settings detected in vercel.json:
Auto-detected Project Settings (Next.js):
- Build Command: next build ①
- Development Command: next dev --port $PORT ②
- Install Command: `yarn install`, `pnpm install`, `npm install`,
                   or `bun install` ③
- Output Directory: Next.js default ④
? Want to modify these settings? (y/N)
```

① 프로젝트의 빌드 명령어를 next build로 설정한다는 뜻입니다.
② 프로젝트를 개발 모드로 가동하는 명령어를 next dev --port $PORT로 설정한다는 뜻입니다.
③ 프로젝트의 의존성 설치를 프로젝트에 맞게 설정하겠다는 의미입니다. 프로젝트에서는 npm을 사용하므로 언급한 네 후보 가운데 npm으로 자동 설정됩니다.
④ 빌드의 결과물이 저장될 폴더를 기본값으로 설정합니다.

N을 입력해 기본 설정을 사용하도록 명령하면 프로젝트 배포가 시작됩니다. 배포 완료까지는 대략 2~3분 정도의 시간이 소요됩니다.

이 과정에서 오류가 발생한다면?

배포 과정에서 갑자기 오류 메시지가 출력되면서 배포가 중단된다면 현재 PC에 설치된 Vercel CLI 버전이 낮을 가능성이 매우 높습니다.

이 문제를 해결하려면 Vercel CLI를 최신 버전으로 업데이트해야 합니다. Next.js 서버 콘솔에서 다음 명령어를 입력합니다.

```
// windows
npm i -g vercel

// macOS
sudo npm i -g vercel
```

업그레이드를 잘 완료했다면 콘솔에서 vercel 명령어를 입력해 배포 과정을 처음부터 다시 진행합니다.

하지만 [그림 10-20]과 같이 오류 메시지(박스로 표시한 부분)가 출력되면서 배포는 실패합니다. 배포가 실패하는 이유는 앱을 실행하는 데 필요한 환경 변수를 Vercel 환경에서 설정하지 않았기 때문입니다.

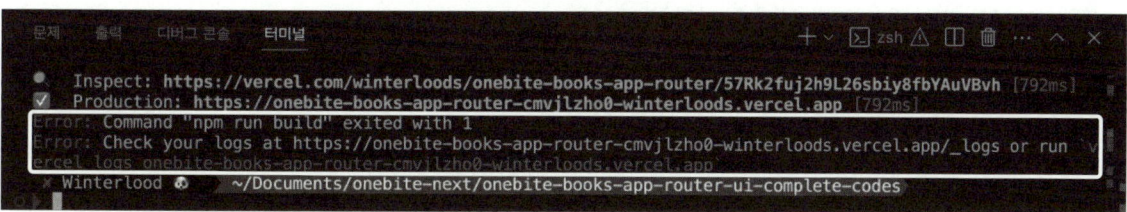

[그림 10-20] Next.js 프로젝트의 빌드 과정

앞서 .env 파일에서 백엔드 서버 주소와 웹 페이지 URL을 환경 변수로 저장한 적이 있습니다.

```
NEXT_PUBLIC_API_URL=http://localhost:8080
NEXT_PUBLIC_BASE_URL=http://localhost:3000
```
file: .env

그러나 Vercel은 .env 파일을 자동으로 배포 환경에 포함하지 않기 때문에 이 환경 변수들을 배포된 앱에서 활용하려면 Vercel 환경에서 수동으로 설정해야 합니다.

환경 변수를 수동으로 설정하기 위해 Vercel 대시보드에 접속합니다. Vercel에 로그인한 후 대시보드에서 프로젝트 목록을 확인하면 방금 배포에 실패한 앱 라우터 버전의 프로젝트(onebite-books-app-router 혹은 별도로 설정한 이름)가 생성되어 있습니다.

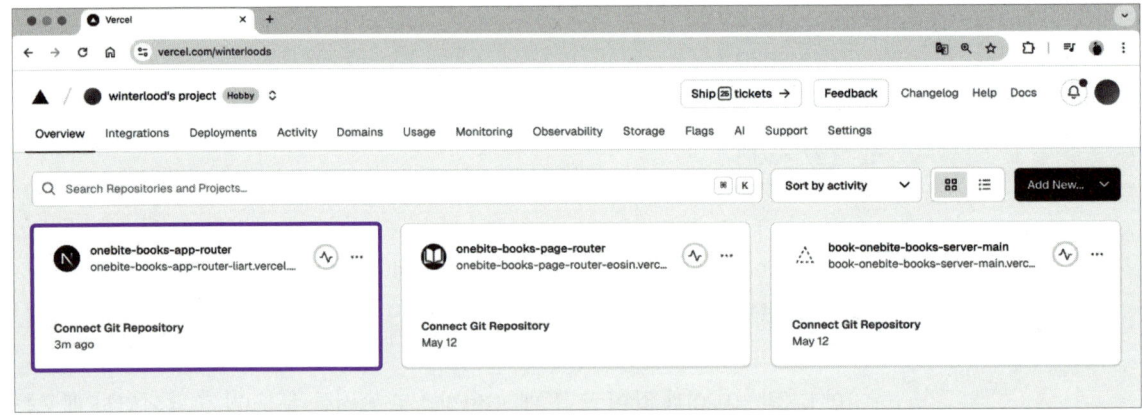

[그림 10-21] Vercel 대시보드에 접속하기

배포한 프로젝트를 클릭해 상세 페이지로 이동합니다. 상세 페이지에서 [그림 10-22]에서 표시한 순서대로 환경 설정을 진행합니다.

❶ 상단 메뉴의 [Setting]을 클릭해 프로젝트 설정 페이지로 이동합니다.
❷ 좌측 사이드 메뉴에 있는 [Environment Variables]를 클릭해 환경 변수 설정 페이지로 이동합니다.
❸ 새로운 환경 변수를 추가하는 섹션을 확인합니다.

환경 변수 추가 섹션에서 다음 2개의 환경 변수를 추가합니다.

- NEXT_PUBLIC_API_URL: 배포된 백엔드 API의 서버 주소
- NEXT_PUBLIC_BASE_URL: 배포할 한입북스 앱의 주소(확인 방법은 아래에서 안내)

배포된 백엔드 API의 서버 URL은 3장 마지막 절에서 배포한 백엔드 서버의 URL을 그대로 사용합니다(192~194쪽 참조).

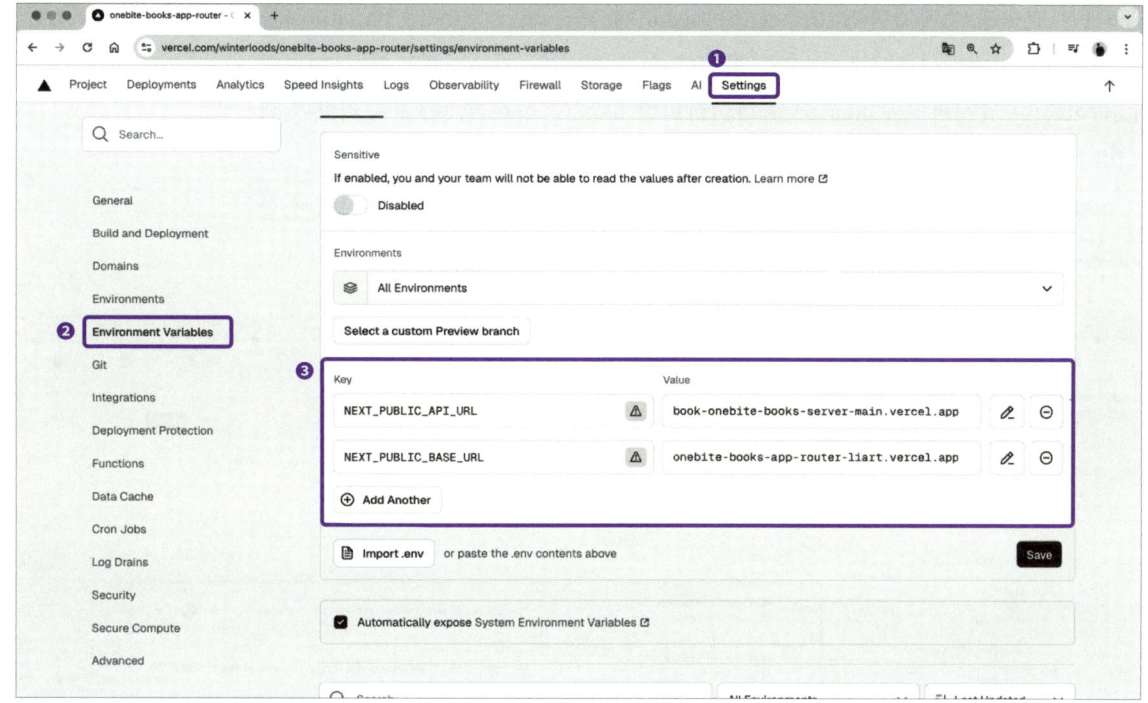

[그림 10-22] 환경 변수 설정하기

배포할 한입북스 앱의 주소는 [그림 10-23]과 같이 onebite-books-app-router의 [Project Settings]-[Domains] 페이지에서 확인할 수 있습니다. 이 주소는 실습 환경에 따라 다를 수 있습니다.

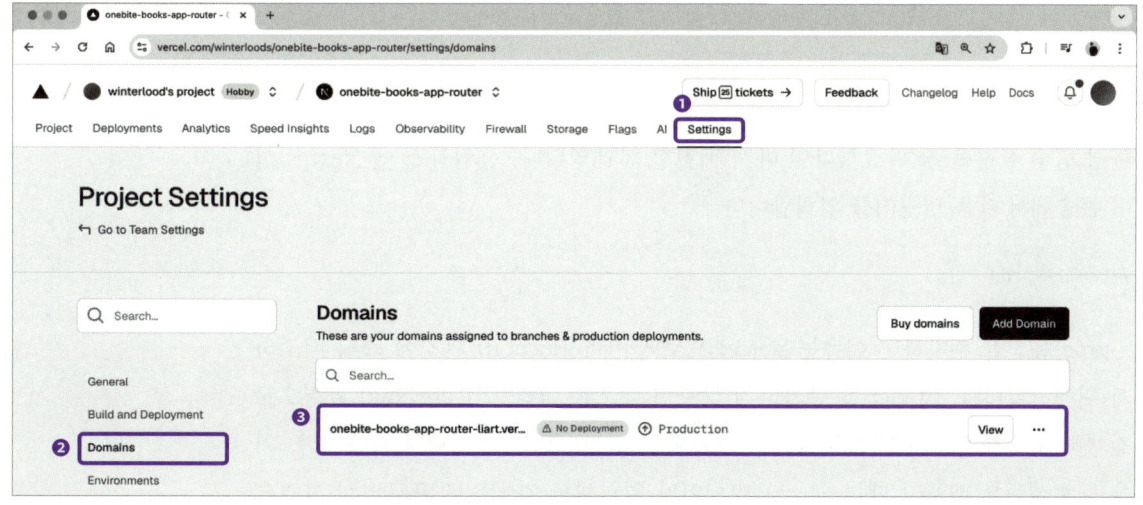

[그림 10-23] 배포할 한입북스 앱의 주소 확인하기

배포하기 515

두 환경 변수를 추가했다면 [Project Settings] 메뉴의 'Environment Variables(환경 변수)' 페이지에서 설정한 변수를 확인할 수 있습니다. 기본적으로 환경 변수의 Key(이름)만 표시하며 Value(값)를 확인하려면 눈 모양 아이콘(👁)을 클릭하면 됩니다.

이때 중요한 점은 두 환경 변수의 값이 모두 'https://'로 시작하는지 확인해야 합니다. 만약 생략되어 있다면 배포 후 API 요청이 정상적으로 이루어지지 않습니다.

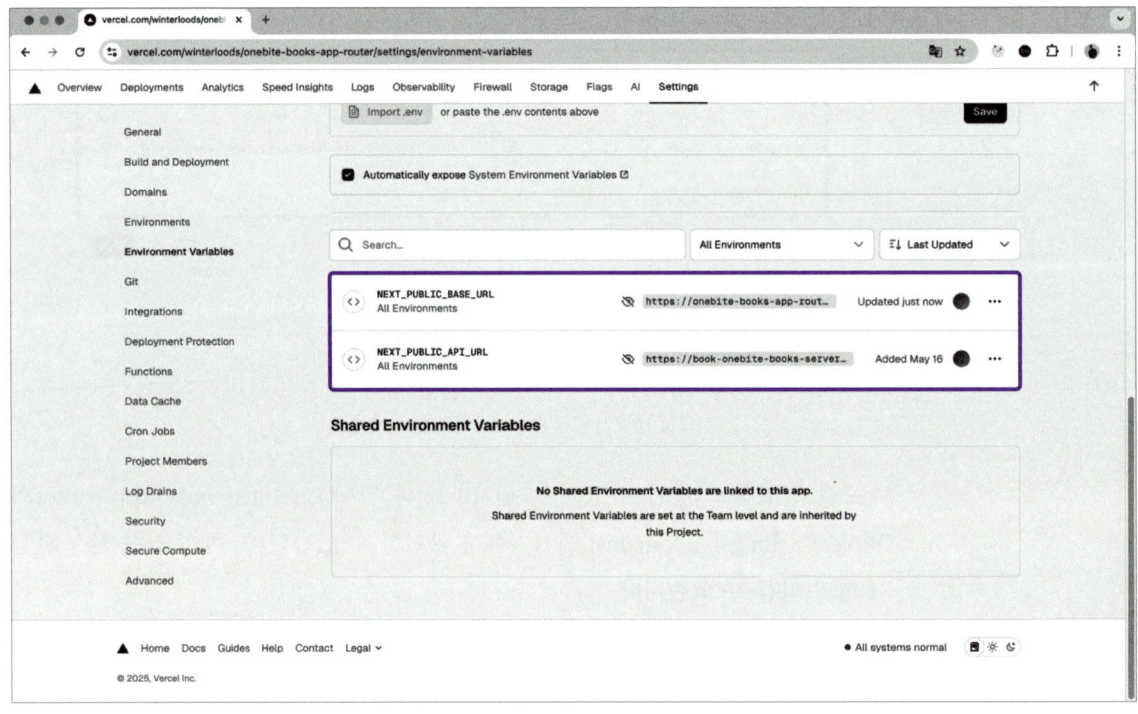

[그림 10-24] 설정된 환경 변수 확인하기

환경 변수 설정을 잘 완료했다면 다시 배포할 차례입니다. 한입북스 앱 Next.js 서버 콘솔에서 다음 명령어를 입력합니다.

vercel --prod

--prod 옵션을 추가하는 이유는 Vercel 프로덕션(Production) 환경에 즉시 배포하기 위해서입니다. 이 옵션을 추가하지 않으면 배포를 미리보기(Preview) 환경으로 진행하며 실제 사용자에게 노출되는 프로덕션 버전으로는 배포되지 않습니다. 처음 프로젝트를 배포할 때는 vercel 명령어만 입력해도 자동으로 프로덕션 환경으

로 배포되지만, 이후 배포 과정부터는 명시적으로 --prod 옵션을 추가해야 프로덕션 환경으로 반영되니 꼭 붙여야 합니다.

배포가 성공적으로 완료되면 Vercel 대시보드에서 [그림 10-25]처럼 배포된 한입 북스 앱의 주소를 확인할 수 있습니다.

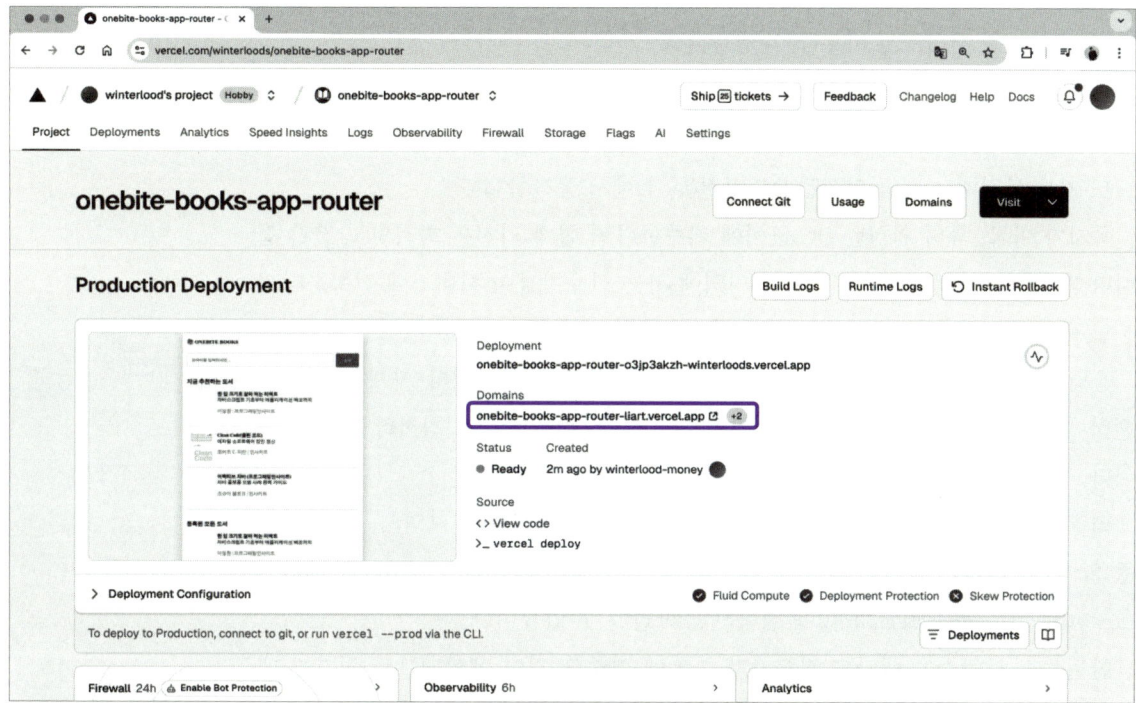

[그림 10-25] Next.js 앱의 배포 주소 확인하기

브라우저에서 이 주소로 접속해 서비스를 잘 배포했는지 기능은 모두 잘 작동하는지 확인합니다. 또한 이 주소를 카카오톡 같은 SNS에 공유합니다. 앞서 페이지별로 메타 태그를 추가하면서 설정했던 오픈 그래프 이미지, 제목, 설명 정보 등도 잘 노출되는지 확인합니다.

> **오픈 그래프 이미지가 나타나지 않아요!**
>
> 카카오톡이나 다른 SNS에 배포한 앱의 링크를 공유했는데도 오픈 그래프 이미지가 표시되지 않는다면 먼저 내부 테스트용 주소를 사용하고 있지 않은지 확인합니다. SNS에서는 외부에서 접근할 수 있는 주소만 인식하기 때문에 localhost나 내부 망 주소처럼 외부에서 접근할 수 없는 주소를 사용하면 이미지가 보이지 않을 수 있습니다.
>
> 현재 사용 중인 주소가 [그림 10-25]에 나오는 Vercel의 Domains 탭에 표시된 실제 배포 주소인지도 꼭 확인합니다.

배포 서비스의 리전 변경하기

배포를 완료했다면 배포 서비스의 리전(Region)을 변경하는 방법을 알아보겠습니다. 리전(Region)은 서비스를 실행하고 있는 서버의 물리적인 위치를 말합니다. 예를 들어 배포 서비스 업체의 서버는 미국, 유럽, 아시아 등 여러 지역에 데이터센터가 있습니다. 하지만 사용자가 만든 앱을 특정 리전에 배포하면 그 지역의 사용자들이 더 빠르게 서비스를 이용할 수 있습니다.

Vercel은 별도의 설정을 하지 않으면 모든 프로젝트의 기본 서버 위치(리전)를 미국 워싱턴 DC(iad1)로 지정합니다. 따라서 현재 우리가 배포한 한입북스 프로젝트도 기본 설정대로 미국 워싱턴 DC 리전(iad1)에서 동작합니다.

독자가 미국, 특히 워싱턴 DC 근처에 거주한다면 현재 리전은 최적의 리전일 겁니다. 그러나 한국을 포함한 아시아 지역에 사는 사용자들이 서비스에 접속한다면 응답 속도가 느릴 수 있습니다.

응답 속도가 느리다면 배포 서비스의 리전을 변경해 사용자와 가까운 데이터센터에서 서비스를 받아야 합니다. 그럼 서비스의 응답 속도를 최적화할 수 있습니다.

리전을 변경하는 방법은 간단합니다. 그 전에 배포하려는 지역의 리전 코드를 알아야 합니다. 지역별 리전 코드는 [그림 10-26]과 같이 *https://vercel.com/docs/edge-network/regions#region-list*에 접속하면 확인할 수 있습니다.

한입북스 서비스는 대다수 접속자가 한국에 거주할 것이 예상되므로 필자는 대한민국 서울의 리전 코드인 icn1을 지정해 배포합니다. Next.js 서버 콘솔에서 다음 명령어를 입력해 대한민국 서울의 리전 코드가 포함된 프로젝트를 배포합니다

```
vercel --prod --regions icn1
```

새롭게 배포를 완료했다면 이제 설정한 리전에서 서비스를 받습니다. 사용자와 물리적으로 가까운 데이터센터에서 서비스를 받으므로 더 빠른 응답 속도를 기대할 수 있습니다. 페이지의 로딩 속도가 향상되고 API 응답 시간도 단축되어 보다 쾌적한 서비스를 제공받을 수 있습니다.

지금까지 수고하셨습니다. 감사합니다.

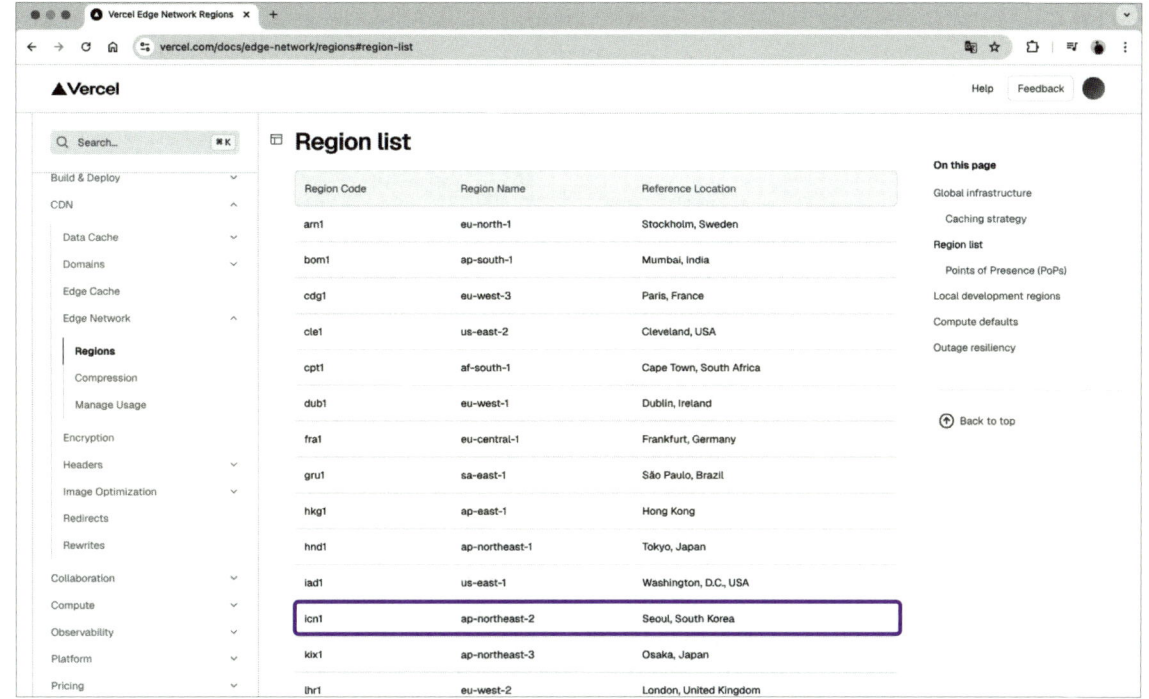

[그림 10-26] 지역별 리전 코드 확인하기

찾아보기

기호, 숫자
"use client" 240~241, 260, 420
"use server" 381, 387, 394
(.) 463
(..) 464
(..)(..) 465
(...) 465
.env 23, 195, 513
.next 폴더 234, 423, 448
.ts 142
.tsx 142
_app.tsx 59, 61~64
_document.tsx 59, 60
_error.tsx 70
〈input〉 태그의 hidden 타입 396
〈input〉 태그의 readOnly 속성 396
3항 연산자 131
404 페이지 69, 226
500 페이지 70

a~c
alert 함수 429
any 타입 468
API 13
API 라우트 71~74
API 문서 142, 395, 408
as string 115, 150
async 144, 155, 223~225
AVIF 484~485
await 144, 155, 223~225
axios 302~303
back 메서드 77
cache hit 288
cache skip 288

cache 메서드 303
cache: "force-cache" 289~291, 304~305
cache: "no-store" 291~293, 309, 330
Connection String 21
create-next-app 41
createPortal 메서드 474~475
CSR 3, 132
CSS Module 90

d~f
default.tsx 455~457
delay 함수 362, 367, 431
DELETE 함수 227
dependencies 44
devDependencies 44
dynamic 라우트 세그먼트 컨픽 353, 355, 366
dynamicParams 344~346, 354
Endpoint 71
Error Lens 15
error 객체 318~319
error.tsx 311~326, 450~452
ESLint 15, 42, 48
eslint.config.mjs 48~49, 219
ESLint의 설정값 49
export default 57
fallback 상태 189
fallback 옵션 167
fallback: "blocking" 169
fallback: false 168
fallback: true 171
FCP 6, 132, 205
fetch 메서드 287, 418

forward 메서드 77

g~j
generatedStaticParams 341~344, 346
generateMetadata 함수 501~504
GET 함수 227, 296
getLayout 함수 94, 202~203
getSeverSideProps 함수 135~138, 159, 201
getStaticPaths 함수 166, 272~275
getStaticProps 함수 158, 159, 201, 272~275
global.css 109
Head 컴포넌트 186
HEAD 함수 227
Hot Reloading 52
HTTP 메서드 227
HTTP 헤더 300
Image 컴포넌트 487~488
import alias 43
ISR 177~180, 201
JSON.stringify 244

k~n
ky 302~303
layout.tsx 228~231, 311
Link 컴포넌트 74~75, 255~256
loading.tsx 361~365
logging 프로퍼티 287
LTS 14
metadata 함수 499~500
navigate 메서드 458
next.config.ts 45~46, 213, 218
Next.js 2

Next.js 서버 콘솔 24
next: "tags: []" 295~299
next: {revalidate: 시간} 293~295, 304, 330
NEXT_PUBLIC 196
next-env.d.ts 46
Node.js 13
npm install 263
npm run build 52, 215
npm run dev 50, 215, 263
npm run start 53, 216
npx 41

o~r

On-Demand ISR 181
OPTIONS 함수 227
package.json 43~45
pages 폴더 48
params 223, 225
PATCH 함수 227
Permission Denided 에러 41
POST 함수 227
prefetch 메서드 77, 83, 85
Prisma Studio 28
Props Drilling 문제 274
public 폴더 47, 213
push 메서드 77
PUT 함수 227
ReactNode 타입 93
reactStrictMode 45, 219
refresh 메서드 77
replace 메서드 77
requestSubmit 438~439
reset 함수 320~322, 325
revalidate 속성 180, 201
revalidatePath 메서드 413~416, 418
revalidateTag 296, 417
router.refresh 메서드 323, 325
RSC Payload 244, 246, 257

S~Z

scripts 44
searchParams 223~225
sitemap 함수 506~507
src 폴더 47~48, 213
SSG 132, 156~168, 201
SSR 3, 134~156, 183, 201
Stale 293~294, 339
startTransition 메서드 325~326
styles 폴더 48
Supabase 17
Supabase 프로젝트 복구 29~30
Suspense 267, 365~371
Tailwind CSS 41
Tree Shaking 52
try-catch 문 143, 279, 311, 314~316
tsconfig.json 46
TTI 8, 78, 205~206
Turbopack 43
URL 파라미터 68~69, 225
useActionState 423~430, 439~440
useRouter 훅 67~68
Vercel CLI 192, 511
vercel --prod 193
WebP 484~485
Webpack 43
window 객체 138~140, 238~239

ㄱ~ㄷ

가로채기 라우트 462~465, 505
개발 모드 50~52
검색 엔진 최적화 190, 371~372, 498~505
구글 웹 스토어 62
그룹 단위 관리 18
그룹 라우팅 232~234
글로벌 CSS 파일 89
글로벌 스타일 54
기본값으로 내보내기 57
네비게이팅 74~77, 255~260

느낌표(!) 단언 152
다이나믹 페이지 330~337
데이터 캐시 285~305, 340~341, 419
데이터 타입 정의 119
데이터 페칭 130, 272
동적 경로 64, 221

ㄹ~ㅂ

라우터 12
라우트 세그먼트 컨픽 346, 353~355
라우트 핸들러 227
라우팅 54
라이브러리 2
레이아웃 중첩 231
레이아웃 컴포넌트 214
렌더링 7, 133
로딩 UI 131, 189, 430
루트 레이아웃 230, 264
루트 컴포넌트 61~62
리액트 2
리액트 개발자 도구 62
리액트 공식 문서 10
리전 518
리퀘스트 메모이제이션 306~311
마운트 31, 71, 140
메타 태그 185~190, 499~505
메타 프레임워크 2
목 데이터 117~118
백엔드 서버 15~16
백엔드 서버 콘솔 24
번들 파일 4, 5
병렬 라우트 442~449
브라우저 콘솔 24
비주얼 스튜디오 코드 15
빌드 타임 132

ㅅ~ㅇ

사이트맵 505~510
사전 렌더링 3, 7, 132

상한 293~294, 339
상호작용 8
서드파티 303
서버 사이드 렌더링 3, 134~156
서버 액션 380~390
서버 컴포넌트 234~255
소프트 네비게이션 458~462
수화 과정 8
스켈레톤 UI 373~378, 481
스태틱 페이지 330~337
스트리밍 358~359
슬롯 446
시드 데이터 25
썸네일 184~185, 498
앱 라우터 12
엔드포인트 71, 227
오픈 그래프 태그 186
옵셔널 캐치올 세그먼트 67, 201, 222
요청 주소 300
의존성 44
이미지 레이지 로딩 486~487
이미지 최적화 484~487
인라인 스타일 86~87
인터랙션 8

ㅈ~ㅋ

자바스크립트 번들 파일 4, 5
전역 스타일 54
정적 사이트 생성 132, 156~168, 183
정적 타입 검사 35
주문형 재생성 181~183
증분 정적 재생성 177~180, 183
직렬화 244
캐시 285
캐시 무효화 413~419
캐시 옵션 289, 300
캐시 키 300~301
캐치올 세그먼트 66, 201, 222

커넥션 스트링 21
쿼리 스트링 67~68, 222~225
쿼리 파라미터 300
클라이언트 라우터 캐시 348~353
클라이언트 사이드 렌더링 3
클라이언트 컴포넌트 237, 242

ㅌ~ㅎ

타입 단언 문법 115
타입스크립트 31~36
타입스크립트의 변수 설정 32~33
타입스크립트의 식별자 34~35
타입스크립트의 인터페이스 35, 119
타입스크립트의 타입 추론 34
터미널 분할 28
트리 셰이킹 52
파비콘 185, 499
페이지 라우터 12
페이지 캐시 328
페이지 컴포넌트 57, 58
폼 데이터 382
풀 라우트 캐시 328~348, 419
프레임워크 2
프로그래매틱 75, 438
프로덕션 모드 52~54
프리즈마 스튜디오 28, 399
프리티어 15, 302
프리페칭 77~86, 261, 352
하드 네비게이션 458~462
하이드레이션 8
함수 객체 95
합성 이벤트 객체 113
핫 리로딩 52
환경 변수 23